本书为国家社科基金重大项目《法国大通史》(编号: 12&ZD187) 的最终研究成果

大国通史丛书

总主编 钱乘旦

法国通史

A History of France

沈 坚 主编

【第四卷】

法国政体的艰难探索

(1814—1870)

乐启良 沈坚 著

江苏人民出版社

图书在版编目(CIP)数据

法国通史. 第四卷, 法国政体的艰难探索: 1814 - 1870 / 沈坚主编; 乐启良, 沈坚著. — 南京: 江苏人民出版社, 2024.11
(大国通史丛书/钱乘旦总主编)
ISBN 978 - 7 - 214 - 29084 - 7

Ⅰ. ①法… Ⅱ. ①沈… ②乐… Ⅲ. ①法国—历史 Ⅳ. ①K565.0

中国国家版本馆 CIP 数据核字(2024)第 086802 号

书　　　名　法国通史·第四卷　法国政体的艰难探索(1814—1870)
主　　　编　沈　坚
著　　　者　乐启良　沈　坚
策　　　划　王保顶
责 任 编 辑　曹富林
装 帧 设 计　刘葶葶
责 任 监 制　王　娟
出 版 发 行　江苏人民出版社
地　　　址　南京市湖南路 1 号 A 楼, 邮编:210009
照　　　排　江苏凤凰制版有限公司
印　　　刷　南京爱德印刷有限公司
开　　　本　652 毫米×960 毫米　1/16
印　　　张　211　插页 24
字　　　数　2831 千字
版　　　次　2024 年 11 月第 1 版
印　　　次　2024 年 11 月第 1 次印刷
标 准 书 号　ISBN 978 - 7 - 214 - 29084 - 7
定　　　价　880.00 元(全 6 卷)

各章作者：

乐启良： 第一章—第四章、第八章、第九章

沈坚： 第五章

张柏榕： 第六章

董涵宇： 第七章

乐启良： 浙江大学历史学院教授

沈坚： 浙江大学历史学院教授

张柏榕： 浙大城市学院讲师

董涵宇： 上海杉达学院讲师

目　录

第一章　复辟王朝

自从拿破仑兵败莫斯科以后，称霸欧洲多年的帝国便开始分崩离析。1814年4月，百合花的旗帜重新飘扬在法国大地。然而，波旁王朝的复辟并非法国民众的自愿选择，而更多是1814年反法联军钩心斗角和法国政局风云变幻的产物。

第一节　第一帝国的倾覆

一、分崩离析的帝国

拿破仑·波拿巴登上法国权力的巅峰并统治欧洲大陆十五年，全凭所向披靡的军刀。然而，自从莫斯科战役起，他的军队在面对英国、奥地利、普鲁士、俄罗斯等国组成的反法联军时，不再能够势如破竹，反而是屡战屡败、一溃千里。1814年1月，反法联军和拿破仑军队的数量变化就足以说明帝国的命运已经不再取决于法国人，而主要取决于列强的意志。此时，反法联军数量多达50万人，而拿破仑能够指挥的军队不过区区6万人。但是，拿破仑拒绝投降，对自己的军事天才以及法国扭转颓势的能力深信不疑。

然而，事实却远非如此美好。1813年12月21日，反法联军跨越莱茵河,占领科尔马。1月9日,贝桑松失守;1月19日,梅茨、南锡、兰斯和第戎沦陷。反法联军在乘胜追击帝国军队的同时,为了减少抵抗,也积极向法国人民散发传单,宣称它们"并不是向法兰西宣战,它们发动战争只针对皇帝本人,毋宁说,只因为他在帝国境外称霸给法国和欧洲带来的灾难"。

对于拿破仑的穷兵黩武,法国民众也是怨声载道。十五年的连续征战迫使法国人民承担了难以估量的人力损失和赋税重担。自从1813年起,由于附庸国接二连三的倒戈,法国不得不独自承担庞大的战争费用。在1813年11月和1814年1月期间,土地税增加了30%,各种间接税的增幅也在10%—100%之间。马赛、波尔多、南特等港口的经济也因为第一帝国长期实行的封闭政策而迅速凋零,当地的船主、造船老板和批发商们满腹怨气,普遍敌视拿破仑。面对负隅顽抗的拿破仑继续征兵的法令,法国民众也不再忍气吞声,拒绝服从或者干脆揭竿而起。譬如,有人对1814年的征兵情况作过统计,1 060名征兵对象竟然有1 028名拒绝入伍。[1]

1813年11月,被迫流亡的自由派领袖邦雅曼·贡斯当发表《征服的精神和僭主政治及其与欧洲文明的关系》,猛烈抨击拿破仑的军事征服精神,并宣称"莫斯科的战火将成为全世界自由的曙光"。[2] 1814年3月31日,夏多布里昂(François-René de Chateaubriand)发表《论波拿巴和波旁家族》,宣称路易十八才是法兰西的正统国王,把拿破仑斥为来自科西嘉、来自外国的篡位者,"无论是道德或性格,波拿巴都无任何法国人的成分"。他表示,帝国沾满了罪恶,连学校的儿童都知道它的反宗教性、腐化堕落以及对家庭伦理的践踏。

帝国的政治精英们也对拿破仑困兽犹斗的努力不抱任何的希望,纷纷为自己的将来寻找出路。从1813年起,担任外交大臣和参议院副主席

---

[1] Bertrand Goujon, *Histoire de la France contemporaine*: *Monarchies Postrévolutionnaires 1814-1848*, Paris: Seuil, 2012, p.17.
[2] 邦雅曼·贡斯当:《古代人的自由和现代人的自由》,北京:商务印书馆,1999年,第225页。

的塔列朗便通过流亡在外并和路易十八过从甚密的前兰斯主教,密谋百合花王朝复辟,并和狂热的保皇分子拉图尔迪潘侯爵和夸尼侯爵频繁接触。后来,塔列朗成为第一次复辟的灵魂人物。1813 年 12 月底,立法机构向皇帝提交了约瑟夫·莱内(Joseph Lainé)起草的请愿书。莱内本人来自因为大陆封锁而日趋凋敝的波尔多。请愿书的言辞颇为激烈,皆是逆鳞之言:"我们的不幸已经到达极限,我们正经历我们国家历史上绝无仅有的匮乏:商业毁灭、实业消亡……制造这些难以名状的痛苦的根源是什么呢? 扰民的行政、赋税的沉重、令人咬牙切齿的征税方式以及更为残酷的征兵制度的弊端。……征兵制已经变成了令全法国深恶痛绝的灾难。……野蛮而毫无意义的战争定期地损害青年人,使之无法从事教育、农业、商业和艺术。"立法机构呼吁拿破仑在执行法律时,必须保护法国人的自由、安全、财产等权利,并保障国民行使政治权利。而且,它还呼吁拿破仑专注于国内的事务,要"抑制冲动,克制 20 年以来对欧洲各民族构成致命威胁的野心"[1]。拿破仑读到立法机构的请愿书后,龙颜大怒,在 1814 年 1 月 1 日宣布延迟召开立法会议,宣称唯有他自己才是国民意志的真正代表,因为他多次获得全民公决的认可。[2]

　　留在法国境内的保皇党也伺机蠢蠢欲动。长期以慈善或宗教组织为掩护的贵族们变成波旁王朝在国内的铁杆势力。作为命丧大革命的前巴黎督办官的儿子,费迪南·德贝尔捷·德索维尼(Ferdinand de Bertier de Sauvigny)在 1810 年创建"信仰骑士团"(chevaliers de la Foi)。索维尼仿效共济会,秘密结社,并建立严格的等级制度,致力于实现在法国复辟君主制和在罗马重建教皇的世俗权力的双重目标。"信仰骑士团"利用各省的网络,积极串联法国的保皇势力,它的中央委员会更是网罗了大批未来极端保皇党的领袖人物,如波利尼亚克(Polignac)、马

---

① Francis Démier, *La France de la Restoration*(1814 - 1830), Paris: Gallimard, 2012, pp. 25 - 26.

② Paul Bastid, *Les Institutions Politiques de la Monarchie Parlementaire Française 1814 - 1848*, Paris: Sirey, 1954, p. 40.

太·德蒙莫朗西(Matheiu de Montmorency)、亚历克西·德诺阿伊(Alexis de Noailles)等。保皇党四处张贴海报,许诺波旁王朝复辟后,将会带来和平,取缔苛捐杂税,尤其是要取消"联合税"。

地方政治精英也或明或暗地表达对帝国的不满,桑斯和欧塞尔的市议会还公然发表了复辟的声明,宣布"要让所有法国人都感受到更加团结在其君主的王座周围的需要。"①事实上,联军在入侵法国时,也受到许多地区军民的夹道欢迎。在弗朗什-孔代,奥地利人被视为解放者。在南锡,贵族们为普鲁士的元帅布留切(Blücher)举办欢迎宴会,后者宣称他的军队承担的唯一使命就是从暴君的手中解救法国人。

甚至,波拿巴家族的成员们也无法做到众志成城。在拿破仑在前线奋勇杀敌之际,由皇后玛丽-路易斯、帝国监国(lieutenant générale de l'Empire)约瑟夫·波拿巴、掌玺大臣康巴塞雷斯(Cambacérès)、内政大臣蒙塔利韦(Montalivet)、陆军大臣克拉克·德费尔特(Clark de Feltre)和警务大臣罗维戈(Rovigo)组成的摄政会议表现得犹豫不决和软弱无能。3月28日,在联军占领马恩河后,拿破仑命令皇后以及罗马王撤到布洛涅森林。身为帝国监国,负责驻防巴黎的约瑟夫·波拿巴既没有积极组织抵抗,也没有发动民众反抗外敌,便和进入巴黎的反法联军签订了城下之盟。皇后玛丽-路易斯在布洛涅森林见到前来说服的俄国和奥地利的官员后,也匆忙来到巴黎,拜见其父亲奥地利国王。她和罗马王立刻得到了奥地利的庇护承诺。帝国家族的其他成员,也纷纷逃亡瑞士和意大利。

不过,尽管人民继续征战的愿望并不强烈,但在绝大多数普通民众的心中,拿破仑依然拥有较高的威望。法国农民在呼吁取缔"联合税"②的同时,仍然高呼"皇帝万岁"的口号。在1814年1月各省省长的报告

---

① Bertrand Goujon, *Histoire de la France contemporaine*：*Monarchie Postrévolutionnaires 1814 - 1848*, Paris：Seuil, 2012, p. 18.

② 1805年,拿破仑创立很不得人心的联合税,针对渔业、烟草、轮船、运河、面粉等行业或商品征收赋税。

中,没有提及人民反对拿破仑的怨恨与威胁。拿破仑不可战胜的神话还没有幻灭,有人还对拿破仑最终取得胜利深信不疑。由此不难理解,在第一帝国覆灭后,皇帝遭到政治精英的背叛才失败的神话为什么会在广大农民当中广泛流行。

二、心怀鬼胎的列强

拿破仑曾经希望在保留自己的权力基础上,和反法同盟国实现和解。起初,反法的各国领导人也不排斥让拿破仑继续保留权力的解决方案,但他们坚持法国回到 1791 年自然边界的立场遭到了后者的拒绝。随后,反法联军在罢黜拿破仑的问题上,逐渐变得坚定,开始拒绝接受他的议和方案。然而,在谁来统治未来法国的问题上,他们并没有取得一致的意见。

英国积极支持波旁王朝的复辟。路易十八在先后流亡科布伦茨、哈姆、维罗纳、布兰肯贝格、米陶、梅梅尔和华沙后,在 1807 年定居英国的哈特韦尔。在逗留英国期间,英国的摄政王对法国王权的觊觎者路易十八颇为友好。英国外交大臣卡斯尔雷(Castlereagh)也和俄国、奥地利与普鲁士等盟国协商,积极兜售波旁王朝复辟的方案。自从 1800 年起,首相皮特(Pitt)也反复强调,波旁王朝最能确保英国和欧洲的安全。但是,英国的政治领袖们也深知,向法国强加波旁王朝可能会给法国与欧洲的和平带来威胁。1814 年 3 月 22 日,卡斯尔雷依然认为,“毫无必要地介入法国的内政事务”乃是很危险的事。

俄国沙皇亚历山大一世虽然仇恨拿破仑,但他对波旁家族也心存厌恶。在路易十八流亡米陶期间,他曾经毫不掩饰对路易十八和波旁家族的蔑视:“法国不再承认他们,也永远不想要他们。”只要俄国在波兰的核心利益能够得到保障,他并不介意自由的旗帜在法国境内继续飘扬。他曾经一度在贝尔多纳特、欧仁·德博阿子内(约瑟芬皇后的儿子)和奥尔良公爵之间摇摆不定,也不反对玛丽-路易斯摄政,甚至对法国重新建立共和国的方案也不排斥。

对奥地利的宰相梅特涅而言,最理想的解决方案是把拿破仑的儿子罗马王推上皇位,由皇后、奥地利公主玛丽-路易斯摄政。如此一来,欧洲大陆格局的天平将不可避免地偏向哈布斯堡家族。而且,哈布斯堡家族也在打着自己的小算盘,希望重新兼并在1678年丧失的弗朗什-孔代地区。普鲁士似乎并不关心谁是法国未来的领导人,它只有一个目标,即永远地削弱法国的力量,避免自己再次受到威胁。

尽管在谁来统治法国的问题上,反法同盟国没有达成一致,但他们都纷纷宣称,他们发动的战争并非针对法国人民,而只针对拿破仑。1814年3月24日,他们发表联合声明,宣布自己的目标是"要让法国重回昔日国王曾经给它确保的荣光与繁荣"。

在3月31日进入巴黎后,反法联军也没有放弃各自的方案。在各国军队会师爱丽舍广场后,欧洲的君主和外交大臣齐聚塔列朗的家中,商讨法国的未来。沙皇亚历山大提出了三种他认为可行的方案:和拿破仑缔结和平条约的同时,要采取防范措施,提防他的野心;罗马王登基,由皇后玛丽-路易斯摄政;召回波旁家族。

塔列朗坚决反对和拿破仑缔结和约的做法,坚持此举无法提供任何保障,也竭力抵制玛丽-路易斯摄政的方案,认为拿破仑有可能以她的名义东山再起。在塔列朗看来,唯一现实的选择就是波旁家族。

在解决法国的未来统治者的问题后,塔列朗向各国君主承诺,元老院将宣布罢黜拿破仑。沙皇表示,"既然如此,我宣布不再和拿破仑及其家族成员进行任何对话"。普鲁士国王也表达赞同的意见。他们立刻起草一份声明,支持元老院成立临时政府并准备新的宪法:"联军的君主们尊重法兰西国民的意愿。当法国重建一个明智的政府,并保障安宁后,缔结和平的条件将会变得更加有利。联军的君主们不再和拿破仑·波拿巴及其家族的任何成员进行对话。和其正统国王统治的时代无异,他们将尊重古老法国的完整性。应当让法国伟大。[……]他们承认并保障法兰西国民制定的宪法。他们邀请元老院组建能够满足行政需求的临时政府,并准备适合法国人民的宪法。"①

三、塔列朗的临时政府

在波旁王朝的第一次复辟中,塔列朗扮演的角色至关重要。他堪称18世纪末和19世纪初法国的政治变色龙。1789年,他担任奥坦主教,却投身革命运动,向《教士公民组织法》宣誓;在督政府时期,他曾经担任外交部长,却和许多欧洲君主和外交大臣交好;在帝国期间,他长期掌管外交事务,一度成为帝国的第二号人物,但后来和拿破仑产生嫌隙,在后者节节败退之际,通过利用时任兰斯大主教的叔父关系,暗中向波旁家族示好。

一方面,塔列朗利用摄政会议成员、帝国元老院副主席的双重身份,同肩负与反法联军谈判的法国外交大臣科兰古(Caulaincourt)保持密切联系,在第一时间获得列强对待法国的态度变化。俄国沙皇亚历山大一世和普鲁士统帅施瓦岑贝格(Schwarzenberg)发表声明,宣布支持法国元老院组建临时政府并起草新宪法。3月30日,反法联军进驻巴黎以后,塔列朗更是得到了各国联军领导人尤其是沙皇亚历山大一世的垂青。沙皇入住塔列朗公馆的第一层,俄国外交大臣德内塞尔罗德(de Nesselrode)伯爵也把办公地点安置在第二层,而塔列朗干脆把法国临时政府安排在自己家里。②

另一方面,塔列朗操控警务大臣萨瓦里(Savary),密切关注舆论的动向和巴黎民众的政治情绪,并且和元老院、立法机构的代表们经常磋商。4月1日,元老院召开会议。在140名成员中,有90多人仍在巴黎,而出席这次会议的共有64人。在塔列朗的提议下,元老院成立了临时政府,它的成员构成充分体现了妥协的特征。临时政府的灵魂人物是外

---

① Paul Bastid, *Les Institutions Politiques de la Monarchie Parlementaire Française 1814 - 1848*, p. 45.

② Albert Beugnot, *Mémoires du Compte Beugnot*, tome 2, Paris: E. Dentu, 1866, p. 88.

交大臣塔列朗。路易男爵凭借出色的财政知识,出任财政大臣;反拿破仑色彩浓厚的杜邦将军(Dupont)担任陆军部长,信奉自由主义但立场中立的伯尼奥(Beugnot)执掌内政部,正直的法官昂里翁·德庞塞尔(Henrion de Panser)担任司法大臣,先后效力于路易十六和拿破仑的马卢埃(Malouet)担任海军大臣,拉福雷(Laforest)担任外交大臣,而波旁家族的积极拥护者安格莱斯(Anglès)担任警务大臣,邮政大臣则由政治倾向并不明显的拿破仑前秘书布列纳(Bourrienne)出任。

4月2日,元老院颁布罢黜拿破仑的法令,批评"拿破仑违背了宪法契约",谴责他撕毁和国民的契约,侵害国民权利,抨击他非法征兵征税、破坏司法独立、取缔出版自由、专断停开立法议会、穷兵黩武、滥用权力并由此导致整个法国陷入灾难。随后,立法机构表决通过了元老院的罢黜法令,但它的立场更为审慎,没有像参议院那样数落拿破仑的罪行,仅仅指出他违反了宪法的契约。临时政府也向法国军队发出通告:"士兵们,法兰西刚刚打碎它和你们长年累月忍受的枷锁。你们不再隶属蹂躏它的人[……]你们不再是拿破仑的士兵。"

同一天,元老院发表一份告法国人民书,宣布即将起草的新宪法将遵守六项基本原则:第一,元老院和立法机构是新宪法的重要组成部分,选举和舆论的自由将得到保障;第二,帝国的等级、荣誉以及军队的年金将得到保留;第三,国家的公债将得到承认;第四,国家财产的出售会得到承认;第五,任何法国人都不必为此前的政见感到担忧;第六,宗教自由、良心自由以及出版自由将得到维护。负责起草新宪法草案的,是勒布伦(Le Brun)、巴尔贝-马尔布瓦(Barbé-Marbois)、德斯蒂·德特拉西(Destutt de Tracy)、埃梅里(Emmery)和朗布雷克特(Lambrechts)等五名元老院成员。

4月3日,他们便把草案递交给临时政府。4月6日,元老院颁布新的宪法,它总共只有二十九条。第一条规定:"法国政府是世袭君主制,实行男性的长子继承方式。"第二条规定,"法国人民自由地召唤法兰西的路易-斯坦尼斯拉斯-格扎维埃(Louis-Stannislas-Xavier),即先王的弟弟",而不是"路易十八"登基,似乎隐含地指出路易十八绝不是合法的称号,国民拥有最高的主权,既能自由地召唤他登基,也可以像大革命期间自由地处置其兄长一样。① 第二十九条规定,新宪法需要得到人民的批准,并要求国王向宪法宣誓:"我接受宪法,我宣誓忠于宪法,并使宪法得到遵守。"

行政权由国王拥有,而立法权由国王、元老院和立法机构共同行使,第五条规定:"国王、元老院和立法院共同参与制定法律。元老院和立法院均可提出法案。国王能够邀请两院关注他认为应当处理的问题。国王的批准是法律完成的必要组成部分。"立法院的成员由选举团任命。元老院的人数最少 150 人,最多 200 人。除了放弃法国公民资格者,现有的元老院成员自动进入新的元老院。目前元老院的基金属于他们;元老院的收入将在他们当中平分,并可传给他们的继承人。元老院的资格是终生的、世袭的。议会在每年 10 月 1 日开幕。国王有权召集议会,并有权解散议会,条件是必须在三个月内举行新的选举,议会的协商应当公开。元老院和立法院选举各自的主席,选举团和县议会也同样可以选举各自的主席。大臣可由两院的成员兼任,他们负责签署政府命令;他们必须为其违反法律、破坏公共自由与个人自由以及侵害公民权利的行为负责。在某种意义上,元老院宪法试图建立一种英国式的议会制政府。②

同时,元老院宪法还确认了大革命确立的诸多原则,如议会表决预算和赋税、司法平等、法官的终身制、个人自由、宗教自由、出版自由、公职向所有人同等地开放、保留军衔和军队养老金、保存荣誉军团、承认新贵族并恢复旧贵族、绝对尊重公债、国家财产出售的不可变更性、宽容1789 年以来的行为与政见。第二十八条规定,所有现行的法律一直有

---

① François Furet, *Revolutionary France 1770 – 1880*, New Jersey: Wiley - Blackwell, 1985, p. 270.

② Louis Michon, *Le Gouvernement parlementaire sous la Restoration*, Paris: Hachette, 2018, p. 29.

效。元老院宪法确认了 1789 年革命确立的诸多原则,和革命王政派的宪政方案颇为相似。迪韦尔热·德奥拉纳(Duverger de Hauranne)评价道:"元老院宪法确认并实现了制宪会议中最明智、最开明之人(如穆尼埃、拉里-托兰达尔和米拉波)所捍卫的全部原则和观念。"[1]

需要指出的是,元老院宪法也体现了帝国精英的自私自利,它把其享有的各项特权悉数列入。所以,在它颁布后,遭到了公共舆论的普遍谴责。迪韦尔热·德奥拉纳毫不客气地批评道,"元老院不是一部政治宪法,而是一部租金的宪法(Constitution de rentes)"[2]。此外,由于时间仓促,除了宣布保障个人自由和公共自由,确立最基本的政治框架外,元老院并没有对具体的政治机构及其运行机制作出明确的规定。

在元老院宪法颁布的同一天,拿破仑无奈颁布了退位诏书:"尽管反法联军宣称皇帝拿破仑是重建欧洲和平的唯一障碍,但他将忠于自己的誓言,宣布自己及其继承人放弃法国与意大利的王位。为了保障法国的利益,他将不惜牺牲自己的利益乃至生命。"实际上,拿破仑并不像退位诏书所宣称的那样大公无私,而是和列强屡次磋商,为他自己及其家族成员谋取最大的利益。根据他和列强代表签订的《枫丹白露条约》,拿破仑保留皇帝的称号、厄尔巴岛的主权以及 200 万法郎的津贴;罗马王、皇后玛丽-路易斯以及波拿巴家族的其他成员也得到相应的保护和津贴。

在接到拿破仑的退位诏书后,几乎所有的帝国军队都放弃了抵抗。唯一的例外是苏尔特(Soult)将军不顾和平的命令,继续反抗入侵法国的联军。4 月 10 日,他还率军进攻图卢兹,导致双方丧命近 1.2 万人。然而,零星的抵抗难以阻挡波旁王朝复辟的大势。

---

[1] Prosper Duvergier de Hauranne, *Histoire du governement parlementaire en France 1814 - 1848*, Paris, 1857, *tome* Ⅱ, p. 99.

[2] De Hauranne, *tome* Ⅱ, p. 101.

第二节　波旁王朝的复辟

一、百合花的回归

1793 年 1 月,在路易十六被国民公会处决后,王弟普罗旺斯伯爵宣布自己为其侄子路易十七——路易-夏尔勒的"摄政"。1795 年 6 月 8 日,10 岁的路易十七在巴黎的塔楼监狱去世。在获悉路易十七逝世的消息后,普罗旺斯伯爵忙不迭地宣布自己为路易十八。

在拿破仑的军事帝国摇摇欲坠时,波旁家族为列强没有明确表态支持自己而忧心忡忡。路易十八甚至怀疑反法联军有意在法国"建立新王朝,或者在法国创建的政府只是为了制造无政府状态,而不是恢复秩序,从而满足它们的野心与贪婪"。列强在复辟问题上表现出来的含糊其词,让波旁家族的追随者们感到如鲠在喉,但他们还是信誓旦旦地强调波旁家族是后帝国时代唯一合理的选择。1813 年 12 月,阿尔图瓦伯爵的亲信弗朗索瓦·德卡尔(François des Cars)伯爵向举棋不定的列强呼吁:"我们的救赎只能来自法国。"①

在没有得到各国君主明确支持的情况下,波旁家族也想方设法显示自己的存在。阿尔图瓦伯爵的次子贝里公爵在靠近布列塔尼的泽西登陆;3 月 12 日,阿尔图瓦伯爵的长子昂古莱姆公爵打着路易十八的旗号,在波尔多建立临时政府。阿尔图瓦伯爵则穿越荷兰和瑞士,进入弗朗什-孔代。然而,他并没有受到当地居民的多大欢迎。多数的法国人依然信奉平等的原则,厌恶什一税、领主司法权、教士的狂热,并竭力捍卫他们在大革命和帝国期间购买的土地。在 4 月 5 日之前,他始终裹足不前,停留在南锡。

4 月 10 日,元老院颁布法令,宣布改旗易帜,命令国民自卫军悬挂波旁王朝的白旗。在波旁家族的代理人维特罗勒(Vitrolles)男爵的反复催

① Francis Démier, *La France de la Restauration*（1814 - 1830）, p. 37.

促下,阿尔图瓦伯爵在 4 月 12 日进入首都。这一天,阿尔图瓦伯爵头顶羽翎,身着国民自卫军的蓝装,手挥白旗,浩浩荡荡地从圣德尼门游行到巴黎圣母院,而后入驻杜伊勒里宫。飒爽英姿的阿尔图瓦伯爵受到了巴黎民众的夹道欢迎。雷米扎曾经如是回忆了巴黎民众的欢迎场景:"当阿尔图瓦伯爵进城时,我从来没有见过巴黎人民表现得如此热闹和精诚团结。他或许也由此得出结论,自己的家族深得法国人民的拥戴。"巴黎到处白旗飘飘,主要是因为巴黎民众为战争的结束感到欢欣雀跃,而非是他们真正皈依了君主制。阿尔图瓦伯爵受到欢迎的另一个重要的原因,则是他信誓旦旦地承诺,复辟的波旁王朝将取缔联合税和征兵制。

对于元老院的宪法,阿尔图瓦伯爵只是从整体的角度肯定其原则的良善,强调国王保留对它作出修改和完善的权力。为此,元老院和他刻意保持距离。元老院的代表们没有参加各种祝贺波旁王朝复辟的庆典仪式,他们期待阿尔图瓦伯爵督促路易十八尽快宣誓效忠他们的宪法。塔列朗也专门派人和阿尔图瓦伯爵沟通,以拒绝任命后者为王国的监国相要挟,试图迫使他接受元老院宪法。同时,元老院希望以国民主权而非以君权神授的名义复辟波旁王朝。

对此,以维特罗勒男爵为首的保皇党暴跳如雷,他们妄图对元老院动武。由于沙皇亚历山大的反对,他们才打消了政变的念头。面对元老院的坚持和亚历山大的压力,笃信绝对君主制的阿尔图瓦伯爵还是采取了一些有利于缓和矛盾但违背其初衷的措施。[1] 4 月 14 日,阿尔图瓦伯爵在元老院发表声明:

> 我承认召唤国王即我的兄长登上法国王位的宪法。尽管我没有从他那里获得接受宪法的权力,但我洞悉他的情感和原则,我在以他的名义接受这部宪法的基础时,并不担心遭到他的否认。国王在宣布将维持目前的政府形式时,已经承认君主制应当辅以一个由

---

[1] Chancelier Pasquier, *Mémores du Chancelier Pasquier*，Ⅱ，*1812 - 1814*，Paris：Forgotten Books，2018，p. 391.

两院即由元老院和各省的众议院构成的代议政府;承认税收将得到民族代表的自由同意,政治与个人自由得到保证,出版自由得到尊重,唯一的限制是秩序和公共安全,宗教自由也将得到保障;承认财产权神圣不可侵犯,大臣负责制,并能受到民族代表们的逮捕;承认法官终身制,司法机关独立,任何人都不能逃避它的自然审判;公共债务将得到保障,年金、爵位和军事荣誉将得到保留,新旧贵族和荣誉军团也将得到保留,而国王将决定其装饰;承认任何法国人都能进入民事和军事部门;承认任何个人都不必为其意见和投票担忧,国家财产的出售则永不更改。先生们,在我看来,这些就是确认所有权利、明确所有义务、维持所有存在以及保障我们未来的基本和必要的基础。①

面对阿尔图瓦伯爵作出的妥协,元老院也投桃报李,同意任命他为"王国的监国"。阿尔图瓦伯爵保留了塔列朗的临时政府,但采取了"掺沙子"的策略,把深得波旁家族信任的蒙塞(Moncey)元帅、乌迪诺瓦(Oudinoy)元帅、巴黎国民自卫军司令德索勒(Dessolles)以及维特罗勒男爵安插进政府。与此同时,他还建立了一个完全由流亡者和反革命分子组成的"影子内阁"。布鲁日伯爵、拉迈松福尔(La Maisonfort)侯爵、朱尔·德波利尼亚克(Jules de Polignac)亲王以及泰里耶·德蒙西爱尔(Terrier de Monciel)等人鞍前马后,为他出谋划策。实际上,阿尔图瓦伯爵的决定真正出于此。

此时,路易十八尚未回归。他生活在英国的哈特韦尔,和法国国内保持频繁的接触,但由于消息来源的不同,他获得的消息经常前后矛盾。起初,他为元老院的各项决策感到欢欣鼓舞,也没有对自己重登王座的条件提出过任何异议。甚至,他还下令宠臣布拉卡(Blacas)起草一份宣誓效忠元老院宪法的敕令。但是,阿尔图瓦伯爵、塔列朗以及孟德斯鸠

① François Guizot, *L'Histoire de France Depuis 1789 jusqu'en 1848 racontée à mes petits-enfants*, Paris: Librairie Hachette, 1891, *tome* I, p. 441.

的通信慢慢改变了他的看法。他一旦确信正统性原则得到确立,便恢复了绝对君主的姿态。当拉迈松福尔侯爵前来报喜说"陛下,您是法国国王了!"时,他却冷冰冰地回答说:"我什么时候不是法国国王了?"①路易十八似乎也并不着急回到巴黎。他首先来到伦敦,和积极支持复辟的英国摄政王商谈法国的未来。4月20日,他发表一份宣扬君权神授论的即位宣言。巴黎的临时政府并不喜欢路易十八的极端论调,甚至考虑不在《导报》上刊登路易十八的即位宣言。

　　4月24日,路易十八在加莱登陆。路易十八在回归巴黎的途中,百合花旗四处飘扬。5月2日,路易十八来到巴黎郊外的圣旺(Saint-Ouen)城堡。塔列朗率领元老院的成员们到圣旺觐见路易十八。在元老院和路易十八经过一番博弈后,后者发表了一份颇具自由主义色彩的声明。尽管拒绝国民主权,重申君权神授的原则,宣称自己是"蒙上帝恩宠的路易、法兰西和纳瓦尔的国王",指出元老院宪法"充斥太多仓促制定的条文",保留作出修改的权力,路易十八基本上还是认可并接受了它的主要内容:保留代议制政府,立法权由元老院和各省代表院组成;赋税同意的原则;保障公共自由、个人自由、出版自由、宗教自由;财产权神圣不可侵犯,国家财产的出售不可更改;两院可以追究大臣的责任;法官终身制,维持司法机关的独立;全体法国人皆可同等地获准担任公职与军职。同时,路易十八也表态尊重帝国精英们的既得权益,保留他们的年金、爵位、军事荣誉以及新老贵族,承认公共债务,并承诺复辟后奉行宽容政策,"任何人都不必为其意见和投票而担忧"。②5月3日凌晨,圣旺宣言被张贴到巴黎的城墙上。

　　1814年5月3日上午11点,路易十八进入巴黎。由于体弱年迈,身材臃肿,无法骑马,他选择乘坐8匹白马牵引的马车。他身着蓝色服装,佩戴金色肩章。在他的左边,坐着始终郁郁寡欢的昂古莱姆公爵夫人。

---

① Bertrand Goujon, *Monarchie Postrévolutionnaires 1814 - 1848*, p. 26.
② François Guizot, *L'Histoire de France Depuis 1789 jusqu'en 1848 racontée à mes petits - enfants*, tome Ⅰ, p. 444.

她是路易十六和玛丽-安东瓦内特唯一的女儿,在 1795 年离开塔楼监狱,投奔叔父普罗旺斯伯爵,并嫁给了他的长子昂古莱姆公爵。在他们的对面,则是老态龙钟的孔代亲王。巴黎街头到处挥舞白色的旗帜,但负责维持秩序的帝国老兵却表现得无动于衷,难以掩盖失落之情。夏多布里昂不无感伤地描绘道:"遍体鳞伤、在欧洲所向披靡的士兵们曾经目睹成千上万的炮弹呼啸而过,感受过战火纷飞;如今,他们丧失了自己的领导人,被迫欢迎一位被岁月而非战争击垮的年迈国王。"①

对于波旁王朝的复辟,很多人是乐观其成的。人们希望复辟的波旁王朝在结束拿破仑的军事专制后,能克服绝对君主制的缺陷、盲目和自大。帕斯基耶如此描述了自己在当时的心态:"我曾经欢迎复辟王朝,认为它将开启新的时代,把自己放在恰当的位置上,即如路易十八的宪章毫不迟疑允诺的那样,建立一个温和的君主制政府。"②

二、1814 年宪章

5 月 18 日,在迫不及待想要回国的沙皇亚历山大一世的督促下,路易十八任命了宪法起草委员会。它总共 21 人,包括 3 名国王特派员,如孟德斯鸠、伯尼奥和费朗(Ferrand);9 名元老院成员,如巴尔贝-马尔布瓦、巴泰尔米(Barthélemy)、布瓦西·当格拉(Boissy d'Anglas)、沙博-拉图尔(Chabaud-Latour)、德丰达纳(de Fondanes)、加尼耶(Garnier)、帕斯托雷(Pastoret)、于盖·德塞蒙维尔(Huguet de Sémonville)、塞吕里耶(Sérurier)和维马尔(Vimar);9 名立法院代表,如布朗卡尔·德巴约尔(Blanquart de Bailleul)、肖万·德布瓦-萨瓦里(Chauvin de Bois-Savary)、克洛泽尔·德库塞尔格(Clausel de Coussergues)、迪歇纳·德吉勒瓦赞(Duchesne de Gillevoisin)、法热·德博尔(Faget de Baure)、福尔孔(Faulcon)、莱内(Lainé)和皮埃尔-迪阿梅尔(Perrér-Duhamel)。

---

① Francis Démier, *La France de la Restoration*(1814–1830), p. 58.
② *Mémoires du Chancelier Pasquier*, tome Ⅰ 1789–1811, p. X.

掌玺大臣当布雷(Dambray)伯爵负责主持新宪法的起草和讨论。

6月4日,路易十八在元老院、立法机构、参政院以及各国外交使团的面前,颁布了新的宪法文本。为了避免人们将之和大革命与第一帝国相连,路易十八使用更容易让人联想到英国大宪章和法国中世纪历史的"宪章"字眼,而不是"宪法"来称呼它。1814年宪章总共分为八个部分。

路易十八曾经把起草宪章序言的任务交给丰达纳,但后者撰写的序言并不能让他感到满意。在丰达纳草案的基础上,伯尼奥重新起草了一份展现国王意图的序言。首先,它抛弃了元老院宪法中有关"法国人民自由召唤"路易十八登基的提法,宣扬"法国的全部权威属于国王",从而重申了旧制度时期的君主主权原则,否定了革命时代提倡的人民主权原则。这是1814年宪章被称为"钦定宪章"的主要原因,也是保皇党和自由派在日后产生严重分歧的根源之一。其次,它试图消除君主制在后革命法国时期的反动形象,塑造了一个为了国民权利会随时作出重大让步或改革的君主制传统,宣称路易六世、圣路易、美男子菲利普解放了市镇,路易十一、亨利二世和查理九世创建发展了司法制度,路易十四完善了中央政府体系。最后,要重建"曾经被危险切断的时间链条",强调众议院肇始于古代的三月会议、五月会议和三级议会,同时努力消除有关大革命和第一帝国的记忆。伯尼奥的序言表达了复辟王朝主动适应新社会的真诚意愿,但它为此把法国社会的进步完全归功于历代贤明君主,否认大革命和帝国存在的做法,还是招致了时人的非议。梯叶里后来辛辣地批判道:"宪章的权威在政治领域内至高无上,但在历史事实方面却毫无价值。"①

宪章的正文分为七部分,共计七十六条。第一部分是"法国人的公法",旨在打消公共舆论对重返旧制度的忧虑。实际上,它永久地保障《人权与公民权宣言》中承认的自由与平等原则。它肯定了法律平等(第

---

① Augustin Thierry, *Récits des temps mérovingiens*, précédés de *Considération sur l'histoire de France*, Paris: Just Tessier Librairie‐Editeur, 1842, pp. 201‐203.

一条）、赋税平等（第二条）、担任公职的平等（第三条）等原则，它同样肯定了个人自由、宗教自由（第五条）、出版自由（第八条）。为了安抚后革命的精英们，宪章宣布包括国家财产在内的财产不可侵犯（第九条）、针对1814年前各种行为的政治大赦（第十一条）和废除征兵制（第十二条）。

第二、三、四、五部分（国王的政府形式、贵族院、众议院和各部大臣）则确定了政权的制度。复辟王朝的首要特征是和英国的《权利法案》、1791年宪法（宪章从这两份法案汲取了灵感）相比，扩大并巩固了王权。国王神圣而不可侵犯（第十三条），拥有全部的执行权。他有权统帅军队、宣战与媾和、任命政府官员和军官。此外，他还掌握部分的立法权，拥有提案权（第十六条）、批准权和颁布权（第二十二条），而且还能"为执行法律和维护国家安全而制定必要的条例与敕令"（第十四条），审查各项法律的修正案（第四十六条）、批准赋税（第四十八条）。

宪章创建了两院制的议会体系。作为英国贵族院的复制品，贵族议会的成员由国王任命，王室成员和亲王是当然的成员（第三十条）。他们的数量没有限制，他们的任命既可以是终身制，也可是世袭制（第二十七条）；他们年满30岁即可参加议事（第二十八条）；贵族会议并不公开（第三十二条）；他们的刑事犯罪只能被贵族院逮捕与审判（第三十四条）。众议院的代表们必须年满40周岁，缴纳1 000法郎的赋税（第三十八条），由依法组建的选举团体选举产生（第三十五条），而选举团体由年满30周岁、缴纳300法郎以上直接税的人组成。他们的任期是五年，每年更换五分之一（第三十七条）。两院和国王分享立法权，它们在向国王提出建议后（第二十、二十一条），"有权补充……提出法案"（第十九条）。它们表决赋税，唯有得到它们的同意后，才能征税（第四十八条）。如果说王国每年召开议会，那么他也有权解散众议院，前提是必须在三个月之内举行重新选举（第五十条）。由此，宪章确立了上议院和下议院的制衡体系，两院一致同意才能批准赋税（第四十八条）。如果贵族院负责审判叛国、危害国家安全（第三十三条）等重大罪行，那么众议院的首要任务是审查赋税的法律(第十七条)。此外,众议院有权对大臣作出叛国或腐败的指控;而后,他们将被移交贵族院,唯有后者才能对他们作出审判(第五十五条)。

第六部分(司法机构)保障司法机构的独立,确立法官终身制(第五十八条)、治安法官终身制(第六十一条)、取缔特派机构和特别法院(第六十三条)、辩论的公开性(第六十四条)、建立陪审团(第六十五条)、取缔没收财产罪(第六十六条)。复辟王朝尽管没有承认,但它还是继承了拿破仑的遗产,保留了执政时期的审判机构的位阶制(第五十九至六十条),保留民法典以及现行的法律,"直至它们被合法取缔"(第六十八条)。

第七部分是"受保障的特殊权利"。德索维尼指出,这部分内容是"缺乏合宪性的大杂烩"。拿破仑钦定的等级、年金、荣誉和爵位都得到保留,甚至荣誉军团也包括在内。同时,帝国的租金和债务也得到承认。诚然,某些特权源自旧制度,"旧贵族恢复其爵位",但没有重新引入特权(第七十一条)。它规定恢复加冕的仪式,从而给国王向宪章宣誓提供了机会(第七十四条)。

1814年宪章颁布后,多数的温和派与自由派表达了欣喜和欢迎。基佐在晚年回忆说:"宪章依据经验和国家的思想草拟;它自然地源于从英国归国的路易十八的精神,也同样源于元老院反抗帝国枷锁的协商,它是必要性和时代理性的产物。权利和自由能够从中找到有效行使或相互防范的屏障。"[1]奥迪隆·巴罗(Odilon Barroz)也作过类似的回忆:"1814年宪章创建的新制度拓展了自由,公共辩论在法国重新出现……我们感觉,法国即将开启一个新的时代。"[2]对自由派而言,1814年宪章是民族和国王之间缔结的一份神圣契约。

---

[1] François Guizot, *L'Histoire de France depuis 1789 jusqu'en 1848 racontée à mes petits-enfants*, p. 446.

[2] Odilon Barrot, *Mémoires Posthumes de Odilon Barrot*, tome I, troisiéme Editions, Paris: Charpentier et Cie, 1875, p. 13.

尽管序言中的若干字眼让人联想到了旧制度,但1814年宪章总体上还是遵循了圣旺宣言,建立一种有限的君主制。对于路易十八的妥协,极端保守派表达了自己的强烈不满。阿尔图瓦伯爵缺席6月4日的宪章颁布仪式,似乎是有意为之,颇为引人瞩目。罗藏(Rauzan)神甫认为"整部宪法就是一桩弑君行为",而约瑟夫·德迈斯特(Joseph de Maistre)在1809年出版、1814年再版的《论政治宪法的根本原则》中否认成文宪法的正当性,认为假如没有人类社会的常识、信仰和非成文法,成文宪法将形同虚设。同时,他们抨击1814年宪章中的英国因素,认为它们和法国传统格格不入,宣称要"始终坚持做法国人,而不要做英国人"。维特罗勒男爵和蒙特洛西埃伯爵则试图贬低宪章的新颖性,坚持它应当建立在旧制度的基础上。时任加隆省参事,后来担任查理十世之首相的约瑟夫·德维莱尔为对大革命与帝国作出的让步感到愤怒,他也为宪章拥有的英国风格感到遗憾。此外,路易十八的大臣孟德斯鸠公爵则毫不避讳地说,1814年宪章不过是"一种为恢复旧制度或绝对君主制的过渡手段"。

因此,我们也就不难理解,围绕1814年宪章及其精神,笃信大革命进步的自由派和主张恢复旧制度的保守派之间的斗争为何会贯穿复辟王朝始终。

三、路易十八的和解努力

波旁王朝复辟后,路易十八面临的最棘手任务就是实现法国社会的和解。一方面,要实现旧贵族和新社会的和谐,争取把各个派别团结在百合花的旗帜之下。另一方面,要与欧洲列强和解,尽可能地减少领土的损失,结束外国的军事占领,尽快督促反法联军离开法国领土。

欧洲和解的目标似乎很容易实现。在拿破仑逊位后,反法联军的领导人们保持了极大的善意。1814年5月30日,精明的塔列朗和各国君主或外交大臣签署了并不苛刻的《巴黎条约》。法国的版图恢复到1792年的边界,获得了菲利普维尔、马里昂堡、萨尔布吕肯、兰道等军事要塞,保留了萨伏伊的大部分地区(如阿讷西和简贝里)以及孔塔-弗内森、蒙贝利亚尔公国和米卢斯共和国。此外,它的殖民地也没有损失多少,只有英国攫取了圣卢西亚、多巴哥和毛里求斯,西班牙抢夺了圣多明各。在6月2—5日期间,欧洲各国君主纷纷打道回府,他们的军队也很快撤出了法国。

相对而言,国内和解的目标则要难得多。在复辟之后,面临的首要问题是如何对待大革命与帝国催生的新社会。以阿尔图瓦伯爵为首的波旁家族成员对大革命原则充满仇恨。阿尔图瓦伯爵虽然辞去了监国的职务,但依然掌握着一支秘密警察部队。他的扈从中没有任何人曾经效忠过帝国,皆是仇恨新社会的极端派。昂古莱姆公爵夫妇仇恨和法国大革命有关的一切事物。整天声色犬马的贝里公爵也同样拒绝向新原则作出任何的让步。

路易十八并不信奉自由平等的原则,在内心依然虔诚地相信波旁王朝的正统性。但是,路易十八明智而审慎,他清楚地知道波旁王朝的未来命运取决于它是否能够适应新法国。他拥有良好的信息渠道,对于周围以及法国发生的事情了如指掌,牢固地掌握着国家权力,并能够有效地约束伺机报复的极端派。路易十八真心实意地接受了元老院宪法中的宽容法令。对于昔日的帝国精英,他更多是安抚而非镇压。绝大多数的革命分子和帝国元勋基本上都能安然无恙地生活在法国,不少人还能得到路易十八不计前嫌的重用。对于路易十八表现出来的克制,斯塔尔夫人也是赞不绝口:"在十个月内,没有出现过任何非法的没收、流亡和逮捕:在摆脱15年暴政后,这是多么大的进步啊!"

同时,由于知道波旁家族的出身就足以确保自身统治法国的合法性,因而他很少谈及或证明国王的权力,而是不断地宣扬和平的好处和宪章的优点。路易十八宣称自己是臣民的父亲,在6—8月的公开演说中,反复宣称"照料"臣民的责任。在接见来自全国各地的国民自卫军代表团时,他也温情脉脉地指出:"从此以后,你们可以依靠我的照料。"同样,在巴黎慈善局,他同样表示:"我的所有臣民都能平等地获得我的照料。"复辟王朝初期,路易十八宣称自己的座右铭是:"和平、安宁与遗忘。"基佐对此赞赏道:"自从 25 年以来,人们从来没有谈论过和平。"①

为了赢得法兰西民族的认可,复辟王朝还必须得承认自由。在经过拿破仑的十年专制统治后,几乎所有人都认为迎来了自由的时代。在第一次复辟期间,宗教获得了实在的自由。出版审查也明显要比帝国宽容得多。基佐在比较大革命、帝国和复辟王朝后得出结论说:"在大革命时期,人们彼此攻讦;在帝国时期,人们保持沉默;复辟王朝则把自由注入了和平。"②

路易十八和解的努力也表现在第一届政府吸收了各种政治倾向的人士。内政大臣是温和的保皇党孟德斯鸠神甫;外交大臣塔列朗、财政大臣路易男爵、警务大臣博诺、陆军大臣杜邦、海军大臣马卢埃皆是帝国精英;司法大臣当布雷在旧制度时期任职于巴黎高等法院,邮政大臣费朗和王室总管布拉卡曾经长期伴随路易十八流亡;只有政府秘书维特罗勒属于极端保皇党。与此同时,第一次复辟时期的行政部门也保持了惊人的连续性。路易十八及其大臣们不计前嫌,还任命或继续沿用了帝国的行政精英。罗雅克拉尔被任命为国王图书馆的馆长,前警察局长帕斯基耶任路桥局长,伯努瓦(Benoist)任乡镇管理局局长,而拿破仑时期教育总署的青年教授基佐则被任命为内政部秘书长。在保皇党的眼里,这些人都值得怀疑。实际上,他们不折不扣地执行路易十八确定的政策精神:遗忘与宽容。

和 19 世纪许多新生的政权不同,第一次复辟并没有出现大规模罢免前朝官员、擢升朋党的现象。路易十八的政府基本上保留了帝国时期多数的省长、市长、法官、检察官、将军与元帅,积极发挥他们的才干与经验。譬如,在路易十八新任命的 43 名省长当中,31 名是拿破仑的官僚,

---

① Emmanuel de Waresquiel et Benoît Yvert, *Histoire de la Restoration 1814 – 1830*, Paris: Perrin, 2002, p. 67.

② Emmanuel de Waresquiel et Benoît Yvert, *Histoire de la Restoration 1814 – 1830*, Paris: Perrin, 2002, p. 68.

流亡贵族只有 7 名;拿破仑政权的 141 名元老院代表中有 87 名入选复辟王朝的贵族院,而且还不包括另外 15 名帝国元帅或将军,而旧贵族的数量不过 54 名。[1] 罢免帝国官僚异常罕见,最高法院拥有 49 名法官,只有 9 人因为弑君罪而被罢免。此外,在法国大革命和帝国期间得到强化的中央集权机器也几乎被全盘接收。对此,维特罗勒指出:"突然彻底改变王朝、体系和国家的复辟王朝,却几乎没有带来人事的变动。这是史无前例的事情。"富歇也不无揶揄地说,路易十八睡在拿破仑的卧榻上。

在大革命期间因出售国家财产和帝国的战争生意而大发横财的资产阶级也欢迎波旁王朝的复辟。因为复辟王朝承诺保障他们的财产、职位和爵位,并给他们带来了翘首以盼的和平。因此,邦雅曼·贡斯当、拉法耶特等自由派称赞正统王朝,也就不令人意外了。青年夏尔勒·德雷米扎的态度颇具有典型性:"我并不认为波旁家族的复辟将会肢解革命,相反,我把他们的回归看作是革命原则的部分胜利。"[2]

尽管路易十八的和解意图颇为真诚,但其政府采取的若干政策却收到了南辕北辙的效果。

经过长达 25 年的革命动荡与帝国战争,法国财政陷入窘境,赤字高达 7.58 亿法郎。作为杰出的财政家,财政大臣路易男爵竭力偿还债务,避免宣布破产而损害复辟王朝的信誉。为此,他实行严格的财政收支平衡政策。

一方面,为了增加国库收入,路易男爵削减国家持有的地产,出售 30 万公顷的森林(多数属于教会的财产),以充实国库。同时,他保留了拿破仑在 1805 年创设的、很不受欢迎的联合税。根据路易男爵的估计,1814 年间接税金额是 6.15 亿法郎,1815 年的间接税将上涨到 10 亿法郎(其中酒税是 5.5 亿)。在法国陷入财政困境之际,路易男爵只能继续保留间接税。然而,这就违背了阿尔图瓦伯爵在进入巴黎时要将之取缔

---

[1] Bertrand Goujon, *Monarchie Postrévolutionnaires 1814 – 1848*, pp. 54 – 55.

[2] Emmanuel de Waresquiel et Benoît Yvert, *Histoire de la Restauration 1814 – 1830*, p. 74.

的承诺,导致普通民众倍感失望,这是他们在拿破仑卷土重来时袖手旁观的重要原因之一。

另一方面,路易男爵竭力缩减政府开支。路易严格的预算政策迫使各部大刀阔斧地削减预算,陆军部的预算遭受的冲击尤为严重,从 4.46 亿下降到 2 亿。陆军大臣杜邦不得不解散了五分之三的帝国军队,遣散 1.2 万名军官,并且只提供一半的薪金。路易男爵的财政紧缩政策尽管在经济上无可厚非,却让复辟王朝为此背负了沉重的政治代价。成千上万的帝国军官与老兵们不会原谅新政权剥夺其福利的做法。他们变成了波旁王朝最坚决的反对者,他们怀念帝国的荣耀,并在民众当中宣扬拿破仑的神话。

路易十八虽然不遗余力地促进法国国内的和谐,却难以遏制内心对旧制度的眷恋。他尽管知道无法重建旧制度的社会结构,但至少也要恢复波旁君主昔日的尊严与荣光。在出现严重赤字的情况下,路易十八依然给自己和亲王们分别争取了 2 500 万和 800 万的俸禄。波旁家族的俸禄数量远不及拿破仑家族,但他们恢复奢华的做法却引起了人们的嫌恶。他的宫廷完全按照旧制度的方式组建。在宫廷里设置了负责国王生活起居、宗教祭祀、节日活动以及娱乐嬉戏的宫廷总管、王室主祭和侍寝大臣等官职。这些仿佛似乎告诉人们,波旁王朝在法国的统治从未有过任何的间断与动摇。或许是吸取了路易十六在革命期间只有瑞士雇佣军护卫的教训,路易十八组建了一支 6 000 名的御林军,包括火枪队、轻骑兵团和警察团等兵种。它们的成员主要从支持复辟事业的流亡权贵和各省小贵族的子弟中选择,少数名额向富有家庭的儿子开放。譬如,第二共和国的未来领导人拉马丁也曾经是其中的一员。他们身着华丽的制服,领受丰厚的年金,并且趾高气扬。这让无一人入选的帝国老兵感到异常的羡慕和痛恨。在宫廷、圣日耳曼街区以及图卢兹、埃克斯、南锡、贝桑松等外省城市的沙龙里,帝国的精英们遭到旧贵族的蔑视与嘲讽,这也加深了新旧精英们的矛盾。

在教会的支持下,复辟王朝大肆举行祭祀活动,尤其是哀悼在大革

命期间被杀的路易十六和玛丽-安东瓦内特。在下葬路易十六和玛丽-
安东瓦内特的马德莱娜墓地上修建教堂;1815 年 1 月 21 日(1793 年 1 月
21 日,路易十六被送上断头台),将他们的遗骸迁入法国王室在圣德尼的
墓地。玛丽-安东瓦内特在贡赛尔热监狱和卡尔姆监狱的囚室也被神圣
化,还在法国革命的行刑场所——协和广场建立纪念碑。另一方面,组
织庄严肃穆的纪念活动,哀悼革命的受害者,并要求整个民族为对波旁
王朝犯下的罪行忏悔。1816 年,将 1 月 21 日设为国殇日,要求法国各地
举行哀悼活动。同时,作为路易十六和玛丽-安东瓦内特的唯一女儿,昂
古莱姆公爵夫人还在罗马积极斡旋,试图推动教廷将其在革命期间去世
的弟弟即路易十七封圣。

作为回报,复辟王朝增加教士的俸禄,并派遣圣马洛的前主教库尔
图瓦·德普雷西尼(Cortois de Pressigny)到罗马,协商签订新的教务专
约。在费什大主教创办的修道院成长起来的新一代教士支持下,天主教
会的影响与日俱增,不仅取得了创建修会和学校的自由,而且也加强了
对社会道德的监督。1814 年,警务大臣以罚款为威胁,禁止商店和咖啡
馆在晚上八点以后营业。公共空间也成为天主教会争夺的对象;在宗教
游行之际,所有个人(包括新教徒)都必须粉刷外墙。1814 年 8 月 15 日
(8 月 15 日是拿破仑的生日,是帝国时期最重要的节日),复辟王朝举行
了声势浩大的纪念路易十三的仪式,王公贵族和文武百官都参加了纪念
活动。由此,也催生了反教权主义的怒火。

此外,自认为对波旁王朝复辟有功的旧贵族纷纷要求国王恢复昔日
的特权,或者重新分封新的权利。落魄的外省贵族在表达对路易十八的
热爱同时,也纷纷请求恩赐"职位、年金、绶带"。然而,职位少,申请众,
所以失望者也多。不少旧贵族在意识到自己的愿望无法达成时,就变得
愤怒。6 月 10 日,骑士圣-艾尼昂(Saint - Aignan)向布拉卡抱怨说:"弑
君者……波拿巴派的坏蛋们获得了职位、爵位、年金;我却要在自己君王
的门口乞求获得我应得的奖赏,不得不花费大量的时间探寻门路偿还债
务。"和圣-艾尼昂一样,许多外省贵族在发现自己一无所获后,开始后悔

来到首都,并抱怨国王的忘恩负义。

这一切都让越来越多的人对复辟王朝感到失望,同时也让许多人忘记帝国战争给他们带来的灾难,开始怀念帝国时代的伟大与荣耀。自从1815年初开始,法国各地出现了拿破仑即将回国的谣言。在贝里公爵视察北部,昂古莱姆公爵视察西部时,都出现了反波旁王朝的情绪。只要有诱因,就足以引爆由复辟王朝的政治决策所引发的愤怒。

四、百日政变的混乱

1815年2月26日,拿破仑带领700名士兵离开厄尔巴岛。3月1日,拿破仑在普罗旺斯海岸登陆。在登陆法国后,拿破仑呼吁军队效忠自己:"士兵们,请你们站到你们领袖的旗帜之下。他的存在取决于你们[⋯⋯]他的利益、荣誉与荣耀就是你们的利益、荣誉与荣耀。胜利将走向坚定的步伐;在民族三色旗的陪伴下,帝国鹰将从一个钟楼飞到另一个钟楼,最终将抵达巴黎圣母院。"不过,此时的拿破仑只是一个冒险家,并不确信自己能得到帝国士兵和人民的支持。所以,他不敢贸然从罗讷河谷出发,而选择转道阿尔卑斯山区。当地农民由于害怕复辟王朝恢复封建税收以及什一税,把拿破仑看作是解放者。

由于事出突然(3月5日,政府才获得消息,7日《导报》宣布消息),并且波拿巴主义在阿尔卑斯地区获得有力支持,拿破仑受到热烈欢迎。人们高呼"打倒教士,打倒贵族"。拿破仑的进军势如破竹。3月3日,抵达卡斯特拉纳;3月6日,抵达加普;3月7日,抵达格勒诺布尔,马尔尚(Marchand)将军率领步兵团投靠旧主,拉贝杜瓦耶(La Bédoyère)将军也领军加入。在格勒诺布尔,拿破仑发表了一次热情洋溢的演说:"士兵们,我和一群勇敢的人来到你们这里,因为我信任人民,信任你们。波旁的王位是非法的,因为它并非由国民产生。问问你们的兄弟,问问周边的居民;你们就能从他们的口中知道真正的处境如何。他们因为你们曾经成功解除的什一税、特权、封建税收以及其他所有弊端死灰复燃而受到威胁。"

对拿破仑而言,占领格勒诺布尔是一个重要的转折点。他后来回忆说,"在抵达格勒诺布尔之前,我是冒险家;在到达格勒诺布尔后,我又变成了君王"。

同时,保皇党阵营内部出现了混乱,顿时谣言四起。官方媒体夸夸其谈,吹嘘波旁政府能够轻易击败"厄尔巴岛的匪徒"和"科西嘉的老虎";邦雅曼·贡斯当也在3月19日的《辩论报》上将之比喻为阿提拉和成吉思汗。面对拿破仑的卷土重来,复辟王朝也试图殊死搏斗。王室成员被紧急派驻法国各地:阿尔图瓦伯爵和奥尔良公爵驰援里昂,昂古莱姆公爵被派到南方,而昂古莱姆公爵夫人则前往波尔多。

为了赢得舆论的支持,路易十八在孟德斯鸠神甫的督促下,在3月6—7日采取了若干自由措施,并任命拉法耶特为国民自卫军司令。同时,他召开特别议会,宣布波拿巴是"叛国者",不受法律保护。3月9日,路易十八重新征召曾经给予半薪的军官,命令他们阻止拿破仑。此举无异于火中取栗,表明波旁王室是多么的缺乏远见,竟然将自己的命运托付于断然不可能效忠于它的军队,其军事结果也就可想而知了。

3月10日,拿破仑占领里昂,而驻防于此的阿尔图瓦伯爵和奥尔良公爵不得不仓皇出逃。翌日,拿破仑在里昂市政府发表演说,承诺"在国民的全体代表帮助下,制定一份永远保护法国人的自由与权利的家庭契约",并宣布在5月份举行选举,产生负责"修正与改革"帝国宪法的立法机构。

3月13日,拿破仑抵达马孔,省长日耳曼·德蒙福尔通(Germain Montforton)望风而逃。3月11日,路易十八罢免陆军大臣苏尔特,却代之以另一个帝国元帅——克拉克·德费尔特。3月13日,路易十八试图孤注一掷,在乱作一团的议会里,宣称1814年宪章是维持王国安宁、团结所有法国人的"神圣旗帜",并宣誓以死捍卫它。在路易十八发表演讲后,巴黎的报纸喝彩一片,国家重要机构也纷纷请愿。但即便如此,还是难以调动法国人抗击拿破仑的热情:在巴黎,波旁王朝只能动员500名国民自卫军。

　　3月18日,拿破仑抵达欧塞尔,遭遇了内伊元帅。内伊元帅深受波旁家族的恩宠,被任命为第6军团的司令和法国贵族院的代表。在出征前,内伊元帅向路易十八承诺,要将"篡权者关进铁笼子"。可是,一见旧主子,他立刻宣布改旗易帜。内伊的倒戈彻底葬送了波旁王朝在军事上击败拿破仑的希望。

　　3月19—20日的凌晨,国王不顾为1814年宪章牺牲的承诺,决定离开巴黎,前往以保皇主义著称的里尔。在若干朝臣的陪同下,路易十八在马尔蒙将军的保护下逃往诺尔省;到达阿布维尔时,他只剩下几百人马。3月25日,国王离开法国边境,抵达奥斯坦德;他决定首先前往英国,最后抵达根特。在此,他密切关注法国政局的变化,期待波旁王朝风云再起。

　　3月20日,即在路易十八离开巴黎几个小时后,拿破仑抵达巴黎。为了赢得支持,拿破仑颁布了若干自由化的措施,如取缔出版审查。同时,他任命自由派的象征人物邦雅曼·贡斯当,由他起草了《宪法补充条款》,增加一些保障个人基本权利的条款,确认出版自由、宗教自由,设置陪审团,实行法官终身制,等等。对于拿破仑的妥协行为,宣布效忠帝国的精英们并不抱有任何幻想。警务大臣富歇的态度颇具典型性:"这个人什么也没有改变,会重新变成专制者,希望征服,并变得更为疯狂……整个欧洲将打垮他,而他无法反抗,他的统治不会超过四个月。"法国自由派奥迪隆·巴罗回忆了时人对《宪法补充条款》的普遍态度:"法国同意在战场上追随作为将军的拿破仑;但它并没有同等的意愿随他重建帝国;它重新品尝了自由的滋味,而且不想放弃它。宪法补充条款引起了激烈乃至普遍的反对。"①

　　对卷土重来的拿破仑,联军始终明确反对。3月13日,拿破仑登陆法国仅仅六天,反法同盟国家便在维也纳召开会议宣称:"由于撕毁了定居在厄尔巴岛的契约,拿破仑·波拿巴损失了其唯一合法存在的权利;

---

① Odilon Barrot, *Mémoires Posthumes de Odilon Barrot*, tome Ⅰ, troisiéme Editions, p. 31.

由于重新返回法国,他已经置身于法律与社会的关系之外;由于变成了破坏世界安宁的敌人,他将接受公开审判。"3月25日,英、俄、普、奥等国重申联盟关系,并决定动员50万的军队,对拿破仑的法国实行封锁。

面对反法联军再次进攻的危险,拿破仑做两手准备。一方面,他主动向欧洲各国示好,强调自己希望维护和平。4月4日,他写信给反法联军的各国君主,表示自己"无意树敌,只想要和平的好处"。在看到各国君主坚决拒绝和他建立任何形式的联系,和平谈判无望后,便试图离间他们的关系。3月21日,科兰古把塔列朗和奥地利、英国签订,旨在遏制俄罗斯的一份秘密合约的副本转交给俄国外交专员,但并未取得预期的结果。另一方面,他也积极准备战争。在3月21日和4月15日期间,帝国报纸连篇累牍地宣称:"战争并不可怕。"3月28日,拿破仑颁布法令,宣布征兵动员。但由于怕激起民众的反对,4月9日才颁布该法令。4月10日,他动员20—40岁的国民自卫军。此外,他还加强了边境城市和巴黎的防御工事。5月份,4 000名巴黎人参与修筑防卫蒙马特和贝尔维尔的工事。然而,拿破仑的战争动员并没有得到所有人的赞同,征兵也不顺利,逃兵事件时有发生。在路易十八的代理人鼓动下,旺代再次叛乱。马赛等城市也公然反对。为了避免事态的进一步恶化,各省都成立了由督军、省长和总检察长组成的高级治安委员会,严厉实行革命立法,惩罚逃兵。费了九牛二虎之力,拿破仑才在6月初召集了大约50万的军队。

5月12日,整个欧洲向拿破仑宣战。英国的威灵顿公爵拥有10万整装待发的战士,普鲁士的布吕歇尔元帅有12.5万人,此外还有60万盟军随时准备投入战斗。拿破仑迅速率领军队开赴比利时,在革命圣地热马普附近打败布吕歇尔。但在6月18日的滑铁卢会战中,拿破仑战败,由此推倒了帝国坍塌的第一块多米诺骨牌。6月21日,拿破仑回到巴黎准备征募新兵;6月22日,富歇说服他逊位于罗马王。至此,拿破仑的第二次统治前后持续100余天,故而称为"百日政变"。

第三节　波旁王朝的再度复辟

一、第二次复辟

在百日政变期间,路易十八始终坚信自己仍然是法国的国王,在英国冈德的小朝廷依然正常上朝。但是,法国未来的命运并不掌握在他的手里,和 1814 年一样,他是否能重新担任国王,仍然需要反法联军的国王或者统帅拍板决定。

实际上,沙皇亚历山大一世继续对路易十八持保留态度,认为奥尔良公爵(即未来的路易-菲利普)是一个理想的人选。4 月 13 日,塔列朗曾经把沙皇的原话秘密汇报给路易十八:"他是法国人,他属于波旁家族,他娶了一个波旁家族成员,他拥有儿子。他在青年时期曾经支持宪政事业,扛起人们永远不会抛弃的三色旗。他能团结所有的党派。"①不过,英国主帅威灵顿公爵力排众议,主张法国仍然应当由路易十八统治,但他也施压后者,要求重新起用已经失宠的塔列朗。

处境艰难的路易十八立刻接受了威灵顿公爵抛来的橄榄枝,组建了以塔列朗为首的新政府。1815 年 6 月 22 日,塔列朗重新扮演了其在维也纳会议上的角色,充当联军协调人。6 月 28 日,路易十八在康布雷发表声明,承认自己在第一次复辟期间犯下的错误,承诺尊重宪章原则,大赦"迷失的臣民",驱逐"叛乱的煽动者"。7 月 6 日,国王在圣德尼接见富歇,重申了其警务大臣的职务。对于路易十八重新起用富歇的做法,夏多布里昂说过一句名言,"罪恶假借罪犯之手"。

7 月 8 日,路易十八在反法联军战车的保护下,进入巴黎;在首都的各个城门,驻扎着 15 万的军队。在塞纳省长沙布罗尔(Chabrol)的欢迎下,路易十八进入了几分钟前才挂起白旗的城市;在城市和郊区的道路两旁,人们冷若冰霜。

---

① Emmanuel de Waresquiel et Benoît Yvert, *Histoire de la Restauration 1814 - 1830*, p. 126.

　　路易十八再次复辟后,面临的首要任务是和反法联军签订和平条约,并尽快督促他们离开法国。然而在此时,反法国家提出的要求要比1814年苛刻得多。普鲁士要求割走阿尔萨斯、洛林、佛朗德以及香槟与弗朗什-孔代的一部分。奥地利、德意志的其他城邦以及荷兰都支持普鲁士的做法。1815年9月,战胜国将一份惩罚性的协定草案递交给法国政府。以"不做法国人民不愿做的事情"为办事原则的塔列朗意识到法方不会有多少讨价还价的余地,于是他干脆拒绝这一协定,随后又毫不犹豫地辞去首相职务,从而将难题和骂名留给了继任者。

　　1815年10月,路易十八任命深孚众望的黎石留公爵(1766—1822年)为首相。新首相是黎石留元帅的孙子、伟大的枢机主教黎石留的侄孙。在革命前,他曾经加入王后玛丽-安东瓦内特的龙骑兵团,充当路易十六的首席侍寝官。1790年,黎石留奉王后之名,前往维也纳,和奥地利皇帝约瑟夫二世交换革命形势的发展。在后者猝死后,黎石留昼夜星驰地赶往法兰克福,参加新皇列奥波德二世的登基大典。随后,黎石留先后参加忠于波旁王室的流亡军队和反法的奥地利军队。对于波旁家族,他可谓忠贞不贰。与此同时,他和沙皇亚历山大一世也保持亲密往来。在1784年和1790年两次参加俄国军队,征伐奥斯曼帝国。在1794年奥地利领导的反法战争中,他已经被俄军擢升为上校。为此,其在法国的财产也遭到了国民公会的没收。1803年,他被新沙皇亚历山大一世任命为敖德萨和新俄罗斯的总督,表现出了非凡的管理天才,把原本荒无人烟的地方发展成为俄罗斯最为繁荣的地区之一。然而,他的缺点是长期流亡国外,并不熟稔1789年以来已经发生巨变的法国。对此,塔列朗不无嘲讽地说:"这是最熟悉克里米亚的法国人!"

　　黎石留公爵也认为自己不熟悉法国,曾经对担任法国首相的提议犹豫不决。黎石留公爵为人正派,严于律己,胸怀理想,主张用指导其私人道德的原则处理政治,拒绝阴谋、背叛、投机和报复的激情。然而,他性格腼腆,犹豫不决,不懂权术,还是一个糟糕的演说者。在纷繁复杂的1815年,这样的人既是一个优势,也是一个问题。说他拥有优势,是因为在四分五裂的政治社会里,他不属于任何阵营;说他是一个问题,则是因为他缺乏稳定的支持者。

黎石留公爵的性格决定了其温和的执政风格和组阁原则。他审慎地对待各派的政治激情,长期信赖德卡兹等明智的顾问。他在任命内阁成员时,基本遵照平衡各派政治势力的原则。他任命极右派德费尔特为陆军大臣,迪布夏热(Dubouchage)为海军大臣,沃布朗斯(Vaublance)为内政大臣,任命路易男爵的学生科尔维多(Corvetto)为财政大臣,巴尔贝-马尔布瓦为司法大臣,任命国王的宠臣德卡兹为警务大臣。黎石留政府的建立并没有引起混乱,反而受到各家报纸的欢迎。9 月 29 日,保皇党报纸《法兰西公报》(Gazette de France)评论道:"希望取代了焦虑。"和德卡兹立场相近的《辩论报》则声明:"德黎石留的名字本身就是一个好兆头,能让人产生最幸福的希望。"极端派的报纸《黄色矮人》(Le Nain Jaune)也表示:"今天才是君主制复辟的日子。……这是让人们睁开眼睛,目睹妥协制度之弊端的第一步。"①

黎石留公爵掌权后,面临的棘手任务首先是与各国列强缔结和约。俄国对法国的态度最为友好,其外交大臣卡波·迪斯特里亚(Capo d'Istria)宣称:"各国拿起武器反对波拿巴时,并没有把法国当作敌对国;所以,它们不能行使征服的权利。"沙皇亚历山大坚决反对普鲁士肢解法国的方案。威灵顿公爵以及英国全权大使卡斯尔雷非常敌视法国,却更懂政治、更为理性。他们深知,严重削弱法国只会导致法国人陷于绝望,并由此给法国和欧洲带来新的灾难。所以,他们并没有代表英国提出过分的要求,而是竭力保持欧洲大陆的均势。

1815 年 11 月 20 日,比 1814 年条约更为苛刻的和约被签订。和约规定,法国的国界恢复到 1790 年,菲利普维尔、马里昂堡和布永公国割让给荷兰,萨尔路易和萨尔布吕肯割让给普鲁士,而萨伏伊割让给撒丁王国,战争赔款 7 亿法郎,5 万外国军队占领法国,每年军费 1.5 亿法郎。

---

① Francis Démier, *La France de la Restoration* (1814 – 1830), p. 157.

与 1814 年条约相比,新和约的条款明显要苛刻许多,巨额赔款以及外国军队在占领法国期间的野蛮行径给法国人带来的沉重负担和巨大的耻辱感无疑是波旁王朝不得人心的重要原因。

在签署和约的当天,俄、普、奥与法四个国家重新签署了双边条约,目的是维持波旁王朝在法国的存在,希望永久消除拿破仑及其家族的威胁。它们将定期举行议会,维持其所说的"欧洲秩序"。这就是众所周知的"神圣同盟"。在沙皇的提议下,它们把基督教原则作为处理内政和外交的准则,并自视为基督教大家庭的成员。四国的君主自命为上帝的代理人,宣称基督教民族只以耶稣基督为君主。同时,结盟的国家也建议法国政府要保留宪政制度。它们认为,无论是维护公共和平,抑或抵制百日政变参与者的报复,维持宪章都颇为必要。

面对如此丧权辱国的条约,黎石留公爵也试图仿效前任塔列朗,决计提出辞呈。但在老泪纵横的路易十八苦苦哀求下,他没有挂冠而去。他绝望地签署了和约,并将其提交给议会。帕斯基耶回忆了 10 月 2 日法国内阁会议令人心碎的一幕。黎石留公爵瘫倒在椅子里,战栗地说道:"我的名誉扫地了! 我刚刚完成的事情足以把我自己送上绞刑架了! 我为什么要回到不幸的祖国啊? 哪怕在亚洲腹地死亡也要好上百倍!"

虽然黎石留认为列强施加给法国的条约不平等,但他认为法国应当遵守约定,履行割地和赔款的义务。对他而言,当务之急就是要尽快偿清战争赔款,从而缩短外国军队占领法国的时间。

二、白色恐怖

路易十八在抵达巴黎不久就解散了在 5 月份选举产生的帝国议会,并规定在 8 月举行重新选举。他的目的是要获得一个拥护波旁政府的多数派。在 1815 年 8 月选举中,保皇党大获全胜。

结果是史无前例的:从各省(阿尔萨斯是自由主义的活跃地,倒是一个例外)的投票箱下诞生了"无双议会"。在 395 名议员中,只有 33 人参加过 1814 年的议会,17 人参加过百日政变的议会。多数议员是政治新人,旧制度的贵族比例很高。在 402 名代表当中,有 350 名极端派。在 10 月 7 日的议会开幕式上,路易十八兴奋不已:"我们拥有了一个真正举世无双的议会。"在法国历史上,此届议会被称为"无双议会"。然而,"无双议会"并没有遵循路易十八的温和立场,要求用"手铐、脚镣、刽子手、酷刑"来对付旧制度的敌人。在"无双议会"的主导下,法国掀起了令人不寒而栗的"白色恐怖"。

拥护帝国的领导人,尤其是在百日政变期间背叛了波旁王朝的领导人成了众矢之的。拉弗莱特在百日政变期间担任邮政大臣,被控为拿破仑的复辟铺路,所以被送上了绞刑架。临阵倒戈的内伊元帅更是遭到了疯狂打击。波旁政权建立一个由若干元帅和将军组成的陆军委员会,对内伊的叛变行为进行调查。该委员会由 7 名元帅与将军组成,其中有 5 人在百日政变期间服役于帝国的军队。它的主席蒙塞元帅写信给路易十八,为内伊元帅辩护,并建议他实行宽容、和解的政策:"陛下……绞刑架绝不能带来朋友。对于那些经常面对死亡的人而言,死亡可怕吗?难道联军要求法国屠杀(immoler)最杰出的公民吗?……难道他们希望通过让那些令他们蒙羞的人掉脑袋,使您的臣民厌恶您吗?……什么!我将看到在贝雷齐纳拯救了军队,拯救了如此多法国人的人赴死吗?……不,陛下。即便我无法拯救我的国家或我的生命,我至少要拯救它和我的荣誉。"[1]陆军委员会的多数成员同情内伊的命运,很快宣布自己无权审判。

贵族院接过了审判内伊元帅的任务。与其说它组建了一个法庭,倒不如说它组建了一个群情激昂的政治议会。内伊元帅宣布自己放弃辩护,准备赴死。作为联军领导人,英国的威灵顿公爵也出席了审判,异常钦佩内伊元帅的勇气,表示后者在百日政变期间为法国作战的经历并不属于叛国行为。最后,内伊元帅被判有罪。在适用刑罚的问题上,贵族院出现了分歧,17 票主张流放,5 票弃权,139 票赞成死刑。在判决作出

---

[1] Henri Martin, *Histoire de France depuis 1789 à nos jours*, tome 4, Paris: Jouvet et Cie, 1885, p. 214.

后,内伊高喊:"我在祖国面前抗议惩罚我的判决;我把自己交给后世和上帝审判! 法兰西万岁!"[1]面对处死内伊的行为,公共舆论出现了泾渭分明的态度。一些人宣称内伊元帅是烈士,另一些人则接受严惩叛徒;一些人要求公开处决罪犯;还有一些人则要求恢复他令人尊敬的荣誉。

在无双议会的压力下,内阁提交了一份创建特别法庭的法案,旨在惩治政治罪行。司法大臣巴尔贝-马尔布瓦向国王坦承自己为此项法案感到脸红,但还是不得不向议会提交它。这些法庭就是臭名昭著的"重罪法院"(cours prévôtales),它们从各省首府的法院选择 1 名主席和 4 名法官,并吸收 1 名军官组成,承担预审工作。该法案得到两院的一致通过。重罪法院专门打击在 3 月 20 日支持拿破仑复辟的人。它们受到复仇情绪的左右,并导致尼姆、蒙彼利埃、图卢兹、阿维尼翁和波尔多等南方城市出现了血腥的屠杀。奥迪隆·巴罗把 1815 年和 1793 年相提并论,认为"白色恐怖和红色恐怖无甚区别"[2]。保皇党人趁机大肆搜捕波拿巴派和革命分子。拿破仑的妹夫缪拉将军被逮捕后,经过草率的审判,就被枪毙了。

极端派不仅把复仇的矛头指向帝国的将领与追随者,也把愤怒的情绪宣泄在法国大革命的支持者身上。1815 年 1 月 12 日,颁布一项法律,流放"弑君者",即要流放投票赞成处死路易十六的国民公会分子。面对甚嚣尘上的报复行为,许多前革命派顾不得年迈体弱,仓促出售法国的财产与住所,被迫流亡国外。一些在大革命和帝国期间立下汗马功劳的著名人士,如西耶斯、卡尔诺、康邦(Cambon)、巴雷尔、梅兰·德杜埃(Merlin de Douai)、画家路易·大卫、蒂里奥(Thuriot)、康巴塞雷斯、马雷(Maret)、萨瓦里(即罗维戈公爵)、苏尔特元帅、格鲁希元帅以及克洛泽尔、德鲁埃·德埃尔隆(Drouet d'Erlon)、旺达姆(Vandamme)、艾克塞尔曼斯(Excelmans)、穆通(即洛博伯爵)等人被迫流亡国外,卡尔诺等人

---

① Henri Martin, *Histoire de France depuis 1789 à nos jours*, tome 4 , p. 217.

② Odilon Barrot, *Mémoires Posthumes de Odilon Barrot*, tome Ⅰ , troisiéme Editions, p. 51.

也因此悲惨地客死异乡。比利时的布鲁塞尔顿时成为前革命党人的流亡大本营,西耶斯、路易·大卫等人皆栖身于此。但也有法国学者指出,反对派可能出于政治目的,有意夸大了极端派的报复行动。譬如,在1815 年底,巴黎和圣米歇尔山的监狱有 30 000 名政治犯;在 6 000 个依据特别法审判的判决中,多数人只被判处轻微的罚款。至于重罪法院,它们只作出了 237 个纯粹政治性的判决,而非如亨利·乌赛(Henry Houssaye)所说的 8 000 人,多数案件只是在处理流浪、暴力盗窃、武装走私、贩卖假币。

同时,保皇党还成立专门的委员会,用于清洗军队内部同情革命与帝国的人士,确保它掌握在极端派的手中。帝国的军官被免职,只发给"半薪",相反,却为极端派保留了 600 个将军职位。极端派肆意罢免官员,在政府各个部门安插坚定的保皇党,而不考虑他们是否拥有才能或作过贡献。他们大批更换法官,企图建立驯服的法庭,法官终身制由此变得名存实亡。

在社会领域内,极端派也掀起一股逆流。3 月 21 日,路易十八下令重组法兰西学院,卡尔诺、蒙热(Monge)、格雷古瓦、拉卡纳尔(Lakanal)、加拉(Garat)、西耶斯、路易·大卫、莫里主教(Maury)被悉数除名。综合工科学校被解散,教育总署(l'Université)则落入天主教士的手中,小学教育由神甫把持。众议院在没有讨论的情况下,就通过了取缔离婚的法案,并得到了贵族院和国王的批准。1792 年,第一共和国宣布世俗离婚合法;拿破仑的民法提高了离婚的门槛,只允许少数情形的离婚。然而,1815 年的极端派并不是以哲学家或立法者的身份为个人和社会寻找最好的解决办法,他们禁止离婚只是为了满足党派的激情。众议院表决通过重新让教士注册登记公民身份的法律,批准每个教区的教士接受动产和不动产的捐赠。贵族院并没有追随无双议会的脚步,它作出了重要的限制:每一次捐赠都应当得到国王的批准。保皇党还试图消灭和大革命与帝国有关的事物。成群结队的保皇党在公共场合焚烧三色旗。1816年 2 月 22 日,人们在奥尔良的马尔特瓦广场堆积了许多象征帝国的绘画、图书、胸像和符号，极端派的省长和市长带头点火，付之一炬；包括身着红袍的法官们在内的所有官员和群众围绕熊熊大火，一起载歌载舞。

三、昙花一现的自由化

"白色恐怖"愈演愈烈，导致法国社会陷入严重的动荡，有些地区甚至还出现了公开反对复辟王朝的起义。1816 年 5 月 4 日，让-保罗·迪迪埃（Jean‐Paul Didier）在格勒诺布尔发动起义，有 500 名的军人和农民参加。这和路易十八追求的民族和解政策背道而驰。

在议会里，政治矛盾同样尖锐。1816 年 3—4 月，议会重新讨论修改选举法。在选举的纳税金额、投票方式、立法议会的任期等问题上，政府和极端派出现了严重的分歧。黎石留政府希望确立 300 法郎的纳税金额；极端派议员则认为，此举会加强自由主义色彩浓厚的中产阶级的影响，从而削弱他们掌握的多数。所以，他们主张把纳税金额降低到 50 法郎，以便把深受贵族影响的农民纳入选举团。同时，极端派坚持两级选举制度，每隔五年整体换届，而不是每年轮换五分之一。在面对路易十八以及黎石留政府时，极端派对 1814 年宪章作出了议会主义的解释，即要削弱王权，而偏重议会。

与此同时，极端派占据多数的"无双议会"也阻挠黎石留政府提出的各项政策。譬如，1816 年 4 月，为了解决百日政变后留下的财政烂摊子，政府建议以 40 万英亩的公共森林为抵押，发行为期三年的债券，消除赤字。然而，此份森林财产多数是革命时期没收的教会财产。在极端派看来，政府出售原本属于教会的森林不仅是在继续大革命的事业，也是在拒绝把国家财产返还给原来的主人。政府在出售森林问题上的失败间接导致了"无双议会"的终结。

事实上，反法联军也害怕极端派的过激行为会危及政权的未来，进而影响战争赔款的进度。他们冒着干涉法国内政的风险，通过威灵顿公爵，要求波旁王朝解散无双议会。在德卡兹的影响下，路易十八在 1816 年 9 月 5 日签署了解散法令，终结了"无双议会"的存在。

1816 年 9 月 25 日—10 月 4 日，重新举行立法选举。在德卡兹和基佐的精心准备下，复辟王朝创设了官方候选人制度。各省省长动员纳税选举人积极投票，并借助恭维、许诺或恫吓的方式，尽量帮助温和代表当选。国王也从亲内阁的人选中任命了众多选举团的主席。极端派全面溃败，他们只获得了 262 个议席中的 100 多个，而且主要是在西部和南部当选。由此，黎石留政府能够依赖由立宪保王党组成的议会多数。

黎石留公爵及其支持者希望维持王权和公共舆论的联盟，并把宪章视为最好的保障。他们认为，应当断绝王权和极端派的同盟关系。在当时，极端派尽管在议会是少数派，但在地方权力机构中却占据优势。由于对极端派的忧虑，以及对绝对权力的追求，路易十八尽可能地用新法国的代表们，用支持中央集权的温和帝国旧官僚取代极端派的大臣。譬如，1817 年 1 月，司法大臣当布雷让位于帕基耶（Pasquier）；1817 年 6 月，海军大臣迪布夏热让位于古维翁-圣西尔元帅，后者不久又被擢升为陆军大臣。与此同时，为了确保各级政府对国王的绝对忠诚，路易十八的宠臣德卡兹罢免或调离了极端派的省长们，并借助庞大的间谍网络，监督全国的官员。在 1816—1817 年走马上任的新市长们都必须宣誓效忠宪章和王国的法律。

在确保温和派牢固地掌握国家权力后，黎石留政府以及 1819 年上台的德卡兹抛出了三项重要的改革方案。

1817 年 2 月 5 日颁布了由信条派（Doctrinaires）的领袖罗亚-科拉尔和弗朗索瓦·基佐执笔的新选举法（所谓的“莱内法”）。它确立直接选举制的原则，把选举资格授予年龄超过 30 岁，缴纳直接税超过 300 法郎的人；同时，它规定选举地点设在省府而非区府的所在地，目的是限制贵族和极端派教士在地方的影响；国王有权任命选举团的主席；议会每年更换五分之一。以博纳尔、维莱尔、拉布尔多奈（La Bourdonnaye）以及卡斯泰尔巴雅克（Castelbajac）为代表的极端派鼓吹两级的间接选举，其立场实际上要比新选举法更民主。他们主张举行由每个市镇的全体男性成年公民参加的选举，但坚持对议员的资格设置更高的财产标准，将在各省纳税最多的 600 多人中产生。极端派的目标是要加强大地产贵族和普通民众的联系，以反对新兴资产阶级。信条派则认为，新兴资产阶级是秩序的守卫者，其拥有的财产（也是其能力的体现与保证）能让他们在选举中作出正确的抉择。自由派夏尔勒·德雷米扎表示，1817 年选举法是"把中产阶级变成领导阶级的法令"。

1819 年 5 月 26 日颁布新出版法（即塞尔法），大大放宽了出版审查制度。它取消了事先的审批程序，而只需要递交一份简单的申报即可；报纸的所有者应当缴纳 10 000 法郎的保证金；出版罪行从此以后由陪审团审理，而时人认为陪审团要比法官更为宽容。在议会辩论时，德卡兹在为它辩护时说，新的出版法将促进国王和民族建立紧密的联系，实现"民族的王权化和王权的民族化"。然而，这并不妨碍德卡兹对期刊进行三年的审查，不妨碍他通过把最新的消息提前透露给自由派政论家，或者把支持其政策的文章塞入报纸等做法操纵舆论。在这一点上，他的立场和黎石留完全相同，即在面对提出抗议的议会时，总是会坚定地捍卫王权。后者也认为，拙劣的文人会"毒害公共精神"。

此项出版法尽管在自由派看来不够进步，却得到了右派的默认，因为他们尽管并不赞同它所宣扬的自由原则，却由此看到了壮大自身的良好机遇。实际上，新出版法产生的结果也让其发起者感到意外。首相德卡兹在右边遭到了极端派报纸的攻击，在左面则遭到了巴黎与外省的自由派报纸的抨击。巴黎的自由派报纸有邦雅曼·贡斯当的《名声报》(La Renommée)，奥古斯丁·梯叶里和夏尔·迪努瓦耶(Charles Dunoyer)的《立宪报》(Le Constitutionnel)，罗亚-科拉尔和基佐的《法国信报》；里尔有《北方回声报》，而斯特拉斯堡也有《阿尔萨斯爱国者》。

同样引人瞩目的是，圣西尔兵役法获得了一致的通过。自从 1815 年拿破仑垮台，帝国军队被解散以后，复辟王朝只能保留数量有限的军队。1817 年末，国王的军队只有 117 000 人，数量不及帝国的三分之一。1814 年宪章取缔了征兵制，妨碍了军队的重建。1818 年 1 月，表决通过了陆军大臣圣西尔主导的法律，以抽签的方式，灵活地恢复了征兵制，并准许富人赎买兵役的替代者。此外,它创建了一支预备役军队,基本上由帝国的老兵组成,目的是要融合新旧军队。最后,它取缔了偏向贵族的旧体系,确立了所有人平等的新晋升体系,目标是创建一支"只存在职位高低,但无阶级差别"的军队。对于圣西尔法,极端派感到愤怒,批评它是"摧毁君主制的反攻倒算"。但圣西尔却指出,它有利于恢复法兰西民族的伟大,有助于实现"两支军队、两个民族"的和解。

新选举法、新出版法和圣西尔兵役法的通过是温和的王政派与自由派精诚合作的成果,是复辟时期自由主义取得的最大成果。然而,君主立宪制的自由主义尝试好景不长。1820 年 2 月 13 日晚,贝里公爵在巴黎歌剧院门口被马鞍匠卢维尔用匕首刺死。作为狂热的波拿巴主义者,卢维尔并非如时人或某些历史学家所说,是非理性的狂热信徒。在审判过程中,他宣称爱戴拿破仑,并认为自己的表现可以与古罗马暴君的刺杀者相提并论。

尽管路易十八以及德卡兹希望捂住消息,以便稳定社会局势,但贝里公爵遇刺的消息迅速传遍整个法国。最后,官方的《导报》不得不在 2 月 25 日发表确认的消息。贝里公爵遇刺的事件立刻引发了强烈的反应。

拿破仑复辟和"紫罗兰回归"的歌曲(波拿巴主义的象征)的谣言重新出现,有些共和派还把卢维尔称为"人权的信徒",认为"自由之手托起的一个英雄向暴君家族发起了致命的打击"。在鲁昂,12 个士兵在了解贝里公爵遇刺的消息后,高唱《马赛曲》。在阿登地区,拿破仑的旧军官高呼:"皇帝万岁!"极端保皇党则在贝里公爵的遇刺事件中看到了东山再起的希望。2 月 15 日,30 000 多人在贝里尸体面前游行,要求路易十八制定特别的法令,重新恢复政治秩序。在贵族派的沙龙里,人们认为德卡兹的自由主义倾向是 1793 年幽灵重现的罪魁祸首。反对首相的言论甚嚣尘上,众议员阿韦龙·德库塞尔格(Aveyron de Coussergues)控告德卡兹是犯罪的同谋。保皇党报纸也鼓吹相同的论调,夏尔·诺迪埃(Charles Nodier)在卢维尔的匕首上看到了"自由主义观念";夏多布里昂也控告,"握着匕首的手并不是最有罪的"。甚至,某些温和派也接受了极端派的论调,莱内愤怒地说道:"人们能够觅得谋杀贝里公爵的坏蛋,却无处寻找刺杀德卡兹的老实人。"

面对极端派的压力,德卡兹颁布了一些特别立法,重新确立严格的出版审查制度。在德卡兹的提议下,众议院讨论了一项新的出版法。它规定,所有期刊都需要事先审批,在巴黎和外省创建审查委员会;在违法的情况下,准许政府在法院作出判决之前停刊。即便如此,他也无法消除极端派的愤怒,阿尔图瓦伯爵等王室成员施压路易十八,迫使他罢免受其宠爱的德卡兹。惊惶不安的路易十八不得不重新起用黎石留公爵。

继德卡兹上台的黎石留公爵并没有一味地屈从于极端派的压力,而是希望继续推进前任与路易十八的和解努力,推行一种中右的政策。不过,为了缓和极端派的批评,黎石留公爵通过了新的选举法,实行"双重投票制":第一次是在选区投票,向纳税超过300法郎的所有人开放;第二次是在省选举团投票,其资格只留给各省纳税最多的人。在1820年11月4—13日的立法选举中,右派充分利用了新选举法,大获全胜。在430个议席中,左派只保留了80个,而极端派却获得了160个(其中75个是无双议会的成员),温和派获得190个。

右派的崛起迫使黎石留重新改组政府,吸收了极端派成员入阁,维莱尔和科比埃尔(Corbière)担任不管大臣,后者还从罗亚-科拉尔的手中获得王室公共教育委员会主席的职位。由于害怕夏多布里昂的影响,黎石留公爵任命他为法国驻英大使,巧妙地将之排挤出政府。然而,即便如此,黎石留政府仍然腹背受敌。对于维莱尔和科比埃尔的入阁,其他温和派大臣颇为不满,他们明确反对两人介入具体政务。极端派内部也出现分裂,以拉布尔多奈为首的议会多数对维莱尔并不买账。同时,维莱尔和科比埃尔也因为黎石留拒绝安排其期望的职位而对内阁发难,最后被首相免职。黎石留面对欧洲列强所采取的审慎外交也遭到极端派和左派的抨击。他们向路易十八发起请愿,控告首相牺牲了"民族的荣誉和王权的尊严"。此外,在情人佐薇·德凯拉(Zoé deu Cayla)伯爵夫人和阿尔图瓦伯爵等王室成员的不断影响下,路易十八也逐渐认为成立一个更加保守内阁的必要性。1821 年 12 月 13 日,黎石留向路易十八提交辞呈,后者立刻予以批准。对此,黎石留公爵颇为失望,郁郁寡欢,在第二年 5 月 17 日中风而死。

四、维莱尔内阁的反动

路易十八成立了新政府,但不设首相之位。新内阁的核心人物是财政大臣维莱尔,他拥有若干不可辩驳的优秀品质,精明能干、处事干练、为人正直,但缺点也同样明显,目光短浅、爱慕虚荣、善弄阴谋。温和派帕斯基耶批评他"从不高尚地看待事情",哪怕是其追随者德福雷尼伊(de Frénilly)男爵也承认他"性格胆小、举止猥琐、锱铢必较,只管自己的钱袋子"。除了维莱尔,还有不少极端派占据重要岗位:科比埃尔任内政大臣,佩罗内(Peyronnet)任司法大臣,马太·德蒙莫朗西任外交大臣,德吕贝纳公爵(曾经在百日政变期间伴随路易十八流亡)任陆军大臣,弗朗谢·德斯佩雷(Franchet d'Esperey)任警务大臣,德拉沃(Delavau)攫取了巴黎警察局长之职位。唯有海军大臣克莱门-托内尔(Clermont-Tonnerre)、王室总管洛里斯东(Lauriston)将军和邮政大臣杜多维尔公爵(Doudeauville)不属于极端派。所以,维莱尔政府进行政治清洗也就不令人意外了。曾经在黎石留内阁和德卡兹内阁的信条派领袖人物罗亚-科拉尔、基佐相继离开了政府。

1820 年发生的另一桩事情也让极端派感到满意。9 月 29 日,贝里公爵的遗腹子亨利-迪厄多内(Henri-Dieudonné)出生,被封为波尔多公爵,保皇党将之视为"奇迹之子"。保皇党把波尔多公爵的出生看作是上帝对波旁王朝的庇佑。整个法国庆祝盛大节日或游行示威,庆祝波尔多公爵的诞生,表达对波旁王朝的忠诚。极端派还为未来的王位继承人购买城堡进行募捐,并取得了巨大的成功。波旁王朝的反对者对此感到沮丧,因为他会阻碍奥尔良公爵的登基。后者是平等菲利普的儿子和贝里公爵的姨父,他难以掩盖自身的失望,并秘密鼓励揣测波尔多公爵身世的小道消息。

维莱尔内阁是复辟时期存在时间最长的内阁,王座与贵族的联盟迎来了 19 世纪 20 年代期间的黄金时代。自从 1789 年革命以来,贵族的复辟从来没有变得如此显著。贵族的后裔得到重用,他们在政府官员中的比例达到了顶峰。1829 年,半数的省长、省参事和圣西尔军校的学生都出身贵族家庭。而且,政府的各种优惠政策尽管无法重建旧制度,却可以巩固旧贵族在法国的统治地位。

作为财政大臣,维莱尔推动财政活动的中央集权化,实施严格的公共财政制度,要求审计法院对预算与开支进行严格监督,同时打击挪用和贪污公款的行为。由于推行严格的财政政策,维莱尔内阁实现了长期的财政盈余(除了 1827 年),其农业减税的政策也因此变得可能,它放弃了临时的十二分之一税。同时,维莱尔政府实行农业保护政策,让土地精英感到高兴。在朗格多克农民的施压下,1821 年 7 月 4 日通过新的谷物法,1823—1825 年和 1824 年又颁布了适用于羊毛和牲畜的立法。在维莱尔政府期间,农业欣欣向荣,土地租金也得到上涨,从而满足了贵族们的期望,但农业保护政策也牺牲了法国农产品的竞争力。

1824 年 9 月 16 日,路易十八驾崩,阿尔图瓦伯爵继承了王位,是为查理十世。路易十八在位时,他是极端派的领袖,其寓所号称是"影子内阁"。查理十世极端厌恶 1814 年宪章确立的君主立宪制,曾经宣称:"宁愿去锯树也不能按英王那种方式进行统治。"在查理十世的推波助澜下,维莱尔内阁制定了一些引起争议的法律或者政策,导致新法国和旧制度陷入严重的对立。

第一,实行严格的出版审查制度。

维莱尔内阁加强对媒体的控制。从 1822 年起,在中派的支持下,维莱尔发明了"倾向罪"(délit de tendance),并对自由派报纸提起接二连三的诉讼。譬如,仅仅在 1824 年 6 月,《邮报》就因为 182 篇文章被起诉。他还创建了一个贴现基金,吸收国家剧院的利润和阿尔图瓦伯爵的捐赠,用于秘密资助或购买反对派的报纸,引导它们的政治立场偏向政府。

马丹维尔(Martainville)的《白色旗帜》使用它的资金,但米肖(Michaul)主办的《日报》(la Quotidienne)则予以断然拒绝。由于反对派的报纸受到严重削弱,极端派在 1822 年 11 月和 1824 年 2—3 月的立法选举中大获全胜,而自由派遭到重创。在 110 名任期届满的议员中,只有邦雅曼·贡斯当、富瓦将军、卡斯米尔·佩利耶和罗亚-科拉尔等 19 名自由派当选,而拉法耶特等革命派没有一人当选。

尽管维莱尔政府以各种方式试图控制媒体,尽管查理十世的司法机构不断提起诉讼,但反教权运动似乎并没有受到太多的干扰。1825 年12 月,《立宪报》和《法国邮报》都因违反国教而被起诉,但最后都被无罪开释。在如火如荼的反教权运动中,多数反对派的报纸都站在政府的对立面,它们的销量急剧增加。《立宪报》的订购数量是 162 500 份,《辩论报》的订阅数是 130 000 份,但同期拥护内阁的报纸总共只有 143 000 份。

为了进一步控制报纸,司法大臣佩罗内在 1827 年向议会呈递一份"正义与爱"的法案,它的主要内容有:所有文章在出版之前,必须提前五天进行审查;设立沉重的印花税;对违反国教的报纸处以巨额罚金。由于贵族院和众议院中自由派的强烈反对,由于公共舆论的普遍抵制,佩罗内被迫撤回该法案。所以,从形式的角度而言,1814 年确立的出版自由原则依然得到了保留。

第二,出台严密的社会管控措施。

贝里公爵遇刺后,面对左派势力的抬头可能,维莱尔政府在 1820 年3 月表决通过一项新的公安法,批准逮捕任何反对国王或危害国家安全的人,并可监禁 3 个月。除此之外,在贵族的支持下,维莱尔政府重新组织了维持公共秩序的武装力量。1820 年,国王颁布敕令,调整宪兵管理,将之从陆军部独立出来,归属地方机构领导。同时,对维护城市治安的警察体系进行了改组,警察的数量也有了明显的增长。警察局长德拉沃还依靠监狱总督文森特·博诺(Vincent Bonneau)以及在黑白两道通吃的维多克(Vidocq,他曾经是一个苦役犯,却在 1811—1827 年领导了秘密警察,是《悲惨世界》中冉阿让和沙威的历史原型),从罪犯、窃贼和盗匪中招募人员,建立了一个庞大的间谍网络。同时,复辟王朝的邮政部也加强了通信管理,邮政大臣下令拦截并检查怀疑对象的秘密通信,但并没有有效地切断反对派的信息往来,因为他们通常会使用秘密的邮递网络,或者使用假名、暗号等。

维莱尔政府对学校的监控也异常严格。首先是采取一些技术措施进行监督,譬如,由于法学院和医学院的学生们思想异常活跃,法学院和医学院成为反对派的大本营,所以 1820 年 7 月 5 日颁布敕令规定,进入法学院和医学院学习的前提是必须先获得文学结业证(bacalauréat)。无论是教师还是学生,都必须服从教育总署署长弗雷西努斯(Frayssinous)主教的命令,后者禁止一切抗议活动。甚至,政府还曾经一度关闭自由派活跃的学校,如巴黎医学院在 1822—1823 年关闭,格勒诺布尔法学院在 1821—1824 年关闭,巴黎高师在 1822—1826 年关闭。"索邦三杰"基佐、魏莱曼和维克多·库赞(Victor Cousin)被迫停课,巴黎法学院的多个讲席(如自然权利、法律史、政治经济学)被取缔;作曲家贝朗热被迫从教育总署辞职,并因为其创作的歌曲"触犯良好风俗、侵犯公共与宗教的道德、冒犯国王"而在 1821 年被判监禁。

最后,维莱尔加强了对公共场所的管理。警察部门认为阅览室、咖啡馆、小酒馆等公共场所是传播自由观念、扰乱公共秩序的策源地,所以对它们进行严加管控。根据 1822 年图尔农(Tournon)伯爵的调查,在里昂市区的 17 家咖啡馆当中,只有 1 家没有敌视政府。1824 年 12 月,查理十世颁布敕令,将法国剧院的数量从 25 家减到 18 家;每家剧院都派驻接受省长与内政部领导的军队;而且,在公演之前,剧本必须接受政府审查。

第三,对流亡者作出补偿的"10 亿的法律"。

为了赢得旧贵族的支持,查理十世尽管无法满足他们收回在大革命期间被没收的土地与财产的诉求,但希望在经济层面对他们作出补偿。自从第一次复辟开始,流亡者及其利益关联人就坚决要求恢复原来的财产。在教会的支持下,他们通过对新主人施加社会与道德的压力,以象征性的价格赎买了部分存在争议的财产。然而,黎石留公爵为了避免复仇情绪、扰乱公共秩序,拒绝旧贵族夺回原有土地的方案。

为了平息旧贵族的怨恨和不满,维莱尔在 1825 年 2 月提出了一份新法案,要求对账面价值 10 法郎的土地增收 3‰的租金,以补偿原有土地的所有者。虽然长期以来自由派接受补偿观念,但招致了极端派和左派的抨击。对于维莱尔讨好流亡者的做法,极端派并不买账。拉布尔多奈要求取缔 1814 年宪章第九条,后者保护出售的国家财产;在贵族院里,马塞吕斯(Marcellus)伯爵激烈地抨击大革命,并捍卫流亡者的利益。左派则认为,根本没有必要对流亡者作出补偿,因为革命者没收流亡者的财产乃是对其叛国罪的惩罚。经过妥协,即在增加保护国家财产的获得者、禁止任何掠夺的条款后,贵族院和众议院分别以 159 : 63、221:130 获得通过。由于该法案规定补偿的金额为 10 亿法郎(法国学者安德烈・盖恩认为,它的实际成本大约为 6.3 亿法郎),它被自由派斥为"10 亿的法律"。在该法律颁布后,7 万左右的人获得了补偿,人均赔偿金额为 1 377 法郎。但是,多数人获得的金额远远低于平均值,而少数受波旁王朝宠幸的王公贵族获得惊人的补偿。譬如,奥尔良公爵获得1 270 万法郎,舒瓦瑟尔尽管依据 1814 年 12 月 5 日法律重新获得 2 000公顷的森林,依然获得了 150 万的赔偿。

第四,妄图恢复长子继承制。

法国大革命废除了长子继承制,实行平等继承制。拿破仑《民法典》以法律的形式,确认了平等继承制的原则。然而,在极端派看来,长子继承制能保证土地所有权的完整,并且是构成社会稳定的前提条件。因此,他们把取缔平等继承制、恢复长子继承制作为重要的政治目标。1817 年,路易十八颁布一项敕令,规定法国贵族院恢复长子继承制,对各爵位及其年金(公爵是 30 000 法郎,伯爵是 20 000 法郎,子爵或男爵是10 000 法郎)的继承作了明确规定。极端派不满足于此,希望把长子继承制推广到更广泛的人群。

1826 年,维莱尔政府试图出台新的继承法,规定缴纳 300 法郎直接税的土地实行长子继承制。尽管维莱尔的继承法案并不是要在法国全面推行长子继承制,只涉及 80 000 个家庭,却激起了反对派的强烈抗议。自由派抨击维莱尔的新继承法妄图复辟旧制度,认为它是耶稣会的阴谋,旨在通过剥夺非嫡长子的子女的继承权,从而迫使他们像旧制度时期一样选择加入修道院生活,从而增强教权派的势力。在提交到贵族院时,该法案遭到了温和派与自由派的坚决反对。在德卡兹、巴朗特、帕斯基耶等人的支持下,德布罗格利公爵猛烈抨击维莱尔的法律,认为它表面上是修改民法,实际上是"一份反对现存社会的宣言",准备发动"一场社会与政治的革命、一场反对四十年前法国大革命的革命"。[①] 最后,贵族院以 120∶94 的投票结果,否决了维莱尔的继承法案。自由派媒体欢呼雀跃,举行游行,庆祝法案的破产。

第五,赋予天主教会以各种特权与优惠。

复辟王朝重新确立天主教为国教,并增加宗教预算,从 1815 年的 1 200 万法郎增加到 1830 年的 3 300 万。同期,宗教学校也得到壮大,大神学院的数量从 50 个增加到 80 个,小神学院从 54 个增加到 144 个。由于教士的俸禄、地位以及政治影响不断得到提高,也吸引了一些野心勃勃却缺乏宗教热忱的青年人选择加入教会。司汤达在《红与黑》中刻画的于连·索雷尔就是一个典型的代表。

1822 年 10 月,维莱尔政府建立了 30 个新教区,并加快了更替主教团的速度。主教的贵族化倾向日趋明显:在复辟期间任命的 96 个主教中,有 75 人是贵族。最重要的高级神职通常授予和波旁家族过从甚密的大贵族。罗昂-沙博(Rohan - Chabot)公爵曾经是一位大领主,但在其妻子逝世后加入修道院,1828 年出任贝桑松主教,1830 年擢升为枢机主教。克罗伊(Croy)亲王担任鲁昂大主教,他的奢侈生活让人联想到旧制度高级神职人员的阔绰。拉蒂伊(Latil)曾经伴随阿尔图瓦伯爵流亡,1817 年被任命为夏尔特主教,1822 年入选贵族院,1824 年出任兰斯大主

---

① Bertrand Goujon, *Monarchie Postrévolutionnaires 1814 - 1848*, p. 133.

教。当然,也有一批主教出身于外省小贵族、资产阶级和富裕农民。和旧制度腐朽、堕落与无能的主教们不同,复辟王朝时期的多数主教是杰出的管理者、虔诚的神甫,对各自的选区进行了有效的管理。

复辟王朝还准许神职人员广设学校,并准许他们控制教育总署。1816 年,极端派表决法律,准许没有文凭的修士或修女从事教育(而世俗教育者必须要有相应的文凭)。天主教会还成功地掌握了拿破仑的教育机构。1821 年,一项敕令把中学置于主教团的监督之下,并让教会中学获得和公立中学同等的地位。1822 年,国王的主祭以及虔诚的高卢派福莱西努大主教出任教育总署署长。他鼓励发展受宗教人士领导的混合中学(1824 年,在 309 个中学校长中,144 人是教士)。1824 年 8 月,福莱西努大主教的地位达到了顶峰,担任宗教和公共教育部的大臣。

维莱尔政府最令人争议的做法是在 1824 年 1 月通过一项亵渎圣物法。它将判处圣器的偷盗者死刑。巴朗特、罗亚-科拉尔等信条派政治家以政教分离为由,提出强烈的反对。但需要指出的是,尽管该法律的规定异常严苛,但自从它颁布直至复辟王朝灭亡,法院没有审理过任何一起亵渎圣物的案件。

第六,1825 年 5 月 29 日,查理十世在兰斯大教堂举行加冕仪式。

查理十世在 1824 年 9 月登基时,就表示要恢复旧制度,并将在兰斯大教堂举行加冕典礼。实际上,路易十八本人在 1819 年也表达过要举行加冕仪式的意图,只是身体欠佳而不得不作罢。在此次加冕礼上,出现了一幕又一幕的"神奇"景象:长期不见踪影的涂油圣瓶突然失而复得,似乎佐证了复辟王朝蒙受上帝的恩宠;查理十世也效仿前辈,触摸病患,重现了法兰西国王们妙手回春的魔力……在一些相信启蒙的人看来,明显与时代脱节的查理十世加冕荒诞而又令人作呕。漫画家们嬉笑怒骂,而共和派作曲家贝朗热创作的讽刺歌曲《呆瓜查理》(*Charles le simple*)传遍大街小巷。

"王座与祭台"的联盟也导致反教权主义运动的兴起。18 世纪反教权主义著作重新变得流行起来。在 1817—1830 年期间,《伏尔泰全集》

再版二十多次;再版的 18 世纪哲学著作总共超过了 500 万卷。自由派的反教权主义复苏。1822 年,保罗-路易斯·库里耶(Paul - Louis Courier)重新编辑了一本反对教士(他们禁止教区成员跳舞)的宣传册。1824 年 4 月,《诺尔回声报》宣称:"耶稣会士已经来到我们家门口,宗教裁判所在监视我们。"贝朗热在其歌曲《令人尊敬的神父》中更是尖锐地嘲讽神职人员,"穿黑袍的人……半是狐狸,半是豺狼"。

第四节　复辟王朝的垮台

一、反对派力量的崛起

随着贝里公爵遇刺后法国政治形势的急转直下,共和派以及青年学生密谋武装起义推翻复辟王朝。1820 年 4 月,拉法耶特的朋友们试图煽动弗朗什-孔代的军营起义,但没有取得成功。1820 年夏天,当那不勒斯国王费迪南四世被推翻的消息传入巴黎后,咖啡馆和军营群情激昂。雷恩法学院与医学院的学生们曾经冒险刺杀到访王室成员,但遭到残酷镇压。1820 年 8 月,警察揭露了巴黎一家咖啡馆里的密谋活动,波拿巴派的军官和学生试图发动圣德尼的军队起义,占领首都的各个城门,夺取万森城堡,并最终建立拉法耶特领导的临时政府。这场起义还波及里昂、格勒诺布尔和科尔马等外省城市,人们高呼"法国万岁!""打倒特权者!"等口号。外省也出现了共和派报纸,如南特的《宪章之友》、雷恩的《西部回声报》和里昂的《先驱报》。

1821 年 5 月,受到意大利烧炭党的影响,茹贝尔(Joubert)和迪吉(Dugied)(1820 年 8 月的两位密谋者)创建了法国烧炭党。烧炭党的政治成分颇为复杂,既吸收了自由派、共和派与波拿巴派等政治反对派,也吸收了由于无法参政而倍感失望的激进派青年。具体而言,其主要成分是下级军官、青年学生、城市资产阶级,并吸收了少量的底层民众。为了规避刑法第二九一至二九四条禁止结社的规定,他们分布在人数不超过

20 人的分舵里。它们听命于布歇（Buchez）、巴扎尔、卡贝和特雷拉（Trélat）等人领导的"总舵"，并和拉法耶特建立了紧密的联系，准备在全国范围内发动起义。然而，对于烧炭党的密谋，复辟王朝的警察了如指掌。12 月 24 日，即在起义的前三天，逮捕了索缪尔骑兵学校的 8 名烧炭党，而后在西部和南部的省份大肆抓捕烧炭党成员。在图尔，当地法院对烧炭党的成员进行了严厉审判，判处 3 个青年死刑。1822 年 3 月，土伦有 1 人被送上断头台，拉罗谢尔有 4 名军官被判死刑，并押送到巴黎的日内瓦广场枪决。

1821 年 5 月 5 日拿破仑·波拿巴逝世于圣赫拿岛后，波拿巴主义者把希望寄托在里希施塔特公爵（拿破仑的独子）身上。波拿巴派推动出版皇帝的回忆录，塑造"拿破仑的神话"。1823 年出版的《圣赫拿岛回忆录》最为有名。它由拉斯加斯伯爵整理，恢复了拿破仑的正面形象，将之塑造成大革命的继承人，掩盖帝国的权威主义，甚至称他是"自由观念的旗帜与国王"。皇帝在流亡圣赫拿岛期间遭受的屈辱与挑战得到了讴歌。由此，催生了大量的印刷品，如专栏、日历、历书和图像，法国乡村的各个角落都能见到它们的兜售。与此同时，沙莱（Charlet）的《滑铁卢的游击队》和奥拉斯·韦尔内（Horace Vernet）的《克里希的城堡》等讴歌帝国的文学作品也广为流传。此外，菲利普·德塞居尔（Philippe de Ségur）的《拿破仑及其伟大军队的历史》（1824 年）、萨瓦里的回忆录（1828 年）以及巴泰勒米与梅里（Méry）的诗歌（1828 年的《埃及的拿破仑》、1829 年的《人类之子》与《滑铁卢》）也颇受欢迎。

由于复辟王朝的持续镇压，反对派的密谋和起义纷纷失败。从 1825 年起，他们改变斗争策略，利用哀悼死者的葬礼进行政治演说，表达对波旁王朝的不满。富瓦将军在帝国期间曾经立下赫赫战功，经常在复辟王朝的议会里发表热情洋溢的政治演说，积极捍卫宪章和自由事业。富瓦将军逝世后，反对派在 1825 年 11 月 30 日举行了盛大葬礼，估计有 6 万—10 万巴黎民众跟随灵车，在巴黎的街道游行数小时，夜幕降临时才抵达墓地。最后，自由派领导人发表悼词，颂扬死者，并进行政治控诉。

富瓦将军的葬礼给 19 世纪政治反对派树立了榜样,他们反复利用政治葬礼和威权政府作斗争。

面对复辟王朝的持续高压政策,自由派曾经一度灰心失望。信条派的长者罗亚-科拉尔鼓励他们不要为暂时的受挫而心灰意冷,呼吁他们以崭新的面貌投入文学创作:"先生们,既然目前没有别的事情可做,那就去写作吧!"[1]

在科拉尔的鼓舞下,西斯蒙第的《法国人的历史》(1821 年),巴朗特的《勃艮第公爵史》,基佐的《法国史论》(1823 年)、《查理一世》(1826 年)与《欧洲文明史》(1828 年),梯也尔的《法国大革命史》(1823 年),米涅的《法国革命史》(1824 年),奥古斯丁·梯叶里的《诺曼人征服英国史》(1825 年)与《法国史信札》(1827 年)以及阿梅蒂·梯叶里的《高卢人史》(1828 年)等,皆是轰动一时、洛阳纸贵的佳作。这些作品都肯定法国大革命爆发的必然性,宣扬第三等级的胜利,并宣称最终将在法国建立君主立宪和权力分立的政治制度。

与此同时,自由派不仅局限于历史写作,还希望通过实际行动巩固代议制。在信条派的推动下,他们积极创办报纸,宣扬自由主义的政治理念。1824 年,保尔-弗朗索瓦·杜布瓦和皮埃尔·勒鲁(Pierre Leroux)创办的《环球报》成为宣传自由主义观念的重要阵地。基佐、维克多·库赞、夏尔勒·德雷米扎、迪韦尔热·德奥拉纳、茹弗鲁瓦(Joufroy)、迪沙泰尔(Duchâtel)以及青年圣伯夫都是它的积极合作者。《环球报》批判浪漫主义,拥护孔狄亚克的感觉论,抨击天主教,将之斥为启蒙和进步的敌人。它团结了一批英国立宪君主制的推崇者,主张通过进行渐进的社会改革,避免建立激进而危险的共和国。它把自由作为口号,将之作为政治、文学与艺术的素材,从而使之迅速赢得了浪漫派的支持。然而,它的影响却颇为有限,预订者数量不到 900 人,远远落后于《立

---

[1] Lionel Gossman, "Augustin Thierry and Liberal Historiography", *History and Theory*, tome 15, No. 4(December, 1976), p. 7.

宪报》(20 000 份)。

阿尔芒·卡雷尔(Armand Carrel)的《美国杂志》隶属于左派,在1826—1827 年期间热情地宣扬民主。在查理十世于 1825 年宣布大赦后,烧炭党的网络重新出现。新一代的左派主要来自巴黎学生,囊括了不少未来的共和派领袖,如艾蒂安·阿拉戈(Etinne Arago)、戈德弗雷瓦·卡芬雅克(Godefroy Cavaignac)、阿尔芒·马拉斯特(Armand Marrast)、艾蒂安·加尼耶-帕热斯(Etinne Garnier‐Pagès)。他们经常光顾圣西门派在蒙西尼街道创办的俱乐部。在圣西门派的支持下,烧炭党开始宣传圣西门主义。

从 1826 年开始,人们明显感受到反对派力量在不断壮大。由于他们的极力阻挠,维莱尔内阁开始遭遇接二连三的挫折。1826 年,贵族院反对恢复长子继承制;1827 年 4 月,司法大臣佩罗内被迫撤回"正义与爱的法案"。同时,查理十世对维莱尔本人的无限信任也容易使人们把矛头指向王权。1827 年 4 月 29 日,查理十世在马尔斯校场检阅巴黎的国民自卫军,有一些士兵高呼:"出版自由万岁!宪章万岁!打倒大臣!打倒耶稣会!"维莱尔不顾沙布罗尔、福莱西努和杜多维尔的反对,要求国王立即严厉惩治。当晚,国王下令解散国民自卫军,命令用现役军队取代它。维莱尔和查理十世只是一味地彰显自己的权威,却忽视了多数国民自卫军纪律严明、保持忠诚的事实。解散国民自卫军造成了严重的政治后果,让复辟王朝失去了巴黎小资产阶级的支持,因为他们构成了国民自卫军的主力。而且,德布瓦涅(de Boigne)公爵夫人指出,国民自卫军被解散的屈辱"在巴黎民众的心里播下了一颗将在 1830 年得到成熟的仇恨种子"。但令人吃惊的是,政府并没有采取措施,解除国民自卫军的武装。

1827 年 5 月,众议院也公开反对政府。6 月 19 日,在蒙特洛西埃(Montlosier)的提议下,贵族院宣布实施驱逐耶稣会士的法律。在查理十世的支持下,维莱尔为了扭转局面,在同年 11 月 6 日,颁布三项法令:第一个法令宣布解散众议院,决定在 11 月 17—24 日举行重新选举;第二个法令宣布延长出版审查的时间;第三个法令任命 76 名新贵族院代表。维莱尔的目标很明确,要在两院建立拥护内阁的稳定多数。

然而,维莱尔低估了反对派的实力。在 11 月 19 日选举中,自由派大获全胜:拥护内阁的候选人只获得 90 个议席,而反对派却一跃变成了多数,斩获了 195 个议席,获得了四分之三的选票。在选举结果公布后,整个巴黎陷入狂欢,资产阶级把自家装点得灯火通明,庆祝极端派的失利。而且,在首都中心的民众聚集区——圣德尼和圣马丁的街道上还出现了 19 世纪的第一批街垒。为了恢复秩序,宪兵们使用了武力,造成 4 名起义者丧生。警察局长德拉沃谴责圣德尼街的"匪徒",但死亡者与受伤者的名单表明,他们主要是手工业者和小店主。极端派的《法兰西公报》宣称革命的幽灵复苏,但《立宪报》则认为秘密警察的介入才导致了街垒的出现。面对不断恶化的政治形势,查理十世不得不解散维莱尔内阁,马提尼亚克走马上任。

二、马提尼亚克内阁

马提尼亚克的内阁成立于 1828 年 1 月 5 日。马提尼亚克是波尔多的律师,先后担任过法官和议员。他虽然是极端派,却颇为务实,吸收了多个政治派别的成员入阁。马提尼亚克担任内阁大臣,鲁瓦掌管财政部(他在 1818、1819—1821 年也曾拥有该职位)、拉斐罗内(前流亡分子)任外交大臣,波塔利斯(帝国参政院成员)任司法大臣。维莱尔政府的沙布罗尔和福莱西努大主教分别担任海军大臣和宗教事务大臣,勒菲弗·德瓦蒂梅尼尔(Lefebvre de Vatimesnil)掌管从宗教部分离出来的公共教育部。虽然马提尼亚克内阁和维莱尔内阁保持着千丝万缕的联系,但它作出了重要的人事调整,如罢免了巴黎警察局长德拉沃以及在 1827 年 11 月选举中徇私舞弊的 4 名省长。

同时,马提尼亚克政府向自由派表达了善意,恢复了基佐、库赞和魏莱曼在索邦的课程。然而,这并不足以让马提尼亚克政府赢得众议院的信任。在众议院的施压下,福莱西努和沙布罗尔在 3 月 4 日提出辞呈,分别被高卢派主教弗特里耶（Feutrier）和伊德·德纳维尔（Hyde de Neuville）（虔诚的保皇党）取代。查理十世拒绝任命夏多布里昂为其梦寐以求的外交大臣，而是任命他为驻罗马大使，以丰厚的俸禄作为补偿。由于团结了温和派，团结了部分保皇党，马提尼亚克尽管没有提出真正的政治纲领，但其重建"合法秩序"的努力还是赢得了中产阶级的青睐。

马提尼亚克政府向自由派示好的另一个信号是为信条派起草的选举法案进行热情洋溢的辩护。新选举法尽管允许各省省长对选举名单进行调整，但同意省参事会对争议候选人作出裁定，并把参政院作为选举的最高仲裁机构。在左派的支持下，新选举法案获得通过。它虽然没有终结官方候选人制度，但终结了政府对选举的垄断，承认公共舆论的影响，因而也是一大进步。新的选举法让极端派感到愤怒，维莱尔及其支持者暴跳如雷，拉布尔多奈及其朋友同样猛烈抨击。

同时，马提尼亚克政府还出台了一项相对自由的出版法，废止了1822年法律中的惩罚性条款，但设置管理所有报纸的岗位，增加文学杂志的保证金并维持法院审理出版罪行的做法，并不能让左派感到满意。即便如此，新出版法还是或多或少扩大了自由的空间。巴黎青年学生创建了《国民画册》（L'Album national）、《论坛》（La Tribune）、《青年法国》（La Jeune France）、《大革命》（La Révolution）等报纸，公共舆论变得更加活跃。

此外，马提尼亚克政府抛弃了维莱尔内阁的教育与宗教政策。它对待非天主教的学校更为宽容。1829年，它颁布法令，批准在梅茨创建一所拉比学校，用于培训犹太教的神职人员。1828年4月21日，它分离公共教育部和宗教事务部，由此揭开了取缔主教团控制公立学校的序幕。同年6月，它还颁布了两项法令，一方面关闭不服从教育总署的教会学校，将其学生的人数限制在2万，另一方面，要求法国教士签署声明，保证自己不属于任何非法的修会。对此，极端派报纸认为是违反了教育自由，但自由派却坚决捍卫世俗教育的正当性。

马提尼亚克为了实现新法国和旧社会的和解，经常采取折中主义的立场，但左派和右派都颇为不满。更要命的是，马提尼亚克和查理十世产生了冲突。实际上,查理十世为被迫罢免维莱尔的做法耿耿于怀,他依然与之保持亲密关系;自由派对维莱尔的控诉,严重伤害了他的感情。面对马提尼亚克打击极端派的做法,查理十世更是感到不满。他任命极端派达马斯公爵担任"奇迹之子"波尔多公爵的太傅,还反对马提尼亚克罢免维莱尔内阁的高级官员。所以,查理十世希望再次改组内阁,建立满意的新政府。

三、波利尼亚克内阁

1829年8月9日,《导报》发布信息,解散马提尼亚克政府,任命朱尔·德波利尼亚克为首的新内阁。波利尼亚克是玛丽-安东瓦内特宠臣的儿子、反革命流亡分子的象征、修会的朋友以及狂热的天主教徒。波利尼亚克忠于查理十世的意志,组建了一个纯粹由极端派构成的内阁。他本人身兼内阁监国和外交大臣,还任命了两位令左派深恶痛绝的人物担任大臣。内政大臣拉布尔多奈曾经在"白色恐怖"期间残酷镇压革命党和帝国派;陆军大臣布尔蒙(Bourmont)伯爵是朱安党人,效忠过拿破仑,但在滑铁卢大战前夕叛逃,并坚决主张处死内伊元帅。对于新内阁的三巨头,自由派报纸《辩论报》提出了尖锐的批评,认为他们代表着法兰西民族的三种耻辱——"科布伦茨、滑铁卢和1815年"。此外,波利尼亚克的内阁成员尽是一些唯命是从的平庸人物:沙布罗尔伯爵(财政大臣)和蒙贝尔伯爵(执掌重新合并的宗教事务和公共教育部)来自维莱尔的阵营,海军部交给德奥赛(d'Haussez)男爵,司法部交给库瓦西耶(曾经是中左派的议员,但转而支持狂热天主教)。

自由派报纸不遗余力地抨击新政府。《环球报》表示,"阴谋准备了它,专断组建了它";《费加罗报》不无讽刺地指出,它的最终目标是要恢复封建权利、领主裁判权、密札、地牢和巴士底狱。哪怕在极端派内部,也存在不少的批评者。夏多布里昂拒绝与他们为伍,主动向参政院和外交部提出辞呈。和波利尼亚克内阁招致的敌意相比,自由派与共和派的领袖们却得到了全国各地的敬意。格勒诺布尔、里昂热烈欢迎拉法耶特的到访,而同期抵达诺曼底的王储只获得了官方的冷清招待。法国各地兴起了举办致敬自由派领袖的宴会:8 月 15 日,勒阿弗尔致敬迪韦尔热·德奥拉纳,色当纪念屈南-格里代纳(Cunin - Gridaine);9 月 7 日,滨海夏朗特省的圣热尼市纪念迪沙泰尔伯爵;9 月 10 日,斯特拉斯堡纪念贡斯当,24 号纪念维特雷(Vitré);9 月 18 日,阿尔代什省的维尔努市纪念布瓦西·丹格拉,尼姆纪念拉斯库尔(Lascours);10 月 4 日,希农纪念吉罗·德蓝(Girod de l'Ain);10 月 31 日,普罗万致敬拉法耶特;11 月 30 日,特鲁瓦纪念卡斯米尔·佩利耶;12 月 23 日,阿拉斯致敬德古芙·德南克(Degouve de Nuncques)……高潮出现在 1830 年 4 月 1 日,坦普尔郊区的巴黎旅馆举办宴会,汇聚了 700 人参加,杜邦·德勒尔(Dupont de l'Eure)、拉斐特、拉马克、奥迪隆·巴罗等自由派政治家,《立宪报》《国民报》《环球报》《法国信报》《时报》等报纸的主编以及众多的巴黎商人济济一堂,齐声高呼:"宪章万岁! 立宪君主万岁!"

由于无法获得自由派与温和派构成的议会多数的支持,波利尼亚克政府举步维艰。需要指出,波利尼亚克尽管支持王权,但绝非如反对派报纸批评的,是绝对主义的走狗。他还是希望依据宪章的合法框架进行统治,因此和鼓吹铁腕统治的拉布尔多奈产生了冲突,后者 1829 年 11 月 17 日提出辞呈。然而,拉布尔多奈的辞职以及蒙贝尔执掌内政部的事实并不能安抚躁动不安的公共舆论。

面对叫嚣要依据宪章第十四条,提出"专制的必要性"的极端派,自由派开始组织反击。"自助,天助之"等秘密会社复苏,贡斯当和拉法耶特等左派议员则把否决预算作为议会斗争的武器。在巴黎,一些学生信奉共和观念,团结在阿尔芒·马拉斯特和《青年法国》的周围。圣西门、傅立叶、巴贝夫等人的空想社会主义学说也开始慢慢流行起来。1828 年,邦纳罗蒂出版《为平等而密谋》,试图为巴贝夫恢复名誉。此外,在塔列朗的支持下,奥尔良派羽翼渐丰,唯《国民报》的编辑马首是瞻。《国民报》创办于 1830 年 1 月 3 日,受到雅克·拉斐特的资助,聚集了阿尔芒·卡雷尔、米涅和梯也尔等才华横溢的年轻人。他们主张仿效英国光荣革命,推动王朝更替,建立立宪君主制。

1830 年 3 月 2 日,查理十世在众议院的演讲彻底激怒了左派议员。查理十世重申国王的权威,痛斥"为非作歹之徒妄图进行危险的造谣中伤",从事反对政府的"罪恶阴谋",表示要"坚决维护公共秩序",并威胁要诉诸宪法第十四条。在罗亚-科拉尔的领导下,221 名议员签署了一份抗议的请愿书。"221 人的请愿书"重申议会主义的宪章观念,宣称民族有权介入公共利益的讨论,并强调对人民意愿的尊重是公共事务正常运行的前提条件。它要求查理十世解除对自由的威胁,并改组政府。尽管他们采取了温和的、合法的斗争形式,但查理十世在维莱尔的建议下,宣布解散众议院,并决定在 6 月 23 日到 7 月 3 日期间举行重新选举,期望极端派获得选举胜利。但事与愿违,极端派全面溃败,自由派的议席数量从 221 人增加到 274 名。

选举结果让查理十世感到震惊,但他仍然一意孤行,在 7 月 25 日签署了四道敕令(史称《七月敕令》)。第一敕令取消出版自由;第二道敕令宣布新的选举无效,解散尚未集会的新议会;第三道敕令宣布实行新的选举法,后者规定只有土地所有者才拥有选举权,商人缴纳的营业税不再计入选举的财产资格;第四道敕令要求下次选举在 9 月份进行,并实行两级选举制。

《七月敕令》变成了七月革命的导火索。7 月 26 日,官方报纸《导报》公布四道敕令后,立即引起了自由派的愤怒。梯也尔以《国民报》编辑部的名义,草拟了抗议书,宣称查理十世违反宪章,并呼吁民众起义:"如今,政府违反了法律。我们不必服从。我们将发表我们的报纸,而不遵守强加的审批程序。如今,政府丧失了可以命令服从的合法特征。……我们将起来反抗它;现在应当由法国来判断正当反抗的限度。"[1]

梯也尔在发出呼吁后,收集了来自 12 份报纸的 44 份签名。不过,销量最大的《辩论报》和《立宪报》并没有参与其中。1830 年 7 月 27 日,

---

[1] Christophe Charle, *Le Siècle de la presse* (1830-1939), Paris: Seuil, 2004, p. 39.

唯有四份报纸发表了梯也尔的抗议书。警察局闯入报社，逮捕抗议者，查封报纸，恫吓印刷厂商。幸运的是，多数抗议者逃脱了搜捕。

同一天，成千上万的工人、手工业者、职员、学生、商人、退伍军官和士兵在巴黎举行声势浩大的游行示威。"打倒波利尼亚克！""打倒波旁王朝！""宪章万岁！""自由万岁！"的口号响彻巴黎上空。示威群众和国王军队产生严重的冲突。7月27日，巴黎终于爆发了起义，街道上筑起了街垒。曾经被维莱尔政府解散的国民自卫军也拿起自己的武器，加入起义者的队伍，和国王军队作战。从7月28日清晨开始，起义范围迅速扩大。在短短几个小时内，巴黎全城布满了上千个街垒，它们用铺路的石块、推倒的马车、家具及砍倒的树木筑成。巴黎圣母院的塔上引人注目地升起了三色旗。8万多起义者和马尔蒙元帅指挥的国王军队展开了激战。7月29日，起义者向卢浮宫和杜伊勒里宫发起攻击。中午时分，马尔蒙率军逃到查理十世避居的圣克鲁宫，卢浮宫和杜伊勒里宫被起义者占领。当时，塔列朗通过其住所的房子目睹了这历史性的一幕后看了怀表，然后说道："十二时零五分，波旁王朝已经停止统治了。"从起义爆发到最终胜利，历时3天。这就是法国史家笔下的"光荣三日"。

身在圣克鲁的查理十世曾经试图撤回《七月敕令》，重建国民自卫军，组建莫特马尔（Mortemart）公爵领导并吸纳自由派卡斯米尔·佩利耶和热拉尔（Gérard）的新内阁，但为时已晚。

第二章　七月王朝

第一节　七月王朝的建立

一、"光荣三日"

事实上,共和派领导了光荣三日的多数战斗。1830年夏天的局势颇为紧张,革命群众迫不及待地等候在波旁宫的门口,里昂、波尔多、南特等大城市也风起云涌。民主派希望建立一个"共和制度环绕的人民王权",要求起草一份新宪法,选举新的省议会和市议会,改革司法机构,并取缔贵族。"两世界的英雄"拉法耶特将军深孚众望,是当仁不让的共和派领袖,但他认为创建共和国为时尚早,且很危险,因为这会引起欧洲君主国的干涉。

在马尔蒙元帅被击败后,自由派精英决定引导反抗运动,避免它落入共和派之手。7月30日,拉斐特、梯也尔和米涅起草了一份拥护奥尔良公爵的声明,将之张贴在首都的城墙上,并在《国民报》《法国信报》以及《商报》上发表。它宣称推翻"造成血流成河"的查理十世,无意于建立"将会导致分裂并和欧洲对立"的共和国,支持"忠于革命事业并高举三色旗"的奥尔良公爵。同一天,奥尔良公爵在其姐阿戴达伊德公主和梯也尔等人达成秘密协议后，进入首都。31 日，波旁宫的议员们授予奥尔良公爵"王国监国"的称号后，他特意身穿国民自卫军的服装，拜访巴黎市政厅，并得到拉法耶特的支持。拉法耶特在将奥尔良公爵介绍给民众时，宣称奥尔良王朝就是"最好的共和国"，能够保障"国内外的和平"。至此，政权已经落入自由派及其支持的奥尔良公爵手中。

七月革命主要局限在巴黎，但几天之内外省也出现起义。7 月 30 日，鲁昂的国民自卫军控制了城市。在"白色恐怖"活跃的南部，出现了一些针对保皇党的暴力活动。尼姆笼罩在内战的阴霾之下，天主教街区和新教街区出现暴力冲突，导致军队介入，宣布戒严。南特也滋生流血事件，在保皇党的军队撤退后，冲突才得以终止。

为了填补复辟王朝的垮台而造成的权力真空，为了避免法国陷入持续的动荡之中，自由派的当务之急是修改令人怨声载道的 1814 年宪章，并从法律的角度确认奥尔良公爵对法国的合法统治。宪章的修订任务被授予由杜邦·德勒尔、基佐、热拉尔将军和路易男爵组成的起草委员会。

8 月 7 日，两院联席会议以绝对多数通过了新宪章。总体而言，1830 年宪章延续了 1814 年宪章的多数内容，但在某些关键问题上作出了重大修改。第一，删除了 1814 年宪章中令人争议的序言，删除了会让人联想到绝对君主制和神权制度的字眼。第二，对查理十世以及极端派用以证明例外统治的第十四条作出限定，承认国王"可以为执行法律与国家安全而制定必要的条例与敕令"，但"不能悬置法律或终止它们的执行"，而且"只能依法"调动军队（第十三条）。第三，法律的提案权和否决权不仅属于国王，也同样属于贵族院与众议院（第十五、十七条）。第四，取缔天主教的国教地位，只承认它是"多数人信奉的宗教"，并确立了宗教自由的原则。第五，重申了出版自由的原则，取缔了 1814 年宪章第八条有关惩罚出版罪的表述，规定"永远不得建立审查"。第五，众议院的选举与组织方式出现了重大调整，代表任期五年，每隔五年全体换届，不再每年轮换五分之一；选举团的基础得到扩大，选举的纳税金额从 300 法郎降到 200 法郎,选民的年龄从 30 岁降到 25 岁,而被选举人的年龄从 40 岁降到 30 岁。最后,贵族院的会议不再秘密进行,而是和众议院一样面向公众开放。然而,新宪章回避了争议较多的贵族世袭制问题。国王保留了任命新贵族、召集、延期和解散议会并举行重新选举的权力。大臣们可兼任贵族院的代表,有权进入两院并发表演说;他们要承担刑事责任,但不必担负道德与政治的责任。

和 1814 年宪章相比,1830 年宪章改动的内容并不算太多,但它体现的精神却发生了根本性的变化。新政权抛弃了君权神授的原则,确立了国民主权原则;法国不再是绝对君主制,而是实行立宪君主制,国王和贵族院、众议院共同行使立法权。不过,1830 年宪章也有其模棱两可的地方。譬如,在现实的政治运作中,君主拥有怎样的地位? 他应当是享有实权的君主,实际地行使统治,抑或应当像梯也尔在后来宣称的那样"统而不治",满足于虚位君主的角色? 围绕这些问题的争论伴随七月王朝的始终,并在很大程度上导致它无法建立成熟稳健的责任内阁制。

在 1830 年宪章表决时,1830 年七月选举产生的 430 名议员中只有 252 人出席,365 名贵族院代表中有 114 人出席。绝大多数人投了赞成票,只有 33 名众议院代表和 10 名贵族院代表投反对票。

在表决新宪章的当天,两院联席议会宣布召唤"路易-菲利普一世,蒙上帝恩宠和国民意志认可的法国人的国王"继位。路易-菲利普是平等菲利普的儿子,后者因在旧制度末年庇护自由的做法以及在革命初期站在第三等级的立场而备受自由派的敬重,但在雅各宾专政时期不幸罹难。路易-菲利普本人在流亡以前,曾经和革命将军迪穆里埃(Dumouriez)并肩战斗,在复辟时期和自由派过从甚密,并极为推崇伏尔泰。路易-菲利普向两院宣誓,宣布效忠宪章,遵守和国民签订的契约,将"依法、合法地进行统治",并信誓旦旦地作出承诺,从此以后,"宪章将变成真理"。

由于路易-菲利普的统治直接产生于七月的"光荣三日",所以史称"七月王朝"。

二、对奥尔良方案的抵制

新登基的路易-菲利普为了赢得新法国的支持,采取了许多象征性的做法,以表明自己和复辟王朝决裂、继承 1789 年原则的决心。路易-菲利普宣布解散瑞士军团、御林军,取缔圣灵教堂、圣路易团体以及复辟王朝仿效旧制度而设立的宫廷官职,重新挂起三色旗,实现圣热内维也夫教堂的世俗化,重新将之变成供奉启蒙哲人的先贤祠。新国王在皇港的公馆里热情友好地接待来自全国各地的请愿代表团,重建国民自卫军,并于 8 月 29 日在马尔斯校场检阅了 5 000 名士兵组成的游行方阵,宣称"这比兰斯加冕礼更为重要"。同时,不再把路易十六的殉难日(1 月 21 日)作为国殇日,奖励"光荣三日"的受伤者,并为牺牲者的父母、寡妻和孤儿提供年金。在其统治的前几个月,路易-菲利普备受公共舆论的欢迎,"国王-公民"的形象深入人心。

8 月 11 日组建的政府体现了新政权追求和解的良苦用心。它既保留了在路易-菲利普担任王国监国期间提供辅助的特派员与顾问,又吸收了复辟王朝时期的自由反对派(杜邦·德勒尔任司法大臣,拉斐特任财政大臣),还包括归顺的立宪君主派(布罗格利公爵任公共教育和宗教事务大臣、基佐任内政大臣、莫莱任外交大臣)。

新内阁成立后,忠于查理十世的正统派拒绝效忠新国王,军队里有 2 000—3 000 名军官提出辞职。同时,新政府也趁机清除波旁派,把国家机构的重要职位授予自己的支持者。它罢免了 86 个省长中的 79 名,277 名市长中的 244 名,75 名将军中的 65 名,全部由帝国精英和自由资产阶级取代。[①] 实际上,帝国贵族和自由资产阶级为获得新政府的肥缺,也在拉帮结派、阿谀奉承、贪污受贿,无所不用其极。漫画家或政论家们纷纷效仿杜米埃(Daumier)和德梅里(de Méry),讽刺了 1830 年夏天的"跑官竞赛"。唯一的例外是阿尔芒·卡雷尔,他拒绝出任奥利亚克省的

---

① Gabriel de Broglie, *La Monarchie de Juillet*, Paris: Fayard, 2011, p. 126.

省长。或许,唯有相对独立的司法机构和专业性很强的财政部,没有受到"跑官竞赛"的波及。

第一届内阁的灵魂人物是基佐。在复辟王朝时期,基佐就是信条派的核心。在贝里公爵遇刺,自由派被迫辞职后,基佐把主要的精力用于撰写历史著作。其核心的观点回溯往昔,证明西耶斯关于第三等级(毋宁说资产阶级)崛起并最终掌握政治权力的历史必然性。由于其父亲在雅各宾派专政期间命丧断头台,所以他肯定 1789 年,仇恨 1793 年。同时,他批判属人的主权观念(无论它属于君王、贵族抑或人民),倡导理性主权,并认为新社会将建立在能够从社会各个角落萃取理性的代议制政府之上。

资产阶级攫取了国家权力,但革命的人民也希望分享革命的果实。基佐冷静地观察着革命的发生,而不愿卷入其中。对他而言,奥尔良方案是最佳选择,路易-菲利普一世将扮演英国威廉三世的角色,把革命终结在 1789 年。为了消弭人民主权观念的影响,基佐竭力否认路易-菲利普是人民自由选择的君主,而强调他之所以能够登基,更多是因为和波旁王朝之间的血缘关系。1831 年 12 月 21 日,基佐发表演说指出,路易-菲利普不是人民选择的国王,而是"人们在被打碎的王权旁边幸运发现、必然性使之为王的君主"[1]。路易-菲利普也认为,基佐的学说与立场最符合自己的利益,因而和后者结成了亲密的政治同盟。

可以说,七月王朝的政治合法性建立在某种模棱两可之上,它诞生于革命,但又想遮掩其革命的起源。一方面,由于它是革命的产物,所以它始终无法回避"革命的瀑布"(孚雷的提法)[2],难以逃脱共和派、社会主义者等更为激进的派别的不断究问:"谁让你变成了国王?"另一方面,虽然它不遗余力地掩盖其革命出身,却得不到正统派的认可与支持。在正统派看来,路易-菲利普不仅忘恩负义,辜负了前朝君主的信任与恩宠,

① Furet, *Revolutionary France 1770 - 1880*, p. 341.
② Furet, *Revolutionary France 1770 - 1880*, p. 330.

而且还重蹈了法国大革命的覆辙,助长了个人主义的泛滥和金钱政治的腐败,正在把法国社会推向解体的边缘。所以,奥尔良王朝不得不左右逢源,但经常陷入左右不讨好、左右夹击的两难境地。

从一开始,坚定的正统派就不认可奥尔良的方案。在8月7日两院联席议会表决1830年宪章时,前朝首相马提尼亚克和夏多布里昂等少数代表就投了否决票。正统派对路易-菲利普篡夺权力的做法深恶痛绝,一些人在"光荣三日"流亡国外,为外国君主服务,另一些人寄希望于波旁王朝再次卷土归来。实际上,波旁家族并不甘心于自己的失败,也曾经在法国组织过抵抗。在流亡英国的查理十世授权下,费迪南·德索维尼在巴黎重建了一个国家中央委员会。在克洛泽尔·德库塞尔格和德莱维公爵的领导下,它组织了一场旨在推翻路易-菲利普、建立贝里公爵夫人为摄政的武装起义。同时,只要时机合适,就在西部和南部建立民事和军事的机构。在西部,布尔蒙元帅领导勤王军;在南部,德卡尔公爵取得了更大的成功,在图卢兹招募了1 200名志愿军。1832年4月30日,贝里公爵夫人登陆普罗旺斯,随后秘密潜入旺代,并赢得了当地朱安党人的支持。但这一切都是昙花一现,贝里公爵夫人也很快被捕入狱。然而,更多的正统派拒绝向新宪章和新国王宣誓,拒绝为篡权者效命。1830年夏天,他们大规模辞职,引发了"国内流亡"的现象。许多正统派贵族选择在巴黎的圣日耳曼街区沉默生活,或者干脆回归外省的城堡。

正统派选择"国内流亡"对七月王朝时期的政治生活产生了重大的影响,导致乡镇自由和地方自治的观念深入人心,推动了若干"分权化"法律的出台(如1831年3月21日的市镇选举法和1833年6月的省议会选举法)。与此同时,旧贵族的"国内流亡"也导致他们把主要的财力、精力和时间用于发展当地的农业、工业和慈善事业,也有利于法国地方的经济繁荣。

自从七月革命以来,法国天主教会不得不为复辟时期"王座与祭台"的联盟而付出沉重的代价。1830年宪章取缔了天主教会的国教地位,只承认天主教是法国多数人信仰的宗教,尽管它承诺继续给神职人员提供俸禄,但这并不能缓和他们的失望与愤怒。为满足资产阶级的反教权主义,七月王朝出台了一系列打击天主教会的措施。1830 年 9 月 30 日取缔天主教中学的 8 000 份奖学金,10 月 13 日取缔助理神甫的津贴,10 月 11 日废止亵渎圣物法,并削减宗教预算等。与此同时,在七月革命的影响下,社会上的反教权运动也变得如火如荼,天主教会以及神职人员经常成为暴力袭击的对象。曾经和波旁王朝过从甚密的高级教士,如兰斯大主教朗蒂尔、南锡大主教福尔班-让松、贝桑松大主教罗昂-夏波被迫流亡海外;主教寓所、修道院以及修会成为民众洗劫的对象。甚至,在兰斯、沙隆、欧塞尔、博纳和普罗万等地区,十字架也被掀翻;夏尔特、奥尔良、斯特拉斯堡等地的十字架由于被移入教堂内部,才幸免于难。在巴黎,也出现了多次冲击天主教会的暴力事件。

　　1831 年 2 月 14 日,巴黎民众洗劫圣热尔曼-欧塞尔教堂。事情的起因是圣热尔曼-欧塞尔教堂不顾政府禁令,在贝里公爵的忌日举行纪念弥撒。负责维护秩序的国民自卫军袖手旁观,没有制止参与抢劫的民众。几天以后,同样的厄运降临巴黎大主教的府邸。许多巴黎教堂里的十字架都被愤怒的反教权人士打碎。政府的不作为以及拒绝惩罚示威者的做法,进一步恶化了教会和政府的关系。需要指出,在七月王朝初期,资产阶级的反教权立场远比工人阶级更为激进,服膺启蒙著作的他们对复辟时期的教权主义泛滥尤为痛恨。资产阶级推出了许多侮辱教士的宣传册和淫秽戏剧。

　　我们由此不难理解天主教会面对新政权的态度。巴黎大主教凯朗(Quélen)虽然倾向于接受路易-菲利普政权,却是一个虔诚的保皇党。奥尔良、阿拉斯、斯特拉斯堡、贝莱等地的主教呼吁辖区教士避免卷入政治。直至庇护八世在 1830 年 9 月 25 日承认路易-菲利普为"虔诚的基督教国王",他们才逐渐放弃冷漠的立场。然而,主教团的归顺并没有取得一致意见。在马赛,福蒂内·德马泽诺(Fortuné de Mazenod)主教以尊重传统为由,拒绝承认路易-菲利普政权。堂区神甫比主教们更加缺少妥协精神,他们留恋复辟王朝,鼓吹教皇至上论,经常和地方政府产生冲突。不过,天主教内部也出现了一批主张顺应时代潮流的自由派天主教徒,他们不再把天主教的未来和世俗政权相连。拉梅内、拉科代尔和蒙塔朗贝尔创办了《未来报》(l'Avenir),提倡出版自由、宗教自由、教育自由和结社自由。他们的主张在巴黎地区的青年教士中产生了深刻的影响。拉梅内等引起了依然忠于罗马的天主教徒的愤怒,法国主教们禁止神职人员和信徒阅读拉梅内等人的著作,导致其学说的传播范围颇为有限。对此,拉梅内抱怨说:"我缺乏的不是勇气,而是声音。"年轻气盛的拉梅内上诉到罗马,但没有得到教廷的支持。相反,教皇却颁布通谕,在既不点名也不提及《未来报》的情况下,批评了法国自由天主教徒所鼓吹的学说,认为公民自由、政治自由与要求民众服从君主的教会原则格格不入,认为良知自由、舆论自由、出版自由会催生宗教冷漠。[①] 拉梅内实现天主教与现代社会和解的努力遭遇重大挫折,而他本人也开始对天主教渐趋失望,和它渐行渐远。

然而,路易-菲利普政权最大的威胁并不是来自日薄西山的正统派和天主教神职人员,而是来自左派。各种左派的共同立场是不仅要求更多的政治自由(降低选民的纳税标准,或者实行普选制),还要求法国支持比利时、意大利、波兰等地受法国七月革命影响而爆发的民族独立运动。不过,和反对七月王朝的右派一样,左派的成分很复杂。

首先是王朝反对派,又称运动派。七月革命爆发后,所有自由派的报纸曾经毫无保留地拥护新政权。《国民报》认为奥尔良方案融合了秩序和自由的原则,《辩论报》将之视为"1789 年革命的最终结果"。然而,从 1830 年 8 月起,就出现了抵抗派和运动派的分野。抵抗派的领袖是基佐和卡斯米尔·佩利耶,他们认为 1830 年革命的目标是反对查理十世,实现王朝更替,希望尽早结束革命进程。运动派的代表人物是雅克·拉斐特、梯也尔以及奥迪隆·巴罗,他们认为七月革命并没有终结,应当延长革命行动,并深化它的成果。具体而言,他们主张实行虚位君

---

① Lavisse, *La monarchie de juillet*, pp. 83 – 84.

主制(即如梯也尔所说,君主要"统而不治"),推行议会主义,并强调随着社会进步,逐渐降低选举的财产资格,直至走向普选制。

起初,路易-菲利普似乎也支持运动派,将国家的重要职位授予他们。巴罗被任命为塞纳省省长;1830 年 11 月 2 日,在德布罗格利公爵和基佐等抵抗派提出辞呈后,国王任命拉斐特为内阁总理。由于希望让新政权接受议会主义,并逐渐走向民主,拉斐特并不想抵制进步与革命的力量,多次表达与它们进行和解的姿态。然而,拉斐特的政府并不能主导法国的革命运动,而是任由它们自行发展。拉斐特在圣热尔曼-欧塞尔教堂事件上的不作为,加剧了他和路易-菲利普之间的分歧,后者竭力避免反教权运动的扩大化。最后,他们的矛盾在意大利问题上得到公开暴露。拉斐特支持意大利的起义者,但路易-菲利普忌惮起义者,故支持奥地利军事干涉意大利。1831 年 3 月 9 日,拉斐特被迫辞职。从此以后,七月王朝的政策出现了决定性的转变,走向了"自由的专制",而拉斐特、梯也尔、巴罗等人也由此变成了王朝反对派。

共和派的象征是拉法耶特将军。拉法耶特虽然在"光荣三日"宣布支持奥尔良公爵,将他的统治称为"最好的共和国",但他的真实意图是将奥尔良王朝看作是法国最终走向共和国的过渡阶段。而且,他还同情和支持比利时、意大利和波兰的民族斗争。这和迫不及待要寻求欧洲君主国认可,竭力避免法国走向战争的路易-菲利普产生了矛盾。1830 年 12 月 24 日,路易-菲利普取缔了国民自卫军总司令的头衔,因而打击了拉法耶特。司法大臣杜邦·德勒尔立刻向政府提出辞呈,抗议对"两世界的英雄"的侮辱。渐趋失望的共和派不再对路易-菲利普政权抱有希望,而其反抗活动也逐渐走向地下,希望推翻它,取缔纳税选举,建立普选制的共和国。

"光荣三日"以后不断加剧的政治局势,也促进了社会主义学说在法国的流行。圣西门学说不再局限于狭小的小圈子,在综合工科学校拥有众多的信徒。在普罗斯佩·昂方坦和圣阿芒·巴扎尔的领导下,圣西门团体在 1829—1830 年变成了一个教会,拥有法典化的仪式和复杂的等级结构。圣西门派鼓吹世俗化的集体生活,宣扬博爱的结社,组织了研讨班,并吸引了许多人参加。1830年9月,圣西门信徒购买《星球报》,由米歇尔·舍瓦利埃领导,传播工业主义和技术官僚治国论。几乎与此同时,在孔西岱朗的宣传下,傅立叶的思想也逐渐为人熟知。

此外,1830年夏天出现了各色各样的游行和示威,工人阶级也提出了自己的诉求。8月23日,巴黎的木匠要求塞纳省长保障工人利益;8月27日,鲁昂的纺织工人高举三色旗,进军市政厅。1830年9月,巴黎印刷工人创办了代表工人自身利益的报纸《工人日报》(*Le Journal des ouvriers*)、《人民》(*Le Peuple*)和《工匠》(*L'Artisan*)。他们宣称路易-菲利普政权的诞生离不开工人的英雄行为和流血牺牲,要求提高工资,减少劳动时间,改善劳动条件,限制机器,并保障工人的选举权利。

最后,路易-菲利普政权的国际处境同样不妙。欧洲的君主们对"街垒国王"满腹狐疑,对随时可能复活的革命幽灵更是提心吊胆。俄罗斯驻法大使波佐·迪波尔格(Pozzo di Borgo)伯爵认为拉法耶特是欧洲民族解放运动背后的重要推手,指责他是"普遍骚乱运动的保护者和鼓吹者"。哪怕是拥护自由观念的英国,也对路易-菲利普政权持保留态度,迟至1830年8月30日才正式承认它。俄罗斯更加犹豫,是最后一个承认七月王朝的大国。意大利的摩德纳公国更是自始至终都没有承认过路易-菲利普政权。欧洲列强之所很不情愿地承认七月王朝,主要是两害相权取其轻,认为它能在法国阻止建立共和国。欧洲列强期望路易-菲利普作出和平承诺,尊重1815年确立的维也纳体系。1830年8月3日,路易-菲利普发表声明:"法国将向欧洲证明,它只关注国内繁荣,它热爱和平和自由,只希望邻国安宁和幸福。"路易-菲利普政权谨慎地避免公开支持比利时的起义者,后者在1830年10月4日宣布独立。同时,它不顾法国民众举行声势浩大的声援波兰起义者的运动,拒绝施以援手。路易-菲利普政权为维护自身统治而对欧洲民族运动袖手旁观并承认维也纳体系的做法,最终赢得了欧洲列强的谅解,却被法国民族主义者痛斥,背上了软弱无能的骂名。

第二节 七月王朝的政府

一、卡斯米尔・佩利耶内阁

1831 年 3 月 13 日,建立了卡斯米尔・佩利耶领导的新政府,他身兼内政大臣和总理。虽然同为抵抗派的成员,但佩利耶和基佐几乎是两种截然不同的类型。佩利耶无意于纠缠于七月王朝的政治合法性问题,也对让罗亚-科拉尔与基佐感到苦恼的主权归属问题漠不关心;作为成功商人,他只关心效率,是一位粗鲁野蛮却坚定强硬的人物。罗亚-科拉尔对他的评价是:"卡斯米尔・佩利耶备受命运的垂青。他生活的时代让其最糟糕的缺陷变成了宝贵的品质:他既无知,也粗野;然而这两种品质却拯救了法国。"①

佩利耶力图建立一个威权且高效的政府。他强调总理的地位高于其他大臣,同时竭力把路易-菲利普排除在内阁的决策之外,坚持总理在国王缺席的情况下有权召开内阁会议。而且,他还派人暗中监视路易-菲利普的信息与公开活动,避免后者对自己的政策构成干扰。对于佩利耶阻挠自己介入政治的做法,路易-菲利普本人颇为不满,却又无可奈何。他不无怨恨地把佩利耶称为"保险柜里封存着一个银行家的灵魂"。佩利耶的内阁成员和拉斐特政府几乎相同,梅里乌(Mélihou)的辞职和路易男爵重返财政部是为数不多的变化。由于佩利耶的威权个性,政府的行事风格变得雷厉风行。

路易-菲利普虽然因为"3 月 13 日的体系"(时人用佩利耶组阁的日子指代其政治体系)排斥自己而感到不满,但在结束革命状态,恢复社会秩序方面,他和总理的目标别无二致。在 3 月 18 日的就职演说中,佩利耶强调"七月革命创建了一个政府,而非无政府",鼓吹抵抗派所推崇的"中庸道路"。1831 年 1 月 30 日,国王在回复塔恩省加亚克市的请愿书

---

① Furet,*Revolutionary France 1770 – 1880*,p. 333.

中，明确表达了类似的政治诉求："在国内，要秩序，而不牺牲自由；对外，要和平，而不要损害荣誉。"

为了确保巴黎的安全与稳定，佩利耶任命曾经在其银行里担任经理的亨利·热斯盖（Henry Gisquet）为巴黎警察局长。作为佩利耶的忠实信徒与朋友，热斯盖在打击反对派，残酷镇压民众起义时，毫不手软。他还任用劣迹斑斑的前苦役犯弗朗索瓦·维多克担任便衣警察队长。维多克黑白两道通吃，许多痴迷于犯罪题材的作家们纷纷向他讨教警匪世界及其流行的黑道行话，并经常将之作为小说人物的原型。譬如，在雨果的《悲惨世界》中，冉阿让和沙威在很大程度上分别再现了维多克的苦役犯生活和从警经历。在热斯盖和维多克的支持下，佩利耶内阁严密监视政治反对派，逮捕可疑分子，并对他们提出颇具争议的控诉。

归功于其铁腕政策，佩利耶奠定了议会制的基础，内阁总理对议会负责，而只让路易-菲利普扮演象征性的国家元首的角色。需要指出，佩利耶也是一位真诚的自由派，他推动颁布了若干自由主义色彩浓厚的法律。

首先，1831年3月21日市镇法规定，每个市镇纳税最多的公民（占成年男性的10％—15％）以及法官、律师、公诉人、国民自卫军军官、大学学者都有权进行投票。根据该法律，全法国拥有100万的选民可以参加市议会的投票。由此，城市和乡村的政治生活出现了很大的不同。在大城市中，市镇投票权由富裕的资产者垄断，但在乡村地区，缴纳10—15法郎直接税的小所有者占了成年男性的三分之一，都能变成市镇级别的选民。毫无疑问，1831年3月21日市镇法是七月王朝政治生活走向地方化与民主化的重要里程碑。

其次，1831年3月22日法律重新组织国民自卫军。理论上，它向所有20—60岁的法国男性公民敞开大门，但实际上，唯有那些有能力提供装备的人才有资格穿上国民自卫军的军装。国民自卫军致力于维护秩序，保障财产私有制。从权力关系上说，它隶属于宪兵与军队。全法国的国民自卫军数量在570万左右，它的中下级军官由普通士兵选举产生。在实行纳税选举的七月王朝,国民自卫军的军官选举发挥着"准普选实验室"的作用。但是,为了维护政府对国民自卫军的绝对控制,佩利耶罢免了运动派的军官,任命铁腕人士;为了更有效地维持社会秩序,1841年4月10日法律授权国民自卫军在向聚集的人群发出三次警告后,有权开枪。

再其次,颁布新的选举法。1830年宪章虽然仓促地提及了议会选举,但并未就它的组织与实施作出明确的规定。佩利耶把制定一项新选举法提上了日程,结果引发了激烈的争论。贝里耶(Berryer)和德鲁·布雷泽(Dreux Brézé)侯爵等少数正统派议员鼓吹两级的普选制度;自由派则主张,除了宪章规定缴纳300法郎直接税的有产者,还应当把选举权利授予17 000名左右的贤能之士(如院士、医生、公证员、文人以及律师)。1831年4月19日,新选举法获得通过,它比1830年宪章的规定更具自由色彩:选民的纳税标准从300法郎降到200法郎,这导致选民的数量从9万增加到17万;同时,无论院士和退休的高级军官纳税多少,钦定授予他们以选举权;至于被选举人的纳税金额,顶格为500法郎。尽管选民的数量增加了一倍,七月王朝的统治更多是建立在金钱政治之上,而非依赖真正的"贤能"(capacitaires)。

最后,1831年12月29日法律改变了贵族院的选举方式。它取缔了不受欢迎的贵族世袭制;国王有权在纳税金额超过3 000法郎、高级公务员以及法兰西学院院士中任命终身贵族。贵族院不再是旧贵族的大本营,而更多地向帝国贵族(内伊元帅的儿子)和资产阶级精英倾斜。贵族院也丧失了复辟时期的制衡权力,它的政治功能只有象征意义。对于佩利耶削弱贵族院的做法,德布罗格利公爵提出抗议,认为新法律将之变成了"荣誉军人之家和宠臣聚集地"。相应地,众议院的地位得到明显加强,而运动派和抵抗派的矛盾将贯穿众议院的辩论中。

由于选择温和而又保守的资产阶级作为统治基础,佩利耶内阁和"光荣三日"的其他革命力量产生了严重冲突。在大城市中,共和派日趋失望,并逐渐走向暴力反抗,甚至诉诸绝望的弑君行为。1831年5月9

日,共和派分子埃瓦里斯特·加鲁瓦(Évariste Galois)在共和派宴会上,把匕首刺向路易-菲利普,但并未伤及国王。1830 年 11 月,夏尔勒·菲利蓬(Charles Philippon)创办了《漫画》(La Caricature)杂志,抨击新政权没有兑现七月的承诺,批评它唯利是图、腐败堕落,谴责它造成财政困难并践踏公共自由。七月王朝也违背了 1830 年宪章确立的出版自由原则,严厉打击反对派的报纸。在 1830 年 8 月和 1832 年 10 月期间,法国出现了 281 次查禁报纸的行为,251 起针对媒体的判决。1832 年 1 月 1 日,曾经为路易-菲利普的上台立下汗马功劳的阿尔芒·卡雷尔及其《国民报》也公开宣布反对政府。

　　佩利耶内阁的外交政策招致了公共舆论的严厉批评。1830 年 10 月 4 日,比利时成立临时政府,宣布独立。比利时的革命者暗中得到法国的支持,比利时议会一度考虑把王位授予路易-菲利普的次子内穆尔公爵。但由于英国的坚决反对,路易-菲利普不敢为法国兼并任何领土,拒绝内穆尔公爵出任比利时国王,转而支持英国青睐的列奥波德·德撒克斯·科布尔(Léopold de Saxe-Cobourg)亲王,后者在 1831 年 6 月 4 日登基。1831 年 8 月 2 日,荷兰国王威廉一世进攻比利时王国,法国派遣军队支援节节败退的比军,最终击退了荷兰军队。8 月 12 日,签署停战协定。波拿巴派、共和派以及少数自由派都抨击路易-菲利普以及佩利耶内阁,认为他们挥霍了重建法兰西辉煌的天赐良机。同样,佩利耶的意大利政策也令人争议。他曾经让奥地利军队镇压 1831 年 3 月的烧炭党起义,但在奥地利趁 1832 年 1 月 28 日教皇国出现骚乱占领博洛尼亚后,他又进行了反击,派遣法国舰队占领了安孔港口。法国在拿破仑帝国解体后,再次确立了自己在意大利半岛的仲裁地位。法国由于利用了教皇格里高利六世的困难,让天主教徒感到沮丧,同时又因为充当了神圣联盟的帮凶,又伤害了左派的感情。此外,左派为法国没有介入波兰问题感到愤怒。尽管在议会和街头都出现了声援波兰的游行示威,但佩利耶竭力保持克制,其支持仅限于接收逃避俄罗斯镇压的波兰流亡者。波兰移民的流亡者进一步加深了法国人对俄罗斯的负面印象,钢琴家肖邦和诗人密茨凯维奇也促进法国浪漫主义呈现出了新气象。巴罗、拉法耶特、拉马克、加尼耶-帕热斯和萨尔维尔特(Salverte)猛烈抨击佩利耶的波兰政策。但对佩利耶而言,维护法国国内秩序以及欧洲的和平更为重要。

佩利耶政府的保守社会政策让普通民众渐行渐远。在经济领域,佩利耶坚决奉行绝对的自由放任原则,拒绝巴黎工人固定价格与工资的要求。1831 年 6 月 14—16 日,圣德尼郊区和博纳-努维尔街道的工人发动骚乱,但遭到了国民自卫军和军队的残酷弹压。1831 年 11 月 21 日,成百上千的里昂丝织工人起义,高举黑色旗帜,并呼喊"以劳动求生存,抑或战斗而死"的口号,修建街垒,控制了市政府,迫使市长和驻防司令仓皇出逃。在控制里昂期间,工人们没有实施任何抢劫,既没有提出政治纲领,也没有建立组织,但依然引起了资产阶级精英的恐慌,记者圣马克·吉拉尔丹(Saint - Marc Girardin)惊呼:"威胁社会的野蛮人既不在高加索,也不在鞑靼利亚的草原;他们就在我们工业城市的郊区里。"11 月 25 日,奥尔良公爵(国王的长子)和苏尔特元帅率领 2 万军队,进军里昂。在没有造成流血事件的情况下,采取了取缔关税、逮捕 90 个工人、解散国民自卫军等让当地工人倍感失望的措施。政府以捍卫"商业与工业的自由"为名,拒绝萨尔维尔特等左派议员提出的对里昂骚乱进行调查的要求。圣西门派认为里昂起义是 1830 年革命的继续,说明劳工阶级正在走向政治舞台;但拥护内阁的《辩论报》认为劳工阶级违反法律,侵害所有权,并暴露了民众阶级的道德堕落。公共舆论在里昂起义问题上的对立态度,体现了资产阶级和工人阶级之间的矛盾已经开始变得不可调和。1831 年 7 月 14 日,在巴黎共和派的组织下,夏特莱、巴士底狱广场、协和广场以及爱丽舍广场都爆发了骚乱。1831 年夏天,波拿巴派试图在吕内维尔、斯特拉斯堡、梅茨和贝桑松等地的兵营发动起义,但很快被镇压。1832 年 4 月 10 日法律虽然把矛头主要指向波旁家族,但也保留了流放波拿巴家族的规定。1832 年 3 月,在格勒诺布尔,一场狂欢节演变成了反对政府的起义;省长不顾圣克莱尔将军的反对,朝示威群众开枪。接二连三的密谋与起义让佩利耶的神经绷得更紧,政府和民众之间的敌意日趋强烈。

最后，1832 年霍乱的爆发更是让普通民众感到绝望。由于殖民征服、军事战争、传教活动、交通手段的革命以及日趋紧密频繁的全球贸易活动，霍乱弧菌不断扩散。1832 年波兰爆发起义后，沙皇派遣西伯利亚军队前往镇压，从此以后，霍乱在整个欧洲蔓延开来。1832 年 3 月 26日，巴黎首次出现霍乱病患。密集的人口、局促的建筑、肮脏的街道、肮脏的饮用水、医生与医疗设施的紧缺以及市政管理的混乱，加速了霍乱在巴黎的传播。霍乱在巴黎造成死亡 18 402 人，而法国总共损失的人口超过 10 万。在霍乱期间，巴黎拾荒者不满于巴黎警察局主导的公共卫生运动剥夺了其生存权利而发动骚乱；由于普通民众对政府和富人抱有的怨恨和不信任，投毒的谣言四起，一些人还因此无辜惨死。佩利耶本人也感染了霍乱，逝世于 1832 年 5 月 16 日。对于佩利耶感染霍乱死亡的事实，德国流亡诗人亨利·海涅评价说，不少人认为其政治体系比霍乱更加有害。[1]

二、苏尔特内阁

在获悉佩利耶感染霍乱逝世的消息后，路易-菲利普没有任何悲哀，反而有些幸灾乐祸地说道："佩利耶去世了，但这令人悲痛吗?"他似乎在佩利耶的死亡上只看到了解脱，看到了亲自掌权的希望。在霍乱危机肆虐整个法国之际，路易-菲利普并不急于任命新内阁总理，他很享受在各个部门产生权限冲突后充当仲裁者的角色。

由于应对霍乱危机不力、贫富差距、政治矛盾以及 1827 年以来经济的持续低迷等多种因素，1932 年 6 月 5—6 日爆发了共和派起义。起义的导火索是拉马克将军的葬礼。拉马克将军是帝国的英雄，是七月王朝的政治反对派，他所扮演的角色如同复辟时期的富瓦将军。同样，拉马克将军的葬礼也如同富瓦将军的葬礼，成为政治反对派规避反结社禁令

---

[1] Henry Heine, *De la France*, Paris: Gallimard, 1994, p. 116.

(刑法第二九一至二九四条),表达集体抗议的良机。在共和派的引领下,十几万巴黎民众参加了葬礼。尽管巴黎警察局长热斯盖作了精心防范,禁止民众携带武器和高举旗帜,但游行最终还是演变成了起义。6月5日晚上,起义者建立了200多个街垒,并控制了圣德尼、圣马丁、圣马尔索以及圣安托万等街区。经过短暂犹豫后,七月王朝迅速采取行动。路易-菲利普及其家族也表现得临危不乱,而没有像其他政治危机中的当权者那样选择仓皇出逃。当晚,蒙塔利韦在巴黎城墙上张贴布告,抨击共和派与保皇派,认为他们是骚乱的罪魁祸首。6月6日,国民自卫军和军队发动进攻,很快摧毁圣安托万和圣马尔索的街垒,但圣梅里教堂周围的斗争却异常激烈。第二天下午,剩余的起义者已经倒在血泊之中。现场留下了300具起义者的尸体,但政府军也死亡50人。在战斗结束后,国王颁布敕令,宣布巴黎进入"紧急状态"。

几乎与此同时,正统派也发动叛乱。6月4日,布尔蒙元帅领导倾向于天主教与正统派的军队在西部省份发动叛乱。尽管叛乱得到当地民众的支持,但由于缺乏装备,而且各地叛军缺乏联系,很快被德尔蒙古(Dermoncourt)将军血腥镇压。贝里公爵夫人反抗顽强,曾经在6月9日化装成农妇,妄图激发保皇派再次反抗,并争取外国列强的干涉,但并没有取得成功。1832年11月8日,她最终被捕入狱。

在短短几天时间内,七月王朝就解除了威胁自身的两种威胁:西部的正统派和巴黎的共和派。6月10日,路易-菲利普在爱丽舍广场和各大街道进行盛大的阅兵活动,象征性地重申其对首都的严密控制。同时,警察局长热斯盖大肆搜捕煽动和参与起义的人员,逮捕了1 500人,但多数人很快被释放。不过,共和派报纸《论坛报》和正统派报纸《日报》的编辑们却被送上了法庭。7月以后,七月王朝实行缓和政策。在塞纳重罪法庭审判的261名嫌疑犯中,唯有88人被判有罪,11人判处死刑,5人流放。然而,审判起义者的法庭却变成了反对派抨击政府的演说场所。譬如,参加过圣梅里教堂战斗的夏尔勒·让那(Charles Jeanne)和维克多·普罗斯佩(Victor Prospert)变成了民众的新偶像,前者激发作家诺艾尔·帕尔菲(Noël Parfait)撰写小说,后者导致裁缝工为他组织了一场慈善募捐活动。6 月起义在外省并没有获得支持;相反,在起义爆发后的几个星期内,外省纷纷派遣代表团到杜伊勒里宫请愿,要求尽快恢复秩序。在此,巴黎与外省、城市和农村在 19 世纪法国重大政治危机(如 1848 年 6 月起义、巴黎公社)中的矛盾与对峙已经初露端倪。尽管如此,夏多布里昂、雨果以及里昂的报纸《先驱报》(*Le Précurseur*)仍然不惧强权,继续批评七月王朝滥用权力。后来,雨果在小说《悲惨世界》中对 6 月的起义者进行了可歌可泣的描述。

佩利耶逝世后,内阁总理空缺将近 5 个月。1832 年 10 月 11 日,路易-菲利普任命苏尔特元帅为内阁总理。苏尔特反复无常,易于动怒的性格经常让路易-菲利普感到头疼,但他"无知而愚蠢"(基佐的评价),却便于控制。为了很好地约束苏尔特,路易-菲利普给他配备了三个杰出的政治家:外交大臣布罗格利出身名门望族,是斯塔尔夫人的女婿;公共事务大臣梯也尔尽管出身卑微,但凭借在出版界的广泛人脉及其对革命史与帝国史的研究,在政界和舆论界均拥有重大的影响;公共教育大臣基佐是信条派的灵魂,笃信自己的政治原则,而且毫不退缩。真正给苏尔特内阁定下基调的是布罗格利公爵和基佐,时人也因此将之称为"信条派内阁"。左派报纸将布罗格利和波利尼亚克相提并论。为了表明内阁绝不姑息正统派的保皇党,梯也尔逮捕了隐藏在南特的贝里公爵夫人。路易-菲利普之所以把三位个性如此强硬的人士捏合进苏尔特的内阁,乃是因为他断定他们无法友好相处,从而方便自己的操纵。孰料,他们在内政外交上竟然了取得了相同立场,这让路易-菲利普感到意外,不无失望地说:"当这三人达成一致时,我就得靠边站,无法让自己的意见取胜。这是卡斯米尔·佩利耶在三人身上得到了复活。"[1]

苏尔特内阁在 1833 年颁布一项有关省议会和区议会的新法律,完善了地方政治机构的组织。省议会成员的数量和县议会的成员数量相

---

[1] Gabriel de Broglie, *La Monarchie de Juillet*, p. 131.

当,总数不超过 30 人。选举省议员的选举议会由选民和陪审员名单中的公民组成;候选人必须年满 25 岁,缴纳 200 法郎的直接税。省议员任期九年,每三年改选三分之一,可连选连任。国王有权解散省议会,并在三个月内进行重新选举。省议会由省长召集;它负责任命自己的办公室,其会议并不对外开放;省长有权列席。区议会也遵循类似的组织方式。它的人数不超过九人,选举、被选举以及召开的方式都相同;区长有权列席会议;区议员任期六年,每隔三年改选二分之一。1833 年法律和 1831 年 3 月 21 日市镇法共同奠定了七月王朝时期地方议会的组织框架。

1833 年 4 月 24 日,颁布一项殖民法,将马提尼克、瓜德鲁普、圭亚那、波旁岛等殖民地置于议会的监督之下,并让它们创建特别议会。在总督之外,建立一个选举产生、任期五年的殖民议会。在殖民地的政治权利、适用自由人与奴隶的刑法、商法以及关税法等问题上,议会依然行使立法权,但它会就公共教育、治安、出版、奴隶解放等问题咨询殖民议会。这是在限制总督的权力,总督不再拥有绝对权力。1833 年 7 月 9 日,通过公共利益征地法。在梯也尔的主导下,议会拨款 1 亿法郎,计划在五年内完成一些重要的公共工程建设,从而开启了法国改善交通与运输的新征程。

在推动教育改革方面,基佐更是不遗余力。1833 年,颁布一项初等教育法。它规定,人口超过 6 000 的乡镇必须开设 1 所小学;小学教师的俸禄纳入乡镇预算,年薪至少应达到 200 法郎。每个省应当创办 1 所培养小学教师的师范院校。在法国历史上,初等教育首次纳入地方预算;穷人的子女理论上能够得到免费教育,但国家并不强制父母将其子女送到学校。同时,该法律还规定了小学教师的教学资格,一方面必须通过教育大臣任命的委员会所主导的考试,获得学力证书,另一方面要拥有道德证书。经基佐积极倡导,该法才获得通过,故史称"基佐法"。和第三共和国的教育法不同,1833 年教育法并不具有反教权主义色彩,基佐本人也强调知识教育和宗教教育的互补性:"为了让民众教育得到传播和巩固,教会与国家的行动不可或缺[……]如果神甫仇恨教师,或与之切断联系,如果教师自视为独立的竞争者,而不认为自己是神甫的忠实助手,那么学校的道德教育就会消失,就因此变得很危险。"①所以,基佐并不反对将儿童交给神甫,前提是要尊重家长们的意见。

中等教育没有变化,保持现状。换言之,中等教育由教育总署和神职人员共同支配。相反,基佐特别重视高等教育和科研机构。自从1830年起,基佐创设历史文物总督察,梅里美担任了首任总督察。1835年,基佐推动创建"法国历史学会",负责出版铭文与文献;他还专门拨款,发起出版"法国历史未刊文献"的运动;在巴黎法学院创建宪法学讲席,首任讲座教授是意大利人罗西,负责讲授法国宪法学,其宗旨是"阐明宪章,阐明它确立的个人保障与政治制度"。

自从1832年6月5—6日起义后,法国的街头虽然没有骚乱,但革命的激情并没有熄灭。譬如,共和派组织"人权之友社"开始蓬勃发展,它在巴黎拥有4 000名会员,下设各个分支机构,它们经常以罗伯斯庇尔、马拉和巴贝夫来命名自己。"人权之友社"在外省也广设分支,在里昂、马赛等大城市拥有广泛的群众基础。1833年,共和派报纸《论坛报》发表一份公开声明,要求实行普选、推行公立教育、组织国家信贷、普及陪审团制度,并要借助更合理的劳动分工、更平等的产品分配以及结社,实现工人阶级的解放。宣言的起草者在1833年8月4日的《国民报》上,阐明了此份宣言的社会意义:

> 你们问我们在"秘密会议"能够做什么,能够说什么。我们在各个分支里所说的事情,就是如下:打倒一切特权,哪怕是出身的特权!打倒财富的垄断!打倒人剥削人!打倒社会不平等!……集权的共和国万岁!普选万岁!作为权力的主宰者,人民万岁!……是人民拥有并耕种土地,是人民让商业与工业产生丰硕的成果,是人民创造了所有的财富。所以,组织所有权、平均分配责任以及社

---

① Lavisse, *La monarchie de juillet*, p. 93.

会福利的权利属于人民……这就是我们秘密会议关注的事情。这就是报纸不谈论的东西,因为它们只关心政治变革。最重要的革命不是政治革命。如果它们没有带来社会革命,那么就不会或者几乎不会产生任何结果。权力虽然换了主人,但人民依然穷困潦倒。

第三共和国著名历史学家拉维斯认为,宣言的起草者可能受到了圣西门派皮埃尔·勒鲁和让·雷诺(Jean Reynaud)的影响,他们推动了"人权之友社"把社会改革纳入自己的政治纲领。共和主义的新转向让无产者逐渐萌芽了阶级意识。但这也引起了一些共和派的不满。《国民报》的主编阿尔芒·卡雷尔、《先驱报》的主笔安塞姆·珀特坦(Anselme Pététin)对这份宣言提出了批评。

虽然如此,所有共和派都同仇敌忾地反对七月王朝,反叛的情绪无处不在。例如,当议会审问被控试图枪击国王的共和派分子贝热龙(Bergeron),问他"是否说过国王应该被枪毙"之类的话时,他回答说:"我不记得是否说这样的话,但我确实是这么想的。"街头小贩也经常兜售鼓吹颠覆七月王朝的小册子。巴黎警察局长热斯盖试图对他们兜售的小册子征收印花税,但被法院判为非法,转而抓捕非法小册子的传播者。

骚乱的梦魇萦绕在苏尔特内阁成员的脑海里,他们颁布一系列高压法律,试图消灭社会不安定的因素。1834年1月25日法律规定,街头小贩在兜售小册子之前,必须得到事先的批准。1834年2月24日法律进一步强化了拿破仑刑法典第二百九十一至二百九十四条的反结社禁令。刑法典虽然规定人数超过20人的社团必须得到政府批准方可成立,但并没有对成员众多,但分支机构却不超过20人的社团(为了躲避刑法的打击,"人权之友社"各个分支的人数不超过20人)作出规定,而且没有禁止它们举行定期集会。新法律规定:反结社的规定适用于分支机构的人数少于20人的社团,且不论它们是否举行定期集会;惩罚的对象也从社团的领导人扩大到普通会员,违法行为将由法庭而非陪审团裁定;社团颠覆国家安全的罪行将由贵族院审理。反对派抨击了1834年结社法，但基佐和梯也尔为之进行了辩护。前者批评反对派说，"在你们的手里，自由变成了放纵，反抗变成了革命"；后者指责反对派在合法政府之外，组建"隐藏的政府"，阴谋用"未来的政府推翻现行政府"，并表示："社团虽然是一种美妙而高贵的力量，但也令人害怕，所以它应当服从法律。"

在1834年2月24日反结社禁令颁布后，"人权之友社"呼吁人们进行抵制。在互助社和结社活动异常活跃的里昂，爆发了大规模的抗议活动。《工场回声报》发表一份由2 540人签名的抗议书，宣称："他们的脖子上绝不会套上锁链，他们的集会也不会停止。通过依靠最神圣的权利，即依靠劳动谋生的权利，他们将不遗余力地使用自由人的力量，反抗一切野蛮做法，将不惜代价捍卫一项不可剥夺的权利。"人权之友社的里昂分社也表示："无论如何，他们的社团仍然会像从前那样存在。"6名无互助社的成员突然被捕无异于火上浇油，导致抗议活动愈演愈烈。4月9日，里昂爆发起义。路易-菲利普政权像1831年那样，派遣军队进行残酷镇压。

圣艾蒂安、格勒诺布尔、克莱蒙、马赛等大城市也爆发抗议活动，街道上响起了"共和国万岁"的口号。里昂起义在巴黎引起了最大的反响，"人权之友社"中央委员会决定声援里昂工人，但由于计划并不周全，政府率先采取行动，逮捕了密谋者，并查封共和派报纸《论坛》，其主编阿尔芒·马拉斯特被迫逃跑。尽管如此，"人权之友社"的部分成员还是决定走向街头抗议，并在博布尔、奥布里-勒-布歇、特朗斯诺南等街道修筑街垒。但在几个小时内，政府就扑灭了起义，并制造了惨绝人寰的"特朗斯诺南大屠杀"。时至今日，我们依然能从杜米埃的漫画《特朗斯诺南街》感受到镇压的残酷性。为了避免起义继续蔓延，七月王朝逮捕了2 000多名嫌疑犯。

三、布罗格利内阁

1834 年 4 月,外交大臣布罗格利在对美赔偿问题上的立场引起了议会多数的强烈不满。在 1806—1812 年期间,法国舰队俘获了不少和反法联军进行贸易的美国船只。自从帝国末期以来,美国不断提出抗议,要求法国政府赔偿 7 000 万法郎的损失。拿破仑赔付了 1 800 万;波旁王朝避免卷入纷争;卡斯米尔·佩利耶内阁在 1831 年 7 月 4 日决定赔偿美国 2 500 万。作为交换,美国总统杰克逊同意降低针对法国葡萄酒和丝织品的关税。鉴于对美贸易占法国出口的四分之一以上(法国总出口 4.24 亿法郎,对美出口总额是 1.1 亿法郎),布罗格利认为按照佩利耶的约定赔偿美国符合法国利益,故而将条约提交议会。但是,经过讨论和投票,众议院否决了布罗格利的方案。为此,布罗格利愤而辞职。

同年 7 月 18 日,苏尔特的总理职务也被海军元帅热拉尔取代。热拉尔是路易-菲利普忠实的追随者,他娶了国王的家庭教师让利斯(Genlis)夫人的外甥女,而热拉尔的岳母德瓦朗斯夫人更是从小和国王共同生活,一起接受教育。虽然得到路易-菲利普的庇护,但热拉尔在任时间很短,10 月 29 日辞去总理职务。在热拉尔辞职后,路易-菲利普并不急于设置总理职位,他经常对基佐和梯也尔说:"你们需要一个内阁总理吗? 难道我不支持你们吗? 你们还获得了议会多数的拥护。为什么还要担心其他事情呢?"

11 月 18 日,路易-菲利普才任命另一位海军元帅莫尔捷(Mortier)为总理。路易-菲利普频繁地更换总理,一个重要的原因是要强化王权,建立忠于自己而非向议会负责的内阁制。一个名叫罗德勒的政论家撰写了一本阿谀奉承的小册子,反对梯也尔"国王统而不治"的虚位君主理论,主张国王拥有切实的最高统治权:"统治(gouverner)并不是管理(administrer);治理(reigner)也有别于统治。管理是提供公共服务;统治要解决有关权力的行政难题;治理是统治与行动,是在法律权威之外施加道德影响。管理属于大臣的范畴;统治属于国王与一个或若干大臣;治理专属国王,它涵盖对外关系,负责在法律之外增加公共道德与私人道德的模范。"①

罗德勒为路易-菲利普的拙劣辩护让议会感到颇为不满,导致它倾向于支持"国王最不喜欢、最害怕的"布罗格利公爵,后者的高贵出身与强硬性格让路易-菲利普颇为忌惮。1835年10月11日,布罗格利公爵组阁,他竭力阻止国王介入内阁会议。对此,路易-菲利普也颇为尴尬,曾经当着外国使节的面为自己寻找台阶:"为了避免堕落的激进主义,我才不得不忍受布罗格利。"

布罗格利上台后,重新采取抵抗派的政策。但这又引起了中左派的不满,他们伺机报复。布罗格利向议会重新提交赔偿美国2 500万法郎的条约。美国也不断施压,杰克逊总统扬言,如果法国议会再次拒绝赔偿债务,那么他将建议美国国会批准没收法国公民在美国的财产。法美关系陡然走向紧张。法国众议院并不愿意作出妥协,法国报纸也愤怒地指责杰克逊的做法野蛮。不过,在布罗格利的斡旋下,众议院最终同意赔偿,但要求美国政府对杰克逊总统的立场作出说明。

更让布罗格利政府感到头疼的是,如何处置1834年4月的起义者。中左派主张和解,前总理热拉尔也宣称要实行大赦。在2 000多名被捕人士中,贵族院认定164人是嫌疑犯。贵族院认定巴黎、里昂、马赛以及其他城市的起义存在串联关系。5月5日,贵族院开庭审理。共和派的被告人决定利用审判活动,将之变成宣扬共和主义的绝佳机会。他们的辩护律师在报纸上发表公开信,表示"法官的无耻将变成被告们的荣耀"。1835年底,经过旷日持久的审判,他们或者被判流放,或者被判监禁,但多数人只是被判处狱外临时监管。由于圣佩拉热监狱管理松懈,卡芬雅克、马拉斯特、吉纳尔(Guinard)等28名共和派人士成功越狱。所以,在这场令人瞩目的审判中,真正遭到打击的人数颇为有限。但是,由于镇压、监禁与流亡,共和派的网络已经遭到彻底破坏,"人权之友社"

① Lavisse, *La monarchie de juillet*, p. 116.

在法国的影响受到严重削弱。

　　在审判 4 月起义者的同时,另一个插曲也加剧了法国政治局势的紧张。7 月 28 日,路易-菲利普在"光荣三日"的周年纪念之际,举行盛大的阅兵仪式。在途中,科西嘉人菲耶斯基(Fieschi)向路易-菲利普投掷炸弹,后者幸免于难,但造成其周边的国民自卫军和观众的伤亡。菲耶斯基的两个同伙都是"人权之友社"的成员,他们在 1836 年 1 月被贵族院判处死刑。

　　在菲耶斯基暗杀行动发生后,路易-菲利普开始过着越来越封闭的生活。在统治初期,路易-菲利普总是不遗余力地塑造自己在公众舆论前的良好形象。他要么穿戴资产阶级的服装与礼帽,夹着雨伞,行走在巴黎的街道,要么身着国民自卫军军服,表达对资产阶级子弟兵的敬意,宣称自己的王冠归功于他们。在 1831—1832 年期间,他还曾经携带王室家庭,到外省巡视,并发誓要走遍整个法国。

　　由于七月革命以后巴黎局势的紧张始终没有消除,他慢慢地和巴黎民众保持了距离,不再努力维持"街垒国王"形象。他在杜伊勒里宫的周围修筑壕沟,区隔了王家花园和公共用地。这招致了行人的埋怨和反对派的嘲讽。菲耶斯基刺杀事件以后,路易-菲利普不再检阅国民自卫军,也放弃了巡游法国的计划。王后玛丽-阿梅莉也惊魂未定,战战兢兢地说:"我们周围都是凶手。多么可怕的人民! 多么恐怖的国家!"她从此以后患上了被迫害的谵妄症,并影响了路易-菲利普。圣日耳曼街区的正统派为刺杀行为感到欢欣雀跃,他们还嘲讽了国王夫妇的恐惧。马耶公爵夫人还在日记中讽刺道:"奥尔良家族的恐惧无以复加。国王几乎不敢在自己的花园里散步。王后会因为轻微的声音而战栗;随风而动的窗帘都会让他们认为有凶手;稍有风吹草动,就会让他们呼喊救命。"[1]

　　路易-菲利普虽然逃过了暗杀,但七月王朝却由此颁布了三项严厉的法律,趁机打击政治反对派,加强社会管制,史称"九月法令"。

---

[1] Gabriel de Broglie, *La Monarchie de Juillet*, p. 134.

前两项法律对重罪法院和陪审团做了重新规定：在出现叛乱时，授权司法大臣成立重罪法院，立即审判嫌疑犯；陪审团将进行秘密投票，只要取得简单多数（7票对5票）就足以定罪。第三项法律对出版作出更为严苛的规定。首先，提高了报纸的保证金，塞纳省、塞纳-奥兹省、塞纳-马恩省的报纸必须拥有10万法郎，人数超过5万的外省城市的报纸必须拥有2.5万法郎，而其他城市的报纸要拥有1.5万法郎（根据1830年12月14日法律的规定，它们的保证金分别只需2 400法郎、800法郎和500法郎）。其次，列举了许多新的罪行，如亵渎国王、抨击宪章规定的君主立宪制、宣扬共和国等。再其次，各家报纸必须刊载政府文件与官方报道。最后，建立事先审批制度，"如果没有得到事先的批准，不得发表、出版或销售一切形式的绘画、印刻、版画、勋章或铜版画"。新开设的剧院和新上演的戏剧也必须遵守相同的事先审批制度。新的出版法遭到了反对派的猛烈抨击，拉马丁愤怒地指出："压迫思想将会导致心灵的反叛。"在新出版法的打击下，共和派报纸遭遇重创。继《论坛报》在1835年5月11日被查封后，拉斯帕伊（Raspail）的《改革报》也在10月份消亡。其他苟延残喘的共和派报纸也不敢再把矛头直接指向王权。卡雷尔在1836年7月1日的《国民报》上表达了共和派的不满："政府将各家报纸置于自我审查的境地。它们保持克制。人们不再撰写自己的所思所想，甚至不再发表作品。"毫无疑问，"九月法令"是七月王朝对1834年4月起义和1835年7月暗杀事件的报复行动。但它们的颁布也让路易-菲利普不再需要考虑自身统治的合法性问题，因为抨击国王或君主立宪制的行为都变成了犯罪。

七月王朝的逐渐巩固却并没有导致路易-菲利普对布罗格利的信任感有所增加。国王和内阁总理在外交政策上出现了严重的分歧。自从七月王朝诞生以来，路易-菲利普奉行和英国结盟的政策。但是，这更多是他在国内外局势动荡的情况下，为自己争取和平环境而采取的权宜之计。随着国内反对派的剪除，路易-菲利普认为与英国的同盟关系已经变得不再重要，开始谋求改善和俄罗斯、普鲁士、奥地利等欧陆君主国的关系。驻英大使塔列朗同样认为,法国应当改弦易辙,把目光投向欧洲大陆。塔列朗曾经如是劝说路易-菲利普调整外交政策的必要性:"陛下还想从英国获得什么呢?我们已经利用了它的同盟;我们不再能获得任何好处。我们应当将和平的维护归功于我们与英国的结盟;如今,它只会给你带来革命。因此,陛下的利益要求你向东方列强靠拢[……]各大王室虽然不喜欢你,但它们开始尊重你了。"①于是,路易-菲利普背着亲英的布罗格利内阁和传统君主国秘密往来,甚至还计划让王储奥尔良公爵和奥地利大公的女儿联姻。

然而,意大利、比利时、波兰等地方兴未艾的民族运动以及法国政府面对它们的暧昧态度让俄罗斯、奥地利与普鲁士心怀忌惮。意大利民族主义者马志尼建立秘密会社"青年意大利",并在马赛创办一家报纸,鼓吹意大利统一和欧洲各国的民族自决。在波兰流亡者的支持下,马志尼曾经计划以萨伏伊为跳板,进军意大利。虽然马志尼的行动方案最终破产,但引起了俄罗斯、奥地利和普鲁士的警觉。1835年9月9日日,沙皇、梅特涅以及普鲁士王在缪亨格拉茨储签署密约。该条约规定,在一个国家出现革命的情况下,其君主可以向别的君主求助;同时,它还宣布:"当三个宫廷中的某个宫廷已经作出提供帮助的声明,却仍然遭到别国的武装抵制时,那么三个宫廷将认定这是在反对它们三个。"俄罗斯、奥地利和普鲁士的政治意图昭然若揭,即为了维护欧洲大陆的现状,继续推行正统性原则,严厉打击各国的民族独立运动,并隐含地将矛头指向了同情欧洲民族主义运动的法国。并且,俄、普、奥三国分别将这一具有恫吓性的条约照会法国。

孰料,布罗格利提出激烈的抗议:"我们已经作过声明,对于比利时、瑞士和皮埃蒙特等国,法国绝不能坐视外国列强的干预。"布罗格利的抗议让处心积虑要和俄罗斯、普鲁士与奥地利结好的路易-菲利普愤怒不已。所以,在布罗格利和议会产生冲突而提出辞呈后,后者在1836年2

---

① Lavisse, *La monarchie de juillet*, p. 128.

月 5 日爽快地予以批准。

四、梯也尔的第一次组阁

1836 年 2 月 22 日,路易-菲利普任命梯也尔为内阁总理。梯也尔为七月王朝的创建立下过汗马功劳,他在 1830 年 7 月 28 日的《国民日报》率先表达了拥护奥尔良公爵的声明,还为此在各方阵营中来回斡旋。在 1835 年 7 月 28 日菲耶斯基暗杀事件爆发后,时任内政大臣梯也尔不仅迅速逮捕凶手,还推动维护"九月法令"。在国王的个人安保问题上,梯也尔也是一丝不苟。梯也尔建议王室家庭减少公开活动;如果国王必须参加,则出动大批的警察与军队进行保护。在梯也尔的劝说下,路易-菲利普缺席了 1836 年 7 月 29 日凯旋门的落成典礼。此外,梯也尔还建议国王在外出时,乘坐没有窗户但更为安全的马车。梯也尔对七月王朝的重要贡献,路易-菲利普都铭记在心。

同样重要的是,梯也尔为人圆滑,总是能够做到随机应变,甚至会因为形势的变化而放弃自己信奉的原则。对他而言,从运动派转到抵抗派,《国民日报》的记者走进信条派的沙龙似乎并不会让他感到尴尬。和强硬的布罗格利、固守信条的基佐相比,路易-菲利普最为欣赏梯也尔,而后者对前者也颇为忠诚。雷米扎评价说:"国王喜欢梯也尔,梯也尔也喜欢国王。"①

在人事安排上,梯也尔用尽了心思。为了让路易-菲利普感到满意,将其亲信蒙塔利韦吸收进内阁;为避免左派的失望,也接纳了三位第三党的成员;此外,他也保留了布罗格利内阁若干大臣。由于在组阁时奉行妥协的精神,所以梯也尔政府是七月王朝建立以来第一个没有公开反对派的政府。唯一的例外是基佐,他因为挚友布罗格利的失宠而在议会里抨击新政府,以表达对路易-菲利普的不满。

梯也尔完成组阁后,向保守派占据多数的议会表示,自己将继续奉

---

① Gabriel de Broglie, *La Monarchie de Juillet*, p. 131.

行佩利耶以来的抵抗派政策:"我希望你们不要忘记,我们在治理面临重大动乱的国家;在面对威胁时,我们曾经用武力对抗混乱……为了拯救革命,应当避免它走向极端。当街头走向极端,或者在制度被滥用时,我用武力和法律镇压。我为和本届议会的多数派同舟共济感到荣幸;如果需要的话,我将会为了拯救国家做相同的努力。"①

确如梯也尔本人所说,其国内政策萧规曹随,基本沿袭了佩利耶、苏尔特与布罗格利以来的保守政策,没有令人瞩目的变化。相反,其对外政策出现了明显的断裂。

梯也尔的前任们始终谋求和英国建立良好的外交关系,以抗衡对七月王朝保持敌意的正统派君主们。路易-菲利普虽然被称为"资产阶级的国王",但他千方百计想赢得俄罗斯、普鲁士与奥地利等国君主的接纳。布罗格利离职的重要原因是他忤逆了路易-菲利普的意愿,对缪亨格拉茨声明作了过于强硬的抗议,破坏了向俄罗斯等国表达善意的努力。梯也尔在担任总理后,把国王的秘密意图变成了公开的外交政策,积极推动与东方君主们的亲善政策。

梯也尔抛出的第一根橄榄枝就是一反常态,放弃了对激进派主导的瑞士联邦政府的友好态度。自从 1829 年以来,瑞士激进派积极推动实施民主与集权的政治宪法。多数的州在 1830—1833 年期间先后批准了民主的宪法。1833 年,在许多政治流亡者的支持下,"青年欧洲"在瑞士创建了一个新的分支机构,即"青年瑞士"。它的激进支持者主张修改联邦宪法,强迫尚未接受民主宪法的各州接受普选制、法律平等、出版自由与宗教自由。由于国外政治流亡者牵涉其中,引起了正统派君主的关注。1834 年,奥地利、普鲁士、俄罗斯以及意大利的诸侯国警告瑞士联邦政府,要求驱逐各国的政治流亡者。英国与法国支持瑞士联邦政府,反对外国干涉。布罗格利在反缪亨格拉茨声明的抗议中,更是明确宣布法国是瑞士的天然保护者。

---

① Lavisse, *La monarchie de juillet*, p. 133.

梯也尔上台后,立刻向奥地利首相梅特涅传达了不同的讯息:"当法国已经消灭派系之争,当法国政府坚定地朝着秩序与温和的方向前进时,认为像瑞士这样的小国(它掌握在一小撮煽动者手里)还能够随意地挑战欧洲,乃是荒谬的看法。"他向梅特涅承诺,绝不允许瑞士变成"革命行动的渊薮、各国分裂分子的聚集地"。1836 年 7 月 18 日,梯也尔通牒瑞士联邦政府,要求它采取严厉措施,打击瑞士的激进派与外国的流亡者。对于梯也尔的示好,梅特涅和内塞尔罗德积极欢迎。

在西班牙的问题上,梯也尔同样改变了立场。由于王位继承人伊莎贝拉年龄幼小,王太后兼摄政克里斯蒂娜和其女婿卡洛斯大公出现了严重冲突,最后爆发内战。前者得到自由派的支持,后者则以保守派和天主教会的神职人员为后盾。英国外交大臣帕尔默斯顿(Palmerston)曾经反对干预,但后来改变主意,主张联合法国,结束西班牙内战。然而,梯也尔却拒绝了帕尔默斯顿的提议,反而向奥地利大使建议伊莎贝拉和卡洛斯大公的儿子联姻。梯也尔的做法让英国感到愤怒,却让梅特涅感到满意。梅特涅高兴地对法国大使说:"波旁长房的愚蠢政策使得欧洲沦陷;我们希望路易-菲利普拯救它。"

梯也尔也希望帮助路易-菲利普实现奥尔良公爵和奥地利联姻的梦想。他积极推动奥尔良公爵和内穆尔公爵访问普鲁士和奥地利。然而,面对路易-菲利普与梯也尔的求亲热情,内心鄙夷七月王朝的梅特涅态度颇为冷淡,甚至还暗中拒绝。梯也尔却不放弃希望,要求法国驻维也纳大使要让梅特涅认识到这桩联姻将关系到法国和奥地利的友谊。梅特涅毫不客气地写信给奥地利驻法大使说,"没有人怀疑奥尔良家族是一个伟大而杰出的家族,但它却是使之变得渺小的 8 月 7 日①的王座。"

在遭到梅特涅的侮辱后,梯也尔采取报复措施,计划在西班牙问题上改变策略。他发誓说:"虽然我在瑞士问题上表现得太过神圣联盟,但是我将在西班牙问题上另起炉灶。"梯也尔重新接受帕尔默斯顿的提议,

---

① 梅特涅在此是指奥尔良王朝在1830年8月7日被议会推选为国王,意在否定其正统性。

同意法国出兵干涉。对奥地利的侮辱姿态同样感到不满的路易-菲利普，起初任由梯也尔采取报复行动，但在获悉梅特涅被激怒后，不想破坏欧洲和平，不想威胁自己和正统派君主们正在逐渐改善的关系，所以也就放弃了梯也尔这个马前卒。9月6日，担任总理仅仅6个多月的梯也尔提出辞呈。

五、莫莱内阁

莫莱出身贵族，曾经效忠过帝国和复辟王朝。"光荣三日"后，莫莱再次投靠新主。莫莱既不属于基佐代表的信条派，也不属于迪潘（Dupin）为首的第三党；就其性格而言，他属于保守派，但拒绝审判1835年4月的起义者。路易-菲利普之所以选择他，就是看中了他不属于任何党派的特点。

1836年9月6日，莫莱组阁。他将公共教育大臣的职位授予渴望政治舞台中央的基佐，同时吸收一群挚友进入内阁，如加斯普兰（Gasprin）任内政大臣，迪沙泰尔任财政大臣，雷米扎任副国务秘书。

莫莱担任总理后，将取悦国王作为首要工作。他首先向议会提交两份法案，要求赐予路易-菲利普的女儿即比利时王后100万法郎，并将朗布依埃领地赠予其次子内穆尔公爵。莫莱之所以抛出新的采邑法案，乃是出于国王的授意。奥尔良家族的贪婪和新总理的奴颜婢膝引起了公共舆论的热烈讨论。不过，议会最后还是给内穆尔公爵提供100万法郎用于购置领地，每年提供年金100万，同时给比利时王后提供30万法郎。

随后，莫莱把王储奥尔良公爵的婚姻作为国家的头等大事来筹办。由于联姻奥地利失败，奥尔良家族把迎娶的对象变成了德意志公国梅肯堡-什夫林的公主海娜。海娜信奉新教，推崇自由观念。对此，法国自由派感到满意，天主教徒却有些失落。为了迎接和庆祝王储的婚姻，路易-菲利普及其总理宣布大赦，释放政治犯，重建1831年以来被查封的圣热尔曼-欧塞尔教堂，试图消弭激进派和正统派的敌意。由于奥尔良公爵自由开明,王妃海娜充满魅力,他们的婚姻很受欢迎。

为了建立一个更支持莫莱内阁的议会,路易-菲利普在 1837 年 10 月 3 日解散旧议会,并宣布举行新的立法选举。此次立法选举准许公务员竞选议员,结果导致 191 名公务员当选议员,其中很多是省长、市长以及其他高级行政人员。所以,相对于以往,路易-菲利普以及莫莱内阁获得了一个更为顺从的议会。对此,失去权柄的梯也尔也毫不客气地将之斥为"奴才的内阁"。对于路易-菲利普不断介入政治的做法,反对派重新宣扬梯也尔提出的口号:"国王统而不治。"此外,反对派强调权力分立,反对公职人员竞选立法议员。

在新议会产生后,莫莱重新组阁。在此次组阁中,共和派、正统派、巴罗的王朝左派、梯也尔的中左派以及基佐的中右派皆无人入选,内阁由清一色拥护路易-菲利普与莫莱的人士构成。这引起了反对派和公共舆论的强烈不满。基佐的朋友迪韦尔热·德奥拉纳旗帜鲜明地阐述了反对派的政治诉求:"用议会政府取代裙带政府,这应当是我们的议案。"他在《法国杂志》上发表系列文章,抨击莫莱政府的专制,阐明议会制政府的哲学,并将之整理成《代议制政府及其实施》一书,产生了巨大的反响。

路易-菲利普与莫莱的政府也反唇相讥,否认自己建立专制。波尔多的政论家亨利·丰弗雷德(Henri Fonfrède)批判了梯也尔"统而不治"的主张,批评了德奥拉纳的代议制政府理论,并针锋相对地撰写了一本小册子——《论国王的政府以及论议会至上之宪法的局限》。丰弗雷德重申了罗德勒在 1835 年的主张,强调说:"在法国,政府原则是国王的政府;我要说,议会政府即便不是糟糕的,那也是不可能的。"丰弗雷德表示,议员们由于经常受制于局部和地方的利益,无法正确认识整体的、全国的利益;相反,国王由于可以超越地方、党派与意识形态的歧见,能够形成不偏不倚的公正判断。他得出结论说:"不是王权应当服从一个议会政府,而是议会应当遵从一个国王的政府。"

虽然莫莱内阁招致了各个反对派的严厉批评,但它却实现了七月王朝自从建立以来难得一见的和平局面。在法制建设方面,它取得了显著的成绩,先后颁布治安法、精神病人法、破产法、省参事会职权法。在财政方面,它也是第一个没有通过借贷或出售森林财产即能实现预算平衡的政府。财政的平衡也体现了同期法国的经济繁荣。在莫莱内阁时期,除了少数热衷于密谋推翻七月王朝的人(布朗基),巴黎、里昂、马赛等大城市的革命激情已经渐趋消亡,整个社会的秩序趋于安定。当时很多省长都指出了这一点。譬如,德塞夫勒省省长表示,"文明史无前例地渗透到了最遥远的边陲,它导致骚乱的重现变得不再可能"。卡尔瓦多斯省长说,"不怀好意的人也不得不承认,在这个时期,一种前所未有的幸福与日俱增。显然,七月政府在大众心中得到了巩固"。毫无疑问,七月王朝的省长们所言非虚,但七月王朝的持续高压以及受资产阶级价值观念的熏陶,绝大多数的法国人在政治上已经变得冷漠,变成了利己主义者。巴朗特指出,"舆论变得消沉[……]没有人关注公共的善[……]每个人只关心自己的事情,而压根不考虑政府存在的事实"。罗亚-科拉尔也批评说:"如今的政治丧失了伟大。´在我看来,法国已经无法提供任何东西。它陷入了无梦的睡眠状态。"①

在外交上,莫莱政府并没有作出令人印象深刻的举动。莫莱表面上对英国采取友好政策,宣称"和英国结盟是我们外交的基础",但实际上,在比利时、汉诺威、西班牙等问题上都和英国存在严重分歧。同时,在推进路易-菲利普梦寐以求的和东方君主结盟的问题上,莫莱政府也没有取得任何进展。可以说,它依然没有帮助法国摆脱在欧洲孤立的不利境地。

自从1838年初开始,基佐、梯也尔与巴罗结成暂时的反对派同盟,对莫莱内阁提出了越来越多的批评。基佐抨击莫莱内阁说:"你们和国家及其代表的距离太远。你们并没有在国王面前真实地、坚定地代表国家。"梯也尔的批评更为激烈,他甚至将莫莱和复辟时期的极端派总理波

---

① Lavisse, *La monarchie de juillet*, p. 150.

利尼亚克相提并论。反对派的报纸同样不遗余力地谴责路易-菲利普和莫莱内阁,"宫廷在统治,宫廷在治理,宫廷在施政,我们并没有摧毁绝对君主制,只不过让它的弊端改头换面,在另一个政权下死灰复燃"。迫于压力,莫莱在1838年3月8日向路易-菲利普提出了辞呈。

六、苏尔特的组阁

在推翻莫莱内阁后,基佐、梯也尔和巴罗分别领导的信条派、中左派和王朝反对派结成的同盟分崩离析。在未来内阁的人选问题上,三人进行了紧锣密鼓的磋商,但并未达成一致意见。对于基佐、梯也尔和巴罗联合推翻莫莱的做法,路易-菲利普颇为不满;在看到他们陷入组阁的僵局后,他不无得意地"跷起大拇指",冷酷地对他们说:"我才一个人,你们却是四个人。"对此,梯也尔补充道:"一个知道自己要什么的人总能战胜四个人。"①

路易-菲利普把目光转向了苏尔特元帅。苏尔特试图拉拢中左派,但梯也尔提出了他难以满足的苛刻条件:要干预西班牙,负责阻止战争爆发的法国舰队要给克里斯蒂诺斯提供弹药。路易-菲利普起初反对,但随后作出让步,同意干涉西班牙。然而,苏尔特选择的其他大臣却拒绝法国介入西班牙,所以他不得不放弃组阁的念头。路易-菲利普转向布罗格利公爵,后者试图缓和梯也尔和基佐的矛盾。梯也尔要求把议会主席的职务授予巴罗,但基佐表示反对。布罗格利组阁的努力同样无疾而终。

3月31日,为了应对第二天的议会开幕,组建了一个没有总理的临时内阁,阁员主要有加斯普兰、吉罗·德蓝、蒙特贝洛公爵(Montebello)、居贝尔(Cubères)、蒂皮尼耶(Tupinier)、帕朗和戈蒂埃(Gautier)等人。对于临时内阁的命运,官方报纸《导报》作出评论:"只要新内阁组建,他

---

① Sébastien Charléty, *Histoire de la monarchie de Juillet 1830－1848*, Paris：Perrin, 2018, p. 264.

们的使命就终结。"政治的动荡也引发了社会的不安。巴黎街头人潮涌动,出现了骚乱,人们高唱马赛曲。尽管如此,梯也尔还是竭力要让其盟友巴罗当选议会主席,但右派和部分的中左派却推选了帕西(Passy)。帕西当选议会主席后,宣布支持梯也尔的组阁方案。日益向右派靠拢的基佐却保持高度警惕,他在议会上警告说:"国家不无担忧地看着左派夺取权力。"危机继续,国王先后召集帕西和迪潘组阁,但他们在面对无法调和的党派纷争时,都无功而返。

5月12日,爆发了著名的秘密会社"四季社"领导的起义。"四季社"的前身是"家庭社",而"家庭社"吸收了因阿利博(Alibaud)刺杀国王事件后被解散的"人权之友社"的部分成员。"四季社"由1837年赦免的三个政治犯巴尔贝斯(Barbès)、马丁-贝尔纳(Martin - Bernard)和奥古斯特·布朗基(Louis - Auguste Blanqui)创建。他们的政治信念各不相同,但都推崇鼓吹密谋的巴贝夫,主张追随者用暴力推翻政府。"四季社"的分支按照时间命名:"六个人组成的'星期'服从名为'周末'之人的领导;四个'星期'组成一个'月',并接受一个名为'七月'之人的领导;三个'月'构成一个'季',接受名为'春天'之人的指挥;最后,四个'季'构成一'年',接受一个革命代理领导。"①"四季社"的起义准备是如此的秘密,以至于政府毫无察觉。在巴尔贝斯的领导下,六七百人在圣德尼和圣马丁街区发动起义,夺取司法宫;在进军警察局未果后,转攻市政厅,成功煽动邻近街区参与起义,并修建了街垒。但绝大多数的巴黎人似乎已经厌倦了街垒斗争,起义很快被军队和国民自卫军镇压。

在"四季社"爆发起义的同一天,苏尔特担任内阁总理,并兼任外交大臣。基佐和梯也尔均被排除在内阁之外,这是国王的胜利。虽然苏尔特兼任外交大臣,但并不妨碍他在其最热衷的外交领域发挥影响;他击败所有党派的领袖,没有人能阻碍他的政治野心。实际上,除了国王以及若干党派外,法国国民并不关心谁在领导政府,无论是基佐、梯也尔抑

---

① Sébastien Charléty, *Histoire de la monarchie de Juillet 1830 - 1848*, p. 266.

或路易-菲利普。不过,路易-菲利普削弱所有党派的努力在客观上助长了革命力量。5月12日的"四季社"起义标志着共和派左派的重新崛起。

在议会上,苏尔特内阁的支持者人数并不多。以基佐为首的信条派立场保守,并反对在1831年卖力镇压里昂工人起义的苏尔特。然而,基佐由于无法获得自己满意的职位,转而投身史学,研究美国开国总统华盛顿,以消遣政治的失意。梯也尔及其领导的中左派是苏尔特内阁的反对者。和他的政敌基佐一样,梯也尔眼见自己无法在政坛上施展手脚,也重新投入史学研究,撰写《执政史》。王朝反对派的领袖奥迪隆·巴罗则鼓吹议会改革,呼吁降低纳税选举的金额,并反对公务员兼任立法议员。梯也尔、巴罗等人虽然反对苏尔特的内阁,但并不急于将之推翻,因为5月12日爆发的"四季社"起义让他们意识到政治动荡可能带来的重大威胁。

对苏尔特内阁真正构成挑战的是两个事件:东方问题和内穆尔公爵的赠与法案。

所谓东方问题,即奥斯曼帝国逐渐衰落而引发的国内与国际政治危机。一方面,奥斯曼帝国的统治摇摇欲坠,许多少数民族纷纷要求独立或者扩大自治权,希腊在1824年宣布独立,埃及总督穆罕默德·阿里逐渐壮大并叫板宗主国的统治;另一方面,欧洲强国也趁火打劫,力图将自己的利益最大化。在19世纪30年代,土耳其苏丹马哈茂德二世(1784—1839)和阿里的矛盾日趋激烈化,斗争的焦点是对叙利亚的控制权。

1824年,埃及总督阿里帮助土耳其苏丹马哈茂德二世镇压希腊人起义,后者曾经许诺将叙利亚和克里特交给埃及管辖,但很快反悔,只同意将克里特交给埃及,但拒绝出让叙利亚。1832年5月,阿里以此为借口,由其儿子易卜拉欣率领军队入侵叙利亚,频频告捷,进攻安纳托利亚,逼近君士坦丁堡。奥斯曼帝国政府向沙俄求救,沙皇派遣1.8万的部队抵达君士坦丁堡。法国和英国担心沙俄在土耳其扩大影响,遂出面调停,促使埃及和土耳其在1833年5月5日签订条约。苏丹马哈茂德二世承认阿里拥有埃及的世袭主权以及终身管理叙利亚和巴勒斯坦的权力;作为交换,后者从安纳托利亚撤兵,承认前者的宗主权力,并缴纳贡赋;在英法保证埃及不再入侵的前提下,沙俄从土耳其撤军。但在同年7月8日,土耳其还单独和沙俄秘密签订《帝国码头条约》(Unkiar‐Skélessi),规定俄罗斯有义务给土耳其提供军事保护,作为交换,俄罗斯可以随时要求土耳其封锁连接黑海和地中海的海峡,不让外国军舰通过。这样俄罗斯就可以阻挡英国和法国海军舰船进入黑海,保证自己对黑海的绝对控制权。更重要的是,俄罗斯由此拥有介入奥斯曼帝国事务的权利。沙俄军队穿越博斯普鲁斯海峡已经引起西欧各国的猜忌,它将土耳其置于单独保护下的秘密条约更是引起了英国、法国和奥地利的不满。基佐指出《帝国码头条约》将威胁到法国在地中海的战略利益,因为它把黑海变成了"俄罗斯的内湖","没有什么能阻止俄罗斯穿过海峡,向地中海地区投入舰船和军队"。[①]

1839年1月21日,土埃再起纷争。这一次挑起事端是心怀不满的马哈茂德二世,他派遣土耳其军队进攻叙利亚,试图重新夺回叙利亚和巴勒斯坦的控制权。但在军事上,结局和第一次土埃战争一样。1839年6月26日,埃及军队打败苏丹的军队;而且,进攻亚历山大港的土耳其舰队也悉数向埃及投降。在土耳其舰队投降前夕,马哈茂德二世因病去世,新苏丹决定向阿里妥协,不仅承认他在埃及的世袭统治权,而且同意其对叙利亚和巴勒斯坦的控制权。然而,欧洲列强并不愿意看到埃及大获全胜的局面,英国、法国、奥地利和沙俄采取集体行动,四国驻土大使在7月27日发表联合声明,要求埃及停止军事行动,并把投降的土耳其舰队归还给奥斯曼帝国。虽然英、法、奥与俄都主张调停,但它们都打着各自的如意算盘。

英国干预土埃纷争,主要是为了避免沙俄独霸土耳其。在19世纪

---

① 奥兰多·费吉斯:《克里米亚战争:被遗忘的帝国博弈》,吕品、朱珠译,南京:南京大学出版社,2018年,第61页。

30年代,英国势力已经遍布全球,它和在伊朗、阿富汗与远东等地区不断谋求领土扩张的俄罗斯的矛盾日趋尖锐。所以,英国不希望沙俄利用土耳其的衰落,进一步扩大在近东的影响。同时,阿里在埃及实行西式军事改革,迅速崛起,而且以伊斯兰的新领袖自居,在美索不达米亚频繁动作,有可能阻断英国从印度通往波斯的道路。而且,英国也厌恶阿里鼓励发展埃及民族工业,而牺牲限制进口英国产品的政策。此外,英国也不愿看到法国在埃及的影响逐步提升,因为法国派遣军官、工程师和教师帮助阿里进行改革。英国外交大臣帕麦斯顿的目标是让奥斯曼帝国继续苟延残喘,遏制沙俄在近东地区的扩张,限制埃及的崛起,并尽可能削弱法国在埃及的势力。是故,英国督促埃及返还土耳其舰队,剥夺它对叙利亚和巴勒斯坦的控制权,只允许阿里保留对埃及的世袭统治权。

奥地利由于不希望其在亚得里亚海的影响力遭到破坏,也主张维持奥斯曼帝国的存在,以抑制俄罗斯对地中海的入侵。不过,奥地利首相梅特涅试图将谈判地点放在维也纳,希望借此主导调停活动。这一次,沙俄也希望缓和土耳其与埃及的矛盾,因为它不愿意看到奥斯曼帝国崩溃而无法履行《帝国码头条约》。因此,沙俄支持英国的调停方案,并趁机离间英国和法国,以报复法国的仇俄立场。

法国也不希望奥斯曼帝国的突然崩溃以及沙俄军队进入地中海,因为这会威胁到它在地中海的霸权。和英国不同,法国人对励精图治的阿里充满好感,将他看作"埃及的拿破仑"。阿里为了赢得法国人的支持,频频给法国赠送礼物。1826年,他向查理十世赠送长颈鹿;1830年,赠送卢克索方尖碑(1836年矗立在协和广场)。然而,法国人对阿里的支持,可能更多是基于好感而非自己的现实利益。因为埃及的崛起以及阿里对伊斯兰世界的支持有可能损害法国在阿尔及利亚的殖民扩张利益。此外,法国也希望通过和英国、奥地利共同干预,以欧洲和会的形式解决东方问题,孤立沙俄,从而瓦解奥、普和俄的"神圣同盟",结束1815年维也纳会议带来的屈辱。在土埃第二次战争爆发后,法国议会立即通过了1 000万法郎的海军预算,宣称"法国应当在东方事务上发挥与其地位相匹配的影响"。法国报纸《辩论报》也说:"我们应当成为东方的仲裁者"[1]。所以,法国虽然和英国一样主张埃及归还土耳其的舰队,但并不同意英国剥夺埃及对叙利亚和巴勒斯坦的控制权。

苏尔特内阁坚决捍卫阿里的立场引起了英国外交大臣帕麦斯顿的不快,英法关系渐趋紧张。同时,沙俄利用英、法的间隙,通过支持英国,挫败了法国孤立俄国的计划。苏尔特的外交政策不但没有给法国带来任何实际的好处,反而导致它在欧洲继续被孤立,因而遭到了亲英派梯也尔尤其是基佐的批评。

在苏尔特内阁为东方问题进退失据之际,内穆尔公爵的赠与法案更是直接促成了它的倒台。1840 年 1 月 25 日,在路易-菲利普的授意下,苏尔特向议会宣布了国王的次子内穆尔公爵和萨克斯-科布尔-科塔公主大婚,同时提交一份 50 万法郎的赠与法案。此项赠与法案的法理依据是 1832 年王室俸禄法,后者规定在王室领地收入不足的情况下,将颁布专门法律,给亲王和公主们补偿土地或俸禄。然而,由于莫莱内阁在 1837 年已经拨给专款,用于内穆尔公爵购买领地,路易-菲利普再次向议会申请赠与,招致议会和公共舆论的猛烈抨击。

蒂蒙-科尔默南(Timon - Cormenin)撰写了一本措辞严厉的小册子,谴责路易-菲利普贪婪成性:"这位父亲富可敌国,人民贫苦不堪;他应有尽有,人民家徒四壁。人民还要支付 50 万法郎吗?一个青年结婚,居然要 500 个侍女! 这笔费用相当于法兰西学院五个学院全部成员的荣誉与薪金、100 个乡镇的赋税或 500 个救济人民子女的济贫院的经费。50 万法郎啊!"蒂蒙-科尔默南的小册子销量惊人,总共出现了 24 个版本。1840 年 2 月 20 日,议会讨论了这项赠与法案,有 17 个议员发言反对,只有 4 人表态支持。议会最终以 226∶220 否决了赠与法案。

赠与法案的否决是对七月王朝和苏尔特内阁的重大打击。王室的准官方喉舌惊呼:"这是对王权的打击……它严重削弱了君主制,几乎取

---

[1] Paul Tureau - Dangin, *Histoire de la monarchie de Juillet*, tome 4, p. 48.

缔了它。"共和派报纸则幸灾乐祸地回应道:"《辩论报》说得在理。"路易·勃朗在《进步杂志》上欢呼:"太棒了！人们曾经敢于剥夺王权的一切权威,让它颜面扫地。人们曾经解除了它的武装,如今羞辱了它。还应做什么呢?"反对派报纸也将赠与法案的否决看作是自己的胜利。《法国信报》表示:"议会只是我们长期以来,以各种形式反对裙带权力的重大斗争的阶段成果。"《时报》同样指出:"国家的民主本能已经战胜了宫廷的计谋。近十年以来,他们推行一种奸诈的政策,在管理国家大事时,总是追求和我们格格不入的利益。此次否决是对该政策最明确的反对。"在赠与法案被否决的第二天,即 2 月 21 日,苏尔特提出了辞呈。

七、梯也尔的再次组阁

1840 年 3 月 1 日,梯也尔奉命再次组阁。作为精明的政客,梯也尔善于打造自己的形象。1830 年七月革命期间,他率先在《国民报》呼吁路易-菲利普登基,变成了奥尔良王朝的奠基人;1832 年,他在担任内政大臣时,逮捕了贝里公爵夫人,成功塑造了铁腕人物的形象,令正统派咬牙切齿;在议会里,他选择运动派的阵营,主张降低选举金额,宣扬君主"统而不治"的理念,反对公务员兼任议员,深得中左翼的拥护;在东方危机中,他又高举国家利益的旗帜,赢得民族主义者的青睐。梯也尔左右逢源,见风使舵,并且凭借三寸不烂之舌,成为议会中的风云人物。圣伯夫也因此将之称为"伟大的魔术师"。

梯也尔内阁几乎由清一色的新人组成:前信条派雷米扎和若贝尔(Jaubert)分别担任内政大臣和公共工程大臣,自由派维维安(Vivien)执掌司法部,哲学家维克多·库赞掌管公共教育部,保守派居安(Goüin)担任农商大臣,梯也尔兼任外交大臣。在这个成分复杂的新人内阁中,他能够轻而易举地推行自己的决策,并可以和国王直接讨价还价。

在狂热爱国的小资产阶级和中产阶级当中,梯也尔的人气很高。梯也尔出身平民家庭,但通过不懈努力,跻身上流社会,并成为权倾一时的风云人物。在他身上,小资产阶级和中产阶级似乎看到了自己的未来。

梯也尔和工商界人士交好,推动了若干维护他们利益的法律。譬如,维护法兰西银行发行债券的特权,给巴黎—奥尔良的铁路建设提供政策保障,授权在法国和美国之间开辟蒸汽船新航线。

右派认为,梯也尔只是一个庸俗的暴发户,并将之视为革命派。梯也尔似乎也乐意维持革命派的形象,经常把自己称为"革命之子"。他向左派(主要是王朝左派)敞开了政府的大门,把许多省长和市长的职位授予他们。梯也尔支持议会改革,反对行政官员兼任立法代表,同时也赞同选举改革,要求降低纳税选举的金额,增加选民数量。自从 1838 年底起,左派报纸发起请愿,呼吁"一切国民自卫军都应当成为选民",并获得了 24 万个签名。但是,在面对主张普选的共和派时,梯也尔毫不含糊地提出了反驳,"把国民主权理解为多数的无限主权,乃是最错误的、最危险的原则"。

对此,激进派颇为失望。1840 年夏天和秋天,里昂、格勒诺布尔、鲁昂、克莱蒙、马赛、里尔、梅茨、第戎、多勒、布尔日、图尔、布洛瓦、南特、巴约讷、图卢兹、佩皮尼昂、纳尔榜、蒙彼利埃、土伦等城市都出现了要求进行议会改革的宴会运动。其中,8 月 31 日沙蒂永的规模最大,有 4 000 人参加。就参加的人数、成分以及立场而言,这些集会比复辟时期更民主,更具民众色彩,并由此让"中庸"阶层担忧不已。

1840 年是法国社会主义思想发展的重要分水岭。在这一年,涌现了许多宣扬社会主义的著作。让-雅克·皮洛(Jean-Jaques Pillot)的著作《既不要城堡,也不要茅屋》和《平等派的历史:在人类建立绝对平等的手段》风靡一时;泰奥多尔·戴扎米(Théodore Dézamy)主办的杂志《平等派》(l'Égalitaire)和艾蒂耶纳·卡贝(Étinne Cabet)创办的杂志《民众》(Le Populaire)在工人阶级中拥有一定的影响。路易·勃朗在《劳动组织》里,抨击自由竞争制度,将之斥为"灭绝人民的体系",主张国家创办社会工场、银行国有化,并依靠工人的合作社,重新改造大工业和铁路,以推动社会改革。卡贝的《伊卡利亚旅行记》鼓吹财产共有的乌托邦,宣扬绝对平等,主张国家掌握所有的劳动与资料。蒲鲁东的《什么是所有权》更是轰动一时。蒲鲁东构建了自由至上的社会主义（即无政府主义）的基础，谴责懒惰的所有者，提出了"所有权就是偷盗"的著名口号，主张劳动者自治管理，认为它既可以抵制国家主义与资本主义，亦是维护自由的主要手段。

各种社会主义学说的传播，对工人运动的发展起到了推动作用。无政府主义者、巴贝夫主义者、共产主义者也开始组织宴会运动。1840年7月1日，戴扎米和皮洛召集了1 200人，提出了平等的劳动者进行联合的主张。随着巴黎工人运动的重新崛起，社会问题日渐凸显。1840年4月，巴黎裁缝工掀起了一场波及许多行业的大罢工。罢工者要求取缔克扣工资，计件工资，废止工人身份证，增加薪水以及缩减劳动时间。在《国民报》的鼓动下，聚集在巴黎城门的人群越来越多。9月3日，在邦迪地区聚集1万人；9月4日，巴黎出现骚乱；9月7日，圣安托万地区的木匠举行起义。梯也尔政府迅速派遣军队进行弹压，随后在巴黎、里昂、多菲内等地区加强了搜捕活动。即便如此，保守派依然批评梯也尔镇压不力。

在外交上，梯也尔极为强硬。作为帝国的崇拜者，梯也尔积极推动把拿破仑的遗骸从圣赫拿岛迁回法国。此举也得到了国王路易-菲利普的支持，他让王子茹安维尔公爵专门成立一支小型舰队，前往圣赫拿岛迎接拿破仑的遗体。在东方问题上，梯也尔政府更是毫不妥协。他支持穆罕默德·阿里对叙利亚和埃及的世袭统治权，反对以欧洲和会的方式解决土埃纷争，主张由它们自行处置矛盾。梯也尔的强硬立场引起了英国、俄罗斯、奥地利等国的抗议。英国外交大臣帕麦斯顿在内阁会议上发表强硬声明："如果我们因为法国自行其是，就拒绝和奥地利、俄罗斯、普鲁士合作，那么我们将会置身于被法国羞辱的境地。这无异于承认，哪怕有欧洲三国列强的支持，我们也不敢采取和法国对立的政治行动。"1840年7月15日，在没有征求法国同意的情况下，英、奥、俄、普四国签署条约：四国同盟支持奥斯曼帝国苏丹，反对阿里；苏丹将埃及的世袭统治权和叙利亚的终身管制权授予阿里；如果阿里在六天之内拒绝接受和约，他将丧失叙利亚；十天后还不答复，他将失去对埃及的统治权。在条约没有得到官方批准的情况下,英国和奥地利便派遣海军到叙利亚和埃及的海域游弋。两天后,帕麦斯顿照会基佐,表示各国只能遗憾地"暂时撇开法国"。

对法国政府和公众而言,这是奇耻大辱。不过,梯也尔要求驻英大使基佐要表现"淡定"。7月26日,四国签订的条约公布,法国公共舆论立刻炸了锅:"这是肖蒙条约①!反法同盟又死灰复燃!"当时正值七月革命的纪念活动,马赛曲响彻街头。不少报纸呼吁进行必要的战争,惩戒英国与欧洲的傲慢。《辩论报》宣称:"如果必须发动战争,那就发动它。"作为拿破仑的崇拜者,梯也尔也放任复仇情绪的滋长。7月26日,比利时国王写信给英国女王表达了担忧:"我不能向你隐瞒,后果很严重。梯也尔内阁由于得到了民众的拥护,和你的外交大臣一样不计后果[……]他满脑子装着共和国和帝国的名誉与荣耀。他并不畏惧国民公会再次统治法国,他认为自己天生是支配国民公会的人选;去年,他告诉过我,国民公会或许是法国最强大的政府制度。"②

持报复立场的人,不仅限于普通公众和梯也尔政府,正统派也主张强硬回击。贝里耶向梯也尔施压说:"作为诞生于反对派的大臣们,你们能够自我吹嘘,宣称自己是革命之子,你们以革命为豪,你从不怀疑革命的力量。但是,你们必须偿还它的债务。大革命曾经许诺,其原则的发展和力量将提供一种崭新的力量,帮助提升祖国的影响、尊严、地位、工业、交通,至少要提升它对世界的思想统治。大革命应当偿还债务;这是你们的责任。"③亲王们也摩拳擦掌,王储奥尔良公爵更是恨不得亲征。路易-菲利普也受到感染,强硬地对各国使节表示,"你们要战争,就会有战争;如果必要,我将扣动扳机。"路易-菲利普之所以如此,主要还是作

---

① 肖蒙条约即 1814 年英、俄、普、奥等国在肖蒙签署的对法条约,后被法国民众视为国家失败的象征。

② Ernest Lavisse, *Histoire de France contemporaine*, tome 5, Paris: Librairie Hachette, p. 170.

③ Ernest Lavisse, *Histoire de France contemporaine*, tome 5, p. 171.

秀给法国公众看,希望借此改变奥尔良王朝面对欧洲列强低声下气的负面形象。

法国政府与民众表现得如此强硬,另一个重要的原因是他们相信阿里能够打赢战争。然而,阿里的军事失利彻底粉碎了法国人的幻想,并由此导致一部分人敢于喊出反战的心声。保守派望而却步,变成了主和派。基佐更是反复重申:"法国不应该为了让帕夏保留叙利亚而发动战争。"但梯也尔不愿妥协,宣布紧急动员,组建新军团,加强巴黎的防御工事,似乎准备和欧洲列强大干一场。

面对战争的风险,路易-菲利普打起了退堂鼓,竭力向欧洲表达和平的意愿。10 月 15 日,出现暗杀路易-菲利普未遂事件。这让保守派感到极度担心,路易-菲利普也趁机摆脱了梯也尔的好战内阁。自此以后,无论是外交还是内政,主张不惜一切代价维护和平的人完全占据了上风。奥尔良王朝进入"基佐时刻"。

八、基佐时刻

1840 年 10 月 29 日,国王任命苏尔特元帅为新内阁总理。苏尔特元帅担任陆军大臣,基佐任外交大臣,迪沙泰尔任内政大臣,马丁·蒂诺儿(Martin du Nord)任司法大臣,于曼(Humann)任财政大臣,历史学家魏莱曼任公共教育部大臣,工业家屈南-格里代纳任工商部大臣。尽管苏尔特元帅是总理,但基佐才是这届内阁的灵魂人物。

基佐出身于新教家庭,是信条派的领袖。路易-菲利普曾经认为基佐应当为受其青睐的莫莱内阁的垮台负有主要的责任,对之缺乏好感。但是,基佐在担任驻英大使期间维护英法友好关系,竭力维护欧洲和平的做法,大大改善了国王对他的看法。而且,基佐不惜一切代价要维护国家稳定的立场,更是让日趋保守、只图安稳将政权传给下一代的年迈国王感到称心如意。由此,基佐和路易-菲利普开启了长达七年的保守政府。

基佐担任外交大臣后,面临的首要问题是解决东方危机。11 月 5 日,路易·菲利普发表演说,展示了与欧洲列强和解的姿态。随后,基佐取缔并禁止反英的宴会运动和游行示威。基佐给法国的外交官传达指令，"政府的目标是维护和平"；他在贵族院强调说，欧洲列强"绝不想愚弄、藐视和鼓励法国"，"对法国并不抱有歹意或者敌意"。基佐反复重申，法国希望"维持欧洲平衡，不能忍受欧洲平衡被打破"。对于基佐的橄榄枝，英国外交大臣帕麦斯顿似乎并不领情，并没有放弃对法的敌意政策。为此，基佐不得不继续延续梯也尔加强巴黎防御工事的政策，并从议会获得了1.4亿法郎的专项预算。即便如此，基佐仍然不断地示好于欧洲列强。

1840年11月30日，从圣赫拿岛迁回的拿破仑遗体抵达法国的瑟堡，12月15日葬入荣军院。拿破仑遗体所到之处，受到民众的夹道欢迎，在巴黎更是有8万多人簇拥拿破仑的灵车。要求取缔1815年条约的爱国情绪弥漫整个法国，但并没有引起任何的骚乱。对此，提心吊胆的基佐也松了一口气："威胁的插曲已经烟消云散。穆罕默德·阿里依然留在埃及，而拿破仑留在了荣军院。"面对基佐政府频频发来的友好讯息，欧洲列强也逐渐改变了态度。英、俄、奥、普四国宣布1840年7月15日签订的条约期限已满，并邀请法国参与制定新约。1841年7月13日，欧洲列强和埃及、土耳其签订了新约。1841年对法更为友好的阿伯丁（Aberdeen）取代帕麦斯顿担任外交大臣，从而迎来了短暂的英法蜜月期。

至此，东方危机告一段落。但对绝大多数法国人而言，东方问题的结果无疑是苦涩的。基内在其著作《1815年和1840年》中写道："在所有拉丁民族中，唯有法国苟延残喘。当斯拉夫民族和日耳曼民族希望戴上文明桂冠时，法国却开始变得虚弱无力。我看见俄罗斯向博斯普鲁斯海峡进军，英国渗透亚洲腹地，法国却只是通过阿尔及利亚进入沙漠……大革命在1815年放弃了刀剑；人们曾经以为它会在1830年再挥利剑[……]二十五年以来，我们已经习惯于胯下之辱，满足于用温良恭俭让装点我们的锁链。"[1]对基内而言，法国地大物博，农业兴盛，工业发达，人口

[1] Ernest Lavisse, *Histoire de France contemporaine*, tome 5, pp. 294-295.

众多,具备了强大国家的一切要素,但七月王朝的僵化体制却造成法国积贫积弱。因此,为了摆脱困境,法国必须进行政治改革,"展现民主原则"。

然而,无论是路易-菲利普,还是基佐,皆不愿推进政治改革。他们唯一的政治激情就是保持现状,维护国内外的稳定。1841 年 2 月 2 日,茹弗鲁瓦概括了他们的保守政策,对外保持和平,对内保持现状与秩序。基佐政府不惜一切代价维护和平的立场招致了反对派的猛烈抨击,梯也尔批评政府妄图组建"朝后看的多数派",而主张建立"朝前看的多数派",呼吁取缔"九月法令",实行议会改革,反对公务员身兼立法代表。反对派报纸还把矛头直指路易-菲利普本人。1841 年 1 月,正统派报纸《法兰西公报》发表了路易-菲利普在 1807—1808 年期间希望拿破仑战败的通信。该报纸还披露,路易-菲利普在担任法国国王以后,曾经以帮助镇压波兰人民起义而沾沾自喜,向英国承诺从阿尔及利亚撤军,强调加强巴黎的防御工事只是为了反对巴黎人。第一批信件是事实,但很少有人谈论;后一批信件可能出于虚构,却引起了轩然大波。

基佐政府还面临着日益严峻的财政赤字问题。自从 1834 年以来,七月王朝的财政基本实现了收支平衡。但东方危机加剧了法国和英、俄、普、奥之间的紧张,导致军事开支急剧攀升。七月王朝脆弱的财政平衡遭到打破,陷入严重赤字。1840 年财政赤字是 1.38 亿法郎,1841 年是 1.65 亿;法国和欧洲列强的矛盾虽然因为 1841 年 7 月签订了新约而趋于缓和,但 1842 年的财政赤字无望得到改善,预计 1.15 亿。另一方面,军费开支也无法因为危机的缓解而有所减少,陆军军费从 1839 年的 2.41 亿涨到 3.85 亿,而 1839 年、1840 年和 1841 年的海军军费分别是 7 900 万、9 900 万和 1.24 亿。[1]

如何填补财政亏空,解决日益增长的军费问题? 波旁王朝为解决财政赤字而扩大税源的努力导致了它的倾覆;第一帝国失去民众的支持,联合税的不得人心是重要的原因;同样,拿破仑之所以能够从厄尔巴岛

---

[1] Ernest Lavisse, *Histoire de France contemporaine*, *tome 5*, p. 296.

东山再起,也和复辟王朝拒不履行取缔联合税的承诺有关。鉴于历史教训,奥尔良王朝不敢轻易开征新税,而且其信奉的经济自由主义也让它奉行谨小慎微的税收政策。财政大臣于曼认为,只要如实如数地征缴现行的财产税,即可填补财政赤字,但前提是要对全国财产进行普查统计。但是,于曼关于全国财产普查的命令却引起了纳税者的普遍担心,里尔、波尔多、克莱蒙-费朗尤其是图卢兹等城市都爆发了抗拒财产普查的骚乱。基佐政府毫不姑息,立刻派遣警察和军队进行弹压。

同时,面对越来越强烈要求政治改革的呼声,基佐始终不为所动。他依然拒斥人民主权观念,坚持其在 19 世纪 20 年代期间形成的理性主权观念,"我既不相信神权,也不相信人民主权[⋯⋯]我认为它们只是武力的篡夺。我相信理性、正义与法律的主权,它是世界追求并且始终在追求的合法主权。因为理性、真理和正义并不完整地存在于任何地方,所以任何人、任何群体都无法完整地占有它们,都不能完美无缺、不受限制地拥有它们。"①有鉴于此,必须诉诸选举制和代议制,选择出经济独立、良心独立并对社会利益能够作出准确认知的"贤能"(capacitaires)。根据法律,唯有缴纳 200 法郎税金的人才算"贤能"。在基佐看来,200 法郎的纳税金额并不妨碍七月王朝的开放性,所以他拒绝作出让步,宣称任何想要成为选民的人,都应当通过"劳动与节俭"而发财。

路易-菲利普和基佐的保守政策日渐失去了人心,"九月法令"以后消失的共和派重新活跃在立法选举中。1841 年 6 月,芒斯省选举赖德律-罗兰为代表。他在《萨尔特省信报》上猛烈抨击了七月王朝的反人民立场,旗帜鲜明地要求扩大选举:"如果人民起来争取权利,你们将之扔进大牢;如果人民不想死于贫困或者维护其微不足道的工资时,你们将之投入大牢;如果人民在旗帜上撰写'要面包,毋宁死',你们枪击他们,甚至还侮辱其尸体[⋯⋯]要让一切公民都成为选民。[⋯⋯]政治革新只

---

① Guizot, *Du gouvernement de la France depuis la Restoration et du ministère actuel*, Paris: Editeurs de Fastes de La Gloire, 1820, p. 201.

能以公正的改革为前提。"赖德律-罗兰的激进文章导致他被法院判处四个监禁与三千法郎的罚金,但幸运的是,他在二审中被陪审团宣布无罪。

奥尔良王朝日趋保守的政策让要求改革的人失望不已,一个偶然的事件更是让他们感到绝望。1842 年 7 月 13 日,王储奥尔良公爵在交通意外中丧生。奥尔良公爵信奉启蒙,要求自由,支持更为开放的选举政治,并竭力恢复法国的尊严与伟大。出于对路易-菲利普的同情,全国舆论慢慢地转向奥尔良王朝,议会多数支持政府。此外,政府通过分发职位、年金和奖学金等,进一步巩固了其执政多数的地位。但是,奥尔良王朝的合法继承人巴黎伯爵年仅 4 岁,而路易-菲利普已经年逾古稀。一个迫切的问题摆在人们的面前:在路易-菲利普逝世,而王位继承人尚未成年的情况下,谁将担任王国的摄政? 1830 年宪章对摄政问题只字未提。法律的空白导致议会出现了激烈的争论。赖德律-罗兰坚持认为,议会和国王皆无权任命摄政,应当由国民抉择。基佐反驳道:"在我一生中,我看到过三种制宪权:在共和八年,是拿破仑;在 1814 年,是路易十八;在 1830 年是众议院。这就是真理,这就是事实。有人告诉你们的一切,所有诉诸人民的投票、纪要与档案皆是虚构、假象和虚伪。先生们,请保持镇定;我们的三种合宪权力(即国王、贵族院和众议院——笔者注)才是国民主权的合法、合规的机构。除此之外,皆属篡权和革命。"基佐领导的议会多数主张国王有权选择血缘最近的亲王担任摄政,并以萨利克法典为借口,把妇女排除在外。换言之,国王的次子、保守的内穆尔公爵变成了摄政,而信奉自由主义的奥尔良公爵夫人则被排除在外。内穆尔公爵即将担任摄政的事实让保守的奥尔良派心满意足,反对派则开始寻求奥尔良主义之外的政治方案。

正统派把目光投向了已经成年的"奇迹之子"波尔多伯爵尚博尔(Chambord)。自从查理十世在 1836 年逝世以后,尚博尔就试图重振正统派的旗鼓。1843 年,尚博尔访问伦敦,而路易-菲利普对此颇为担忧。英国女王向后者表态不会接见尚博尔。但是,法国正统派却闻风而动,成百上千的法国人蜂拥伦敦,拜见尚博尔伯爵,并公然称之为国王。甚至,法国众议院和贵族院的若干正统派代表也参与觐见活动。路易-菲利普龙颜大怒,贵族院和众议院也取缔了拜见尚博尔的议员的资格。

法国天主教会在复辟王朝时期因"祭台和王权"的联盟而损失惨重,所以许多天主教神职人员尽量避免与七月王朝走得过近。七月王朝的许多政治领袖(如布罗格利、莫莱、梯也尔和基佐)反对激进的反教权主义,主张善待天主教神职人员,认为天主教是遏制激进主义的可靠保障。国王路易-菲利普也向巴黎大主教阿夫尔(Affre)表达过与教会合作的强烈愿望,"政府的任务越艰难,越需要所有希望维持秩序和法治之人的道德声援和支持",并宣称保护天主教是政府应尽的义务。面对奥尔良王朝的和解姿态,教皇也抛来橄榄枝,要求法国教士服从路易-菲利普政权的统治。但对新一代的神职人员而言,政教分离似乎是更加可靠的选择,奥扎南表达了拒绝与奥尔良王朝和解的立场:"王权与祭台这两个曾经看似密不可分的字眼已经变得泾渭分明。"在他们看来,争夺世俗政权的控制权已经变得无足轻重,问题的关键是要控制法国教育,培养出更多的"上帝仆人"。所以,他们投身政治斗争的主要目标是反对"教育总署"的垄断,争取教育自由,尤其是为教会与修会争取开设学校的自由。

共和派的影响也与日俱增,拉马丁逐渐变成了共和派阵营中的旗帜人物。拉马丁曾经是保皇党成员、德博纳尔的虔诚读者,反对自由派和波拿巴主义。但自从 1833 年当选议员后,他主张实行普选,宣称"唯有选举存有真理,社会权力才会存在真理;唯有选举是普选的,选举才会存有真理"。他痛斥七月王朝统治下的法国是"一个让人感到无趣的国家"。1842 年,拉马丁严厉批评基佐政府,将之斥为"木桩政府":"有人说政治家的禀赋只在于做一件事情,即在偶然或革命施加的局势下站稳脚跟,岿然不动,无动于衷;是的,对一切改良皆无动于衷。如果引领政府的国家领导人的全部禀赋真的只在于此,那么人们就不再需要国家领导人了,因为一个木桩就能完成任务。"[1]

---

① Serge Berstein et Michel Winock, *L'Invention de la démocratie 1789*, Paris: Seuil, 2004, p. 137.

这一切并不妨碍基佐内阁得到保守派的坚定支持。在 1846 年的选举中,拥护基佐的保守派获得 290 个议席,而王朝反对派、正统派与共和派总共才获得 168 个席位。除了基佐不惜一切代价维持社会稳定的政策赢得了国王和保守派的青睐外,他还让省长、市长参加选举。在 1846 年选举产生的议员中,高级官员占比达到 40%。大量政府官员身兼立法代表的事实也有助于基佐建立听命于自身的议会多数。此外,他还利用安插官职、分配年金以及授予奖学金等方式操纵选举,贿赂选民,把法国政坛搞得乌烟瘴气,贪腐现象滋长。对于基佐统治法国的手段,雨果不无讽刺地说道:"基佐先生本人是不可腐蚀的,但他用腐蚀的手段进行统治。他给我的印象是:一个清白的妇女开了一个妓院。"①

九、七月王朝的覆灭

由于因循守旧,拒绝改革,所以奥尔良王朝始终无法很好地满足民众的期望,平息政治反对派的怒火。在 1840—1846 年期间,法国经济繁荣,法国民众拥有较高的就业率,尚能解决基本的生存问题,所以能够忍受基佐的"木桩政府"。然而,1846 年土豆病害暴发,并在欧洲蔓延,法国也没有幸免于难。同年,由于糟糕的气候,小麦也面临严重歉收。

法国农民由此陷入异常窘迫的境地。奥德省卡内市的居民写信给省长抱怨说:"毫无疑问,对于备受煎熬的贫困阶级而言,没有比这更糟糕的灾难了。除了严酷的气候,除了陷穷人于困境的 1846 年歉收,卡内的居民还不得不在去年夏天和一场残酷的流行病作斗争。"②许多地方还因为食物紧张和粮价飞涨,出现了严重的社会骚乱。1847 年 1 月 14 日,在贝里省的比藏塞,饥民抢劫粮店,并打死一个小麦商贩。省长闻讯后带领 25 个龙骑兵前往处理,结果被民众打得落荒而逃。随后,省长率领众多军队进行了镇压,逮捕 12 名骚乱者,判处其中的 3 人死刑,并在同

---

① 张芝联主编:《法国通史》,沈阳:辽宁大学出版社,2000 年,第 358 页。
② Peter McPhee, *A social history of France, 1789 - 1914*, Paris: Palgrave Macmillan, 2004, p. 167.

年的 4 月 16 日执行。由于农业歉收,广大农民只能把微不足道的收入用于购买生存资料,而无法购买工业品。因此,在国际竞争力不足的法国工产品出现严重滞销,许多工厂倒闭,精明的老板也选择歇业静观其变,所以法国各个城市的街头出现了不计其数的失业工人与流浪汉。此外,银行破产,地租下降,工业家、银行家和大地主也颇为不满。

　　1847 年是七月王朝的声望降到谷底的年份。在这一年里,爆发了许多重大的政治丑闻。5 月份,曾经担任过陆军大臣的德旁-屈比埃(Despans - Cubières)将军及其控制的盐矿公司为了重新获得开采权,用 94 000 法郎贿赂公共工程事务大臣泰斯特(Teste)的丑闻爆发。贵族院审理后,判处泰斯特监禁,没收 94 000 法郎的贿赂所得并课以相同金额的罚款。8 月 17 日,贵族院代表舒瓦瑟尔-普拉斯林谋杀妻子的丑闻曝光后服毒自杀的消息更是引起了轩然大波。此外,奥尔良家族也由于茹安维尔亲王的副官兜售官职的丑闻而狼狈不堪。七月王朝统治阶层的官商勾结、贪污舞弊、道德堕落让很多人产生了法国社会已处在崩溃边缘的想法。1847 年 8 月 27 日,远在诺曼底的托克维尔在其日记中如是评价了巴黎的系列政治丑闻:"我发现,国家已经处在一种令人恐惧的道德状态中。屈比埃的审判产生了巨大的影响。八天以来人们始终关注的、可怕的普拉斯林故事更是把人们抛入了某种难以名状的恐怖和重大疾病之中。我承认,它也在我身上产生了相同的效果。我从来没有听过一桩犯罪,能让自己如此痛苦地回归一般的人以及我所处时代的人性。这样的判决给人带来多么大的颠覆啊! 就好像在连续不断的革命中,人们只能看到灰烬。"9 月 1 日,远在阿尔及利亚的圣阿诺(Saint - Arnaud)在写给其兄弟的信中说道:"什么样的世纪! 什么样的危机! 什么样致命的年代! 大臣、贵族、将军、总督、领导人以及社会的精英成为被告,舒瓦瑟尔-普拉斯林更是把匕首刺向了法国贵族的心脏。在这个病态的社会里,哪一个人没有患上某种令人厌恶的疾病呢?"①即便是基佐,也在 9

---

① Paul Thureau-Dangin, *Histoire de la Monarchie de Juillet*, tome 7, Paris: E. Plon, Norrit et Cie, 1892, pp. 95 - 96.

月 8 日写道:"法国已经病入膏肓。"①

1847 年也是革命意识形态高涨的年份。这一年,法国出版了三部销量惊人、影响深远的法国大革命史著作。2 月份,路易·勃朗和茹尔·米什莱几乎同时出版了《法国大革命史》的前几卷。作为雅各宾派、罗伯斯庇尔的崇拜者和社会主义者,路易·勃朗批评了 1789 年太过资产阶级化和个人主义,讴歌共和二年的博爱。米什莱在序言里,从人民的立场对法国大革命进行了重新诠释:"在我们大革命既人道又仁慈的阶段,人民、全体人民、所有人是行动者。在暴力和危险使之走向血腥的阶段,少数人甚至极少数人是行动者。"几个星期后,拉马丁的《吉伦特派史》横空出世。他虽然以吉伦特派为书名,但实际上是叙述了从三级会议到热月政变的整部法国革命史。拉马丁讴歌了大革命尤其是吉伦特派。勃朗、米什莱和拉马丁的革命叙事重新激发了法国民众的革命想象。

社会危机、政治丑闻以及革命意识形态的流行导致法国民众的心理出现了明显变化。在此情形下,王朝政治反对派再度发起旨在推动选举改革的宴会运动。1847 年夏,迪韦尔热·德奥拉纳提出了把纳税选举的标准从 200 法郎降到 100 法郎,但遭到保守派多数的否决。基佐表示:"在原则上,我们的选举体系既良善,也正当;在实践上,它既有用,也有效。"基佐指出,缴纳 200 法郎的"合法国家"并不封闭,它会随着经济的繁荣、财富的增加以及教育的进步向更多人敞开,所以降低选举的纳税金额不仅没必要,而且很危险。在德奥拉纳的议案遭到否决后,王朝反对派决定改弦更张,在议会之外,诉诸公共舆论。

由于集会和结社属于非法,选举改革的支持者采取私人宴会的形式,回避法律的打击。1847 年 7 月 9 日,巴黎出现了第一场宴会运动,出席的宾客人数多达 1 200 人。在宴会上,人们发表热情洋溢的演说,呼吁减少选举的纳税金额,反对腐败,揭露社会经济的困难。宴会运动迅速蔓延,阿拉斯、鲁昂、斯特拉斯堡和圣康坦等城市都组织过类似的抗议活

① Serge Berstein et Michel Winock, *L'Invention de la démocratie 1789*, p. 139.

动。组织者主要是王朝反对派的显贵们,他们的目标仅限于要求把选举的纳税金额降低到 100 法郎,反对公务员兼任立法代表。但共和派也组织了一些宴会运动,赖德律-罗兰在 11 月 7 日的宴会上提出了要求实现普选的口号,而 12 月 19 日索恩河畔沙隆的宴会祝酒词是"致敬法国大革命!致敬制宪议会、立法议会和国民公会的不可分割!"据统计,28 个省份总共举办了 50 多场政治宴会。

然而,这并没有动摇基佐拒绝改革的决心,他在 1848 年 2 月 12 日再度否决了要求选举改革的议案。1848 年 1 月 14 日,在基佐的授意下,巴黎警察局还禁止了穆夫塔尔街道的宴会。迫于压力,王朝反对派作出妥协,放弃组织宴会。但是,《国民报》代表的温和共和派、《改革报》代表的激进派以及《和平的民主报》代表的社会主义者依然坚持举办宴会运动。2 月 21 日,《国民报》的主编马拉斯特撰文宣称将在 22 日举办宴会。王朝左派拒绝参加,只有 7 名共和派议员表达了支持。

翌日,共和派报纸的记者、法学院与医学院的学生以及许多普通民众按照约定在马德莱娜广场集合,举行游行示威。面对勇敢走上街头的游行群众,路易-菲利普采取了前后矛盾、纰漏百出的应对措施,反而加剧了矛盾,导致和平的抗争活动演变成流血革命。最终,路易-菲利普也走向了和其前任查理十世相同的命运,仓皇出逃英国。

第三章　第二共和国

一、二月革命

　　1848 年 2 月 22 日,一群人靠近本应举行宴会的协和广场集会,和军队发生冲突,巴黎民众变得群情激昂。第二天,更多人涌向街头,聚集在市中心。路易-菲利普政权派出了国民自卫军前往镇压,但国民自卫军抵达现场后却选择加入民众,高呼:"打倒基佐,改革万岁!"路易-菲利普意识到了危险,作出妥协,接受基佐辞呈,授权莫莱组阁。改组内阁的消息传出后,巴黎民众兴高采烈,欢呼胜利,七月王朝似乎可以安然度过危机。然而,一个偶然事件改变了事态的发展。庆祝胜利的游行队伍经过外交部门口时,和卫兵的冲突引发了枪击,导致上百人倒在血泊中。民众抢走了遇难者的尸体,举行著名的"尸体游行",把政府的攻击直观地呈现在人民面前,瞬间点燃了巴黎人民的愤怒之火。2 月 23 日,在巴黎的整个东部,都建立了街垒。街垒最早出现于宗教战争期间,它们在 1789 年和 1830 年变成了革命的象征。它们的重新出现表明,群众运动的性质出现了变化,骚乱演变成了起义。巴黎民众与军队的斗争爆发了。路易-菲利普任命曾经在 1834 年在特朗斯诺南街道制造野蛮屠杀而臭名昭著的比若(Bugeaud)将军为巴黎驻军司令的愚蠢举动,进一步加剧了民众对军队的敌意。冲突很血腥,民众很勇敢,但军队却表现得犹豫不决,形势很快朝着有利于起义者的方向发展。

面对巴黎民众如火如荼的抗议浪潮,路易-菲利普的本能反应是竭力保全奥尔良王朝。2月24日,他宣布逊位,让位于年仅9岁的巴黎伯爵,由深孚众望的奥尔良公爵夫人而非不得人心的内穆尔公爵摄政。同一天下午,奥尔良公爵夫人匆忙赶到众议院,试图接受新权力,但为时已晚。一部分民众闯入了波旁宫,议会乱成一麻。幸亏有奥尔良派议员和卫兵的保护,奥尔良公爵夫人和巴黎伯爵才得以安全出逃。自此刻起,统治法国十八年的奥尔良王朝寿终正寝。

几乎与此同时,另一部分民众闯入了杜伊勒里宫,将之洗劫一空。他们攻击奥尔良王朝的权力符号,捣毁玻璃和金饰,砸碎国王、苏尔特元帅以及比若将军的肖像。男人佩戴宫廷标志,女人化装成自由女神,他们大声嚎叫、尽情狂欢。路易-菲利普的王座则被从一个街垒传到另一个街垒,最终在巴士底狱遭到了象征性的焚烧。

瞬间,巴黎出现了权力真空,共和派立即行动起来。和复辟王朝末年一样,反对派报纸的编辑部再次为革命政府提供了主要的领导人。在巴黎市政厅组建临时政府的过程中,共和派报纸扮演着举足轻重的角色,《国民报》的经理马拉斯特以及亲近《国民报》的马利、阿拉戈、克雷米约、加尼耶-帕热斯,《改革报》的经理弗洛孔(Flocon)及其支持者赖德律-罗兰皆成了临时政府的要员。同时,在19世纪30年代逐渐壮大的法国社会主义也有路易·勃朗作为代表,工人出身的阿尔伯特也受到推选。灵魂人物拉马丁既不属于《国民报》的温和共和派,也不属于《改革派》的激进派,亦和社会主义阵营无甚关联,却最能体现1848年的幻想。

在临时政府中,拉马丁任外交部长,克雷米约任司法部长,赖德律-罗兰任内政部长,马利任公共工程部长,阿拉戈任海军部长,加尼耶-帕热斯先是担任巴黎市长,随后转任财政部长,而马拉斯特继任巴黎市长。其他的几位部长,如商业部长贝特蒙(Bethmont)、公共教育与宗教部长卡尔诺则不属于临时政府。阿尔伯特和路易·勃朗虽然属于临时政府,却没有担任部长。临时政府组建后,立刻颁布了一系列顺应民心的法令。

在是否立即宣布成立共和国的问题上,临时政府的成员们出现了重大分歧。加尼耶-帕热斯、路易·勃朗和阿尔伯特宣称七月王朝垮台的事实清楚地表明"人民的意志已经宣布了共和国"。但拉马丁和克雷米约则希望作出如下声明,即"临时政府的全体成员宣布成立共和国,前提是要得到即将被咨询的人民的批准"。经过激烈争论后,最后公布的官方措施改为:"临时政府希望成立共和国,前提是要得到即将被咨询的人民的批准。"2月24日晚,拉马丁面向起义者发表演说,宣布在咨询"3 600万的灵魂"后,在诉诸作为"一切共和国之首要真理、唯一基础"的普选后,将成立共和国。

2月26日,临时政府成员一致表决通过废除政治死刑的法令。2月29日,取缔贵族爵位,抛弃"复辟"的精神,重建1789年的平等原则。3月2日,再次宣布实行普选制。3月4日,为纪念2月22—24日的死亡者举行了重大的纪念活动。教育部长、自由共和派伊波利特·卡尔诺主张确立免费、义务的、世俗的教育,并倡导男女教师平等的原则。

同时,为了回应巴黎底层民众的诉求,临时政府还颁布了一些社会立法。2月25日,临时政府接见工人代表团的请愿,宣布承认劳动权和结社权。这是法国历史上首次把劳动权提升到如此崇高的地位。2月27日,临时政府创建国家工场,它的领导人是青年工程师埃米尔·托马(Emile Thomas),目的是要给失业工人提供工作,每日分发1.5法郎(由于财政紧张,3月15日降到1法郎)。2月28日,临时政府在卢森堡创设由路易·勃朗和阿尔伯特领导的劳工委员会,吸收231名雇主和242名工人,专门讨论重大的社会问题。3月2日,它颁布巴黎10小时工作日、外省12小时工作日的法律。此外,临时政府还创建了一支两万人左右的别动队,招募16岁以上的失业青年。对于别动队的作用,时人存在不同的看法。一些人认为通过招募青春莽撞而无所事事的青年,可以减少社会动荡的因素,另一些人强调别动队可充当帮助青年摆脱困境的社会实验室。

　　二月革命爆发时,法国社会氛围总体上是快乐祥和的,渗透着某种博爱的情感和弥赛亚主义。在巴黎街头,无论什么职业或社会地位,人们纷纷效仿1789年的先辈,自称是公民;在信件里,人们真诚地署上自由、博爱和救赎的字眼;在公共场所,革命象征物重新流行,红旗四处飘扬,小红帽到处攒动。对七月王朝的世俗主义和物质主义深恶痛绝的神职人员也在祭坛上满心欢喜地祝圣革命,他们和民众一起栽种自由树。同样,社会主义者也欢呼革命的到来,认为社会重组的时代已经降临。2月25日,激进派和社会主义者要求把红旗变成国旗,但遭到拉马丁的反对,后者主张保留三色旗,认为它是自由、和平和繁荣的象征。

　　随着出版自由的恢复,印刷品迎来了黄金时代。在1848年2月—3月期间,法国涌现了近300份报纸,宣传画、版画以及其他印刷品更是数不胜数。二月革命爆发后,记者和作家开始鼓吹精英和群众、思想和行动的联盟。大仲马、欧仁·苏和乔治·桑在《共和国公报》(*Bulletin de la République*)上撰文,以实际行动声援新生的共和国。福楼拜在《情感教育》中详尽描述了1848年革命的巴黎,它变成了一个巨大的海德公园,所有人都在发表演说。人民满腔热情地庆贺"拿撒勒的无产者",本堂神甫则为之祝福。艺术家们也不甘落后,他们向所有人敞开沙龙的大门。

　　所有人都把"共和国"挂在嘴边,但不同政治派别对它的理解却大相径庭。在复辟王朝和七月王朝期间,共和国是1793年的象征,代表着雅各宾派的专政、暴力与恐怖,令保守派与自由派不寒而栗。七月王朝垮台后,自由派皈依共和国,他们接受国民主权原则,认为行政权不再属于国王,主张实行权力分立和代议制。共和派将普选制看作是共和国的代名词,认为政治民主将会消除法国的各种弊端。对于社会主义者和许多工人而言,共和国意味着刻不容缓的社会变革,人民主权意味着将所有权和劳动组织建立在更为公平的原则之上。诚如马克思所言,"每个政党都按自己的观点去解释共和国。手持武器夺得了共和国的无产阶级,在共和国上面盖上了自己的印记,并把它宣布为社会共和国。"①所以,共和国的旗帜掩盖了法国的分裂。人们应当建立自由共和国,还是社会共和国?自由派、共和派与社会主义者的答案迥然不同。

二月革命爆发后,外省城市密切关注并积极响应巴黎的事态发展。由于电报的出现,许多地区几乎在第一时间获悉巴黎出现革命的消息。在里昂,糟糕的天气阻碍了电报的使用,它获悉巴黎起义消息的时间晚了 24 小时。然而,里昂的反应并不迟缓,主要成分是地主和工业家的激进共和派迅速夺取了省政府和市政府。里昂是法国最具共和色彩的城市,还拥有组织化程度很高的丝织工人,他们主要集中在拉克鲁瓦-鲁斯山坡,他们至今难以忘怀 1831 年和 1834 年起义以及七月王朝对它们的残酷镇压。在获悉巴黎起义的消息后,丝织工人们从"劳动的山脉"(米什莱的说法)蜂拥而下,冲破国民自卫军的封锁,夺取了市议会。在新组建的市议会中,38 人是无产者。红旗悬挂在市政府,彩色袖章绑在胳膊上。可见,里昂的革命比巴黎更具工人色彩。

在图卢兹,自由共和派支配了市镇委员会。鲁昂也同样如此。自从七月王朝倒台的消息传出后,工人举行游行示威,高呼"共和国万岁!"在 19 世纪 40 年代日趋强烈的民族主义和反英情绪的影响下,工人们也喊出了"打倒英国人"的口号。绝大多数的城市都组建了国民自卫军,俱乐部如春笋般涌现,哪怕像卡奥尔、多勒、勒撒布勒-多罗纳这样的小城市也不例外。

革命爆发后,民众的请愿活动不断增加。在复辟王朝和七月王朝期间,请愿是各个社会阶层向君主和政府表达意愿的常见方式。二月革命导致请愿活动井喷,共和派、工业家、工人的请愿队伍源源不断地涌到巴黎市政厅,农民们也纷纷传递了要求取缔酒税的陈情书。七月王朝末期如火如荼的宴会运动继续存在,但它们的象征意义却发生了根本性的变

---

① 卡尔·马克思:《路易·波拿巴的雾月十八日》,《马克思恩格斯文集》第 2 卷,北京:人民出版社,2009 年,第 476—477 页。

化。人们在菜名或祝酒词里增加了对自由、平等、博爱与共和国的期望和祝福。庆祝共和国成立的宴会遍布城市、乡镇和山村。同样,乡村也种植自由树,并通常伴随着官方的庆典活动和教会的祝圣仪式。和巴黎一样,外省也掀起了反对奥尔良王室成员,尤其是针对路易-菲利普的浪潮。道路不再以路易-菲利普命名,国王的雕塑、肖像和绘画悉数遭到摧毁。在雷恩,一个镇长还鼓励当地儿童用石头投掷路易-菲利普的雕塑:"我们希望你们比巴黎人更强大,请你们捡起石头,往上砸。第一个砸到其阴部的,将会得到一个苏的奖励。"

在工场里,工人捣毁机器的做法日渐频繁。在经济疲软,失业率居高不下的情况下,工人把怒气撒在取代人力的机器上。印刷业、纺纱业、织布业以及打谷业都出现过捣毁机器的行为。用榔头砸毁机器或用火焚烧似乎是一种落后而野蛮的暴力,但它们却表现了工人对资本主义和现代机器工业的本能反抗。根据法国学者的统计,捣毁机器的地理分布和1846年爆发经济危机、刚引入机械化生产的地区高度重合,如兰斯、诺曼底、阿登省、孚日省、厄尔省、塞纳-马恩省、奥布省、安省以及里昂。

在农村,农民的反抗对象却有所不同。在许多山地,农民对1827年森林法和1844年狩猎法尤为不满。1827年森林法对森林的开发与利用作出了严苛规定,林地开垦必须得到政府批准,森林放牧遭到禁止。1844年5月3日法律则进一步限制了农民在森林中狩猎的权利。地主、商人和政府趁机攫取了大量森林,并改变了它的用法。由于法国开采的煤炭无法满足方兴未艾的冶炼业和铸造业的全部需求,许多中小规模的冶炼厂和铸造厂都建在林区附近,以获得木炭。由此,农民和森林的所有者以及捍卫其所有权的政府经常出现冲突。根据相关统计,1848年2月革命后出现了120次森林骚乱,主要集中在比利牛斯山脉、中央高原和莫尔旺地区。农民经常砸毁栅栏,占领空地,砍伐森林,闯入属于贵族但有争议的河流与林地。他们攻击森林的承包者,也追打税务员。他们认为,新生的共和国将会支持民众反对森林所有者的正义斗争,支持他们重新夺回属于自己的权利。1848年3月3日,三个青年面对前来阻止冲突的警察,理直气壮地说:"我们无需害怕,因为我们生活在自由的时代。"

最后,二月革命也引发了一些民众反抗地方政府,抵制警察执法的行为。在2—6月期间,全国各地出现了72起冲击警察的暴力事件。不过,冲突主要出现在乡村而非城市,集中在中央高原、比利牛斯山脉、地中海沿岸、里昂、阿利埃省、歇尔省,东部边界也有零星的反抗。相对而言,北部和南部更为平静。

也有一些地方没有追随巴黎的步伐,它们或是静观其变,或是满腹狐疑,或是漠不关心。马赛虽然是反革命的大本营,但在共和国特派员抵达后,当地的精英和民众在3月1日宣布拥护共和国。雷恩的大主教布罗赛-圣马克(Brossays - Saint - Marc)经过一番挣扎后,也表态效忠共和国。某些远离城市、落后闭塞的乡村地区很少受到革命的影响。在菲尼斯泰尔省,人们既没有革命的幻想,也没有种植自由树。杜省的多数地区同样安静,与世隔绝的乡镇没有受到革命的冲击。二月革命虽曾引起了一些怀疑,让他们感到恐惧,但多数人持欢迎态度。在许多地区,正统派贵族和对反教权主义不满的教士并不留恋被推翻的旧政权。

和法国大革命一样,二月革命在整个欧洲引起了强烈的震动。但和1789年不同,在1848年二月革命爆发前,欧洲已经出现一些革命运动,如1847年的瑞士内战、1848年1月巴勒莫、米兰、威尼斯等意大利城市的起义,它们主要是反对奥地利哈布斯堡王朝的民族独立运动。因此,我们不应当孤立地看待1848年法国二月革命,而应当将之置于欧洲革命的广阔视野下理解。

反过来,二月革命的爆发则进一步推动了欧洲革命的发展。3月3日,匈牙利民族主义者要求匈牙利议会宣布独立。随后,革命浪潮席卷德意志地区,许多地区的政府被革命者掀翻,3月18—19日柏林民众也迫使普鲁士国王弗里德里希-威廉四世作出让步,宣布要进行自上而下的君主立宪改革。3月31日,自由派和民主派的代表们还在法兰克福组建议会,呼吁实现德国的统一并进行政治改革。

欧洲各国爆发的革命运动和 1848 年巴黎的二月起义有许多相同的政治诉求,如反对 1815 年维也纳体系的欧洲领土安排,反对绝对君主制,资产阶级要求扩大政治参与,尊重民族自决的原则,并希望解决工业化与城市化不断加剧的社会问题。由于电报的广泛使用和铁路带来的交通便捷,由于学生、工人和政治流亡者的跨境流动,由于报纸、漫画、宣传册以及歌曲在欧洲范围内的广泛流通,各国革命运动纷纷仿效巴黎民众。譬如,维也纳的起义者要求创建“别动队”,威腾堡种植自由树,许多城市建立了街垒。但是,并非所有的地区都希望建立共和国。譬如,日耳曼地区拒绝建立共和国,而是主张颁布类似于 1830 年宪章的自由宪法。意大利人、波兰人和匈牙利人的目标主要是摆脱异族的统治,建立属于自己的国家,而政治变革是从属目标。

在 3—4 月期间,波兰人、瑞士人、德意志人、希腊人纷纷派遣代表团抵达巴黎,表达了其对二月革命的支持。他们得到了外交部长拉马丁的热情接待。然而,在面对纷至沓来要求法国援助的呼声,务实的拉马丁在发表友好声明的同时,却拒绝提供实际的帮助。拉马丁的姿态遭到了同情各国民族主义运动的激进媒体的口诛笔伐,但作为职业外交家,他清楚地知道为了维护新生共和国,避免欧洲君主组建新的反法联军,就要打消欧洲君主国的焦虑、狐疑和敌意。临时政府在对外政策方面的审慎成功避免法国再次置身于 1814 年的孤立险境,却让欧洲君主国能够毫无顾虑地镇压境内的革命、起义与改革运动,意大利、匈牙利、波兰的民族起义迅速遭到扑灭,德意志地区的法兰克福议会也被普鲁士取缔。

1848 年春天欧洲范围内的革命运动尽管都遭到了镇压,尽管它的影响无法和法国大革命相提并论,但它却是 19 世纪覆盖范围最大的革命运动。同时,它的影响是如此之深远,以至于它爆发的季节——春天也变成了革命的象征。

二、1848 年的男性普选

1848 年 3 月 5 日法律以及 3 月 8 日法律规定,年满 21 周岁,定居时间超过 6 个月的法国男性公民拥有选举权,年满 25 周岁者拥有被选举权。新法律不论地位和财富,只要在选民簿上进行有效注册,便能参与投票。法国选民人数由此急剧增加,从 24.6 万增加到 900 万。这两项法律还规定,4 月 9 日举行普选。

这是法国历史上第一次成年男性公民的普选,但规模庞大的选举并非没有先例。尽管 1791 年宪法区分了积极公民和消极公民,但还是有 540 万的男性公民参加了 1791 年夏天的立法选举。复辟王朝实行纳税选举,缴纳 300 法郎直接税的男性公民拥有选举权,致使选民的数量降到 10 万人。七月王朝同样奉行纳税选举,但把选举的纳税金额降到 200 法郎,选民的数量由此增加了一倍多。七月王朝期间,国民自卫军的组建采取了选举方式,它比立法选举更为民主,只要有能力提供服装与武器,即有资格入选。1831 年 3 月 21 日市镇选举法允许将近 300 万人(即法国男性公民的三分之一)参加市镇选举。

对于法国即将举行的第一次全国性普选,临时政府的宣言满怀希望,相信它能消除阶级冲突,确立社会平等,实现国家团结:“本选举法[……]最为广泛;迄今为止,地球上没有一个民族,曾经召集人民行使最高的人权,行使自身的主权。自本法起,法国不再有无产阶级。”

在奥尔良王朝被推翻后,各个党派都公开表示拥护普选,它们深知即将举行的普选关系到法国的未来走向。问题的关键并不在于选择共和国抑或君主制,而是要在社会共和国与保守共和国之间作出抉择。社会共和国的支持者生活在巴黎和大城市,保守共和国的拥护者主要集中于农村。临时政府为了解决财政赤字,决定在 3 月 16 日开征“四十五生丁税”:即每支付直接税(土地税、动产税、门窗税、契税)1 法郎,再额外加征 45 生丁税。此种做法虽是出于财政需求,但在政治上却颇为短视,导致占人口绝大多数的农民痛恨共和国,至少痛恨执掌政权的共和派领导人。不难理解,社会和共和国与保守共和国的竞争注定是一场不平等的对决。因此,民主派认为,实行普选的时机尚未成熟,坚持推迟选举,继续实施针对整个法国的过渡统治。以拉马丁为首的温和共和派则认为,应当如期举行选举。

在巴黎,人们在是否延期选举的问题上出现了严重的对峙。由于革命在工业家、银行家和商人当中造成了恐慌,在1848年初略有好转的法国经济再度恶化,工商业遭到重创,金融业也陷入危机。巴黎富裕街区对法国的未来走向忧心忡忡。3月16日,资产阶级街区的国民自卫军头戴皮帽,举行游行示威,到市政厅抗议。据统计,戴皮帽的游行队伍聚集了30 000人。按照莫里斯·阿居隆的说法,这是"右翼反对派"的第一次示威。3月17日,左派发起了一场针锋相对的游行,动员学生、雇员、工人与劳动者参加,游行者呼吁延期选举,高呼"保卫共和国"的口号。游行者取得的成功颇为有限,临时政府只同意将选举推迟到4月23日,国民自卫军再次发动拥护临时政府的游行,高呼"打倒共产主义者!打倒布朗基!打倒路易·勃朗!拉马丁万岁!"为了缓和日趋紧张的局势,临时政府仿效1790年的结盟节,决定在4月20日举行盛大的博爱节。它似乎取得了巨大的成功,召集了将近100万人参加;它激发了人民的爱国主义,暂时缓和了各个派别的敌对情绪。

然而,三天后的普选又让政治局势变得紧张。为了应付即将到来的选举,保守派(即奥尔良派与正统派)、温和的共和派、激进共和派、社会共和派纷纷成立了各自的选举委员会。选举委员会在乱哄哄的气氛中酝酿候选人名单,有时同一个人会出现在好几份名单上。随后,各选举委员会利用自身的影响,在首府、乡镇和乡村中宣传其候选人。无论大城市还是小城镇都有自己的俱乐部,俱乐部要求候选人解释自己的思想、行动和竞选纲领。

4月23日是周末,正值复活节,揭开了选举的帷幕。在举行弥撒后,民众前往投票箱。选举活动安排在县府所在地举行,因为临时政府希望适应许多市政府没有办公场所的实际状况,同时也为了限制地方精英和贵族的影响。在乡村地区,由于村庄距离首府很远,故而没有把选举日期定在复活节,而是选在集市的日子。人们有时采取游行队伍的形式,高唱歌曲,挥舞旗帜,通常由一个教士或贵族率领,托克维尔就给我们留下了一幅生动的画面:"我们大家要一起到离我们村约有 4 公里的圣皮埃尔镇去投票。选举日的早晨,全体选民即年满 20 岁的男性居民,都到教堂的前面集合。全体选民按姓氏的第一个字母的顺序两个人两个人地排成一长列,我自然要站在我的姓名应站的位置随队前进,因为我知道在民主时代和民主国家,应当在民众中起带头作用,不能随便加塞儿。长长的队伍的最后部分是驮在马上或坐在车上的残疾人或病人,他们也要接着我们投票。没有来的只是妇女和儿童。"①

在投票点,人们仓促设置了投票箱。在投票期间,出现一些冲突,如拒绝赋予教士投票权,反对和邻村同时投票等。在社会矛盾紧张的地区,令人失望的投票结果还引发了社会骚乱。在鲁昂,冲突造成 40 人死亡,政府逮捕了 600 人。在利摩日,"工人群众协会"解除资产阶级国民自卫军的武装,夺取了城市。除了这些插曲外,1848 年 4 月的普选总体上还算顺利,民众投票也颇为积极,投票率高达 83%。

4 月 28 日,普选结果产生。以拉马丁为首的温和派取得了重大胜利,在 900 个议席中获得了大约 500 个。拉马丁本人同时在 10 个省份当选,在巴黎获得的选票数量更是遥遥领先。正统派和奥尔良派分别获得 200 个和 50 个议席。左派获得了 150 个席位,赖德律-罗兰、路易·勃朗和阿尔伯特也顺利当选,但布朗基、卡贝和拉斯帕伊则在选举中落败。4 月选举的结果表明,三色旗的共和国战胜了红旗的共和国。

新议会的社会构成迥然不同于七月王朝:在 3 名主教、15 名教士和 122 名地主和工业家之外,还有 235 名律师、26 名记者、24 名工人、18 名农民。所有人都自称"共和派",但如果考虑 1846 年议会的 165 名议员重新当选的事实,就知道很多人是因为局势的变化才被迫拥护共和国。

---

① 托克维尔:《回忆录:1848 年法国革命》,董果良译,北京:商务印书馆,2004 年,第 131 页。

而且,路易-菲利普的王朝反对派,如奥迪隆·巴罗、托克维尔、夏尔勒·德雷米扎、莫甘(Mauguin)当选。

5月4日,900名议员聚集在波旁宫,重新宣布建立共和国。新议会任命了新的行政机构——行政委员会,取代临时政府。制宪议会代表们希望借此宣告,新政权的正当性产生于民族的投票,而非来自革命。根据督政府的经验,人们决定把行政委员会的人数限定为5人,从临时政府的成员当中遴选。行政委员会由阿拉戈、加尼耶-帕热斯、马利、拉马丁和赖德律-罗兰等组成。巴黎市长依旧由马拉斯特担任。议会选举了53岁的布歇担任主席。布歇既是共和派、社会主义者,也是天主教徒;他完美体现了议会希望继续依赖的1848年精神。行政委员会仍然认为自己是临时权力机构,在新制度最终确立以前,肩负着过渡政府的责任。值得注意的是,当选议员的社会主义者路易·勃朗和阿尔伯特被排除在核心的权力机构之外。这表明左派正在被边缘化。

三、六月起义

欧洲政治局势的恶化加剧了行政委员会的困境。由于波兰民族主义者的激烈抗争,普鲁士似乎准备承认被奥地利、俄罗斯及其自身瓜分的波兰。为了避免和俄罗斯产生冲突,普鲁士才放弃了这个念头。俄罗斯在国内颁布了紧急状态法,残酷镇压波兰人的起义;奥地利在加利西亚地区大量屠杀波兰人。面对自1794年和1830年以来始终希望赢得民族独立的波兰人,法国人充满同情。激进派俱乐部多次向议会请愿,要求法国进行干预。但是,无论是议会,还是新任外交部长茹尔·巴斯蒂都没有采取行动。

1848年5月15日,巴黎民众在巴士底狱广场举行了一场声势浩大的和平集会。他们走向协和广场,随后涌向波旁宫。由于少数人的煽动,游行队伍闯进了国民自卫军看守糟糕的议会。拉马丁、赖德律-罗兰、路易·勃朗和拉斯帕伊要求游行者自行解散。革命俱乐部的领导人布朗基发表演说,要求捍卫波兰人民的解放事业。有人还高呼:"以人民的名义,解散国民议会!"政治气氛陷入剑拔弩张的状态。在国民自卫军的保护下,代表们慌忙离开议会。有些激进派还前往市政厅,试图再次发动革命,不过被市长马拉斯特成功阻止。拉马丁和赖德律-罗兰调集国民自卫军,冲向闹事的人们,5 月 15 日事件被平息。

5 月 15 日事件虽然没有造成伤亡,却让温和派占据主导地位的临时政府和议会感到害怕,他们似乎看到了 1793 年的幽灵再现。临时政府迅速采取措施,逮捕 5 月 15 日游行的组织者,如阿尔伯特、布朗基、拉斯帕伊和巴尔贝斯。工人出身的警察局长科西迪埃(Caussidière)被褫夺官职,卢森堡委员会也被解散。在外省,共和国的特派员们在完成使命后,被更为温和的省长们取代。新任省长们在镇压工人运动时毫不手软。在圣艾蒂安,共和派省长皮埃尔-安托万·圣试图结束工人罢工以及抢劫修道院工场的行为。5 月 15 日事件造成的消极结果"是使布朗基及其同道者,即无产阶级政党的真正领袖们[……]退出社会舞台"[①],温和自由派全面攫取了临时政府的领导权。

行政委员会面临的主要问题依然是经济问题,信任危机和失业依然在恶化。"45 生丁税"在 6 月初开始产生后果,不满的民众纷纷向国民议会或省议会呈递请愿。譬如,图卢兹市政厅收到了超过 3 万份要求减税的请愿。但制宪议会坚持征收"45 生丁税"以及盐税、酒税。共和国开始了更加严苛的征税活动,也由此引发了农民的抗议。法国的南方,尤其是克勒兹、阿韦龙、多尔多涅、热尔、比利牛斯、塔恩、洛泽尔、加罗以及埃罗等西南省份,出现了公开的反对,重新变成反抗中央国家最激烈的地区。被经济危机沉重打击的山地以及葡萄种植区,反抗尤其激烈。在热尔省的马拉巴,一场抗税骚乱让 14 个乡镇联合起来,它的领导人发出恫吓,要杀死和烧死那些愿意缴税的人。由于 45 生丁税,法国农民对巴黎工人、社会主义者以及平均派的仇恨与日俱增。5 月 29 日,多尔多涅省奥里亚克市的民众表达了对巴黎国家工场的仇恨:"我们要以我们为榜

---

① 马克思:《路易·波拿巴的雾月十八日》,第 477 页。

样的工人,不要假装劳动,但实际上却什么也不做的工人。"农民们的骚乱导致很多人抛弃了"良好共和国"的观念,向保皇派的大地主们渐趋靠拢,并为自己曾经投票创建共和国感到遗憾。但总体上,农民的抗税活动并没有撼动共和国的根基。

对温和共和派而言,最大的威胁不是农民的抗税,而是不断壮大的工人运动。各种社会主义思潮促进了不同行业组建社团的行动,如里昂的女裁缝、土伦的裁缝和鞋匠建立了生产合作社,里尔创建了纺纱工人的博爱联合会。在这些或多或少受到社会主义影响的社团里,人们认为应当消灭中介和"寄生虫",并借助结社,实现每个人的解放。迫于压力,一些工厂的管理层吸收了工人代表,并把每天劳动时间降到 9 小时。工人社团的急剧增加和工人运动的方兴未艾,让资本家担心自身财产的安全。对温和共和派以及保守派而言,市场自由和财产私有制依然是不可侵犯的信条。

在 6 月 4 日的巴黎补选中,社会主义者蒲鲁东和勒鲁当选议员,奥尔良派的梯也尔和正统派尚加尼耶(Changarnier)将军也受到了选民的青睐。新入选的梯也尔团结了奥尔良派和正统派的政治精英,他们敌视工人运动,对国家工场更是大张挞伐。天主教信徒法卢子爵表达了保守派对于国家工场的普遍看法:"每天将 17 万法郎用于组织罢工,全年的花费将多达 6 000 万。"他们指责临时政府用公共财政供养懒汉,并将会因此背上沉重的财政包袱。在某种意义上,保守派的指责并非完全无道理。自从国家工场创建之日起,它们招募的工人数量急剧攀升。3 月 15日,6 000 人;3 月 30 日,3 万人;4 月 16 日,6.4 万人;4 月 30 日,11.7 万人。

5 月 15 日事件后,温和共和派的态度出现了明显的变化。他们认为国家工场不但在经济上难以为继,而且也容易变成左派势力的大本营。从 5 月中旬起,议会开始严肃讨论解散国家工场的可能。6 月中旬,公共工程部向议会提交了一份要求解散国家工场的议案:所有年龄在 18—25岁的工人全部应征入伍;其他工人将被送到外省,从事开凿运河或开采矿山的艰苦劳动。面对如此严苛的议案,国家工场的领导人埃米尔·托马斯提出辞呈，以示抗议。6月21日，国民议会通过了该法令。

解散国家工场的法令立刻点燃了巴黎民众的怒火，他们重新修建街垒。6月23日，战斗在圣德尼门和塞纳河左岸打响。24日，起义者占据的地盘渐趋缩小，但抵抗依然坚决。议会宣布巴黎进入紧急状态，解散行政委员会，并把所有权力授予卡芬雅克将军。第二天，卡芬雅克调集3万军队，动员国民自卫军，加强了对起义街区的进攻。同时，卡芬雅克还召集了10万外省国民自卫军，他们主要由贵族、地主、工人、工匠、农民等人组成。许多人在抵达巴黎后，立即投入战斗。此外，和起义者的社会成分无甚区别的1.5万别动队也出人意料地支持政府，把枪口对准了昔日的亲人、邻居和朋友。尽管战斗异常激烈，仍有一些真诚善良的人穿梭于各个街垒，希望推动起义者与政府的和解。巴黎大主教阿夫尔和布雷亚将军(Bréa)在积极斡旋的过程中身亡。阿拉戈在先贤祠、维克多·雨果圣路易街道也劝说和解，但他们的努力均以失败告终。6月26日，起义在血泊中结束。巴黎街头流淌的鲜血提醒人们，权力不属于街头，而是属于国民选举产生的议会。

随后，卡芬雅克将军主导了一连串的武装镇压。人们利用刺刀在街垒后面刺杀，或者经过临时审判，就地枪决。青年别动队尤其残暴，外省的国民自卫军在屠杀同胞时同样毫不手软。根据巴黎警察局的统计，1 400人死亡，医院接收了1 700个伤员。但有些历史学家指出，六月起义者的牺牲者不止于此，可能有11 000人被逮捕，4 000名起义者和1 600名士兵死亡。西尔维·阿普里勒(Sylvie Aprile)认为，双方死亡的总数应当在4 000人左右。①但无论如何，所有人都不否认这是一场赤裸裸的屠杀。青年医生德雅克(Déjacque)痛心疾首地说道："自从世界诞生，人们还没有见过如此野蛮的杀戮。"

在六月起义中，无产阶级和资产阶级明显出现分化，走向了对立的阵营。六月起义者的社会成分主要是遭受经济危机重创的熟练工人，如

---

① Sylvie Aprile, *La révolution inachevée，1815 - 1870*，Paris：Belin，2010，p. 312.

机械师、建筑工人、鞋匠等，也包括一些缺乏专业技能的日工和劳动者。相反，曾经参加二月革命的雇员、店主、记者、律师以及激进派的领导人都没有参与其中，他们这一次都站在了起义者的对立面。起义者不仅要保存国家工场，也希望创建一个民主的和社会的共和国。第八区的起义者旗帜鲜明地提出自己的政治纲领："我们要求创建一个民主的与社会的共和国。在国家的帮助下，劳工自由结社。控诉人民代表和部长们，并立即逮捕行政委员会。公民们，你们要记住，你们才是主权者。"①作为六月起义的重要见证人，托克维尔指出了它具备一个不同于以往革命的显著特征："那就是它没有以改变政府的体制为目的，而是以变更社会的秩序为目的。实际上，它不是政治斗争，而是一场阶级的战斗，一种奴隶造反的战争。"托克维尔明确表示，法国社会已经形成两大对立阵营，"一部分是一无所有的人被共同的贪婪联合在一起；另一部分是拥有一些财产而被共同的苦恼联合在一起。这两大阶级之间再无其他的联系和其他的共同感，而是双方都在想斗争将不可避免"②。马克思的论断是："在六月的日子里，一切阶级和党派都团结成一个维护秩序的党来反对无产阶级——无政府主义、社会主义和共产主义的党。它们从'社会之敌'手里'救出了'社会。"③

　　六月起义的失败结束了二月革命开启的激进化进程。不久以后，政府颁布法令，"纪念 1848 年 6 月为捍卫共和国而捐躯的人"。曾经被称为"六月屠夫"的卡芬雅克，变身为"六月的拯救者"。6 月 28 日，国民议会任命他为最高行政长官，组建更加保守的新政府。他的政府包括若干曾经驻扎过阿尔及利亚的将军、律师安托万·塞纳尔(Antoine Sénard)、银行家古德绍(Goudchaux)以及路易-菲利普的大臣迪福尔(Dufaure)。此时，卡芬雅克几乎建立了罗马意义上的独裁统治。然而，卡芬雅克是一位坚定的共和主义者，既没有构陷共和国，也没有威胁议会制度。对

---

① Sylvie Aprile, *La révolution inachevée*, *1815 - 1870*, p. 309.
② 托克维尔:《回忆录:1848 年法国革命》,第 183 页。
③ 马克思:《路易·波拿巴的雾月十八日》,第 479 页。

他而言,问题的关键是要捍卫国民议会代表的法律。

卡芬雅克政府成立专门的调查委员会,对六月起义负有责任的人,哪怕他们没有参加街垒战斗,也予以严惩。400 个起义者被流放到阿尔及利亚,40 人流放到圭亚那,更多的人囚禁在法国本土的监狱里。同时,为了释放和解的诚意,卡芬雅克政府宣布大赦,在 1848 年 6—12 月期间,总共释放了 10 000 多人。

6 月以后,卡芬雅克政府加强了对社会的控制。为了清除巴黎的危险分子,采取了一系列的防范措施。政府鼓励 1.2 万失业工人离开法国,前往阿尔及利亚谋生;社会主义者由于认为有可能在阿尔及利亚建立更加公正的社会,所以也对他们进行资助。同时,他颁布法令,限制二月革命确立的自由。譬如,新的出版法重新确立了报纸的保证金制度。对此,拉梅内在《制宪人民报》批评道:"这份报纸将和共和国一起诞生,和共和国一起死亡。……让穷人闭嘴吧!"在社会问题上,政府的立场更为保守,将最低劳动时间重新恢复到 12 小时,而维克多·孔西岱朗向制宪议会提交的妇女投票权草案被否决。7 月 25 日,议会禁止成立妇女俱乐部和儿童俱乐部。

毫不夸张地说,法国社会全面保守化,人们仇恨巴黎人,仇恨工人,尤其仇恨社会主义,希望告别革命,尽快恢复社会秩序。在此背景下,国民议会起草、讨论和表决了新宪法。

四、1848 年 11 月 4 日宪法

在六月起义之前,就组成了制宪议会。制宪议会委员会拥有路易-玛丽·科尔默南(Louis Marie de Cormenin)、马拉斯特、迪福尔、维维安、巴罗、托克维尔、拉梅内和孔西岱朗等 18 名成员。科尔默南、马拉斯特、维维安是温和共和派,巴罗与托克维尔是王朝反对派,拉梅内曾经是狂热的天主教徒,如今已经皈依民主,而孔西岱朗是傅立叶的信徒。

5 月 19 日,制宪委员会召开第一次会议。6 月 17 日,它提出了宪法草案,但六月起义打断了制宪进程。六月起义被镇压后,国民议会抽签成立 15 个小组，对制宪委员会的宪法草案进行逐条讨论和修改，形成新的宪法草案。

制宪议会起草了一份权利与义务的宣言，将之作为宪法的序言。宪法序言保留了二月革命确立的许多原则：共和国致力于改善人民的教育与福祉，确立普选，保障政治自由，表达和平主义，并坚持废除奴隶制。共和国原则依然是"自由、平等、博爱"。除此之外，它还把保护家庭、劳动、所有权和公共秩序看作共和国的神圣义务。不过，经过 5 月 15 日游行以及六月起义，人们不再把二月革命确立的"劳动权"写入序言，代之以基督教的救助观念。第十三条规定："通过免费的初等教育、职业教育、雇主与工人的关系平等、保障与信贷体系、农业机构、自愿社团、国家机构、省、乡镇以及招募失业工人的公共工程，促进和鼓励劳动发展；它将给弃婴、伤残以及老人提供救助。"[1]国家有义务提供传统意义的救助，但在此时，它主要是从天主教而非从社会主义当中汲取理论养分。这是制宪议会多数成员的共同立场，因而很少引起争议。争论最多的是中央层面的权力分配问题，而焦点是行政权的组织及其和立法权的关系。

在立法权组织的问题上，制宪议会的多数代表依然深受大革命时代流行的人民主权观念的影响，强调它的统一不可分割性，所以主张实行一院制。但巴罗和托克维尔是英美政制的推崇者，他们力主实行两院制议会。制宪议会规定，国民议会由 750 名人民代表组成，任期三年，由两轮选举产生，拥有无限的立法权，有权决定宣战、媾和、签约，独揽大赦权。

制宪议会的所有成员一致同意强化行政权，主张实行总统制，规定总统候选人必须年满 30 周岁。但是，在应当给予总统什么权限，总统应当负有什么责任，如何产生总统等问题上，制宪议会出现了严重分歧。

总统是否可以连选连任？虽然所有人都认为强化行政权是势所难免，督政府和行政委员会的体制已经充分暴露了行政权过于软弱的危

---

[1] Sylvie Aprile, *La révolution inachevée*, *1815 - 1870*, p. 326.

险,但行政权过于强大也让他们感到害怕。出身贵族,对行政权保持天然警惕的博蒙提议总统不得连续连任。共和派同样反对连选连任,但他们并非畏惧行政权本身,而是害怕总统拥有过于庞大的权力会给波旁王朝、奥尔良王朝与拿破仑的继承人重建君主制铺平道路。最后决定总统任期只有一届,任期四年。托克维尔曾经也附议反对总统连选连任的提案,认为这会给"自由和公德带来危害"。但后来,托克维尔承认这是一个巨大的错误:"如果总统无法连选,人们就有可能导致一个无法延续其权力、实现其伟大抱负的强人陷入不满,只会让他产生失望或野心,让他产生打破宪法的观念。"

总统应当如何产生?马拉斯特主张人民在国民议会提名的 5 个候选人中作出抉择。他的意图很明显,就是要通过国民议会的提前筛选,把共和国的潜在敌人(正统派、奥尔良派和波拿巴派)排除在外。多数人反对议会的提名制度,主张由全体法国公民普选产生。但是,为了当选,需要一个绝对多数吗?制宪议会最初规定,必须获得至少 200 万张选票,方可当选。后来,它接受了托克维尔的修正案:除了必须获得至少 200 万张选票外,总统必须获得绝对多数;否则,国民议会将进行秘密投票,在获得选票前三名的候选人中作出选择(宪法第四十七条规定的规定略有变化,"在获得选票最多的 5 名候选人中作出选择")。

总统与议会的关系如何?马拉斯特坚决主张立法权高于行政权,强调总统必须成为"议会的工具",忠实地执行议会的意志。然而,国民公会的阴霾仍然萦绕在多数成员的脑海里,他们拒绝将总统变成议会忠顺的仆人。然而,如何防范总统的滥权呢?有人主张在总统和内阁之间划分行政权。马拉斯特在其意见被否决后,转而支持内阁对议会而非对总统负责的立场。托克维尔表示,"这种做法更为糟糕,它在行政权的不同分支中制造冲突,在总统和内阁之间催生某种会导致无政府状态的斗争"。最后,制宪议会规定总统独立于议会,并拥有任命服从自身的内阁的权力,但同时禁止他拥有法律提案的权力。

9 月 4 日,国民议会开始讨论制宪议会提交的宪法草案。共和派代表费利克斯·皮亚(Félix Pyat)认为总统独立于议会的规定违背了人民主权的原则:"行政权独立于立法权,不是权力分立,而是权力分裂;这是在建立君主制[……]在共和国里,只有一种权利即人民的权利,只存在一个国王即选举议会代表的人民。"①茹尔·格雷维主张取缔总统,由议会选举的总理担任最高行政官;他还不无担忧地预言:"人们授予一个人(无论人们称之为国王或总统)的权力,乃是君王的权力。你们将建立的权力远比你们推翻的强大。诚然,此种权力不可世袭,实行任期制,由选举产生;但是,它对自由构成的威胁更大。"茹尔·格雷维还不点名地提及了路易-拿破仑,提醒人们要警惕他利用总统制复辟的危险。

费利克斯·皮亚和茹尔·格雷维的意见并没有被国民议会接受。其中,拉马丁的态度颇为关键。他否认存在再次出现"雾月政变"的可能,"要在我们时代出现雾月十八日,必须具备两个条件:在此之前,要出现长年累月的恐怖;在此之后,要有马伦戈战役"。他认为,法国陷入困境的主要原因不是行政权太过强大,而是太过虚弱;5 月 15 日事件、六月起义、财政危机等皆肇始于此。对于加强总统权力的潜在危险,拉马丁并非一无所知,但他并不谋求在制度层面防范,而是寄希望于神意,"人们有何理由阻止人民如其所愿的普选呢?哪怕是人民选择了我怀疑的人。木已成舟!让上帝和人民宣示吧!必须给神启留有余地"②。拉马丁之所以赞成总统由普选产生,可能也有其私心杂念,因为倘若让国民议会选择总统,卡芬雅克必然当选。如果诉诸普选,他认为自己有可能成为共和国的总统。

11 月 4 日,国民议会以 739∶30 通过了制宪议会的宪法草案。11 月 19 日,法国所有市政府张榜公布了新宪法。1848 年 11 月 4 日宪法深受法国 1791 年宪法和美国 1787 年宪法的影响,它希望摆脱两种危险:既要避免一院制议会的全能,也要防止总统变成专制者。1848 年的制宪

---

① Serge Berstein et Michel Winock, *L'invention de la démocratie 1789 - 1914*, p. 157.
② Serge Berstein et Michel Winock, *L'invention de la démocratie 1789 - 1914*, pp. 157 - 158.

者尽管殚精竭虑,进行了严肃、激烈和漫长的讨论,但他们制定的宪法并不完美。1848 年宪法存在一些重大缺陷,尤其是因为奉行刚性的权力分立原则,由普选产生的总统和立法权将陷入出现纷争却又缺乏调解机制的窘境。马克思认为 1848 年宪法拥有一个阿喀流斯式的弱点,"只是这个弱点不是在脚踵上,而是在头脑上,或者不如说,是在两个头脑上:一个是立法议会,另一个是总统"①。这一点,在日后路易·波拿巴和议会严重冲突并最终以前者发动政变告终的事实上尽显无遗。

五、路易-拿破仑当选总统

1848 年 11 月 4 日宪法颁布后,国民议会决定在 12 月 10 日举行总统选举。所有人都知道总统是共和国政治生活中最有权势的角色,所以各个政治派别都推选出了自己的候选人。总共有 6 位总统候选人,他们分别是卡芬雅克、赖德律-罗兰、拉斯帕伊、尚加尼耶和路易-拿破仑。

卡芬雅克在六月起义期间被授予全权,镇压起义者,维护社会秩序,因而最受国民议会的青睐。行政官僚和商人也希望他当选。卡芬雅克拥有良好的名声,精明能干,公正无私,并且出身于一个共和派世家,其父亲是国民公会的成员,投票赞成处死路易十六,其兄长戈德弗鲁瓦·卡芬雅克是七月王朝期间共和派的领袖,所以得到了温和共和派的积极拥护。然而,卡芬雅克的缺点是骄傲自大。11 月 3 日,当共和派图雷提出禁止曾经统治过法国的王室家庭成员参加总统选举时,他明确加以拒绝,并志得意满地表示:"我渴望知道国民的信任在哪里,我希望议会满足我的愿望。"另一方面,由于残酷镇压了六月起义,所以不受激进共和派与社会主义者的待见,被他们斥为"屠夫"或"嗜血王"。激进派推选的赖德律-罗兰是一位才华横溢的律师,和乔治·桑与社会主义者过从甚密,也是临时政府和行政委员会的重要成员,但由于他在二月革命期间与温和派有过合作,拒绝加入 5 月 15 日游行示威并赞成镇压六月起义,

---

① 马克思:《路易·波拿巴的雾月十八日》,第 484 页。

所以遭到多数社会主义者的抵制。社会主义者支持拉斯帕伊，后者因 5 月 15 日事件而被捕入狱。尚加尼耶获得部分正统派的支持。

路易-拿破仑在 10 月 26 日宣布参选。路易-拿破仑是荷兰王路易和霍腾斯·德博阿子内夫人(约瑟芬皇后的女儿、拿破仑一世的继女)之子。在其母亲的熏陶下，路易-拿破仑从小就崇拜拿破仑一世，并将复辟拿破仑王朝作为毕生的事业。由于罗马王的夭折及其兄长在意大利的反奥地利斗争中丧生，由于伯父约瑟夫-拿破仑和叔父杰罗姆-拿破仑不想以身犯险，所以路易-拿破仑变成了波拿巴家族事业的合法继承人。1836 年和 1840 年，路易-拿破仑两次发动暴动，试图推翻奥尔良王朝，但皆以失败告终。在第一次暴动失利后，奥尔良王朝将他流放到美国，但他很快又回到欧洲。在第二次暴动失利后，他被囚禁在阿姆堡监狱。在狱中，路易-拿破仑阅读大量历史、政治、经济的著作，开始接触到社会主义观念，并撰写了《对制糖业的分析》和《消灭贫困》两本小册子。在第一本书里，他主张保护法国制糖业，反对进口殖民地的蔗糖，因而受到北部省份的甜菜种植者的欢迎；在第二本书里，他宣扬傅立叶主义和圣西门主义的混合物，强调社会变革的必要性，写下了若干容易赢得工人阶级好感的话语，如"工人阶级一无所有，应当使之变成有产者"，"工业吞噬工人的子女，依靠他们的死亡才能存活"。1846 年 5 月 25 日，路易-拿破仑乔装成泥瓦匠，成功出逃阿姆堡监狱，并流亡到英国。若非 1848 年二月革命，路易-拿破仑只是一个王位觊觎者。

当路易-拿破仑获悉二月革命爆发的消息后，决定离开英国，启程前往巴黎，并致信临时政府，表态自己将"站在共和国的旗帜下为祖国效力"。然而，临时政府却下达命令，警告他不要越过法国的边境线。路易-拿破仑不得不退回伦敦，但还是重申了对共和国的效忠："既然你们认为我在巴黎的存在令人尴尬，那么我就暂时远离。你们能够从我的牺牲看出我的善意、我的爱国主义是多么的纯粹。"

虽然路易-拿破仑无法回到法国，但并不妨碍他在 1848 年的立法议会选举中获得胜利。在 6 月 4 日的议会选举中，他同时在塞纳省、滨海夏朗德省、荣纳省和科西嘉省同时当选。由于知晓第二共和国的领导并不愿意他出现在法国，所以他以退为进，宣布放弃立法代表的资格。在9月17—18日的补选中，他又一次在上述四省当选，而且摩泽尔省也推选了他。

虽然1848年宪法第四十四条规定，"曾经丧失过法国公民资格的人不能担任法兰西共和国总统"，但对于一个在选民当中拥有如此巨大影响的人，无论是行政委员会，还是议会，都无法再拒绝他进入法国。9月24日，法国批准路易-拿破仑跨越英吉利海峡，定居在巴黎旺多姆广场的莱茵公馆。从此以后，路易-拿破仑开始以火箭速度在法国政坛上崛起，并在短短三个月内成为法国的第一公民。对于路易-拿破仑的归国，维克多·雨果评价道："回归的不是一个人，而是一种观念。这是五十年以来拿破仑这个伟大名字的拥有者第三次回国。第一次，从厄尔巴岛回来的是拿破仑的天才；第二次，从圣赫拿岛回来的是拿破仑的遗体；第三次从英国回来的是拿破仑的记忆。"[1]

9月25日，路易-拿破仑来到国民议会宣誓就职，宣布效忠共和国："在33年的禁止和流亡后，我最终回到了祖国，恢复了公民权利。共和国成全了我的幸福，共和国将获得我的感激和奉献。把我推到这个会议厅的宽厚同胞尽可放心，我会和你们齐心协力，维护安宁——这是国家的第一需求，维护人民有权获得的民主制度的发展，来证明你们的选择没有错。"路易-拿破仑在国民议会的第一次亮相并没有给人留下多么深刻的印象。雷米扎讽刺说，"他最初提供的观念名不副实"。在冒险、监狱和流亡中颠沛流离的路易-拿破仑似乎还不太适应唇枪舌剑的议会生活。所以，他很少发表议会演讲，在投票时也随大流，尽量避免作出和议会多数相左的决定。

鉴于拿破仑的名字在全国范围内无可匹敌的号召力，鉴于路易-拿破仑在国民议会中乏善可陈的表现，奥尔良派和正统派无法推出自己的

---

[1] Eric Anceau, *Napoleon III*, Paris：Texto, p. 129.

候选人,决定支持他竞选总统。他们的动机在梯也尔的一句话中显露无遗:"这是一个将由我们引导的傻瓜。"保守派唯居住普瓦提埃街道的梯也尔马首是瞻,史称"普瓦提埃委员会"。奥尔良派报纸《立宪报》、正统派报纸《法兰西公报》以及天主教色彩浓厚的《寰宇报》都宣布支持路易-拿破仑。12月3日,梯也尔公开表示与温和共和派的决裂,宣布支持路易-拿破仑:"我们拒绝卡芬雅克将军,乃是因为他和《国民报》的小集团过从甚密。这个小集团毫无才能,制造混乱,令法国深恶痛绝。路易-拿破仑至少能帮助我们打碎这个小集团的枷锁[……]即便我们不必肯定路易-拿破仑是善类,但他对我们而言是温和派,是最少的恶。"①

除了获得"普瓦提埃委员会"的鼎力支持外,拿破仑神话才是路易-拿破仑取得成功的最大砝码。拿破仑民法典对农民份地的保障、连续不断的军事辉煌、无数老兵留下的帝国神话以及拿破仑遗体回归法国引发的热潮是路易-拿破仑可以利用的最大遗产。1839年,路易-拿破仑撰写过一本小册子《拿破仑思想》,把拿破仑一世塑造成拥护大革命、捍卫自由并引导法国不断走向繁荣与伟大的形象。他的心腹佩尔西尼费尽心机去唤起人们对拿破仑传奇的回忆。商店免费散发铸着路易-拿破仑肖像的纪念章,火柴盒和版画也印有他的画像。拥有波拿巴派的报纸、小册子和歌曲风行一时。在法国农村,拿破仑的神话更是深入人心,他们高举旗帜,奏着音乐走向投票箱,齐声高呼:"打倒捐税! 打倒富人! 打倒共和国! 皇帝万岁!"

在12月10日选举中,路易-拿破仑大获全胜,赢得 5 434 226 张选票,占登记选票 7 449 471 张中的73%。卡芬雅克将军获得 1 448 107 张,赖德律-罗兰的选票数是371 000张,拉斯帕伊的选票仅有4万张,拉马丁的票数只有区区 17 000 张,而正统派候选人尚加尼耶将军的选票还不到5 000 张。除了菲尼斯泰尔、莫尔比昂、罗讷河口以及瓦尔四省外,路易-拿破仑在其他所有省份独占鳌头;在夏朗特省和克勒兹省,他的支

---

① Serge Berstein et Michel Winock, *L'invention de la démocratie 1789-1914*, p. 161.

持率分别高达 95% 和 94%。正统派大本营普罗旺斯、布列塔尼以及新教据点阿尔萨斯省、诺尔省以及加尔省的民众倒表现得有些踌躇。相对而言,路易-拿破仑在大城市的支持率要低得多。在巴黎,他只获得 58% 的选票,但在民众街区的得票率却很高,因为它们趁机报复"六月屠夫"卡芬雅克。

在选举结果公布后,各个派别的评论家很快发表评论。12 月 16 日,《里昂审查者》发表社论:"拿破仑的名字对曾经为皇帝在圣赫拿岛的遭罪感到痛苦的乡镇民众产生了巨大的影响。在罗讷省和伊泽尔省的乡村,弥漫着某种狂热;有人说,狂热病感染了所有人,拿破仑走出了坟墓。"蒲鲁东也指出:"拿破仑是农民再熟悉不过的名字;农民对他几乎顶礼膜拜。拿破仑将是他们的拯救者,将帮助他们摆脱一切苛捐杂税。"时人玛丽·德阿古(Marie d'Agoult)评论道:"我们可以说,农民从来不相信拿破仑已经死亡;当两个王朝覆灭后,伟大将军的无名侄子回归,要求收回其统治法国的权利时,他认为自己的皇帝卷土重来。皇帝的名字神奇无比,使之完全认同其思想;认同是如此彻底,以至于他不会追问这位新拿破仑是何方神圣,拥有何种品德,具备怎样才干。"①马克思也曾经形象地分析过法国农民为何支持路易-拿破仑的集体心态:"历史传统在法国公民中造成了一种迷信,以为一个名叫拿破仑的人将会把一切失去的幸福送还给他们。"②

12 月 20 日举行总统就职典礼。行政委员会首脑卡芬雅克将军在移交权力后,得到了国民议会经久不息的热烈掌声。议会主席马拉斯特宣读了新总统应当重复的誓词:"在上帝和国民议会代表的法国人民面前,我宣誓始终效忠民主、统一与不可分割的共和国,履行宪法施加的所有义务。"路易-拿破仑宣读誓言之后,发表了简短的演说,希望实现法国社会的和解:"国民的选举以及我刚才的誓言将指引我的未来行为。我的

---

① Eric Anceau, *Napoleon Ⅲ*, p. 143.
② 马克思:《路易·波拿巴的雾月十八日》,第 567 页。

义务已明确,我将以自己的荣誉作保履行之。我将所有妄图凭借非法手段颠覆整个法国已经确定之事物的人看作是祖国的敌人[……]在和平与秩序之下,我们的国家将重新崛起,治好伤口,让误入歧途的人重归正道,并平息激情。公民代表们,我们拥有一项伟大的使命,就是创建一个符合所有人利益的共和国,创建一个正义和稳定的政府,它真诚地热爱进步,既不反动,也不迷恋乌托邦。我们要效忠国家而不是某个党派;在上帝庇佑下,即便我们无法成就伟业,至少也能做些好事。"①路易-拿破仑的演讲获得了礼节性的掌声,但远没有卡芬雅克所获的掌声热烈。

六、总统、内阁与议会的矛盾

根据 1848 年宪法,共和国总统有权任命内阁。然而,在 1848 年 12 月,真正的波拿巴主义者屈指可数。佩尔西尼等少数人长期伴随路易-拿破仑冒险和流亡,但他们在当时几乎没有任何正式的职位。莫尔尼伯爵是路易-拿破仑同母异父的弟弟,是离异的霍腾斯·德博阿子内夫人和塔列朗私生子弗拉奥伯爵的孩子。在七月王朝时期,莫尔尼赚取万贯家财,和巴黎的商业圈过从甚密,但他是自由主义的信奉者。在国民议会里,路易-拿破仑倒有拿破仑·波拿巴(杰罗姆·波拿巴之子)和皮埃尔·波拿巴(吕西安·波拿巴之子)的支持,但他们人微言轻。所以,对波拿巴主义者而言,他们在此时无法选出一个能堪当大任的人选。

路易-拿破仑最初的理想人选是拉马丁,但后者在总统选举中一败涂地,倍感屈辱,所以拒绝出任总理。唯一的选择只可能来自对他大力支持却又百般蔑视的奥尔良派。奥尔良派的领袖人物梯也尔和莫莱拒绝走到历史前台,最后路易-拿破仑选择了王朝反对派的领导人奥迪隆·巴罗组阁。该内阁的成员主要由王朝反对派组成:外交官德鲁安·德里斯(Drouyn de Lhys)任外交部长、莱昂·马勒维尔(Léon Malleville)任内政部长,帕西任财政部长,莱昂·福谢(Léon Faucher)任

---

① Eric Anceau, *Napoleon Ⅲ*, p. 145.

公共工程部长，吕利埃(Rulhière)任陆军部长，德特拉西任海军部长。路易-拿破仑不想让奥尔良派独享胜利果实，又任命正统派法卢任公共教育部长，温和共和派亚历山大·比克希奥(Alexandre Bixio)为商业与农业部长。由于巴罗内阁的成员没有一人是波拿巴主义者，路易-拿破仑必须孤立无援地对抗他们，史称"囚徒内阁"。路易-拿破仑很快和奥尔良派的内阁产生了冲突。

1848年12月27日，总统致信内政部长马勒维尔，抱怨后者和整个内阁对他的怠慢："我任命的部长们对待我的态度就像是在实施西耶斯的著名宪法。"①此外，路易-拿破仑还要求马勒维尔提供有关斯特拉斯堡暴动和布洛涅暴动的卷宗。他也许是想销毁有损自己声誉的文件，或想弄清谁在自己的背后捅刀子。无论如何，马勒维尔并没有答应路易-拿破仑的要求，立刻向总理巴罗抱怨："我回到家，就发现我给你提供副本的这份粗鲁信件[……]在阅读其信件后，我觉得他发疯了；在他对我做出如此无礼的举动后，任何人类权力都不能强迫我再为他服务。"巴罗内阁支持马勒维尔，以集体辞职相威胁。面对咄咄逼人的内阁，路易-拿破仑在第二天作出解释，并放弃了自己的诉求。对此，巴罗自鸣得意地对其同僚说道："这位杰出的年轻人既应被抱怨，也应被谴责。他的教育尚不足以担当大任。"

从此以后，部长们知道同仇敌忾是对付共和国总统最有效的手段，他们决定事先在巴罗家里召开内阁议会，并达成一致意见。哪怕他们出现了分歧，也会支持多数的意见。他们不仅有效地阻止路易-拿破仑介入内阁的政治，而且也经常否定他提出的方案。譬如，路易-拿破仑要求创建农业殖民地、保障所有人的劳动权、建立道德与职业的教育以及为老弱病残提供退休金等诉求，均被巴罗内阁否决。路易-拿破仑尽管定期参加内阁会议，但由于总是无缘置喙部长们的决定，所以在会议期间

---

① 这里是指西耶斯在1799年提出，但被拿破仑一世否决的宪法方案。在该方案中，"大选侯"是名义上的国家元首，拥有任命执政、元老院成员等权力，但无权介入实际的政治事务。

无聊至极,经常靠涂鸦打发时间。

同时,巴罗内阁还三次拒绝向议会提交路易-拿破仑本人期望的大赦1848年六月起义者的议案。巴罗内阁改组省政府、检察院和外交部,大规模解除共和派的职位,代之以七月王朝的旧官僚。在人事调整的问题上,总统很少能够安插自己的亲信。路易-拿破仑唯一获得成功的地方就是将其朋友布莱·德拉莫尔特(Boulay de la Meurthe)任命为副总统,但议会却仅仅愿意为之提供4.8万年薪,因而羞辱了总统及其朋友。

完成制宪任务,但继续存在的国民议会和内阁、总统同样矛盾重重。1849年2月,在罗马共和派驱逐教皇,宣布建立共和国,奥地利决定派兵干涉之后,法国国民议会同意派遣法国军队前往意大利进行调停,但提出的条件是远征军必须完全听命于议会,要及时呈送军报,并由它作出最终裁夺。可在抵达意大利后,军队统帅乌迪诺将军在既没有议会同意,也没有总统授权的情况下,却擅自听从外交部长德鲁安·德里斯的密令,把矛头对准了罗马的共和派,试图帮助被驱逐的教皇庇护九世复辟。在法国军队进攻罗马的消息传到巴黎后,国民议会在5月7日以328∶241通过决议,谴责意大利远征军。路易-拿破仑虽然是意大利民族主义者的同情者,早年曾经和意大利的烧炭党并肩战斗反对奥地利,但在获悉法国军队攻打罗马后,他宣布支持乌迪诺将军,因为这关系到法国军队的颜面。路易-拿破仑的做法遭到了议会的抨击,但也由此得到了法国军方的青睐。

以"秩序党"为主的巴罗内阁不愿意受到温和共和派占据主导地位的国民议会的掣肘,所以在全国范围内发起请愿运动,要求完成制宪的制宪议会结束自身的存在。1849年1月29日,军队占据了波旁宫;统领国民自卫军和军队指挥大权的尚加尼耶将军在巴黎进行了大规模的阅兵,而联合起来的秩序党威胁制宪议会说,如果它不表示顺从,就将使用暴力。路易-拿破仑也参加了军队检阅活动,但拒绝用暴力解散国民议会。尚加尼耶遗憾地说道:"总统在今天丧失了占领杜伊勒里宫的绝好机会。"路易-拿破仑认为举行政变的时间尚未成熟;即便发动政变,也是普瓦提埃街道的领导人们坐收渔翁之利。为了减少和总统的摩擦，国民议会决定将其俸禄增加一倍，达到 120 万法郎。

经过 1 月 29 日的危机，制宪议会同意在 5 月 28 日闭幕，并决定在 5 月 13 日举行立法选举。这是一场谁也不愿意输掉的选举，各个党派都摩拳擦掌，全力筹备即将到来的选举。

作为总统，路易-拿破仑本人不方便直接介入选举，但也不想失去扩大势力的机会。3 月，他让亲信达朗贝尔建议波拿巴派的选举委员会根据指示在全国范围内提名候选人，重点推进第一帝国的高官与将领。路易-拿破仑倾向于团结所有的秩序党，所以也建议提名正统派、奥尔良派和天主教人士，但波拿巴派的左翼（如拿破仑-杰罗姆）拒绝和他们合作。作为秩序党的大本营，普瓦提埃委员会组建了一个以梯也尔、莫莱、法卢、蒙塔朗贝尔为首的领导机构，并邀请总统派遣两个代表。总统派亲信佩尔西尼和皮亚参加。秩序党的竞选纲领是"秩序、所有权、宗教"。激进共和派此时被人称为山岳派或民主社会派（démoc‐soc），他们与温和共和派决裂。

在 5 月 13 日的立法选举中，秩序党取得决定性的胜利，他们向国民议会输送了大约 450 名议员，波拿巴主义者只获得了三十几票。山岳派获得 210 个议席，他们获得了 35％ 的选票，在巴黎的民众街区、工业城市和七个农村省份获得胜利，其中赖德律-罗兰在 5 个省份同时当选。温和共和派遭遇重大挫折，只获得 70—80 个议席，拉马丁和马拉斯特均未当选。由此可见，法国政治出现明显的极化，保守势力占据主导地位，左派的影响急剧上升，而温和派的力量迅速衰落。

山岳派的卷土重来让保守的政治精英也让有产者害怕。在立法选举后一周内，地租跌幅达 8％。总理巴罗改组了内阁，吸收迪福尔、托克维尔以及拉吕伊内（Lanuinais）入阁，建立了清一色的秩序党政府。在秩序党的支持下，巴罗内阁放弃与罗马共和派谈判，乌迪诺将军在 1849 年 6 月 3 日重新进攻罗马。这激怒了国民议会中的左派。6 月 12 日，赖德律-罗兰援引宪法序言的第五条即法国应当"尊重外国民族"，"绝不使用武力反对任何民族的自由",提出了控诉政府和总统的议案。他威胁议会多数,要求通过其控诉提案,否则将"采取一切手段,甚至使用武器"捍卫宪法。国民议会否决了赖德律-罗兰的提案。6月13日,山岳派发起了一场和平的示威运动。总统与内阁派遣军队弹压。赖德律-罗兰和山岳派议员试图阻止,但也没有取得成功。赖德律-罗兰本人被迫流亡英国。

在6月13日危机期间,路易-拿破仑亲自戎装上阵,受到了巴黎民众的热烈欢迎,有人甚至还喊出了"皇帝万岁"的口号。在政府和议会的支持下,他决定采取措施镇压山岳派。在6月13日出现过骚乱的省份,他宣布进入紧急状态。参加6月13日游行示威的山岳派议员被剥夺代表资格,并移交最高法院审判。同时,国民议会颁布一系列法律,取缔民众俱乐部,禁止公众集会,限制兜售出版物,并增加了若干出版罪行(包括亵渎总统)。由于在镇压过程中表现得冷血与果断,路易-拿破仑的声望与日俱增。他视察学校、医院,尤其是兵营,经常用烧酒、香烟和腊肠贿赂士兵。1849年5月8日,他参加工人住宅的奠基仪式。在霍乱重新出现在巴黎后,他不惧感染的危险,前往医院探望病患。此外,在1849年夏天,他开始视察法国的西北部,体察民情,观察舆论,与地方精英和民众亲切交流。这让路易-拿破仑在政治精英、士兵和民众当中留下了良好的形象。

鉴于自身威望的不断提升,路易-拿破仑开始着手对付奥尔良派领导的内阁。他给议会撰写了一封公开信,严厉抨击巴罗内阁,认为它没有完成国家和解的任务,"在街头威胁消亡后,我们看到旧党派重新扛起旗帜,暴露敌意,散播焦虑,恐吓国家"。他还表示,今后应当引领法国的思想是波拿巴主义:"拿破仑名字本身就是一套纲领。它希望强调说:对内,维护秩序、权威、宗教与人民的福祉;对外,维护民族尊严。"①

1849年10月31日,路易-拿破仑不顾国民议会抗议,重新组阁。他

---

① Eric Anceau, *Napoleon Ⅲ*, Paris: Texos, 2012, p.163.

任命费迪南·巴罗(奥迪隆·巴罗的兄弟,但与总统亲近)为内政部长,罗曼-德福塞(Romain - Desfossé)准将为海军部长,鲁埃(Rouher)任司法部长,爱斯基鲁·德帕里厄(Esquirou de Parieu)任公共教育与宗教部长,银行家阿希尔·富尔德(Achille Fould)、矿务总督让-马夏尔·比诺(Jean - Martial Bineau)和化学家让-巴普蒂斯特·迪马(Jean - Baptiste Dumas)分别执掌财政部、公共工程部和农商部,意大利问题专家莱纳瓦尔(Rayneval)伯爵任外交部长。和巴罗内阁相比,此届内阁的多数成员是议员,但都缺乏政治根基。而且,鲁埃和富尔德还是路易-拿破仑的亲信。路易-拿破仑还故意不任命总理,以便操控政府决策。不过,他只满足于制定重大的方针路线,而愿意把执行的细节交给各部大臣处理,因而能够和新内阁相处融洽。他每天阅读警察局、宪兵司令、检察长、税务官和财政官的简报,密切关注法国的舆论动向。路易-拿破仑的亲信们,如佩尔西尼、达朗贝尔、皮亚等人继续宣扬皇帝的丰功伟绩和总统的勤政德政。1849 年 5 月 15 日,他们创办了一份专门宣扬波拿巴主义的报纸《12 月 10 日》。

尽管路易-拿破仑作过种种努力,但山岳派在 1850 年 3 月 10 日的立法补选中还是取得了重要胜利,在议会保留了二三十个席位。路易-勃朗的合作者维达尔(Vidal)和自称为社会主义者的著名作家欧仁·苏都入选了议会。路易-拿破仑把打击山岳派的任务交给了国民议会和新任内政部长巴罗什(Baroche)。

巴罗什向议会提交了一份新的出版法草案,重建报纸的印花税、提高保证金和增加出版费用。如此一来,只有富翁才能办报,只有资产者才能买报。在街上张贴报纸必须由省长批准;记者在报刊上发表文必须署名,以方便法庭追究责任。同时,还颁布法令,关闭俱乐部,限制酒馆、咖啡吧以及民众聚集的场所。在杜省,2 775 间酒馆中有 1 237 家被勒令关闭。剧场表演受到严格管控,剧本与节目必须得到内政部的审批。社会主义倾向的报纸(如《改革》和《工场》)被查封。最后,清洗共和派的军官和文官;相反,在 1848 年革命期间被褫夺职位的七月王朝的检察官重新得到重用。

1850年3月15日,国民议会通过了公共教育和宗教部长法卢提出的教育法案。它的目标是要保障教育自由,尤其是宗教教育的自由。它丰富了基佐法的初等教育条款,但把权力更多地从教育总署转移到教会。创办一所中学需要拥有中学毕业文凭,创建一所小学只需一份学历证书;至于教士,只需主教出具证明即可。法卢教育法不仅把初等教育置于由省议会的监督之下,也置于教士尤其是主教的监督之下。法卢教育法的意图非常明显。法卢解释道,在教育问题上,信仰比知识更可靠。它造成的结果很明显:许多小学教师被罢免,天主教人士却趁机创办了257所"自由中学";投身女子教育的修会数量不断增多。法卢教育法也影响到高等教育,一些大学教授被解职,而米什莱、基内和密茨凯维奇在法兰西公学的课程被停止。共和派强烈反对法卢法案,维克多·雨果向议会表达了自己的抗议:"我不希望把法国的未来交给你们,因为把它交给你,就是让它的命运任由你们摆布。"[1]

在秩序党的主导下,国民议会还于1850年5月31日以433∶241通过一项新的选举法,将城市中居住时间不满三年者从选民名单中剔除。许多工人由此被剥夺了选举权,因为他们经常不得不更换工作与住所。同时,因叛乱、违法或对"权威或公共武装的执行人"施暴被判监禁一个月以上的人,违反集会法、俱乐部法、书报零售法的人,违反公共道德、宗教和良好风俗的人,以及参加1848年六月起义和1849年6月游行的政治领导人都被剥夺投票权。由于秩序党设置的种种限制,300万选民丧失了选举资格。在巴黎,56.6万的人被剥夺投票权,在某些民众街区,比例甚至高达70%;外省工业城市也受很大的影响,鲁贝丧失选民资格的比例为80%,里尔为70%,勒克佐为52%。[2] 相反,相反,农村地区受到的影响微乎其微。对于1850年5月31日选举法,路易-拿破仑表示反

---

① Quentin Deluermoz, *Le Crépuscule des révolutions 1848 – 1871*, Paris: Seuil, 2014, p. 85.
② Sylvie Aprile, *La révolution inachevée*, *1815 – 1870*, p. 345.

对。这为他日后反击议会、争取民众支持提供了重要的砝码。

然而，由于社会天主教徒要推行慈善，由于保守派为防止社会风险提供人道救助，由于共和派希望改善人民的条件，所以国民议会还是顺利通过若干社会立法。1850 年 4 月 13 日，通过健康住房法律(la loi sur les logements insalubres)；7 月 15 日，通过互助社法。1851 年 2 月 22 日和 6 月 30 日分别通过学徒法和储蓄法。和 1848 年确立的原则相比，这些法律要保守得多。此外，1850 年还通过了一项禁止虐待动物的法律。这也表明法国社会对暴力的厌恶与日俱增，哪怕是针对动物的暴力，也无法让人容忍。

在解除山岳党人的威胁后，国民议会和总统再次交锋。国民议会先后否决路易-拿破仑提出的许多议案，如大赦 1848 年 6 月起义者、提高下级军官的待遇、创建穷人银行等。1850 年 6 月，议会否决了将总统的俸禄从 120 万涨到 300 万的议案，只以微弱多数（354∶308），同意提供"临时捐助"216 万。同时，受秩序党支持的国民自卫军总司令以及巴黎军区第一师师长尚加尼耶也对总统通过贿赂和阅兵而不断渗透军队的做法表达了强烈不满。尚加尼耶多次下令，在路易-拿破仑检阅军队时，军队必须保持中立。1850 年 10 月 10 日，骑兵们受阅穿过总统面前时，不顾尚加尼耶的命令，齐声高呼"皇帝万岁"。尚加尼耶大发雷霆，公开批评受阅部队，重申部队不得发表任何具有政治倾向性的意见。同时，尚加尼耶竭力搞好和警察局长卡里埃、议会主席杜潘的关系。

面对国民议会的羞辱和尚加尼耶的敌意，羽翼渐丰的波拿巴主义者也不甘示弱。1850 年 7 月 15 日，波拿巴主义者的喉舌《权力》（《12 月 10 日》是其前身）发起了一场令人瞩目的反议会宣传，"精疲力尽的法兰西需要安宁和安全。不幸的是，各届议会皆不承认此种必要性。制宪议会因为危害安宁而名誉扫地[……]目前的议会似乎越过了雷池"。佩尔西尼和莫尔尼多次劝说路易-拿破仑发动政变，结束总统和议会的冲突，并认为此举可以从根本上消除总统任期届满而宪法又禁止连任的不利局面。

　　路易-拿破仑否决了政变的方案,一方面是因为他认为时机尚不成熟,另一方面也因为他还对通过合法斗争即修宪,延长总统任期的做法抱有幻想。为了赢得外省和民众的支持,路易-拿破仑开启了法国史上规模最为庞大的国家元首视察活动。国家元首视察外省在法国历史上并非没有先例,拿破仑·波拿巴和路易-菲利普曾多次视察外省,但其数量远不及路易-拿破仑。在任职总统的四年内,路易-拿破仑出巡 17 次,视察了 50 多个省份。在巡视外省时,他既乘坐当时最先进的交通工具——火车,也不拒绝传统的马车和轮船。在视察过程中,他接见地方官员、聆听百姓疾苦,给帝国老兵授勋,参加教堂、医院和学校的奠基仪式或落成典礼,参加宴会并发表演讲。在接见官员和民众之前,路易-拿破仑经常会做精心准备。譬如,他总是习惯于在口袋里放一个小记事本,详细记载即将接见对象的姓名、年龄、历史、家庭关系、性格、职业、嗜好、政治立场、宗教信仰。在交谈时,他主动提及它们,经常让对谈者受宠若惊。此外,他还不忘携带许多记者,给他们提供薪资,换取他们的歌功颂德。

　　不过,路易-拿破仑并不总是受到人们的欢迎。譬如,他在勃艮第、弗朗什-孔代的视察活动就不是很顺利,在贝尔福特和米卢斯也遭到冷遇,在贝桑松的宴会上还遭到公然斥责。亲信达朗贝尔数次劝说路易-拿破仑中断不太受待见的视察,他却回答说:“绝不。我来视察并不是来接受欢呼,而是要知道法国对我的同情在哪里。我会按计划视察,直至结束。”

　　当然,路易-拿破仑也知道及时调整策略,如何取悦不同社会阶层的人。1850 年 6 月 9 日,他在圣康坦面对工人发表演说:“每天都在向我证明,我最真诚的、最热心的朋友们不是生活在宫殿里,而是居住于陋室里;他们不是住在金碧辉煌的公馆,而是栖身于工场和乡间里。”8 月 16日,他在里昂工人的互助与退休基金的开幕式上说:“患病的工人不再有贫困,被迫退休的工人不再有贫困。”然而,在来到保守大本营的诺曼底时,他却高举秩序的旗帜,“如果暴风雨的岁月再次来临,那么人民将会把新的重担委托给政府领导人；反之，如果领导人拒绝承担这个崇高的使命，那么他就是有罪的"①。

路易-拿破仑的视察活动以及波拿巴主义者的积极鼓噪，也确实极大改善了他在法国地方官僚和普通民众心中的形象。1851年初，除了7个省外，其他所有省议会都同意修宪，允许总统连任。同时，还出现了一场声势浩大的修宪请愿运动，征集的签名超过150万。德布罗格利、蒙塔朗贝尔、托克维尔等保守派担心路易-拿破仑及其追随者发动政变，也同意修宪，并建议将总统任期改为十年。

1851年5月31日，布罗格利带领232名议员正式向议会提出了修宪请求。但在7月19日的最后表决中，赞成票只有446票，没有达到1848年宪法第一百一十一条所规定的四分之三，因而无法启动修宪程序。尽管从理论上说，国民议会还能再进行两次修宪的讨论与表决，但路易-拿破仑及其信徒们不再抱有任何期望。1851年8月初，路易-拿破仑首次对莫尔尼说："我会严肃考虑政变的可能。"

七、路易-拿破仑的雾月十八日

在修宪提案否决后，几乎所有人都把目光投向了1852年。1852年是至关重要的年份，不仅路易-波拿巴的总统任期届满，而且也需要选举产生新一届的议会。对于1852年，不少法国人都抱有某种弥赛亚式的期望。譬如保罗·杜邦（Paul Dupont）的歌曲就这样写道："两年内，不到两年，高卢雄鸡就将歌唱[……]1852年，将展现你的光辉。"

但更多人则因为1848年革命以来接踵而至的革命、起义、游行、选举斗争、议会斗争和内阁危机而沮丧不已，对动荡不安的社会秩序和变化无常的政治格局忧心忡忡。这一点在政论家奥古斯特·罗米厄（Auguste Romieu）身上尽显无遗。1850年夏，他在其著作《恺撒们的时代》，呼唤一位年富力强并深孚众望的将军，将法国社会从混乱和动荡中

---

① Eric Anceau, *Napoleon Ⅲ*, p. 145.

拯救出来。1851年春天,他出版了一部更为轰动的小册子《1852年的红色幽灵》。他指出,在对付威胁不亚于古代的野蛮人、中世纪的扎克雷的"红党"即民主社会派时,议会必将软弱无力,人们只能寄希望于总统。

路易-菲利普在1850年8月26日的逝世,让正统派与奥尔良派开始了政治结盟的努力,他们协调尚博尔伯爵和茹安维尔伯爵的关系,试图复辟君主制。面对正统派和奥尔良派的结盟努力以及民主社会派的重新活跃,路易-波拿巴也不敢放松警惕,在1851年6月的第戎演说中表明了自己的立场:"法国既不要旧制度的复辟,不管它以什么面貌出现,也不要危险无比、难以实现的乌托邦。因为我是它们的天然反对者,所以法国选择了我。"①

在决定通过武力维系权力后,路易-拿破仑进行紧锣密鼓的安排,他的计划远比拿破仑·波拿巴更为周密。路易-拿破仑不顾议会和内阁的抗议,解除尚加尼耶的国民自卫军总司令和第一师师长的职务,任命马尼昂(Magnan)将军为巴黎军队总指挥;他任命刚从阿尔及利亚回国、选择投靠自己的圣阿尔诺将军为陆军部长;巴黎警察局长卡里埃虽然已经选择投靠,但在政变问题上踌躇不决,并坚决抵制普选制,所以他选择了更为可靠的爱弥尔·德·莫帕;在外省任命了许多亲波拿巴主义的省长和市长。11月26日,马尼昂召集20位将领,提前告诉他们随时做好准备。12月1日,他还任命莫尔尼为内政部长。与此同时,路易-拿破仑积极筹措政变所需的资金,莫尔尼、富尔德、情人霍华德小姐以及堂妹马蒂尔德纷纷捐资。经过反复考虑,路易-拿破仑决定将政变的日期定在1851年12月2日,即奥斯特里茨战役的纪念日。

12月1日晚上,爱丽舍宫遵循每周一的惯例,举行盛大晚会,路易-拿破仑和众位宾客觥筹交错,莫尔尼也到歌剧院观看表演。在22点左右,路易-拿破仑、莫尔尼、佩尔西尼、圣阿尔诺将军、莫帕在爱丽舍宫的密室里周详讨论政变计划。随后,莫尔尼、圣阿尔诺和莫帕分别回到内

① Eric Anceau, *Napoleon Ⅲ*, p. 177.

政部、陆军部和警察局,负责具体实施政变。

翌日凌晨,巴黎警察局首先以打击密谋为由,抓捕了共和派的领导人。接着,军队进入巴黎市区,占领爱丽舍宫、外交部、波旁宫和巴黎市政厅,并把守关键的街道与路口,派重兵监视时常爆发起义的民众街区。军队逮捕了78人,里面有17名议员,既包括山岳派领袖,也包括梯也尔以及若干可能反抗的将领,如卡芬雅克、尚加尼耶、贝多、拉莫里西埃和沙拉(Charras)。总统副官带领一批士兵,占领国家印刷厂,印刷宣布解散国民议会与参政院、重新确立普选和召开选举的法令,印刷《告人民书》和《告军队书》。六点半左右,巴黎到处贴满了这些法令和布告。

在《告人民书》中,路易-拿破仑阐明了发动政变的理由和目标:"如今,根本契约不再得到那些不断提及它的人的遵守,那些导致君主制覆灭的人妄图束缚我,推翻共和国。我的义务是挫败他们的阴谋,维护共和国,拯救祖国,忠于执行我在法国唯一认可的主权者即人民的庄严判决。因此,我将忠诚地诉诸整个国民[……]如果你们信任我,请给我提供为履行你们授予我的伟大使命的手段。这个使命在于通过满足人民的正当需求,使之免于颠覆性激情的侵害,从而结束革命时代。它尤其在于创造一些根本制度,让人安居乐业,实现长治久安。"在《告军队书》中,路易-拿破仑强调他和士兵们是紧密相连的命运共同体:"我们之间有着密不可分的纽带。你们的历史也是我的历史。在过去,我们共同享有荣耀,也彼此分享不幸;在未来,我们将为了法兰西的安宁与伟大铸造情感与决心的共同体。"

十点左右,巴黎基本恢复了平静。在圣阿尔诺将军、马尼昂将军、杰罗姆-波拿巴(其叔父)、缪拉亲王等人的陪同下,路易-拿破仑检阅了军队,并平静地返回了爱丽舍宫。路易-拿破仑的雾月十八日似乎取得了完全的胜利。

但国民议会还是进行了徒劳无功的抵抗。12月2日早上,大约300名议员在波旁宫聚集,他们援引1848年宪法第三十六条和第六十八条,指控路易-拿破仑犯下叛国罪,罢免其总统职位,宣布行政权和军队指挥权全部归属议会,并声称将政变分子交由最高法院审判。在波旁宫被强行关闭后,220 名议员转移到巴黎第 10 区区政府集会,但遭到军队驱散;在司法宫集会的最高法院也被解散。同一天,山岳派领导人走上街头,号召巴黎人民起义,只有圣安托万等少数街区建立了街垒。在摧毁这些零星的街垒时,军队几乎不费吹灰之力。唯一值得后世铭记的事,是议员博丹(Baudin)在街垒上发表鼓动起义的演说时被流弹击中而牺牲。12 月 4 日,巴黎爆发了规模更大的起义,但也很快遭到军队的弹压,造成了上百人的死伤。

在外省,由于处在军队的严密控制下,里昂、里尔、波尔多、奥尔良等大城市都没有爆发起义。令人吃惊的是,反抗主要来自农村。起义主要集中于热尔省、荣纳省和瓦尔省构成的三角地带,波及 782 个乡镇,69 000 人。12 月 3 日,阿利埃省的共和派在距离穆兰不远的地方集会,但很快被逮捕。在东容,共和派领导当地民众围攻正统派镇长,并夺取镇政府的武器。当晚,80 多人的队伍头戴小红帽,高唱马赛曲,奔赴区府所在地——拉帕利岛。队伍在抵达拉帕利岛后,保守派闻风而逃。在瓦尔省,一些乡镇在 12 月 6 日揭竿而起,起义者在维多邦集合后,决定攻打北部的萨莱讷,以便和下阿尔卑斯省的起义者汇合。几千手持长矛、镰刀、长柄叉、斧头的队伍浩浩荡荡上路了,一些妇女身穿红色衣袍,也加入其中。起义队伍抵达萨莱讷后,受到当地民众的热烈欢迎。在山的另一面,整个下阿尔卑斯省都被起义者占领了。但是,埃凯(Hecquet)将军领导的军队几乎不费吹灰之力,就击溃了起义队伍,造成 80 人丧生。根据法国学者统计,在 1851 年 12 月 2 日政变后,法国出现了 73 次起义,起义者曾经占领了 300 个乡镇。[1] 但由于起义者分散各地,彼此缺乏联系,很快被军队各个击破。

1851 年 12 月 2 日政变成功以后,帝国鹰旗在何时将取代共和国的三色旗? 这全凭路易-拿破仑的意志,只不过是时间早晚的问题。

---

[1] Quentin Deluermoz, *Le Crépuscule des révolutions 1848 – 1871*, p. 95.

第四章　第二帝国

第二帝国是 19 世纪法国最为奇特的政权之一。一方面,它承认1789 年大革命确立的诸多原则,宣称人民主权是其权力的根本来源,所以定期举行普选,并频繁举行全民公决;另一方面,它又建立独裁统治,仿效第一帝国分封贵族,并试图将政权在波拿巴家族代代相传。第二帝国杂糅了民主原则、威权主义和世袭制的因素,经常被法国学者称为"民主的恺撒主义"(cisarisme démocratique)或"不自由的民主"。第二帝国期间在政治、社会、经济、宗教与外交等领域呈现的矛盾、摇摆和踌躇皆和其模棱两可的意识形态有着密不可分的联系。

第一节　威权帝国

一、走向帝国

1851 年 12 月 2 日政变以后,很多法国人都明白帝国终将复辟,只不过是时间早晚的问题。

12 月 20—21 日,路易-拿破仑进行全民公决,请求法国人对其投信任表决票,并授权他依据 12 月 2 日发布的《告人民书》的精神制定新宪法。在 1 000 万登记的选民中,赞成票有 7 439 216 张,反对票只有

640 737 票。反对票主要集中在巴黎和大城市。在巴黎,8 万人投了反对票,7.5 万人弃权,赞成票只有 13.2 万。法国三分之一的国土处在紧急状态、报纸受到钳制、反对派的囚禁或流亡固然能够解释反对者声音的弱小,但不足以说明路易-拿破仑获得绝大多数人支持的现象。实际上,保守派的拥护、帝国的传说、对无政府的恐惧以及重建秩序的期望才是更重要的因素。天主教保守派路易·韦约在《寰宇报》的表态在很大程度上代表了投票支持路易-拿破仑之人的普遍心态:"投票支持路易-拿破仑,并不是赞成他已经做的事情,而是要在他和法国的彻底崩溃之间作选择[……]在他之外,我只看到了社会主义的巨大深渊。"①对于全民公决的结果,路易-拿破仑颇为满意。他不无得意地说道,"超过 700万张选票原谅了我",因为"法兰西理解[……]我偏离法规只是为了回归法律"。

为了尽快赢得法国的人心,路易-拿破仑及其支持者紧锣密鼓地投入新宪法的起草工作。起草新宪法的核心人物是铁杆的波拿巴主义者,如佩尔西尼、莫尔尼的父亲弗拉奥伯爵(塔列朗的私生子)、内政部长鲁埃、未来帝国的首席法学家特洛隆(Troplong)以及巴黎最高法院院长梅纳尔(Mesnard)。1852 年 1 月 14 日,新宪法颁布,其模板是建立执政制度的 1799 年宪法。

新宪法继承了法国大革命确立的基本原则。第一条规定:"它承认、肯定并保障在 1789 年宣布并成为法国公法之基础的重要原则。"所以,它承认国民主权原则,取缔 1850 年 5 月 31 日限制选举的法律,宣布恢复普选制,并承诺在重大问题上会以全民公决的方式征求人民的意愿。它维持法律平等的原则,保护财产私有制。从许多方面来看,它保留了某些民主的色彩。但相对而言,它的威权主义更加鲜明。

总统垄断了最重要的权力。总统的任期从四年改为十年,有权任命部长、参政院与元老院的成员。唯有总统,才能拥有法律提案权,才能批

---

① Eric Anceau, *Napoleon III*, p. 193.

准或否决法律。总统是最高行政长官,是军队和警察的最高统帅,拥有宣战、媾和与签约等权力。同时,他还控制立法权,有权任命立法团的主席与副主席。此外,总统也是司法机构的首脑,因为如同旧制度,人们以其名义进行司法活动;总统拥有大赦和宣布进入紧急状态的权力。

元老院是宪法的守护者。元老院成员不应超过 150 人,但规定其第一年的成员数量是 80 人。它们分为法定成员(大主教、元帅、帝国的亲王们)和终身成员。元老院有权否决立法团通过的有违"宗教、道德、宗教自由、个人自由、公民平等、公民的不可侵犯性、所有权的不可侵犯性、法官的终身制"等原则的法令。它能够以元老院法令的形式,确定宪法条文的内涵,进行司法解释,或者就未规定的问题颁布新的法令。

参政院拥有 40 名(后来增加到 50 名)成员,由总统任命和罢免。多数的参事是精通政务的奥尔良派,但也吸收了像米歇尔·舍瓦利埃和皮埃尔·马涅(Pierre Magne)这样的波拿巴主义者。参政院既是最高行政法院,也是政府机构。它直接受命于总统,负责起草法律与法令。参政院的副主席可以参加部长会议。

立法团的成员数量被大量削减,降到 261 人。立法代表由普选产生,任期 6 年。然而,立法团没有法律提案权,只能表决参政院起草的法律,既无权作出修改,也不能进行讨论。颇具象征意义的是,立法团的讲台也被取消。立法团形同虚设,变成了名副其实的"哑巴议会"。从其俸禄的角度来看,立法团成员受重视的程度也远不及元老院代表,他们的年薪只有区区的 2 500 法郎。

路易-拿破仑加强了对政治反对派的打击。1852 年 1 月 9 日,颁布法令专门处理反对政变的议员。被认定参加起义的 5 名山岳派议员被法庭判处流放圭亚那,尽管最终只有 1 人被流放到阿尔及利亚。雨果、舍谢尔(Schœlcher)和基内等 66 名议员被认定为"社会主义的公开领袖",有煽动内战之嫌,被驱逐出境。最后,梯也尔、雷米扎等 18 名奥尔良派与共和派议员被要求"临时离开法国国土"。2.7 万人遭到不同程度的打击,许多秘密会社的成员不经审判便被流放到阿尔及利亚与圭亚那。2月份,各省成立了由省长、一名将军和一名法官组成的特别委员会,抓捕和审判数千个政治嫌疑犯,判处住地监视、驱逐或流放等惩罚。

1852年2—3月,举行了立法选举。它们采取了普选制,但因为政府采取"官方候选人"制度而受到很大的限制。内政部长莫尔尼给各省省长下令,"应当让人民知道谁是新政府的敌人和朋友"。省长们指定能获得政府支持的"官方候选人",为了让他们当选,省长们无所不用其极。他们允许"官方候选人"在官方布告栏张贴竞选海报的同时,却恫吓非官方的候选人,并用金钱与荣誉贿赂选民或公务员,堵塞反对派候选人的选票箱,或者干脆伪造选举结果。最后,路易-拿破仑获得了期望的绝对多数,新的立法机构只有12名非官方的候选人,其中的8人才是真正意义上的反对派。屈指可数的反对派议员,如共和派卡尔诺、卡芬雅克以及正统派贝里耶拒绝出席议会,目的是避免向路易-波拿巴宣誓效忠。

在加强社会控制的同时,路易-波拿巴及其追随者也为复辟帝国进行宣传与筹备。对于复辟帝国,波拿巴主义者比路易-拿破仑更为热心。1852年3月,路易-拿破仑还表示,除非政治混乱迫使他采纳"新的头衔",否则并不愿意终结共和国。在复辟的过程中,佩尔西尼最为狂热,曾经宣称:"哪怕他不同意,我也要让他当上皇帝。"尽管路易-拿破仑没有明确表态,但帝国的标志开始变得随处可见。帝国鹰绣上了三色旗的顶端,总统头像被印上了货币,公共场所的共和国标志已经被消除,代之以波拿巴家族的徽标"N"。路易-拿破仑把总统府从爱丽舍搬到杜伊勒里宫,自称"帝国殿下"。5月5日,他在巴黎圣母院隆重纪念了拿破仑的忌日。

1852年9—10月,路易-波拿巴重新启动视察全国的活动。9月14日,亲王总统从巴黎的奥斯特里茨车站出发,向东南方巡视,途经布尔热、纳维尔、里昂、马赛、土伦、蒙彼利埃、图卢兹,最终抵达波尔多。在波尔多,省长奥斯曼给"帝国殿下"设置了一个和君王身份匹配的座椅。10月9日,路易-拿破仑出席波尔多商会主办的欢迎晚宴,明确表达了称帝的意图:"如今,我被法国的热情所环绕,因为我不是来自观念学家的家庭。为了国家行善,并不需要实施新体系,而是首先要信任当下,确保未来的安全。这就是法国为何愿意复辟帝国的原因。然而,我应当回答一种忧虑。有人怀疑说:'帝国,就是战争。'我要反驳说:'帝国,就是和平。'"①第三天,路易-拿破仑的波尔多演说发表在官方喉舌《导报》上,其称帝的意图立刻传遍整个法国。在返回巴黎的途中,昂古莱姆、拉罗谢尔、安布瓦兹(Amboise)等城市的官员和民众夹道欢迎,高呼"皇帝万岁"。

路易-拿破仑返回巴黎后,立刻让元老院修改宪法。帝国法学家特洛隆是帝国宪法的主要起草人,他证明了从共和国转向帝国的合法性:"鉴于制度和人民权力代表制之间存在的明显契约特征,共和国的事实存在于帝国当中。"11 月 7 日,元老院投票赞成复辟帝国。11 月 20—21日,针对元老院举行全民公决的法令,赞成票 7 824 129 张,反对票253 149 张。路易-拿破仑对全民公决的结果相当满意,将之吹嘘为"民主的加冕"。然而,路易-拿破仑及其追随者不愿意指出的一个事实是,弃权票也多达 2 062 798 张。12 月 2 日,路易-拿破仑加冕称帝,称号拿破仑三世。

二、威权统治

从 1852 年 12 月 2 日起,开始了许多历史学家称为"威权帝国"的阶段,其典型特征是拿破仑三世对法国的政治与社会生活施加了绝对的控制。他依靠强大的国家机器、有力的宣传工具以及天主教会的支持,钳制媒体,打击反对派,严密控制工人运动。

经过简单的修订,1852 年 1 月 4 日宪法变成了帝国宪法。皇帝拥有各种重大权力,如统帅军队、宣布战争、签订和平条约、缔结盟约和商约、为执行法律颁布法令和条例。此外,司法也以他的名义进行,他拥有大赦的权力,有权颁布法律和元老院法令。国家元首还拥有一部分重要的

---

① Jean Garrigues, *La France de 1848 à 1870*, Paris:Armand Colin, 1999, p. 65.

立法权。他垄断法律的创议权,各部大臣只对他负责。最后,大臣、元老院、立法机构和最高行政法院的成员、官员、法官们和公务员都应当宣誓服从宪法,效忠皇帝。作为人民的象征,皇帝在逻辑上是权力的来源。

拿破仑三世效仿其伯父,重建帝国宫廷。路易-拿破仑的宫廷吸收了一批忠诚的追随者。宫廷的显赫职位通常由帝国贵族或旧贵族担任,如奥尔纳诺任侍寝大臣,克莱门-托内尔任掌玺大臣。元老院和立法团的顺从成员也能担任宫廷官职。皇帝每年获得 3 000 万俸禄,能够允许宫廷组织重要的帝国庆典活动。

各部大臣拥有的权力很少。部长议会每星期召开两次,但他们实际上只发挥顾问的角色,重大决定由皇帝作出。由于参政院负责起草法案,审查议员提出的修正案并主导议会表决,所以大臣们的权限进一步被削弱。参政院的成员们也必须服从皇帝的决定,但在第二帝国的政治框架里,它依然是一个强大而且令人嫉妒的机构。

为了将权力牢牢地掌握自己手里,路易-拿破仑把波拿巴家族的成员和亲信安插在各个机构的关键部门。杰罗姆·波拿巴(拿破仑一世的弟弟)担任元老院主席,拿破仑·杰罗姆、缪拉以及克拉里(Clary)等堂弟表弟也被纷纷入元老院。巴罗什任参政院主席,佩尔西尼任内政部长、科西嘉人阿巴图契(Abatucci)任司法部长,鲁埃任掌玺部长。同时,路易-拿破仑从奥尔良派政客中遴选技术官僚,如银行家富尔德任财政部长,波尔多批发商泰奥多尔·迪科(Theodore Ducos)任海军与殖民部长,比约(Billaut)任立法机构主席,马涅任公共工程部长,罗兰担任法兰西银行行长。

路易-拿破仑为加强中央对地方的控制,增加了省长权限。1852 年3 月 25 日法令扩大了省长的权力。在过去,省长负责维持秩序,执行法令;如今,作为"政府统一性的代表",省长获得了许多从前隶属于各部的权力,如公共救助、粮食供给、公共工程、管理集市。同时,省长能任免 26种公务员,包括人数少于 3 000 人的城市市长以及人数少于 6 000 人的城市警察局长。人数超过 3 000 人的城市市长、副市长和人数超过 6 000 人的城市警察局长皆由皇帝直接任命。1852 年 3 月法令也加强了中央对省长的控制,省长们必须经常向巴黎汇报各自省份的公务员的政治忠诚度。此外,为了保证维护地方的稳定与忠诚,路易-拿破仑习惯于让省长们长期治理某个省份。譬如,蒂比尔斯·富瓦(Tiburce Foy)对阿登省的统治纵贯整个第二帝国,瓦隆(Vallon)执掌塞纳-奥兹省 13 年,让维埃·德拉马特(Janvier de la Motte)管理厄尔省 12 年,韦斯(Vaïsse)担任罗讷省长也长达 11 年,著名的奥斯曼在 1854—1870 年期间主政塞纳省。作为回报,第二帝国的省长们能够获得厚禄,年薪在 20 000—40 000 法郎之间。鉴于其在各省拥有的绝对地位和庞大资源,第二帝国的省长们通常被称为“小号的皇帝”。[1]

路易-拿破仑重建警务部,加强对社会的监视。1852 年 1 月 23 日,路易-拿破仑在《导报》上明确了警务部应当承担的职责:“它不是一个挑衅或迫害的部门,妄图窥探家庭秘密、观察无处不在的弊端、破坏公民的关系抑或散布怀疑与恐惧。相反,从根本上说,它是一个保护机构,主要秉承善意与温和的精神,同时却不乏坚定。概言之,它的作用是站在人道的角度,维护公共安全、普遍福祉,推进改良,铲除弊端,提供各色各样的公共服务。”[2]路易-拿破仑决定在每个县建立一个宪兵队和 1 个警察。自从 1851 年起,警察的数量增加了两倍。在第二帝国期间,法国官僚队伍的规模迅速增长。1851 年,法国拥有公务员 47.7 万;第二帝国末期,公务员的数量激增至 70 万人,其中 360 000 是军人,23 000 是宪兵,12 150 是警察。[3] 但我们也不要过分夸大路易-拿破仑的警察国家的能力。1853 年,外省的宪兵增加到 17 968 人,但县域层面的警察数量只有 1 754 人。在相对偏远的外省,宪兵与警察的数量不足以维持社会秩序。1853 年,在蒙德马桑(Mont-de Marsan),每 73 平方千米只有一个宪

---

① Jean Garrigues, *La France de 1848 à 1870*, p. 73.

② Eric Anceau, *Napoleon III*, p. 193.

③ Jean Garrigues, *La France de 1848 à 1870*, p. 73.

兵。由于缺乏资金,法国只有 61% 的县配备了警察。[1]

在路易-拿破仑的国家机器中,检察官也占据重要位置。路易-拿破仑在担任总统期间,已经开始清洗共和派检察官;1852 年,只有三分之一的旧检察长留任。在第二帝国期间,检察官的主要职责控制和约束。他们不仅要监督辖区的民众,每个月或每个季度都要上交舆情报告,也要约束辖区的各级官员。不过,检察官群体即便服从皇帝,也知道如何保持独立。许多检察官之所以支持路易-拿破仑,乃是他们相信威权政府有助于维持秩序和社会进步,有助于摆脱保皇党与激进党的威胁。但是,也有检察官暗地支持帝国的反对派。

此外,政府严密监视咖啡馆和小酒馆等底层阶级扎堆的公共场所。第二帝国关闭了大量的咖啡馆和小酒馆,有人估计它们的数量从 3 万家下降到 1 万家。1855 年,拿破仑三世创建了 30 个铁路专员。他们隶属于内政部,负责监督铁路网络,构成了一个覆盖全国的政治保安体系。1861—1862 年期间,颁布了若干监督外国人与港口的法令,并由各省省长负责执行。内政部支配的秘密资金数量可观,根据让-马克·贝利埃(Jean - Marc Berlière)的估算,"秘密资金"多达 330 万法郎;直到 1930 年,法国的秘密经费才超过此数。[2] 内政部雇用了不计其数的间谍和密探,甚至立法团副主席杰罗姆·大卫也曾经充当过内政部的眼线,监督议员们的政治活动。各省省长也拥有自己的密探,譬如,罗讷省长有 60 名密探听命于自己。在第二帝国时期,首都和各大城市的街道、路口、车站、咖啡馆、小酒馆以及民众街区,布满了便衣警察、政府"眼线"和告密者。所以在第二帝国期间,告密行为屡见不鲜。

三、帝国的宣传

除了采取暴力措施,舆论宣传也是路易-拿破仑加强帝国统治的重

① Quentin Deluermoz, *Le Crépuscule des révolutions 1848 - 1871*, p. 126.

② Quentin Deluermoz, *Le Crépuscule des révolutions 1848 - 1871*, p. 129.

要手段。大革命爆发以后,任何君主的统治都不能忽视对公共舆论的引导,波拿巴主义者尤其重视对媒体的监督、控制和利用。

1851 年政变以后,路易-拿破仑加强了对反对派报纸的打击。《国民报》以及《共和国》等共和派报纸被查封;《共和国》的主编还一度身陷囹圄;《图卢兹的解放报》的编辑们则被流放到阿尔及利亚。经过严厉打击,巴黎的报纸数量只剩 13 家;外省残存的共和派报纸也是屈指可数,仅有南特的《卢瓦河的灯塔》、波尔多的《吉伦特派》和里昂的《进步》;正统派报纸的数量也从 60 份下降到 24 份。在紧急状态期间,哪怕是立场最为温和的报纸,也只能转发官方文件而不能进行任何评论。

路易-拿破仑继承了保守共和国阶段的限制出版自由的禁令。譬如,1849 年 7 月 27 日法律设置了新的出版罪行,规定报纸与杂志的销售必须得到事先的审批,并限制民众与左派的出版物。1850 年 6 月 16 日法律对报纸出版的条件作出了更为严苛的规定,它恢复了印花税,要求巴黎以及周边地区发行量最大的报纸缴纳 24 000 法郎的保证金,同时强化了文章的作者必须署名的规定(但同期英国允许匿名写作)。在此基础上,路易-拿破仑进一步将反出版自由的禁令严苛化。1852 年 12 月 31 日法令将出版罪交由治安法庭(tribunaux de police correctionnelle)而非陪审团审理。1852 年 2 月 17 日法令、2 月 25 日法令以及 3 月 28 日法令更是导致出版自由名存实亡,它们规定:报纸的创办者、所有者和主编的变更必须得到政府的批准;报纸和杂志必须缴纳高额的保证金和印花税;除转载官方纪要外,禁止报道政治会议;每份报纸必须免费刊载政府公告;建立警告(avertissement)制度,一份报纸倘若在两个月内被警告两次,将被政府停刊,甚至被取缔。[1]

第二帝国初期对新出版法的实施异常严格,警告、停刊时有发生。第二帝国由于和天主教会结成了亲密同盟,所以它也打击批评天主教的报纸。譬如,1857 年,福楼拜的小说和波德莱尔的诗歌也招惹了官司。

---

[1] Christophe Charle, *Le Siècle de la presse* (*1830 - 1939*), pp. 91 - 92.

迫于压力,各家报纸也抵制反对派作者(如乔治·桑与欧仁·苏)的连载小说。某些看似无足轻重的主题和不带明显政治偏向的表达有时也会招致无辜的打击。1852—1853 年,政府总共发出 91 次警告,报纸《海盗》(*Le Corsaire*)和《朗格多克报》(*La Gazette du Languedoc*)分别在 7 月 3 日与 8 月 18 日停刊。

第二帝国由于宣称一切源自人民,所以不能仅凭暴力手段压制出版,它还必须塑造自己得到热烈拥护的社会舆论。路易-拿破仑特别重视报纸杂志的作用,曾经在 1855 年 11 月 25 日的演说中指出:"公共舆论始终会赢得最后的胜利。"[1]

1851 年 1 月政变前,路易-拿破仑在出版界的影响微乎其微。路易-拿破仑当选总统后,其追随者创办了《12 月 10 日》,积极鼓吹帝国的复辟,但招致了以秩序党为主的国民议会的抨击。迫于压力,路易-拿破仑将之取缔。《12 月 10 日》的原班人马又创建了《权力》,但其影响也乏善可陈,局限于狭小的波拿巴主义者当中。哪怕当选总统后,路易-拿破仑也没有得到巴黎媒体的垂青。在 200 家报纸中,只有 16 份报纸效忠政府;30 份报纸属于"秩序党"阵营,它们出于实际的考虑而支持政变,但似乎并不急于投靠他。譬如,出于经济考虑而支持政变的《辩论报》在政变成功后恢复沉默;埃米尔·德吉拉尔丹的《出版报》在政变后迅速变成反对派;《立宪报》虽然偶尔支持总统,但始终忠于梯也尔。天主教派的报纸《寰宇报》之所以支持路易-拿破仑,只是期望后者能充当教会的保护伞。正统派报纸《法兰西日报》和《公共舆论》支持保守政策,却不忠于政府。

路易-拿破仑的目标是拥有一份忠于波拿巴主义的报纸。政变后,路易-拿破仑继承了官方报纸《导报》,改造它的管理层,将之变成政府的喉舌。为了扩大《导报》的销量与影响,政府将其年售价从 120 法郎下降

[1] Natalie Isser, *The Second Empire and the press*, Hague: Martinus Nijhoff Press, 1974, p. 35.

到 40 法郎。除了刊载法律文件、政府公告和司法文书等官方文件外，《导报》也发表文学作品。它经常刊登戈蒂埃（Gautier）、尚弗勒里（Champfleury）、弗耶（Feuillet）、乌赛和圣伯夫等与政府过从甚密的知名文人的作品。《导报》拥有一个得天独厚的优势，即能够在第一时间发表其他报纸无法获悉的新闻。1864 年，第二帝国还创办了版式更小、傍晚发行的《导报》，取名为《晚间导报》，但在社会上以《小导报》著称。《小导报》每份售价 6 生丁，社会下层是其目标人群，取得了很大的成功。

　　由于《导报》和《小导报》的官方色彩过于浓厚，有时反而无法起到政府期望的宣传效果。所以，第二帝国希望扶持一些貌似中立，但暗中帮助政府的报纸。《立宪报》《国家报》和《祖国报》就扮演了此种角色。《立宪报》是奥尔良派的报纸，因为批评路易-拿破仑的外交政策而被政府警告两次。为了避免停刊或取缔的危险，报纸的所有者维龙（Véron）将之出售给第二帝国的红顶商人米雷斯（Mirès）。《国家报》曾经倾向于温和的共和主义，拉马丁曾经担任主编，但其所有者在政变后迫于压力，也将之出售给米雷斯。1852 年 12 月 1 日，米雷斯在《国家报》的标题上增加了"帝国日报"的字眼。《祖国报》创建于 1841 年，是温和左派的报纸，但在政变期间支持路易-拿破仑。

　　第二帝国经常介入《立宪报》《国家报》和《祖国报》的经营和管理。它们发表的许多文章实际上直接出自杜伊勒里宫；内政大臣和政府官员选择作者和编辑，干预它们的人士安排；政府命令它们降低价格以扩大销量。有时，政府干脆把受其青睐的记者安插到它们的管理层和编辑部。譬如，格朗吉耶·德卡萨尼亚克（Granier de Cassagnac）不仅在三份报纸上经常发表附和政府立场的文章，还在 1859 年出任《国家报》的主编。作为回馈，帝国政府经常确保它们得到新闻的知情优先权，提供或明或暗的资金援助或广告支持，并准许它们在剧院和火车站销售。甚至，《立宪报》《国家报》和《祖国报》的忠诚编辑与御用作者也会得到政府的重用。德卡萨尼亚克经常出入杜伊勒里宫，先后出任热尔省普莱桑斯（Plaisance）的市长、热尔省的参事，并在 1852、1857、1863 和 1869 年当选为议员；作为三份报纸的固定撰稿人，保兰·里梅拉克（Paulin Limayrac）被任命为洛特省省长。

除此之外，波拿巴派也在外省成立了许多报纸。在波拿巴主义的外省报纸当中，里尔的《民众日报》（*Journal populaire*）较为令人瞩目。《民众日报》由共和派在1853年创办，随后被一个亲政府的人士购买：它的发行量达到8 000份，主要面向工人和小商人。波拿巴派利用庞大的报纸网络，向识字公众宣传波拿巴主义原则，散发皇帝的演说。

由于第二帝国实行严格的出版审查制度，反对派报纸的生存举步维艰。它们在谈论政治时，经常使用反讽或双关语。但更常见的做法是，它们尽量避免谈论政治，偏重报道经济、文化、外交和宗教的新闻。譬如，曾经被三次警告、停刊两个月的《出版报》转型成为一份商业报纸，但它的销量也由此急剧下降，从1857年的36 000份下降到1859年的10 000份。[1] 然而，非政治化并不是《出版报》的唯一原因，管理层的人事变动、报纸风格的多变以及反对派的立场也是不可忽视的因素。相反，一些报纸因为坚定不移地奉行非政治化立场而大获成功。《小报》（*Le Petit Journal*）取得的成功最令人瞩目。

《小报》的创办者是犹太人莫伊兹·米约（Moïse Millaud）。他起初经商，从七月王朝起投身出版业，专门报道金融和司法的新闻。1856年，他收购了吉拉尔丹的《出版报》，但没有取得成功。1863年2月1日，米约创办《小报》，主要刊载社会新闻、连载小说、司法案件等非政治性内容，借助廉价快捷的销售网络以及标准化产品赢得新顾客。它的售价为5生丁，而同期其他日报的价格在15生丁左右。《小报》的策略取得巨大的成功，1863年10月的日销量已经突破83 000份；1865年为259 000份；1869年达到340 000份，是巴黎其他报纸总销售量的两倍。《小报》的利润增长也颇为惊人，年利润从363 000法郎增加到410 000法郎，利

---

[1] Natalie Isser, *The Second Empire and the Press*, p. 26.

润率高达 25％。① 鉴于《小报》的成功,许多报纸竞相模仿,出现了一些在标题和风格上与之类似的报纸,如《小导报》《小出版报》《小马赛曲报》《小里昂报》等。

毫无疑问,报纸是第二帝国控制社会舆论的最重要手段,但它也不放弃其他可能的方法。1852—1855 年,皇帝的胸像进入了法国多数的市政府。除了在三色旗上增加帝国鹰,拿破仑三世的头像印在硬币、布告、绘画、勋章和历书上;大大小小的城市纷纷修建皇帝的雕塑。在第二帝国期间,皇帝的身体政治成为国家团结与社会和谐的象征。皇帝经常巡视法国,从巴黎遍及外省,还曾经两次视察阿尔及利亚。1856 年,当洪水肆虐法国南方时,路易-拿破仑连续视察南特、里昂和阿尔勒等受灾城市;官方报道也作出连篇累牍的追踪报道,塑造了一个和人民同呼吸、共命运的皇帝形象。

第二帝国还注重各种庆典或节日,竭力宣扬帝国的良好形象。庆典活动在第二共和国末期曾经短暂减少,但在帝国期间又日益繁多。帝国的庆典总是拥有充足的预算,经常耗资巨大,气势恢宏。帝国庆典活动的起点是 1853 年 1 月皇帝和西班牙的欧仁妮·德蒙蒂诺(Eugénie de Montijo)女伯爵的联姻。路易-拿破仑也不忘借自己的婚姻,宣扬超越尊卑的爱情,试图赢得法国民众的好感。皇帝说道:“我选择我爱的女人;我尊重一个默默无闻的女人,和她的结合尽管有所牺牲,但也会带来好处。”路易-拿破仑的婚姻受到法国公众的好评,并给整个国家带来了快乐。1856 年 6 月 14 日,帝国太子的洗礼也同样如此,各个城市和村庄都举行了盛大庆典。

最典型的帝国节日是 8 月 15 日,即纪念拿破仑一世的生辰。每年 8 月 15 日,第二帝国的省长和市长会举行固定的庆祝仪式:乡镇的显贵和秩然井序的队伍先是在市政府集会,游行到教堂,吟诵传统的赞美歌。随后,伴有精彩纷呈的音乐、戏剧和舞蹈。8 月 15 日的庆典有时也可能

① Christophe Charle, *Le Siècle de la presse*(1830-1939), p. 103.

出现反对派的游行(1860年以后尤其如此),宗教机构也打着捐赠和快乐之名,行复兴之实。不过,冲突并不常见。在7月14日被第三共和国确立为国庆节之前,8月15日是法国第一个取得成功的世俗节日。

此外,第二帝国还颁布了不计其数的荣誉和奖章。它颁发的勋章种类不断增加,有军功章、学院棕榈章、圣赫拿岛勋章等。它不仅奖励第一帝国的元勋、第二帝国的重臣与波拿巴家族成员,也向杰出公民颁发荣誉勋章。1852年,皇帝在视察圣艾蒂安时,最有才华的工人就获得了荣誉军团的勋章。路易-拿破仑的目的是在维护社会等级的同时,也要让社会底层看到向上流动的希望。第二帝国用"圣赫拿勋章"奖赏了拿破仑一世的老兵们,他们在颁奖仪式上高呼:"拿破仑万岁!皇帝万岁!"

第二节　帝国的荣光

一、经济革命

路易-拿破仑深受圣西门主义的影响,特别重视经济问题。在1852年10月9日的波尔多演说中,路易-拿破仑已经道出了自己将要在经济领域大施拳脚的雄心壮志:"我们要开垦广阔的荒野,修建道路,开挖港口,通航河道,竣工运河,完善我们的铁路网。我们要将借助我们尚且匮乏的便捷交通,将我们西部的重要港口和美洲大陆相连。"[1]在路易-拿破仑的推动下,第二帝国成了法国历史上第一个将经济建设列为优先战略的政权。

19世纪50年代是法国经济高速发展的阶段,而世界经济的整体繁荣创造了不可多得的外部环境。从1849年起,经济危机的影响趋于消退。加利福尼亚和澳大利亚先后发现大量黄金并输入欧洲,推动了欧洲物价的缓慢上涨。在整个帝国期间,法国可供使用的黄金从5亿增加到50亿。法国对外出口猛增,平均每年贸易盈余2.5亿法郎。法国贵金属

---

[1] Jean Garrigues, *La France de 1848 à 1870*, p. 65.

储备也上升到 10 亿。① 法国经济的繁荣也为路易-拿破仑规模庞大的公共工程建设创造了坚实的经济基础。

路易-拿破仑把铁路建设作为其经济建设的头等大事,因为铁路有助于落后地区融入法国与欧洲的市场,加快人员与商品的流通,尤其方便工业革命所亟须的煤炭、矿石和钢铁的运输,并推动机械制造业的发展。法国的铁路建设曾经在 19 世纪 40 年代出现过短暂的高潮,但 1847 年经济危机以及 1848 年革命严重阻碍了它的发展。路易·拿破仑称帝后,立刻把加快铁路建设提上了日程。1852 年,第二帝国首先联通比利时和巴黎—斯特拉斯堡铁路,旨在从比利时向法国运输亟须的煤炭。1855 年,开通巴黎—马赛线;1856 年,联通巴黎—图尔线、巴黎—卡昂线、波尔多—图卢兹线和波尔多—巴约纳线。第二帝国的铁路里程迅速增长。在第二帝国初期,法国铁路里程是 3 248 千米;1858 年为 8 675 千米,1869 年为 16 465 千米,1870 年达到 17 500 千米。② 1870 年,法国铁路运送 1.11 亿的旅客(是 1852 年运送旅客数量的 5 倍),4 400 万吨商品(44% 是燃料,12% 为建筑材料,10% 是钢铁)。

为了结束铁路管理的混乱,路易-拿破仑将 1851 年前存在的 42 家公司合并为六大公司,它们分别是北方公司、奥尔良公司、巴黎—里昂—地中海公司、东方公司、西方公司和南方公司。火车票价由国家统一控制。火车极大地方便了人员的流动,缩短了旅行时间。巴黎人只需两小时便可抵达奥尔良,不到 10 小时抵达里昂,16 小时抵达马赛。在此前,从巴黎到马赛,乘马车需要整整一个星期。火车的时速很少超过 80 千米,但经常出现事故,法国铁路交通致死率高于同期英国的 5 倍。而且,火车的运营管理混乱,车上经常出现盗窃、斗殴甚至谋杀。

铁路建设也引发了法国各大财阀的争权夺利,其中以罗斯柴尔德家

① Pierre Miquel, *Le Second Empire*, Paris: Perrin, 2008, p. 126.
② Jean Garrigues, *La France de 1848 à 1870*, p. 105. 对于第二帝国建设的里程数,其他学者提供的数字略有区别。西尔维·阿普里勒认为,法国铁路在 1851 年的里程数为 3 558 千米,1869 年为 16 994 千米。(Sylvie Aprile, *La revolution inachevée 1815-1870*, p. 295.)

族和佩雷尔兄弟的争夺最为引人瞩目。犹太裔银行家罗斯柴尔德得到莫尔尼的支持,攫取了北方公司、奥尔良公司和巴黎—里昂—地中海公司的建设权和经营权;佩雷尔兄弟曾经受雇于罗斯柴尔德银行,他们的政治靠山主要是公共工程大臣马涅,但后者的影响显然无法与皇帝的同父异母兄弟相提并论,所以只能建设和管理相对贫穷地区的铁路,如东方公司、西方公司和南方公司。

巴黎的城市建设是路易-拿破仑的一块心病。在 19 世纪上半叶,巴黎人口急剧增长,从 1801 年的 54.7 万,增加到 1831 年的 78.3 万,1850 年达到 105.3 万。① 然而,巴黎的城市建设却跟不上人口增长的步伐。巴黎到处都人满为患,住房紧张,生活与工业用水更是严重紧缺;中世纪的建筑低矮、破旧和局促,终日不见阳光;多数街道是泥土铺制,它们在晴天时尘土飞扬,在雨天则泥泞不堪;下水道和垃圾场建设也严重滞后,人们随意倾倒脏水、垃圾和粪便,楼梯和道路皆污秽不堪。如勒·雅南如是描绘了 19 世纪 40 年代的巴黎:"房屋昏暗,过道无风,到处都见不到阳光,窃贼横行街道,饥肠辘辘的狼群在城门前游荡;焦虑无处不在,人们只能向上苍寻找希望,但上苍却从来不会让他们如愿……实际上,人们生活在一个哥特式的城市里,黑暗、阴森、粪便扎堆、闷热,它是一个混乱、暴力、贫困与鲜血淋漓的城市。"② 同期伦敦尤其是纽约的城市建设给流亡的路易-拿破仑留下了深刻的印象;在担任总统尤其是称帝以后,他的梦想就是要改造巴黎,使之成为欧洲乃至世界之都。此外,低矮的楼房、局促的街道以及拥挤的民众街区容易滋长密谋、起义和革命,并且不容易进行镇压。这也是路易-拿破仑要迫不及待改造巴黎的重要原因,因为宽广的街道既不利于革命群众建立街垒,也能够在出现民众骚动后,迅速把军队和警察调往现场。

路易-拿破仑在政变后,就想对巴黎进行大规模的改造与建设。然

---

① Peter Macfee, *A social history of France 1789 - 1914*, Paris: Palgrave Macmillan, 2004, p. 130, p. 188.

② Jules Janin, *L'été à Paris*, Paris: L. Curmer, 1844, p. 13.

而,时任塞纳省省长瓦尔虽然精明能干,但恪守传统的预算平衡政策,为皇帝改造巴黎的宏伟计划有可能造成的巨大赤字始终忧心忡忡,因而没有开启大刀阔斧的市政建设。1853 年,路易-拿破仑把以雷厉风行而著称的吉伦特省省长奥斯曼任命为塞纳省省长,从而把巴黎建设推向了快车道。在城市规划方面,奥斯曼并没有多大的创见,主要继承了七月王朝的城市建设方案,并毫不迟疑地将之变成现实。巴黎的"奥斯曼化"主要分为三个阶段。第一阶段为 1854 年至 1858 年,主要是建造两条中轴线,一条是东西走向,从王座广场出发,经过里沃利大街,抵达星型广场,另一条是南北走向的塞瓦斯托波尔大街。第二阶段主要是建设重要的交叉街道(如圣米歇尔大街)和交通要道(如马让塔大街、皇港大街、欧仁亲王大街、阿尔玛大街)。第三阶段主要是拓展巴黎城区,1859 年 6 月16 日元老院法令将郊区的 18 个乡镇并入巴黎,辖区数量从 12 个增加到20 个,城市人口增加 50 万。

巴黎的"奥斯曼化"不仅限于建造宽广的道路,也体现在对旧城区的拆迁和重建。巴黎旧城区改造的起点是西岱岛。奥斯曼几乎拆毁了西岱岛上所有破败不堪的中世纪建筑,将巴黎圣母院、司法官、巴黎警察局、商业法庭等建筑修葺一新,使它变成了巴黎的行政中心。对于新建道路两旁的民用住宅和商业建筑,也有严格的规定,它们的高度不得超过街道的宽度。同时,在道路两旁,种植整齐划一的树木。奥斯曼还建造两大公园(鼠山公园和比特-肖蒙公园),保留两片林区(布洛涅森林和万森森林)。同时,将许多污染企业搬迁到郊区。

经过奥斯曼的改造,巴黎变成了一座卫生整洁、井然有序和商业兴盛的城市。然而,巴黎城市的改造并非没有牺牲者和批评者。在拆迁破旧街区的房屋时,经常会遭到业主和租户的强烈抗议。面对此种情形,奥斯曼通常会派遣军警弹压,并进行强制的拆迁和移民。巴黎的市政建设导致房产投机如火如荼,飞涨的房价、房租以及企业的搬迁迫使工人阶级离开市中心,不得不在贝尔维尔等郊区生存。巴黎的社会与政治生态也由此得到了极大的改变,富人集中到塞纳河的左岸,穷人搬到巴黎北部与东部的郊区,共和派和社会主义者的活跃中心也逐渐转到郊区的贫民区。此外,文物保护者对奥斯曼拆毁古代和中世纪历史建筑的做法感到痛心疾首,立法议会里的"预算派"猛烈抨击给法国和塞纳省留下的巨大财政亏空。

"奥斯曼化"并不仅仅限于巴黎。鲁昂居民埃利斯医生曾经嘲讽道:"每个人都希望拥有自己的小巴黎"。里昂、马赛、波尔多、奥尔良等大城市都效仿巴黎,进行了声势浩大的城市改造。鲁昂的市长夏尔·维尔德雷尔(Charles Verdrel)从 1859 年起重新规划了城西。马赛实现了市长让-弗朗索瓦·奥诺拉(Jean‐Francois Honnorat)和工程师的富朗次-马约尔·德蒙里谢(Franz‐Mayor de Monricher)的方案,新建了一条宽 25 米的帝国大道,完善海军大道,重建 20 个小岛,建造波尔利公园等。省长瓦伊斯在里昂同样进行了令人瞩目的城市建设,重修河岸,建设佩拉什车站,建造宽阔的帝国大道和美丽"金首公园"(la Tête d'or),并在街道安装越来越多的煤气灯。一些中小城市同样也加入了城市改造的热潮。人们首先修缮教堂,然后是市政厅、车站、市场和照明。譬如,罗克福尔建立新市场,缪希当建立了 6 个油灯。对于热火朝天的城市建设,一些外省作家批评"奥斯曼化"的千篇一律,里昂的精英们更是抗议"巴黎人的道德与弊端的入侵"。但不管怎样,第二帝国奠定了今日法国多数城市的主要轮廓和基本风貌,也对同期西方国家的城市建设产生了不可磨灭的影响。奥斯曼风格的建筑在许多城市如春笋般拔地而起。

轰轰烈烈的铁路革命和城市革命催生了对资金的巨大需求。路易-拿破仑尽管积极予以推动,但他并不主张全部的资金由政府投入。实际上,政府投资只占很小的比例。在解决资金的问题上,他较少使用财政杠杆,而更多地借助政策改革,改革法国的信贷体系和公司制度,吸纳民间社会的闲散资本,从而催生了法国学者所说的"信贷革命"。在推动旧银行的改组和新银行的创建方面,第二帝国提供各种政策的便利。1857年 6 月 9 日法律延长了法兰西银行发行货币的特权。它在各省相继开设分支机构,1874 年总共拥有 74 家分行。从第二帝国开始,法兰西银行同意贷款给铁路公司、巴黎市以及动产信贷公司。1848 年创建的国家贴现银行在 1853 年更名为巴黎贴现银行，它的注册资金在 1860 年从 2 000 万增加到 4 000 万，并在伦敦、埃及和亚洲建立分行。1859 年，奥迪弗雷（Audiffret）创办工商银行，拥有股本 4 000 万，其相当一部分资金来源于里昂的大批发商阿尔莱-德富尔（Arlès-Dufour）和银行家阿尔芒·多农（Armand Donon），后者是莫尔尼的朋友。1863 年，亨利·热尔曼（Henri Germain）在阿尔莱-德富尔的支持下，创办里昂信贷银行。1864 年，钢铁大王亨利·施耐德创建"法国兴业银行"（la Société Générale），从罗斯柴尔德、巴托洛尼（Bartholony）、亨志（Hentsch）、帕卡尔（Paccard）、拉菲特（Laffite）以及圣西门分子塔拉博（Talabot）、阿尔莱·德富尔和昂方坦等人创办的"精英银行"集资 1.2 亿法郎。1869 年，法国兴业银行的储蓄达到 8 800 万法郎，里昂信贷的储蓄也有 8 300 万法郎。

　　法国银行业的繁荣背后也充满着激烈的竞争。全国性银行和地方银行为争取民众的储蓄而使出了浑身解数，但不少地方银行似乎不落下风。譬如，格勒诺布尔的茹文银行和里昂的普鲁斯特银行都汇聚了 4 000 万法郎，里尔贴现银行在 1866 年变身为北方工业信贷与储蓄银行，积累资本 2 000 万。若干地方银行还将业务拓展到全国，如普罗斯特银行在 1852—1856 年期间开了 78 个分行。

　　最为激烈的竞争出现在罗斯柴尔德和佩雷尔兄弟之间。在某种意义上，罗斯柴尔德和佩雷尔的竞争也是两种类型银行的竞争，前者是传统银行的代表，其银行资本主要是自有资金，而后者更具现代色彩，主要利用民众的储蓄。由于得到路易·拿破仑和圣西门派（如路易·舍瓦利埃）的支持，佩雷尔创建的动产信贷公司起初发展顺利，并积极投资铁路，在 1852 年、1853 年和 1855 年先后取得对南方铁路公司、东方铁路公司和西方铁路公司的经营权。1855 年，佩雷尔银行实现利润 2 800 万。后来，动产信贷公司又投资奥斯曼的城市改造，创办不动产信贷公司、巴黎公共马车公司以及多家保险公司，生意欣欣向荣。无论在法国或西班牙、奥地利，动产信贷公司都对传统的精英银行（主要是罗斯柴尔德银行)构成了严重的挑战。面对咄咄逼人的佩雷尔兄弟,罗斯柴尔德在1856年创办金融联合公司(但很快倒闭),在1864年支持亨利·施耐德创建"法国兴业银行"。

　　但是,路易-拿破仑对佩雷尔兄弟日趋增加的敌意导致动产信贷公司逐渐走向窘境。1853年和1855年,政府两次拒绝佩雷尔兄弟为增加银行资金而发行债券的请求,1856年反对动产信贷公司借贷1.2亿法郎,1862年又禁止动产信贷银行的子公司萨伏伊银行发行纸币。直到1866年,政府才允许动产信贷银行将资本扩增一倍。在财政大臣富尔德以及法兰西银行董事会(它主要由罗斯柴尔德、出身精英银行的银行家构成)的压力下,佩雷尔兄弟被迫从动产信贷银行辞职。由于投机失败、债务缠身和政府的敌意,动产信贷银行的股票价格在1866—1867年期间从420法郎跌至140法郎。动产信贷银行还遭到竞争对手米雷斯所属报纸《出版报》和立法机构的猛烈抨击。议员普耶-克蒂埃(Pouyer-Quertier)批评道:"动产信贷公司是一棵只会开出毒果的大树。"1868年,政府清算了动产信贷银行。在这场异常喧闹的银行战争中,罗斯柴尔德代表的传统银行最终战胜了象征现代性的动产信贷银行。①

　　第二帝国在商业领域的创新也屡见不鲜。1859年,费利克斯·波坦(Félix Potin)在塞瓦斯托波尔大街创建了第一家食品杂货店,随后在巴黎市区和郊区建立了许多连锁店,每天都在销售从法国和世界各地运来的新奇产品。最显著的商业变化是创建了一批大型百货商店,它们主要销售女人的丝绸与服装。阿里斯蒂德·布西科(Aristide Bouciaut)是创办新型百货商场的先锋人物。1852年,他创建的乐蓬马歇百货商场(Le Bon Marché)进行了诸多的营销创新,如允许顾客自由出入商场、明码标价、薄利多销、退货机制、玻璃橱窗等。由于采取了大胆创新,乐蓬马歇百货商场的销售额从1852年的45万法郎增加到1863年的700万法郎。布西科堪称是大型百货商店的鼻祖,对欧美现代商业百货的发展产生了

---

① Jean Garrigues, *La France de 1848 à 1870*, p. 103.

重大影响。乐蓬马歇百货商店的成功也吸引了其他的效仿者。1856 年，富尔德和佩雷尔兄弟创建了卢浮宫大商店；1865 年，雅吕佐（Jaluzot）创办春天百货；1870 年，埃内斯特·科尼亚克（Ernest Cognacq）和路易·热（Louis Jay）共同创办了撒玛利亚人百货。乐蓬马歇等百货商店是第二帝国时期贵族和富人们购物休闲、社交往来的重要场所。

　　在第二帝国期间，法国出现了真正意义上的工业革命。法国建设铁路的热潮，带动了矿产、冶金和化学工业的蓬勃发展。法国煤炭产量从 1852 年的 490 万吨增加到 1869 年的 1 350 万吨，但远远无法满足实际的需求。1869 年，法国的煤炭需求是 2 140 万吨。法国钢铁业引进马丁锅炉，采纳英国贝氏炼钢法，并出现了一些超大规模的钢铁企业。勒克佐的施耐德公司雇用的工人数量超过 1 万，它在 1869 年生产了法国10％的铸铁；罗宾的文德尔公司雇用工人的数量虽然略逊一筹（9 000 多人），但它的效率却更高，在 1869 年生产了法国铸铁的 11％。制造火车机车的卡依公司也雇用了数千工人。此外，法国的玻璃、硫酸和苏打等制造业也取得了长足进步。不过，相对于英国，第二帝国的工业仍然比较落后。纺纱业是第二帝国的第一大工业部门，雇用了人数最多的工人，但就整个行业而言，集约化和规模化的程度很低。每个老板平均雇用 3 个工人，手工作坊生产了法国 70％的纺织品。埃尔伯弗的 3 万呢绒工人依然在使用手摇纺车，马扎默的 1 万工人也使用相同的工具。

　　第二帝国的农业也缓慢发展，推动因素主要有：政府鼓励垦荒，增加土地 150 万公顷，法国总耕地面积达到 2.65 亿公顷，达到历史顶点；土地的改良与化肥的使用提高了地力；打谷机、长镰刀等现代化农具的推广也提高了生产效率。而且，四通八达的铁路网帮助建立统一市场，许多封闭落后的乡村都被卷入了全国市场，并逐渐走向了专业化的农业生产。譬如，莱昂地区种植草莓，下诺曼底发展乳业，夏洛莱兴建牧场，朗格多克尤其是埃罗省则出现了"葡萄革命"。商品化的农业生产和农产品价格的上涨改善了法国农民的生活。

二、欧洲的军事冒险

拿破仑三世虽然在1852年10月9日的波尔多演说中宣称"帝国,就是和平",但从小耳濡目染的拿破仑神话使得他从未放弃过重建帝国辉煌的梦想。

1851年政变后,路易-拿破仑的目标是要推翻1815年维也纳体系。在第一帝国被推翻后,英国的外交目标颇为有限,只要自身的海外殖民利益不受侵害,便尽可能地保持欧洲大陆国家的均势。相反,奥地利、普鲁士与俄罗斯等君主国家秉承保守主义原则,对周边国家的革命运动和自身境内的民族独立运动保持高度警惕,结成了可靠的神圣同盟。在神圣同盟国家看来,法国是欧洲革命的大本营,并且随时准备给各国的民族解放运动施加援手。对于依靠普选登上权力宝座,并经常宣扬人民主权的路易-拿破仑,它们没有任何好感。所以,在路易-拿破仑谋求和欧洲其他王室联姻时,它们总是从中作梗,致使前者只能迎娶出身西班牙没落贵族家庭的欧仁妮。

军队是路易-拿破仑统治的支柱,也是他复兴法国的希望所在。所以,他厚待军队的高级将领,并重视军队建设。许多元帅和将军入选元老院,而退役的高级军官也经常被委以重任。19世纪中叶,路易-拿破仑进行了一些重要的军事改革。1855年,他改革兵役制度,取缔不愿参军的人能够赎买"替身"的体系,而是对他们征缴相应的资金,以支付自愿延长服役的军官与士兵的俸禄。1861年法律规定,没有应征入伍的人必须在三年内完成为期六个月的军训。路易-拿破仑也积极推动军备的革新,1861年在军队中推广夏斯波(Chassepot)步枪。由于缺乏军费,夏斯波步枪并没有装备给所有的士兵,炮兵部队也很少得到改良。和同期普鲁士军队相比,法国的军备明显落伍。相反,海军军费相对充足,它在第二帝国期间总共获得30亿法郎。旧军舰装上了护甲,新军舰配备性能优良的大炮,并使用蒸汽机驱动。在巅峰时期,帝国海军拥有3艘巨舰、14艘护卫舰、8艘驱逐舰以及400艘无护甲的战舰。作为帝国海军的门面,"拿破仑号"安装了 92 门大炮,配有 900 马力的蒸汽机。帝国海军似乎也没有让皇帝失望,在海外战争和殖民征服中立下了赫赫战功。

路易-拿破仑始终在等待挑战维也纳体系的机会,但出人意料的是,第一次机会并非来自欧洲大陆,而是来自欧亚接壤的土耳其。自从复辟王朝末期以来,东方问题就牵引着欧洲人的神经。"病夫"土耳其的日趋衰落和俄罗斯帝国的不断扩张的野心让英国和法国坐立不安;同时,普鲁士和奥地利也不愿意俄罗斯把触角伸向奥斯曼帝国。1853 年,东正教徒和天主教徒为争夺圣地巴勒斯坦的控制权大打出手,矛盾迅速升温。沙皇尼古拉一世以保护东正教徒为名,要求土耳其变成自己的保护国。在土耳其拒绝后,俄罗斯军队入侵土耳其的属地罗马尼亚,并派遣海军摧毁了土耳其的黑海舰队。

土耳其危在旦夕,但英国和法国更害怕俄罗斯海军自由出入地中海。如果俄罗斯海军控制了地中海东岸,它将危及英国的商品市场及其在远东的帝国,也会挫败法国将地中海变成内海的野心。所以,第二帝国和英国很快结成同盟,在 1854 年 3 月 28 日宣布向俄罗斯开战。

起初,俄国军队频频告捷,主战场转移到了黑海。前陆军部长圣阿诺元帅率领的东方远征军拥有 5.8 万人,开拔达达尼尔海峡的北部加里波利,和拉格朗勋爵领导的 2.1 万英军会师。1854 年 9 月 14 日,英法联军登陆克里米亚,在阿勒马打败俄军,使之退却到塞瓦斯托波尔。随后开始了漫长的塞瓦斯托波尔攻坚战。1855 年 9 月 7 日,在围攻将近一年后,在阿尔及利亚左阿夫兵团的支持下,麦克马洪将军夺取了马拉科夫。翌日,俄军为了避免全歼,逃离塞瓦斯托波尔。

克里米亚战争造成了惊人的损失,双方死亡的人数均在 12 万人左右,但最致命的原因不是炮火,而是各种流行病。在 9.5 万的法国牺牲者当中,7.5 万因感染霍乱、斑疹伤寒和痢疾而死亡。在克里米亚战争中,法国军备的落后、指挥体系的混乱以及军官的无能尽显无遗。1856 年巴黎签订的和约似乎也没有给法国带来任何金钱的收益或领土的增加。1855 年 3 月继承王位的亚历山大二世放弃在奥斯曼帝国获得的权益。欧洲列强宣布黑海中立,保障多瑙河的自由通航,并重申了1841年关于达达尼尔海峡和博斯普鲁斯海峡自由通航的条约。对法国而言,克里米亚战争似乎是一场真正的成功。第二帝国在国内和欧洲赢得了军事声誉,而且打开了维也纳体系的缺口。法国和英国结成同盟,1855世界博览会期间,维多亚女王还应邀访问法国。这是19世纪以来英国国家元首第一次访问法国。路易-拿破仑也接受维多利亚女王的邀请,回访英国。英法同盟关系变得前所未有的紧密,它们还共同协调在远东的军事行动。1856—1860年期间,英法两国沆瀣一气,对清朝发动了第二次鸦片战争。同时,英法两国在地中海的权益得到了保障,而俄国不仅遭到重创,还和持观望态度的奥地利、普鲁士也产生了间隙。为了纪念克里米亚战争的胜利,路易-拿破仑将新建的巴黎南北走向主干道命名为塞瓦斯托波尔大街。

意大利战争是路易-拿破仑发动的第二次重要战争。在克里米亚战争期间,皮埃蒙特-撒丁王国的首相加富尔积极参战,并在1856年巴黎和会上表达了意大利摆脱奥地利控制,实现国家统一的强烈诉求。1858年7月21日,加富尔和路易-拿破仑在普隆比埃会晤,双方签订反对奥地利的军事同盟。路易-拿破仑之所以支持意大利统一,一方面是因为他是意大利事业的热情支持者,在青年时期曾经积极参加意大利爱国党的反奥战争,另一方面希望撒丁王国割让萨伏伊和尼斯。

1859年4月27日,奥地利皇帝弗朗索瓦-约瑟夫在通牒撒丁王国终止军事备战活动未果后,亲征意大利。5月3日,法国宣布对奥作战。这一次,路易-拿破仑亲自率领10万法军,开拔到波河平原。6月4日,法意大联军在波河北部的马真塔打败奥地利军队。6月24日,双方在苏法利诺山展开决战。弗朗索瓦-约瑟夫率领16.3万奥军,对抗14万法国-撒丁军队。尽管人数处于下风,但法国和撒丁还是取得了胜利。但在苏利法诺战役中,法军损失惨重,伤亡1万多人,引起了法国公共舆论的担忧。

法国天主教徒担心教皇国的命运,反对撒丁国的声音愈发强烈。除此之外,路易-拿破仑也担心扎营在莱茵河对岸的普鲁士军队进犯。所以,他不顾意大利人的意愿,决定停止战争。然而,路易-拿破仑没有忘记承诺,在外交上仍然力推意大利的统一,把帕尔马、摩德纳、罗马的周围地区并入撒丁王国,在 1858 年又让托斯坎纳并入,最后还让它兼并了两西西里。撒丁王国虽有不满,但还是同意将萨伏伊和尼斯割让给法国。为了表示尊重"民众意愿",路易-拿破仑让两地实行全民公决。99%的尼斯人、99.8%的萨伏伊选择加入法国。自从复辟王朝以来,法国第一次在欧洲扩大了领土,增加居民 66.9 万。

和克里米亚战争一样,法军的表现难言令人满意,装备落后、备战仓促以及指挥体系混乱等缺陷暴露无遗。由于意大利统一战争导致教皇国孤悬于罗马,法国天主教徒开始疏离路易-拿破仑。路易·韦约的《寰宇报》明确走到帝国的对立面,许多中下级教士变成了"越山派"。但对路易-拿破仑而言,意大利战争同样是一次成功的冒险。法国在欧洲的军事威望进一步提升;相反,奥地利在欧洲的地位遭到削弱。8 月 15日,胜利回国的军队受到巴黎民众的夹道欢迎。为了庆祝胜利,路易-拿破仑宣布大赦。

经过一系列的冒险,路易-拿破仑的帝国梦在某种意义上得到了实现。通过克里米亚战争、意大利战争,法国沉重打击了俄罗斯和奥地利,重新恢复了在欧洲的大国地位,因而也动摇了维也纳体系。

第三节 自由帝国

一、路易-拿破仑的让步政策

随着帝国的逐渐巩固,路易-拿破仑在 19 世纪 60 年代也开始逐渐调整统治方式。在波拿巴主义者阵营中,拿破仑-杰罗姆亲王和佩尔西尼建议推行自由改革。路易-拿破仑本人由于身体每况愈下,也希望通过让步的政治改革,确保帝国的代代传承。

　　路易-拿破仑的调整首先出现在经济领域。自从 18 世纪以来,重商主义和贸易保护主义始终主导着法国的经济政策。路易-拿破仑在掌握法国大权后,也长期奉行贸易保护政策,因而得到法国工业家、大地产者以及天主教保守派的支持。然而,作为虔诚的圣西门主义者,路易-拿破仑也知道贸易保护主义也是法国工业革命进展缓慢、企业效率低下、技术革新动力不足的重要原因。同时,高关税政策既不利于法国进口急需的煤炭、钢铁和棉花等工业原料,也阻碍了红酒、丝织品以及其他奢侈品的出口。相反,英国在 1846 年就实行贸易自由原则。自从 19 世纪 50 年代末期起,路易-拿破仑就派遣舍瓦利埃和英国贸易委员会主席理查德·科布登(Richard Cobden)商讨英法两国签署自由贸易协定的可能性。1860 年 1 月 23 日,英法两国正式签署协定。路易-拿破仑推行自由贸易政策的决心异常坚决,还和比利时、普鲁士签署了自由贸易协定。

　　在自由贸易协定签订后,外国尤其是英国廉价商品对法国工业产生了重大的冲击,许多技术落后、资金匮乏和效率低下的纺织企业、铸铁工厂出现倒闭风潮。但需要指出的是,自由贸易政策也产生了一些积极的后果。譬如,和英国竞争的法国钢铁业淘汰了木炭冶炼,逐渐普及焦炭冶炼;法国葡萄酒、丝织品和奢侈品的出口迅猛增长。但就法国工业家和商人群体而言,多数人反对路易-拿破仑的自由贸易政策,将 1860 年英法自由贸易协定斥为"关税政变"。他们慢慢地疏离第二帝国,转而拥护在经济上更为保守的奥尔良派或共和派。

　　面对工商业人士的尖锐批评,面对意大利政策导致天主教保守派的反叛,路易-拿破仑政权必须要寻找新的统治基础。皇帝知道最初的支持者渐行渐远,所以竭力争取自由派和城市居民的支持。这也说明了波拿巴主义的弹性,它可以从保守立场灵活地转向自由政策。为此,路易-拿破仑逐渐缓和政治控制,试图赢得更多人的支持。

　　1859 年 8 月 15 日,为了纪念意大利战争的胜利,路易-拿破仑颁布大赦令,准许 1848 年六月起义者和 1851 年政变的反对者回国。在国外颠沛流离,生活困顿的多数反对派,如布朗基、德勒克勒兹和巴尔贝决定回到法国,但雨果断然拒绝接受赦免,斩钉截铁地表示:"唯有在自由回归的时候,我才会回归。"埃德加·基内同样选择继续流亡,并解释他为何拒绝大赦的原因:"我既不是被告,也不是罪犯。我是一个流亡者。我之所以被武力驱赶出祖国,乃是因为我忠于法律,忠于人民的委托。需要被赦免的人,不是法律的捍卫者,而是推翻法律的人。人们无法赦免法律和正义。我既不承认任何人有权流放我,也不承认有人能够任意地召唤我回国。"①

同时,路易-拿破仑也进行了若干扩大政治自由的改革。1860 年 11 月 24 日法令揭开了第二帝国改革序幕。它赋予立法团和元老院提交奏折的权利,同时设置三个不管部长,负责在两院解释和捍卫政府的政策。此前,每年议会开幕时,由皇帝致辞,两院议员只能洗耳恭听,不得表示异议。今后,议员们可以进行讨论,听取政府代表的解释,并通过一份奏折表达意见。同时,路易-拿破仑准许发表在此前不得公开的立法团和元老院的讨论过程。颇具象征意味的是,又在立法团恢复设置了讲坛。在财政问题上,皇帝也向议会里的"预算派"作出让步。

1861 年,皇帝要求财政大臣富尔德作出一项重大改革,即在议会休会时,政府不再以帝国法令的形式通过特别预算,确立反对派坚持的监督预算制度。路易-拿破仑针对议会的改革也重新燃起了反对派在法国建立议会制的希望:"法国忠于保障秩序的王朝,也同样忠于它认为于完成自身使命所不可或缺的自由。立法机构认为它是公共情感的阐释者。"②虽然路易-拿破仑没有同意建立他们所期望的议会制度,但议会辩论已经成为 19 世纪 60 年代法国政治生活中重要的风景线。

1867 年 1 月 19 日法令又带来了新的变化,它希望"对政府的内外政策的讨论更加有益、更加明确",规定"元老院与立法团的成员可以向政府提出质询",从而用质询权取代了奏折权。质询要求必须书面

---

① Sylvie Aprile, *La révolution inachevée 1815 – 1870*, p. 472.

② Sylvie Aprile, *La révolution inachevée 1815 – 1870*, p. 483.

提出或至少五名议员签署,经两院研究同意,再由议会确定讨论的日期,或交送政府。相应地,政府也会任命不管部长,代表自己回应议会的质询。

　　第二帝国的工人管理制度也从严苛趋于宽松。路易-拿破仑政府在1852 年 3 月 26 日颁布法律,允许工人成立互助社。新法律承认互助社的存在,支持它们的发展。合法的互助社能够募集疾病险和退休金,政府也会提供相应的场所和若干补贴;如果它们由市长和教士创建,那么应当吸收显贵参加,并能够募集失业险。1851 年,2 237 个互助会吸收成员 255 000 人;1869 年,6 139 个互助会,成员增加到 794 000 人。路易-拿破仑在 1858 年利摩日演说中,也高度评价了互助社的价值:"如果个人与自由社团的自发行动催生的力量能够融入我们的政治社会,我们的祖国将会完成 1789 年公民们所构想的伟大命运。"①

　　1803 年 12 月 1 日,执政府建立"工人身份证"(livret ouvrier)制度,记录着工人的姓名、性别、年龄、籍贯、工作经历和信用记录。"工人身份证"是政府和雇主控制工人流动的重要手段。在第二共和国时期,"工人身份证"制度被取缔。1854 年 6 月 22 日,拿破仑三世颁布法律,重新确立"工人身份证"制度,"不论男工或女工,凡被工场、工厂、矿山、露天矿场、采石场、工地、作坊以及其他工业企业所雇佣者,不论在一家或数家雇主处干活,必须拥有一本身份证"。手册在巴黎由警察局长签发,在外省由市长签发,"任何企业主人和经理都不得雇佣无身份证的工人"②。1868 年,路易-拿破仑成立一个专门致力于改革工人身份证和建立仲裁机构的委员会。该委员会提出了一项要求取缔 1854 年法律的法案,但被立法机构否决。但路易-拿破仑在参政院捍卫该法案时说道:"过去,人们已经作出了所有有益的改革,已经做了良善和正义的事情;如今,人们将依赖更多权威以维护秩序,因为力量源于理性和心悦诚服。"③

---

① Quentin Deluermoz, *Le Crépuscule des révolutions 1848 - 1871*, p. 119.

② 郭华榕:《法国政治制度史》,北京:人民出版社,2015 年,第 343 页。

③ Sylvie Aprile, *La révolution inachevée 1815 - 1870*, p. 442.

　　1864 年 5 月 25 日法律允许工人结社并罢工的权利。它规定："废止《刑法典》第四百一十四、四百一十五和四百一十六条,并颁布如下条款:第四百一十四条,为增加或降低工资,用暴力、粗暴行为、威胁和欺诈,侵犯企业自由和劳动自由的人,将被判处六日至三年的监禁与 16—3 000 法郎罚款,或者判处两种惩罚中的一种惩罚。第四百一十五条,如果是按照某项共同计划而犯罪,犯罪人将依法置于警察的监视之下,为期 2—5 年。第四百一十六条,凡根据一项共同计划而进行罚款、禁止、剥夺,而侵害企业自由与劳动自由的工人、雇主和工程承包人,将受到六日至三个月监禁和 16—300 法郎罚款,或此两种罚款中的一种。"①该法令废除 1791 年 6 月 14 日列沙白里哀法关于禁止工人罢工的条款。从此以后,凡不是凭借暴力、粗暴行动、威胁或欺诈行为,而争取增加工资、减少劳动时间或改善劳动条件的罢工,不再被视为犯罪。

　　1868 年 6 月 6 日法律允许工人进行公共集会。除了政治或宗教的集会,可以不经事先审批而进行。不过,在集会之前,必须呈递一份七人签名的声明,他们应当在集会的乡镇居住并享有公民权与政治权。这份声明包括签名者的姓名、身份、住址以及会议的内容、地点和时间。声明在巴黎呈送警察局,在外省呈送省长或区长。官方将出具收据,三日之后便能召开集会。每次集会应有一个领导机构,它由一名会议主席和至少两名助手组成,"他们负责维持会议的秩序和防止一切违法行为"。该法律虽然设置了诸多的限制,但工人为争取自身权益的集会不再非法,极大方便了工人斗争。

　　路易-拿破仑还致力于消除司法领域中针对工人的歧视。《民法典》第一千七百八十一条规定,雇主仅凭证言,即可证明工资的支付情况,但工人却必须出具更为有力的证据。如此条款不利于出现劳资纠纷,走向诉讼的雇工。1868 年 8 月 2 日法律宣布废止《民法典》第一千七百八十一条,取消法庭偏听偏信雇主证词的不平等。

---

① 郭华榕:《法国政治制度史》,第 346—347 页。

此外,路易-拿破仑为了争取工人支持,还在各种场合称颂工人群众。1866 年 5 月,他在欧塞尔宣称:"法国真正的天才存在城市和乡村。"然而,路易-拿破仑讨好工人阶级的做法却招致了保守派和工商业精英们的尖锐批评。《导报》的前主编和莫尔尼的追随者卢多维克·阿莱维(Ludovic Halévy)批评道:"法国的天才存在于不知道阅读书写,只会服从教士、警察,只会听从《世纪报》(这份报纸无异于小酒馆的官方报纸)经理阿文(Havin)的人当中[……]没有什么能比这种说法更明确、更直接地侮辱一个民族的有识之士了。"①路易-拿破仑得罪了工业家,却没有赢得工人的支持,因为他的让步尺度远不能满足后者追求自由与平等的热切。总体而言,共和主义与社会主义在工人当中变得更为流行。

二、反对派的复兴

通常而言,能够限制、规约和皈依政治反对派是衡量一个政权是否取得成功的重要标志。从这个角度而言,第二帝国并不算成功。19 世纪50 年代,政治反对派之所以没有公然挑战第二帝国,一方面是畏惧屠杀、监禁和流放,另一方面也是它们的政治策略使然。波旁王朝的觊觎者尚博尔伯爵反复禁止正统派参与政治;共和派政治家为了避免向皇帝宣誓,也抵制选举活动,或者在当选后放弃议员的资格。譬如,里昂的共和派埃农(Hénon)在 1852 年立法选举中当选,但选择放弃。所以,在帝国的第一届立法议会上,除了弗拉维尼(Flavigny)、居安和勒基安(Lequien)等少数"预算派"外,自由派天主教徒蒙塔朗贝尔可能是唯一的公开反对者。他捍卫自由,抨击波拿巴主义,主张建立英国式的议会主义。

1857 年的立法选举给立法团带来了反对派群体。里昂的埃农,蒲鲁东的秘书阿尔弗雷德·达利蒙(Alfred Darimon)以及三位共和派律师皮卡尔(Picard)、朱尔·法夫尔和爱弥尔·奥利维耶当选。鉴于其鲜明的反对派立场(但皆是温和派),他们被称为"五人小组"。在 1860 年路易-

---

① Sylvie Aprile, *La révolution inachevée 1815 –1870*, p. 447.

拿破仑扩大议会权限之前,他们的影响颇为有限。尽管如此,皮卡尔还是勇敢批判了官方候选人制度,严格审查财政问题,并成为塞纳省长奥斯曼最尖锐的批评者。

议会并不是政治反对派最为活跃的场所。由于政府严格管制咖啡馆和小酒馆,更具私人性的沙龙便成了他们经常碰头、议论国事的主要场所。沙龙并不是正统派与奥尔良派显贵们的专利,共和派沙龙也开始出现。共和派经常出入玛丽·德阿古和朱丽叶·阿达梅(Juliette Adame)主持的沙龙。青年学生活跃起来,他们经常创办反对政府但总是昙花一现的报纸如《劳工报》《青年法国》《运动》《自由思想》《法国的学校》以及《左岸》。年轻一代的共和派(如乔治·克雷蒙梭)开始崭露头角。路易-拿破仑经常以当代恺撒自居,在历史学家维克托·迪吕伊(Victor Duruy)的帮助下,撰写过一本研究恺撒的著作——《恺撒的一生》。奥古斯特·罗热亚尔(Auguste Rogeard)针锋相对地撰写《拉比努斯的意图》①,对前者的著作极尽嘲讽。

共济会也是共和派聚会的大本营,它鼓吹实证主义和自由思想。在吕西安·缪拉的庇护下,共济会吸纳了不少的反教权主义和持不同政见者。1854 年,第二帝国改组共济会,杰罗姆·波拿巴以及皇帝的亲信贝尔纳-皮埃尔·马尼昂先后成为其领导者,并取缔了其在外省 222 个共济会中的 120 个。从 19 世纪 60 年代起,共济会又重新变成反对派的活动中心。针对路易-拿破仑妄图通过对外战争,恢复帝国荣耀的野心,共济会成员积极推动国内外的和平运动,他们推动召开 1865 年的伯尔尼会议、1867 年的洛桑会议以及 1868 年的日内瓦会议。这些会议的规模都很大,它们不仅主张和平,也反对帝国。

除了和平抗议外,19 世纪 50 年代还出现了一些反对帝国的暴力事件。1855 年 4 月 28 日,意大利人皮奥诺利(Pionori)刺杀皇帝未果。1857 年 6 月 13 日,警察在加里波第的追随者保罗·蒂巴尔迪(Paolo

---

① 拉比努斯(Labienus)在征服高卢时曾经是恺撒麾下的大将,但在内战中反对恺撒。——笔者注。

Tibaldi)的家中,发现了准备行刺皇帝的资金与匕首。1858年1月,奥尔西尼试图炸死路易-拿破仑被捕;共和派律师朱尔·法夫尔为他撰写的辩护词在公共舆论中引起轩然大波。3月13日,奥尔西尼被执行死刑。在奥尔西尼刺杀事件爆发后,第二帝国通过一项新的公安法,严厉打击"为了破坏公共和平,煽动仇恨,蔑视帝国政府,在国内外从事颠覆活动与酝酿阴谋的人"。

奥尔良派始终在寻求君主制和革命的妥协。作为自由派,他们捍卫"中产阶级"的利益,支持议会制,要求公共自由;作为保守派,他们希望保护所有权,实行贸易保护主义。他们拥有杰出的笔杆子,如托克维尔和夏尔勒·德·雷米扎,经常在俱乐部或沙龙里聚会。奥尔良派的喉舌是《辩论报》和《两世界杂志》。同时,新一代的自由派也开始崭露头角,代表人物是阿纳托·普雷沃-帕拉多尔(Antole Prévost - Paradol)。奥尔良派并不关心政体形式,而更多地强调对自由的尊重。不过,他们依然鼓吹精英民主,厌恶民粹色彩浓厚的全民公决。

正统派的觊觎者尚博尔伯爵从未放弃过复辟波旁王朝的梦想,他始终禁止正统派介入第二帝国的政治生活。选择"国内流亡"的正统派也没有停止过对昔日主子的怀念,许多人严格遵守尚博尔伯爵的禁令,置身于政治事务之外。1862年,4 000人前往卢塞恩朝觐在此逗留的尚博尔伯爵。正统派的根基在法国西部以及南部,拥护正统派的报纸有《同盟》(L'Union)和《法兰西日报》(La Gazette de France)。

第二帝国支持意大利统一战争的政策让法国天主教徒尤其是"越山派"失望至极。在1861年讨论奏折时,91名立法团成员反对政府的罗马政策,61名元老院代表也持反对立场。在议会之外,越山派议员经常会得到自由反对派(如梯也尔、维克多·库赞、基佐)的支持。路易-拿破仑在意识到其意大利政策对天主教徒造成的伤害后,试图通过保障教皇在罗马的统治,保护法国神甫的海外传教事业,以改善和梵蒂冈、天主教会的关系。但许多越山派毫不领情,路易·米约领导的《寰宇报》变成了毫不妥协的帝国批评者。1863年5月,6名主教签名的通谕鼓励教士及其支持者参加立法选举,并可以自由投票。这意味他们和帝国的官方候选人制度产生了决裂。下级教士更具保皇色彩,也更具斗争精神,积极地介入选举。在上索恩省,"每个堂区都变成了选举中心"。教会的策略并非总能赢得选举胜利,但教士重新参加选举产生了两个重要结果:一方面导致教士和政府的结盟出现破裂;另一方面也滋长了反教权主义,助长了反教权的波拿巴派,他们谴责教会介入国家事务。教皇庇护九世也没有原谅路易-拿破仑,在 1864 年先后颁布通谕《何等关切》(*Quanta Cura*)和《谬误大全》(*Syllabus*),列举了 80 种哲学、伦理学和政治的谬误,主要谴责信仰自由、言论自由、出版自由以及自由主义。

更令路易-拿破仑头疼的是,从 1860 年起,各个反对派开始合流。同时,议会里政治反对派也不再孤军奋战,因为路易-拿破仑的罗马政策和英法自由贸易协定把成千上万的天主教徒和工商业人士推到了帝国的对立面。1861 年,"自由同盟"成立,它吸收了奥尔良派的维克多·德·布罗格利、天主教徒蒙塔朗贝尔与法卢、正统派贝里耶(Berryer)、温和共和派朱尔·法夫尔与卡尔诺。自由同盟的灵魂人物是在此时尚身处议会之外,拒绝效忠帝国的梯也尔。对自由同盟的成员们而言,帝国既不是真正的君主制,也非真正的共和国。在他们看来,在法国建立君主制抑或共和国无足轻重,关键是要建立自由选举制、议会制、责任内阁以及权力分立。他们的目标并不是要推翻强大的帝国,而是竭力推动它朝着自由的方向前进。

在 1864 年立法选举中,反对派取得了重大胜利。反对派总共获得选票 190 万张,而他们在 1857 年仅仅获得 66 万张;他们斩获 32 个议席,其中 14 名是独立派,13 名共和派,4 名奥尔良派和 1 个正统。在巴黎,爱弥尔·奥利维埃和朱尔·西蒙等温和派当选议员。而且,奥尔良派的领袖人物梯也尔也成功当选。1864 年 1 月 11 日,梯也尔在立法团发表了著名演说《论不可或缺的自由》,要求帝国保障个人自由、出版自由、选举自由、议会自由和内阁制。梯也尔的演说产生了很大反响,实际上变成了各个政治党派的共同行动纲领。

　　在议会之外,反对派的活动也很活跃。1860年,普雷沃-帕拉多尔撰写《旧党派》,呼吁自由派、保皇党与共和派摒除分歧,携手合作。1861年,他又出版《论议会制政府》。1861年,艾蒂安·瓦舍罗(Étienne Vacherot)的《论民主》也表达了在法国建立有限政府、议会制和公共自由的愿景。两位作者都因为宣扬自由政府而身陷囹圄。1863年,法兰西公学教授爱德华·德拉布莱(Edourd de Laboulaye)发表《自由派及其纲领和未来》,要求确认政治自由、个人自由和社会自由。

　　随着路易-拿破仑放宽政治控制,反对派也创办报纸。1859年9月,在波拿巴派的左翼领袖拿破仑·杰罗姆的推动下,阿道夫·盖鲁(Adolphe Guèroult)创办《国民舆论报》,经常批评帝国的权威统治和教权主义。1861年4月,奥古斯特·内夫策(Auguste Nefftzer)创办《时报》,它是自由派阵营的重要喉舌。《时报》的基本立场是倡导良心自由、国籍自由、政治自由,鼓吹义务教育,关心欧洲政治格局的演变,支持意大利统一,但对普鲁士的崛起忧心忡忡。《时报》的影响迅速扩大,销量也扶摇直上,在1864年已经达到1万份。在随后的岁月里,巴黎还涌现了《青年庸才》《国民未来》等报纸;报业大亨埃米尔·德吉拉尔丹也重新出山,创办《自由报》。相反,外省报纸仍然主要掌握政府手里。在19世纪60年代,外省存在的共和派报纸主要有《吉伦特派报》《卢瓦河灯塔报》《进步》,而自由派报纸有《图卢兹日报》和《北方回声报》。

　　1868年5月出版法取缔事先审批和警告制度,导致法国反对派报纸迅猛发展。在不到一年时间内,法国涌现了140多份报纸。天主教自由派奥古斯丁·科尚(Augustin Cochin)创办《法国人》,雅各宾派夏尔勒·德勒克勒兹创办《觉醒》,社会主义者朱尔·瓦莱斯创办《人民》,共和派朱尔·费里和甘必大(Gambetta)分别创办《自由选民》和《政治杂志》等。最著名的反对派报纸当数亨利·罗什福尔(Henri Rochefort)在1868年5月31日创办的《灯柱》。在《灯柱》的第一期上,罗什福尔写道:"我是一个虔诚的波拿巴主义者。人们请允许我选择波拿巴主义王朝中的英雄。

[……]我宁愿选择拿破仑二世。对我而言,他是君王的理想。"①拿破仑二世是拿破仑一世英年早逝的儿子,实际上从未统治过法国。罗什福尔对第二帝国的嘲讽和痛恨可见一斑,但《灯柱》也因此被取缔,转入秘密发行。他本人为了避免入狱,不得不选择流亡国外。第二帝国统治末期,反对派报纸的销量遥遥领先。在1868年的巴黎,波拿巴主义报纸的销量是3.7万份,而自由派与共和派报纸的销量高达11万份。

　　1868年也是新一代共和派走向政治舞台的重要年份。11月份,在1851年政变期间丧生的波丹议员的墓地被人发现。《觉醒》的主编德勒克勒兹和《国民未来》的主编阿尔方斯·佩拉(Alphonse Peyrat)发起募捐活动和游行示威,重新安葬波丹,并为之竖立纪念碑。他们的呼吁也得到了《世纪报》《时报》《巴黎日报》和《论坛报》等反对派报纸的积极响应。募捐活动和游行示威大获成功。政府采取反击措施,对募捐和游行的主要组织者德勒克勒兹提请司法诉讼,控诉他们危害国家安全。甘必大为德勒克勒兹进行辩护,把法庭变成了抨击帝国、宣扬共和的战场。他对1851年政变进行了无情的批判:"显而易见,人们无法通过钳制国家而拯救社会。他们说,国家支持政变。是的,他们利用交通工具、蒸汽、电报,以外省的名义欺骗巴黎,以巴黎的旗号愚弄外省。巴黎服从,乃是因为它遭到屠杀和枪击。难道他们不是在谈论全民公决,谈论国民意志的批准吗? 人民的意志不可能自我摧毁。"②

　　路易-拿破仑最迫切希望拉拢的工人也不满意自己的政治地位,要求推选产生真正能代表自己的议员。早在1832年,圣西门分子让-雷诺(Jean-Reynaud)发表一篇主张选举工人议员的文章《论无产者专职代表的必要性》。19世纪60年代,选举工人议员的呼声更为响亮。在1863年立法选举中,巴黎工人破天荒地将雕工托兰(Tolain)推选为自己的候选人。尽管托兰在选举中落败,但这表明法国工人的政治意识开始

---

① Eric Anceau, *Napoleon III*, p. 463.
② Sylvie Aprile, *La révolution inachevée 1815-1870*, p. 495.

觉醒。1864 年,《国民舆论报》发表了一份由 60 个工人签名的宣言书(史称《六十人宣言》),旗帜鲜明地表达了工人阶级的社会政治立场:"不,我们没有得到代表,所以我们要提出工人候选人的问题。我们知道人们并不会谈论工业、商业、军队、媒体的候选人;虽然此种说法并不存在,但它们的存在却是事实。"①《六十人宣言》要求第二帝国进行立法改革,肯定集会权利和结社权利。1864 年罢工法的颁布在一定程度上是路易-拿破仑对《六十人宣言》的回应。

1864 年准许罢工的法律也改变了工人运动的策略。从 19 世纪初以来,法国罢工的次数很少,而且通常只是地方性的、自发性的罢工。1864 年法律的直接影响是显而易见的。仅在同年,法国爆发了 110 场罢工,参加人数达 2 万人。1869 年也出现了 76 次罢工。这些罢工通常由熟练工人领导,要求缩短劳动时间、提高工资或改善劳动条件。帝国时期的罢工主要局限于经济领域,并不反对帝国。各省省长执行 1864 年法律的方式虽然千差万别,但他们面对罢工时,不再完全偏袒雇主却是不争的事实。他们奉行的原则是:在罢工并不严重时,政府不予干预;当出现暴力冲突后,要尽可能扼杀;当罢工扩大化后,要予以严厉镇压。

几乎与此同时,马克思和恩格斯创建的国际工人协会(第一国际)的影响也开始渗透到法国。国际工人协会创建于 1864 年的伦敦,由英国产业联合会、德国社会主义的流亡者、法国的熟练工人等共同发起。它的目标是在工业国家捍卫工人权利,支持罢工,并团结各国工人共同反对资本家。在斗争策略上,国际工人协会内部存在严重分歧:马克思支持工人夺取国家,进而公正地分配财富;巴枯宁则积极推动工人协会的组织,主张在摧毁国家后,由它们重建一个平等的社会;蒲鲁东则宣扬要在生产者和消费者之间进行公平交易,同样主张社会的自治管理,反对国家干预和政治行动。1865 年,第一国际在巴黎建立第一个分支机构,随后扩展到圣艾蒂安、马赛、鲁昂、兰斯和利摩日等城市。第一国际在法

---

① Sylvie Aprile, *La révolution inachevée 1815 - 1870*, p. 445.

国的影响很大,但凡在其建有分支机构的地方,它们就能推动罢工的政治化,把工人团结在自己的旗帜之下。在巅峰时期,第一国际吸收会员一万多人。第二帝国畏惧于第一国际的声势,最后以"非法结社"为借口,将之取缔。第一国际在法国的活动被迫转为地下。在瓦尔兰和马隆的影响下,法国的第一国际支部逐渐放弃温和的斗争策略,开始把政治革命提上日程。

第四节　第二帝国的覆灭

一、自由帝国

　　路易-拿破仑在19世纪60年代作出的让步政策似乎非但没有达到巩固帝国的效果,其释放的政治空间反而让政治反对派变得更加活跃,而且激进化的倾向愈发明显。

　　第二帝国的统治基础出现了严重动摇,不仅意大利政策和1860年英法自由贸易协定将许多天主教徒与工商业人士推向了对立面,而且作为帝国的铁杆支持者,曾经支持1851年政变的政治领导人也逐渐衰老。在帝国初期,大臣们的平均年龄是48岁,而在1867年,大臣们的平均年龄达到59岁。路易-拿破仑的许多心腹也相继离世。譬如,阿道夫·比约逝世于1863年,莫尔尼逝世于1865年,财政大臣富尔德逝世于1867年,拿破仑一世的私生子、长期担任外交大臣的华伦斯基和帝国首席法学家特洛隆也在1869年离开人世。而且,波拿巴主义无法吸引年轻的追随者。一个波拿巴主义者禁不住哀叹道:"请你们在保守道路上寻找有抱负的青年,并点出他们的名字!你们找不到这样的人。反对派攫取了一切,汇聚了一切,团结了一切。"①

　　在是否继续推进19世纪60年代的自由改革问题上,波拿巴主义者阵营的内部也出现了分裂。第二帝国的第二顺位继承人拿破仑亲王是

---

① Sylvie Aprile, *La révolution inachevée 1815-1870*, p. 490.

波拿巴派的左翼,他鼓吹教权主义,呼吁改善工人和农民的社会处境,并主张通过深化改革,扩大政治自由,推动帝国朝着议会制的方向发展。拿破仑亲王在第二帝国时期所扮演的角色,有点类似于路易十六统治时期的奥尔良公爵,始终高举改革和自由的旗帜。相反,"副皇帝"、国务大臣鲁埃反对路易-拿破仑的自由化改革,他和欧仁妮皇后始终在寻找机会,妄图遏制帝国的自由化,重建绝对权威。鲁埃离间政敌,安插亲信的做法让自己到处树敌。佩尔西尼仍然忠心耿耿,为主子殚精竭虑,但对欧仁妮皇后频繁干预政治的做法感到不满。1867 年 11 月,佩尔西尼将一份谴责皇后干政的备忘录递交给皇帝后,开始失宠。

　　出生于 1808 年的路易-拿破仑本人也抵挡不住岁月的侵蚀,开始变得老态龙钟。1869 年 8—9 月,皇帝的身体状况最为糟糕,长期患有的膀胱病和肾结石让他痛苦不堪。在此期间,他既无法正常听取元老院的辩论,也无法主持内阁会议,甚至他每年会出席的 8 月 15 日纪念拿破仑一世诞辰的盛大庆典也是草草了事。为了减轻病痛,他经常服用鸦片,多次出现昏厥;声音变得虚弱,写字变得困难,字迹难以辨认。在专制政体下,领导人身体的健康状况总是会影响到政局的安稳。皇帝病危的消息在坊间流传,几度导致股票价格的下跌。为了打消公众的疑虑,《政府公报》经常辟谣,甚至皇帝本人也在 9 月 4 日在街头散步,以证明自己身体的无恙。官方报纸进行了意味深长的报道:"人们无需担忧皇帝的健康。他昨晚还参观了维尔纳夫-埃当,散步两个半小时。"

　　尽管对外宣传身体无恙,但路易-拿破仑还是把摄政问题提上了日程。10 月 7 日法令作出规定,在皇帝不在巴黎或逝世的情况下,欧仁妮皇后将担任摄政,但要接受拿破仑亲王、鲁埃、佩尔西尼、黎峨·德热努伊(Rigault de Geouilly)、德拉瓦莱特(de La Valette)、巴黎大主教、最高法院院长和陆军大臣的辅佐。在皇后无法摄政的情况下,拿破仑亲王担任摄政;为了避免拿破仑亲王篡权,拿破仑三世将他的两位政敌莱蒂(Laity)和杰罗姆·大卫(时任巴黎军区司令)安插到摄政会议。皇太子的保卫工作委托给深受路易-拿破仑信任的弗罗萨尔(Frossard)将军。

1869 年,第二帝国遭遇了史无前例的信任危机。这一点在 5 月的立法选举中尽显无遗。政府只得到 443.8 万票,反对派获得了 335.5 万票,而弃权者也多达 229.1 万票。从议席的分配来看,反对派取得的胜利也是有目共睹。根据《导报》的统计,总共有 292 人当选议员;在拥护政府的 216 名议员中,81 人是铁杆的波拿巴派,即所谓的"马穆鲁克",98 人属于王朝独立派;在 74 名反对派议员中,49 人属于自由派,25 人是坚定的共和派与激进派。① 值得注意的是,官方候选人在谈及政府支持时,也开始变得遮遮掩掩,近一半的人刻意和政府保持距离,强调自身立场的独立性。

坚定的共和派旗帜鲜明地提出了截然不同于帝国政策的政治纲领。譬如,甘必大在巴黎东部发表了著名的《贝尔维尔纲领》,要求全面推行普选,选举产生市长、市参事和国家议员,合理划分选区;保障个人,反对政府的任意与专断;取缔 1858 年公安法;确立充分的出版自由,取消印刷和销售的审批许可制;集会自由不受限制,建立讨论宗教、哲学和社会问题的自由;废止限制结社的刑法第二百九十一条,确立充分的结社自由;实行政教分离,取消宗教预算;推行世俗、免费和强制的初等教育,推广考试,准许优秀学生获得免费的高等教育;取消入市税,取消高额的俸禄与薪金,改革税收制度;选举产生各级官员;取缔常备军,消灭特权与垄断;开展经济改革,解决社会问题,实现正义和社会正义,等等。② 在《贝尔维尔纲领》的结尾,甘必大明确主张建立"真正的民主",反对"恺撒的民主"。

在时人看来,1869 年 5 月的立法选举标志着鲁埃代表的波拿巴派右翼的重大失败。面对这样的选举结果,佩尔西尼写信给奥利维埃,评论道:"皇帝不得不继续推进他开启的自由道路,但必须诉诸强大、明智、勇敢和坚定的青年一代。至于像我这样的 12 月 2 日派,[……]我们的角色已经终结。"③7 月 6 日立法团开幕,116 名自由派议员对政府提出质

---

① 乔治·杜比:《法国史》(中卷),吕一民、沈坚、黄艳红译,北京:商务印书馆,2010 年,第 1113—1114 页。

② Sylvie Aprile, *La révolution inachevée 1815 – 1870*, p. 498.

③ Sylvie Aprile, *La révolution inachevée 1815 – 1870*, p. 469.

询,要求建立"向皇帝和议会负责"的内阁。这是向皇帝施加压力,要求驱逐鲁埃。鲁埃表示:"我对一切已做好准备。只要陛下作出英明决定,我将遵命而行。如果需要自由前进,我就前进;相反,如果需要反对自由,我也就去反对自由。皇帝的任何决定,我都绝对执行。"皇帝决定抛弃自己的"副皇帝",向自由派妥协。7月12日,鲁埃宣布辞职。7月17日,路易-拿破仑建立以沙卢瑟-洛巴(Chasseloup - Laubat)为首的过渡内阁,准备开启新一轮的改革。

1869年9月8日,元老院颁布一项改革法令。它宣布对1852年宪法、1852年12月5日元老院法令和1861年12月31日元老院法令进行修改,加强议会权力。"皇帝和立法团拥有立法创议权",立法团选举它的主席、副主席、秘书。元老院和立法团的成员有权向政府提出质询。大臣服从皇帝,承担责任,而元老院有权起诉他们;大臣可以是立法团或元老院的成员,有权参加两院的会议,并要求发言。当元老院认为某项法令应该修改时,它应该将之交由立法团审查。同时,9月8日元老院法令也改革预算表决制度,立法团有权对皇帝的俸禄、法院、军队、警察、国民自卫军、宗教管理、科学管理、大学图书馆以及历史研究等进行表决。

威权派在继续丧失阵地。在同年11月22日的立法团补选中,罗什福尔、阿拉戈、克雷米约等共和派入选,反对派的势力进一步得到提升。11月29日,路易-拿破仑在立法团发表演说,阐述了其在改革问题上的立场:"法国希望自由,但也渴望秩序。对于秩序,我已经满足了它的愿望;先生们,请你们帮助我奠定自由。"也就是说,路易-拿破仑希望融合秩序和自由,为帝国开辟新的征程。不论路易-拿破仑的意愿是否真诚,但他的改革面临着各色各样的挑战。

经过1868年的短暂平静后,罢工运动在1869年和1870年卷土重来。它几乎席卷了所有的行业和主要的工业城市。1864年准许罢工的法律颁布后,第一波罢工浪潮主要出现在巴黎,但新一轮罢工浪潮主要发生在外省。起先是1868年底到1869年初诺曼底纺织工人的罢工,继而是1870年阿尔萨斯纺织工人的罢工。1869年6月,中央高原的矿工罢工招致了军警的介入,并造成了严重的人员伤亡:1869 年 6 月在里加马里致死 13 人,同年 10 月在奥班致死 14 人。1870 年 1 月和 3 月,在立法团主席施耐德的大本营勒克勒佐,工人为争取自身互助基金的管理权、八小时工作制以及将日薪提高到 5 法郎而举行两次大罢工。面对如火如荼的罢工运动,无论是鲁埃内阁,还是夏斯鲁-洛巴的过渡内阁,都放弃了中立原则,重新倒向资本家,派遣军警进行残酷弹压。4 月 7 日,检察官指斥勒克勒佐的罢工工人:"资本和劳工的斗争并不存在;一些工人在破坏为祖国创造财富的劳动[……]令人尊敬的管理方将勒克勒佐变成了幸福之地,变成了科学与道德的学校,但这些人却忘恩负义[……]社会在面临威胁!"①

　　经过 1868 年的诉讼,第一国际在法国的影响力曾经有所减弱,但它此时卷土重来,而且势头更猛。1869 年,它在各大城市均重新建立分支机构,领导者主要是坚定的集体主义者、共和派和革命者。在巴黎有装订工瓦尔兰和染布工马隆,在鲁昂有石印工奥布里,在里昂有里夏尔,在马赛有巴斯特里加。他们到处组建工会,是几乎所有罢工运动的幕后组织者。国际工人协会的成员成千上万地增加。在第一国际的影响下,工人们想要消灭帝国,召唤共和国,认为它既能带来政治自由,也可实现社会正义。奥利维耶竭力阻止工人运动的发展和社会主义思想的蔓延,在 1870 年 6 月下令逮捕第一国际各个分支机构的领导人,并重新解散它。

　　1870 年 1 月 10 日,皇帝的堂弟皮埃尔·波拿巴(吕西安·波拿巴的儿子)杀死记者维克多·诺瓦尔的丑闻,更是让波拿巴家族直面公共舆论的抨击。事情的起因是在《马赛曲报》发表了一篇抨击波拿巴家族的文章后,皮埃尔·波拿巴向其主编罗什福尔及其同盟报纸《复仇》的主编帕沙尔·格鲁塞(Paschal Grousset)发起决斗的邀请。记者维克多·诺瓦尔被派往皮埃尔·波拿巴的府邸,准备决斗事宜。在协商过程中,双方起了冲突,皮埃尔·波拿巴举枪射击诺瓦尔,造成了他的死亡。罗什

---

① Sylvie Aprile, *La révolution inachevée 1815－1870*, p. 505.

福尔在《马赛曲报》掀起了一场针对波拿巴家族的指控:"我不敢想象一个波拿巴家族成员居然可能变成一个凶手[……]十八年以来,法国处在这些沾满鲜血的暴徒的统治之下,他们不仅在街头枪杀共和派,还将之引到肮脏的场所,进行扼杀。法国人民,难道你们忍受得还不够吗?"[1]1月12日,举行维克多·诺瓦尔的葬礼,超过8万的巴黎市民参加。面对群情激昂、规模庞大的游行队伍,第二帝国派重兵把守从拉雪兹公墓到爱丽舍的所有要道和交叉路口,避免葬礼演变成暴动。为了避免丑闻继续发酵,政府在1月17日批准逮捕罗什福尔,将之关押在圣佩莱热监狱。相反,法院却宣判凶手皮埃尔·波拿巴是自当防卫,将之无罪开释。尽管此种判决结果并非路易-拿破仑所愿,却进一步降低了他在民众中的声望。

路易-拿破仑希望通过任命新内阁,争取中间派的支持,以摆脱内外交困的局面。他把目光投向了爱弥尔·奥利维耶。奥利维耶曾经是共和派,但在19世纪60年代归顺第二帝国。1869年12月,路易-拿破仑数次召见奥利维耶,请求他组建"一个能够忠实代表立法团多数的内阁"。奥利维埃四处斡旋,希望能团结中右派(在政治上拥护波拿巴主义而非议会制)和中左派(在政治上拥护议会制而非波拿巴主义)。虽然基佐和普雷沃·帕拉多尔乐于见到一场"和平的革命",但梯也尔为首的奥尔良派毫不客气地将奥利维耶批评为"裙带政府的哨兵"。除了比费(Buffet)和达吕(Daru)分别出任财政大臣与外交大臣外,自由派拒绝加入内阁。共和派甘必大对奥利维耶内阁的批评更加尖锐:"你们只是1848年共和国与未来共和国的一座桥梁;我们将跨过这座桥梁。"因此,奥利维耶只能选择皇帝的亲信和波拿巴派的左翼充任内阁成员。路易-拿破仑安插亲信担任军队要职,如勒伯夫(Le Boeuf)任陆军大臣,黎峨·德热努伊任海军和殖民大臣。1月2日,奥利维耶组阁完成。人们通常将奥利维耶执政的时期,称为"自由帝国"。

---

[1] Sylvie Aprile, *La révolution inachevée 1815 - 1870*, p. 504.

奥利维耶在高级官员中进行了适度的清洗,最有名的牺牲品当数塞纳省长奥斯曼,他是威权帝国的重要象征。1 月 10 日,奥利维耶在立法团发表演说,宣称他的政府"要进步,不要暴力;要自由,不要革命"。路易-拿破仑在写给奥利维耶的一封信中,也表达了矢志于改革的决心:"朕认为,为了结束某些人不加节制,且让舆论感到担忧,造成不稳定的变革愿望,是时候着手进行帝国宪法政府所要求的各种改革了。"

奥利维耶和路易-拿破仑的改革主张在 1870 年 4 月 20 日的元老院法令中得到充分体现。这项元老院法令在 1868 年 9 月 8 日元老院法令的基础上,削减参政院的权力,扩大立法团和元老院的权限,规定"立法权由皇帝、元老院和立法团集体行使","立法创议权属于皇帝、元老院和立法团",同时剥夺元老院的制宪权,认为此项权力只属于皇帝和人民。不过,4 月 20 日元老院法令和自由派期望的议会制仍相差甚远,皇帝的权力很少受到节制,他依然拥有统帅军队、宣战媾和、缔结商约、任命官员和大赦的权力,依然有权宣布召开或解散议会。此外,路易-拿破仑将帝国传给儿子的愿望也得到满足,它规定皇帝称号应由其"直系的、合法的、男性后代的长子继承";假如绝嗣,则由拿破仑亲王及其后裔继承。

1870 年 5 月 21 日,对 4 月 20 日元老院法令举行全民公决。全民公决的投票设置体现了路易-拿破仑的个人意愿:"人民赞成 1860 年以来皇帝得到重要国家机构支持,并由 1870 年 4 月 20 日元老院法令批准,针对宪法作出的自由改革。"在全民公决法案的末尾,还附有一份皇帝告法国人民书:"通过作出肯定性投票,你们将消除革命威胁,将奠定秩序和自由的坚实基础,你们将使皇位传给朕的儿子变得更加容易。"路易-拿破仑的意图异常清楚,他希望告诉法国人,即将作出的自由改革乃是其恩准的结果,其目标也是维护波拿巴家族的统治。

路易-拿破仑获得了其希望的结果。他获得赞成票 735.8 万张,反对票 153.8 万张,弃权票 190 万张。除了塞纳省(反对派 18.4 万,赞成票 13.8 万)和罗讷河口省外,法国所有省份都投了赞成票。在法国西部和中部的某些省份,支持率甚至高达 75%。帝国的反对者主要局限于大城市,绝大多数的中小城市和广大乡村地区依然是帝国的可靠同盟。对于这个结果,皇帝兴奋极了。"我重新找回了我的选票",他激动地抱着太子说,"我的孩子,你将因这一次的全民公决而加冕"。他认为,"帝国的江山固若金汤",所以能够"畅想未来,无需畏惧"。奥利维耶也不无得意地指出:"在欧洲维持和平比任何时代都可靠。"共和派也不得不承认波拿巴派大获全胜,甘必大沮丧地表示:"这是一次碾压,皇帝变得前所未有的强大。"若非普法战争的意外,自由帝国的实验可能仍将进行。

二、普法战争的失利

在欧洲大陆,路易-拿破仑推行的外交政策自相矛盾。一方面,他坚持青年时代的政治理想,支持各民族独立并建立统一国家的努力,但另一方面,他又不放弃重建帝国的野心,有时会要求对方割让领土作为承认的补偿。譬如,他支持撒丁王国针对奥匈帝国的意大利统一战争,获得了萨伏伊和洛林。在法国天主教徒提出强烈抗议后,他又不顾撒丁王国的反对,单方面和奥匈帝国停战,阻挠意大利将罗马作为首都。这又引起了意大利人的反感与痛恨。所以,路易-拿破仑奉行的外交政策不仅矛盾,而且危险。这一点,在对普鲁士的外交政策上表现得更加明显,结果招致了灭顶之灾。

在铁血宰相俾斯麦主导的德国统一战争中,拿破仑三世起初也支持普鲁士。但是,他只愿意普鲁士以"小德意志"的方式统一德国,允许它建立北德意志同盟,但坚决它反对吞并巴伐利亚、符腾堡等南部各邦。并且,拿破仑三世还向俾斯麦提出了割让南部德意志部分领土的要求,在遭到拒绝后,又想兼并比利时和卢森堡作为补偿。

和当时欧洲许多国家领导人一样,拿破仑三世估计普鲁士的统一战争会持续很久。然而,1866年,普鲁士在萨多瓦战役迅速击垮奥地利的事实,打破了拿破仑的计划。在当时法国舆论看来,萨多瓦战役也是法国的失败。路易-拿破仑三世意识到,正在崛起的普鲁士将会威胁第二帝国的宏图霸业。普鲁士训练有素的士兵、精良的军事装备以及全民皆兵的兵役制度都给他留下了深刻的印象。1867 年初,拿破仑三世决定加强法国军备,并进行军事改革。他任命尼埃尔(Niel)元帅为陆军大臣,准备征召 88.4 万士兵。根据原定的改革方案,所有成年男子都必须服兵役,但遭到多数地区和各个阶层的强烈反对,立法团对它作出了重大的修改。1868 年 1 月 14 日,通过了一项对现存制度进行微小调整的"尼埃尔法律":抽签制度和代人应征的制度得到保留,服兵役的年限也从七年降为五年。尼埃尔法律宣布建立国民机动部队,但它的组织却迟迟不能变成现实。

尼埃尔的继任者勒伯夫积极推动法国军备的现代化,尤其想推广法国上校莱菲(Reffy)发明的夏斯波步枪,但法国军工企业的生产效率低下,普法战争爆发前,只生产出了 200 支。法国铜制大炮的威力无法和普鲁士的克房伯钢炮媲美。在军事制图方面,法国几乎是完全空白。在战争爆发时,法国军方竟然没有一份精确的地图可用。而且,从 1866 年起,俾斯麦就投入了对法战争的准备,因为他认为德国统一大业的完成必须以打败拿破仑三世为前提。因此,相对于普鲁士而言,第二帝国在各方面均落下风。

普法战争是如何爆发的呢?法国在萨多瓦战役后反对普鲁士的乘胜追击以及俾斯麦反对拿破仑三世的领土要求,让两国结下了梁子。普法战争爆发的直接原因是 1870 年 7 月 3 日后西班牙王位继承人安排引发的外交危机。1870 年 3 月,在俾斯麦的操纵下,霍亨索伦王朝的列奥波德被列为西班牙国王的候选人。列奥波德大公是普鲁士国王威廉一世的堂弟的长子。被哈布斯堡王朝环伺的历史记忆重新浮现在法国人的脑海,立法团在 7 月 6 日发表强烈抗议,宣称法国政府将"毫不犹豫、毫不胆怯地履行义务"。经过法国与普鲁士的紧急磋商,通过威廉一世的施压,列奥波德大公在 7 月 12 日宣布放弃西班牙王位的继承权。双方的剑拔弩张本可消除,但欧仁妮皇后及其追随者外交大臣格拉蒙(Gramont)却认为仅凭威廉一世的口头承诺,并不足以消除威胁,电令法国大使贝内蒂前往埃姆斯,要求普鲁士国王发表公开声明。威廉一世再次应允法国的无理请求,并发电报给俾斯麦要求他拟定声明。7月13日,俾斯麦在柏林收到电报后,改变电报内容,让法国人觉得列奥波德亲王仍然保留继承西班牙王位的权利,并将之公开发表。

俾斯麦篡改的"埃姆斯电报"传到法国后,立即在巴黎新闻界引起轩然大波。7月14日,在政治立场上亲近奥利维耶的《立宪报》发表社论,扬言要对普鲁士宣战:"1814年的记忆已经沉睡;普鲁士国王残酷地唤醒了它们。既然他要战争,那行!我们接受它,因为我们确信自己的权利,对我们军队的优势信心满满。普鲁士侮辱我们,那我们就开拔到莱茵河!耶拿的士兵们已经准备就绪!"①各大报纸纷纷刊载《立宪报》的评论,巴黎民众涌向街头,歌唱政府刻意默许的《马赛曲》,高呼"法国万岁"的口号。

路易-拿破仑深知法国军队和普鲁士军队的较量中很可能处于下风,所以他自从19世纪60年代中期以后始终致力于缓和法普两国的矛盾,竭力避免走向战争。然而,1867年远征墨西哥的惨败已经让皇帝的颜面尽失,帝国的民众还能容忍又一次的屈辱吗?而且,以欧仁妮皇后和鲁埃为首的威权派力主对普开战,他们希望借助一场军事胜利,加强对社会的管控,阻止19世纪60年代以来的帝国自由化进程。所以,在法国大使贝内德蒂回到巴黎后,帝国的领导人很少却关心事情的真相。7月13日,历史学家菲斯泰尔·德库朗日时任欧仁妮皇后的历史老师,他在私信中如此评价了其对普法冲突的看法:"我们还不知道战争是否会爆发。我知道政府希望战争,国民不愿战争。有人竭力煽动公共舆论,但没有奏效。霍亨索伦事件只是一个借口;法国没有任何权力攻击普鲁士;无论战争结果如何,我们将一无所获。"②

7月16日晚,立法团以245:10(梯也尔、法夫尔、格雷维、阿拉戈、加尼耶-佩热斯反对)通过了战争预算。7月19日,鲁埃代表皇帝在元老院发表宣战声明:"为了避免战争,我们已经殚精竭虑。我们将准备接受

---

① Taxile Delord, *Histoire du second Empire 1848 - 1869*, *tome* 6, Paris: Imprimerie de E. Martinet, 1876, p. 215.

② François Hartog, *Le XIXe siècle et l'histoire. Le cas Fustel de Coulanges*, p. 55.

他们强加给我们的战争，让每个人承担即将到来的责任。从昨天起，我们已经征召预备役；在你们的帮助下，我们将立即采取各种必要措施，捍卫法国的利益、安全与荣誉。"①

第二帝国早已认定普法双方必有一战，试图在外交和军事层面孤立普鲁士，但没有取得预期效果。路易-拿破仑试图和意大利、奥匈帝国结成攻守同盟。意大利因为法国在对奥作战上的出尔反尔以及在罗马问题上的从中阻挠，不愿和其战略利益并无冲突的普鲁士交战。在争夺德意志联邦的领导权问题上被普鲁士挫败的奥匈帝国曾经一度考虑和法国结盟，进行过频繁的外交磋商，但忌惮于巴伐利亚等德意志南部各邦支持普鲁士的可能，加之帝国内部奥地利和匈牙利的矛盾日趋尖锐，所以在法国宣战后选择观望。相反，俾斯麦在消解法国的潜在盟友方面却表现得极为出色。在法国宣战后，俾斯麦披露路易-拿破仑在19世纪60年代曾经想提出的兼并德意志南部、比利时与卢森堡的系列文件，导致法国立刻陷入严重的外交孤立境地。比利时与卢森堡的媒体猛烈抨击路易-拿破仑的领土野心，英国也予以强烈谴责，而曾经谋求维持独立现状的巴伐利亚、符腾堡等南德诸邦在战争爆发后很快投入普鲁士的阵营。在军事上，第二帝国只能够调动23.5万人，但普鲁士除了能够投入战斗的50万军队，还拥有16万预备役士兵和19万民兵。法国军队的装备、后勤和指挥体系相当落后，远远不及在持续战争中不断得到革新的普鲁士军队。1870年7月28日，选择亲征的路易-拿破仑来到梅茨，目睹了法国军队的混乱，禁不住抱怨道："一切都处在无序、矛盾、落后、争论与迷茫的状态。军队一无所有，商店空空荡荡，混乱变成了司空见惯的景象。"②

在战争爆发的前几天，法国取得了一些零星但不具有决定性的胜利。8月2日，法军在萨尔布吕肯战役中重创普鲁士军队。然而，普鲁士

---

① Taxile Delord, *Histoire du second Empire 1848 - 1869*, p. 180.

② Jean Garrigues, *La France de 1848 à 1870*, p. 176.

很快扭转战局。8月4—6日,麦克马洪先后进攻维森堡和沃尔特,但均败走麦城。随后,普鲁士迅速转入反攻。8月6日,阿尔萨斯沦陷,洛林告急。8月中旬,巴赞(Bazaine)将军的莱茵军团受困于梅茨。在法军前线屡战屡败后,奥利维耶内阁变成了替罪羊。摄政欧仁妮皇后和鲁埃在没有取得路易-拿破仑同意的情况下,就解散了奥利维耶内阁,任命八里桥伯爵为新政府的领导人。路易-拿破仑和麦克马洪将军曾经考虑放弃前线,拱卫巴黎,但被欧仁妮皇后与鲁埃否决,因为他们认为在没有取胜的情况下退兵,会在巴黎引发革命。路易-拿破仑经过反复权衡,政治考量最终战胜军事策略,于是听从皇后与"副皇帝"的建议,决定和麦克马洪将军驰援梅茨,试图解救受困的巴赞军团。不料,普鲁士参谋部识破法军意图,派遣重兵进行伏击,拿破仑三世被迫退守色当。普鲁士军队迅速包围色当,并用克虏伯大炮连续炮击法军阵地,造成1.7万人死伤。在确定失败不可避免后,拿破仑三世为了保住更多士兵的生命,在9月2日向普鲁士投降。

9月3日下午,拿破仑三世投降的消息传到巴黎。巴黎民众获悉后,涌上街头,高呼"打倒帝国""共和国万岁"。八里桥伯爵试图召开立法团,商讨应对措施,但"副皇帝"鲁埃却放弃努力,认为已经"回天无力"。9月4日16点,甘必大、朱尔·费里等共和派宣布罢黜路易-拿破仑,取消帝国,在巴黎市政厅成立共和国,组建国防政府。18点,各省省长接到了新政府的通谕,多数人(诺尔省、拉德洛姆省是例外)选择效忠共和国。

欧仁妮皇后没有作任何的抵抗,像此前的查理十世和路易-菲利普一样,选择流亡英国。和拿破仑·波拿巴无异,路易-拿破仑的军事冒险也给法国留下了无尽的浩劫。第三共和国从一出生,就不得不忍受割让阿尔萨斯与洛林的屈辱,还要承担50亿法郎战争赔款的重负。

第五章　1870年以前的法国经济和科技发展

第一节　经济增长和节奏

　　19世纪上半叶是法国工业化发展的重要阶段,也是法国经济较快发展的时期。法国工业化起于何时,终于何时? 法国经济是否有"起飞"阶段? 这些问题长期困扰着法国的经济学界和史学界。法国经济史学界曾就此进行了深入的探讨。关于法国的工业化以及它的起飞阶段,历史学家提出四个阶段的假设。一为旧制度后期(长期增长的起点,现代工业核心开始出现);二为拿破仑时期(近代生产方式的迅速发展);三为七月王朝和第二帝国时期(工业增长明显加速);四为1895—1914年(新工业的出现和发展,法国进入工业化国家的行列)。[1] 其实法国历史学家和经济学家们在探讨起飞问题时是十分谨慎的。马尔泽乌斯基没有在19世纪找到这样的起飞阶段,他只区分出19世纪存在着三个经济增长的加速时期:1796—1844年,1855—1884年,1895—1913年,中间间隔着减速的时期,最高的工业年增长率为3.52%,集中在七月王朝时期。但在

---

[1] Jean‐Charles Asselain, *Histoire économique de la France du xviiie siècle à nos jours*, tome 1: *De l'Ancien Régime à la Première Guerre mondiale*, Paris: Seuil, 1984, p. 12.

整个 19 世纪投资的增长幅度不大。所以 19 世纪的经济增长是规则的和周期性的,没有起飞的迹象。在他看来,如果一定要确定一个起飞时期的话,他倾向于 18 世纪,整个 18 世纪工业的年平均增长率在 1.9%,而在 1750 年至 1785 年间经济增长有明显的加速,所以起飞的时间也许可以定在 1750 年。另一位经济史学家马可维奇的结论更为谨慎,他坚持 1815—1845 年是法国 19 世纪经济增长率最高的时期,但他拒绝将之认定为起飞。经济史学家莱维-勒布瓦耶(M. Levy - Leboyer)则断然否认法国有起飞阶段,他认为法国在 19 世纪存在着两个经济增长的快速时期,第一个时期是从 19 世纪初至 1860 年左右,工业生产的年平均增长率在 2.5%—3%,接着出现萧条,然后是第二个经济快速增长期,时间为 1890 年至 1913 年。表明法国的经济转型是分两步走的,第一阶段的工业化是以传统的农村市场为依托的,铁路将这个市场统一起来;第二阶段则依赖城市市场,从 1880 年起城市开始大量吸纳乡村人口。所以法国不存在一个特定的起飞阶段。[1]

　　19 世纪上半期的经济增长其实是 18 世纪晚期经济长期增长的继续,只不过法国大革命一度使这一增长趋势中断了。拿破仑帝国时期从工业生产的增长的角度出发只能被看作是经济的恢复期,因此真正的经济快速增长是从 1815 年开始的。1815—1860 年为法国经济加速发展时期。工业生产每年平均增长 2.5%—3%。1820 年到 1860 年国内生产总值从 90 亿法郎增加到 175 亿法郎。[2] 1830 年,经济曾出现震荡,但主要集中在某几个生产部门,如纺织业,没有造成普遍的危机。从 1847 年起,法国爆发了 19 世纪最大的经济危机,使法国的经济增长遇到一定的困难。这次危机促成了 1848 年革命运动,政治上动荡局面进一步给经济带来暂时的不利影响,因此这次危机的影响延续了几年。然而,这次经济危机没有改变经济发展的总趋向,法国经济增长的势头从 50 年代

---

[1] Patrick Verley, *L'industrialisation 1830 - 1914*, Paris: La Découverte, 1989, p. 228.

[2] Alain Beltran, Pascal Griset, *La Croissance Economique de la France 1815 - 1914*, Paris: Armand Colin, 1988, pp. 11 - 12.

开始重新恢复。以每十年为一个周期，从 1845—1854 年到 1855—1864年，国民收入从 150 亿法郎增至 200 亿法郎，年平均增长率为 1.8％。[①]在这一时期，生产率也明显提高。在工业附加值中，工资所占的比重大幅度减少，从 1840—1845 年的 44.4％降至 1860—1865 年的 34.5％。[②]科技上的发明专利登记注册数也大大增加，同时投资率达到 19 世纪的最高水平。因此到 1860 年，法国经济充满勃勃生机，不过从 1860 年开始，法国的增长趋势开始放缓，并一直延续到 1895 年。人们经常把这种减缓归因于 1860 年英法条约。1860 年英法通商条约规定英法两国之间实行自由贸易，彼此给予 10 年最惠国待遇，对进出口产品实行降低关税或免税。这一条约打破了外贸的平衡，法国经济难于应付国际竞争。法国后来又陆续和欧洲大部分国家签订了类似条约。但从长远的眼光看，该条约有利于增强法国工业和农业的竞争意识，提高竞争能力，推动技术革新。从当时利益来说，也有利于丝织品、酒类和奢侈品的出口，而且也能利用国外的廉价原料，所以，该条约起过一定的积极作用。然而，它的不利影响却不容忽视。一是造成贸易逆差。在 1860 年以前的 10 年，法国的外贸一直是顺差，此后就出现逆差，外贸赤字一直维持在进口产品的 5％左右；[③]二是工业产品出口增长减慢，签约后的 10 年增长率仅为 33％，而此前 10 年增长率为 100％；三是进口产品量激增，为原先的三倍；四是外国农产品对农业造成冲击，农产品的外贸赤字达到原先的三倍。[④] 小麦进口使法国小麦播种面积停止增加。

　　法国 19 世纪的经济增长除了有渐变式的节奏变化，每个发展周期又有更小的周期性波动，这就是经济危机。对这种小周期变化，早在1860 年就有法国经济学家作过专题研究，克莱芒·朱格拉尔（Clément

---

① Alain Beltran, Pascal Griset, *La Croissance Economique de la France 1815 - 1914*, p. 12.

② Jean - Charles Asselain, *Histoire économique de la France du xviiie siècle à nos jours*, tome 1：*De l'Ancien Régime à la Première Guerre mondiale*, p. 149.

③ Jean - Charles Asselain, *Histoire économique de la France du xviiie siècle à nos jours*, tome 1：*De l'Ancien Régime à la Première Guerre mondiale*, p. 158.

④ Alain Beltran, Pascal Griset, *La Croissance Economique de la France 1815 - 1914*, p. 15.

Juglar)在他的经典著作《法国、英国和美国的商业危机及其周期性回归》中分析了这种现象,他将这些周期性的危机解释为商业和金融供求关系的失衡。但对资本主义危机作出更科学分析的是马克思。虽然马克思未曾就经济危机作过专题研究,但马克思在分析整个资本主义生产方式时,将经济危机看作是资本主义基本矛盾,即社会化大生产和生产资料私人占有之间的矛盾的产物,揭示了周期性危机的本质。法国在 19 世纪工业化过程中,大约七至十年出现一次经济危机,没有逃脱资本主义发展的这一规律。但法国经济危机表现的形式上却显示出它的特殊性,这种特殊性可以概括为法国经济危机表现形式的多样性,逐渐从以农业产品短缺为特征的旧式经济危机向工农业产品过剩的现代经济危机过渡。这种特征是和法国经济发展的渐进模式相对应的。

　　法国经济史学家拉布鲁斯(E. Labrousse)曾就法国的经济危机作过专题研究,[①]他将法国近代的经济危机分为三种类型:第一种危机是旧式的经济危机,也称生存危机(les crises de subsistance)。它的典型表现首先是农业歉收,引起粮价上涨,中小农民由于商品化生产的程度低,收入减少,生活困苦,对工业品的消费锐减,同时城市工人维持基本生活的费用也大大增加,工厂利润减少,由此引起工业的消费不足,工厂破产。它的特征是生活资料的短缺,危机由农业影响到工业。第二种危机就是严格意义上的工业危机,这是社会产品过剩的危机,工业危机表现出它的独立性,引发的原因纯粹是工业方面或金融方面的,这是工业化成熟的标志。介于这两种危机之间的是第三种危机,即"中间状态"的危机(les crises intermédiaires),这是一种从第一种危机形式向第二种危机形式过渡的危机,它的起因仍旧是农业歉收,但工业危机的产生不完全是从农业歉收派生出来,它还受到商业、金融业和工业本身发展的影响,是前两种危机"混合"的产物。

----

① 参见 F. Braudel et E. Labrousse(dir.), *Histoire économique et sociale de la France* , tome 2 et 3 , Paris：PUF, 1976。

如果我们仔细考察法国 19 世纪历史上的经济危机,大致的趋势是符合拉布鲁斯的分析的,但具体各因素的作用和经济危机的表现并不这样单纯和简单。

旧式的经济危机主要发生在 18 世纪,但一般认为大革命到复辟王朝时期的经济危机仍然属于生存危机的类型。[①] 这类经济危机实际上是农业占主导的经济类型的反映,它的典型状态包含至少四个方面的条件:第一,农业在国民经济中占优势,在生产数量和劳动力人数的比例上都超过其他生产部门,它是国民经济的基础,所以它的危机对其他部门的影响起决定作用;第二,在这种经济中,人们的食物主要依赖一种食品,农业的主要生产也集中在一种产品,即谷物上,一旦这种作物收成不好就没有补充措施,饥馑和粮荒不可避免;第三,交通运输条件较差,市场带有地区的局限性。因为造成农业歉收的自然灾害往往是地区性的,如果有较好的交通条件,和其他地区可以调剂,就能避免全国性的农业短缺危机;第四,工业生产集中在消费资料的生产上,尤其是纺织品的生产上。因为这类产品的主要出路是占人口绝大多数的农民,农业危机就有可能迅速对这样的工业形成冲击,再加上纺织工业生产周期短,对市场的变化相对敏感,因此这样的工业类型受农业的影响就大。

然而,从 19 世纪起,法国的经济开始逐渐转型,农业产品的短缺影响也逐渐减弱,产生全面经济危机的因素也复杂得多。这段时间的危机主要有 1788—1789 年、1795—1799 年、1809—1811 年、1816—1817 年、1825—1826 年等危机。这些危机的形成和发展,除了受农业歉收的影响外,还受到政治和社会、金融秩序混乱、拿破仑大陆封锁政策、海外市场丧失等因素的影响。由于农业和商业的进步,这些危机中农产品匮乏带来的粮价上涨幅度也比 17 世纪小得多。从第一帝国起,次要的谷物价格也不再像小麦的价格那样攀升。这些危机虽然还是以农业为主的,但

---

① Raymond Huard, Yves - Claude Lequin, Michel Margairaz... [et al.], *La France contemporaine. Identité et mutations de 1789 à nos jours*, Paris: Editions Sociales, 1982, p. 70.

在 1825 年的危机中,纺织业也出现了类似英国的纺织品过剩的现象。

从 19 世纪 30 年代到 60 年代,经济危机表现为"中间状态"的混合型危机。农业的因素和工业的因素交织在一起,呈现更为复杂的因果关系。1833 年到 1843 年的纺织业危机只是局部危机,没有普遍意义。1839 年的危机是较为全面的危机,造成这次危机的原因就很复杂,有农业危机的前兆,有原材料价格的提高,有美洲市场的堵塞等等。1848 年前后的经济危机是法国 19 世纪持续时间最长又最为激烈的危机,也是"中间状态"危机的典型。首先在 1846 年出现严重的农业歉收,小麦和土豆都减产,随之而来的是饥荒和粮市骚动。由于大量资金外流从事粮食投机买卖,这场农业危机部分地造成了 1847 年的金融危机。但1847—1848 年的工业危机有其他的诱发因素。例如,铁路建设动用了过多的资金,冶金业投入大量资金建造铁轨,有些土地所有者甚至变卖土地而购买铁路公司的股票,造成工业资金的短缺。同时工业危机也并没有因为农业形势的好转而有所缓解。从 1847 年起,农业丰收,工业形势却持续恶化,从 1848 年起,棉花的消耗下降了 30%,羊毛的消耗下降了56%,煤产量下降 3/4,铁路工地停止了建设。1849 年,冶金业继续滑坡,棉纺织业的危机一直延续到 1850 年至 1851 年。[1]

第二节　19 世纪上半期的农业发展

19 世纪法国农业与工业呈现同步增长。19 世纪法国农业年增长率的大致数据请看下表:[2]

---

[1] Raymond Huard, Yves‐Claude Lequin, Michel Margairaz... [et al.], *La France contemporaine. Identité et mutations de 1789 à nos jours*, p. 72.

[2] François Caron, *Histoire Economique de la France XIXe‐XXe*, Paris: Armand Colin 1981, p. 28.

表 1　19 世纪法国农业增长数据

图坦(J. C. Toutain)	统计数据	莱维-勒布瓦耶	统计数据
1825—1834 至 1835—1844 年	＋1.5％	1822—1831 至 1832—1841 年	＋1.30％
1835—1844 至 1845—1854 年	＋0.9％	1832—1841 至 1842—1851 年	＋0.90％
1845—1854 至 1855—1864 年	＋1.0％	1842—1851 至 1852—1861 年	＋0.40％
1855—1864 至 1865—1874 年	＋0.6％	1852—1861 至 1862—1871 年	＋1.50％

　　法国农业从 19 世纪初至 60—70 年代初是高速增长的时期。从 1815—1852 年,农业总产量增长了 75％,事实证明复辟王朝和七月王朝都是农业兴旺发达的时期,复辟王朝在 15 年里农业产量增长了 30％,七月王朝在 18 年里增长了 37％。[1] 在第二帝国最初时期,这种增长势头由于 1847—1851 年的危机而暂时减缓,但随之而来的是更为快速的增长。根据维亚隆(J.‐B. Viallon)的统计,1852 年到 1862 年,农业生产年增长率达 3.2％,莱维-勒布瓦耶计算得出的指数也表明在 1852—1856 年至 1862—1866 年之间,增长率为 2.3％,都高于复辟王朝和七月王朝的平均水平,同时也是整个 19 世纪农业增长率最高的时期,可谓法国农业发展的“黄金时期”。[2]

　　我们注意到,农业的这种增长趋势和阶段与工业的增长基本吻合。我们曾经在第一节中提及国民经济和工业的增长阶段,一般认为,1815 年到 1860 年为工业发展较快的时期,每年平均增长率都高于 2％,1860 年后,增长逐渐放慢,到 19 世纪末 20 世纪初出现新的高涨。从七月王朝后期到第二帝国,是前期增长的顶峰。这种增长阶段的一致性,充分表现出法国工业发展和农业发展相辅相成的关系。同时,我们还注意到法国农业最快的增长期是在 19 世纪的中叶,后一阶段的增长率也未能超过前一增长时期,而工业增长率的顶峰则在 19 世纪末和 20 世纪初,这是不是可以认为:第一阶段的农业相对工业来说,更处在一种动力的

---

[1] Alain Beltran, Pascal Griset, *La Croissance Economique de la France 1815‑1914*, p. 50.

[2] François Caron, *Histoire Economique de la France XIXe‑XXe*, p. 27.

地位,而在 19 世纪以后,工业更具有带动作用呢?

　　法国农业和工业的同步发展还表现在法国农业在国民经济中的比例始终和工业不差上下,而没有像英国那样,农业在国民经济中的比重急剧下降。请看下表:①

表2　法国工农业在国民经济中的比重

	农　业		工业和手工业	
	人口比例	产品比例	人口比例	产品比例
1855—1864 年	66%	46.8%	34%	53.2%
1865—1874 年	65%	46.9%	35%	53.1%
1875—1884 年	64%	43.8%	36%	56.2%
1885—1894 年	61%	41.1%	39%	58.9%
1895—1904 年	58%	39.2%	42%	60.8%
1905—1913 年	58%	39.8%	42%	60.2%

　　从总趋势看,农业的比重在下降,但下降的幅度并不大,变化微不足道。而且在工业统计这一栏中将手工业也包括在内,这就意味着将一些农村的手工业也归到了工业类别之中,而这些农村手工业的劳动者常常是农民。

　　农业比重居高不下的原因,大致可列举几条:第一,从历史影响看,法国农民人身较为自由,没有遭受英国那样大规模的圈地掳掠,法国农民在法国大革命前就已拥有土地,法国大革命又进一步巩固和完善了小农土地所有制,抱着小块土地尚能安生。

　　农民的土地是从领主制下的份地转化来的。从 13 世纪起,就有一些职业律师已认定份地的持有者是份地的主人。从 16 世纪起,这类观念通过一些法律文献得到传播,到 18 世纪,已为舆论普遍接受。在领主庄园官员用于收取地租的簿册上,人们发现土地持有者的姓名往往被列入"地主"一栏。农民拥有的土地可以继承、转让和买卖,具有所有权的

---

① Georges Duby (dir), *Histoire de la France de 1852 a nos jours*, Paris: Carousse, 2003, p. 25.

某些重要特征。农民占有土地的比重在各地千差万别,一般在边远山区,农民占有土地的比重更大一些。例如在奥弗涅山区,农民占有了75％的土地,在利穆赞为 55％,在贝阿尔纳是 90％,在朗格多克灌木林区为 57％。但在富饶的诺尔区和巴黎盆地,农民占地约为 20％—35％。一项全国范围的估计显示,80％的农民占有了全国 35％的地产。[①] 但在旧制度下,农民的土地所有权是不完整的和不充分的,受封建传统的影响,占有土地的农民仍需向领主交纳现金赋税(cens),同时农民如果要将土地转让和出卖,要向领主交纳一定数量的转让税和买卖税(lods et vents)。在很多地区,领主在土地买卖时享有优先权。

在土地所有制的变更上,法国大革命彻底废除了封建制度,取消了封建权利,确立了新的所有权观念,从此所有权"神圣和不可侵犯"。农民享有了充分和完全的所有权。农民土地所有制得到了完善和巩固,消除了贵族借助旧的传统习惯剥夺农民土地的威胁。法国大革命通过废除封建义务,大大减轻了农民的负担,改善了农民的地位。法国大革命虽然没有在根本上解决农民的土地问题,农民在国有地产的拍卖中获得多少土地也存在激烈的争论,但有一点却是肯定的,这就是法国大革命遏制了大地产对小块土地的兼并趋势,使法国农民避免了英国圈地运动给他们带来的灾难。在没有外力压迫的前提下,农民脱离农业另谋职业需要其他的吸引力,这个过程就显得较为漫长。

第二,从法国历届政府的政策看,都采取了扶持小农的政策,以稳定社会。法国上层社会重视农业是有传统的,在 18 世纪后半叶重农主义盛行,知识界出版了大量的农艺著作,17 世纪出版的农艺著作只有 130 种,而到 18 世纪猛增到 1 214 种。[②] 法国大革命中的各届政府都关注农

---

① J. P. Houssel (Sous la direction de), J. C. Bonnet, S. Dontenwill, R. Estier, P. Goujon, *Histoire des Paysans Français du XVIIIe siècle à nos jours*, Editions Horvath, Roanne, 1976, p. 47.

② Jean-Charles Asselain, *Histoire économique de la France du xviiie siècle à nos jours*, tome 1：*De l'Ancien Régime à la Première Guerre mondiale*, p. 36.

民的命运,将废除封建义务作为首要任务。大革命后,政府在保护农民利益上采取了一些重要措施,这些措施主要有保护和鼓励两个方面。

在保护方面,采取关税保护政策;1819 年 7 月的关税法建立了有关谷物的保护机制,它将全国分为三个地区,规定每个地区小麦每百升的最低价分别为 23、21 和 19 法郎,如果价格每降低 1 法郎,则每百升进口谷物征收 1 法郎的附加关税,如果国内谷物价格低于最低限 3 法郎,则禁止谷物进口。到了 1821 年,该法律得到进一步加强,四个地区代替了原先的三个地区,最低价格又上提,当国内价格低于最低限的每百升 24、22、20、18 法郎,禁止进口就自动生效。1822 年 7 月,关税保护又扩展到农业的其他产品,如羊毛、牛和羊等。这种局面在 19 世纪上半期较少变动,唯一值得一提的是 1836 年,经过议会的激烈辩论,减少羊毛进口关税的法案才得以通过。1860 年英法通商条约以及法国和其他国家签订类似条约后,关税壁垒被打破。但随之而来的农业发展困难使得第三共和国政府重新祭起关税保护的法宝。1881 年开始,提高部分农产品的贸易关税,但谷物和酒的关税保持不变。在竭力主张关税保护主义的梅利纳(Meline)出任农业部长后,他在 1884 年通过法案提高小麦和其他农产品的进口关税。1889 年以后梅利纳出任议会海关委员会主席一职,促使议会在 1892 年通过全面恢复关税保护制度的法案,废除法国与其他国家长期的通商条约,根据不同种类,对农产品征收 5%—20% 的关税。这种关税保护的政策使得法国农民减轻了国外竞争的压力,保持了国内农产品价格的相对稳定,保护了农民的利益。

在鼓励方面,政府通过各种途径奖掖农业。在七月王朝期间,政府在地方上设立“农业总监”(inspecteurs generaux de l'agriculture),建立了农业促进会(comices agricoles)和农业协会(Societes d'agriculture)等组织,命名了第一批模范农庄。政府向农业竞赛的组织者提供资助,向竞赛优胜者颁发奖金和勋章以鼓励农业进步。在第二帝国时期,国家支持农业发展的力度进一步加强,国家兴修水利,鼓励开荒,建设乡间道路,继续向农业促进会和农业协会提供大量资助,并建立新的农业咨询会(Chambres consultatives d'agriculture)，进一步树立样板农场，开办农场学校和农业技术讲座，推广农业先进技术。第三共和国的领导人如甘必大、费里(Ferry)和梅利纳等更是十分重视农业和农民问题。政府在机构设置上更为完善，政府专门设立农业部(1881年)，地方上还建立"农业改良服务站"(Le service des amelioration)，政府出资兴办农业院校。同时采取设立农业奖励金，建立农业信贷银行等措施支持农业发展。在灾害期间，政府加强对病虫害的防治工作，给葡萄种植者拨款。法国政府长期重视农业的发展和法国农业比重大互为因果，农民人数多，农业比重大，所以农业发展的好坏直接关系到国计民生，关系到社会稳定，所以政府特别重视；反之，政府的重视促进了农业的发展，使法国农民减轻了外部压力，保持了农业的相对稳定发展。

　　第三，法国农村大量的家庭手工业和分散的手工工场的存在，使农民的生计有了补充渠道。长期以来，法国数量极多的农民土地占有不足，按常理他们难以维持生计，必然背井离乡，由此也许会出现和英国农民在圈地运动后相似的情景。然而法国的特殊性在于，在法国的乡村散布着大量的家庭手工业和手工工场，在离乡村不远的小城镇上，工厂使用的劳动力是来自农村的临时工和季节工，这就为大量农民提供了经济来源，于是出现了大批亦工亦农的农民。一些农民在农闲的时候，从事家庭手工业劳动，如织布或做一些木工活，织布的主要做些来料加工的活，做木工的替人制作一些厨具、农具、木桶、钟座等。另一些农民则到附近的工厂做工，只在农忙时才回乡下从事农业劳动。这种情况在纺织业中最为普遍。1843年，圣康坦仅棉织业就有25 000名工人来自它方圆50千米范围的农村。[1] 同样在19世纪中叶，在卡尔瓦多斯，75 000名纺织工人中，大部分是农民，在香槟这样的农民工有40 000人。[2] 这种

① Geoges Duby et Armand Wallon(Dir.), *Histoire de la France rurale tome 3: apogee et crise de la civilisation paysanne 1789 - 1914*, Paris: Seuil, 1982, p. 67.

② Raymond Huard, Yves - Claude Lequin, Michel Margairaz... [et al.], *La France contemporaine. Identité et mutations de 1789 à nos jours*, p. 89.

情况也出现在金属制造业中,主要分布在上马恩省、沙蒂永地区等地。在梯也尔地区,1840 年有农民制刀剪工和小五金工 15 000 人。[1] 这种亦工亦农的情况在工业发达地区更为普遍,表明这种工业和农业的紧密结合未必是落后的象征。根据 1851 年的统计和 1852 年的农业调查,同时从事其他职业的农业劳动者的人数,在塞纳河和比利时之间的地区,占农业人口的 9.2%,在阿尔萨斯和洛林达到 5.5%,在罗讷河和卢瓦尔河地区为 4%。在一些山区,这个比例就要低得多,阿尔卑斯山区南部仅为0.65%,中央高原为 1.53%,比利牛斯山区为 1.55%,布列塔尼地区为1.77%。[2] 随着工业化的逐渐深入,亦工亦农的现象不断减少,但远未绝迹。伊夫·勒甘认为,不仅 19 世纪,甚至在 20 世纪仍然存在这种季节性的工农角色转换。在交通运输发展以后,有些工厂可以在更大的农村范围招募农民工。在加来海峡省,一些煤矿公司和铁路"北方公司"签订了开通专门运送上下班工人列车的协议,农民骑着自行车往返 10—15千米去糖厂、纸厂、玻璃厂和水泥厂上班的情况也并不少见。[3] 所以,尽管法国农村人多地少的现象长期存在,但由于有了手工业和工业的补充收入,许多农民可以厮守家乡故土,由此使农村人口保留了较大的比重。需要补充的一点是,正因为在农村人口中有一部分人是亦工亦农的,所以农村人口和农业人口并不是一个概念,如果用农村人口比重大来说明农业的优势地位,我们应该稍稍打一点折扣。

第四,法国的农业结构需要保持大量的可耕地和大量的劳动力才能养活法国大量的人口;法国农业和英国农业相比,无论在单位产值,还是在劳动生产率上都较落后,这和法国农村人多地少的格局有关,同时也和法国在"草场—谷物"的比例上偏重于谷物生产有关。在 1815—1914

---

① Geoges Duby et Armand Wallon(Dir.), *Histoire de la France rurale tome 3 : apogee et crise de la civilisation paysanne 1789 -1914*, p. 68.

② Geoges Duby et Armand Wallon(Dir.), *Histoire de la France rurale tome 3 : apogee et crise de la civilisation paysanne 1789 -1914*, p. 70.

③ Raymond Huard, Yves - Claude Lequin, Michel Margairaz. . . [et al.], *La France contemporaine. Identité et mutations de 1789 à nos jours*, p. 90.

年,英国有 50％的可耕地用来发展牧场,而法国的平均草场面积只占可耕地的 26％。[①] 这种偏重谷物的生产结构,附加值低,同时在机械化时代还未到来的时候,往往是劳动密集型的,需要投入大量劳力精耕细作。在那个时代,牲口是替代劳力的主要手段,也是肥料的主要来源,畜牧业的相对不发达就迫使法国在农业生产中投入比英国更多的人力,肥料不足就影响了单位面积产量,为了在总产量上保持一定的水平,就需要保持足够的种植面积。如果法国经济是个相对开放的体系,地区的粮食生产不足可以通过和其他地区的贸易来弥补。不幸的是,法国经济的开放体制是不充分的,在 19 世纪前半叶,法国的粮食基本靠本地区的生产来满足。因此法国保持一定的农业比重一定程度上是由法国农业生产的结构决定的。

　　那么,法国农业和工业的同步增长,并在结构上保持相当大的比重究竟对法国工业化以及整个国民经济的发展有什么样的影响呢? 根据传统观点,这种结构变化的特点,它的消极面要大于积极面。因为既然工业的生产率要高于农业的生产率,如果本来投向法国农业的资金和劳动力转到工业方面,法国的经济增长速度就应更高。这种观点实际上还是从英国模式出发去要求法国的。我们暂且不论由于法国和英国有着不同的工业生产结构、市场特点和文化背景,这种农业向工业的迅速转移是否会产生同样的效果。我们在这里要强调的是加快经济发展本身不是目的,它不过是促进人民福利,提高人民消费水平和生活质量的手段;同时就经济发展本身而言也有一个到底是追求一时的和短期的发展还是持续的和长期的发展的问题。因此我们在评判这种经济结构优劣的时候,要注重人们的生活水平和生活质量,要考虑经济的可持续发展。就此而言,我们认为法国农业和工业的同步发展是一种较为均衡的发展,它对国民经济的发展包含利弊两个方面,但以利为主。

　　首先,在生活质量上,我们也许很难判断当时生活在农村的农民和生活在城市的工人究竟谁更幸福,谁的生活更舒适。尤其当城市的收入

---

① Douglas Johnson, François Crouzet, and François Bédarida Edit., *Britain and France，ten centuries*，Folkestone，Kent，England：Dawson，1980，p. 182.

比农村高,但城市的死亡率也高于农村这样互相矛盾的证据一起陈列出来的时候。不过,拿法国农民和英国农民向工业转移的过程来比较,法国农民至少在一点上比英国的农民要自由一些,他们移往城市与否更多地是自觉自愿的行为,没有血与火的驱赶。农民向城市迁移需要两种力的驱使,一种是农村本身的推力,如农民在农村没有安身之地,生活环境特别恶劣,剩余劳动力增多等等;一种是城市的吸引力,如较高的收入,相对稳定的生活环境,丰富的业余文化生活等等。法国在工业化的过程中,农村的推力较小,对于这一点,我们在分析农业长期保持高比重的原因时已有论述。因此农民向城市转移则更多地表现为城市的吸引,是对新生活的积极向往促成的,是一种来自内心愿望的冲动,也许他们移往城市后,也会有失望和痛苦,但毕竟出于自身愿望的行为是更为人道的。同时,英国城市的急剧膨胀,许多城市甚至在一个世纪或更少的时间里从无到有,因此缺乏必要的社会机构和文化传统,再加上工业在市中心的迅速发展,给城市带来的是肮脏、拥挤和贫穷。而法国城市的发展就要健康一些,在农业人口大量向城市转移之前,法国利用逐渐积累的资金开始改造城市。第二共和国时期开始酝酿,到第二帝国时旧城改造大规模展开,巴黎一马当先,而一些外省的城市,如里昂、里尔、波尔多和马赛等也争相模仿。这对提高城市的生活质量起到了重要的作用。农业向工业渐进式的转移可以使法国城市设施的改善较为从容地进行。

　　从经济发展本身来说,保持农业的一定比重,对一个经济不太开放的体系来说十分重要。它可以保证与工业协调发展,为工业发展提供粮食和轻工原料,也有利于国内市场的发育,从而保证经济相对稳定持续的发展。有数据表明,法国农业的供求关系比起英国来要稳定。下面是1820年至1880年,两国几项平均年增长率的比较数据:①

---

① Colin Heywood, *The Development of the French Economy*, *1750 - 1914*, Macmillan, London: 1992, p. 49.

表3　英法两国增长率对比

	法国（%）	英国（%）
人口	0.3	1.3
人均产量	1.2	1.2
对农业的需求	0.9	1.9
农业产量	0.8	1.1

很明显，法国的农业产量增长和需求发展的差距要远远小于英国。当然英国基本是外向型经济，国内农业生产的缺口，可以通过外贸弥补，法国的市场经济和英国有所区别（下面一章还要重点论述），它的经济要健康发展必须通过发展农业来保证。

当然，农业的高比重也有其弊端，一是造成了工资和价格结构的僵硬，影响了法国工业的国际竞争能力。由于农业吸引了大量劳动力，使得工业缺少一支劳动后备大军，法国的工资水平相对较高，导致商品成本和价格高，不利于和国外的竞争。同时，农业是受自然因素影响比较大的生产部门，自然因素变化多端，难于预测，而自然灾害冲击农业后，由于它在国民经济中的比重，必然对整个国民经济产生不良后果，因此使国民经济的发展具有不稳定性。

第三节　发展中的法国工业结构

与工农业比重平衡一样重要的是法国工业结构的多元性，即中小企业在不同的行业中占据一定的优势，但在不同行业中，大中企业也在发展。

法国产业结构最显著的特点是，法国产业的多样性或多元化，"传统工业"和"现代工业"同步发展，传统工业始终在比重上占优势。法国工业产业布局和英国有很大的不同，英国工业的优势集中在少数几种产品上，如棉纺织品、煤、铁、机器等，而法国的产品呈现出多样性；虽然英国在工业革命初期以轻工业为突破口，但它迅速转向以煤、铁、机器制造等重工业作为新的增长支撑点,而法国工业生产始终以消费资料的生产为主要基础,保留了大量的传统工业部门。在 1815 年到 1865 年间,有人估计法国消费资料工业产值占整个工业的 4/5,而英国只占 2/3;1885 年前后,法国的消费资料生产还占 3/4,而英国已降到 1/2。[1]

我们以法国 19 世纪中叶作为断面进行分析。首先请看下表:

表 4　1861—1865 年各工业部门所占工业附加值总量的比例[2]

纺织工业(含印染)	31.4%
食品工业	20.8%
金属制品业	5.8%
采掘工业	5.8%
服装工业	5.2%
冶金	5.1%
科学和艺术品工业	5.1%
化学工业	4.6%
皮革业	3.4%
交通运输材料业	2.6%
木制品业	1.9%
建筑材料业	1.8%
家具工业	1.8%
陶瓷业	1.7%
奢侈品和娱乐品工业	1.7%
照明工业	1.4%

由上表我们看到法国近代的产业主要集中在两大产业:一是纺织业,以及与之相联系的服装行业;二是食品行业。但这两个行业本身的

---

[1] Raymond Huard, Yves - Claude Lequin, Michel Margairaz... [et al.], *La France contemporaine. Identité et mutations de 1789 à nos jours*, p. 66.

[2] 据 1861—1865 年工业调查,转引自 Patrick Verley, *L'industrialisation 1830 - 1914*, p. 28。

产品又是多种多样的。拿纺织业来说,首先它分成两大块:纺织和布料加工。布料加工,如漂白和印染等要占据纺织业的二分之一左右。据马可维奇统计,从 1825 年到 1854 年,不包括布料加工的纺织业生产占全部工业生产的 20%,如果加上布料加工,比例可达 40%;从 19 世纪 60 年代起,纯粹的纺织占 16% 左右,加上布料加工约为 31%。[1] 然后在纯粹的纺织行业内部,并不是棉纺织业一枝独秀,而是棉纺织业、毛纺织业、丝纺织业和麻纺织业并驾齐驱,各有特色。毛纺织业在 1842 年至 1862 年间,纱锭的数目从 120 万增加到 230 万,织机的数目至少有 60 000 台,1865 年毛纺织业要消耗原材料 11 万吨;棉纺织业纱锭数目从 1842 年的 340 万增至 1852 年的 540 万和 1869 年的 700 万。同时,纺机的数量翻了一番,达 13.2 万台;丝织业仅里昂一地的织机,在 1861 年就达到 11.6 台。[2]

纺织行业和食品行业是以传统工业为主的,由此我们看到传统工业在产业结构中占很大的比重。所谓传统工业,有两层含义。第一层含义是从历史发展的角度出发,指的是较为古老的对原材料进行加工的行业,一般和人们最基本的生存条件有关,如衣食住行,因此大部分的食品行业、纺织业中的毛纺织业、麻纺织业和丝纺织业、建筑业等都是这样的产业;第二层含义是从生产方式的角度出发,指的是家庭手工业和工场手工业的生产方式。从第二层意思看,法国传统工业和现代工业的并存现象也很突出,手工业继续存在和发展。据马可维奇统计,在 1835—1844 年,手工业生产是真正的工业生产的 2.7 倍,到 1855—1864 年还有 1.6 倍。这种比例缩小的原因并不是手工业生产的绝对减少,而是真正工业在这段时间里的增长比手工业增长得快,事实上在这段时间里手工业在绝对量上继续增加,增加幅度达 20%。[3] 正如让·布维埃在一本书中提到的那样,19 世纪中叶的法国,还是一种工业生产的各种历史形式并存的局面。他把这些生产形式分为四个层次:最低级的层次是农民的

---

[1] François Caron, *Histoire Economique de la France XIXe - XXe*, p. 128.

[2] A. Rowley, *Evolution economique de la France du milieu du XIXe siecle a 1914*, p. 355.

[3] Patrick Verley, *L'industrialisation 1830 - 1914*, p. 19.

家庭生产,农民用他们的双手生产一部分生活和劳动所必需的产品,如衣服、鞋、小农具等,这些产品主要用于自己消费,不参加市场交换,当然这一层次的生产正在走下坡路;稍高一点的层次是参与工业品交换的家庭手工业,一部分是以乡村为主的手工业者,诸如锁匠、钟表匠、木匠、纺纱和织布工等,另一部分是城市的家庭手工业,如服装和缝纫等;第三个层次是工场手工业,在某些生产部门如家具、服装、珠宝、五金等占优势;最高的层次就是工厂生产。因此,法国的"工业世界仍然还是一个新与旧并存的博物馆"①。

　　法国产业结构的特点造成了增长模式的二元性,即现代工业的增长速度较快,传统工业的增长稍慢,但在经济中仍占"龙头"地位。法国经济学家马尔泽乌斯基对法国产业进行分析时,引进了两个重要的概念:"驱动工业"(industries motrices)和"明星工业"(industries vedettes)。前者为产值绝对量增加最大的工业部门,后者是产值增长率最高的部门。这位经济学家罗列了从18世纪晚期到20世纪初"驱动工业"和"明星工业"的工业部门,有关它们的绝对增长数和增长率,摘录如下:②

表5　1815—1824 年到 1825—1834 年

驱动工业	总产值增加(百万法郎)	平均年增长(%)	明星工业	总产值增加(百万法郎)	平均年增长(%)
食品	699	1.4	煤	7	5.9
服装和织物加工	673	3.6	金属加工	90	5.3
纺织	434	3.5	报业和出版	2	4.1
建筑和公共工程	310	2.5	金属生产	19	3.7
在工业总产值增长中所占的份额	87.4%			3.3%	

① Georges Duby (dir), *Histoire de la France de 1852 a nos jours*, pp. 14 - 15.
② Marczewski, Jean. , *Introduction à l'histoire quantitative*, Genève：Droz, 1965, pp. 144 - 148.

表 6　1855—1864 年到 1865—1874 年

驱动工业	总产值增加（百万法郎）	平均年增长（%）	明星工业	总产值增加（百万法郎）	平均年增长（%）
食品	1 357	1.0	煤气	35	6.7
纺织	463	2.0	煤	80	4.8
服装和织物加工	453	2.5	报业和出版	55	4.5
皮革	441	2.0	造纸	82	4.2
在工业总产值增长中所占的份额	71.6%		6.7%		

表 7　1895—1904 年到 1905—1913 年

驱动工业	总产值增加（百万法郎）	平均年增长（%）	明星工业	总产值增加（百万法郎）	平均年增长（%）
纺织	2 752	1.9	电	884	14.5
食品	2 027	0.04	金属生产	537	11.2
服装和织物加工	1 398	2.7	金属矿产	43	9.6
金属加工	1 250	3.2	化学工业	101	4.7
在工业总产值增长中所占的份额	65.3%		13.8%		

从上面各表我们可以看到，作为"驱动工业"的往往是传统的工业部门，它们增长率不高，但在增长的绝对数量上对整个工业经济举足轻重，如果作动态考察，它们在增长上所占的比重在减退；在"明星工业"的栏目中常常出现的是现代工业部门，表明这些部门的发展速度超过传统工业部门，但在经济增长绝对值上所占的份额并不大，不过随着时间推移，它们在工业经济中的比重越来越大。最后，我们还应该作一点补充，这种增长的二元性，不能绝对分割开来看，它们是互有联系的。传统部门的平稳增长基本决定了法国工业增长的节律，同时为新兴工业的发展提供了基础，而作为"明星工业"的新兴部门向传统部门提供了能源、染料、

原材料,也推动了"驱动工业"的发展。

流行观点认为,工业中中小企业占优势是法国工业化的重要特征,进而认为这种特征影响了先进技术和管理方式的采用,导致生产率低下,是法国工业化进程的阻力所在。笔者认为这种观点是失之偏颇的,它的最大问题是忽视法国特殊的国情,以英国发展模式去衡量别国的发展成就。我们将在两个问题上对这种观点进行再探讨:第一,"中小企业占优势"是不是对法国工业生产结构的正确概括? 第二,法国中小企业在某些部门的大量存在是否具有合理性?

认为法国工业中中小企业占优势的观点常常有下列类似的统计数字:1866年,法国有各类业主133.4万人,而工人为289.8万人;平均每个业主仅雇工2.17名。从这些数据出发,流行观点似乎并非没有一定的道理。但我们在使用以上的统计数据时要注意两点:

第一,在统计中,对统计事物的定义十分要紧。在统计工业企业中,法国通常将面包房也计算在内,因为它们"制造"面包! 这样就大大增加了小企业的数目。另外,讲到中小企业占优势,他们使用的概念是企业的数目,其实在整个生产的能力和比重上,10个2个人的企业和1个100人的企业是不能相提并论的,所以用企业数目这个概念,有时不能说明问题,或者会出现偏差。

第二,它们是宏观数据,这种宏观数据往往容易掩盖地区和行业之间的差别。所以我们需要进一步依不同的行业对法国的企业结构进行一番考察。法国经济史学家卡龙曾根据1906年的调查数据进行了分析,发现法国的企业结构依法国的行业不同而有变化,一般说来,在传统的工业部门,法国的企业规模较小,而在现代工业部门,企业规模较大。[1]

毋庸讳言,法国中小企业在阻碍技术进步方面确有一定的弊端,但在指责了中小企业的弊端后,我们是否也应该考虑一下它们的合理性?

中小企业多并非一定阻碍经济发展和技术进步。19世纪后半期的

---

[1] Francois Caron, *Histoire economique de la France XIXe - XXe siecles*, pp. 147 - 148.

德国是公认的经济发展、技术进步较快的国家,而它的中小企业并不比法国少。1906 年,法国小企业(包括个体企业)有 213.2 万家,而德国 1907 年有 326.5 万。法国只是在大企业数上少于德国。德国 1000 人以上企业 586 家,而法国只有 189 家。中等企业(100 人以上)的人数比例,法国为 40%,德国为 38%,大致相当。[①]

从法国的具体国情出发,法国中小企业的大量存在具有历史必然性和经济上的合理性。

第一,法国的中小企业是和企业的市场环境和投资环境相适应的。在 19 世纪中叶以前,法国铁路网还未形成,全国市场还以区域市场为主,而且法国银行较少投资工业,使工业投资主要靠自我积累。法国中小企业对这种情况是适应的。中小企业适应区域市场,在当地有自己的主顾区,通常以生产日用生活品和高质量产品为主,资本周转快,获利丰,便于自我积累和投资。19 世纪中叶以后,随着大工业发展,有些中小企业迅速转产,成为大工业的补充,如作为大工业的转包单位,或修理车间等。法国有些工业就是借助小企业的资本和技术力量发展起来的,最为典型的是法国的汽车工业。20 世纪初,法国的汽车产量位居欧洲第一,而它的企业都是由一些中小企业转产而来的,如标致(Pegeot)原是一家小的自行车企业。

第二,法国的中小企业比较适应法国劳动力供应的特点。我们知道,英国在 18 世纪走机械化道路,其中一个重要原因是为了回应由于工资提高而带来的劳动力价格上扬。但在法国,19 世纪上半叶劳动力十分充裕,价格便宜。从 1820 年至第二帝国时期,实际工资徘徊不前。在农村的大部分地区,人口稠密,农村经营结构真实但又相对缓慢的变化使农村的贫困农民避免了突如其来的贫困化,但使农村出现了相对过剩的劳动力,这些劳动力需要通过别的经济部门的补充劳动得到消化。法国

---

① Raymond Huard, Yves - Claude Lequin, Michel Margairaz... [et al.], *La France contemporaine. Identité et mutations de 1789 à nos jours*, p. 83.

在 19 世纪前半期,乡村人口流向城市的趋势也比较平缓,农村的剩余劳动力愿意接受较低的工资,条件是不让他们完全脱离农业活动,因为他们还是把农业作为生存的主要保证,从事工业活动只是一种补充。法国的中小企业正好符合这种劳动力的特点,它基本是劳动密集型的,便宜的劳动力可以为它们带来足够的利润。这些企业也基本上是生产消费资料的,消费资料的生产有很强的季节性,而且需求也极不规则,在经济繁荣时,生产规模需要扩大,而遇到危机又需要缩小规模。农村劳动力的临时性,对企业应付这种变化十分有利。农忙季节往往是消费淡季,企业可以暂时歇业,让农民工回去忙农活。而当碰到技术方面的原因,如食品工业原料的季节供应、冬季水流冰封动力缺乏、商业危机等,企业需要停产时,由于农村劳动力的弹性,不会造成严重的失业问题而引起社会不安定。法国中小企业的发展正是法国劳动力供应情况的需要。

第三,法国中小企业符合它产品特点的要求。法国经济总体是以生产高质量的轻工产品或奢侈品为特征的,食品、织物、家具、工艺品、首饰、化妆品等生产在世界享有盛誉,而这些产品是适合小规模经营的,需要精工细雕,迎合上流社会时髦的口味。有些产品大批量生产就失去了它的价值,比如时装、首饰、名酒等。因此,法国的中小型企业是和它的产业结构相适应的。

第四节　19 世纪前半叶的铁路建设和交通发展

19 世纪法国交通面貌的巨大改变得益于铁路的发展。法国的铁路建设很有自己的特色,对工业和经济增长的促进也有一些与众不同的方式。这些特色概括为:铁路建设起步较缓慢,一旦起步又有较快的发展;在铁路建设上,国家干预作用强;铁路发展的同时,继续重视传统的交通手段。

一、铁路建设起步晚进展快

19 世纪法国铁路建设可以分为三个阶段,第一阶段是 30 年代,可以称实验期,或预备期;第二阶段是40—50年代,法国铁路大干线建造与完成阶段;第三阶段是60年代以后,法国开始建造支线,铁路网不断完善。

法国铁轨的最初铺设并不比英国晚,1823年就曾铺设圣艾蒂安至安德雷齐奥克斯(卢瓦尔河畔)的铁轨,全长18千米,主要用于运煤,运输的动力主要是马和绞车。这条铁路和后来建造的铁路类似,实际上是水运的辅助设施,主要解决从煤井至河道的运输问题,建造者也主要是煤矿主和冶金企业主。火车头的使用也并不晚,1830年首先在圣艾蒂安至里昂的铁路线的部分路段上使用,1832年安德雷齐奥克斯至罗昂的铁路全线采用了火车头牵引。然而这个时期的铁路距离很短,一般都只有几十千米,主要运煤,或在城市郊区运行,所以还是处在铁路的实验阶段,甚至还谈不上起步。

从19世纪30年代后期开始,巴黎地区兴建了一些铁路,引起当时一些达官贵人们的注意,如1837年开通的巴黎至圣日耳曼昂莱的铁路使许多权贵们第一次体验了坐火车旅行的滋味。接着又建造了巴黎至凡尔赛的两条铁路(1839年和1840年)。于是,建设法国铁路网的构想才提到议事日程上来。但这个时候,法国的铁路建设已远远落后于英国,据统计,1840年,法国的铁路长度仅为400千米,而英国已有2 000千米,美国已达到5 000千米。[1]

关于法国铁路起步慢的原因,法国一些经济史学家有多种解释,但都有值得商榷的地方。许多著作认为法国的地理条件不利于发展铁路。工业区和消费区的间隔距离较远,因此修建铁路需要巨大的资金,增加了投资的风险。[2] 然而地域辽阔在其他条件具备的情况下,往往是铁路发展的有利条件,只要看一下美国的情况即可知道。

---

[1] Braudel, F. et Labrousse, E. (S. Dir.), *Histoire économique et sociale de la France*, tome 3, *volume 1*, p. 260.

[2] Braudel, F. et Labrousse, E. (S. Dir.), *Histoire économique et sociale de la France*, tome 3, *volume 1*, p. 257.

　　另一个人们认为较为重要的原因是法国社会在观念上对铁路的漠视。这是有一定道理的,但当时许多有影响的人物对建设铁路多抱怀疑或不欢迎态度。桥梁工程处的专家们害怕这个新领域的开辟有损于他们的影响;政界人物如梯也尔等人对铁路的作用还缺乏足够的认识,当1835年埃米尔·佩雷尔向议会索取建造巴黎至圣日耳曼铁路的租让权时,据说梯也尔说了一句后来被公认为经典的话:"这是一定要给巴黎的,就把它当作玩具吧,不过它决不可能运送一名旅客或一个包裹。"①颇有声望的自由派经济学家阿道尔夫·布朗基(革命家布朗基的兄长)对此保持一种几近固执的沉默,以此表明他对这一新生事物所持的保留态度;在反对者的行列中还有大学者弗朗索瓦·阿拉戈等。最后还有从陆路和水路的交通中获取利益的人们,他们害怕铁路的发展和竞争剥夺了他们的既得利益,其中有马车夫和水手、陆路和水路沿线的客栈主、制造大车者、邮差,但最有影响的是一些经营水陆运输的大公司资产者和涉足水陆路货物转运的商人。

　　然而,这一原因也不是根本的,在这么大的阻力面前,法国也不乏舆论上的推动。圣西门主义者是铁路建设最积极的倡导者,他们把铁路建设看作能够给全人类带来和平统一和福祉的重要手段,因此在理论宣传和实践上都花费了不少心血。如米纳尔(Minard)在工程技术人员中积极宣传;米歇尔·舍瓦利埃于1836年在《辩论报》上发表《北美信札》,向法国推荐美国的榜样;昂方坦等人从1832年起竭力鼓吹实现全国铁路的纵横交叉;埃米尔·佩雷尔更是身体力行,主持了法国最初的铁路建造。所以法国当时的舆论并不是一边倒的。

　　人们认为铁路建设的第三方面的阻力是有关铁路法权的不确定性,究竟由国家来进行开发,还是将它交给私人公司经营,其所有权归属问题也同样存在争议。当这些问题还没有解决时,铁路建设不可能一帆风

---

① J. H. Clapham, *Economic Development of France and Germany*, Cambridge: Cambridge University Press, 1968, p. 144.

顺。这也是有一定道理的,但正如我们在下面所要进一步分析的那样,只要有足够的推动力,或者发展这一事业的需要日益迫切的时候,这一问题也是不难解决的。

因此,法国铁路起步慢的根本原因可能还是在于需求,它的主要原因还是经济上的。

第一,市场对铁路建设的制约。法国的市场运作在19世纪上半期还主要是区域性的,物流量并不十分大,有人估计,在1835年,法国生产和进口的商品有1.73亿吨,其中1.27亿吨在生产地就消费掉了,剩下的0.46亿吨平均在距生产地和进口地60千米的范围内被消费。[1] 这一点,我们在分析法国的国内贸易发展的轨迹时也已有论述,不再赘言。同时法国的城市化过程也相对较慢,不存在人口的大流动,因此对发展新交通工具的愿望并不迫切。当时面临的重要问题是解决工业原料,特别是煤的运输,因此法国最初的铁路尝试发生在采煤业比较发达的圣艾蒂安地区。

第二,建造铁路的技术问题。直到1840年,法国的冶金工业和机械工业无论在数量和质量上都不能为法国的铁路建设提供足够的设备和铁轨,法国的铁制品往往价格昂贵。这种困境因法国实行较为严厉的关税保护政策而变得更为突出。法国铁路设备的自给自足是逐渐实现的,铁路发展与冶金行业的进步关系十分密切。

第三,建造铁路的资金问题。在19世纪初,建造铁路面临资金不足的困难。当时法国发展交通运输的重点是陆路和水路,从复辟王朝起,法国政府大量投资于陆路和水路建设。复辟王朝时期,政府用于陆路的开支每年达1 400万法郎至2 000万法郎,大体相当于政府预算的3%—4%。[2] 七月王朝时期,陆路的建设加速,增加了15 500千米的王家大道和283座桥,每年用于筑路的资金达到3 000万法郎,1837年所批准的投

---

[1] Roger Price, *An Economic History of Modern France*, 1730–1914, London: Palgrave, 1981, p.19.

[2] Roger Price, *An Economic History of Modern France*, 1730–1914, p.7.

资额达到 8 400 万法郎。[1] 再加上 1836 年通过法律要求地方自己集资兴建地区公路,致使法国大量资金投放到陆路建设上。水路建设的节奏与此相似,19 世纪是法国运河的重要建设时期,1800 年至 1825 年每年运河的长度增加 15 千米,而从 1825 年至 1840 年每年增加数提高到 154 千米。[2] 所以,我们看到,在法国铁路起步阶段,也正是法国传统交通手段大发展时期,这就制约了铁路资金筹集。同时铁路建设的费用远比陆路和水路建设更多,要平整土地,堆筑路基,再铺铁轨,还要架桥梁、凿隧道,再加修建月台。比如 1827 开始建造的圣艾蒂安至里昂铁路至,到 1829 年时已吸纳了 600 万法郎,但还需要再追加 400 万。[3] 此外,当时法国的金融市场发育还不全,政府又不放手让私人公司承建铁路,更增加了筹集资金的困难。法国在铁路建设起步阶段大量地依靠英国的资金,成为资金引进国。

1842 年议会铁路法的通过标志法国铁路建设进入新的时期,即开始建造大干线的时期。一些从巴黎出发的长距离工程开始设计和实施,一下子在法国大地上掀起了建设铁路的高潮。到 1848 年经济危机爆发的时候,法国已经完成了巴黎至勒阿弗尔、巴黎经里尔直达布鲁塞尔的铁路,但由于危机的冲击,一些铁路被迫中途暂时停建,如巴黎至斯特拉斯堡铁路在兰斯中止,巴黎至里昂的铁路止步在特鲁瓦,巴黎至波尔多的铁路也在夏多卢克斯停下了脚步。1848 年革命的动荡进一步干扰了铁路建设。因此在 1850 年,法国的铁路建设还远远落后于英国,甚至落后于工业化程度比它低的德国。

从第二帝国开始,法国铁路建设出现前所未有的高潮,此后缩小了和英国、德国的差距。请看下表:[4]

① Roger Price, *An Economic History of Modern France*, 1730 - 1914, p. 8.

② Roger Price, *An Economic History of Modern France*, 1730 - 1914, p. 16.

③ Braudel, F. et Labrousse, E. (S. Dir.), *Histoire économique et sociale de la France*, tome 3, volume 1, p. 259.

④ J. H. Clapham, *Economic Development of France and Germany*, p. 339.

表 8　法、英、德三国铁路长度(千米)

	法国	德国(1871 年疆界)	英国
1850 年	3 000	6 000	10 500
1870 年	17 500	19 500	24 500

第二帝国的政治稳定与经济繁荣有利于铁路建设,同时政府对改善交通能够带来的经济利益和政治利益也有清醒的认识,因此政府采取诸如加大投入、鼓励私人投资、提高效率和效益、政府给予津贴和担保等措施发展铁路,使这一时期成为法国铁路发展的黄金时期。铁路的投资增加幅度就明显地反映了这一点,1852 年的投资是 1.31 亿法郎,1853 年是 2.69 亿法郎,1854 年是 3.39 亿法郎,1855 年达到 4.96 亿法郎。[1] 到 1857 年,1842 年铁路法所规定建造的大干线都已铺设完成,铁路长度约为 6 520 千米。也正是在这一年,铁路的运输量第一次超过了水路的运输量。这一年水路的运输量为 16.93 亿吨,铁路的运输量达到 22.25 亿吨。[2]

二、国家支持铁路建设

法国铁路建设速度先慢后快和国家在其中的主导地位息息相关。

法国国家从绝对君主专制制度和拿破仑一世那里继承了中央集权的传统,在传统交通运输手段的发展上发挥着决定性作用,它希望在新的交通领域继续保持这样的作用。在复辟王朝时期,国王的特派员勒格朗(Legrand)就曾宣称:“铁路大干线是政府的缰绳,国家应该将它抓在自己的手中。如果我们已经同意将它们交由个别工业建造,这是有条件的,要经过特许和认可,并写进法律里,一旦国家利益需要,政府能够充分和全面地掌握这重大的交通手段。”[3]在 1832 年圣艾蒂安至里昂的铁

---

[1] Roger Price, *An Economic History of Modern France*, 1730 – 1914, p. 22.

[2] Roger Price, *An Economic History of Modern France*, 1730 – 1914, p. 23.

[3] Alain Beltran, Pascal Griset, *La Croissance Economique de la France 1815 – 1914*, p. 77.

路开通以后,议会作出决定,今后任何铁路修建必须获得国王的特许。同时,一些圣西门主义者、共和主义者和主张实行中央集权的人也主张由国家集中统一规划和修建铁路,反对将它交给私人企业经营。拉马丁就是其中之一,他认为,将这个新时代前景未可知的力量交给私人掌握,无论在政治上、经济上、战略上都是危险的。他把这称为新的封建主义,铁路贵族们又会对法国的贸易征收通行税了。[①] 当时竭力主张由国家控制铁路建造的还有政府路桥处的技术专家们。但也有不同意见,一些自由派的经济学家、企业家和承包商等主张放手让私人企业建造。在总体上说,一致的看法是没有国家一定程度的控制和资助,法国不能完成适合本国经济和政治要求的铁路系统,而争论则主要集中在政府介入的形式和范围上。

在 19 世纪初,政府由于缺乏足够的资金,虽然也有由国家负责建造主要干线的一些设想,但没有为建立整个铁路体系作资金的准备。在批准建造的一些短距离的地方铁路时,国家采用多种方式给予支持。比如在 1837 年建造阿莱斯至博凯尔铁路时,政府借贷给铁路公司;1840 年建设的巴黎至奥尔良的铁路,政府提供了集资的利息担保;为了和比利时铁路系统接轨,国家甚至承担了从瓦朗西安到比利时边境铁路的建设。这时的政府干预是没有定规的、非系统的。法国上下已经认识到,不解决国家和私人在铁路建设中的地位问题,会妨碍铁路事业的发展。

1842 年的铁路法在两个方面取得了突破,成为确立法国国家与铁路建造者关系的基石。该法案确定了法国全国铁路干线的布局:以首都巴黎为中心,向其他城市和港口辐射。大致有七条铁路:往比利时;往南锡和斯特拉斯堡;往里昂和马赛;经布尔日和图卢兹到西班牙边境;经图尔和波尔多到西班牙边境;往鲁昂和勒阿弗尔;往南特和布雷斯特。此外还有马赛至波尔多和第戎至牟卢兹两条横线。法案明确了国家和私人公司在建筑铁路中的责任,这是一种折中的解决方式:国家负责征用土

---

① J. H. Clapham, *Economic Development of France and Germany*, p. 144.

地,建筑路基、隧道和桥梁等,即基础工程;私人公司负责建造地面上的设施,如铁轨、车站、信号系统、地面建筑等,负责铁路的营运,这些权利由政府通过租让的方式赋予。在以后的执行中,以上的内容常常有所改变,比如由于政府资金不足,大部分基础工程费用也由私人公司承担。法案虽然没有宣布明确的原则,但在实际执行上逐渐确定了以国家为主建设铁路的三项原则:第一,国家与私营公司合作的原则,保留国家收回铁路所有权的权利;第二,国家控制铁路系统的地理分布的原则;第三,充分承认国家监督价格、保护旅客权益、向公司董事会派遣代表的权利。

　　国家对铁路建设的控制和干涉根据政策的变化可分为若干个阶段。第二帝国之前是第一阶段,国家在执行中加强自己的权力,对私营公司采取较大的限制措施。国家不愿使租让制度演变为国有领地的流失,国家在租让时加上可以赎回的条款。为了防止合作公司的过分强大,国家将一条长的铁路分段租让,比如巴黎至马赛的铁路就分为巴黎至里昂、里昂至阿维农、阿维农至马赛等。国家利用要求租让的公司较多所形成的僧多粥少的局面,使公司承租时被迫接受条件苛刻的招标细则,比如加重投入资金,缩短租让期限等。在一些少有公司愿意招标的铁路段,政府先直接自己动手来干。当时的租让期相对都比较短,如往比利时去的干线上的克雷尔至圣康坦段的租期在1845年只确定为25年,巴黎至里尔段租期为38年。[1] 由此也造成承包公司数量多,规模很小,资金不足,当时承建铁路的公司达三四十家。[2] 1847—1848年的经济危机使许多公司陷入困境,共和派革命的暂时胜利,又将铁路国有化的问题提了出来。在1848年至1852年只批准了一条铁路的租让,即巴黎至雷恩的铁路。不过随着六月起义的失败,国有化因带上社会主义的色彩而被资产阶级政府所抛弃。

　　国家干涉铁路建设的第二阶段是第二帝国时期,主要特点是鼓励铁

① Alain Beltran, Pascal Griset, *La Croissance Economique de la France 1815–1914*, p.78.
② J. H. Clapham, *Economic Development of France and Germany*, p.146.

路公司的合并和集中,放松国家对铁路建设的直接控制,取而代之的是运用金融杠杆的作用对铁路建设给予支持、鼓励和监督。从1859年起,法国开始建设被称为"第二铁路网"的铁路支线,并与铁路公司签订新的承建协议。

国家鼓励同处一条铁路大动脉上的若干公司合并,北方公司率先完成合并,为后来的公司提供了榜样。1852—1853年合并的进程大大加快,1857年集中过程完成。国家自己手中不再掌握任何铁路。全法国的大干线由六家公司控制,每家公司有特定的区域,这些公司的名称体现了这些区域:北方公司、东方公司、西方公司、南方公司、巴黎-里昂-马赛公司、巴黎-奥尔良公司等,在公司管辖的区域内不再有竞争。国家从直接控制铁路的模式中摆脱出来,采用更为灵活的管理和鼓励支持的方法。路易-拿破仑的一名部长曾这样概括这种管理方式:"如果国家的支持是必不可少的话,那么这种支持不再是对工程的参与和金钱资助,而是采用利息担保的形式,只给予精神上的支持;在时间形式上,免去过去的税收,将这部分税收留至未来它们获取了大工程的果实后。"[1]国家和公司的租让关系实行了调整,公司必须承担所有的费用,包括征用土地。为了弥补增加的支出,国家将租期一律延长至99年,这样便于公司收回以前的投资。国家批准发行债券,国家对债券的最低利息提供担保。为了回报国家的支持,各铁路公司有义务修建自己地区里的铁路支线。

但是1857年的危机使得六家铁路公司中的五家出现资金短缺的情况,它们不得不向法兰西银行请求贷款,并要求调整和国家的关系。于是在1858年至1859年,国家和铁路公司签订了一系列新的协议。国家提供发行新债券的利息担保,所担保的利息从3%上升到4.65%,国家为担保所付投资按4%的利息从铁路公司的盈利中扣还,由此重新加强了对铁路公司的控制。同时,国家将全国铁路分成两个铁路网,进行管理。以前建成的干线为老的铁路网,新建的支线为新的铁路网。国家只

① Patrick Verley, *L'industrialisation 1830 - 1914*, p. 33.

对新铁路网建设实行利息担保,新铁路的建设在每个公司间分摊。老铁路网和新铁路网分开核算,如果老铁路网的利润超过一定的水平,超出的部分就拨往新铁路网,以解决建造新铁路资金不足的问题。这些协议明显加强了国家作为铁路建设调节者的作用,这个作用在后来 1863 年和 1868—1869 年的协议中又进一步得到强化。从 1863 年起,国家恢复了给予铁路公司的津贴,同年发放的津贴达 2.72 亿法郎。[①]

三、铁路建设和其他交通方式的发展

铁路建设对工业化的促进作用如果不联系到它和传统交通手段的关系还是不完整的。法国的特殊情况是在铁路建设之前,陆路和水路尽管已有很大的改善和进步,但不能适应工业化发展的需要,铁路的建设弥补了传统交通手段的不足。铁路的出现和突飞猛进对传统的交通运输手段形成了有力的竞争,逐渐取代传统交通手段,成为交通运输业中的佼佼者。但在法国,它并没有完全排斥其他交通手段,相反,在某些方面,在某些时期,对其他交通的发展起了推动作用。因此,法国铁路和其他交通手段的关系既有竞争的一面,也有互补的一面,这种互补性在一定程度上消除了法国交通业原来的滞后性,有助于工业化的推进。

我们在前面曾经提及,复辟王朝和七月王朝时期是法国政府致力于陆路建设和水路建设的重要时期,由此造成了政府没有太多的资金用于发展铁路。然而,法国交通史上的一个十分有意思的现象是,法国政府历来重视陆路和水路的建设,但所达到的效果却总是不尽如人意。这是因为政府对交通的重视更多的是出于方便政治统治,因此缺乏经济和民间的动力,政府的财政又始终比较拮据,最后难免功亏一篑,这种状况只有在铁路建设采取新的模式后才得以克服。到 19 世纪中期,法国的陆路和水路交通无论在道路和运河航道的长度上,还是在运输工具的技术进步上,还是在降低运输价格上都有了很大的进步,也许在法国工业化

---

① Patrick Verley, *L'industrialisation 1830 – 1914*, p. 33.

起步阶段勉强能适应区域经济发展的需要,但绝对无法跟上法国越来越快的工业化步伐,也不能满足日益增强的跨地区商品交流的需要。

从陆路来说,国家级和省级道路路况较好,但乡村道路的通行仍然不畅,在冬天常常无法使用。在交通状况较好的路段,季节之间的差别也很大,比如从勒阿弗尔至牟罗兹的道路是由港口运送棉花到工厂的重要道路,用八匹马拉的四轮大车在最好的路况下全程要用时六天,但最长的时间可达一个月。[1] 道路分布在地区之间也极不平衡,在北方和经济比较发达的地区,道路比较稠密,如诺曼底、巴黎地区、卢瓦尔河和罗讷河地区,以及马赛周围地区。在西部和南部,则比较稀少,如布列塔尼、阿尔卑斯山区、比利牛斯山区和中央高原等地。陆路上的交通工具驿车最多只能载 16 名旅客,运输的马车最大载重也仅 15—20 吨。[2] 全国性的运输公司可谓凤毛麟角,大部分的运输队都是由当地的手工业者和农民马车夫组织的,各邮站站长保留了运送邮件和提供马匹的权力。陆路的管理体制也不利于道路的统一管理和互相的畅通。在省一级,国家道路的建设和维护是由工程师负责的,而省道和村镇的道路却由省长负责。因此全国不存在统一的道路政策,而在省里有没有协调一致的做法则要取决于工程师和省长的关系。

在水路方面,虽然在铁路建设之前,大部分的运河都已开通,汽船也投入了使用。但由于运河设计上的问题,以及对与运河相连的自然河道的维护不够重视,整个水运系统缺乏协调性。运河大小不一,运河与天然河道又不匹配,河中的水位变化多端,运河中船闸林立,都给运输带来极大的不便。从里昂至法国东南部(如牟罗兹或斯特拉斯堡)由于航道大小的不同,大船要更换小船两次,一次是在进入上索恩省时,一次在凡尔登。经勃艮第运河到巴黎,荣纳河的深度常常不够。连接卢瓦尔河和罗讷河的贝里运河,一年只有四至六个月有足够的水量够 32—36 吨的

---

[1] Roger Price, *An Economic History of Modern France*, *1730 - 1914*, p. 10.

[2] A. Rowley, *Evolution economique de la France du milieu du XIXe siecle a 1914*, p. 211.

小煤船通过。[1] 航道中众多的船闸更进一步制约了航运的速度。里昂到牟罗兹就需要经过 40 座船闸[2]，勃艮第运河船闸多达 195 座。[3] 此外，水运航道的分布和陆路的分布类似，东北部要远远地好于西南部。

正是法国传统交通手段的相对落后性，使得法国的铁路建设对经济发展具有更重要的意义。法国铁路的发展不久也给陆路和水路的运输带来冲击，在运输市场上，铁路占据了越来越多的份额。19 世纪 50 年代后期，铁路在运输量上超过了陆路和水路，成为法国最重要的交通运输手段。请看下表：

表 9 法国国内商品运输量(亿吨)[4]

	陆路	铁路	运河	沿海	总量
1830 年	20	—	5	6	35
1841—1844 年	23	0.6	8	7	39
1845—1854 年	26	4.6	12	7	50
1855—1864 年	27	30	14	7	78

然而，从上面的数据，我们也发现，铁路运输量的增长并没有使陆路和水路的运输量减少，相反，在一段时间，还有所增加。陆路和水路的运输量在 30 多年的时间里基本维持了原来的运输量。这就说明，法国铁路发展以后，并没有造成其他交通方式的严重萎缩。它们在新的形势下调整策略，继续发展，和铁路互为补充，组成有机联系的交通网络。

铁路给陆路交通带来的影响在地区之间各有不同。在富裕地区，由于本来商品经济就已较为发达，铁路并没有给商品交换带来革命性的变革，铁路从陆路上夺去了部分货物的运输量；而在贫穷地区，铁路的开通促进了商品经济的发展，铁路和陆路的运输量同步增长。比如对里昂至

① Roger Price, *An Economic History of Modern France*, 1730–1914, p. 17.

② A. Rowley, *Evolution economique de la France du milieu du XIXe siecle a 1914*, p. 216.

③ Roger Price, *An Economic History of Modern France*, 1730–1914, p. 17.

④ Roger Price, *An Economic History of Modern France*, 1730–1914, p. 36.

马赛的公路来说,本来经济条件不错,铁路竞争有损于陆路运输,1856年,它的运输量有12.2万吨,1863年下降至10.9万吨;但在谢尔省,尽管开通了维耶尔宗至讷韦尔和穆兰至蒙吕松两条铁路,但陆路的运输量仍从6.9万吨增至8.3万吨。[1] 此外,如果说与铁路并行的陆路在铁路的竞争下日渐萎缩,那么,与铁路相交和相连的陆路却出现了前所未见的活跃场面。如克勒蒙-罗阿讷-弗尔这条道路连接了尤兰至布里欧德和罗阿讷至圣艾蒂安的铁路。在第二帝国后期,它每年的运输量超过10万吨;而阿拉斯至杜埃(Arras - Douai)的道路在铁路兴起后,运输量增加了一倍。[2] 铁路对陆路的促进还表现在,陆路的建设重点转到乡村道路的建设上,来填补铁路的空白,并且建造了大量从乡镇通往铁路沿线车站的道路。

因此,有人作出这样的结论:"由于铁路和通往铁路的当地道路的加速发展,交通革命已经完成,并造成了乡村生活条件的相应转变,甚至受益最少的中央高原和多菲内山区也概莫能外。封闭和半封闭的社会经济体制终告结束。"[3]

水路与铁路的关系和陆路不同,它和铁路更多的是竞争关系。然而,法国较有特色的地方,就在于铁路的发展并没有挤垮水路运输,它的运输比重虽然不能和铁路相比,但超过了原来的老大哥——陆路。[4]

水路运输的这种生命力主要有以下原因:第一,由于历史形成的原因,法国许多工厂沿河而建,它们在铁路发展后,继续依赖河运,所以在经济发展较早的北方,河运的生命力更强一些;第二,一些货物的运输,河运还有其长处,如一些重量大、价值低的货物,由于船运价格低,更适于水路的运输。

---

[1] Braudel, F. et Labrousse, E. (S. Dir.), *Histoire économique et sociale de la France*, tome 3, *volume 1*, p. 269.

[2] Braudel, F. et Labrousse, E. (S. Dir.), *Histoire économique et sociale de la France*, tome 3, *volume 1*, p. 269.

[3] Roger Price, *An Economic History of Modern France*, 1730 - 1914, p. 12.

[4] Alain Beltran, Pascal Griset, *La Croissance Economique de la France 1815 - 1914*, p. 82.

铁路的飞速发展曾弥补法国传统运输手段的不足,也曾使陆路和水路运输一度呈衰落之态,但从总体上,这三种运输方式又具有互补的作用,有机结合成法国相对先进的交通系统,成为法国经济增长和工业化不可缺少的动力。

第五节　19 世纪上半叶的科技发展

工业化是建筑在科学技术发展基础之上的,有了机器的发明才有了现代工业,有了新的动力,才有工业强劲的增长和发展。长期以来,由于法国工业发展的名声不佳,因此殃及对法国科技的评价。在国内的著述中,很少有对法国的科技发展给予恰如其分评价的,总是把法国的科技简单看作是英国,以后是德国和美国的依附者,总是强调法国在机器的使用上比较落后。事实真是这样吗? 法国某些技术推广上的问题,是法国工业保守的体现,还是法国的特殊性? 法国 19 世纪科技发展究竟有哪些特点? 这些特点又是怎样形成的? 本节试图对这些问题作一一探讨。

一、19 世纪上半叶不可忽视的科技强国

从法国大革命至 19 世纪中叶,法国是世界上科学最为发达的国家之一。有人认为:"在 1790 年至 1825 年,法国拥有的第一流科学和技术人才比其他任何国家在相当时间里所拥有的都要多。如果按人均的方式计算,甚至直到今日还无出其右者。"[1]我们可以从中列举出一长串著名科学家的姓名:拉瓦锡(Lavoisier)、拉格朗日(Lagrange)、拉普拉斯(Laplace)、蒙热(Monge)、萨迪·卡诺(Sadi Carnot)、柯西(Cauchy)、伽罗瓦(Galois)、安培(Ampere)、屈维利耶(Cuvier)、拉马克、迪马

---

[1] D. S. L. Cardwell, *Turning Points in Western Technology*, New York: Science History Publications, 1972, p. 123.

(Dumas)、盖伊-吕萨克(Gay‐Lussac)……

这一时期科学上的强势是法国 18 世纪启蒙思想和科学胜利的延续,这种优势的取得也和法国 18 世纪强大的军事和政治国力相联系。法国大革命后,由于理性主义的获胜,法国的科学发展受到新的和强有力的推动,以平等自由为基础的新社会秩序对天才的年轻人来说,预示着更多的成功机会。法国大革命和拿破仑时期重视科技教育,创办综合工科学校(1794 年),给一批科学家提供了发挥特长的场所,同时也成为新一代科技人才的摇篮。

这一时期法国在数学上的优势十分明显。最突出的成就之一是开创了射影几何的系统研究。巴黎综合工科学校在几何学的研究上有雄厚基础,帮助创建该校的教师蒙热是画法几何的创立者,在解析几何和微分几何上也有独到的贡献。该校的毕业生彭色列在 1822 年发表了著名论文《论图形的射影性质》,从而创立了射影几何学。同时,法国数学家柯西在数学分析领域里也取得不少突破。他的著作涉及函数、连续性、定积分、级数收敛性等概念,使数学分析更为严密,他最重要的成就是创立了复变函数论。19 世纪 30 年代法国还出现了一位生前并不出名的青年数学家伽罗瓦,曾就读于巴黎高等师范学校,他的论文《论用根式解方程的条件》是群论的开山之作,"伽罗瓦域""伽罗瓦群"和"伽罗瓦理论"成为近世代数研究的重要论题。可惜这位天才在 21 岁时的一场决斗中不幸身亡。

同时数学和物理学相结合结出了丰硕成果。当时许多物理学家都有深厚的数学造诣,如纳维(Navier)和拉梅(Lame)等人的弹性理论就是建立在拉格朗日的数学原则基础之上的,其中数学家柯西对此理论也有直接的贡献。既是物理学家又是数学家的安培揭示了电与磁之间相互转化的关系,1820 年,他写了关于电能使磁针偏转的论文,以后又确定了电流对磁针作用方向的右手定则,还提出了分子环流假说。在力学方面,数学家普瓦松(Poisson)将数学方法引入力学研究,丰富了理论物理学,他在电磁学上也发表了一些很有创见的论文。在热学上,数学家和物理学家约瑟夫·傅立叶（Fourier）1822年发表了论文《热的解析理论》，用数学方法来研究固体中热的传导。毕业于综合工科学校的物理学家沙迪·卡尔诺，运用数学和物理的抽象方法对热力发动机的运转进行研究，考察了蒸汽机热量、能量、机械功、气体性质等问题，抽象出没有热量损失和机械功损失的理想热机，引进热力循环的概念。这种热机虽然跟永动机一样只是一种理想，但它对热力学的研究有重要的指导意义，这些成果后来体现在德国物理学家克劳修斯和英国物理学家开尔文的热力学第二定律中。法国人在光学理论上也作出了重大贡献。工程师奥格斯丁·菲涅耳（Fresnel）在复辟王朝时期完善了波动光学理论，在光的波动说战胜微粒说中发挥了重要作用。

法国科学家在化学上的重大发现几乎都在1815年之前，如奠定现代化学基础的化学巨匠拉瓦锡推翻了燃素学说等。但在19世纪上半叶值得一提的还有化学家迪马在有机化学方面所取得的成绩，1830年他发明了用于测定有机化合物中氮含量的燃烧法，1834年他证明卤素可取代有机化合物中的氢，与其他人一起分离出甲醇，与德国人李比希一起证明在有机化学中原子团能集体行动等，这些成就使他成为有机化学特别是有机分析的先驱之一。法国当时另一位重要的物理学家和化学家盖伊-吕萨克对气体的物理性质和化学反应作了最早的研究，准确测定了氧气和氢气合成水的比例，1808年发表以他姓氏命名的盖伊-吕萨克气体反应体积比定律。他还用纯化学的方法制取钾和钠，对酸的本质提出了新的见解等。

在生物学上，法国有三位重要人物对世界生物学的发展有决定性的影响。一位是拉马克，"生物学"一词就是由他首次使用的。他的主要成果反映在他1815年至1822年完成的《无脊椎动物博物学》一书中，他认为，自然连续不断地创造出生命，最初的最为简单，最后是组织最为复杂的，不论是动物界，还是植物界，都是如此。在1809年发表的《动物哲学》中还提出两条重要的定律：动物器官用则进不用则废，环境影响造成的获得性状可以遗传。所以，长颈鹿的脖子因为要吃高树上的树叶而越来越长，鸟类为抓住圆形的树干，而形成分开的爪子等，这是生物进化的观点。另一位是若夫鲁瓦·圣依莱尔（Geoffroy Saint‐Hilaire）。通过对动物的解剖和研究，他发现，自然创造生物在主体上是统一的，但在各辅助器官上却千差万别。这一关于动物的基本思想使他发现了动物差别的一些规律，提出了一些原理，如器官平衡的原理，一个器官肥大必然伴随另一个器官的萎缩，又如器官相关原则，任何动物的各个部分都处于相对固定的位置。在论证这些观点的过程中，他发展了比较解剖学、胚胎学的方法，建立了畸形学。后来他儿子在他的基础上在这一领域又取得进展。第三位生物学的大师是屈维利耶。他将比较解剖学作为基础，对物种进行重新分类，将动物分为脊椎动物、软体动物、关节动物和辐射动物四大类。他认为每一类都具有特殊的解剖类型。根据器官相关的原则，他在古生物学上取得了决定性的进展。他的生物观是非进化的，他认为物种的消亡是古代短时间内发生多次巨大灾变的结果。但他的工作却为后来进化论学说的建立提供了重要依据。

在天文学上，数学家拉普拉斯提出了一个重要的假设，认为太阳系是由星云演化而来的，这对 19 世纪人类认识天体有重要影响。法国的天文学家勒威耶（Le Verrier）在 1846 年发现了海王星。

法国人在医学上的科学成就也不容忽视。著名胸腔内科学之父拉埃内克（Laennec）发明了听诊器；法国外科军医伊塔尔在 1821 年发表了第一部关于耳科疾病的论著；病理学家克吕韦耶（Cruveilhier）从 1822 年起开始出版《病理解剖图集》，已能区别胃溃疡和胃癌；流行病专家布勒托诺（Bretonneau）在 1826 年第一次描述了白喉症状等等。

法国在 19 世纪上半叶具有一流的科学水平，同时在技术上也享有很高的声誉。法国在有关机器方面的著述连同时代的英国人也自叹不如。比如普罗尼（Prony）1796 年出版的《新水力结构》（*Nouvelle architecture hydraulique*）被认为是当时关于蒸汽机的最好的描述；兰茨（Lanz）和贝当古（Bétancourt）1808 年出版的《论机器构成》（*Essai sur la composition des machines*），描述了机器循环往复的十类运动形式，开创了机械运动学;1811 年阿谢特(J. N. P. Hachette)在此基础上写了《机器初级论文》(*Traité élémentaire des machines*)。其他还有 1810 年格尼沃(A. Guenyveau)的《论机器科学》(*Essai sur la science des machines*)、1819 年纳维(C. L. M. Navier)的《水力结构》(*Architecture hydraulique*)、1819 年黑隆·德维勒福斯(Héron de Villefosse)的《论矿产》(*De la richesse minérale*)、1821 年博尔尼(J. A. Borgnis)的《实用机械论》(*Théorie de la mécanique usuelle*)和 1822—1825 年克里斯蒂安(G. J. Christian)的《工业机械论》(*Traité de la mécanique industrielle*)、1829 年科里奥利(Coriolis)的《论机器功效的计算》(*Du calcul de l'effet des machines*)等。

当然,法国的科技优势并不仅仅表现在这些教科书上。法国科技发明的数量不断增加,1811—1815 年,平均每年的专利数为 56.1 个,1816—1820 年达到 114 个,1831—1835 年达到 297 个,1844—1847 年高达 1 636 个,其中不包括外国人在法国申请的专利。法国当时在前沿科技方面也表现不俗。在冶金业方面,法国人的发明专利在 1811—1820 年平均为 9 个,1831—1840 年达到 107 个;在蒸汽机方面,1822 年以后,没有一年是没有专利的,1835 年每年达到 4 个,这以后更上升到每年十多个。在蒸汽船的制造方面,法国人甚至让海洋大国的英国也骄傲不起来,1840 年,世界上制造的被称为"横穿大西洋"的大轮船有 14 艘,而其中 11 艘是法国制造的。① 在化工方面,法国化学家吕布兰(Leblanc)在 1790 年发明了从食盐中提取纯碱的方法,并在 1820 年开始应用于工业,成为 19 世纪最重要的化工工艺。在纺织机械上,雅卡尔(Jacquard)发明了用彩色纱线纺织有图案布匹的纺织机。在光学上,法国人尼埃普斯(Niepce)发明了照相工艺。1816 年,他用涂有氯化银的感光纸拍摄了第一张照片,但只能部分定影。1826 年,他用涂有感光材料朱迪亚沥青的

① Pierre Leon (Dir.), *Histoire économique et sociale du monde*, T. Ⅲ : *Inerties et Révolutions* (*1730 - 1840*), Paris: A. Colin, 1978, p. 461.

235

片基拍摄了世界上第一张真正的照片。在水力利用上,富尔内隆(Fourneyron)于 1827 年发明了水轮机。

所以可以说,法国的科学在 19 世纪上半叶处于领先地位,这一观点在西方著作中并不新鲜,只是没有在我国引起足够的重视而已。

19 世纪下半叶,如果说科学家越来越封闭在自己的科研领域之中,这应该归咎于科学专门化趋势。科学专门化和深化使得一些业余的科学爱好者越来越难于进入到这块领地,但这不影响法国人对科学的兴趣。事实上,科学的思想正是从 19 世纪后半期起才真正深入人心的。从第二帝国起,在报纸上出现了一些科学专栏,涌现了一批以写科学文章为业的专栏记者和作家。如记者贝尔多(S. H. Berthoud)在《祖国报》上的科学专栏就十分有名。另一位常在第二帝国时期共和派报纸上发表科学文章的作家维克托·默尼耶(Victor Meunier)在 1865 年预言:"不用很久,科学受大众欢迎的程度不再屈从于文学。"[1]有一个反映公众对科学热情的现象是国际博览会越办越红火,影响也越来越大。1862 年的国际博览会,观众达 620 万人次,1867 年为 900 万。[2] 真正的科学家成为政府要员的并不多,但他们的工作却得到了更多的重视。法国生理学家克劳德·贝尔纳在 1878 年去世时,法国为他举行了国葬,这是法国国葬的第一位科学家。科学的发展影响到人们的思维方式,实证主义应运而生。实证主义的创始人孔德本身就曾在巴黎综合工科学校就读,后来也曾在该校任过数学的主考人,虽然称不上科学工作者,但拥有相当多的科学知识,这一条件使他将科学和哲学联系在一起,希望用科学的方法解决社会问题(孔德因此也是社会学的创始人)。他认为,所有知识的发展依次经过三个阶段:神学或虚构的阶段、形而上学或抽象的阶段和科学或实证的阶段。因此人有三种思维方式:第一种用超自然的力量来解释他们所看到的,寻找事物的最初原因和最终归宿;第二种由哲学

---

① Thedore Zeldin, *France 1848 – 1945 Taste and corruption*, New York: Oxford University Press, 1980, pp. 5 – 6.

② Thedore Zeldin, *France 1848 – 1945 Taste and corruption*, p. 265.

代替神学,抽象地解释各种行为;第三种是实证的态度,深入到自然科学之中,放弃探求宇宙的起源和最终结果的可能,只局限于研究可以观察到的现象,揭示它们之间的相互联系。实证主义将科学放在至高无上的位置。孔德的主要著作《实证哲学教程》开始就对科学知识作了长段回顾。他一直认为,政治家们必须经过科学知识的训练。所以这一切都表明,法国到了19世纪后半叶,科学的思想和观念开始影响社会。

二、法国科技发展的特殊性

从以上事实,我们看到,把法国同英国、德国和美国在19世纪的科技差距理解成今日发展中国家和发达国家的那种差距是荒唐可笑的,对正确把握法国工业化乃至世界工业化道路的真谛是有害的和危险的。法国在科技上和其他强国比较各有自己的优势和特点,有些用其他国家的标准看上去落后的东西其实是法国科技发展的特殊性。我们下面对法国科技领域的特殊性作一番讨论。我们认为,法国科技发展的特殊性可以概括为以下几个方面:

第一,科技研究工作的相对分散性。科技工作者的研究和探索往往是单兵行为,合作联系比较少,没有形成相应的研究群体,一个重大发明后,也就没有后续相联系的成果。在19世纪的法国存在着数量不少的实验室,这些实验室有的依附于一些大学校,有的归于大学某个讲座教授的领导,有的甚至附属于企业(比如地处奥贝尔维耶,附属于巴黎煤气公司的雷格诺尔实验室)和市政府。这些实验室规模小,十分分散。卡龙认为:"大多数的实验室不是完全意义上的进行研究的实验室,而是进行试验和教学的实验室,在后一种情况下,人们不断重复着同样的试验。只是在某某实验室主任有着特别的好奇心时,才会成为研究的实验室。"他基本同意这样的观点:"法国人将精力分散到无数效率不高的小实验室里了。"[1]每个科学家都从自己最杰出的学生里挑选了自己的传人,但

---

[1] François Caron, *Histoire Economique de la France XIXe - XXe*, p. 41.

这些传人却难以形成一个可以从事一项大型集体科研项目的群体。有人对此作出如下结论:"现代化学出自拉瓦锡的头脑,同样,电动力学出自安培的头脑,热力学出自卡尔诺的头脑,微生物学出自巴斯德的头脑。法国科学的出色之处就在于这类伟大发现,而不是将这些发现延伸的集体研究。"①另一个能够说明这一特点的现象是,法国全国性专门科学协会的相对不发达。现代意义的专门科学协会是促进本学科科学家互相交流的重要组织,它是科学讨论的讲坛,也是科学成果发表的机构。和英国相比,法国全国性的专门科学协会建立比英国要晚。如天文学会、动物学会、外科医学会、气象学会、地质学会、化学学会、植物学会、园艺学会、数学学会等都是英国首先建立,和法国的时间差最长为 67 年(天文学会),最短也有 9 年(数学学会)。法国先建立的只有地理学会、昆虫学会和物理学会,间隔时间最长也不过十来年。② 而且法国的学会相对来说不够专业,第一代的学会主要满足业余科学爱好者的需要,而到 19 世纪下半叶第二代学会(数学、物理、化学)建立时才显示出它的专业化。另外,法国的全国性学会名不符实,它与地方学会不是上下级的关系,地方科学协会有相对的独立性,这和英国的情况不一样,英国的全国协会在地方上有它的分支机构,地方协会和全国协会是中央和地方的关系。而且法国的地方协会数量十分庞大。这种对地方协会的偏爱也反映了法国科学研究独立性和分散性的倾向。

　　第二,科学家们的非功利性。法国科学研究的强项在基础理论方面,例如数学、物理和化学等方面,而数学历来是法国人比较重视和取得重大成就的领域。科学家们经常是只知耕耘,不管收获。他们将科学研究纯粹作为一种人生的乐趣,而不看重经济上的收益。生理学家和医学科学家克劳德·贝尔纳曾经这样说起他和科学的关系:"科学吸收和消

---

① François Caron, *Histoire Economique de la France XIXe - XXe*, p. 41.
② Colin Russell, *Science and Social Change in Britain and Europe 1700 - 1900*, New York: 1983, p. 213.

化了我,我所求的只是它能有助于消除我的记忆。"①尽管他的妻子和女儿竭力反对,他就是不愿意成为一位普通的行医者,而一直潜心于他的医学研究。巴斯德的情况也十分类似。他十分喜爱的一本书是约瑟夫·德洛兹的《欢乐的艺术》,从中他找到了和他合拍的思想,他认为生活由"意志、工作和成功"构成的,而成功是光辉和幸福的人生经历。他的妻子反对他的研究工作,他回答她说,他将保证带领她走向永久的荣誉。当拿破仑三世问他,为什么不从他的科学发现中和这些发现的实际应用中谋取一点个人利益时,他回答说,他认为这会耗费许多时间,会削弱他的创造精神,此外"在法国,科学家们认为试图赚钱会有失于他们的身份"②。

法国的科学家们热衷于理论研究,但如果以此认为法国科学家们不太关心工业技术问题,那就错了。法国在科学和技术的结合上,并不比当时其他工业强国差,甚至还可以说要做得更好一些。法国人很早就认识到技术和科学联系的重要性。早在 1819 年,沙普塔尔(Chaptal)在《论法国工业》中就写道:"从前,学者们的科学发现大量地保存在他们的口袋里和科学院的学术论文里,没有制造商考虑到这些发现的运用会对他们的工作有益……今天,他们之间保持着最紧密的联系。制造商们向学者请教,他们将遇到的困难交给学者处理……每天前者将实践的成果和后者的智慧与忠告交换,互相依靠着,通向工业的完美境界。"③在 1847年至 1881 年再版 5 次的《工艺制造业词典》中,夏尔·拉布莱(Charles Laboulaye)明确指出:"技术完全是建筑在科学基础之上的,科学包含了法则,包含了技术要用的知识。"他还补充道:"科技发明的进步在科学发现中找到了最坚实的基础,很快这些发明被引进到制造业和农业的实践

---

① Thedore Zeldin, *France 1848 - 1945 Taste and Corruption*, p. 234.

② Thedore Zeldin, *France 1848 - 1945 Taste and Corruption*, p. 235.

③ Braudel, F. et Labrousse, E. (S. Dir.), *Histoire économique et sociale de la France*, tome 3, *volume 2*, pp. 482 - 483.

之中。"①法国的科学家也关心技术运用,如彭色列将他的数学理论运用到涡轮机和水轮的改进上;居里夫人将放射技术运用到医学上;巴斯德用他的微生物学为工业发酵服务等等。更为重要的是,法国一些工科学校,如综合工科学校、矿业学校、中央工艺及制造技术学校、国立工艺学校等,培养的一批又一批工程师成为科学和技术之间的桥梁。他们有良好的科学训练基础,又直接从事工业和工程建设,他们既是发明家,也是工业家,我们前面叙述的一大批关于技术的教科书,大致出自这部分人之手。因此,法国科学家们的非功利性不应被理解为法国技术运用和推广的阻力,法国技术推广的困难另有原因。

第三,关键技术的依赖性和技术与技能的结合。在工业化的第一阶段,核心的技术就是新的动力、生产机械化和钢铁的冶炼。而这些技术都不是法国发明的,法国为了推进自己的工业化,就必须从英国引入这些技术,比如蒸汽机、纺织机械、煤炭炼铁、贝塞麦炼钢法等关键技术都来自英国。这一点一目了然,无须特别证明。这些技术有一个共同特点,它们是以煤炭作为动力的。法国引进这些技术后,善于吸收和消化,在机器的使用方面,最初法国雇佣许多英国的熟练工人,但过渡期很短。法国人技术发展的战略着眼于完善他们的手工生产,他们的目标往往是对已有的手工工具进行渐进式的改进,发展的技术常常有较高的技能要求。比如雅卡尔的彩色丝绸编织机,不完全是自动的,还要靠人工操作,需要熟练的技能;又如蒂莫尼耶(Thimonnier)1829年发明的缝纫机,也需要技能;再如在阿尔萨斯印花布厂,19世纪初期发展的滚筒印花技术,也需要操作经验和技能,因为布上印花比纸上印花复杂得多,同时印花的颜色又要满足不同的市场需要。此外,法国在照相业、电影业和汽车业的技术也带有这样的特征。应该肯定,这种工业技术"技能密集"型的形式符合法国的国情,有它的长处。它适应法国手工业强调质量和多样性的传统,这样的技术生产出来的产品还不是标准化的,但它可以不断

---

① François Caron, *Histoire Economique de la France XIXe‐XXe*, p. 36.

变换花色品种,以迎合国际和国内市场变化的需要,保证法国在时尚上的领先。

第四,技术推广的不平衡性。法国在科技方面也表现出二元性,一方面法国已经拥有当时的尖端科技,另一方面科技的推广不够充分,表现出不平衡性。技术推广上的不平衡性既表现在时间上,也表现在部门之间和企业之间。

在时间上,我们看到,法国往往在某些新技术刚发明不久就引进本国,时间差非常小,表现出法国一部分工业家的前卫意识和在科技上的敏锐性。法国在 1779 年就和布尔顿和瓦特签订了将蒸汽机引入法国的协定,不久佩雷尔兄弟获准在他们夏优的工厂里生产这种机器,在模仿中不断加以改进。[1] 从 1764 年起,法国就派人去刺探焦炭炼铁的技术,1785 年,在勒克勒佐就进行了这方面的试验。[2] 然而这些技术的推广却费时较长。整个 19 世纪技术的推广,前后两半期表现出不平衡,前半期速度较慢,后半期则迅速加快。蒸汽机的发展在 19 世纪初年微不足道,过了 1830 年后才开始加速。1816 年,蒸汽机数量只有 160 台,到 1850 年增至 6 000 台。[3] 煤炭炼铁取代木材炼铁的过程也是渐进式的。法国各地区情况不同,所用的铁矿质量存在差别,各地的炼铁法都是因地制宜的,木炭炼铁经过当地长期摸索已成为一项成熟的技术,引进英国煤炭炼铁则必然需要长期试验才能达到原来的质量要求。法国有些企业甚至因为原封不动地引进英国炼铁技术而一度破产。到 1850 年,法国用焦炭冶炼的铁仅占总产量的 46%。大部分工程师认为,用木炭炼出来的铁才是高质量的。但在 1850 年后,发展速度突然加快,到 1864 年,煤

---

[1] Jean - Charles Asselain, *Histoire économique de la France du xviiie siècle à nos jours*, tome 1: *De l'Ancien Régime à la Première Guerre mondiale*, p. 81.

[2] Jean - Charles Asselain, *Histoire économique de la France du xviiie siècle à nos jours*, tome 1: *De l'Ancien Régime à la Première Guerre mondiale*, p. 81; Colin Heywood, *The Development of the French Economy*, 1750 - 1914, p. 39.

[3] Alain Beltran, Pascal Griset, *La Croissance Economique de la France 1815 - 1914*, p. 96.

炭炼铁的比重达到 90%。[1] 此后在冶金方面采用新技术的速度大为加快,1856 年贝塞麦炼钢法发明,1861 年就引入法国,并迅速普及。随后,法国工程师马丁将英国西门子爵士的炼钢炉加以改进发明了马丁炉,创造了新的炼钢技术。

在工业部门中,科技和机械化推进最快的是纺织业和冶金业。纺织业是技术更新最快的部门。它的进步是全面性的,——列举何种机器的使用和改进会使本文显得冗长而枯燥,我们删繁就简。法国大致的情况和英国的情形相似,纺纱机器促进纺织机器的发展,同时一批纺织的附属机械,如预制和结尾加工的机器也应运而生。据统计,1827 年至 1860 年,纺纱机器的数目增加了一倍。当然,在纺织业中,棉、麻、羊毛和丝等部门的机械化程度也不尽相同,发展最快的棉纺织业,而羊毛、麻和丝要相对慢一些。

除此以外,还有地区发展上的不平衡。在纺织机器的运用上,东部的阿尔萨斯处在领先地位。从 1844 年起,它集中了全国 1/3 的机动纺织机;1864 年,它的机动纺织机数目已达 24 000 台,而它的手工纺织机只有 2 000 到 3 000 台。相比较之下,另一纺织中心诺曼底的技术进步就要慢得多,还忠实地使用手工机器。北方的发展更慢,机械化在 70 年代才开始起步。而西部的肖莱在 1860 年、拉伐尔在 1870 年还没见过机动纺织机。[2] 在冶金业上,贝塞麦炼钢法和马丁炉的技术最早在法国中部和卢瓦尔省落户,随后才扩展到东部和北部。这些技术要到 1880 年后才扩展到全国各地。

第五,动力技术的互补性。蒸汽动力的应用无疑是工业化初期技术进步的标志,但法国在这方面的发展则明显落后于英国,之后又落后于德国。19 世纪前半期,法国的蒸汽机推广最快的时期在 1842 年至 1847 年,1850 年蒸汽机达到 6 000 台,但总马力只有 67 000 匹,而英国的总马

① Alain Beltran, Pascal Griset, *La Croissance Economique de la France 1815 - 1914*, p. 96.

② Braudel, F. et Labrousse, E. (S. Dir.), *Histoire économique et sociale de la France*, tome 3, *volume 2*, p. 496.

力为 500 000 匹。在 19 世纪的后半叶,法国在蒸汽机的马力上有了突飞
猛进的发展,1860 年达 178 000 匹,1870 年达 330 000 匹。[1] 然而,蒸汽
动力上的落后,并不能以偏概全地认为法国整个科技的落后。法国在动
力发展上具有自己的特色,它在发展蒸汽动力的同时,积极开发其他动
力,以弥补蒸汽动力上的差距。水力是较为古老的动力,但法国人通过
技术改造,使它获得新生。布罗代尔和拉布鲁斯主编的《法国社会经济
史》里有这方面的大量事例,下面列举一二。1832 年,斯特法努瓦·富尔
内隆(Stephanois Fourneyron)对水轮进行改进,发明了一种离心式的涡
轮,叶片经过科学精密计算,减少了对水能的浪费,平均提高效率 70％。
1840 年,方丹(Fontaine)发明了一个平行转动的涡轮,可以被水从下部
冲动,扩大了水力的工业运用范围。另一个方向的改进是增加水的落
差,以此提高水的冲力。1837 年,富尔内隆在一家纺纱厂建造了一个
140 米高的跌水;1850 年,多菲努瓦·吉拉尔(Dauphinois Girard)使用了
150 米高的跌水; 1869 年,拜尔日(Berges)建造了一个落差为 200 米的
跌水,产生动力达 1 000 马力,拜尔日为了保证枯水期也能供水,建造了
水库,当时的引水铁管必须承受 20 千克的压力。[2] 所以法国的水动力并
没有因为蒸汽动力的使用而退出历史舞台,在诸如诺曼底等西部地区以
及 1850 年之前的北部地区,水动力的作用仍不可忽视。1847 年,在诺曼
底,水力向工厂提供了它们所需的 58％的动力,统计的 734 家纺纱厂,有
478 家是以水为动力的。[3] 而当工业化进入电力时代后,法国迅速利用
阿尔卑斯山区的水力资源发展水电。当地的一些传统轻工业,如造纸厂
采用了水电作为动力。水电还带动了法国电化工和电冶金业的发展,使
之处于世界领先水平。法国水动力一定程度上弥补了热动力的不足。

---

[1] Braudel, F. et Labrousse, E. (S. Dir.), *Histoire économique et sociale de la France*, tome 3, *volume 2*, p. 497.

[2] Braudel, F. et Labrousse, E. (S. Dir.), *Histoire économique et sociale de la France*, tome 3, *volume 2*, pp. 491 - 492.

[3] Braudel, F. et Labrousse, E. (S. Dir.), *Histoire économique et sociale de la France*, tome 3, *volume 2*, p. 498.

三、影响法国科技发展方向的因素

经过上面法国科技特征的分析以后,在我们的脑海里必然会涌现出许多问题。法国19世纪前半期科学领先,它和技术的发展也保持一定的联系,那么为什么在工业化第一阶段的关键技术上要依赖他国? 法国的这些科技特点又是如何形成的呢? 这是我们不能不回答的问题。我们认为影响法国科技发展方向和进度的因素包括几个方面:

第一,资源方面的原因,这里包括自然资源和人力资源。法国自然资源中面临的最大问题就是煤的短缺。法国煤的采集条件十分困难,一是煤层较深,平均深度为480米;二是煤层不厚:北部为1.06米,洛林为2米,中部和南部2.26米,中间还常有无煤层隔断。[1] 这些条件影响了法国煤的产量。法国的煤产量从1815年的90万吨增加到1913年的3 990万吨,但同英国和德国比这些数字就显得苍白无力,同期英国的煤产量从1 620万吨上升到2.75多亿吨,德国从120万吨升到2.47多亿吨。[2] 困难的采掘条件也加大了开采的费用,一般法国的开采费用比英国要高出50%,比德国要高出20%。另外一个不利条件是法国的主要煤田离铁矿和工业中心比较远,所以煤的运输价格也比较高。在19世纪40年代,圣艾蒂安一吨煤的价格为15法郎,但运到巴黎后,价格上升到40至50法郎。[3] 我们知道,工业革命的关键技术是以煤和铁为基础的,由于法国煤的缺乏,关于煤和蒸汽的技术显然不会出自法国。不仅如此,当这些技术要在法国推广时,必然也受到煤的数量和价格的制约。因此法国在以煤铁为核心的技术上落后,是情有可原的。然而,为了弥补这方面的缺陷,迎接自然资源不足的挑战,法国形成了自己独特的技术体系。首先是能源上的补偿,科学利用水力和发展水电;其次是煤炭

---

[1] 菲利普·潘什梅尔:《法国》,叶闻法译,上海:上海译文出版社,1980年,第231页。
[2] Colin Heywood, *The Development of the French Economy*, 1750 - 1914, p. 24.
[3] Colin Heywood, *The Development of the French Economy*, 1750 - 1914, p. 24.

节能技术的开发,如节能的高压蒸汽机19世纪30年代在阿尔萨斯的出现;1835年,在德卡兹韦尔,人们回收炼铁高炉里的废煤气加以利用;再其次大力发展交通,尤其是运河开凿和铁路建设,促进煤的流通,降低运输价格,促进了交通技术的发展。

法国在人力资源上的情况和自然资源恰恰相反。在工业化开始阶段,法国有着充足的劳动力资源。法国是当时欧洲人口最多和最稠密的国家之一(这一点将在第九章中展开),劳动力相对过剩,所以不存在节省劳力的技术要求,也就缺乏实行机械化的动力。由于劳力相对过剩,劳动力的价格也比较低廉,企业主从经济角度出发,宁肯多雇点劳工,也不愿意加大固定资本的投入。正是在这样的背景下,法国机械技术推广在前期遇到不少的问题,发展相对缓慢。然而人力资源的情况在19世纪并不是一成不变的,由于法国人口出生率的下降,人口增长相对缓慢,而工业经济的发展却较快,因此到了19世纪中叶以后,劳动力逐渐出现不足的现象,工资也开始提高,这就成了企业主们采用机器生产的动力之一。于是,从19世纪中叶开始,机器技术的推广就加快了步伐。法国在人力资源上还有一个重要的特点,在法国工业生产部门,大量存在着手工业者。这些手工业者的手艺世代相传,而且都经过比较严格的学徒训练,心灵手巧,有熟练的劳动技能,这有利于引进技术的消化,也为法国发展和技能相结合的工业技术提供了条件和基础。熟练的手工业者开发科技的例子不胜枚举:发明丝绸彩色编织机的雅卡尔就是自学成才的机器工匠;另有一位马里-约瑟夫·法尔科(Marie - Joseph Farcot)早年在一家精密仪器制造商那里学手艺,22岁进入夏由铸造厂,后来成为19世纪蒸汽领域中的发明家。

第二,经济的拉动作用。决定法国科技发展和体系的另一方面因素是经济因素,这里包括法国的产品结构和企业结构、法国的市场需求和市场竞争、法国的价格体系等。

法国的工业生产以轻工业,特别是纺织业为主,追求高品位和高质量,因此不像工业,对煤铁技术的依赖比较小,人的专业技能比机器的采用更显得重要。因为如果生产大众产品,就要以产量为主,廉价的机器产品就显得十分重要,而奢侈品的精美则主要取决于手艺。机器的使用给各经济部门带来的效益是不尽相同的。

市场需求对技术的促进也是十分重要的因素,我们在分析法国19世纪市场发育时,已经看到法国市场在19世纪前后期的变化。我们可以从中找到法国技术推广先慢后快的部分原因。关于市场需求对技术的拉动,卡龙专门用铁路技术发展的例子作了说明。第一批铁路建成投入运行后,开始时是运力过剩,但不久形势发生变化,运输大大增加,时时出现交通拥挤。这就促使铁路的经营者从最新技术的采用上寻找出路。

市场竞争同样也促进技术的发展。法国在较长的时间实行贸易保护主义,所以国际的竞争不太激烈,但这并没有消除国内的竞争,在经济危机时期,这种竞争就变得更为激烈。所以法国技术推广有一个有意思的现象,每次危机过后,总会出现技术发展的高潮。比如在纺织行业,1826—1832年的危机刺激了预制机器的猛增和细纱生产机器的采用;1836—1842年的危机伴随着将齿轮传动系统引入纺纱机中;1846—1847年危机后随之而来的是机动纺织机的大量引进。在更广泛的范围内,1860年的棉花危机和七八十年代的萧条正好与纺织材料的革新、"钢铁革命"、化工业发展、水力和电力的崛起相对应。危机的背后其实是市场竞争的残酷铁律在起作用。

从法国市场价格来看,在1820—1850年,法国的物价经历了一个长期下滑的阶段,这直接威胁到工业生产的利润,迫使企业主们设法通过节约劳动力来降低生产费用,采用机器来提高劳动生产率,成为企业主们技术革命的一个动力。同时由于煤、铁和机器的价格也在降低,使企业主们有信心能够添置新的机器或采用新的工艺。这也成为我们解释法国技术进步节奏的一个方面。

第三,文化和制度因素。如前所述,法国科技发展的一个重要特点是它的"唯美主义"(善理论推导和非功利性)和分散性,这和法国文化传统、社会背景和科技方面的制度有关。

　　长期以来,法国人把科学视为艺术,视为上层社会文化的一种。18世纪的科学家都不是职业的,科学研究只是一种兴趣爱好,一种业余生活的点缀,所以它追求的不是物质利益,而是精神享受。在18世纪,法国的许多贵族家中都有博物架,他们可能对数学和机械知之甚少,但他们却热衷于收集矿石和动植物标本。当时拥有最多读者的书籍不是伏尔泰或卢梭的书,而是布封(Buffon)的《自然史》和普吕谢(Pluchet)修道院长的《自然奇观》。[1] 路易十六的业余爱好之一就是修锁。这种影响时至今日还依稀可见,法国人的业余消遣活动中包括在家里摆弄机械、修修补补(bricolage)。大多数的科学家从事着另外一份工作:拉瓦锡是政府的征税官,他也因此在大革命时期被送上断头台;拉普拉斯则在拿破仑政府中担任内政部长;蒙热任过海军部长等等。科学和艺术、文学经常是等同的,如法国的科学院不纯粹是科学机构,它包含了哲学、艺术和文学等其他门类。后来甚至影响到工业技术,1789年举办的第一届国际博览会,工业发明就是和艺术品一起展出的,从1801年起才设专门展区。法国科学的这种贵族化倾向使得法国的科学研究受到法国哲学和文学的影响,带有一种唯美主义的追求。正是这种科学研究的业余性质,使得法国政府在重视工业技术发明的同时,对纯科学研究的资助就特别少,似乎认为科学研究是个人的爱好。

　　法国传统的个人主义限制了科技工作者之间的合作。法国流行的个人主义,使法国科学家更关心自己的独立性和个性。他们不想别人染指自己的研究天地。孔多塞(Condorcet)曾认为科学应该在国家中占有一席之地,但反对科学接受国家的资助,认为这样能保证科学的完全独立性。[2]

　　最后,影响法国科学研究的还有制度方面的原因,即国家的中央集

---

[1] Thedore Zeldin, *France 1848 - 1945 Taste and Corruption*, p. 227.

[2] Thedore Zeldin, *France 1848 - 1945 Taste and Corruption*, p. 229.

权和科研机构的分散。法国是中央集权程度较高的国家,科学精英大多集中在巴黎,大量的才能淹没浪费在巴黎,而没有影响全国。法国有许多地方的科学协会,但始终停留在业余水平。这和英国就有区别,英国除了伦敦,在伯明翰、曼彻斯特以及苏格兰和爱尔兰都有科学中心,聚集着不少的科学人才。和法国中央集权式的管理相矛盾的是,法国的科学机构、法国大学内部的教授讲座相对独立,具有很大的自主权,这又造成了科研的分散性。在这样的制度下,法国的科学发展必然呈现出自己的特色。

综上所述,法国根据自己的自然条件、生产条件、历史传统构筑了具有自己特色的科技体系。法国的科技从 19 世纪中叶以后,逐渐丧失了世界顶尖的地位,但仍在世界一流之列。在新的技术革命中,法国加快了科技发展的步伐,在新兴工业中占有重要地位。法国相当迅速地引进英国的先进工业技术,这表明法国的工业家和科技人员并不缺乏创新精神。法国在推广这些技术中的犹豫是从自身的资源条件和经济条件出发的,因此不能由此就认为法国的工业家们保守。正如卡龙所总结的那样,"法国人学会、采用了英国的技术,并将它本国化了,而且根据它自己特殊的物质条件(能源缺乏、劳动力的优质和长期充沛),根据自己的技术传统和各种科学的影响,发展了一套独特的科技体系,这一体系最终为几个基本的工业部门带来了杰出的发明……在 19 世纪末,法国科学和工业的关系当然没有达到像德国和美国那样的'有机结合',但法国对工业革命这个新阶段的贡献却是不可忽视的和一流的。"[1]

---

① François Caron, *Histoire Economique de la France XIXe - XXe*, p. 8.

第六章　19世纪法国早期社会主义思潮

第一节　法国社会主义的兴起

在19世纪法国的社会语境中,"社会"被理解为人与人的联合所形成的组织。早期的社会改革者立足于对"社会"性质的认识,萌生出一系列以"革新社会"为主要特征的社会观念体系。在1848年前,法国成为社会主义思想的中心。

要求革新的社会思潮并不是19世纪法国独特的时代现象,从古典文明到近代早期,批判社会不平等,建立公平正义的社会理想一直孕育在西方文明演进过程中。这些早期的批判话语同19世纪法国社会主义思想的萌发有着千丝万缕的联系。但是,由于法国早期社会主义思潮形成于法国大革命与英国工业革命这一双元时代背景,这就使得法国社会主义具有鲜明的时代特色。一方面,它体现了法国人对社会现实和历史经验的理性反思,人们谴责特权和不平等,追求自由和宽容的社会秩序,随着七月王朝治下社会矛盾日趋尖锐,激进主义走向复苏;另一方面,随着1832年经济危机爆发,工人贫困问题突显,社会主义所主张的劳动者联合根植于中世纪行会组织的互助传统,与基督教的博爱精神联系密切。

　　法国早期社会主义理念有着丰富而多元的内涵,其中既有共识又有分歧,因此无法对社会主义思想和社会主义者下精确定义。19世纪早期"社会主义"一词还没有像后来演变的那样同具体的政治行动以及国家的概念产生联系。在19世纪早期的法国社会语境中,由于持有社会主义理念的群体多元,"社会主义者"泛指所有支持并参与社会改革的人和组织。在1848年以前,社会主义者并没有统一的意识形态,更难以形成共同的身份意识,尽管人们一致呼吁法国亟待一场社会革新,但他们彼此之间理念上的个性差异要远大于共性。

　　"社会主义者"一词最早起源于英国。在欧文主义者的通信中,"社会主义者"被用来指代在德文郡一处地产试验欧文思想的社会改革者①。需要注意的是,"社会主义者"一词出现后并没有立即流行,这是因为欧文主义者还没有形成与"社会主义"有关的统一意识形态。1833年11月16日在欧文派报刊《危机》刊发的一封信中,作者梅尔斯向所有"社会制度之友"呼吁,团结起来并建立"社会共同体",梅尔斯采用"社会主义者"一词以代替文章开头称呼社会制度下的各个成员,使得"社会主义者"一词在英文报刊中流行。

　　1831年,"社会主义"首次以法语的形式出现在新教报刊《播种者》上,作者认为宗教改革应该为当前社会中利己主义思潮的盛行负责,主张以社会的团结限制个人主义的过度。1834年,社会主义者皮埃尔·勒鲁在杂志《百科全书》中以否定意义使用"社会主义"一词,②批评圣西门学派对个体自由的漠视。此后,随着法国社会的发展,社会主义者的存在已经大大超过了"社会主义"概念的流行,社会主义的内涵也随着社会主义者的行动变得更加明确。19世纪40年代社会主义与共和运动合

---

① Jacques Gans,L'origine du mot 'socialiste 'et ses emplois les plus anciens, *Revue d'histoire economique et sociale*, *vol*. 35, no. 1,1957, p. 80.

② Pierre Leroux, De l'individualisme et socialisme, *Revue encyclopedique*, Octobre-décembre 1834.

流,大革命的政治理念融入了"社会主义","社会主义"是指不会牺牲下列任何一个原则:自由、博爱、平等,并在对它们的调和中将三个原则团结起来。[1]

第二节　社会主义者对社会问题的认识

1827 年法国的人口统计显示三分之二的人口出生于 1789 年之后,甚至自 1824 年以来,选民(只包括年满 30 岁的男子)中的多数是大革命开始时还不到 20 岁的人,其数量还在不断增长。大革命中旧的社会制度崩溃,新的社会制度尚未真正确立,在这一过渡时期成长起来的新一代法国人不仅对现状感到迷茫,更对未来法国的命运充满好奇和不安。他们虽然渴望自由和秩序,但是拒绝大革命中血腥暴力的重演。其中一批人从学院教育中养成了科学和实证分析的思维,一方面关注技术在提高社会物质生活水平上的作用,另一方面社会科学研究的兴起引发了他们对人类智识资源进行整合的热情。当然,还有一批人不满于社会道德意义上的革新,他们加入致力于彻底推翻复辟王朝的秘密组织,不仅要改变法国社会的不平等状况,还力图确立没有压迫和剥削的统治。

艾蒂耶纳·卡贝在《伊加利亚旅行记》中对 19 世纪法国社会的描述,某种程度上可以代表大革命后成长起来的新一代法国人的情感体验:"存在着两个法兰西:一个是平民的法兰西,一个是贵族的法兰西;无论是 1789 年或者 1792 年,也无论是 1830 年或者在那以后,您都可以分辨出两个法兰西,一个是宽容、勇敢、渴望进步、正义和自由的法兰西,它是一切民族的朋友;另一个是利己、贪婪、噬权、懦弱、残忍的法兰西……前者不惜流血牺牲,进行了多次的革命;后者却相反,斥资拨款来从事一切反革命勾当"[2]。法国大革命理念与 19 世纪社会现实中产生的巨大

---

① Pierre Leroux, *Oeuvres de Pierre Leroux*（1825 - 1830）, tome Ⅰ, Paris: Louis Nétré, 1851, p. 376.
② 艾蒂耶纳·卡贝:《伊加利亚旅行记》第一卷,李雄飞译,北京:商务印书馆,1978 年,第 404 页。

落差,促使法国人对现状进行反思,并进一步探求未来。

早期社会主义者对社会问题的理解和认识构成其社会主义理念的首要前提。英国学者柯尔指出,尽管很难给 19 世纪早期的社会主义下一个明确的定义,但是各种社会主义学说中都含有某种共同的东西,那就是承认"社会问题"的重要性,谴责大工业生产的自由竞争对劳动者造成的不幸和压迫,主张应依靠集体或协作的方式来限制生产和竞争的无序。[①] 立足于改革社会的前提,早期社会主义者共享一些基本的观念:

第一,他们一致认为 19 世纪法国社会中,不受干预的自由经济是导致社会贫困和动荡的源头。自由政治经济学的支持者主张工商业的发展将为社会带来物质和道德上的进步。1817 年到 1832 年法国经济出现周期性危机,工人失业和贫困问题更加突显,自由政治经济学说越来越受到改革者的质疑和批判。社会主义者认为自由市场经济的发展剥夺了劳动者的独立性和自主权,并且缺乏必要引导和制约的自由竞争引发了工人大量失业,导致社会贫富差距进一步扩大;还有一些社会主义者将经济不平等的原因归结为私有制的存在。例如,布朗基认为经济不平等产生的阶级对立是问题的起源,主张通过革命推翻现存政权;卡贝主张彻底消除私有制,实行财产共有。蒲鲁东指责资产者以地租、利息等形式扣留了劳动者的一部分产品,侵犯了劳动者的权利,他指出所谓的财产所有权就是一种"盗窃";路易·勃朗则将法国的社会危机归结于不合理的劳动组织和无序的市场竞争,主张应依靠政府的力量,实行集中管理,并在劳动组织的改革中实现有计划的生产。

第二,一些社会主义者批判七月王朝产生了富人的寡头政治,限制了大革命赋予法国人的政治权利。19 世纪初,正统派和自由派认为大革命中人民主权的政治实践造成民众暴乱,他们担忧激情在政治中的运用将对社会秩序产生破坏。以基佐为代表的自由派寻求完善保障自由权和秩序稳定的制度基础,他们将"理性主权"作为统治原则,通过设置高

---

① G. D. H. 柯尔:《社会主义思想史》第一卷,何瑞丰译,北京:商务印书馆,1977 年,第 303 页。

额纳税,实行有限选举权,从而将大多数法国人的政治权利排除在外,形成了少数银行家、企业家垄断政治权力的富人寡头政治。[1]　1832 年,让·雷诺在《百科全书》杂志中发出呼吁,主张在议会中增设无产者的代表比例[2],1842 年皮埃尔·勒鲁在题为《论寡头政治或富人政府》的文章中痛斥七月王朝建立在财富基础上的"富人政治"[3],以政治权利的不平等,营造民主的幻觉,使得法国民众的政治自由被严重限制。

圣西门则从社会治理的问题入手,认为政府对精英人才的不合理任用,造成法国"从封建和神学体系向科学和实证体系过渡"的失败。[4]　在他看来,18 世纪法学家和哲学家管理社会的问题在于,"法学家和形而上学家总爱把形式当做内容,把空谈当做行动"[5],治理国家需要专门的知识,19 世纪的政治科学需要向实证科学转变,将统治的权力交给实业阶级和学者掌握,重新确立法国的社会制度。

然而,直到 1848 年二月革命之前,除了皮埃尔·勒鲁,大部分社会主义者的社会改革方案中忽略了政治设计这一维度。这部分是因为在 1848 年以前,七月王朝奉行"理性主权"的中庸政治风格,以自由与秩序为信条,拒斥人民主权,抵制政治改革,导致早期社会主义者对革新政治设计有种反感和陌生。因此,在圣西门主义者的实业教会中,他们对中世纪王权在上的等级制度充满热情;在勃朗筹划的社会工场里,他呼吁一个关心民生的政府介入经济管理。随着二月革命的爆发,孔西岱朗、勒鲁等人希望通过实现公民普选权,建立民主和社会的共和国。

第三,一些社会主义者将社会危机主要归结为文明制度下对人的天

---

[1] 在这一选举制度下,对选民政治能力的判断同选民自身的知识、财富水平联系在一起。参见 Jules Clère, *Histoire du suffrage universel*, Paris:André Sagnier, 1873, pp. 57 - 58。

[2] Jean Reynaud, "De la necessite d'une representation speciale pour les proletaires," *Revue Encvclongdique*, 1832. 4, pp. 18—20.

[3] Pierre Leroux, *De la Plutocratie, ou du Gouvernement des Riches*, Paris:Ulan Press, 2012, pp. 99 - 107.

[4] 圣西门:《圣西门选集》,第一卷,王燕生等译,北京:商务印书馆,1979 年,第 250 页。

[5] 圣西门:《圣西门选集》,第一卷,第 255 页。

性和欲望的压抑,这一方面的看法主要以傅立叶为代表。他提出对社会危机的心理学解释,认为 19 世纪法国社会的矛盾源于启蒙时代以来的文明制度并不了解人的真实本性,过于注重抽象思维的推演,却忽略了对社会生活中真实人的研究,导致一系列不合理且违反人性自然的劳动制度、婚姻制度、教育制度的出现。同许多当代社会主义者一样,傅立叶的哲学分析建立在历史进步论基础上,但不同的是,他将人类文明进步到"和谐"的途径归结于对人类天性的了解和开发,强调社会的和谐在于对不同个性才能的尊重。

第四,在一些社会主义者看来,19 世纪的社会问题源于利己主义和金钱至上观念的盛行,传统的博爱精神被竞争和对抗所代替。天主教社会主义者菲利西泰·德拉梅内(Hugues - Félicité de Lamennais)认为法国大革命将个人的独立自主推向极致,造成社会道德的衰落,"他的理性就是他的法律、真理、正义……这种导致人心涣散的同一学说,进一步导致一种不可救药的政治上的无政府主义,会推翻人类社会的真正基础"①。因此,主张从基督教思想中汲取资源,重建社会信仰。圣西门主张以新基督教确立社会道德,圣西门主义者则把圣西门的宗教思想推演到极致,打造教权社会。创立一门新宗教并不是圣西门主义者的首创,当时很多人对此跃跃欲试,他们有的想要恢复中世纪的圣殿骑士秩序,弗朗索瓦-纪尧姆·科埃桑(François - Guillaume Coëssin)的《九书》倡议一种天主教社会主义体系;有的致力于以一种社会"再生"的方式调和传统与现代观念。②

第五,早期社会主义者尤其看重教育在启迪民智中的作用,他们广泛创立报刊,向民众介绍改革社会的思想主张。他们对历史的思考继承了 18 世纪启蒙时代所具有的乐观与进步主义精神,对法国的革新充满信心。

关于改革社会的方式,早期社会主义者基于不同的价值观有着不同的

---

① 史蒂文·卢克斯:《个人主义》,阎克文译,南京:江苏人民出版社,2001 年,第 3 页。
② George Weill, *L'École Saint - Simonienne: son Histoire, son Influence Jusqu'à Nos Jours*: Paris: F. Alcan, 1896, p. 13.

行动诉求。一小部分人受到大革命中平等派的启发，相信社会改革的路径在于密谋革命，例如由布朗基领导的数次起义；另一部分社会主义者支持将大革命之前社会中的传统工人自助组织发展为多元的互助机构，布歇、弗洛拉·特里斯坦等人都支持劳动者的联合；还有如圣西门主义者，认为应该建立以实业家、学者和艺术家在内的等级社会体系，主张专家治国，强调宗教的精神权威。除此之外，还有傅立叶、卡贝和勒鲁，他们认为社会改革建立在对人性的分析和对历史的科学研究之上，坚持改变社会需要诉诸新闻出版和教育事业来孕育公共精神。最后还有一些天主教社会主义者，他们主张复兴基督教中博爱的精神传统，对抗社会的分裂。

即便是主张重新组织劳动的社会主义者，他们提出的方案也不尽相同。圣西门呼吁建立实业社会体系，圣西门主义者则要求建立威权式的工业主义等级社会，傅立叶主张按照协作和自愿的原则把人们组织起来，在自给自足的公社中自成一体，共同生活；卡贝偏爱将整个社会通过联合组织起来，建设财产共有的社会。勃朗希望组建"社会工场"这样的全国性公司，按照统一的生产计划进行生产，并与私有企业竞争，进而消除竞争；蒲鲁东则反对联合协作，仍旧把家庭作为经济生活和社会的基本单位，只限于为有限的目的才把过独立家庭生活的人们联合起来。

第三节　不同的社会主义理念及行动

一、圣西门的实业社会体系

作为19世纪现代社会主义的先驱，圣西门（Henri de Saint - Simon，1760—1825）构思了一个以实业主义为基础的社会体系，最先确立社会主义的经济原则和道德原则：经济生活应该服从于集体、有组织的控制；道德原则致力于改善构成社会大多数贫困阶级的物质和精神状况。他倡导对社会进行实证科学的研究，致力于从精神和物质两个维度探究人类社会的演进。

圣西门出身贵族家庭,从小就显现出对自己未来的信心。据说从 15 岁开始,他的仆人每天早晨就是以这样的开场叫醒他:"起来,伯爵,伟大的事业在等着您去做呐!"圣西门先是遵从家族传统,参与美洲战争,随后在法国大革命中成为国有财产的商人和买主。经历了投机破产之后,在位于沙巴奈大街的豪宅里,他邀请当时法国的艺术家和学者一起组建沙龙,讨论法国最新的科学和艺术。维持这种生活方式耗尽了圣西门的财产,到 1805 年他已身无分文,此时的圣西门只能借居在从前的仆人迪亚尔家中。1810 年 50 岁的圣西门开始写作,在对人类理性的进步史进行广泛总结之后,他把社会的进步归结为政治革命和科学革命互相交替的结果,在每一个阶段人类都需要一种同当时的知识体系相适应的政治和社会制度。

圣西门认为,19 世纪法国社会危机源于封建和神学体系向新社会体系的过渡。大革命虽然摧毁了旧制度,但由于缺乏统一的原则,未能建立一个新的社会制度。为此,圣西门号召各门学科的学者抛弃旧的哲学和社会观,努力创建一个综合的人类科学体系,从而服务于新的社会制度。这些思想集中体现在从 1802 年《一个日内瓦居民给当代人的信》到 1825 年《新基督教》的一系列著述中。他对于整合人类知识科学的事业抱有一以贯之的热心和激情,为了完成这个事业不惜陷入穷困潦倒的生活,不得不依靠从前仆人的救济才能饱腹。《人类科学概论》在 1813 年出版后,圣西门曾经随该书的复本附赠一封求援信送给朋友,信中这样写道:"我吃面包和水已经有 15 年了,工作时也没有生火,为了支付誊写费,除了衣服外,我几乎把一切都变卖了。对科学和共善的热爱,为寻找妥帖的办法来结束整个欧洲社会所遭到的可怕危机的渴望,竟然让我陷入如此窘迫的处境。"①

1820—1822 年在法国各地参观工矿企业,实地考察法国工业状况后,圣西门与工商业界的拉斐特、佩雷尔等建立了联系。在对英国工业

_____

① 爱弥儿·涂尔干:《孟德斯鸠与卢梭》,李鲁宁译,上海:上海人民出版社,2006 年,第 172 页。

革命进行研究之后,圣西门认识到"法国的繁荣富强,实际只能是科学、艺术和工业进步的成果"①。他称所有从事生产性劳动的人为"实业家",并从历史中勾勒出实业阶层的变迁,论证实业阶级在 19 世纪被赋予新的历史使命。古典时期实业阶级作为封建领地的奴隶存在,罗马帝国崩溃之后,实业者通过赎买自由,在城市里组建公社。随着经济实力的壮大,公社作为实业界的代表获得了在议会中的发言权,对历史敏感的圣西门总结道:"此时暴力和诡计不再是参与制定法律的唯一要素了,公众的利益也开始被考虑了。"②到近代实业界逐渐掌握了财政和军事力量,处于奴隶地位的实业阶级最终成为封建阶级在一切方面的依靠。从历史中圣西门得出结论,实业界自形成公社之始就有一种联合的精神,这种精神拒绝任何政治动荡,"对自由的需要和热爱,是随着实业并通过实业而产生起来的。自由只能随着实业而扩大,只能通过实业而加强。"③因此,在圣西门看来,法国社会的革新,在于发展实业。

在此基础上,圣西门提出了建立实业社会体系的构想,赋予实业经济以核心地位,法国经济发展的中心任务就是采纳现代科学技术,实行现代化经营,推动工业化进程。那么如何创建这样的社会体系呢? 在圣西门看来,哲学观念的应用与社会体系的建立密不可分。他指出,19 世纪新的哲学体系应是统一的知识百科全书,"社会"将占据中心地位。圣西门对"社会"的理解一反启蒙哲学家的抽象解读,他认为对社会的研究应当同物理、天文和化学一样,借助现代科学的理性和实证精神来阐释社会,从而形成一门以观察和事实为基础的科学。因此,圣西门呼吁要在研究社会事实、遵循历史发展规律的基础上,将各门科学系统化,建立19 世纪的百科全书知识体系,推动社会的和平变革。

在他看来,一个优良的社会制度体现在四个方面:首先,它要尽可能使社会上的大多数人过上幸福生活,拥有最多的生产资料和可能来满足

---

① 圣西门:《圣西门选集》,第一卷,第 238 页。
② 圣西门:《圣西门选集》,第一卷,第 220 页。
③ 圣西门:《圣西门选集》,第一卷,第 182 页。

他们最切身的需要；其次，在这个社会制度中，王权和实业阶层结盟，管理权置于统治权之上，统治的权力按才能分配。实业家掌管全国经济生产活动，包括创制、审查和实行有利于居民的各种工作计划，学者负责为实业家提供相关科学知识，艺术家则通过创作弘扬博爱精神；再其次，这种社会制度要把人数最多的人团结在一个社会里，使他们拥有最多的手段来抵御外敌；最后，这种社会制度要鼓励劳动，促进重大发明，推动文明和科学的最大进步。

实业社会的重组不只局限于单一的民族国家范围内，圣西门还有着打造统一欧洲实业社会的理想。尽管 19 世纪欧洲各国存在着疆界，但在他看来，实业利益的一致会促使它们走向联合，进而产生国际主义。1814 年圣西门同历史学家奥古斯丁·梯叶里合著《论欧洲社会的改组》，在书里详细展开了如何利用实业主义联合欧洲各国。他拟定了组织欧洲联邦的计划，以英法联盟为基础，法国在思想方面领导欧洲，英国则在工业组织方面发挥先导，以用于和平目的的各种技艺为基础，用技术来改善欧洲的命运。

圣西门重视科学实证知识，但也强调一个社会首先是一个观念的共同体，如果没有博爱的情感加以引导，知识可能成为社会不平等的帮凶。为了应对社会分裂，圣西门认为有必要发挥宗教统一人类精神的作用。他对基督教的进步影响给予高度评价，认为基督教是宇宙统一性观念的体现，"提供能够将人类社会成员彼此统一起来的精神纽带"[1]。但是，圣西门反对基督教中的宗教迷信实践，主张改造基督教的精神遗产，将道德学说作为新基督教的中心，从而确立与人类知识发展水平相适应的观念体系。新基督教的首要目标，就是让所有阶级的信徒都集中关注道德。不同于天主教的道德学说，圣西门的道德学说旨在适应实业社会的需求，因此不谴责对物质利益的追求，而是教导人们把个人利益和公共利益结合起来，引导一切制度朝向改善最贫困阶级的幸福这一目标。

---

[1] 爱弥儿·涂尔干:《孟德斯鸠与卢梭》，第 256 页。

1825年他创作《新基督教》的目的之一就是通过保留道德的宗教特征,将道德的范围延伸到整个社会,将社会导向对上帝的信仰。[①] 世界统一性就是共同信仰的基础,这种宗教将为社会成员提供新的道德共识——一切人都应当劳动,从事实业生产以及科学、文学和艺术领域的研究。

16世纪以来的乌托邦思想将社会的不平等现象归结为人性的堕落,防止社会罪恶的唯一方式就是使所有人处于贫困状态,谴责物质上的富裕,满足于严格意义上的生活必需品,将经济活动驱逐到社会的边缘位置。圣西门的社会主义思想,却力求从一种截然不同的方向来建构新社会。在他看来,建立社会和谐的方式在于生产尽可能多的财富。同18世纪的自由经济学一样,他认为实业发展产生的经济利益就是社会利益,两者不同的是,经济学家对市场的自我净化能力过分自信,忽视对自由经济的有效制约。圣西门强调既然经济因素是共同生活的实质,那就必须用社会性的方式组织起来,因此,建立实业社会体系便是圣西门提出的诊治社会痼疾的药方,而这为后续法国社会主义思潮的兴起奠定了基础。

与主张重建封建等级秩序的极端保守派和主张放任的自由派不同,圣西门学说的独特之处在于其明确提出19世纪的法国应该"组织社会",社会的发展目标是改善全体社会成员,尤其是构成社会大多数贫困阶级的物质和精神状况。但是,处在工业革命开端的圣西门显然没有预见劳动者和资本家之间潜在的矛盾,一味强调秩序,对王权抱有好感。他所支持的自由不是社会成员可以随心所欲,而是"尽量广泛地和毫无障碍地发展人们在世俗方面或精神方面有利于集体的才能"[②],这一点被圣西门主义者吸收。

二、圣西门主义者的教会

圣西门在世时,一些服膺圣西门学说的巴黎综合理工学校的毕业

---

① 圣西门所指的"上帝"是非人格化的自然,通过万有引力规律来统治宇宙。
② 圣西门:《圣西门选集》,第一卷,第256页。

生、工程师聚集在圣西门周围,学习他的学说。1825 年圣西门的逝世促
进了圣西门主义者的团结和发展,开始了圣西门主义者独立活动时期,
他们主要研究和宣传圣西门学说,并在圣西门学说基础上提出了自己的
思想体系。

　　1825 年 6 月,奥连德·罗迪格(Auricélio Neres Rodrigues)和巴泰
勒米·昂方坦(Barthélemy Prosper Enfantin)、阿芒·巴扎尔(Amand
Bazard)合作创办杂志《生产者》,主要宣传和整理圣西门学说。杂志以
圣西门的一句话作为题词,宣告了对未来的乐观主义:"人类的黄金时代
尚在未来,而盲目的传统还以为它在过去";1826 年 4 月 1 日,《生产者》
编辑部进行改组,同年 10 月杂志因资金短缺停刊。1829 年在塔朗街的
大厅中,巴扎尔向公众举行定期讲授活动,在这里圣西门学说第一次获
得了系统化的阐释和表达,一时之间吸引了众多巴黎高校毕业生、政府
官员、文人、艺术家的加入。1830—1831 年,圣西门主义的流行在巴黎达
到鼎盛,蒙西尼街举行的晚宴就是一种例证。昂方坦身着紫色服饰以教
父自居,圣西门主义者则以佩戴白色带子互相区别。李斯特用钢琴即兴
创作演奏,乔治·桑也前来目睹这一盛况,伊波利特·卡尔诺对此评价
道:"在大量的皈依者中,包括各个阶层和各个职业中的男男女女,人数
之多,以至于在法国就已经达到数以千计的水平,它不再是一个学派,而
是任其摆布的人群。"①

　　1830 年七月革命爆发时,昂方坦和巴扎尔告诫门徒保持中立,"与其
和自由派一起加入新政权,我们应该节制地保留我们发现的真理以便日
后教育他们。"②七月革命之后,圣西门主义者继承圣西门的呼吁,推进并
改善"人数最多且生活最贫困的劳动者的命运"。他们不仅著书立言,还
行动起来在工人中宣传圣西门主义。在每周日为工人定期举行宣传圣
西门主义的集会后,工人们唱着圣西门主义的歌曲,走到贝尔维尔的城

---

① 爱弥儿·涂尔干:《孟德斯鸠与卢梭》,第 301 页。
② George Weill, L'École Saint-Simonienne: son Histoire, son Influence Jusqu'à Nos Jours,
　p. 43.

门前结束。在巴黎的每个大区都有为工人设立的指导员,帮助他们学习圣西门主义,提供免费的医疗服务。在 12 个区有 12 名医生照料病人和孩子,他们甚至还建立了工人之家以方便工人们一起用餐;圣西门主义者关心工人的弃婴问题,有超过两百个孩子被圣西门学派收养。除了巴黎的活动外,圣西门主义者还去法国南部进行宣传,到 1831 年,圣西门主义者分别在法国的图卢兹、蒙彼利埃、里昂、第戎、利摩日、梅兹六个城市建立了教会和宣传中心。招收的信徒上至政府官员,下至普通民众,还有来自军队的士兵。

当然,圣西门主义者并不是全盘接纳圣西门学说,他们对圣西门的自然哲学不感兴趣,相反,热衷于探索社会经济制度的改革以及建立新宗教的事业。圣西门重点批判游手好闲的特权阶层,圣西门主义者则揭露了法国社会的利己主义威胁。他们指出,欧洲社会中到处是恐惧和欺诈,人与人之间没有休戚与共的同情,只有纯粹的个人利益。同圣西门一样,他们认为法国社会的根本问题是经济生产活动分散且缺乏有效的管理。不同的是,圣西门主义者比圣西门更进一步提出对现存所有权的批判,主张取消继承权,消灭私有制。除此之外,圣西门主义者颂扬劳动,谴责游手好闲,尊重生产者的权利;支持按照才能分配代替按照出身特权分配,提出"按才能计报酬,按功效定才能"[1]的分配原则;主张对经济进行集中的计划管理,通过把"当今限于家庭范围的继承权转让给劳动者协作社的国家"[2],促进社会的联合,建立统一的实业社会体系。

圣西门认为实业社会的恰当形式应该是处于熟练技术管理下的协作社或公司,而圣西门主义者则将圣西门的实业计划阐释得更具体。在圣西门主义者的思想体系中,经济事务组织的重要性大于政府的形式,他们认为只要大实业家和银行家掌握经济管理和生产,那么无论是君主制、帝制或代议制都无关紧要。圣西门主义者主张发挥银行供给资金的

---

① 巴扎尔等:《圣西门学说释义》,王永江译,北京:商务印书馆,1986 年,第 111 页。
② 巴扎尔等:《圣西门学说释义》,第 314 页。

作用,把工业组织成许多大公司,大公司负责执行委员会所制定的经济计划,通过银行体系消灭剥削。圣西门主义者对银行的青睐并不是偶然的,这个学派的成员大部分毕业于巴黎综合工科学校,如罗迪格、昂方坦等人多有银行从业经历,熟悉现代金融业,他们在跟随圣西门期间深受圣西门对银行组织作用论述的影响。在他们看来,银行是组织实业社会的重要力量,作为劳动者和生产工具占有者之间的中介,"资本经过银行就能找到更有利和合理的使用"①。银行组织通过进一步完善,根据全社会的利益管理整个工业部门,形成社会的银行体系。首先建立中心银行,负责管理所有财产、生产基金和生产工具;在中心银行之下设立二级银行,借助于二级银行的中心银行同主要地区保持联系,以了解这些地区所需要的生产能力;二级银行下设专业银行。他们遵照圣西门的精神,坚持这种银行体系主导下的社会制度要为人人提供工作机会,达到充分就业,也要以"人数最多而生活最苦的阶级"的利益为目标调节生产。

同圣西门一样,圣西门主义者赋予宗教以道德教育的作用。他们的宗教思想不同于圣西门,圣西门强调宗教是起到辅助作用的手段,圣西门主义者则把新基督教完全神秘化,声称未来的宗教优越于一切政治制度,企图打造一元的神权社会。他们把圣西门神化为一个得到天启的上帝意旨的解说者,昂方坦是继承这种使命的人。在昂方坦的主导下,圣西门主义者设想未来是由天父、学者和实业家组成等级森严的教阶制社会,教会内部分为"教父""使徒""教子",规定了祈祷书、赞美诗和礼拜仪式。根据这一思想,昂方坦把圣西门学派完全变成一个教阶严明的教会。最高主教—"天父"是未来社会的领袖,是整个社会道德、科学和实业的领导者;学者分管知识和宗教,实业家负责生产开发的管理工作。

在 19 世纪法国早期社会主义者中,圣西门主义者的个体观是特殊的。圣西门主义者将个人看做社会的一部分,个体服务于等级社会,从

---

① 巴扎尔等:《圣西门学说释义》,第 288 页。

属于各自的教阶中，只有在为社会服务中体现其价值。学者伊戈尔斯认为圣西门教会的构想，实质上是带有威权性质的工业主义社会。① 在这个威权体制中，个人的权利和自由受到压制。

　　圣西门主义倡导男女平等，提出双性上帝的概念，主张恢复"身体的权利"，然而昂方坦不满足于公开主张性别平等和妇女的解放，他鼓吹一种新的道德，赋予乱交以合理性，宣扬圣西门学派只需等待一位女救世主的出现就能拯救人类。昂方坦的主张引发了教会内部激烈论战。1831 年 11 月 11 日巴扎尔在与昂方坦争执无果后，离开了圣西门教会，随后其他圣西门主义者也相继离开了教会。昂方坦发起教会中的男性领导成员退隐到他在美尼尔芒坦的住宅，共同生活，以等待"教母"的降临。1832 年 8 月圣西门主义者因涉嫌攻击财产权、非法集会被当局查禁，圣西门教会解体。

　　但是，圣西门主义者的活动并没有因此沉寂。事实上，他们对资本主义工业文明的发展有很多预示性的地方。1831 年离开圣西门教会的勒鲁开始创办《新百科全书》等刊物，阐发他的共和社会主义理念；孔德则沿着圣西门建立社会科学的道路继续探索实证主义哲学；布歇成为天主教社会主义的代表。昂方坦带着仍然追随他的信徒先后到土耳其、埃及等地寻找"教母"，以实现人类精神统一的事业。怀揣着这一理想，来自巴黎的工程师们向埃及政府提议修建连接东西方的苏伊士运河，投入建设尼罗河水坝等公共事业。1839 年，昂方坦被任命为开发阿尔及利亚的政府专员，主张将法国技术和文化渗透到东方以开发阿尔及利亚。与此同时，他还主持了巴黎—里昂—地中海铁路的修建，昂方坦对人类联合的事业充满热情，他认为自己所从事的就是社会性劳动宗教的体现，致力于增进劳苦大众的福利。1858—1861 年间他先后发表《人类科学》《不朽的生命》等文章解说圣西门教。

---

① Georg G. Iggers, *The Cult of Authority：The political philosophy of the saint‐simonians*, Dordrecht：Springer Netherlands, 1970, pp. 183‐194.

圣西门学派虽然已经奄奄一息,但圣西门主义者却有机会步入工商业界,参与国家的经济管理,这些技术人才在后来法国资本主义经济的"管理革命"中发挥了重要作用,使得发展实业和推进法国工业化的圣西门主义成为第二帝国经济上的主导思想,拿破仑三世周围的高级行政管理人员和技术顾问,许多是圣西门主义的信徒,主张专家治国,积极推动法国工业化。[①] 1832 年在一场霍乱瘟疫袭击巴黎时,他们呼吁国王进行一场"工业变革",目标是清理整顿中世纪的街道,开辟一条卢浮宫和巴士底广场之间的主干道、连通纯净的水流。[②] 圣西门主义者伊波利特·卡尔诺与昂方坦决裂后,担任第二共和国的部长,曾经受到圣西门学说影响的佩雷尔兄弟在第二帝国时期创办了动产信贷银行,广泛投资于铁路、船运和工矿企业,支持了巴黎和马赛的城市改建项目;第二帝国时期,储蓄银行的兴起及其对工业化的推进和这些活跃在工商界的圣西门主义者密不可分。但是,在外交政策上,圣西门主义者支持法国对外扩张和殖民侵略,他们认为领导全世界走向以经济管理取代政治统治的新秩序,是法国和法国人的历史使命。可以说,圣西门主义对 19 世纪法国社会的发展影响深远。

三、傅立叶的协作制度

傅立叶是 19 世纪早期的社会主义者中第一个对人的天性进行科学研究的人。在其他社会主义者思考如何发挥人的创造性,从事有益的劳动时,傅立叶关心的是怎样更好地激发人的天性,使人们幸福地劳动。他抽去"情欲"这个词在普通语言中含糊不清的含义,单指人体质上的倾向或人的天性固有的、表明生命特征的原动力。人的情欲是原始和天然的力量,人之所以有自由和自发的活动,就是由于这种力量。因此,傅立

---

① 沈坚:《近代法国工业化新论》,北京:中国社会科学出版社,1999 年,第 205 页。
② 米歇尔·维诺克:《自由之声:19 世纪法国公共知识界大观》,吕一民等译,北京:中国人民大学出版社,2006 年,第 164 页。

叶认为,合理的劳动制度应该建立在尊重和激发人的天然情欲基础之上。

在傅立叶看来,启蒙时代以来现代文明宣扬的理性,"如同一股黑暗的洪流"①,同人类情欲的本能以及上帝的意旨互相抵触,造成了贫穷与欺诈。文明制度下的道德观念扼杀了人的所有情欲和天性,生产的分散性和不正当的竞争阻断了劳动生产的活力。在他看来,19世纪分散的经济制度有一种更加突出的破坏性,产生了集体利益和个人利益之间的冲突,"任何一个劳动者都由于个人利益而和群众利益处于对立状态……在文明制度的经济体系中,每个人都这样处在蓄意与群众战斗的状态中"②。

傅立叶反对大规模机械化以及各种形式的集中化生产,认为它们不能激发人们对劳动的热忱,也不能把技术的运用同合作的优越性结合起来。他主张不应压制人类自然欲望,而应当以一种和谐的方式创立适合人性的劳动环境。人类的统一组织,人类的社会命运之发现,有赖于社会运动或情欲运动,激发劳动者的自愿,而不是依靠国家强制,来组织劳动。与19世纪普遍的价值判断相反,傅立叶认为哲学家们责难的情欲引力,是上帝在社会制度方面意旨的表达。上帝给人类留下社会法典,规定社会生活的规律,是可以而且应当根据人的情欲来发现的。通过这些情欲,上帝在人身上表现出自己的意旨,并实现他的神意。因此,不应当宣传克制情欲,而应当对情欲加以研究,了解上帝向人类提出的目的。物质运动的规律是引力,社会运动的类似规律是情欲的引力。总之,为了确定社会法典的条文,必须研究人的情欲,从中得出符合人的本性和上帝意旨的社会规律。

对人类情欲引力进行研究促使傅立叶提出情欲协作结构的设想。他将情欲划分为五种感官情欲,四种爱恋情欲,三种分配性情欲。人类要想获得完美的幸福,就必须保证十二种根本情欲的充分发展。他所设

---

① 傅立叶:《傅立叶选集》,第一卷,赵俊欣等译,北京:商务印书馆,1982年,第65页。
② 傅立叶:《傅立叶选集》,第一卷,第122页。

计的公社叫"法郎吉",人们住在"法郎斯泰尔",其中同一种工作的劳动者协作小组就是"谢利叶",公社拥有一切公共服务设施,公社成员的共同生活完全出于自愿。理想中的公社人数大约1 800人,耕种5 000英亩左右的土地,傅立叶认为这样的安排可以保证在尊重人们不同性格和爱好的前提下,秉持自由选择的原则,维护劳力分配的平衡。这种规模的公社也使得同气相投的成员和睦相处,避免冲突。

文明制度抑制人的各种情欲,人们对劳动工作兴趣索然,但是在协作制度中,公众幸福同个人情欲相符合,人们积极从事劳动,并以此获得幸福。在新的社会制度下,一个人的情欲及他最受人批评的本能都会得到有价值的运用。真正的协作,就是把一切情欲、性格、嗜好和本能都应用于生产的艺术,协作的艺术只在于组织群众性的团体即由情欲谢利叶所组成的法郎吉,并且使它完全和谐地发展。协作社会制度的优势就是在商业活动中实行诚实买卖的原则,用集体的、团结的、诚实的、简单的和有保障的竞争代替个人的、不团结的,杂乱的任意的竞争。

如果说圣西门的社会图景是工业文明在蒸汽机的隆隆作响中高歌猛进,那么傅立叶所构想的劳动组织则是一幅田园牧歌式的图景。傅立叶认为人类的主要事务是经营农业,包括园艺活动和小规模的家畜饲养工作,利用熟练劳动力从事各种单一产品生产,高度集约的耕作体系,对用于生产交换的作物生产则考虑较少。傅立叶并不支持平均分配,他认为就财产和膳食开支划分三个等级,是必需的。协作理论按照三种生产能力——资本、劳动和才能来确定使得人人都能满意的分配,从而在贫富阶级中建立联系,实现阶级融合。他提出以总产值的十二分之五作为普通劳动的报酬,十二分之四作为投资利息,十二分之三作为特殊才能的报酬,并提议按照个人财产的多寡定出不同的资本报酬率,借以限制不劳而获的积累。

傅立叶十分重视对儿童的教育,他认为,儿童是培养协作和谐与劳动引力的主要关键。因为儿童是未来的社会成员,对儿童贯彻协作教育,能够实现他们体力和智力的全面发展,使人们把全部精力甚至娱乐都用在生产劳动上。文明制度中道德要求把幼儿的教育体系建筑在最小的家庭圈子上,建筑在夫妻关系上,自然界则要求把按照小组、小组谢利叶和谢利叶法郎吉这三级划分的最大家庭团体作为这种教育的基础。

傅立叶反对暴力革命,他认为大革命除了加剧启蒙时代以来社会的分裂,没有任何积极作用。除此之外,他还提出婚姻制度对女性的压迫,倡导将女性从无秩序的婚姻关系中解放出来。他预言由于"北极光轮"和新的光热泉源的出现,地球气候将会改善,海水将变为可口的饮料,有利于人类的新品种动物将会出现。傅立叶对自己的协作制度深信不疑,他刊登广告征求愿意出资创办公社的资本家。然而在他生前,始终没有等到资本家的投资。

围绕在傅立叶身边的门徒形成了以介绍和传播傅立叶思想为主的组织。1832 年 6 月到 1834 年 2 月间,傅立叶学派报刊《法郎斯泰尔》发行,起初该报刊主要介绍傅立叶的农业生产思想,旨在吸引企业家投资,但随后它专注于改善劳动者状况,推广联合。1837 年傅立叶去世后,他的门徒走出法国将他的构想在世界各地付诸实践。1841 年 4 月英国出现了由爱尔兰人多尔提(Hugh Doherty)创办的《伦敦法郎克斯》,宣传傅立叶的学说,1843 年 5 月停刊,发行 69 期。

傅立叶的主要信徒有维克托·孔西岱朗,1834 年他以《社会命运》一书简要陈述傅立叶学说。同傅立叶一样,孔西岱朗将 19 世纪法国的社会问题归结为资本主义商业的无序发展。人民之所以贫困和遭受饥饿,是社会制度的失败。[1] 未来的革命将是由"处于半野蛮状态的粗鲁人群,为争取实际的权利和生活的利益而发动的有产者和无产者之间的一场战争"[2]。科学和工业所取得的每一个成就,文明制度每前进一步,都将使敌对阶级的利益愈来愈分歧,敌对情绪愈来愈大。处在生产不足和人口不断增长之间的文明制度,将产生新的革命。在傅立叶思想的启发

---

① 孔西岱朗:《社会命运》,李平沤译,北京:商务印书馆,1986 年,第 152 页。
② 孔西岱朗:《社会命运》,第 151 页。

下,孔西岱朗提出一个协调各种不同要求,联合各个阶级和党派,并使互相冲突的利益融合一致的办法——全面协作的制度;它将产生建立在自由基础上的秩序,促使资本、劳动、才能互相联系,不用任何强制手段保持人口的平衡。

1836年7月,在孔西岱朗主导下,《法郎吉》创刊。《法郎吉》将自己定位为《环球报》事业的继承者,志在促进政治、科学、文学等知识的联合,形成19世纪的"社会科学",他们自称为"社会学派","社会科学"比"社会主义"一词更好地代表《法郎吉》的取向。社会学派自认为是一个促进社会联系的和平组织,强调对上帝的信仰是社会联系的纽带,以组织的社会主义反对革命的社会主义。1840年夏,苏格兰学者亚瑟·杨欣赏傅立叶的学说,开始对《法郎吉》予以资金支持。《法郎吉》致力于服务科学,更确切地说是社会科学和上帝。

《和平民主》是傅立叶主义者影响最大的报刊,主要抨击商业封建主义的胜利和政府面对法国社会问题的无所作为。孔西岱朗在《和平民主》第一期中提出19世纪的法国社会进入一种"新的封建性"时代,"由工业和商业构成的快速发展的新封建性通过消灭中间阶层取代了旧制度下的贵族阶层"[1]。同孔西岱朗一样,许多傅立叶主义者有着工程师和发明家的职业背景,他们观察到,19世纪,法国社会中占统治地位的不是国王和大臣,而是工业和商业封建主义。在对法国铁路网建设的司法和经济环境政策进行分析后,关于财政、工业和商业的封建主义批判迅速成为傅立叶派论述社会和经济问题的主旨。针对这种新的封建主义,傅立叶主义者呼吁国家干预并构建新的劳动组织,以规范经济活动,限制过度竞争造成的破坏性影响,为工人提供保障,规避法国社会将面临的严重社会风险。

1843年5月29日,孔西岱朗在给友人的信中表达了傅立叶主义者

---

[1] Thomas Bouchet, Vincent Bourdeau, Edward Castleton, *Quand les socialiste invente l'avenir: Presse, theories et expériences, 1825 - 1860*, Paris: La Découverte, 2015, p. 198.

的目的"我们希望向阅读我们报刊的读者能够清楚地表明,傅立叶学说的门徒不是一个封闭的宗派,而是对社会问题进行严谨研究的人,他们不属于任何政党,而且,就这一事实而言,他们比任何其他政党都更有能力启发和判断当代辩论"①。《和平民主》对二月革命和共和政体的建立充满热情,在 1848 年 2 月出版的一期中,这样写道,"到今天为止,《和平民主》从法郎斯泰尔运动变成了所有社会主义者联合的中心"。维达尔(Francois Vidal)则指出:"社会改革是目的,共和国是方法,全部的社会主义者是共和党人,全部的共和党人都是社会主义者。"《和平民主》从此成为服务于社会和民主共和国的报刊。

为了在不同政治倾向的报刊中发布丰富的资讯并获得更多的读者,《和平民主》缩短发行周期,并且降低订阅费用。年度订阅费巴黎地区是 20 法郎,外省 32 法郎。廉价的订阅费使其迅速超过其他报刊,很快,《和平民主》成为民主主义者和社会主义者联合的中心。

1845 年《法郎吉》创刊,该报刊更广泛参与政治论争,将视角转向社会:不通过革命以获得社会进步,实现秩序、正义和自由。组织工业,推动资本、劳动和才能的自愿结合。1849 年 6 月 7 日,社会学派和《和平民主》因参与示威遭到镇压。孔西岱朗等人逃亡比利时,其他编辑因"煽动反对共和国"被处以罚款或监禁。1850 年秋天,《和平民主》由孔西岱朗主笔,继续发行,赞成"人民的直接管理",将 1848 年欧洲革命的失败归咎于代议制,主张实现普选和人民主权。1851 年 11 月 30 日《和平民主》在出版了最后一期后停刊。

四、天主教社会主义者

菲利普·布歇(Philippe Buchez)是天主教社会主义者的代表。在获得医学博士学位后,布歇在 1821 年加入烧炭党,1825 年以密谋反对政府

---

① Thomas Bouchet, Vincent Bourdeau, Edward Castleton, *Quand les socialiste invente l'avenir: Presse, theories et expériences, 1825 - 1860*, p. 199.

的罪名被捕,后因缺乏证据被开释;1826 年布歇被圣西门学说吸引,成为圣西门学派的一员,圣西门对基督教义和进步原则的调和影响了他对社会心理和宗教的认识,在这方面布歇忠实于圣西门的思想,致力于为新的实业社会构建道德体系,满足最穷苦的大多数民众的需要。1829 年因不满昂方坦的教会思想,布歇离开圣西门学派,开始阐发自己的社会主义学说。

离开圣西门学派后,布歇日益注重以基督教的博爱精神促进工人自愿的联合,在工人之间推广协作。在《论基督教义和进步哲学》(1839—1840)一文中,布歇认为道德观念并不是与生俱来的,只能通过宗教的启示获得。因此,布歇并不像路易·勃朗那样指望依靠政府来调节生产,因为他相信只有以基督教的博爱原则作为基础,通过工人自愿行动联合的协作制才能实现劳动者的解放。1831 年,在他的主导下,手工业者协作组织成立,后来很多生产合作社以此效仿。12 月 3 日,《欧洲》创刊,该报刊涵盖教育、科学、政治经济、哲学、社会科学多个条目,提倡"生产的联合协作",在工人组织中广泛推广协作理念。布歇在杂志中以"政治灾难"形容 19 世纪的法国社会,认为随着财政困难的增加,法国失去了一度引领欧洲的活力,如今只是盲目地满足利己主义者所谓自由秩序的幻想。《欧洲》以"观察社会"为目标,坚称不向读者"兜售乌托邦的幻景"①。

受到圣西门新基督教思想的启发,在 1833 年发表的《历史科学导论》中,布歇将历史发展分为四个时代,每个时代都以宗教大革命作为标志;又把每个时代分为三个时期,认为这三个时期中先后起主导作用的是"欲望""理智成就"和"应用"。同勒鲁一样,他相信人类历史发展的过程中贯穿着进步性法则,第四个时代以基督教的出现为开端,并会以基督教的平等、博爱、慈善三原则充分应用于社会组织而结束这个时代。

1833—1838 年他和拉韦涅(M. Roux - Lavergne)编辑了《法国革命

---

① Thomas Bouchet, Vincent Bourdeau, Edward Castleton, *Quand les socialiste invente l'avenir*: *Presse*, *theories et expériences*, *1825 - 1860*, p. 76.

议会史》，他们欣赏罗伯斯庇尔为首的雅各宾派的原则，认为法国应该逐步实现共和主义的自由价值，并且将法国大革命视为实现基督教事业的一次尝试，希望在今后的革命事业中注入基督教精神，发挥基督教在"团结、平等、自由"思想上的影响，促进一个新阶段的到来。正如孔多塞的预言，这个时代将通过建立事实上的平等以及对道德、智力和物质能力的完善来改善人类的社会状况。

1840年9月《工场》报创刊，该报刊主要由深受布歇影响的工人主持，他们以促进生产者协作组织为使命，推广紧密结合工人实践的社会主义思想。因此，《工场》报表达了工人放弃密谋革命之后想要联合生产劳动，共同应对资本主义无序竞争的自愿主义。需要指出的是，工人报刊的出现并非偶然。从1839年开始，信奉圣西门主义的工人创办了《人民蜂巢》，里昂地区也出现了《工人呼声》《手工业者呼声》以及《博爱》报。在这些工人阶级主导的报刊中，《工场》以其刊行最长和周期规律脱颖而出，在19世纪40年代的社会舆论中占有特殊地位。1848年二月革命开始之际，布歇作为国民自卫队的长官带领下属去杜勒里宫，目睹了路易·菲利普的出逃。二月革命后，布歇成为法国制宪议会的主席，由于不具备从政的才能，很快便退出了政治舞台，开始专心写作《社会科学政治论文》，1865年8月12日去世。

除了布歇，还有另一位不容忽视的天主教社会主义者——菲利西泰·德拉梅内。拉梅内的思想在一生中几经转向，从一个教会主义的君主派到一个反教会的自由派再到天主教社会主义者。在法国社会现实的急剧变化中，拉梅内密切关注社会问题，始终坚持以天主教精神改革社会，站在民众的一边，强调社会自由。

大革命之后，法国社会在精神权力领域的真空，在拉梅内看来是法国衰落的主要原因。1830年前，作为一个教皇绝对权力主义者，拉梅内坚定地抨击启蒙运动和大革命，捍卫君权神授，强调君主必须与神明的祭坛互相结合，世俗权力服从宗教权力。因此，他主张在法国重建教皇的绝对权力，推动法国的宗教复兴，并将重建天主教的精神权威作为复兴欧洲的唯一希望。1814 年波旁王朝复辟,在拉梅内看来是宗教复兴的象征。

复辟王朝时期,拉梅内同夏多布里昂一起成立了保守主义期刊《白色旗帜》和《天主教记忆》。1825 年,拉梅内始终关注民生问题,他注意到民众中累积着对复辟政府的不满,预言将会有一场革命爆发,"请听一听这些从地下传来的喧闹声!它从洞穴到洞穴,响遍整个欧洲。它爆炸的时刻已经临近,所有沉睡的人都将惊醒,人们将跪在瓦砾上高声大喊:现在是神圣的正义真正到来的日子"[1]。

七月革命后,拉梅内的政治思想和改革理念变得激进,日益转向社会和人民的立场。在 1830 年 10 月 16 日创立的《未来报》中,宣传自由的天主教义,以"上帝和自由"为口号。拉梅内对于人民的权利有着积极的认识,"社会应该给予人民合法的自由、发展智力所需的教育、精神食粮,社会应该真实地而非虚构地保证因劳动而获得所有权的资本"[2]。他强调当前法国民众受到来自法律、精神贫乏和物质匮乏的三重束缚而不自由,特权的存在违背了天主教精神。因此,他认为法国民众须通过联合,争取劳动的自由,主张只有劳动才能创造所有权,"一个完全没有所有权的人,显然只能通过自己的劳动去创造所有权。因此,通过你们的劳动才可能弥补你们自由的不足部分"。

拉梅内主张取消上院,要求扩大选举权利,推行政教分离,主张信仰和新闻、集会的自由,这一举动遭到法国政府和罗马教廷的一致谴责。1833 年 12 月拉梅内对教会日益不满。在放弃了教会的所有职务后,1834 年 5 月,拉梅内写下《一个信徒的自白》,谴责法国既定的社会秩序,痛斥法国的社会问题是国王和神父对人民的阴谋,并宣布与教会断绝关系。教皇格雷戈里十六世在 1834 年 6 月 25 日的通谕中,谴责这本书"规模小,但邪恶巨大",抨击拉梅内的哲学体系。

---

[1] Robert Philippe, *La France de la Bourgeoisie*, *1815 - 1850*, Paris: Cultrue, Art, Loisirs, 1970, p. 131.

[2] Félicité Robert de Lamennais, *Livre du people*, Paris: Pagnerre, 1838, p. 123.

拉梅内与教会的决裂标志着他就此转向天主教社会主义,强调教会与现代社会的和解,主张用天主教精神改革社会,由世俗权力推行积极的社会改革,支持人民主权。1841年在出版《论国家和政府》后,拉梅内因公开反对七月王朝,遭受一年监禁的处罚。1841—1846年出版了四卷本的《哲学要义》,论述他对基督教的背离。1848年2月17日,拉梅内创办报纸《立宪人民报》和《民主和社会革命》,作为一个共和主义者,反对君主制,推广激进革命。二月革命后,拉梅内被选入巴黎制宪议会。1848年4月6日,同赖德律-罗兰、拉斯帕伊等发表提案,强调"通过劳动和教育,解除人的两种奴役:无知与饥饿,这就是共和国的全部内容"[①]。他强调保护工人的劳动权和所有权、主张建立国民银行、普及教育,实行新闻自由、废除死刑等多项改革社会的议题,但都因过于激进而被拒绝。

五、皮埃尔·勒鲁的共和社会主义学说

在19世纪上半叶有关社会改革的话语中,皮埃尔·勒鲁(Pierre Leroux)以其特有的批判性在众多社会主义者中脱颖而出。在对"社会主义"概念的重构中,勒鲁追求一种融合法国社会主义与共和政治传统的社会改革理念。在他看来,法国的"世纪病"源于政治科学的缺失,应该以社会主义理念构建法国政治生活的原则。另外,法国亟待一场社会道德的重建,构建联结自由个体的生活秩序——世俗的人性宗教。作为法语"社会主义"概念的提出者,皮埃尔·勒鲁的共和社会主义思想曾在19世纪上半叶法国社会中占有相当重要的地位。

勒鲁青年时期曾在伦敦学习印刷技术,1821—1822年加入致力于推翻复辟王朝的烧炭党,起义失败后,他转向创办报刊宣传社会改革理念。1824年勒鲁联合自由派知识分子创办《环球报》,此时他还是一个自由主义者。七月革命之后,法国不平等的社会现实令其对自由主义心生幻灭,逐渐转向同情民生疾苦的圣西门学说。然而,在对待个体与社会的

---

① 郭华榕:《法国政治思想史》,北京:人民出版社,2010年,第537页。

关系问题上,勒鲁同圣西门主义者在理念上产生了分歧,昂方坦意欲打造的神权教会,引起了勒鲁的不满。1831 年底,勒鲁同布歇等人离开圣西门学派。在对圣西门以及圣西门主义反思的基础上,逐步确立了共和社会主义学说。

19 世纪法国社会的民主改革与道德秩序重建是勒鲁重点关注的问题。1789 年之后法国政制动荡更迭,法国社会"建立在流沙的不确定性上"。1842 年在《论寡头政治或富人政府》一文中,根据官方提供的有关土地税的纳税额等统计资料,勒鲁指出,法国社会财富贫富差距尖锐,因纳税多而享有选举权的少数人垄断了经济和政治权力,社会分裂成两个利益不同的阶级:无产者和资产者。① 随着工业革命的发展,巴黎、里昂等工业中心城市出现了相对集中的无产者,无序的市场竞争引发工人贫困和大规模失业现象。② 勒鲁借劳动者之口痛心谴责经济不平等的现实:"一方面三千三百万人以三十五亿的工资过活,而一百万人分享了五十五亿法郎! 这真是令人震惊的不平等!"③在他看来,法国人民不仅因物质贫困陷入悲惨境地,更遭受着精神信仰的缺失,"当他将自己看成是'信仰者'的那一刻,他就会感到荒谬而陷入疑惑之中"④。

19 世纪法国社会的现实与法国大革命理念呈现巨大反差。人与人的联结被简化为金钱和利益,同质化的平等带来个体自由的毁灭,博爱的情感消耗殆尽,作为生活的表达的艺术形式也逐渐远离了对现实的反思,因此勒鲁主张法国有必要重建社会的道德秩序。在圣西门学说的启发下,他提出法国应重新整合人类知识,形成 19 世纪的百科全书,通过宣传和教育,启迪民智,为法国的社会革新提供指引。1831—1840 年勒鲁和雷诺等人一起加入了《百科全书》杂志,在这一杂志中,讨论法国社

① Pierre Leroux, *De la Ploutocratie, ou du gouvernement des Riches*, pp. 99 - 107.
② David H. Pinkney, *Decisive Years in France, 1840 - 1847*, Princeton: Princeton University Press, 1986, p. 20.
③ Pierre Leroux, *Le carrosse de M. Aguado, Boussac*, Paris: 1848, p. 129.
④ Pierre Leroux, *Oeuvres de Pierre Leroux (1825 - 1830), tome* I, 1850, p. 48.

会在哲学和道德秩序上的重建。

首先,勒鲁主张用人性哲学调和基督教内在的平等和博爱精神。在他看来,大革命后法国社会尚未确立能够凝聚共识的道德体系,"大革命既是一场政治革命,也是一场在道德秩序上的革命,她只能以道德重建来结束"。① 他将道德重建的任务赋予一种新的世俗宗教——人性的宗教,当然,这并不是要复兴基督教,也不是圣西门学派的"救世主降临"。在《论人性》中,勒鲁上溯西方历史中的四种基本哲学:伊壁鸠鲁主义、斯多葛主义、柏拉图主义和基督教义,认为只有在对19世纪法国社会现实的实证研究下才能充分认识法国,综合这些哲学的利弊,得出一个适应19世纪的观念体系,"每个人都是人性之树上的果实,在其个体意义上反映出时代和社会,个人便是人性的体现"。在充分尊重个性和自由的基础上,以人性宗教的博爱精神加强个体之间的联合。在他看来,人真正需要的救世主不是世俗统治者,而是在自由、平等和博爱精神的启发下,人民自身就能成为真正的立法之王。

其次,恢复大革命中断的18世纪和19世纪的哲学传统,将可完善性原则作为人类精神文明进步的基本法则,协调所有人类学科,人类精神轨迹和进步史,来建设有关人性的总体科学。勒鲁认为每个时代人类活动的不同分支都应该有其对应的历史哲学,从而加深对社会"统一性"的理解。在他看来,文艺复兴以来的进步原则本身就是一门生活的科学,在不同文明时代有着具体体现,进行着传递和延续。他把可完善性原则建立在现实—理念—进步这一公式上,"人性如同一个正在行进的人,显露在过去,立足于当下,朝向未来"。

再其次,勒鲁提出共和社会主义学说调和个人主义和圣西门主义,寻求将共和政治融入社会主义。1834年勒鲁首次在否定意义上使用"社会主义"②一词,指代圣西门主义对社会和联合原则的夸大,法国社会正

① Pierre Leroux, *Oeuvres de Pierre Leroux* (1825–1830), tome I, p. 9.
② 勒鲁强调这里的"社会主义"指的是对联合或者社会的夸大,参见 Pierre Leroux, "De l'individualisme et du socialisme", *Revue encyclopédique*, Octobre-décembre 1834。

受到利己主义和绝对社会主义两种排他性制度的折磨,一方面个体自由的过度加剧了社会的分裂,另一方面对个体自由的矫正导向了对个体自由的极端压制。这是因为个人主义和圣西门主义都是建立在一个有瑕疵的社会概念上。勒鲁认为人同时是个体性的存在和社会性的存在,社会的完善就是个体和人类整体自由的实现。他将社会看做一种空间,一种神秘的场域,一代又一代的人组织起来生活在其中。社会作为一个网络关系存在,个人终其一生都是在同他人和宇宙的联系中,个体存在的不可削减使得与他者的联系变得神圣而重要:只有通过社会互动个人才能实现自我的整全。

正如法国史家爱德华·贝隆松所言,法国大革命虽然诞生了共和理念,但是只有在1848年之后的四年间法国左派才定义这一理念的内涵为社会主义。19世纪40年代,随着社会主义与共和运动的合流,"社会主义"的内涵获得了补充,旨在通过调和圣西门主义与自由主义理念之间的张力,将大革命中的共和政治传统融入社会主义理念,"社会主义,就是否定服从意义上的权威,承认在自由、平等、博爱意义上的联合。这就是社会主义,在这个意义上他就是共和国和共和派的理念"[1]。

最后,勒鲁主张革新艺术,发挥艺术的象征功能。在他看来,法国当前的诗歌、艺术、文学中充满了怀疑主义精神,"哲学生产怀疑,在一个行将毁灭的社会秩序和即将诞生的新世界之间,诗人的眼睛朝向的是过去而不是未来"。诗歌作为一种艺术形式,其核心原则就是象征,诗歌应该表达生活、同生活对话而不是回避生活。他不认可拉马丁重新回到基督教义寻求精神的慰藉,在他看来这样的诗歌缺乏时代的活力,也不能给人们以慰藉。为了重新建立诗歌的象征性和艺术功能,他创作了诗歌和戏剧作品宣传他的思想。小说家乔治·桑在这方面给了勒鲁很多帮助,她本人认同勒鲁的社会主义思想,不仅提供资金支持,还将其作品译成俄文,传播其社会主义思想。

---

[1] Pierre Leroux, *Discussion sur la loi contre la Presse*, La Phalange, 1849, p. 152.

1848年二月革命后,作为共和国的坚定支持者,他致力于促进工人运动的联合,呼唤结社以保护工人的权益,支持出版自由,女性普选权等多项政治和社会改革。1848年6月,勒鲁被选入制宪议会,在他向国民议会提交的宪政计划中,既主张确立人性主权的政治科学,又有对共和国公民权利与义务的原则设定,提倡一种协调个体与社会的自由观,诉诸个性差异的全面平等观。除此之外,他建议调整自由、平等与博爱三个原则的顺序,以突出博爱的中心位置,"博爱是自由与平等之间的联系纽带……这一民族箴言应该继续由共和主义的三个神圣词语组成,但其组成顺序是:自由、博爱、平等。在这三个词语之外,再加上团结一词,以表明自由、博爱、平等三者密切相关,仿佛组成一组完美和音的三个音符,因为三者都源自我们天性的和谐统一,源自使我们成为同一种族的平等与团结"①。勒鲁提出,一个理想的共和国应该有两个不可或缺的机制:国民宗教和民主议会。国民宗教能够确保将儿童培养成有责任感的公民。民主议会作为宗教的补充,确保公民的权利直到他们成年。

第二帝国建立之后,勒鲁被迫流亡海外。在泽西岛继续撰写政论文章,推广农业试验,并在与雨果的交往中受到启发,开始以诗歌文学的形式继续宣传社会主义观念,支持国际工人联合运动。但是,1871年去世后,勒鲁的声望迅速衰落,直到20世纪70年代,他思想的独特性才逐渐被重新发现。在19世纪早期法国社会主义思想中,勒鲁在反革命的乌托邦构想与七月王朝末期盛行的平等主义信条之间架起了桥梁。勒鲁以"社会团结"来重组法国社会的设想,某种程度上构成第三共和国时期社会连带主义(Solidarisme)理论的主要灵感来源。②

---

① Pierre Leroux, *Projet d'une constitution Démocratique et sociale*, Paris: 1848, p. 66.

② Quentin Schwanck. "Robert Owen's influence on French republicanism in the first half of the nineteenth century: the role of former Saint - Simonians and their networks", *History of European Ideas*, Vol. 47, No. 2, 2021, pp. 299 - 314. Marie - Claude Blais, La solidarité, *Le Télémaque*, Vol. 1, No. 3, 2008, pp. 9 - 24.

六、路易·勃朗的劳动组织学说

路易·勃朗(Louis Blanc)的"劳动组织"学说融合了共和思想和社会主义特色,他要求在经济范围中,通过社会工场推行人民主权的政治原则,利用社会的政治机制来实现社会复兴。同其他社会主义者一样,勃朗认为经济的无政府状态是19世纪法国社会的主要弊病。与其他社会主义者不同的是,他认为,"假如社会改革是目的,那么政治改革就是手段。"①

1839年1月,勃朗创立《社会、文学和政治进步》。该报以推动社会改革为使命,吸引了当时追求社会自由的共和主义者投稿。例如共和主义者杜邦(J. F. Dupont)就在其中发表"组织普选"的政治改革文章。《社会、文学和政治进步》报成为共和观念和社会主义观念融合的场所。勃朗的《劳动组织》起初就发表在这份报纸上,随后才结集成册,于1839年出版。

《劳动组织》一书是勃朗社会改革方案的集中体现。资本的竞争导致中小企业濒临破产,工人失业,生活贫困,社会犯罪现象随之增多,他认为法国社会中之所以存在这些非正义现象,在于社会机构不能为人们提供通过劳动生存的保证。既然劳动者没有取得为社会所公认的"劳动权利",那么大革命之后的法国人民就没有取得真正的自由,因为"自由不仅是所赋予的权利,而且包含在赋予人们在正义的统辖和法律的保护之下,去运用并发展个人才能的权利中"②。

为了改变这种社会局面,勃朗认为应该从消灭竞争开始,"通过自由协作和他们之间兄弟般的团结,使一切人在精神方面和物质方面进行改善"③。那么,如何加强劳动者之间的协作呢?勃朗的回答是借助政府的力量组织劳动,建立具有社团性质的社会工场,"只有通过政治的培

---

① 路易·勃朗:《劳动组织》,何钦译,北京:商务印书馆,1997年,第13页。
② 路易·勃朗:《劳动组织》,第18页。
③ 路易·勃朗:《劳动组织》,第8页。

育,社会主义才能发展壮大起来。"①在其社会改革方案中,国家作为"穷人的银行"在建立劳动组织中扮演着重要角色。首先,由政府发行一笔公债,用公债的收入在国家的重要工业部门中创办一些社会工场,由政府制定管理法律规章,所有道德上有保证的工人可以被征召去那里劳动,社会工场由各种不同的职业组成。社会工场成立的第一年由政府指定各级人员,一年以后,各级人员根据选举原则产生。工场的利润每年一结算,分成三份,第一份按照社团成员的人数平均分配;第二份用于老病残疾者的抚养;第三份则用于减轻其他工业遭受的危机,为志愿参加社团的人购置劳动工具。资本家也可以被邀请参加到社团中来,可以支取他们投资的利息,但他们只能以工人的身份分得利润。② 当社会工场在各主要工业部门普遍建立,资金相当雄厚时,社会工场通过竞争和私人企业作斗争,逐步兼并私人企业,从而消灭竞争和贫困。勃朗希望在联合和团结一致的制度下,不再有发明的专利权,发明由国家给予奖励,很快被大家使用。在农业方面,勃朗提出取消旁系继承权的改革方案。继承财产被宣布为公社财产,每个公社就可以形成一片不得转让的庄地,能在既不造成痛苦也不发生强夺的情况下产生农业革命。

《劳动组织》一经发表随即引发了时人的激烈争论,例如,1841年8月3日的《商业报》上就有人批评勃朗的社会工场对政府的过分依赖,政府成为工业企业主并且负责供应私人消费需要,这样的制度会导致"在公益的假面具下对于个人所施行的强暴,就会丧失一切自由,导致普遍的窒息。"③还有论者将勃朗归为圣西门一派,在1844年8月21日的《辩论日报》上,有论者指出勃朗同圣西门一样不考虑个人利益,过分强调社会的共同利益。过分追求平等,谴责竞争,实际上是对1789年自由原则的破坏。对此,勃朗则回应,社会目前的无序状态使得一种监护的权力机关成为必要,社会成员的发展需要政府来协调生产活动,以帮助人实

---

① 路易·勃朗:《劳动组织》,第19页。
② 路易·勃朗:《劳动组织》,第80页。
③ 路易·勃朗:《劳动组织》,第110页。

现自由。在个人权利和社会发展的关系问题上,勃朗并不主张对个人权利的扼杀,他认为当前社会秩序的恶化在于两者的脱节,资本主义的发展导致利己主义盛行,损害了社会责任感,但问题在于个人利益与责任感必须结合,因此就是要改变那种在本质上使个人利益和责任感不能互相结合的社会制度,通过联合原则的应用,个人能够自然地把自己的希望和欲望同社会其他成员的福利结合起来。1848 年 2 月勃朗成为临时政府的议员,在临时政府组织的研究工人问题的委员会中担任主席,推动临时政府建立公共工程以缓解失业。2 月 28 日临时政府下令在法国建立国家工场。4 月 27 日又进一步采取措施,把这种工场推广到法属殖民地。

　　1840 年 9 月勃朗将发表在《政治、社会和文学进步》上的一系列文章扩展成 131 页的书出版,由于定价低廉,简单易读,第一版在两个星期内卖了三千多册后又加印了三千册。1850 年已经发行到第九版,成为那个时期最畅销和最有影响力的社会主义读本。1841 年到 1848 年勃朗参与了由乔治・桑、勒鲁和路易・维拉多共同创立的《独立》杂志,他致力于从历史的角度表达自己的思想,在 1841—1844 年间出版了《一八三〇至一八四〇年十年革命史》和《法国革命史》等著作。

七、女性社会主义者

　　弗洛拉・特里斯坦(Flora Tristan)是 19 世纪法国首位提出将女性解放和工人联合的任务协调起来的社会主义者。弗洛拉・特里斯坦对性别不平等问题的关注源于她的生活。由于其父母的非正式婚姻,她在法国的生活充满波折。1821 年 2 月在母亲的授意下,弗洛拉・特里斯坦与雕刻家安德烈・夏扎尔举行了婚礼,孕育了一子一女之后,由于感情日渐不合,她最终与丈夫选择了分居,彼时的离婚许可已经在 1816 年 5 月 8 日被复辟王朝取消,围绕在子女抚养问题上的争执促使她思考法国社会性别问题。1834 年结束了拉丁美洲之行后,弗洛拉・特里斯坦先后发表了《一位贱民的长途跋涉》和《善待外国妇女之必要性》,前一篇文章记述了她在秘鲁的见闻,揭露了被政变搅乱的后殖民社会中的奴隶制以及教会对女性的束缚,1842年这本书获得再版时,弗洛拉·特里斯坦在前言中将此书题献给工人阶级,内称:"劳动者们,我把我的书献给你们所有的人;正是为了让你们知晓你们的状况,我才写了这本书。"[1]在后一篇文章中她为女性权利发声,提出应赋予妇女地位,建立妇女协会,同时倡导社会主义和超越国家。她谴责复辟王朝取消离婚许可,揭露这一不公正的法律败坏社会道德的同时,只能加剧女性的苦难。1838年6月弗洛拉·特里斯坦的前夫安德烈·夏扎尔意图谋杀,弗洛拉中弹受伤并将其告上法庭,1839年1月的庭审更是引发了社会公众对这个写出《一位贱民的长途跋涉》的奇女子的好奇心,判决最后以安德烈·夏扎尔20年监禁告终。

在这之后,弗洛拉·特里斯坦开始全身心投入巴黎的文学界活动。她在1838年底发表了浪漫主义风格小说《梅菲斯》。这部小说借女主人公安达卢西亚的视角,刻画了19世纪法国社会中的鲜活图景:善良的无产者与邪恶的耶稣会士、卑劣的英国爵士和厚颜无耻的法国公爵等社会形象,表达她对七月王朝的不满。1840年弗洛拉·特里斯坦发表《漫步伦敦》,调查了工业时代伦敦城市中的苦难和罪恶,在观察到英国工人阶级的生活状况后,她写道:"在我看来,奴隶制并非自我了解英国工人阶级以来人类之最大的不幸,奴隶一生都确信自己的面包,并在其生病时得到关照;而在英国工人和老板之间不存在任何联系纽带。"[2]另外,她的书也揭示了英国各阶层女性的状况,谴责自由经济的无序发展对工人生活的影响。弗洛拉支持玛丽·沃尔斯通克夫特1792年《为妇女权利而辩》中的观点,主张两性在民事权利和政治权利上的平等。在弗洛拉的思想视野中,女性的解放和劳动者的解放事业是不可分割的,她认为当时工人们彼此分立,其悲惨处境一方面源自不正当经济竞争和政府的放任政策,另一方面则在于工人的分裂和不团结,因此她认为应该组织工

---

① 米歇尔·维诺克:《自由之声:19世纪法国公共知识界大观》,第242页。
② 米歇尔·维诺克:《自由之声:19世纪法国公共知识界大观》,第241页。

人阶级,通过男女工人的普遍联合来对付普遍贫困。

弗洛拉·特里斯坦首次提出在原有工会的基础上设想一个规模更大的工会:不仅要把一个国家的,而且要把世界各国的全体工人阶级联合在一个组织之中。1843年在《工人联盟》中弗洛拉提出建立世界性工人国际的计划。她建议法国和其他国家的工人每人每年缴纳少量的钱以积累一笔足够的资金,用来在每个城市建立"工人宫",其次用于合作生产计划。工人宫把工人团结起来,是工人的学校、医院、收容所和文化中心,为工人的社会独立提供保障。在该书的结尾,弗洛拉把自己的建议归纳为以下几点:通过一个组织严密的联合会把工人阶级组织起来,由工人联合会选派一名"辩护人"代表工人阶级,以确保工人阶级的生存权利得到国家及其他各阶级的承认,联合会支付辩护人薪金。以工人阶级生存权利的名义,反对侵害和特权。要求给予劳动创造财产权以合法性;承认男女人人享有劳动权;在现存社会条件下建立劳动组织的可能性;在全国各地建立工人联合会宫,对工人子女进行文化和技术教育,支持救助遭受工伤的男女工人;承认妇女在道德、文化和技术教育上的权利,原则上承认男女平等是实现人类团结的唯一手段。

在19世纪早期的社会主义者中,弗洛拉首次将女性解放事业和无产阶级的解放联合在一起,她同情工人的苦难遭遇,主张建立联合的组织来保障工人权利,但对牺牲个人利益的集体组织始终保持警惕,她反对圣西门主义者诉诸权威原则来组织劳动。在《工人联盟》中,她对昂方坦组织的在蒙西尼街的集会表示不满,她写道"对于安凡丹(昂方坦)先生来说,对劳动的组织仅仅由一种规则的方式对工人进行编队。劳动的组织与军队的组织大可等量齐观,这样一种观察方式实在是糟糕得难以言表!"[1]弗洛拉对昂方坦的不满事实上代表了早期社会主义内部的争执:组织劳动究竟是诉诸权威的原则还是发挥劳动者的自愿。1843年3月《法郎吉》发表《工人联盟》头几章,当时很多人被弗洛拉·特里斯坦解放工人

---

[1] 米歇尔·维诺克:《自由之声:19世纪法国公共知识界大观》,第245页。

阶级的设想所吸引,著名作家欧仁·苏(Eugene Sue)以100法郎的认捐金额高居榜首,除此之外,《工人联盟》还获得路易·勃朗、孔西岱朗、乔治·桑等人的支持。从1844年4月起,弗洛拉·特里斯坦携带《工人联盟》的书稿在法国城市中传播,向工人们普及团结的必要性,这种热忱的"传道"精神甚至招致了地方官员的不满和搜查。1844年11月14日弗洛拉去世,孔西岱朗评价其为"一个神圣信仰的牺牲者"。

八、其他社会主义者

在法国社会主义流派中,皮埃尔-约瑟夫·蒲鲁东(Pierre - Joseph Proudhon)提出的无政府主义主张,对19世纪法国的工人运动影响深远,被马克思评价为"法国社会主义最大胆的思想家"。蒲鲁东虽然主张改革社会,但他与大部分社会主义者的改革方案有着根本的不同。他支持政治上的联邦主义与经济上的互助主义相结合,才能到达"平等者的社会"目标。相比于圣西门、卡贝以及勃朗,蒲鲁东的社会改革思想更为开放和多元。

1848年六月事件之后,早期社会主义运动陷入低潮,但蒲鲁东仍然战斗着,并将社会革命事业放在第一位。他对共和派和社会主义者极力推动的普选事业并不感兴趣,认为建立共和国,就是处理"劳动、工场、柜台、销路、管理等世界上最为平常的一些事情,这些东西几乎不需要革命的激情和夸夸其谈"[①]。他试图通过创立一个确保免费信贷的交易银行进行信贷改革,提出建立以相互信任、公平交换的原则组织"人民银行",作为一个自治机构,随时向个人提供足够的无息信贷,保证劳动者都能获得生产资料。1848年6月的议会补选中蒲鲁东被提名国民议会候选人,获得7.7万张选票。

---

① 米歇尔·维诺克:《自由之声:19世纪法国公共知识界大观》,第353页。

作为一个无神论者,蒲鲁东认为"在人性之外,没有上帝"①,主张宗教世俗化。在他看来,法国社会主义者的宗教情感是过时的,他嘲讽勒鲁为"神智学者",认为勒鲁通过人性宗教重建社会道德的努力,是对天主教的复兴,"他自称为耶稣基督,将宗教体系建立在一个未知的政府制度上,其宗教教条和仪式都是未知的,甚至尘世和天堂的目的也是未知的"②。蒲鲁东认为,社会道德状况随着经济状况改善而不是相反,因此"在建立社会、数学和客观科学的问题上,妄谈宗教问题是对思想的污染"③。同样,蒲鲁东也不相信博爱、团结一类的情感联系对社会道德重建的作用,"不是宗教和国家敦化社会风俗,而是劳动,让权利代替强力进行统治,逐渐创造自由和平等;首先是商业和工业,其次是科学的努力使其富有精神意义,最后艺术令其不朽。宗教通过允诺和恐怖,国家通过军队和司法,赋予情感以权力,使得人们脆弱不堪"④。

蒲鲁东认为人拥有绝对的自由权、平等权、安全权,但是19世纪法国社会中的文明制度并没有为保障这些权利提供任何制度或者观念上的支撑,这也成了"置我们于死地的贫困和人类所遭受的一切灾难的唯一原因"⑤。那么如何改革和重建社会制度呢?

在政治观念上,蒲鲁东拘斥多数法则,反对中央的权威,认为权威与自由是社会机制中势不两立的因素,主张为了自由必须取消权威,实现建立在自由和平等原则之上的团体自治,这也就是蒲鲁东的无政府主义思想。事实上,蒲鲁东的无政府主义并不是要鼓吹无限自由的社会状态,他之所以否定政府和国家的存在,是因为在他看来政治就是权力的集中和个人自由的相应损失,"国家的创建者永远不会信仰个体性和大

① P. J. Proudhon, Résistance Louis Blanc et Pierre Leroux Précédé de Qu'est‐ce que le Gouvernement? Qu'est‐ce que Dieu?, *Extrait de la Voix du Peuple*, 1849.12.3, p.13.
② *La Voix du Peuple*, 3 décembre 1849.
③ *La Voix du Peuple*, 13 décembre 1849.
④ P. J. Proudhon, *Mélanges: Articles de journaux* (1849‐1852), troisième volume, Paris: Librairie international, 1870, p.17.
⑤ 蒲鲁东:《什么是所有权》,孙署冰译,北京:商务印书馆,1963年,第47页。

众的自治"①。个人只有从权威和社会身份中解放出来，并根据自由契约来处理自己的事务，才能获得自由。他坚称组织民主政治的唯一方式就是废除政府，并认为理想的共和国是一种绝对的无政府状态。因此，蒲鲁东理想中共和国的秩序，既不像在君主立宪政体下那样，是从属于秩序的自由，也不是受秩序严格控制的自由，而是一种摆脱了一切桎梏、迷信、偏见、诡辩和权威的相互性的自由。因为"自由不是秩序的女儿而是秩序的母亲"②。因此，他主张削弱中央集权和国家权力，拒斥代议制民主，"人民、大众、社会能够也应该像个体一样自己进行统治、思考、行动和进步，不需要任何中介代表，如贵族、议员等煽动家的存在就能够自由行动"③。

蒲鲁东的社会主义同路易·勃朗诉诸政府的社会主义有着根本不同，他主张将"正义"和"自由"确立为社会制度的基础，但反对以强加的方式来贯彻。提倡建造个人自治、群体自治和地方自治的新联盟，确立保持权威和自由平衡的联邦主义，支持建造于自愿契约之上的自我治理。他的一句名言概括了联邦主义在他政治思想中的重要性，"讲共和，不讲联邦等于零。讲自由，不讲联邦等于零。讲社会主义，不讲联邦等于零"④。

1840年7月1日，长达196页、印发500份的《什么是所有权或对权利和政治的原理的研究》出版，在书中蒲鲁东致力于对私有制和支持私有制的论据进行批判。人类在权利方面生而平等，但是起初为了保障平等而创立的所有权结果只是摧毁了平等。当时的资产者以地租、利息等形式扣留了劳动者的一部分产品，侵犯了劳动者的权利，因此他指出资产阶级的财产所有权就是"盗窃"。但是，蒲鲁东并不是攻击所有权原

---

① P. J. Proudhon, *Mélanges：Articles de journaux* (*1849 - 1852*), troisième volume, Paris：Librairie international, 1870, p. 12.

② P. J. Proudhon, *Mélanges：Articles de journaux* (*1849 - 1852*), troisième volume, pp. 22 - 23.

③ P. J. Proudhon, *Mélanges：Articles de journaux* (*1849 - 1852*), troisième volume, p. 12.

④ 郭华榕：《法国政治思想史》，第 642 页。

则,而是否定剥夺他人的权利,否定利用他人获益的权利。他认为所有权原本应该发挥调整与公正的作用,主张通过自由竞争等尽可能谨慎的方式逐步废除资本的收益,保证人们的平等。

《什么是所有权》一书一经发表就招致了众多反对,蒲鲁东所在的贝桑松科学院甚至以取消奖学金为威胁,要求蒲鲁东为自己的观点做出解释。在众多批判声中,经济学家阿道夫·布朗基看到了蒲鲁东论辩的才华,保护他免受司法追究。蒲鲁东着手撰写第二份研究报告以解开误解,在《关于财产的第二份研究报告》中,蒲鲁东重申"财产是我们的贫困和犯罪的重要母体"。蒲鲁东自始至终主要从小规模经济活动和小型社会团体的角度去考虑社会问题。为了消灭资本的中间剥削,结束产业生产的混乱无序状态,蒲鲁东主张创办"人民银行",给劳动者发放低息或无息贷款,以帮助他们购买生产资料,获得劳动权,劳动者各自生产的劳动产品实行直接的物物交换原则。同时,劳动者应在家庭的基础上,按照自愿互利原则,成立合作社。各个合作社联合起来,逐渐代替原有的政府职能。

1843 年 6 月,蒲鲁东出版了《秩序在人类中的创建》。在书中蒲鲁东逐个点评了当时改革社会的各种尝试:从神权论者迈斯特和博纳尔到圣西门的实业社会体系、傅立叶的协作制度、勒鲁的人性宗教等。蒲鲁东批评当时的社会主义者,认为他们不了解人性,"放弃了批判工作而徒事空想,光唱高调……违背了自己的使命,无视时代的特征"[1],蒲鲁东反对圣西门主义者对婚姻制度的攻击,主张维护家庭的地位,反对把人类生活纳入严密组织或颂扬权威,提倡人的绝对自由;除此之外,他还反对其他社会主义者在新宗教基础上建立新社会制度,认为宗教观念对于社会进步的影响纯粹是消极的。他始终强调宗教和哲学无力发现世界的秩序,并认为人类文明已经发展到第三个环节:科学的环节,指出对政治经济学的研究才能掌握"历史的钥匙"。

---

① 蒲鲁东:《贫困的哲学》,余叔通、王雪华译,北京:商务印书馆,1998 年,第 268 页。

1844年马克思来到巴黎后,同蒲鲁东见面,并向后者讲授了黑格尔哲学思想。1846年德国左翼黑格尔派内部发生分裂,即以马克思为代表的共产主义倾向和以格林为代表的无神论的人道主义倾向,马克思意欲赢得蒲鲁东的支持便写信给蒲鲁东,蒲鲁东拒绝了这一请求,并通过回信为格林辩护,"我们不应该把革命的行动当做社会改革的手段提出来,因为这种手段将纯粹是在呼唤力量、专制,简而言之,其纯粹是在呼唤矛盾"①。两人之所以会有如此的分歧是因为,蒲鲁东并不把社会事务的对立和矛盾看做需要统一并取代的缺陷。他认为构成社会的始终是对立和矛盾,它们是社会生活的根本因素。解决矛盾的图景不在于消除对立或者统一矛盾,而在于调整社会组织,让对立继续存在,但又用正义的法则予以充分节制,让这些对立中的有利因素发挥作用,抑制不利因素。因此,蒲鲁东希望通过渐进的手段改革所有权。这场最初的通信也预示了两人的分道扬镳,1846年蒲鲁东发表《贫困的哲学》,马克思则以《哲学的贫困》对其进行批判。两人的争端就此形成了社会主义的两种源泉,以马克思为代表的政治社会主义和以蒲鲁东为代表的联盟社会主义。

1849年在《一个革命者的自白》中,蒲鲁东提出了对当前革命的看法以及对未来社会的构想。在他看来,法国历史上的革命是自上而下的独裁和专制的革命,"出于亲王的意志,大臣的专横行为,议会的一种试探和某个社团组织的暴力行为",这种革命在蒲鲁东看来无助于构建社会,他认为自由的革命应该是"出于民众意愿的革命,是公民一致的行动,劳动者的尝试,进步和知识传播的产物……自下而上的革命,是真正的民主"②。他将自己心目中的革命称作"社会的革命",这里蒲鲁东的革命观念并不是像布朗基一样依靠暴力夺取权力,也不是像勃朗那样通过政府进行革命,而是通过人民进行革命,渐进地创立一个新社会。

1848年8月,蒲鲁东创立的《人民代表报》被取缔。从1849年6月

---

① 米歇尔·维诺克:《自由之声:19世纪法国公共知识界大观》,第288页。
② 米歇尔·维诺克:《自由之声:19世纪法国公共知识界大观》,第454页。

到 1852 年 6 月,在圣佩拉吉监狱蒲鲁东完成了《关于 19 世纪革命的总概论》,他提出了人民头脑中的革命概念,就是隐含在大革命中并构成 19 世纪社会运动基础的个人自由和社会正义两个概念。在书中他倡导无产者和中产阶级的联合,宣传无政府主义。他再次强调 1849 年 11 月至 1850 年 1 月间他同皮埃尔·勒鲁、路易·勃朗争论时提出的无政府主义思想:"国家是社会力量的外部结构,通过这种外部结构民族就不再是自治的了……然而,我们确信民族、社会和大众能够而且应该自治。"那么如何自治呢? 蒲鲁东认为应通过自下而上的大众的社会主义,在取消了政府权威的社会中,通过自愿同意的契约形成个人和所有人之间的联系,这就是"互助主义"。

在 1863 年出版的《论联邦制原则》中,蒲鲁东继续发展了他的互助主义方案,提倡一种国家之外的革命,通过建立联盟来分散政治权力,"我 25 年来提出的所有经济观念可以归纳为一个词:农业—工业联邦。我所有的政治观点则可简化为类似的公式:政治联邦或权力分散。"蒲鲁东通过否定政府与公民的关系、国家与省的关系,提倡建立在契约和联邦基础上的社会形式,以自治、互助和团结为主要原则,这一思想为 19 世纪 60 年代初法国工人运动提供了指导。法国最大的工会组织——法国总工会就受到蒲鲁东思想的启发,总工会是众多工会的自由联合体,保持各自的独立性。因此,蒲鲁东的社会主义思想对 19 世纪法国的工人运动影响深远。

九、康斯坦丁·佩克尔的集体生产理论

康斯坦丁·佩克尔(Charles Constantin Pecqueur)是最早提倡集体生产,分配和交换所有权的法国社会主义者之一,被称为"法国集体主义社会主义之父"。1820 年他进入里尔的军事教学医院,完成了一篇关于教育的论文,并对社会主义理论产生了兴趣。1830 年佩克尔搬到巴黎,加入圣西门学派,参与《环球报》的编辑,但是因反对昂方坦的教义离开了学派。此后,佩克尔加入傅立叶学派,认真学习傅立叶的协作制度,参

与法郎吉的构建。1835年,佩克尔撰写傅立叶传记,并为各种傅立叶派期刊撰稿。1836年,他离开了傅立叶派,发表了对他们制度的批评,并发展了自己的理论。然而,他仍然与一些来自圣西门学派和傅立叶学派的人关系密切,比如勒鲁和孔西岱朗。

不同于其他构思新社会的社会主义者,在批判古典自由经济学的过程中,佩克尔看到了劳动者在产业革命中的境遇,希望国家替代市场承担调节和管理生产的角色。从19世纪30年代起,佩克尔写了一系列主要探讨工业生产发展的著作,在1839年的《社会经济学》中,他讨论了经济条件对于阶级结构及整个社会制度和社会关系的决定性影响。当其他社会主义者谴责技术给社会带来的负面作用时,佩克尔则认为技术力量产生作用的方式取决于人类如何利用它。佩克尔指出随着技术的发展和19世纪资产阶级社会及其演变,资本日益集中并形成现代无产阶级,新的阶级结构的产生将会出现阶级斗争。

佩克尔的社会哲学深受圣西门派的影响,他认可科学家和发明家的创造性作用,他把集体所有制和集体管理建立在尊重正义和基督教原则的基础上;但是,佩克尔反对圣西门学派将社会的管理责任赋予实业家,认为任何人都不能脱离民主的控制。在《社会和政治经济新理论》(1842年)一书中,他结合社会正义伦理观发展了一套民主集体主义学说,将集体主义说成是在现代工业条件下从基督教伦理法则推演出来的一种经济学理论。在国际关系问题上,他深受圣西门欧洲观的影响,推崇建立欧洲联盟来防止战争。1848年,佩克尔应路易·勃朗的邀请,加入卢森堡委员会,参与了多项委员会报告的起草。1848年以后,佩克尔的影响日益衰落。

十、布朗基的革命理想

在大多数主张温和变革社会的社会主义思想中,路易-奥古斯特·布朗基相信只有革命才能改变法国,"武器和组织,这是进步的决定因素,消灭贫困的重要手段! 谁有武器谁就有面包! ……法国有了武装的劳动人民,就是社会主义的来临"①。他曾在 1824 年成为烧炭党的成员,从事反对波旁王朝的革命活动;1829 年进入《环球报》,在此期间充分阅读了圣西门和傅立叶的相关作品,1830 年七月革命爆发,布朗基参与了反对查理十世的街垒战;革命后法国建立的资产阶级君主政体并没有带来社会的稳定,无秩序的经济发展和利己主义蔓延,"在中小资产阶级破产的废墟上建立起来的比旧贵族制度更巧妙更可怕的金融、工业和商业三个封建制度,把整个社会踩在他们的脚下,狡猾代替了暴力,扒手代替了拦路大盗"②。布朗基加入由卡芬雅克领导的宣传共和思想的"人民之友社"。1832 年政府企图解散"人民之友社",以违反出版法令和阴谋危害国家安全的罪名审判"人民之友社"。

　　1832 年 1 月,布朗基、拉斯帕尔等人被捕,这就是 1 月 10 日到 12 日在塞纳省刑事法庭上公审的著名"十五人案件"。针对法庭的指控,他在 1832 年 1 月 12 日刑事法庭上答辩说:巴黎工人的每一颗子弹都在围绕世界转动,他们不断地打击敌人,而且将继续打击敌人,直到自由和人民幸福的敌人一个不剩为止。受到巴贝夫革命传统的影响,布朗基认为只有用协作代替私有制,才能建立以平等为基础的公平统治。因此,他先后组织和领导无产阶级秘密革命组织,如家庭社、四季社、中央共和社。这些密谋策略,由于得不到人民的支持,均告失败。在从事革命的五十多年中,布朗基多次被捕,有三十三年在监狱中度过。

　　布朗基认为,1848 年存在着两个互相交锋的社会主义:一个是蒲鲁东的社会主义,它建立在义务协作的温和个人主义基础之上;另一个社会主义建立在普遍发展的协作基础之上。他不同意蒲鲁东的合作思想和无政府主义,认为共产主义永远不能和政治分开。③ 在布朗基看来,19 世纪法国的劳动者并没有充分的知识和自由来建立合作组织,使合作组织瘫痪并被局限在一个无形的小圈子里的主要原因,就是愚昧无知。绝

---

① 布朗基:《布朗基文选》,皇甫庆莲译,北京:商务印书馆,1989 年,第 54 页。
② 布朗基:《布朗基文选》,第 78 页。
③ 布朗基:《布朗基文选》,第 94 页。

大多数无产者没有足够的知识来独立判断应该如何管理一个合作社。因此,建立合作组织在当前只能造成无产阶级内部的分裂。布朗基也反对圣西门主义者对等级制度和专家治国思想的推崇,认为这会导致资本至上;他认为法国的社会主义者都是空想者,用侮辱共和国来祈求政府的恩赐,①在此他尤其强调他的共产主义理想不同于其他人:"共产主义并不是一个乌托邦,它是正常的发展,和五花八门的空想社会主义体系没有任何血缘关系。"②

但是,布朗基并不是一个全然主张暴力革命的狂热分子,他始终反对教权主义,主张通过普及免费的义务制教育,启迪民智。布朗基指出,法国大革命之后的教育依然被教权主义者把持,宗教教育钳制和愚弄了人们的思想,"年青一代完全交给了教会,到处都对知识展开殊死的斗争,到处都是资本主义的种子,高声号召教士和黑暗势力去挽救资本万能所面临的危机。"③在布朗基的观念世界里,知识是共产社会不可缺少的因素,教育是共产社会的空气和工具,要求建立没有教育的共产社会,就"如同要求我们在真空中进行轻松的呼吸一样困难"④。因此,布朗基尤其反对七月王朝对出版自由的限制,政府针对报刊业设置的过高的保证金、印花税以及从外省邮到巴黎花费的高昂邮资,使得"有钱人可以污蔑、诽谤、逍遥法外。穷人被堵住了嘴,不得不哑口无言地忍受攻击"⑤。因此他主张出版的完全自由,不受捐税的妨碍和苛刻的约束,支持人民集会和结社自由;布朗基认为只有当这些自由真正获得实现,人民才会成为自己真正的主人。

十一、卡贝的共产主义试验

在《伊加利亚旅行记》中,艾蒂耶纳·卡贝描绘了一个民主和平等的

---

① 布朗基:《布朗基文选》,第93页。
② 布朗基:《布朗基文选》,第92页。
③ 布朗基:《布朗基文选》,第103页。
④ 布朗基:《布朗基文选》,第79页。
⑤ 布朗基:《布朗基文选》,第110页。

共产主义社会,阐明了他对绝对民主和非暴力的信仰。在他看来,"财富与权力的不平等,个人私有制和货币制度,三者是一切恶习罪行,动乱苦难的主要根源"[1]。不平等现象始终存在的原因一方面在于人民的无知,另一方面则在于法国现存政治制度是由贵族或富人来制定的。因此,卡贝认为根除这一弊病的方法就是消灭不平等、废除私有制和取消货币,代之以像在莫尔的《乌托邦》中存在的一切平等和财产共有的制度。那么这样的共产社会是怎样的呢?1839年卡贝在小说《伊加利亚旅行记》中介绍了他推崇的新社会制度。

卡贝假托一个英国贵族去往伊加利亚旅行所写的游记,设定伊加利亚社会是一个由开创者马车夫之子——伊加尔发起革命推翻独裁者建立的共和国。虽然伊加利亚被设想为共和国,但这里的共和,指以公共利益为最终目的,民主和平等的共产主义社会。在共产制度下,财产共有,人们共同劳动,具有平等的权利与义务,既没有私有财产,也不存在货币。劳动是他们的社会制度最重要的基础之一,社会舆论以劳动为荣。一切土地产品和工业产品都归共和国所有,人们的衣食住行、享乐、教育、医疗保健等各种生活和发展所需的产品全部由共和国的工业委员会免费供应,按需分配。伊加利亚的男孩在18岁,女孩在17岁以前都要接受基础教育,农活被认为是每个人不可缺少的技能,伊加利亚青年在结合前有充分的自由和空间去互相了解,离婚在这里也被允许,婚姻不像在现实的法国社会中那样出于利益和名望的考量。在伊加利亚的殖民问题上,卡贝赞成以"文明开化"为目的的殖民,反对武力和强制,这一点实际上代表了早期社会主义者对法国殖民政策的态度。有一点值得注意的是,在伊加利亚社会中,卡贝认为出于共同利益的考虑,支持政府对出版作品进行审查的必要,而全国性的报纸只有一家《公社报》,对整个社会进行普遍的思想控制。

从卡贝在《伊加利亚旅行记》中的叙述,可以反观19世纪早期法国

---

[1] 卡贝:《伊加利亚旅行记》第二卷,第379页。

社会医疗卫生事业发展的不合理。例如他认为在现实社会中困扰人们的牙病问题在伊加利亚就不会出现。随着伊加利亚医疗卫生事业的进步，大家从童年起就随时注意保护牙齿，"由于牙科医师的学识和技术都非常高超，儿童们又随时随地注意爱护自己的牙齿，加上牙科医生们经常访问各家，所以伊加利亚人几乎已经不再发生剧烈牙痛或者牙齿脱落的情形了"[1]；又如，卡贝设想所有公民健康所需的保健用品都由国家医生根据患者需要亲自派发，给近视患者选配不同度数的镜片，这种细致使得卡贝在书中的主人公惊呼："在这里你根本看不到那种式样滑稽可笑，既无用处又有害于视力的手持单片装饰眼镜。"[2]不会再有工厂偶发性的工伤损及人命，因为伊加利亚的每个工厂都配备一位外科医师和小药房；针对当时 19 世纪法国社会流行的对尸体解剖和妇女住院分娩的偏见，卡贝在伊加利亚社会中也予以了回应，并设想在这个社会中，这些都被从科学的角度以对人类有益的态度重新进行对待。

　　结合法国历史和 19 世纪法国的社会现实，卡贝认为共产主义只能通过教育宣传、说理和自由讨论的形式实现。他主张国家对资本和遗产征收高额累进税，利用这种收入以及废除军队而节约下来的经费建立伊加利亚公社。由国家采取行动，规定和提高最低工资标准，排除资本主义生产。他还支持由国家负责改善住房条件，普及教育，保证劳动者的充分就业。卡贝的共产主义远比欧文主义更接近彻底的公社生活，他一方面吸收欧文派的千年至福论，另一方面又通过梳理原始基督教文献，将二者结合在一起，认为共产主义就是基督主义。在卡贝的学说中，最能起平等作用的是博爱精神，他相信一个建立在说服教育和公共利益基础上的共产社会，是唯一能够实现平等和博爱，避免各种贪欲与野心，消除一切竞争与对抗，带来幸福的社会制度。"要是人们问我：你的科学是什么？我就回答说：博爱主义！你的原则是什么？博爱主义！你的学说

---

① 卡贝：《伊加利亚旅行记》第一卷，第 158 页。
② 卡贝：《伊加利亚旅行记》第一卷，第 162 页。

是什么? 博爱主义! 你的理论是什么? 博爱主义! 你的制度是什么?还是博爱主义!"[1]卡贝认为,只要把博爱主义运用到一切问题上,从中做出种种必要的结论,人们就能找到解决问题的有效办法。

1840 年《伊加利亚旅行记》的出版后,在法国工人中受到普遍欢迎,很多工人受到伊加利亚社会的吸引,成为坚定的卡贝主义者。1841 年卡贝创办了《人民》报,号召扩大选举基础,推动普选,对工人进行民主政治的启蒙教育,3 月 14 日第一期的副标题是:由卡贝主导的政治和社会重组报刊。在副标题下面则是:"平等就是博爱;自由就是统一;教育就是道德;劳动就是秩序;共产主义者联合,就是伊加利亚主义。"1846 年卡贝以《根据基督的真正基督教》呼吁教会革除当时的行为作风,以耶稣为榜样,恢复早期贫民教会时代基督徒的"共产主义"。在因宗教欺骗罪名被逮捕后,他的回答是:"让我们去伊加利亚。"因参与 1848 年革命,卡贝遭遇监禁。1847 年 5 月 9 日,卡贝的信徒去美国建立伊加利亚公社,出狱后的卡贝去往美国伊利诺斯州的诺伏组建伊加利亚社团,一直到1895 年。

19 世纪 40 年代,法国社会中出现了资本主义生产过剩和投机引发的危机,粮食歉收和食品匮乏引发社会底层民众的抗争,政治改革与社会改良的要求逐渐增强。早期社会主义理念通过报刊出版在社会层面获得广泛传播,不仅获得共和派成员的好感和同情,更获得了法国劳动者的支持。社会主义追求平等公正、对抗利己主义,宣传联合的理念,通过宗教的语言在报刊上传播,形成了社会主义者和工人阶级沟通联系的文化中介[2]。1820—1845 年间,在巴黎和外省中的阅读室中,有着许多卡贝、勃朗、勒鲁的著作供识字的劳动者借阅[3]。这一现象在 1840 年被政府大臣夏尔勒·雷米扎(Charles Rémusat)观察到,工人在互相阅读的

① 卡贝:《伊加利亚旅行记》第二卷,第 394 页。
② Edward Berenson, *Populist religion and left - wing politics in France*, *1830 - 1852*, Princeton: Princeton Legacy library, 1984, p. 53.
③ Edward Berenson, *Populist religion and left -wing politics in France*, *1830 -1852*, p. 49.

布朗、卡贝、勒鲁以及孔西岱朗等人的著作是"极其民主的"①。1849—1851 年社会主义还吸引了法国中部和东南部落后地区的农民和乡村手工匠人的支持。

在早期社会主义者和共和派的共同努力下,社会各界逐渐关注到工人问题,他们开始行动起来,通过调查城市生活、开展联合组织、创作现实文学、议会立法等形式,呼吁政府和公众重视工人问题,推动社会革新。七月革命后在巴黎,圣西门主义者组织了专门针对 12 个区里工人的教学活动,每个区里均有一位主管监督。来自巴黎综合理工大学的毕业生则组织起来建立了为工人普及科学知识的"巴黎理工联合"。1833 年由奥尔良主义者和圣西门主义者联合成立的"人民免费教育指导联合"由卡贝担任秘书,里面有来自各行各业的技术人才,负责向工人提供职业技术指导,提高工人的劳动技能,到 1833 年底,该组织已经吸纳了 3 000 人参与,招收 2 400 个工人参加。1838 年 6 月政府立法要求每个省建立公共救济院,1840 年 12 月议员巴热蒙(Vicomte Alban de Villeneuve‑Bargemont)历史上首次向法国议会提交保护工厂工人的议案,开启了法国政府对劳工问题的关注。1841 年 3 月 21 日,议会以多数通过禁止工厂雇佣八岁以下童工议案,1842 年阿尔萨斯地区资本家为工人提供文化教育服务,在纺织厂内开设图书馆和幼儿园,还建立了面包店,以便利工人生活;1844 年卢瓦尔省的矿业公司为工人及其家庭建立了免费的医疗服务。

在文学领域中,许多小说家经历了急剧的社会变革后,不再满足于通过浪漫主义抒发主观情感,希望通过对社会现实生活的具体、真实、客观和准确的描绘来展示自己的社会理想。他们引领了现实主义文学的潮流,小说家们开始一改以往将创作的环境放在社会上层、资产阶级沙龙和秀丽的田园风光之中的做法,将故事发生背景设定在巴黎的贫民生

---

① Maurice Agulhon, Le probleme de la culture populaire en France autour de 1848, *Romantisme 9（1975）*, p. 55.

活中,为公众认识底层民众的生活状况提供了可能。欧仁・苏以《巴黎的秘密》之名在当时的《辩论报》上连载,小说为读者介绍了民众生活的苦难,通过对生活在贫困之中宝石工人莫雷尔一家的描述,使读者们感受到高强度的工场劳动对个人意志和尊严的摧残。1837 年在勒鲁的影响下,乔治・桑的小说偏向宣传博爱和人道主义的社会学说,1840 年发表了《法兰西木工互助会会员》《安德尔的志愿兵》《安吉堡的磨工》等以工人为主人公的浪漫社会主义小说,向读者展示了工人的现实生活,呼吁工人们团结起来,反对资本家的压迫和教权主义;1841 年 11 月 1 日由勒鲁和乔治・桑共同创办的杂志《独立评论》出版。

在以"改革"为目标的政治宴会运动和民众起义的合力中,二月革命爆发,法国开启了"共和国的学徒时期"——民主和社会共和国成立。在第二共和国时期,早期社会主义思潮中的部分理念获得实现,但随着社会矛盾的激化,早期社会主义思潮不可避免地走向了衰落。

第四节　1848—1870 年社会主义的衰落

从 1847 年 7 月 9 日开始,以奥迪翁・巴罗为首的左翼王朝派和以赖德律-罗兰领导的激进派发起了要求政府实行选举改革的宴会运动。包括 84 名众议院议员在内的 1 200 位各行各业的人士参与进来,他们要求政府进行选举改革,向政府提交了关于实行选举改革的请愿书。随后,宴会运动在外省逐渐展开。

尽管 1848 年 1 月开始基佐对宴会运动采取了禁止和镇压手段,寻求政治民主的正常渠道被堵塞了,人们仍然没有放弃努力。社会主义者通过前期的报刊宣传和社会活动,在民众心中播撒了改革的种子,人们更加看重作为法兰西公民的政治权利和身为劳动者的尊严,基佐拒绝改革的做法让那些政治权利被排斥在外的普通民众产生反感。伴随着经济衰退,一场旨在推翻七月王朝,实现民主共和理想的革命在二月展开,"你的名字是什么? 1848 年革命? ——我叫劳动权",蒲鲁东的名言恰恰是二月革命中民众诉求的体现：保障劳动者的劳动权利。劳动权作为劳动者合法权利的诉求几乎成了二月革命之前所有社会主义者的共同呼声。孔西岱朗这样说道："所有的结论都表明劳动权是一个人最合法最正当的权利，如果我们当前的社会和政权不能满足这一点，那么如何实现正义？"[1]路易·勃朗也将劳动权利作为确保工人生活和社会经济稳定的必要条件，他将这个权利的落实责任归于国家。从 1848 年开始，"劳动权""秩序"和"共和国"成为社会改革者的一致诉求。

二月革命后，"民主和社会的共和国"——法兰西第二共和国成立。新的共和国实行以普遍选举为基础的共和制，在拉马丁的推动下，临时政府成为集立法与行政大权于一身的唯一国家权力机构，社会主义者勃朗进入临时政府。共和国的建立使得社会主义者沉浸在胜利的喜悦之中，民众争先恐后来到市政厅，向共和国表示支持。这里面既有来自城乡的代表，又有同业公会的代表，每次都有临时政府的成员在市政厅接待，聆听各种改革的设想，基内评价这是真正的博爱实现的时刻，在法兰西公学的课堂上他这样阐述了"1848 年精神"："君主制以为已经构成了两类敌对的民众；但是，他们在街垒中认出了自己，而且我还亲眼看到，博爱就在每个人拿着一块宝座的碎片之际的杜伊勒里宫。上帝的声音已在宣告……此刻，法国各地的人和我们一起宣誓效忠共和国。"[2]在政府和民众的沟通中，临时政府宣布：废除政治犯死刑；废除殖民地奴隶制；恢复新闻自由和集会自由；所有法国公民可自愿参加国民自卫军；成年法国男子在居住地满六个月可成为选民。法国选民立刻从原先的 20 多万猛增至 900 万人。

然而，在这种盛大团结表象的背后隐藏着危机。极左派不愿放弃推迟选举的努力，仇视工业资产阶级的专政，对社会主义者心怀芥蒂的拉马丁只想维持当前的合理秩序，在不侵犯私人财产的情况下扩大政治参

---

[1] Victor Considerant，Droit au travail，La Phalange n11，1836. 10. 20.

[2] 米歇尔·维诺克：《自由之声：19 世纪法国公共知识界大观》，第 339 页。

与；以布朗基为代表的共和派想要政府承认完全的新闻自由和结社权利，继续推进政治和社会革命，建立民主的社会主义共和国。二月革命之后，由共和派和社会主义者组织的俱乐部迅速增多，从3月1日的5个增长到4月中旬的203个。以卡贝领导的博爱社、布朗基领导的共和党人社、巴尔贝斯(Armand Barbès)的革命社、拉斯帕伊的人民之友等为代表的俱乐部吸纳了巴黎许多中产阶层和工人、退伍老兵参加，成员在50万到70万之间。加入俱乐部或劳工组织成为动员大众参与民主政治的有效方式。他们主张继承七月革命的传统，追求团结和博爱，推动教育启迪民智。

2月26日临时政府宣布承认"劳动权"，开办国家工场向失业工人提供工作，工场内部实行半军事化的管理制度。从3月2日起开始接纳工人，前来登记求职的工人每天络绎不绝。除此之外，临时政府听取工人建议，实行十小时工作日制，成立了"政府劳动委员会"，该委员会由勃朗和阿尔贝担任正副主席，吸纳了勒鲁等众多早期社会主义者参加。该委员会的存在是为了专门解决工人问题，但实际上这也反映了温和共和派将工人代表排除在政府活动之外的打算。由于缺乏经费以及其他原因，委员会根本不能解决工人的任何实际问题。

4月23日制宪议会举行选举，26日选举结果揭晓，资产阶级温和共和派获得压倒性胜利，在880个议席中占据了550席，拉马丁因此获得了议会中近一半温和派的支持，与之相对的则是200名左右的右派和150名左右的具有社会主义色彩的民主左派，工人代表只有18席。然而在5月10日的执行委员会中，工人代表无一人入阁，仅保留了社会民主派代表赖德律-罗兰入阁，温和共和派占据了主要部分。

5月15日，制宪议会就是否支持波兰人民的民族解放运动展开讨论，极左派希望政府能出兵支援波兰人民的民族主义运动，而温和共和派则以维持和平和共和国为由拒绝出兵。随即在各个民主俱乐部的号召下，从巴士底广场到波旁宫掀起了一场示威活动，十万多人在布朗基和拉斯帕伊的领导下参加了游行。数以万计的群众在巴士底广场举行示威,要求政府立即支援波兰人民起义。示威人群冲进议会大厅,布朗基代表极左派发言,拉斯帕伊为宣读俱乐部的请愿书登上了讲坛,随后示威者遭到国民自卫军镇压,领导人拉斯帕伊、布朗基等人被捕,许多俱乐部被查封。天主教社会主义者拉梅内在6月11日的《立宪人民报》上叹息:"《立宪人民报》曾与共和国一起开始,它也与共和国一起结束;因为我们所看到的显然不是共和国;它只徒有共和国的虚名……人民遭到屠杀和压迫,陷入到前所未有的悲惨之中;我再说一次这并非共和国,这只是在流血的坟墓边上纵情狂欢的反动。"①6月4日和5日举行的补充选举中,以梯也尔为代表的右派势力获得巩固,路易-拿破仑·波拿巴与社会主义者皮埃尔·勒鲁以及蒲鲁东同时当选,勒鲁还向议会递交宪法草案,详尽阐述他的共和社会主义方案,然而这一热情受到了嘲笑。在此之后,议会决心结束失业工人起义造成的威胁,6月21日政府悍然决定解散国家工场,规定凡年龄为17—25岁的国家工场的工人均应立即转入军队服役,其余工人被组织去外省从事修桥筑路的劳动。6月23日工人通过游行示威来表示对政府的不满,巴黎各地的工人加入游行队伍,布朗基主义者号召工人拿起武器,筑起街垒,议会决定派前阿尔及利亚总督路易·卡芬雅克以专政权,对起义者以血腥镇压,这是一场没有政治目标的起义,6月26日起义中止。六月事件导致了1 500名起义者未经审判就被枪决,25 000多人被逮捕,随后政府发布立法:取消新闻和集会自由,实行戒严。随着拉马丁和赖德津-洛兰的辞职,1848年6月社会主义者们对博爱精神的追求之梦终于被现实打破。

1848年12月10日,路易-拿破仑当选为共和国总统,三年后,他在1851年12月2日发动政变,于1852年12月2日加冕称帝。在1852—1858年期间,拿破仑三世以确保国内秩序稳定为借口,大力强化军队、警察机构,推行高压政策,有效控制并镇压国内的密谋起义;根据政府通报成立"混合委员会",控制各地城镇和乡村;集会、结社和出版自由受到限

---

① 米歇尔·维诺克:《自由之声:19世纪法国公共知识界大观》,第350—351页。

制,社会主义报刊许多遭到查禁或转到地下;除此之外,拿破仑三世批准并颁布"治安法",该法规定要严惩反对皇帝与政府,破坏社会稳定秩序的人。由此,将国内的镇压活动推向高潮,大批资产阶级共和派、工人运动和社会主义运动的积极分子被逮捕并流放,不少社会主义者流亡海外。

第二帝国时期,由于高压政策,社会主义思想发展有限。拿破仑三世任用了一批圣西门主义者的技术官僚,推进了自19世纪40年代中期开始法国的工业化进程,在法国掀起了一场"物质革命",推进了法国的现代化进程。法国经济快速发展,城市化进程加快,劳资关系对立突出,并产生了较1848年之前更加明显的阶级矛盾。此时受到社会主义思想熏陶的工人在思想上走向成熟,他们有意识地走向联合斗争的道路。

19世纪60年代,巴黎仍然处于工人阶级日趋激烈的骚乱之中,因此巴黎也是国际工人协会活跃的中心。工人罢工在里昂、马赛此起彼伏,工人们在第一国际的旗帜下积极开展组织活动。彼时共和派在1869年前夕制定了《贝尔维尔纲领》,这一民主纲领获得了工人运动领袖的支持,使得共和派和工人运动合流,反对拿破仑三世。随着工会的发展,行业工人之间的联系加深,然而当时的产业工人内部并不是铁板一块。有人支持蒲鲁东,主张工联主义,认为法国应该是一个由地方自治公社组成的国家,权力在地方公社,公社体现人民的权威而不具有强制性权力;雅各宾主义者虽然也支持法国未来的自由在于公社,但坚持最高权力应该由一个公安理事会掌管;有人支持以密谋革命推翻帝国。手工艺人行会的大多数成员采取了第一种,联合成立代表一些行业的工团联合会,组织国际工人协会的分部。

拿破仑三世即位后,便将法国推入了战争的泥潭。为了扩大法国在中近东地区的影响力,第二帝国于1853—1856年参与了克里木战争;之后又以援助意大利统一为名,策划侵意反奥战争;拿破仑三世除了引领法国在欧洲的竞争外,更是凭借其军事力量在亚洲、大洋洲和非洲发动殖民战争。频繁的对外征战使得法国损兵折将,耗费大量财力物力,60

年代后期,周期性经济危机在法国再度爆发,国内矛盾更加尖锐。为转移国内危机,1870 年 7 月 19 日拿破仑三世向普鲁士宣战。面对强势的普鲁士军队,法军节节败退,9 月 1 日拿破仑三世被俘,消息传出后,许多民众在 3 日傍晚来到波旁宫示威游行,9 月 4 日,巴黎爆发革命。

在 1848 年,左翼共和派和社会主义者走向联合①,从而赋予社会主义以新的政治理想,"共和派团结一致由此将成为法国民主的一种悠久的政治传统的起点,这就是自由共和派中的最激进人士和拥护社会主义者中的最温和派之间的结盟"②。但是,随着早期社会主义者逐步同化于共和运动中,社会主义者始终没有形成一个团结的政党,更由于缺乏统一的意识形态而无法提名参与议会竞选的代表。在六月事件中,激进派和社会主义者由于不支持工人的起义,逐步失去了工人阶级的支持,社会主义思想也被自由派视为对共和国的威胁。③ 随着第二帝国的建立,众多社会主义者陷入流亡,法国早期社会主义运动最终陷入沉寂。

历史地看,19 世纪早期社会主义思潮在 1848 年之后就不可避免地走向衰落,但这并不代表它们不再对法国之后的社会历史发展产生影响。19 世纪末 20 世纪初以饶勒斯为代表的法国社会党人通过整理早期社会主义思想著作,确立法国社会主义的谱系就是一个有力证据。面对 19 世纪上半叶法国的社会问题,早期社会主义者提出异彩纷呈的社会改革方案,这些方案中所体现的自由、平等、公正、和谐等理念融入了人类文明的发展进程之中。因此,19 世纪法国早期社会主义思潮理应在世界社会主义园地中获得其应有的地位和评价。

---

① 左派联合以巴黎为中心,包括欧洲民主和社会宣传(La propaganda démocratique et sociale européenne)和共和派团结一致(La solidarité républicane)两个组织,吸收了从布朗到卡贝的社会主义者联合。其社会根基包括全国范围的熟练工人、农民以及中产阶层的法国左派,推动劳动组织的改革,旨在获得法国外省劳动者及农民的支持。参见 Edward Berenson, *Populist religion and left - wing politics in France*, *1830 - 1852*, Princeton:Princeton Legacy library, 1984, pp. 74 - 75。

② 乔治·杜比主编:《法国史》(中卷),第 972 页。

③ 阿居隆对 1848 年法国社会史的研究呈现了六月起义给共和国左派带来两难困境的分析。参见 Maurice Agulhon, *Les Quarante -huitards*, Gallimard, 1992, pp. 169 - 176。

第七章 1814—1870年的法国天主教

1814 年至 1870 年，法国从"教会的长女"走向世俗国家，法国天主教也因此发生了重要转变。在政治层面，这一转变产生的过渡形态是 1801 年拿破仑和教皇庇护七世（Pie Ⅶ）所签订的《教务专约》中所规定的政教体制。相比旧制度下的政教关系，政府的权力大幅加强，教会独立性被大幅削弱，例如，教会在任命主教和变更教区组织时无法单方面行动，并且受到政府宗教拨款的限制。但是宗教修会不在《教务专约》的规定范围之内。

在社会生活层面，经历了大革命的打击，法国天主教在这一时期出现了回潮，教士数量、信徒数量等各项数据指标都在恢复。有这样几个特点：其一，教士来源乡村化；其二，农民日益构成信徒的中坚力量；其三，女性在天主教内部的地位明显上升。

复辟王朝、七月王朝、第二共和国和第二帝国时期的法国天主教发展，可以通过受《教务专约》约束的教会、不受《教务专约》约束的修会以及他们活动的对象——天主教徒等几个方面来考察，还应当包括思想层面上天主教与反教权主义的对立，以及与之相应的政教关系的摩擦。

第一节　教会

一、教会重建

大革命给法国留下了一个千疮百孔的天主教会。在与革命政府对抗的数年里,教会遭受了巨大的打击。除了体现在《教务专约》中政治、经济地位的下降,这种打击尤其明显地体现在人员的损失上:1790 年法国有 34 868 名教士,而到了 1814 年只有 28 855 名教士。在 1793 年大恐怖期间,大量的教士或直接死于群众性的和有组织的暴力之中,或被革命政府逮捕并判处苦役或流放,其中大多数人未能幸存。据估计,在大革命中丧生的教士约有 2 000 至 3 000 人,而剩下教士中的绝大多数——约 32 500 人——都自愿或者被迫离开了法国。[1] 在幸存者中,许多人也不再从事宗教工作。在 1817 年,幸存的教士中只有一半还在工作,其中大约有五分之一的教士保留了神职人员的身份但不再工作,还有四分之一的人完全放弃了宗教工作。即使在工作的教士之中,也存在着老龄化、素质低下这两个相当严重的问题。1814 年,大约有 42% 的教区教士都超过了 60 岁;[2]在 1819 年的多尔多涅省,37% 的教士被认为是"没有能力、没有道德、危险的投机分子",有个教士曾在拿破仑的军队中当过兵,试图结婚,并获得了之前被革命政府没收的一些教产,在理性庙中宣道。[3]

除了人员损失,天主教在法国社会生活中的地位也明显下降。革命前,天主教在法国社会中具有绝对的优势,几乎全民信仰天主教,新教徒和犹太教徒的数量很少。革命结束了法国几乎全民信教的局面,革命政府推广的去基督教化政策大大淡化了社会生活的宗教色彩,开启了法国社

---

① Ralph Gibson, *A Social History of French Catholicism 1789 – 1914*, London: Routledge, 1989, p. 52.

② Gérard Cholvy, *Christianisme et Société en France au XIXe siècle*, Paris: Seuil, 2001, p. 66.

③ Ralph Gibson, *A Social History of French Catholicism 1789 – 1914*, p. 64.

会世俗化的进程。尽管最高主宰信仰和有神博爱教(Théophilanthropie)作为天主教的替代品不算成功,但至少使得相当一部分人口抛弃了天主教。总之,在大约十年的时间里,许多地方没有了教士,也没有了宗教活动,天主教不再是人们普遍的信仰,这也造就了对天主教一无所知的一代人。

因此,1814 年至 1870 年间,摆在法国天主教会面前最重要的任务是重建。拿破仑虽然给予了教会一个稳定的环境,然而国家政治生活的重心是战争,离教会比较遥远,因此教会的活动比较低迷。直到复辟王朝时期,教会的重建工作才比较活跃地开展起来。

表 1　教会组织的重建

法国天主教会教区表(1860 年前后)①		
大主教区	主教区	对应行政区划
艾克斯 Aix	艾克斯 Aix	罗讷河口省(不含马赛)
	阿雅克肖 Ajaccio	科西嘉省
	迪涅 Digne	下阿尔卑斯省
	弗雷瑞斯 Fréjus	瓦尔省及格拉斯
	加普 Gap	上阿尔卑斯省
	马赛 Marseille	马赛
	尼斯 Nice	滨海阿尔卑斯省(不含格拉斯)
阿尔比 Albi	阿尔比 Albi	塔恩省
	卡奥尔 Cahors	洛特省
	芒德 Mende	洛泽尔省
	佩皮尼昂 Perpignan	东比利牛斯省
	罗德兹 Rodez	阿韦龙省

---

① 不含殖民地的教区。

大主教区	主教区	对应行政区划
欧什 Auch	欧什 Auch	热尔省
	艾尔 Aire	朗德省
	巴约讷 Bayonne	下比利牛斯省
	塔布 Tarbes	上比利牛斯省
阿维尼翁 Avignon	阿维尼翁 Avignon	沃克吕兹省
	蒙彼利埃 Montpellier	埃罗省
	尼姆 Nîmes	加尔省
	瓦朗斯 Valence	德龙省
	维维耶 Viviers	阿尔代什省
贝桑松 Besançon	贝桑松 Besançon	杜省及上索恩省
	贝莱 Belley	安省
	南锡 Nancy	默尔特省
	圣迪耶 Saint‐Dié	孚日省
	凡尔登 Verdun	默兹省
波尔多 Bordeaux	波尔多 Bordeaux	吉伦特省
	阿让 Agen	洛特-加龙省
	昂古莱姆 Angoulême	夏朗德省
	吕松 Luçon	旺代省
	佩里格 Périgueux	多尔多涅省
	普瓦捷 Poitiers	维埃纳省及德塞夫勒省
	拉罗谢尔 La Rochelle	下夏朗德省
布尔日 Bourges	布尔日 Bourges	谢尔省及安德尔省
	克莱蒙 Clermont	多姆山省
	利摩日 Limoges	上维埃纳省及克勒兹省
	勒皮 Le Puy	上卢瓦尔省
	圣弗卢尔 Saint‐Flour	康塔尔省
	蒂勒 Tulle	科雷兹省

续　表

大主教区	主教区	对应行政区划
康布雷 Cambrai	康布雷 Cambrai	北部省
	阿拉斯 Arras	加来海峡省
尚贝里 Chambéry	尚贝里 Chambéry	萨瓦省(尚贝里)
	阿讷西 Annecy	上萨瓦省
	莫里耶讷 Maurienne	萨瓦省(圣让-德莫里耶讷)
	塔朗泰斯 Tarentaise	萨瓦省(阿尔贝维尔)
里昂 Lyon	里昂 Lyon	罗讷省(不含维勒班)及卢瓦尔省
	欧坦 Autun	索恩-卢瓦尔省
	第戎 Dijon	科多尔省
	格勒诺布尔 Grenoble	伊泽尔省及维勒班
	朗格勒 Langres	上马恩省
	圣克洛德 Saint-Claude	汝拉省
巴黎 Paris	巴黎 Paris	塞纳省
	布卢瓦 Blois	卢瓦-谢尔省
	沙特尔 Chartres	厄尔-卢瓦省
	莫城 Meaux	塞纳-马恩省
	奥尔良 Orléans	卢瓦雷省
	凡尔赛 Versailles	塞纳-瓦兹省
兰斯 Reims	兰斯 Reims	兰斯及阿登省
	亚眠 Amiens	索姆省
	博韦 Beauvais	瓦兹省
	沙隆 Châlons	马恩省(不含兰斯)
	苏瓦松 Soissons	埃纳省
雷恩 Rennes	雷恩 Rennes	伊勒-维莱讷省
	坎佩尔 Quimper	菲尼斯泰尔省
	圣布里厄 Saint-Brieuc	北部滨海省
	瓦讷 Vannes	莫尔比昂省

大主教区	主教区	对应行政区划
鲁昂 Rouen	鲁昂 Rouen	滨海塞纳省
	巴约 Bayeux	卡尔瓦多斯省
	库唐斯 Coutances	芒什省
	埃夫勒 Évreux	厄尔省
	塞埃 Séez	奥恩省
桑斯 Sens	桑斯 Sens	约讷省
	穆兰 Moulins	阿列省
	讷韦尔 Nevers	涅夫勒省
	特鲁瓦 Troyes	奥布省
图卢兹 Toulouse	图卢兹 Toulouse	上加龙省
	卡尔卡松 Carcassonne	奥德省
	蒙托邦 Montauban	塔恩-加龙省
	帕米耶 Pamiers	阿列日省
图尔 Tours	图尔 Tours	安德尔-卢瓦尔省
	昂热 Angers	曼恩-卢瓦尔省
	拉瓦勒 Laval	马耶讷省
	勒芒 Le Mans	萨尔特省
	南特 Nantes	大西洋岸卢瓦尔省

天主教会重建的首要问题就是培养数量足够、质量达标的教士。革命期间新培养出的教士微不足道,即使像贝桑松这样容易从国外获得教士补充的地方,在十年里新增的教士也不如旧制度下的一年。拿破仑时代也没有培养很多新的教士。按照教会内部规定,每个主教区都要有神学院(Séminaire),神学院的运作在《教务专约》签订后逐渐恢复正常,但直到拿破仑时代结束时,仍有一些主教区没有完成这项工作,例如昂古莱姆教区直到 1817 年才有了神学院。

复辟王朝开始,随着政治风向和社会风气的改变,天主教会的重建速度明显加快。教会获得了更多的政府拨款,做教士也被认为是更好的出路,所以就读于神学院的学生逐渐增多,教士的数量也随之上升。根据一份统计,每年授予圣职的人员数量在复辟王朝一直处于快速增长中,1816 年不足 1 000 人,到 1824 年左右有 1 500 人,至 1830 年则达到了近 2 400 人,这也是整个 19 世纪的最高值。① 通过大量训练新的教士,人员短缺的问题基本得到了解决,1814 年教区教士有约 36 000 人,到 1848 年有约 47 000 人,而且 94% 的教士年龄都在 60 岁以下,其中绝大部分都是在复辟王朝时期培养的。② 自七月王朝起,这个数字开始回落,然后稳定在每年约 1 300 人。至 1870 年,在一个没有阿尔萨斯-洛林的法国,约有教区教士 56 000 人,这一绝对数量甚至超过了旧制度时期,可见 1814—1870 年间培养的教士之多。

表 2　**1814—1848 年教士人数与年龄**

年份	教区教士的数量	超过 60 岁的比例
1814	36 000	42%
1830	40 600	29%
1848	47 000	5.6%

虽然数量快速增长,提高教士质量的任务却没有获得同样成效,从统计数据来看只是中规中矩:1837 年的蒙彼利埃,188 位乡村教士之中,103 位被认为具有才智,85 位被认为有待提高,49 位被认为"中等"(差劲的委婉说法,包括 4 位被认为有道德问题的教士);1847 年的瓦朗斯,261 名教士中,只有 76 名被认为是称职的,71 名被认为有待提高,还有 39 名被认为不及中人之资。③ 据此来看,19 世纪的法国让教会满意的教士比例在 50% 上下,即便是"具有才智"这种积极的评语,也掺杂着水分,其余的教士更是在能力、知识方面有所欠缺,甚至包括一些道德败坏分子。

---

① Ralph Gibson, *A Social History of French Catholicism 1789 - 1914* , p. 66.

② Cholvy, Gérard, Hilaire, Yves - Marie, *Histoire religieuse de la France contemporaine 1800 / 1880* , Paris: Privat, p. 39.

③ Marcel Launay, *Le bon prêtre: le clergé rural au XIXe siècle* , Paris: Aubier, 1986, p. 129.

尽管如此，教会依然取得了进展，革命时期那些结过婚、参加过有神博爱教活动之类的教士基本被淘汰掉了。

相比而言，教会恢复权力运作，比它恢复人力资源要简单得多，也快得多。在拿破仑时期，教会从主教到下级教士的权力运作已基本恢复正常。《教务专约》规定了主教人选由政府提名，这意味着政府可以根据它的喜好来选择主教。复辟王朝提名了 96 名主教，他们全部是旧制度时期的教士，全部是反革命，并且其中大多数是贵族出身。七月王朝以后，出身贵族的主教明显减少，也不会有如此浓厚的反革命背景，更多是中产阶级，甚至是农民、手工业者、小商人等更为平凡的出身。据一份由奥斯丁·戈夫（Austin Gough）做的基于 1850 年的统计，主教中有 21 人出身贵族，42 人出身中产阶级，19 人出身平凡。[1] 在 19 世纪后半叶，这种趋势一直保持着，贵族的比例进一步缩小，而平凡出身的主教比例进一步增加。此外，主教的出身通常与其政治倾向相关，这能直接从各个政权提名主教的偏好中反映出来。

《教务专约》对于教会权力运作的另一个影响是主教的权力大幅增强，其中最重要的就是主教有权指定本堂神甫和下级人员，在旧制度下主教则不曾拥有这样的权力。尽管《教务专约》同样规定政府有权过问主教提名的本堂神甫的人选，但是在实际执行中，除了在政府认为比较重要的各省首府以外，大多数本堂神甫没有受到该条款的保护，亦即主教可以随意撤换这些教士。主教对下级教士的控制还体现在经济权力上。在旧制度下，堂区教士自己拥有来自教产的收入（bénéfice），除了严重的道德问题外，一般没有手段将其罢免，所以下级教士具有一定的独立性。然而，改由国家发放薪俸后，这笔钱经由上级发放，下级教士在经济上不得不依附于主教。于是就出现了这样的例子：1849 年迪庞卢主教在奥尔良教区上任，着手大规模撤换教士，八年后原来的 243 名住持教

① Austin Gough, *Paris et Rome：les catholiques français et le pape au XIXe siècle*, Paris：Atelier, 1996, p. 307.

士(Desservant)只保留了三分之一。

主教对下级教士权力加强的一个重要结果就是 19 世纪法国天主教会中越山主义(Ultramontanisme)盛行。越山主义是指需要到阿尔卑斯山另一侧、到罗马教皇那里寻找天主教的真谛,与之对立的意识形态是法国天主教会中传统的高卢主义。下级教士对主教的强大权力不满,对政府提名主教的权力不满,于是他们选择抬出教皇的权威,强调教皇对教会的绝对领导权,认为《教务专约》中规定的政府干涉教会的权力不符合教义。具有高卢主义倾向的、受到政府青睐的主教和下级教士中产生的、爱戴教皇的天主教知识分子之间的争斗,牵连了法国政府和教皇之间的争斗,是 19 世纪法国天主教会的一条重要线索。

19 世纪同样也是宗教场所大量修建的时代。南特教区在 100 年内造了 238 座教堂,波尔多教区在 40 年间建造了 310 座教堂,阿拉斯教区在 30 年间建造了 170 座教堂。[1] 出现这一现象的首要原因是大革命中许多教堂都被视作教产而没收并出售,还有一部分教堂被狂热的革命者捣毁,因此法国天主教会在重建过程中需要兴建一批新的教堂。其次,由于浪漫主义文化的流行,中世纪的教堂获得了新的美学意义,为文人墨客所重视,典型代表如雨果和他的《巴黎圣母院》。再其次,在 1834 年起任历史建筑总监督(Inspecteur des monuments historiques)的梅里美的推动下,法国政府开始有意识地保护和修复自己的建筑遗产,其中宗教建筑占据了重要的位置,例如维奥莱-勒-迪克(Eugène Viollet - le - Duc,1814—1879)主持的巴黎圣母院修复工程[2]。如此大规模的教堂建造和修复直接触发了宗教艺术的复兴,中世纪的哥特式风格重新得到重视,彩绘玻璃工艺也重焕生机。尽管如此,19 世纪教会的财力远不如前,难以独自承担大兴土木的费用。尽管政府以维护费(fabriques)的名义提供了拨款,但信徒的捐赠在重建过程中扮演了更为重要的角色。

---

[1] Gérard Cholvy, *Christianisme et Société en France au XIXe siècle*, p. 71.
[2] 这次修复的重要成果之一就是重建了巴黎圣母院 1791 年被破坏的尖塔,可惜在 2019 年的大火中倒塌。

二、基层教士

堂区是整个天主教会最基础的细胞。一般而言,堂区的范围只有一个村庄那么大,形象地说就是以能听到教堂钟声的范围为限。当地的神甫需要为本地居民提供洗礼、婚礼、葬礼等宗教服务,也要主持弥撒等宗教仪式,以及复活节、圣诞节等宗教节日的活动。通常,堂区的所有居民都认识神甫,而神甫也认识所有居民。这些教士是整个教会金字塔中最广大、最基础的部分,同样也是和信徒接触最多的部分。了解他们的情况有助于了解 19 世纪法国宗教社会的基本情况。

19 世纪的教士往往出身平凡,这是时人的普遍印象,也是现在许多历史学家的共识。比起在旧制度下大多是贵族出身的前辈,这些 19 世纪的后继者的确要普通得多,而且更多来自乡村而非城市。他们之中很多出身于小农家庭,还有各色小商人和手工业者,如裁缝、木匠、鞋匠、铁匠、屠夫等。在贝桑松,1820 年至 1914 年间,有 82％至 91％的教士来自乡村。不过在一些宗教氛围比较差的地区,来自城镇的教士比例要高些,例如奥尔良,在 1818 年至 1850 年间,65％的教士来自城市或者小镇。[1] 19 世纪的法国教士呈现出乡村化的总体趋势,这是值得推敲的现象,因为随着这一时期城市化的加快,乡村人口占总人口的比例不断下降,然而乡村出身的教士在数量上明显更多。

教士的乡村化不等于教士都是农民子弟,在很多教区,出身手工业者家庭的教士要比出身农民家庭的多。这并不是因为手工业者比农民更为虔诚,而是因为手工业者往往比农民有更高的文化程度,所以他们的孩子在神学院中的表现也往往比农民的孩子要好,而且很重要的一点是他们不受农忙、农闲周期的影响,学习较为连贯。再者,无论是手工业者还是农民,他们都不是社会上最为贫穷的阶层,尤其是拥有地产的富农。一份佩里格教区神学院的统计表明,1841 年至 1881 年间,就读学生

---

[1] Ralph Gibson, *A Social History of French Catholicism 1789 - 1914*, p. 69.

的家庭财产在 1 万法郎以下的有 32%,1 万到 2.5 万法郎之间的有 33%,2.5 万到 5 万法郎之间的有 23%。[1] 由此可见赤贫的农民并不是教士的一个主要来源,他们的孩子很难适应神学院的生活,而教会事实上也不欢迎他们。

在当时,去神学院进修,将教士作为未来的职业,对收入不高的家庭颇有吸引力,这意味着可以在星期日吃上白面包和炖鸡,并能提升自己卑微的社会地位。一些教会人士对此表示出相当的担忧,有些贫苦家庭把他们的儿子推上教士这条道路,却不过问这些孩子本人的意愿与动机,只是觉得这份职业收入不薄而且体面。不过从另一个角度来看,仅仅靠物质动机很难支撑一个孩子完成在神学院的学习。神学院中的生活并不容易,在五年乃至更长的时间里,学生要学习拉丁语、哲学、神学等艰深的课程,忍受烦琐的清规戒律。而且,与他们出身中上层的同学相比,平凡家庭的孩子的文化基础要差得多,许多人的母语都是方言而非法语。同样不能忽视的是,因为长期在神学院学习,宗教因素在他们心中的影响力日益增长,当他们在神学院结业被授予圣职之时,应当也已培养了相当程度的宗教热情。

教士在当时被视为一种不错的职业。我们来考察一下当时教士的收入水平究竟如何。《教务专约》刚签订时,大主教的年俸为 15 000 法郎,主教为 10 000 法郎,本堂神甫为 1 000 至 1 500 法郎(这里仅指狭义的本堂神甫,不包括堂区内品阶更低的住持教士和副本堂神甫)。更多的下级教士只能依靠由议会拨款的 266 法郎至 400 法郎收入以及虔诚信徒的施舍过活,这意味着法国大多数教士生活拮据。随着之后几个政权提高宗教拨款,法国教士的收入明显提高。复辟王朝时期将主教的年俸提高到 15 000 法郎;本堂神甫原来的年俸为 1 000 法郎,此时涨到 1 200 法郎;住持教士涨到 800 法郎,超过 60 岁的有 1 100 法郎,以示关怀。至 1830 年,副本堂神甫也可以拿到 700 法郎的年薪。第二帝国时

---

[1] Ralph Gibson, *A Social History of French Catholicism 1789 - 1914*, p. 70.

期教士收入进一步提高,以住持教士为例,在 1859 年他们的年俸是 900
法郎,在 10 年后达到了 1 100 法郎[1]。

　　国家发放的薪俸不是教士收入的全部。接受包括婚礼、葬礼、安魂
弥撒等等在内的各种宗教服务时,信徒需要付给教士酬金。本堂神甫和
住持教士都有免费的住处,虔诚的信徒会向教士们布施,上级下拨到堂
区的维护费也可以给教士增加一点收入。个别地区的教会在大革命之
后还保留了一些地产,这样当地教士的收入就会更多一些。就总体水平
而言,根据 1848 年的一份研究指出,在只计算薪水和酬金的情况下,三
分之一的堂区的教士平均年收入在 1 200 法郎以下,1 200 法郎至 1 400
法郎之间的有三分之一,1 400 法郎以上的又有三分之一[2],可见教士收
入存在着一定的差异。一般来说,比较虔信的地区的教士比不太虔信的
地区的教士收入水平要高,城市的教士比乡村的要高,品阶高的教士比
品阶低的教士要高。所以,不能简单地断定做教士就可以过上理想中吃
白面包和炖鸡的生活,教士的生活水平不应该被过分夸大。与其他阶层
相比较而言,教士的收入水平在 19 世纪增长得并不算多,在 1850 年后
总体而言不如宪兵,甚至不如一些技术工人。在一些不太虔信的乡村地
区,一个本堂神甫的收入和普通工人、小农相差无几。

　　与他们的经济地位相比,教士们的社会地位看起来要更高一些,至
少他们自身认为是如此。传统意义上,本堂神甫负责该堂区内所有的宗
教事务,也就是该堂区所有信徒灵魂的负责人,扮演着地区生活中心的
角色。在文盲占大多数的乡村地区,教士可能是当地受教育程度最高的
人。这一切都赋予了教士一种对于普通信徒的权威,尤其是对于出身农
民和手工业者家庭的教士而言,这种转变尤为明显。于是有些教士就变
得严厉而不宽容,更多地要求当地居民尊敬并服从他,更多地介入和控
制当地事务。

---

[1] Ralph Gibson, *A Social History of French Catholicism 1789 – 1914*, p. 76.
[2] Ralph Gibson, *A Social History of French Catholicism 1789 – 1914*, p. 77.

　　尽管教士都受过相当的教育,但不意味着他们真的具有相当的知识水平,很多教士除了宗教知识并不比一个普通农民高明多少。在勒芒,1830年至1859年间,137份教士遗嘱中提到藏书的只有37份,其中三分之二的价值都不超过200法郎。根据一份对奥尔良教区的研究,愚笨无知、见识短浅的问题在教士中很普遍,甚至出现了无法正确拼读法语、表达混乱的极端案例。①

　　这一问题的出现,很大程度上与当时教士奇缺的状况,以及培养教士重视数量而轻视质量的现象有关。尽管从理论上来说,在神学院中要花几年时间学习拉丁语、神学、哲学等课程,但实际上并不会如此较真,很多教士的知识水平并没有达到要求,甚至可谓相去甚远。迪庞卢主教不止一次地强调神学院的教学要使用拉丁语,学生的口头发言也不例外。这对于许多母语并非法语的学生来说显然是太难了,也可见神学院的教学效果很难达到理想的水平。事实上,就神学院本身而言,其目的也不是培养出博学多闻的大师,而是培养听话的教士。教士一般要求谦逊、节制、服从,尽管他们要学习艰深的学问,但只需要死记硬背、被动接受就是了,不鼓励思考和怀疑。并且神学院的戒律极其严格,学生每日的生活由极其烦琐而又死板的时间表所限定,每个特定的时段只允许做一件特定的事情,即使是琐事也不例外。世俗情感的流露,比如哭泣、大笑、吵闹、争论、游戏、开玩笑等等,都需要尽量避免。最好保持学生与外界的隔离,限制外界消息的传播,以免受到外面花花世界的影响而使得神学院的教育付诸东流。教员需要时刻注意学生的行为,为了方便监视,神学院的建筑本身也经过一些特殊的改造。为了防止同性恋的出现,某两个人的特殊友谊和单独活动也往往在禁止之列。以这种方法培养出来的教士,往往是一些循规蹈矩、沉默寡言而又缺乏思考能力的人。

　　部分高级教士注意到了基层教士知识水平低下的问题,并且采取了

---

① Christianne Marcilhacy, *Le Diocèse d'Orléans sous l'épiscopat de Mgr Dupanloup 1849 - 1878*, Paris: Plon, 1962, p. 88.

相应的措施。从复辟王朝末期开始,有些教区时断时续地对授予圣职不满五年的年轻教士实行年度考核,考核的结果是他们将被派往何处任职的依据。后来一些教区尝试重办教士讨论会(conférence ecclésiastique),将相邻地区的教士定期集合起来,讨论和思考神学问题,互相促进、提高知识水平。这些措施的效果因地而异,如果主教对此重视,那么讨论会可以收到很好的效果,出勤率较高,反之则会流于形式乃至变质为"吃喝会",就如同库尔贝在《从讨论会归来》(Le Retour de la conférence)①中所描绘和讽刺的那些教士一样。

　　在面临 19 世纪的社会变革时,这些本身水平就不高的教士更显得无所适从。保守的天主教观点认为世俗的世界和信仰的世界相互对立,世俗的世界是充满诱惑、亵渎而堕落的,教士如要保持自己的圣洁,就需要减少与外界来往。一个理想的教士只应当出现在教堂、住处以及临终

———————————

① 该油画的原作目前已经失传,存世的仅有手稿和仿作。据说 20 世纪初有一位天主教徒从画廊将画作买下后销毁。

病人的床前,在不必要的情况下不要去信徒的家里,更不要去酒店、咖啡馆以及参加娱乐活动。然而,当时由于工业革命以及其他众多因素,社会变革的速度远远快于之前的时代,这与当时教士中占统治地位的保守思想产生了剧烈的冲突。概括而言,这种保守思想几乎反对当时社会进步的任何一个方面,因为所有这些进步都是世俗的,无益于甚至有损于宗教价值。

自启蒙运动或更早起,自然科学的进步一方面在理论上给教会制造了极大的难题,另一方面也增长了知识阶层对于宗教的怀疑。大多数自然科学的内容并不在神学院所教授的内容之列,而19世纪的教士群体本身也不算多才,自然科学的新发现对于他们的脑袋而言简直就是天方夜谭,更谈不上为宗教进行有理有据的辩护。下级教士们堪忧的知识水平和顽固的反对态度使得他们在这一方面尤为被动。

铁路和大工业使得人员流动加快,这同样也是教士们不愿意看到的现象。堂区的基础本来就建立在神甫和所有人互相认识之上。工业所造成的人口集中一方面意味着许多农村地区的人口减少,当地的神甫无疑要面对信徒减少的困难。另一方面,人口流入的地区,比如新兴的工业区,当地的神甫则无法满足众多人口的宗教需求,有些地区甚至都没有基本的宗教组织。事实上,很多人在异地都无法坚持在家乡的宗教活动。另外对于教士本身而言,尽管人员流动的便利有其可以被利用的一面,但是教士在更多情况下还是离群索居,拒绝外界的影响,也很少会在不必要的情况下离开自己的堂区。

此外,识字率的上升和教育的普及也令教会感到非常不快。大众在受教育程度上的提高,就意味着他们和教士之间知识差异的缩小,也意味着教士在精神层面上的权威逐渐消失。神学院教给教士的更多是宗教上的虔诚和信仰上的坚定,在知识层面上,教士们未必比得过受过世俗中等教育的毕业生,甚至相去甚远。当初等教育还在教士的控制下,教义问答是教学的主要内容之时,识字率的上升对于教会来说未必是坏事。但在教会失去对教育的这种控制之时,识字率上升对于教会来说就是十足的灾难,因为这意味着民众最基本的自我学习能力提高了。在第三共和国时期,教育成为政府和教会争夺的主要战场,而地方上的小学教师日益成为教士的对头。

以上是对 1814—1870 年法国基层教士的宏观描述,其主要的特点就是乡村化并伴随着知识水平下降,直接导致许多根植于乡村的迷信活动被教士带到了严肃的宗教中去,引起大众信仰在教会内的流行。这在从前是不可想象的,有被宗教裁判所逮捕的危险。若要更进一步了解,以同魔鬼争斗和能行神迹而闻名的乡村教士——阿尔的本堂神甫,就是一个很好的例子。

三、让·维亚内,阿尔的本堂神甫

让-巴普蒂斯特-玛丽·维亚内(St. Jean - Baptiste - Marie Vianney,1786—1859)是 19 世纪法国著名的基层教士,担任贝莱教区的阿尔的本堂神甫长达 41 年,作为代表性人物受到教会和信徒的高度评价,在当时可谓家喻户晓。他去世后,在 1905 年被教皇列为真福,1925 年被封圣,并在 1929 年被宣布为全世界本堂神甫的主保圣人。法国历史学界对他有优秀的个案研究。

维亚内于 1786 年出生在里昂附近的村镇达尔迪伊,是一个小地主的第四个儿子,家境一般。他的双亲非常虔诚,尤其是他的母亲,在大革命期间多次帮助当地的反抗派教士躲避迫害。维亚内小时候上过一点学,但是 7 岁就开始放羊补贴家用,14 岁后彻底退学放羊,童年的经历没能使他积累足够的知识,却让他很熟悉农民的生活和交流方式。在双亲的影响下,他对宗教也很虔诚。1799 年,维亚内在家里熟识的教士主持下完成了初领圣体仪式。1806 年他 20 岁,决定去附近一个堂区的宗教学校就读,为成为教士做准备。不过他并不算一个好学生,法语和神学还算马马虎虎,但对拉丁语一窍不通,而这又是未来进入神学院必须学会的科目。1809 年政府又发起一轮征兵,当地的高级教士认为维亚内实在愚钝,并没有帮助他免除兵役,他只好逃到山区东躲西藏了 14 个月。

1811年他终于得以正式进入神学院进修,时年 25 岁。他在神学院里依旧学习困难,拉丁语始终没有开窍,好在神学课用法语讲授,他能听懂一点,但也不佳,后来对他的考核也使用了法语,算他合格。考虑到当时年轻教士奇缺,维亚内在 1815 年被授予圣职,时年 29 岁。有法国学者打趣说,如果在 1840 年,维亚内的条件绝不可能让他成为教士。①

　　1818 年,在他被授予圣职两年后,维亚内被派去一个位于安省的小村庄阿尔,成为那里的本堂神甫,他在那里工作到去世。经过大革命的冲击之后,阿尔并不是一个很虔诚的堂区,妇女们尚能经常出席宗教仪式遵守教规,男人们则要差很多。维亚内为人严厉而不宽容,似乎有着无穷无尽的宗教狂热,憎恶一切不合天主教教规的东西,哪怕是最为细小的事情也不放过。他在生活上完全是一个苦行僧式的人物,平时身着刚毛衬衣,并自我鞭笞,将饮食和睡眠减少到最低的限度,很少洗澡,理由是这不是生命的必需。在他看来,外部的世界是魔鬼盘踞之地,自我的身体同样也是一个敌人,人若想要上天堂,就必须以最严格的教规要求自己。他的极端行为多少感染了当地的民众,也有可能使他们感到恐惧,但不管怎么说赢得了当地民众的支持。对于继续屡教不改的居民,他往往会采取严厉的措施,通常是不允许其参加宗教活动,或是拒绝听告解并给予赦免,使他们在群体中被孤立起来,迫使这些人就范。在他的大力整顿下,到了 1830 年,阿尔堂区已经有了很大的改观,男人变得和女人一样虔诚,而那些他所厌恶的行为,比如说跳舞、上酒馆、礼拜天工作等等,在当地都基本绝迹了。如此虔诚的教区,在当时的法国实属罕见。

　　在这样的情况下,一些关于维亚内的奇谈开始传播开来。维亚内睡觉时经常听到一些奇怪的声音,他以为是小偷,但守夜人什么都没有看到,他相信是魔鬼在捉弄他,有一次甚至声称魔鬼点燃了他的床,这一说

---

① Philippe Boutry, Michel Cinquin, *Deux pèlerinages au XIXe siècle. Ars et Paray - le - Monial*, Paris：Beauchesne, 1980, p. 25.

法得到了一部分教士和信徒的赞同（也有人认为只是神甫睡眠太少引起的幻觉）。另一次，维亚内的住处储藏着一些用来制作宗教仪式上用的面包的小麦，面包师傅取走一部分小麦后，几天后再来，发现小麦莫名其妙又满了，如是几次，当地人认为是神甫能行神迹。就这样，维亚内的名声逐渐为人所知，许多人不远千里坐火车来到阿尔这个小地方朝圣。自1830 年起，每年大约有 6 万到 8 万人涌入阿尔，就是为了见上维亚内一面。维亚内每天一般十一点开始接待信徒，通常一天需要接待上百人，一直工作到很晚。其中有的朝圣者说维亚内有读心术的能力，能知道信徒意欲忏悔但还没有说出来的事情，有的朝圣者说维亚内有着预言的能力，能说准朝圣回去之后发生的事情。总之神甫的故事越来越多、越传越神奇。维亚内本人倒也不反对这些传说，并且虔诚地将之归因为万能的天主。

维亚内于 1859 年在阿尔去世。维亚内的出身在当时的法国很有典型性，家境平凡，知识水平不高，但极为虔诚，在特殊的历史条件下成了教士。他对于自己力求过一种苦行僧的生活，对于堂区民众，则力求革除当地不符教规的行为，但分不清楚迷信和宗教的界限，有时只凭满腔热情行事。维亚内依靠独特的个人魅力成功赢得了本地和外地民众的支持和爱戴，但他只是一个特例，不仅大多数法国教士在信仰上无法达到他的高度，而且随着法国农村中传统的社会关系崩塌，宗教正不可避免地成为一种私人的事务①——维亚内在 1820 年能做到的事，却在1860 年以后没有接力者。所以维亚内是一个既足够典型又非常特别的教士，使得他后来被教皇封为圣人。

---

① Philippe Boutry, *Prêtres et paroisses au pays du Curé d'Ars*, Paris: Cerf. 1986, p. 651.

第二节 修会

一、修会的发展

在 19 世纪的法国,宗教修会(congrégation)获得了爆炸性的发展,尤其是其中的女性修会。修会不属于《教务专约》规定下的政教体制的一部分,其活动和扩张不受《教务专约》的限制。在这样的便利条件下,修会除了在宗教领域之外,还活跃在教育、医疗卫生、社会救助等领域,影响很大。尽管从教会体制上来说,修会只是一种补充,但在教会受到《教务专约》限制的背景下,这种补充不仅显得尤为重要,而且在事实上也发挥了更为强大的社会影响力。

修会在天主教系统中早已存在,著名的方济各会、多明我会、西多会、耶稣会等等都是修会。由于 19 世纪的法国除了这些传统的修会,还有形形色色的新兴修会,所以此处将修会理解为"在同一章程约束下的修道团体"[1],概念较为宽泛。类似的概念还有兄弟会(confrérie),即由俗人组成的宗教慈善团体。但无论是哪种修会,都是从事宗教活动的宗教团体,并且相对独立于教会的教阶制。

修会在法国活动的历史很长,与法国政府、法国教会和教皇之间往往有着微妙而复杂的关系。修会的组织相对独立,有着自己的人员、教堂、财产,有些修会有自己的首领,有些修会则听命于某个"大人物"——比如说教皇或是一个大主教。简单地讲,教会与修会之间,修会与修会之间,它们的存在是平行的,某个教区的主教未必对当地的修会有着绝对的权力,同一地区也往往有几个修会在同时活动。所以,当法国政府与法国教会,或者是法国政府与罗马教廷发生冲突之时,夹在其中的修会就会比较尴尬。比如在 1762 年,耶稣会就因为绝对效忠于教皇而被法国政府下令驱逐。

---

[1] Gérard Cholvy, *Christianisme et Société en France au XIXe siècle*, p. 189.

在法国大革命爆发时,法国大约有 31 000 个修士和 55 000 个修女。随着革命的发展,修会同样遭到了政府有目的的打击,大量修士、修女以反革命的罪名被逮捕、判刑、强迫还俗或处死,修士、修女的数目和修会组织的数目都急剧减少。相比之下,神甫还可以通过向宪法宣誓或者转行去理性庙而获得政府的谅解,修会的处境要更为艰难,往往只有就地解散一条路。不过,还是有一部分修士、修女通过"镇压一个,再建一个"(On supprime les communautés, formons – en une)①的方式在高压政策下坚持了下来。比如苏珊·若弗鲁瓦(Suzanne Geoffroy, 1761—1845)于1792 年在普瓦蒂埃筹建了"圣心协会"(Association du Sacré – Cœur),安娜-玛丽·里维耶(Anne – Marie Rivier, 1768—1838)在大恐怖时期于阿尔代什省创办了"圣母现身姐妹会"(Sœurs de la Présentation de Marie)的前身等等。即便是已经被教皇取缔的耶稣会,也以"信仰神父"(Pères de la Foi)的名称在法国、西班牙、意大利等地秘密恢复活动。

1814 年后,法国修会也进入了一个快速发展的时期,其中女性修会的发展尤其迅速,被某些学者称为"法国修女的伟大世纪"②。在当时的法国乡村,有一所修女管理的学校或者药房是再常见不过的景象。根据统计,在 1808 年有修女 1.23 万人,1815 年有 1.5 万人,1830 年翻一番为3 万人,1850 年再翻一番为 6.6 万人,1861 年达到了 10.4 万人。③ 在1878 年不计入阿尔萨斯和洛林的情况下,共有修女 12.8 万人,这一数字是世纪初的近 11 倍之多,有些年份的增长率达到了 4% 之多。并且这种增长似乎并不受法国政治气氛变化的影响,在各个政权之下都保持着比较高的增长率。在 19 世纪的前 80 年,有将近 400 个女性修会被创办,超过 20 万妇女选择过宗教生活,1850 年时,每 12 个未婚妇女中就有 1 个

① Louis Baunard, *Histoire de Madame Barat : Fondatrice de la Société de Sacré – Cœur de Jésus*, tome 1, Paris: Librairie Poussielgue Frères, 1876, p. 193.
② Gérard Cholvy, *Le XIXᵉ Siècle : Grand Siècle Des Religieuse Française*, Perpignan: Artège, 2012, p. 1.
③ Claude Langlois, *Le catholicisme au Féminin : Les Congrégations Françaises à Supérieure Générale au XIXᵉ siècle*, Paris: Cerf, 1984, p. 321.

是修女。修女在总的妇女人口中的比例,在 1880 年是千分之七,这也远远超过大革命之前的千分之四,可见人数之多。[1] 如果只是从宗教人士的范畴来看,修女的比重更为显眼,1830 年时占所有宗教人士的五分之二,1850 年以后超过了半数,到 1878 年占五分之三左右。在团体层面上女性修会同样给人一种百花齐放的感觉,正是宗教团体在数量上的急剧增长为修女人数上的急剧增长创造了条件。据统计,在 1820 年到 1860 年间,法国共有 245 个女性修会被创办,平均每年 6 个左右。[2] 这样的增长速度可以称之为爆炸性的。

在女性修会中,有时候还有必要区别修会修女(religieuse)和世俗修女(congréganiste)两种修女的区别。一般而言,修会修女的誓言更为庄重也更有约束力,而世俗修女的誓言往往只是一种私人意愿;修会修女主要从事宗教活动,社会活动次之,而世俗修女以从事社会活动为主;修会修女往往有固定的较为封闭的修道场所,而世俗修女一般流动性比较大也更为自由;大多数修会修女都属于某个修会的女性分支,一般由该修会的男修士(religieux)来指导,而世俗修女一般直接和当地的神甫或教士打交道;修会修女是比较传统的修女,而世俗修女在大革命之后才逐渐流行开来。

相对于女性修会而言,男性修会在 19 世纪的发展要逊色不少。当政者对于修士缺乏好感,主教们急于补充教区教士的数量,往往会阻挠有志于宗教事业的学生去当修士。尽管如此,那些古老、著名的修会在 1814 年以后在法国都得到了不同程度的恢复,比如拉科代尔从 1837 年起花了十几年的时间重建了多明我会的组织。此外还有些新办的修会,比如在 1815 年有欧仁·德马泽诺(Eugène de Mazenod,1782—1861)成立的无玷圣母献主会(Oblats de Marie‐Immaculée)。男性修会的增长

---

[1] Claude Langlois, *Catholicisme*, *religieuse*, *société*, Paris: Desclée de Brouwer, 2011, p. 105.

[2] Daniel Moulinet, Les Mesures Anti‐Congréganistes de 1880, *Provence Historique* (227), 2007, p. 17.

速度也很快,以耶稣会为例,1814 年庇护七世召集到了不到 100 名秘密活动的耶稣会士,宣布正式恢复耶稣会,发展到复辟王朝末期有 450 人,到 1850 年增长到 1 209 人,到 1870 年再翻一番有 2 658 人(以上数字是包括学生和其他俗家人士在内的,出家的修士大概占其中的一半)。① 就法国总的修士人数而言,1861 年有 1.8 万人,1878 年有 3 万人左右。就男性修会本身来说,确实增长明显,但是和女性修会比起来,无论是人数还是速度都要差很多。

19 世纪的男性修会除了上述的组织机构和修道规矩比较传统的修会,还有些更为自由的修会,他们所扮演的角色可以认为和女性的世俗修女相当。他们较少受到教规的束缚,很多人从事初等教育事业,典型的例子如革命前存在的由让-巴普蒂斯特·德·拉萨勒(Jean - Baptiste de la Salle,1651—1719)创办的"基督教学校兄弟会"(Frères des écoles chrétiennes)和 1819 年让-玛丽·德·拉默内(Jean - Marie de la Mennais,1780—1860,著名思想家费利西泰·德·拉默内之兄)创办的"基督教教育兄弟会"(Frères de l'instruction chrétienne),前者主要在城镇活动,后者主要在乡村活动。

无论男女修会,虽然在发展速度和人员上不同,但是在发展成员的选择上都是十分相似的。传统的男性修会,如耶稣会,更喜欢在社会上层发展自己的成员,比如旧地主、贵族、军人、专业技术人员等等。农民、手工业者和小商人只能作为俗家弟子加入修会。即便是新兴的、更为社会化的修会,由于往往要承担初等教育的任务,也会更倾向于从城市中或者有一定文化水平的阶层中发展成员。相对于他们的同胞教区教士而言,修士来自更高的社会阶层,有着更高的文化知识水平。不过,修会一样不希望他们的成员有过多的自由思想,对于小学教师的控制尤其严格。

女性修会方面,传统的修会加尔默罗会、圣母往见会、于尔絮勒会等

---

① Ralph Gibson, *A Social History of French Catholicism 1789 - 1914*, p. 109.

一样倾向于从社会上层发展自己的成员。不过在女性修会有一种独特的现象,修女在修会内部的品级,是由修女入会所交的"嫁妆钱"(dot)决定的,从一千法郎到一万法郎不等。出身富裕家庭的修女可以担任更高的职位,出身平凡家庭的修女只能做些低阶的事务。同样因为有从事教育和卫生事业的需要,女性修会也更为青睐出身城市、有文化的成员,相对而言,从事教育的修女比从事卫生的修女要更高阶一些。

总体而言,在19世纪无论是传统的还是新兴的修会,在人数和组织上都得到了很快的发展。相对于教士而言,修士们人数更多,出身更好,知识水平更高,对于社会的介入也更多一些。

二、女性化现象

19世纪法国女性修会的爆炸式发展和天主教信徒女性化现象紧密相连。尽管男性仍然把持着天主教会的主要部分,但在对女性开放的领域,女性都取得了压倒性的优势:在教区中,女性教徒的数量要远远多于男性信徒;在修会团体中,女性修会无论是数量还是人员都远远超出男性修会。对于这一现象的研究是19世纪法国天主教研究的一个重要课题,有着几种合理的原因解释。

对于19世纪的妇女而言,生理和心理的很多方面并不能得到科学的解释,因而宗教的解释对妇女们仍然很有影响力。生育依然是妇女的头等大事,月经和排卵期的机制直到20世纪才被科学解释清楚,在当时的妇女看来怀孕似乎仍是神秘而随机的,月经似乎仍然带着自古以来耻辱和不洁的印记。对于求子心切的妇女而言,在这方面寻求宗教的力量,尤其是圣母玛利亚的力量是再自然不过的了。此外,在19世纪,难产和生育带来的其他疾病所造成的死亡率依然居高不下。例如产褥热,三分之一的患者都无法幸免,这样的情况直到19世纪中叶后实行严格的产科消毒才有所改观。生育的不确定性和对高死亡率的恐惧,使得妇女只能通过宗教来寻求慰藉。在19世纪,这个男人已经开始通过工业生产快速地改变世界面貌的时代,女人的身体仍然神秘莫测。

性是造成妇女虔诚的另一个重要的生理原因。19 世纪的法国男人已经开始注意到要控制自己家庭的规模,而避孕技术在当时仍然是比较简单粗暴的。法国男人并不喜欢原始的避孕套,而是更多地依赖于其他更为危险的方法——诸如清洗阴道或是吞火柴头,以及不被教会允许的堕胎。这些避孕方法严重伤害女人的身体,女人本能地反对它们。在这一点上,教会所奉行的禁欲主义是和大多数女性不谋而合的:性在教会看来无疑是罪恶的,而当性与生育分离开来,仅仅是作为身体上的愉悦之时,更是需要对之进行加倍的谴责;堕胎在今日的教会看来仍然是一个争议问题,在教义上等同于谋杀,要作为犯罪行为加以惩罚。

除了生理、心理因素外,在社交层面也可以找到一些原因。当 19 世纪的男人更多地徘徊于咖啡屋和小酒馆,谈天说地议论时事之时,妇女们除了传统的一起洗衣服,没有更好的聊天之处。集中的周日弥撒正巧提供了极好的社交场所,随着男人的逐渐退出,这样的宗教集会更是变成了妇女的天下,极大地满足了妇女的社交需求。而长久以来伴随着宗教集会的各路商贩也满足了妇女的购物需求。修会是另一个"正式"的社交场所,男人在酒馆里谈论政治,女人在修会中谈论宗教。

除了满足社交需要,修会还给予了妇女自我价值实现的场所。对于一个中上层社会的妇女而言,做一个贤妻良母就意味着在家里天天围着灶台和孩子转,并无甚有趣之事可做。而修会大量介入了社会服务领域,比如照顾老弱病残、教育、医疗卫生,后两者还需要一定的文化水平和专业知识,还有像掩埋死者、修缮教堂、分发救济食品等脏活累活,不胜枚举。似乎只要属于社会服务和慈善领域的事情都是修女的事情,这无疑给妇女打开了一片新天地。并且这些社会服务事业,很多还是政府——"男人的世界"所不能提供的,妇女们很容易地在这些领域确立起自己的价值和优势地位。最为典型的就是护理行业,时至今日,护士依然是女性的优势职业。对于妇女而言,社会服务工作给予了她们在社会价值和宗教上的双重满足。就如同一位意大利修士在一本专论天主教妇女的书中写到的:"正是因为妇女,法国在宗教上才不会陷入由于分歧、理神论、偶像崇拜所接连造成的不虔敬之中……教士们没能做到的,妇女们做到了……妇女们新近的神圣践行,是不可低估的最庄严、最宏大、最幸福的结果。"[1]

在蓬勃发展的女性修会中,确实有一部分女性取得了卓越的社会成就,其中不乏出身卑微的女性,例如马德莱娜-索菲·巴拉(Madeleine-Sophie Barat,1779—1865,Société du Sacré-Cœur de Jésus)是一位箍桶匠的女儿,安娜-玛丽·雅武埃(Anne-Marie Javouhey,1779—1851,Sœurs de Saint-Joseph de Cluny)是一个农场主的女儿,以及让娜·朱冈(Jeanne Jugan,1792—1879,Petites Sœurs des Pauvres)是渔民的女儿。这几位在世时就受到了社会的高度评价,国王路易-菲利浦曾称赞"雅武埃夫人,真是个伟大的人物"[2],朱冈在 1845 年被法兰西学术院作为道德模范加以表彰,[3]死后先后被教皇宣福、封圣,是宗教事业使她们做到了大多数底层女性受性别、身份的限制而做不到的事。在近 175 位女性修会的创办者中,除了出身于农民和手工业者家庭以外,出身于中产阶级的有 74 人,这一人数相当可观,与该阶层男性对宗教的态度形成了反差;贵族出身的创办人有 39 位,相对而言并不多,代表人物如泰蕾兹·德巴沃兹(Thérèse de Bavoz,1768—1838,Congrégation Bénédictine du Saint Coeur de Marie)。

修会所从事的社会服务中对女性本身而言最重要的是女性教育。19 世纪的法国,教育——尤其是初等教育——已经开始大众化。不过,相对而言,世俗的学校和师资都不算太多。在法国乡村,最常见的教师仍然是神职人员,最常见的教育内容仍然是教义问答,对于女性而言,去接受宗教的初等教育的情况是极为常见的。这些学校往往都是由修会

① Goacchino Ventura, *La Femme Catholique*: *faisant suite aux Femmes de l'Évangile*, tome. 2, Paris: Auguste Vaton, p. 485.

② Sarah A. Curtis, *Civilizing Habits*: *Women Missionaries and the Revival of French Empire*, Oxford: Oxford University Press, 2010, p. 260.

③ Claude Langlois, *Catholicisme*, *religieuse*, *société*, Paris: Desclée de e Brouwer, 2011, p. 188.

运作,教师都是修女。一组数据表明,1850 年接受修女教育的女学生有44.6％,1865 年有 55.8％,1875 年是 56.7％,相对的男学生的数据分别是 15.1％、21.0％、23.7％。[1] 此外,因为法国政府在 1880 年以前似乎无意提供任何女子的中等教育,所以接受世俗教育的女性极为罕见。希望自家的女孩能接受中等教育的家庭只能将她们送去一个类似的地方——寄宿学校(pensionnat)。这些学校基本都是由一些大修会——圣心修女会、圣母往见会、于尔絮勒会等控制的,1863 年其中 73％的学生都直接由修女教育,其教育内容无非是宗教上的虔诚、优雅的举止以及性压抑而已,为的是塑造出上流社会所需的贤妻良母或是和那些修女一样的"老处女"。即便是对于一些"进步的"资产阶级男性而言,也乐意见到宗教继续禁锢女性的身心。

同样不能忽视女性文化圈中宗教所扮演的角色。许多妇女从小由修女教育长大,在宗教场所和她们的同性相聚交往,也可能在交际圈中有一两位修女。所以宗教在女性文化圈中的地位是和其在男性文化圈中完全不同的。

女性修会的发展是 19 世纪法国天主教女性化现象的集中体现。修会集中了信仰最为虔诚的那些女性,也让女性可以扮演自己独特的社会角色,这一时期很多杰出女性的名字也往往和修会联系在一起。在男性主导的资本主义现代化进程之中,女性修会的发展可以认为是女性对此的一种独特反应。

三、青少年和教育问题

大革命期间,政府推行去基督教化政策的结果之一就是产生了不信教的一代人。他们从小在没有宗教的环境下长大,对教义一无所知。假设某人出生于 1794 年,到 1814 年他也有 20 岁了。即便是到 1840 年前后,在法国三四十岁的人还没有领过圣体的也比比皆是。所以 1814 年

---

[1] Ralph Gibson, *A Social History of French Catholicism 1789–1914*, p. 122.

复辟之后,教会所面对的就是这样一批青年,还有许多更小的孩子。所以,法国天主教的回潮和重建不仅包括教士队伍,也包括信徒群体。

19世纪宗教教育的基础是教义问答,主要是由本堂神甫之类的基层教士承担的。他们将堂区内11—13岁的儿童集中起来,教他们教义问答,在一两年后,根据他们的掌握情况决定是否让他们领圣体。不过这样的做法在当时遇到了很大的障碍,首先,从来没有接受过初等教育需要由教士来教育的孩子,往往是农民或者工匠家的贫苦孩子,他们大多数目不识丁,性格顽劣;其次由于这些家庭往往非常贫困,他们的父母更愿意让孩子去工作,比如农民家的孩子需要帮家里干农活,工匠家的孩子需要去做学徒工。不仅教士需要和家长争抢孩子,而且在这些家长看来,学习教义问答为领圣体做准备简直毫无意义,因为他们自己也是在缺乏宗教的环境下长大的。此外,教育的方法和材料也构成了很大的问题。本来大革命之后教士人员就很紧张,并且知识水平低下,还要靠这些教士去教如此众多的对宗教无知的人,真是难上加难。由于1789年以后二三十年内法国的宗教文化发展几乎停滞,19世纪宗教教育的教材仍然是用18世纪的教材,比如德・拉萨勒编的《基督徒功课》(*Les Devoirs du Chrétien*)和夏尔・弗朗索瓦・洛蒙(Charles François Lhomond,1727—1794)编的《基督教信条》(*La Doctrine Chrétienne*),这些教材基本已经脱离19世纪法国的历史实际,尤其不能回答革命对宗教提出的一系列责难。在教学方法上,教会也十分保守,教义问答的教学就是死记硬背,学生只需将一问一答记得滚瓜烂熟即可,不需要理解,更不需要触及其背后的神学思想。学生若是能对答如流,便可过了教义问答这关,可以去参加领圣体的仪式了。在此,教会本身也具有蒙昧主义的倾向,最好是保持无知、不动脑子,这与它在教士培养中的态度是一致的。

之后的初领圣体仪式还保持着一定的地位,在19世纪的文化中扮演着一种成人礼的角色,意味着从洗礼时的懵懂无知经过了教义问答的学习而对信仰有了真正的认识,被称为"生命中最美好的日子"①。但是由于社会变迁,经历了初领圣体的儿童会被很快地抛入成人社会之中。他们可能会背井离乡,去工业区找一份工作,也和原来在堂区的宗教生活断了联系。就像沙特尔主教在 1842 年感叹的一样:"第一次领圣体意味着学校的结束、教义问答的结束、宗教的结束。一言以蔽之,童年的结束。"②

这样的教育既不入脑、也不入心,教会还受制于《教务专约》的限制,覆盖面也很有限。对于教育方面的"有口无心",教会人士是有所察觉的。迪庞卢主教早年写过一本《教义问答概论》(La Méthode de Catéchisme,1839),强调教义问答不仅仅是教学,而且是提升信仰。在1868 年出版的《卓越之功》(l'Œuvre par Excellence)中,他强调教义问答的背诵、解释和实践三者是应当并重的。在 1839 年的枢机主教会议上,决议初领圣体不应早于 15 岁而且必须经过至少两年的教义问答学习。但总体而言,以本堂神甫为核心的教义问答教育,没有达到理想的效果,充其量只是在形式上将"大多数公民"转化成了天主教徒,起到的更类似一种程序的作用。简单的教义问答和世俗的初等、中等教育在内容上鲜有重叠,并不形成竞争,真正与世俗教育分庭抗礼的是修会办学。

19 世纪的法国,由修会开办的初等、中等学校有着巨大的市场。其中,世俗青年修会表现尤其活跃,他们的口号是"让青年来拯救青年"(sauver les jeunes gens par les jeunes gens)③。据 1861 年的统计,有1.3 万个修士从事教育事业,占所有修士的比例超过了三分之二,其中大多数都是俗人。至 1878 年的情况变化不大,3 万个修士中有超过 2 万人从事教育,俗人仍占多数。在这点上男性修会和女性修会表现很类似,

---

① Richard Corbon, *Maurice Maignen*: *Frère de Saint - Vincent - de - Paul* (*1822 - 1890*), *Apôtre du Monde Ouvrier*, Paris: Téqui, 2003, p. 54.

② Gérard Cholvy, Hilaire, Yves - Marie, *Histoire Religieuse de la France*: *Géographie XIXᵉ - XXᵉ Siècles*, Paris: Privat, 2000, p. 64.

③ F. Brunello, *Vie du Serviteur de Dieu Jean - Joseph Allemand*: *Fondateur de l'Œuvre de la Jeunesse*, Marseille: Librairie Chauffard, 1852, p. 227.

他们中的俗人更多地投入到了社会服务领域。大量的人员投入自然能大大提高修会办学能力,从而找到更多的学生,1854 年在私立天主教学校接受教育的男孩比例为 19.8%,至 1876 年为 30.3%,即使在第三共和国政府转向反教权之时还在增长,1898 年达到 41.4%[1],可以说占据了法国教育界的半壁江山。

19 世纪修会办学兴旺主要有以下几个原因。从外因上来讲,首先,自大革命以后,宗教教育长期不被重视。按照体制,拿破仑创建的教育团(l'Université)控制着法国的世俗教育,一般认为这一机构持反宗教和伏尔泰主义的立场,缺乏兴趣在宗教教育上投入资源。这一倾向不符合复辟王朝及其较为反动的后继者的政治需要,当时的不少人物认为如此教育出来的学生"无法无天""道德败坏",宗教被他们认为是巩固统治的重要工具;其次,第三共和国之前,法国的世俗教育资源事实上并不充裕,无法满足大众对教育的需求。政府几乎包揽了所有的世俗教育、承担世俗的教师薪酬,但无意将有限的财力更多地投入教育,也没有开办足够的师范学校来培养师资。相比之下,修士具有一定文化知识水平,其教育服务多少带有些志愿的性质,要价不高,所以让他们承担教育工作就成了社会上一个不错的选择。修会学校虽然由修士任教、课程以宗教课程为主干,但不少修士接受过高等教育,所以课程体系较为丰富,另外也较为注重教育方法,不会一味死记硬背,培养出来的学生大体能够适应社会需要。最后,在立法层面上,在促进教育自由化、大众化的同时,也促成了修会在教育领域的发展。在 19 世纪前期,修会办学受到教育团的压制,规模不大。1833 年《基佐法》(La Loi Guizot)实现了初等教育的自由化,随之而来的就是修会在初等教育领域迅速发展。1850 年《法卢法》(La Loi Falloux)通过,废除了教育团在中等教育的垄断地位,于是修会又迅速地在中等教育领域发展起来。

从内因方面来讲,修会在这一领域更为主动,尤其是世俗青年修会,

---

[1] Ralph Gibson, *A Social History of French Catholicism 1789 - 1914*, p. 124.

表现出一种强烈的宗教热忱,要改变大革命后普遍缺乏信仰的状况。在
《教务专约》签订之后,政教对抗的形势已经缓和,就有虔诚的青年开始
了行动,其中主要是一些大学生,比如 1805 年综合工科学校(l'École
Polytechnique)里的一个小团体。他们一方面在自己的同学中发展成
员,另一方面也试图在社会上发声,从事各种社会服务。复辟王朝建立
以后,这样的团体活动更多,例如在 1816 年成立善行协会(Société des
Bonnes Euvres),致力于访问医院监狱,以及在萨瓦地区的烟囱工中教授
教义问答。1822 年又有 100 多名学生成立了善教协会(Société des
Bonnes Études),也从事教义问答和感化的工作。在艾曼纽尔·巴依
(Emmanuel Bailly,1794—1861)担任该组织领导期间,带出了后来很多
天主教社会活动家,包括弗雷德里克·奥扎南(Frédéric Ozanam,1813—
1853)。后来这个组织发展到超过 500 名大学生,具有很大的社会影响
力。随着这些人的主张逐渐被主流政治所了解,也迎合了社会上普遍对
教育的需求,所以当法律上对修会办学放开以后,这些团体便在教育领
域得到了飞速的发展。

大革命中产生的不信教的一代人是对重建中的法国教会提出的巨
大挑战,但这一问题得到了出乎意料的解决。堂区教士事实上只能对自
己辖区内的青少年作出努力,很难对 19 世纪剧烈的社会变化做出反应。
而恰恰是那些致力于行动的世俗青年修会弥补了这一缺陷,他们可以在
任何地方传播信仰,在法律解禁之后涌入教育领域,迅速扭转了大革命
后宗教信仰式微的状况。修会办学的发展是如此的成功,以至于 19 世
纪末,当共和派向教权主义宣战时,它将教育领域作为主战场,将修会办
学视为眼中钉,这和 19 世纪初的情况天差地别。

四、圣樊尚-德-保罗会

在 19 世纪的法国修会中,圣樊尚-德-保罗会①(Société de Saint -

_____

① 或译圣云先会,该组织在中国香港有分支。

Vincent‑de‑Paul)是最成功、最有影响力的世俗修会之一,而且具有一定的典型性。该修会于1833年在巴黎由奥扎南创办,此人并非教士,结婚并育有一女,创办修会时是索邦大学的学生,后来在索邦大学教授外国文学。修会的主要活动内容是救助穷人,奥扎南的思想中最大的特点也是重视慈善。

修会诞生的契机源自1832年巴黎爆发的一次霍乱,这场瘟疫导致了成千上万的人死亡。这一情景极大地激发了奥扎南的宗教情感,他决意创办一个修会投身社会服务之中。圣樊尚‑德‑保罗会最初的名字叫爱德协会(Conférence de Charité),规模很小,它只是以奥扎南为核心的一群虔诚青年的运动。最初的25名成员中,有18名是像奥扎南一样来自里昂的学生。但修会发展很快,仅仅在一年之后就有了近百名会员,并更名为圣樊尚‑德‑保罗会。圣樊尚‑德‑保罗是17世纪法国以救助穷人而闻名的圣徒,与圣母并列作为主保圣人,因此修会通过了以圣樊尚‑德‑保罗的精神为基础的修会章程。圣樊尚‑德‑保罗会的基本组织是支部(conférence),一般与堂区捆绑在一起并沿用堂区的名称。支部一般要由总部承认,并有一段时期的见习期。每个支部都享有自治权,并应当遵守整个修会的章程。通常支部需要每周聚会一次,探望穷人并给予一些帮助。在奥扎南时期,在高级人员的带领下还要做一些祈祷的功课。修会内部对于慈善事业、互相交流和宗教节日都有专门的基金和审计制度。

至1845年,圣樊尚‑德‑保罗会已经有9 000名会员,奥扎南称会员中有政要、军人、作家等名流,对此颇为自豪。并且修会组织也逐渐扩展到其他国家:1842年意大利,1843年比利时、英国,1846年德意志,1847年土耳其、瑞士,1850年奥地利、西班牙……1853年奥扎南去世后,其继任者向教皇报告称圣樊尚‑德‑保罗会有1 532个支部。至1855年有超过2 900个支部,其中法国和法属殖民地有1 360个支部,会员近5万人。圣樊尚‑德‑保罗会从一开始就采取了世俗化和非教阶制的方针,不太需要教会人员的干涉,这样的做法先后得到了格里高利十六世和庇护九世两任教皇的肯定。但随着修会在 19 世纪中期的飞速发展,以及灵魂人物奥扎南的去世,修会主席的权力已经很难掌握各个支部。在阿道夫·博东(Adolphe Baudon,1819—1888)任上,庇护九世指派枢机主教拉斐尔·福尔纳里(Cardinal Raffaele Fornari,1787—1854)监管修会事务,这一做法遂被沿用下来,圣樊尚-德-保罗会被纳入到整个教会的管理体制中。

　　圣樊尚-德-保罗会最主要的活动是救济穷人,其他的活动还包括探望医院、监狱、孤儿院,照顾难民、老人、无家可归者,以及向儿童或成人教授教义问答,组织青少年活动,提供免费或廉价的商品以及义卖等等。奥扎南和他的伙伴们一开始只是出于满腔的信仰热情而去帮助穷人,但他们很快又产生了疑惑,这样做的意义在哪里? 除了彰显自己信仰虔诚就没有更多内容了吗? 奥扎南曾在 1834 年写道:"我们最初的兴趣是大家联合起来去为穷人的屋檐下带去更多关怀,这对于我们比对于他们更重要,让我们成为更好更友善的人。"[1]"如果没有积极的实践的意义,那么宗教思想就没有任何意义。宗教的行动比思想更重要……此乃基督教之真意。"[2]不过,奥扎南很快就在当时无产阶级的普遍贫困中找到了实践的意义[3],他写道:"如今世上需要关心的问题……是一个社会问题……'朱门酒肉臭,路有冻死骨'这样的情形撼动着我们脚下的土地。我们基督徒的任务,就是要介入这不公平的局面之中。"[4]在奥扎南看来,让无产阶级大量皈依是在现代社会中教会复兴的关键,他在 1848 年曾呼吁"感化蛮族跟着庇护九世走"[5]。正是出于这种立场,奥扎南对于政

---

① Frédéric Ozanam, *Lettres inédites et Discours de Frédéric Ozanam sur la Société de Saint - Vincent - de - Paul*, Paris: Jacques Lecoffre, 1861, p. 20.

② Frédéric Ozanam, *Œuvres complètes de A. - F. Ozanam*, tome 10, Paris: Jacques Lecoffre, 1865, pp. 88 - 89.

③ 马克思、恩格斯在《共产党宣言》的"封建的社会主义"一节中已经批评过类似的思想,这里不再赘述。

④ Frédéric Ozanam, *Œuvres complètes de A. - F. Ozanam*, tome 10, p. 188.

⑤ Jacqueline Lalouette, *Les mots de 1848*, Toulouse: Presses Universitaires du Mirail, 2007, p. 31.

府镇压六月起义极为不满,认为其只会加剧社会矛盾,"神意刚让我们有所喘息,却又让灾祸接踵而至。你们正庆幸在大街上看不到的危险,其实正暗暗地在屋后的粮仓里堆积。你们镇压了起义,但是还有一个你们尚未充分认识的敌人——贫困"①。

所以,尽管奥扎南希望修会与政治运动保持距离,但是由于其强烈的社会介入性,他们开始批评经济自由、社会不公、政府无能。他们一方面受到正统派的强烈影响,另一方面也受到了教廷的影响,表现出某种越山主义的倾向。尽管奥扎南指示要在各个政治派别之间保持平衡,但由于 1860 年以后第二帝国政府和教廷的外交关系恶化,政府开始有意识地打压圣樊尚-德-保罗会的势力,修会总部一度迁到国外运作,并失去了国内近一半的支部,直到帝国覆灭之后才有所恢复。

另外值得一提的是,在宗教心态上,男性修会和女性修会也有某种共同之处。奥扎南一生饱受死亡的困扰,他的父母共有 14 个孩子,其中 10 个死于襁褓之中,在他 7 岁时,他还失去了自己已经 19 岁的大姐。②他的夫人在 1842 年和 1843 年连续经历了两次流产,让他深感悲痛。他还见证过多次大规模的死亡,不仅包括促成修会成立的那次霍乱,还有政府在 1834 年对里昂工人的屠杀和 1848 年对巴黎工人的屠杀。他的困惑无法在现代性中找到答案,一边是束手无策的医学,另一边是杀人如麻的资产阶级政权,于是他只好转向宗教的解决方案。就如同妇女在生育问题上求助于圣母一样,在现代性的黑影之中,宗教获得了自己的领地。

圣樊尚-德-保罗会是 19 世纪法国修会的一个代表,有一些时代的特点与传统的修会区别开来:一方面是世俗的,表现出一种极强的社会关怀感,甚至发展历程也与其他青年运动十分相似;另一方面也是宗教

---

① Frédéric Ozanam, *CEuvres complètes de A. - F. Ozanam*, tome 7, Paris: Jacques Lecoffre, 1859, p. 232.

② Guillaume Cuchet, présentation de, Frédéric Ozanam, Philosophie de la mort, Paris: Parole et Silence, 2014, pp. 97 - 99, et 109.

的,它所从事活动的领域与其他宗教组织也十分相近——帮助穷困、宗教教育、慈善事业等等,只是侧重点有所不同。奥扎南对于现代社会的发展有着比较清楚的认识,并尝试利用其中暴露出的问题来为天主教服务。圣樊尚-德-保罗会之所以能在 19 世纪获得飞速的发展,时至今日仍然在全球 150 多个国家和地区活跃着,很大程度因为其创办人奥扎南对于宗教的理解——宗教是要去实践的。在 19 世纪持这样态度的修会不止圣樊尚-德-保罗会一家,所以 19 世纪成了"修会的世纪"。

第三节　信徒与大众信仰

在大革命结束法国全民信教的局面后,天主教信仰在 19 世纪法国的各个社会阶层中出现了明显的分化。人数众多、思想保守、生活方式传统的农民日益成为信徒的中坚力量;贵族虽然经常是天主教会的盟友,但毕竟暮气沉沉;工厂和机器构成了资产阶级和工人的世界,教堂对他们的影响力实在有限。

在信徒农民化的趋势下,以前在天主教内部处于边缘位置的大众信仰在 19 世纪开始流行起来:圣心崇拜吸引了众多追随者,圣母幻现事件则在法国各地都有出现。农民对高深的教义不感兴趣,但喜欢热闹的节日庆典,求雨、治病等具有迷信色彩的内容也与他们的生活息息相关。教会顺应了这一趋势,并对其加以利用,这是法国现代天主教嬗变的一个重要方面。

一、贵族与天主教的联盟

在 19 世纪法国的政治语境中,贵族与教士,保皇党人与天主教徒,总是经常性地联系在一起,构成政治上的右派。如果审视一遍 1814—1870 年的政治格局,确实不难得出这样的结论——尤其是对于正统派和天主教保守派而言,他们几乎在任何时候都互相支持。

教士和贵族结成政治上的同盟并不让人感到奇怪,在革命前两者分列第一、第二等级,享有诸多特权。大革命让他们吃足了苦头,不仅丧失了特权,而且许多人死于非命,幸存者也都大多在国外经历了多年的流亡生活。在对革命进行反动和报复这一点上,贵族和教士有着太多共同语言,在复辟王朝时期他们就是这样的。

因此,19世纪的贵族和他们18世纪的前辈有些不同。18世纪的贵族受到启蒙运动的影响,有时候会鼓吹理性,在宗教问题上表现出伏尔泰式的怀疑精神。19世纪的贵族往往在信仰上力争成为社会表率,就像下面这位绰号为"神圣诅咒"(Sacré - Maudit)的贵族一样。他的本堂神甫是如此回忆他的:"他从未在周日或者节日错过弥撒,如果他在布道时打了瞌睡,那也不是他的过错,他总是在复活节忏悔两次……虽然打心底里比起殉道者传记,他更喜欢贝朗吉和其他不良歌曲,但他对过去宣誓派的主教耿耿于怀,对他的政敌心怀愤恨,这也是他绰号的由来……他是当时的好基督徒。"[1]当然,并非每个贵族都像他一样虔诚,但作为两个群体,贵族与教士无疑比以前更为接近。

这一代贵族的子女往往比他们的父辈还要虔诚一些。他们的长辈视革命思想为洪水猛兽,让他们从小开始接受正统、保守的宗教教育,不敢让他们再像18世纪的前辈一样"赶时髦"。在耳濡目染之下,19世纪的第二代、第三代贵族在宗教信仰上都颇为坚定。这看似使得贵族和教士之间在政治上和思想上联系更为紧密,但双方之间还有不少隔阂。复辟王朝时代还有不少革命前留下的教士是贵族出身,受过良好教育,学识渊博。随着社会变迁,出身卑微的教士越来越多,神学院的教育质量也不如往昔。这些教士往往见识短浅,言语粗鄙,虔诚有余而知识不足。很难想象受过精英教育的贵族能和那些法语都不甚流利的教士打成一片,他们之间社会出身的鸿沟实在太大了。所以,如果说在19世纪上半叶贵族和教士的联盟还算牢固,那么到了下半叶就松动了许多,甚至在有些地方成了选举中的对头。不过一般而言,贵族和教士之间的分歧并

---

[1] Ralph Gibson, *A Social History of French Catholicism 1789 - 1914*, p. 194.

不大,大多数贵族都是比较虔诚的教徒,少有离经叛道者。

二、资产阶级与天主教信仰

按传统的观点,资产阶级深受启蒙运动影响,是大革命的主要参与者,鼓吹理性、反对宗教。在 1814 年以后的一段时间内,资产阶级仍然被贴着这样的标签。弗约 1833 年至 1836 年在佩里格工作时,发现他的圈子里的官员、教师、法官中无人践行天主教。在卡奥尔,1845 年只有一个资产阶级参加了复活节领圣体的仪式。在资产阶级众多的巴黎,革命时或选举时往往会表现出对教会强烈的敌意。资产阶级似乎只对他们可以理解的,可以被人力控制的东西感兴趣。他们的文明是基于理性进步的观念,只相信实实在在的力量,"(对于资产阶级)上帝没有死。上帝离开了。上帝在思想中并不占有一席之地"[1]。类似的例子还有很多,不胜枚举。资产阶级反宗教态度似乎相当普遍,不仅典型的城市资产阶级如此,连他们的"乡下亲戚"也是如此。七月王朝时期波尔多附近一个小镇库特拉(Coutras)的本堂神甫说:"最大的障碍大概就是资产阶级了,对他们中的大多数谈论宗教是对牛弹琴,他们也从来不进教堂。"[2]

不过并不是所有的资产阶级都持有如此鲜明的反宗教态度。和许多开明贵族一样,部分资产阶级也未能逃脱大革命时的断头台,这也促使他们在革命后逐渐开始反思大革命。复辟王朝时期是一个颇具矛盾色彩的年代,一方面教会在这一时期快速地复兴——部分资产阶级也参与了进来,同时伏尔泰的作品也卖得非常火爆——1817 年至 1824 年间发行了 160 万份[3],有许多中上层子弟投身宗教事业,也有许多父母反对如此选择。七月王朝时期同样如此,以教育领域为例:1830 年,有三分之

---

[1] Adeline Daumard, *Les Bourgeois de Paris au XIXe Siècle*, Paris: Flammarion, 1970, p. 327.

[2] Bernard Peyrous, La Pratique Religieuse dans le Diocèse de Bordeaux au XIXe Siècle (1838-1908), *Annales du Midi*, 1975(87), p. 454.

[3] Jean Baubérot, Séverine Mathieu, *Religion, Modernité et Culture au Royaume-Uni et en France: 1800-1914*, Paris: Seuil, 2002, p. 157.

二的哲学教师是僧侣,但这些人很快就被排除出了学术圈,到 1840 年只有二十分之一的哲学教师是僧侣;相反,议会通过了《基佐法》,教育团不再监管初等教育,为修会办学打开了方便之门;奥扎南和他的圣樊尚-德-保罗会的骨干都是学生,但也有不少学生不买神职人员的账,如 1823年有件趣事,在蓬蒂维只有一个学生参加了复活节的仪式,而且是偷偷摸摸地参加,怕被同学耻笑。更极端的事例如,在"光荣三日"中,有 300多名兽医学校的学生聚集起来,冲击神学院,叫嚣"杀光神甫!(Mortaux prêtres !)"①。

　　1848 年是资产阶级和天主教会关系的一个转折点。在此前,转向天主教的只是资产阶级中的正统派和虔诚教徒,资产阶级作为一个整体并没有对天主教有多少好感。但在六月起义中无产阶级极大地震撼了资产阶级,资产阶级开始注意起天主教维护"社会秩序"的"功用"。梯也尔是这么说的:"我要求让教士的地位举足轻重,变得比目前要重要许多,因为我非常信任教士们传播的那种哲学,教人逆来顺受的哲学,而不是教人享受的哲学。"②这一表态也是《法卢法》得以通过、修会大量进入教育领域的重要因素。在第二帝国的统治集团内,明显地出现了资产阶级和教士的联合。

　　在此后成长起来的一代资产阶级比他们的父辈要更为天主教化,他们从小在修会开办的学校内接受教育,长大后也在社会上维护天主教的利益,学生中反天主教的激进行为变得罕见。他们构成了后来法兰西行动(Action Française)和法国青年天主教协会(Association Catholique de la Jeunesse Française)的基础,第三共和国时期甚至出现了"祭坛和保险柜"(autel et coffre - fort)联合的说法。我们可以看到与以前截然相反的一些事例:在传统上反天主教的利摩日地区,一份周刊说:"资产阶级,

---

① Louis Baunard, *Histoire de Madame Barat：Fondatrice de la Société de Sacré - Cœur de Jésus*, tome 2, p. 7.

② Jean - Pierre Rissoan, *Traditionalisme et Révolution：Les Poussées d'Extrémisme des Origines à Nos Jours*, volume 1, Lyon：Aléas, 2007, p. 263.

那些上流人物比普通人对宗教更为关切……除了少数人,统治阶级的大多数对宗教表示尊敬……自 1789 年以来,法官、律师和军队从来没有像现在这样对宗教虔诚过。"①

资产阶级和教会的关系在 19 世纪经历了从对抗到联合的过程,这一过程值得进一步追问。无论在 19 世纪的哪一个阶段,亲天主教和反天主教的资产阶级都是存在的,而且没有任何一方取得过压倒性的优势。城市资产阶级和乡村资产阶级就很不一样,通常而言乡村资产阶级更加反天主教一些:他们对社会变化的反应更慢,对于城市无产阶级的生活状况有所不知,或许在大革命时期侵吞过教产,可能和教士在地方选举上也有冲突。在行业划分上,经营采矿业和纺织业的资产阶级要更亲天主教一些,他们的工人劳动更为密集,环境也更为恶劣,社会主义运动对他们威胁也更大,所以也就更注重"社会秩序"。

资产阶级和教会的联合多少给人一种有名无实的观感,因为这两者的追求实在是南辕北辙,很难想象教会能赞同资产阶级和他们的工人在宗教节日工作,或是资产阶级运作资金、经营产业以求获得更大利润的行为。也很难想象资产阶级会对教会那些不能赚钱的宗教仪式感兴趣,或者去遵守那些烦琐无趣的清规戒律。

尽管如此,两者的联合也是一个互相改变的结果。资产阶级在 1848 年认识到了维护"社会秩序"的必要性。1857 年鲁昂的市长是这么说的:"此时此刻,先生们,为实现提高人类道德水平这一共同目标,两座大厦肩并肩地树立了起来:不远处,有一座苦役监狱为了惩罚对社会秩序的亵渎而完工;这里,教堂——纯洁的避难所——为抵制错误而开放。"②但是资产阶级看中天主教,始终着眼于其可以维护社会秩序的"功用",并不是出于虔诚的信仰。而天主教能维护社会秩序这一"功用",不过是对

---

① Louis Pérouas, Regards Historiques sur le Mouvement Confrérial en Limousin, *Annales du Midi*, 2005(117), p. 82.

② Jean - Pierre Chaline, *Les Bourgeois de Rouen: Une Élite Urbaine au XIXe Siècle*, Paris: Presses de Sciences Po, 1982, p. 268.

拿破仑签订《教务专约》的老调重弹。教皇就有着截然不同的态度,他仍然在抨击将增加财富和诚信道德联系在一起的说法,坚持反对资本主义的立场,也没有和资产阶级合作的表态。教会内部也有人认识到资产阶级的转变诚意不足,"我们今日称之为资产阶级的那些人,在(1848年)2月以前还没什么好气,我不相信他们会回归崇高的观念……他们把我们当作那些令他们头疼的原则的平衡物,就像维护让他们受益的法律的精神宪兵。不过至少装出了信任和尊敬的样子"①。所以说,资产阶级和教会的联合,在某种意义上是资产阶级发现了天主教的"功用",在利用天主教罢了。只是双方阵营中的一部分人的互相接近,没有完全摆脱互相之间的成见。总之,资产阶级和教会接近的原因很大程度上要去无产阶级身上寻找。如果不是1848年欧洲革命的发生,资产阶级不会意识到无产阶级的巨大威胁,也就发现不了天主教的"功用"。"为了对这个幽灵进行神圣的围剿,旧欧洲的一切势力,教皇和沙皇、梅特涅和基佐、法国的激进派和德国的警察,都联合起来了。"②

三、工人的宗教态度

"从来就没有什么救世主,也不靠神仙皇帝",国际歌的歌词大家耳熟能详。工人阶级普遍对天主教缺乏好感,从政治集团的分野来看,两者分处左右两端,意识形态差距巨大。在19世纪法国多次政治危机和冲突之中,工人和教会从未结成过政治同盟,反而往往站在对立面上互相攻击乃至产生流血冲突。工人阶级的指导思想——马克思主义,更是有着鲜明的无神论立场。

整体而言,19世纪的法国工人阶级在很大程度上已经去基督教化了。天主教传统上管人从生到死的七圣事,还有各种宗教节日、宗教仪

---

① Paul Droulers, Catholicisme et Mouvement Ouvrier en France au XIXe Siècle, *Christianisme et Monde Ouvrier*, Paris: Éditions Ouvrières, 1975, p. 55.
②《马克思恩格斯文集》,第2卷,第30页。

式,和工人的日常生活基本关系都不大。在里尔,1856 年只有 8％的工人参加了复活节祭典。在蒙马特尔,1866 年只有 3.5％的工人参加了主日祭典(la pratique dominicale)。① 在 19 世纪后半叶的巴黎,由于工人数量庞大,无论是未受洗礼的婴儿的数量,或是世俗的婚礼和葬礼的数量都在不断地上升。类似的,由于工人中男性比例较高,工人阶级的去基督教化也反映在男女参加宗教仪式的严重不平衡之上。能反映工人阶级对天主教漠不关心,甚至是敌对态度的例子有很多,这也是为何在六月起义和巴黎公社起义中,两位巴黎大主教先后死于非命。

　　工人阶级的去基督教化现象,在很大程度上是现代工业社会变迁的结果。数百年以来,教会与信徒联系的基础在于基层堂区内的关系——本堂神甫认识所有人,所有人也都认识本堂神甫。在这样一种社会结构之下,无论是从生到死的七圣事,还是社区的各种宗教活动,都是十分方便、自然的事情。然而工人和他们的社会就完全不是这个样子。第一代的产业工人还有可能出身于传统农村社会,在原籍地受过洗礼、结过婚,学过教义问答,领过圣体,或者也有可能没有——考虑到大革命后教士短缺的状况。当他们为了生计离开家乡去工业城市谋生的时候,他们与原来堂区的联系就被切断了,没有本堂神甫再为他们的灵魂“负责”。在工业城市里,不大的面积中居住着数以百计来自各地的工人,但相应的教会组织却是缺失的。教会一方面在建制上受到《教务专约》的限制,不能单方面地设置新的教区,另一方面要为如此多的工人提供宗教服务,在人员上也是捉襟见肘。并且教会或者修会要在工业区开展活动,还要看当地企业主的眼色行事。具体情况因人而异,有些企业主对天主教兴趣缺乏,因为天主教反对在周日工作,又要在各种宗教节日举办仪式,既不能为企业创造利润,又对赚钱颇有微词。也有些企业主则支持天主教的工作,重视天主教维护社会秩序的“功用”,认为宗教可以削弱工人的战斗性,减缓工作压力,让工人对恶劣的工作环境逆来顺受。在 1848 年

---

① Gérard Cholvy, *Christianisme et Société en France au XIXe siècle*, p. 110.

以后,持支持态度的企业主逐渐增多。

尽管如此,天主教和工人阶级也不是完全没有共同语言。尽管马克思、恩格斯批判地写道:"基督教不也是激烈地反对财产,反对婚姻,反对国家吗?"但这确实构成了部分宗教活动家在工人阶级中开展活动的基础:资本主义剥削、压迫工人,天主教对此表示怜悯;资本主义造成巨大的贫富差距,天主教对此表示谴责。在第二帝国时期,已有弗雷德里克·勒普莱(Frédéric Le Play,1806—1882)对此表达了关注,他在工人阶级中间做过社会调查,一方面抨击"古往今来国家皆因肉欲横流而灭亡",另一方面又怀念传统、中世纪的生产方式,妄想"自愿的保护制"能够"有效地防止贫困"①。马克思、恩格斯对此批评道:"基督教的社会主义,只不过是僧侣用来使贵族的怨愤神圣化的圣水罢了。"②

四、农民信徒

农民构成了 19 世纪天主教信仰的基础,在人数上他们要比贵族多得多,在态度上也要比资产阶级和工人虔诚得多。尽管如此,19 世纪的农民在信仰上还是不如 18 世纪的前辈虔诚。

作为社会的基础阶级,农民与教会的联系是非常紧密的。首先,19世纪的教士给人的第一印象就是出身于农民。虽然许多农民子弟在这一选择上有出于物质考虑的动机,但也在一定程度上反映出教士在农民心目中的地位,至少对教士不反感,尊重他们,认为他们是"体面人"。其次,本堂神甫和农民在堂区之内的那种传统的联系在 19 世纪还保留着。虽然大革命对基层教会造成了很大的破坏,不过随着之后重建工作的开展,教士的人数逐渐恢复,修会也对农民做了再基督教化的工作。本堂神甫是村里的头面人物,此外还有由修士负责的学校和修女负责的药房,这就是乡村中常见的场景。再其次,在政治活动中,农民也往往和天

---

① 郭华榕:《法国政治思想史》,第 541 页。
②《马克思恩格斯文集》,第 2 卷,第 56 页。

主教站在一起,在 19 世纪的历次全民投票中都可以看到类似的情况:右
翼在爱好革命的巴黎并不占优势,但在乡村中就能拿到相当多的选票,
从而奠定在全国范围内的优势。最后,在信仰上教会对农民也做了一些
让步,承认了一部分大众信仰事件的合法性,也允许其在教会内部流行。
大多数大众信仰事件都以农民为主角,大众信仰事件也在农民中广受
欢迎。

　　由于大革命的冲击,即便在相对保守的农村,也没有全民信教这回
事了,某个或者某些村民不信教、不去教堂,也不会承受很大的压力。有
些地区,不信教的农民的比例甚至很高。不信教的农民之中,男性又比
女性要多。农村虽然封闭,但并非与世隔绝,其他地方、其他阶级中有的
去基督教化的现象,在农村中也或多或少地存在——比如世俗的教育、
婚礼和葬礼、星期日工作等等。并且随着工业社会的发展,许多农民选
择外出谋生,在工业区他们很难再维持原来的宗教生活。

　　宗教信仰的差异在农民身上表现得最为明显。在一些虔诚地区,比
如旺代,教士和农民结合得非常紧密,革命前全民信教的情况还大量存
在着,在政治上永远是天主教和正统派的铁杆支持者。在另一些不虔诚
的地区,比如巴黎盆地和利摩日,农民和其他人一样,对天主教缺乏
兴趣。

　　就总体而言,19 世纪法国人口中农民最多,而农民中大多数信天主
教,天主教会在农民中获得了巨大的能量。如同马克思所分析的那样,
教士的统治是一种"拿破仑观念",而波拿巴王朝正是农民的王朝。[1]

五、圣心崇拜

　　圣心崇拜是 19 世纪法国大众信仰的一个重要内容。圣心崇拜起源
于 1675 年,帕莱勒蒙尼亚尔的一个修女玛格丽特-玛丽·阿拉科克
(Marguerite‑Marie Alacoque,1647—1690)看到圣心异象,耶稣向她表

---

[1]《马克思恩格斯文集》,第 2 卷,第 566、571 页。

示圣心热爱世人,但世人对此所知甚少,于是耶稣展现了他的愤怒并威胁会有惩罚,还预告圣心即将统治法国。

在大革命中,圣心崇拜获得了新的政治含义。传说路易十六在临死前曾将法国奉献给圣心,旺代的叛军多佩戴圣心标志与革命政府作战。圣心因此成为反革命的政治符号:法国作为"教会的长女",在大革命中罪恶累累,建立了错误的原则,抛弃了上帝,并直接导致了法国的动荡和疲敝,这是上帝对法国的惩罚。而实现路易十六的许愿,圣心将指引法国重归上帝的怀抱,平息上帝的愤怒,法国也将恢复往昔的强大。

1814年波旁王朝复辟,结束了圣心与革命的对抗,使得圣心崇拜者看到了兑现许愿的希望。然而路易十八却对此有所保留,因为圣心崇拜已经紧紧地和旺代叛乱联系在了一起,而旺代的极端保皇党在某些复辟的主张上甚至比路易十八本人还要激进,这与路易十八在拿破仑时代后稳定国内局势的政策并不协调,甚至会产生威胁。因此,波旁王室被一部分天主教人士批评成对旺代的那些为保卫王室而战斗牺牲的人"不知感恩"。[1] 波旁王室只好在另一些场合对此有所表态,比如委托制作旺代"英雄"的巨幅画像并展出(当然他们都佩戴有圣心徽章),又比如国王本人向一座圣心的小礼拜堂捐赠了祭坛,但终究未将圣心崇拜官方化。

相比王室比较克制的态度,民间的活动就要活跃得多。由于暂时无法在全国范围内确立圣心崇拜的地位,一些主教率先将自己的教区奉献给圣心,比如1816年在普瓦捷教区,1822年在巴黎教区。见到圣心异象的报道也时有发生,比如玛丽·德耶稣(Marie de Jésus,1797—1854)宣称听到圣心向她讲话,并且向王室提出了圣心崇拜一贯的要求。她周围的一些修士也借此扩大影响,并建议王室对此有所表示。1830年复辟王朝最后的日子里,最初看见圣心异象的阿拉科克的遗体被掘出,开始进入封圣的程序。

---

[1] 雷蒙·琼纳斯:《法兰西与圣心崇拜》,贾士蘅译,北京:中国人民大学出版社,2010年,第137页。

复辟王朝倒台后,圣心崇拜一度进入低谷。直到第二帝国时期,圣心、旺代和反革命再一次联系在一起。由于罗马问题成为意大利统一的最后一个障碍,教廷在法国招募了志愿兵去保卫罗马,参军的大多数是旺代子弟。像 1793 年一样,这些人佩戴着圣心标志,为天主教而战。1870 年罗马陷落后,这支部队回到国内继续和普军作战,并在卢瓦涅战役中打出了圣心旗帜,英勇作战、牺牲巨大。圣心曾是叛乱的标志,但这次是为整个国家而战。教会在事后抓住这一罕见的英雄事迹反复宣传,并将其与圣女贞德相提并论,为圣心崇拜官方化造势。

圣心崇拜在 1870 年以后又一次迎来高潮,战败被解释为上帝对法国的惩罚,法国需要忏悔和救赎。蒙马特山上的圣心大教堂可以看作是圣心崇拜取得的部分胜利,这是后话。

六、圣母崇拜

圣母崇拜是天主教中自古以来就有的现象。在法国,圣母崇拜不仅广为流行,而且有着官方信仰的地位,路易十三曾许愿将法国献给圣母。大革命结束后,圣母崇拜在法国开始强势地复兴,可以发现很多尊崇圣母的现象。其一是对于五月的庆祝,五月传统上被认为是圣母之月。这一庆典从 1830 年后在法国传播开来,到了 1858 年已经有 85％的堂区庆祝五月。① 其二是关于圣母书籍的大量出版,据统计,在 1815 年到 1908 年间,有 6 348 种关于圣母的出版物,远远多于其他宗教题材。② 其三是很多新兴的女性修会,都选择以圣母为主保圣人,在名称中冠以圣母的名字,此外甚至还有不少男性修会以圣母命名。

19 世纪最引人注目的圣母崇拜现象是圣母幻现③事件大量出现,圣

---

① Ralph Gibson, *A Social History of French Catholicism 1789 - 1914*, p. 255.

② Claude Savart, *Les Catholiques en France au XIXe siècle: le Témoignage du Livre Religieux*, Paris: Beauchesne, 1985, pp. 582 - 584.

③ 幻现(Apparition,或译显现、显圣)系宗教术语,指天主或圣徒等以超自然的方式将自身展现给凡人。

母崇拜由此步入鼎盛时期。其中第一宗有重要影响力的幻现事件是
1830 年发生在巴黎渡口街(Rue de Bac)的神迹铜章圣母(Notre - Dame
de la Médaille miraculeuse)幻现①,亲见者是一位修女,叫卡特琳·拉布
雷嬷嬷(Cathérine Labouré)。当日深夜,她在睡梦中被叫醒,跟随一个
孩子来到修道院的礼拜堂内。礼拜堂内灯火通明,那个孩子说:"这就是
圣母。"于是嬷嬷就看到了圣母。圣母向嬷嬷传达了很多讯息,谴责了革
命时期对教会的破坏,也谴责了处死路易十六,要求人们信仰虔诚、扩大
教会的影响力。其中最重要的是圣母向嬷嬷推荐神迹铜章(médaille
miraculeuse):正面描绘了圣母的形象,周围环绕着"噢,无罪受胎的玛利
亚,为向您求援的我们祈祷"(O Marie conçue sans péché, priez pour
nous qui avons recours à vous)的文字;反面有与十字架组合的字母 M、
耶稣和玛利亚的心脏,周围围有 12 颗星。当时巴黎正在流行霍乱,神迹
铜章据说在抵抗瘟疫方面非常有效,很快就在法国各地流行了起来。

　　然后是 1846 年发生在阿尔卑斯山区的拉撒莱特圣母(Notre - Dame
de La Salette)幻现。② 圣母向当地的两个牧童——15 岁的梅拉妮·卡
尔瓦(Mélanie Calvat)和 11 岁的马克西曼·吉罗(Maximin Giraud)——
幻现,他俩看到一位"美丽的妇人"向他们哭泣,并用方言口述了一封信:
"来吧我的孩子,不要害怕,我在这里告诉你们一个大消息:如果我的人
民不知悔改,我就将他们交由我的儿子处置……我给你们六天时间工
作,第七天予以保留,然而你们不遵守……那些推车的人不知道以我儿
子的名起誓,这两件事让我儿子捏紧拳头……如果你们有小麦的话,就
不要播种。所有你们种下的都会被虫子吃掉。还有些没吃饱的虫子,会
让你们来年颗粒无收。"此后,当地出现了饥荒。拉撒莱特幻现事件很快
产生了巨大的影响,这封信在法国广泛流传。教会经过数年调查后在

_____

① René Laurentin, Patrick Sbalchiero, direction de, *Dictionnaire des apparitions de la Vierge Marie*, Paris: Fayard, 2007, pp. 698 – 704.
② René Laurentin, Patrick Sbalchiero, direction de, *Dictionnaire des apparitions de la Vierge Marie*, pp. 505 – 511.

1851 年宣布，拉撒莱特的幻现事件是真实的。

19 世纪最重要的幻现事件当数 1858 年的卢尔德幻现，圣母连续幻现了 18 次之多，吸引了成千上万的群众。第一次幻现发生于 2 月 11 日，贝尔纳黛特与小姐妹们去野外拾柴的时候，注意到有一个岩洞旁的植物摇摆起来，出现了柔和的白光，光芒中有一个穿着白色衣服的年轻女人，系着蓝腰带，脚踩着黄玫瑰，和她一般大小。异象没有说出任何词句，持续了一会儿就消失了。① 贝尔纳黛特在过河后询问两位同伴有没有看到异象，同伴回答说没有。2 月 18 日，异象要求贝尔纳黛特在此后十五天里天天来岩洞，贝尔纳黛特答应了。此后直到 3 月 4 日的第十五次幻现，被称为"十五日"（La Quinzaine），除两天以外，其余各天都有幻现，围观群众也从几百人上升到了几千人，在当地引起了轰动，当地人普遍猜测贝尔纳黛特看到的是圣母。2 月 24 日，贝尔纳黛特跪着用膝盖前行到岩洞近处，异象对贝尔纳黛特说："忏悔吧！忏悔吧！忏悔吧！为罪人的皈依向天主祈祷。"② 围观者只能看到贝尔纳黛特怪异的举动和嘴唇的蠕动，却不知发生了什么。贝尔纳黛特在异象出现时会出现明显的面容变化，进入出神状态。所有的对话以方言进行，看到幻现的始终只有贝尔纳黛特一人。2 月 25 日异象对贝尔纳黛特说："去那泉眼处喝水并清洗您自己。"于是贝尔纳黛特在岩洞下面找到了水，这就是后来能治百病的神奇泉水的来源。③ 3 月 1 日，出现了第一宗神迹治愈，一位来自附近卢巴雅克（Loubajac）叫卡特琳·拉塔皮（Catherine Latapie）的妇人患有手臂瘫痪伴随臂神经丛疼痛，在使用了泉水之后得到痊愈。在 3 月 25 日圣母领报节，事件出现了决定性的变化。贝尔纳黛特又去岩洞看到了幻现，这次异象中的人自称是"无玷受胎者"④（Que soy era immaculada

---

① Henri Lasserre, *Notre-Dame de Lourdes*, Paris: Sanard et Derangeon, 1892, pp. 26 - 28.

② Henri Lasserre, *Notre-Dame de Lourdes*, p. 109.

③ Henri Lasserre, *Notre-Dame de Lourdes*, p. 120.

④ 指圣母的肉体未受原罪污染，1854 年由教皇正式确立为天主教教义。

councepciou/ Je suis l'Immaculée Conception),即圣母。[1] 贝尔纳黛特
将此话重复给了本堂神甫,神甫认为没有受过教育的贝尔纳黛特不可能
知道如此深奥的教义,于是选择相信了她。此后幻现事件进入教会认证
的程序,当地主教于1862年承认18次圣母幻现和随后若干宗神迹治愈
都是真实可信的。

　　在卢尔德幻现之后,普法战争期间在诺曼底的蓬曼(Pontmain)也发
生了一次重要的幻现事件。[2] 可靠的亲见者只有两位:12岁的欧仁·巴
伯代特(Eugène Barbedette)和他10岁的弟弟约瑟夫(Joseph
Barbedette),此外还有11岁的弗朗索瓦丝·里歇尔(Françoise Richer)、
9岁的让娜-玛丽·勒博塞(Jeanne-Marie Lebossé)。1871年初战事已
经发展到法国境内,普鲁士军队正在进攻蓬曼所在的马耶讷省,当地出
现了恐慌。欧仁在干农活时首先看到天空中一位身穿蓝色缀满金色星
星长袍、头戴金色王冠的夫人,然后他的弟弟约瑟夫也看到了一样的异
象。于是大家相信确实出现了异象,村里的人群开始聚集了起来,包括
当地的本堂神甫和几位修女。人群中,另外几个孩子也都声称看到了异
象。圣母背后出现了一个蓝色的光圈,胸口出现了一个红色的十字,两
肩上出现了一个白色十字。然后脚上出现了星星,分别点亮了上下四只
蜡烛。然后天空中一个接一个出现大写字母,每一个字母都是白底金
字。然后在圣母怀中出现了一个红色的耶稣像,耶稣被钉在十字架上,
十字架上刻着"JESUS-CHRIST"(耶稣基督),之后整个异象渐渐消失。
幻现发生几天后,普法双方实现了停火,圣母的诺言得到兑现。在经过
几个月的调查之后,1872年当地主教宣布幻现是真实可信的。

　　这些圣母幻现事件,都有一些共同性:首先亲见者的年龄往往都很
小,之前涉及的几位都是10岁左右,卢尔德的贝尔纳黛特也只有14岁;
其次这些亲见者都是些穷苦人家的孩子,没有接受过良好的教育,尤其

---

[1] Henri Lasserre, *Notre-Dame de Lourdes*, p. 190.

[2] René Laurentin, Sbalchiero, Patrick, direction de, *Dictionnaire des apparitions de la Vierge Marie*, pp. 746-754.

在宗教上没有什么高深的知识;再其次,故事情节中都有预言和灵验的成分,换言之就是"神迹"。而且这些事件往往会有一种共同的发展结果,当地成为朝圣地而名噪一时,亲见者被教会纳入修道体系等等。但是,拉撒莱特和蓬曼两宗得到教会承认的事件中都有亲见者日后承认当年说谎:拉撒莱特的马克西曼在 1850 年见过阿尔的本堂神甫,神甫在事后说:"如果马克西曼没欺骗我的话,他根本就没看到圣母。"①蓬曼的勒博塞在 1920 年公开承认:"我宣布我没有看到 1871 年 1 月 17 日在蓬曼出现的圣母幻现……许多年来这一秘密一直压在我心头……异象出现的时候我只是跟人起哄……问询的时候我就人云亦云……我相信其他三位亲见者的诚实,我从未怀疑过他们的诚实,但我从来没看到他们共同所说的异象。"②然而,卢尔德幻现纵然承受了各种质疑和考验,却未能有决定性的证据出现以将其整个推翻,并且每年还在不断地产生治病的"神迹",在 19 世纪末成长为法国第一朝圣地。

19 世纪法国以圣母崇拜、圣心崇拜为代表的大众信仰的流行,是天主教信徒农民化趋势的显著反映:其一,两者都非对三位一体上帝本身的直接崇拜,而是通过一种感性的象征或是中介来表达崇拜,这符合知识水平较低的农民的思维方式,也呼应了在革命前就在法国广泛流传的民间信仰;其二,两种崇拜都是自下而上发展起来的,来源于信仰体系的下层,是农民推动教会或国家承认的大众信仰,而不是反过来自上而下传播;其三,两种崇拜都伴随着徽章、节庆、朝圣之类民间色彩很浓的活动,而这些活动本身就是传统乡村生活的一部分。这说明农民在天主教内部的地位上升了,开始以自己的喜好改造天主教的面貌,是对特伦特公会议以来天主教强调正统信仰、压制圣人崇拜、严格神学教义的反动。天主教会乐于见到群众在大众信仰上的热情,也顺从了群众的要求,将

---

① Joachim Bouflet et Philippe Boutry, *Un signe dans le ciel. Les apparitions de la Vierge*, Paris: Grasset, 1997, p. 148.

② Joachim Bouflet et Philippe Boutry, *Un signe dans le ciel. Les apparitions de la Vierge*, pp. 162-163.

其转化为自己的影响力和社会动员能力。就像在卢尔德,面对成千上万狂热的群众,教会怎么可能选择与之对抗呢?

圣母崇拜本身也和天主教女性化现象有着密切的关联。作为一个既是处女又是母亲的形象,玛丽亚被天主教认为是理想女性的化身,自古以来特别受到女性信徒的崇拜。19世纪女性在天主教内部地位上升,自然而然就带动了圣母崇拜的流行。即便是看上去与女性没有直接关系的圣心崇拜,也在女性中受到热烈的追捧。作为一种痛苦的象征,流血的圣心往往能在虔诚的女性身上引起圣女特蕾莎(Sainte Thérèse d'Avila)式的神秘体验。

此外,如果细究大众信仰所承载的内容的话,能发现一个乡村的、传统的法国对革命的、城市的法国的反抗:圣心本来就是一个反革命的标志,神迹铜章圣母和王权联系在一起,拉撒莱特圣母的言语中也有颇多威胁之处。农民在19世纪的很长一段时间内无法理解现代社会的变革,将他们的不满以宗教的方式表达出来,这与多次选举中天主教右翼在乡村中的优势相呼应。更何况,大众信仰本来就使用一套和启蒙理性完全不同的话语体系,在后者看来,大众信仰就是愚昧农民的可憎迷信。"两个法国"的斗争将在第三共和国时期以更为激烈的形式展开。

第四节 天主教知识分子

19世纪法国天主教在思想上也经历着剧烈的动荡。启蒙运动所鼓吹的人类理性在大革命中得到了实践,在法国历史上天主教第一次失去了对政治生活和社会生活的指导权。革命后,其思想遗产继续在方方面面影响着法国社会,与天主教的教义产生了激烈的交锋。对天主教方面而言,是将革命的思想遗产作为异端邪说彻底驳倒,以彰显天主教唯我独尊的地位,还是汲取其中与教义相通的内容,让天主教在现代社会生活中能更好地发挥作用? 这是摆在19世纪法国天主教知识分子面前的两种选择。根据这两种根本不同的态度,可以把19世纪法国天主教知识分子分为两类：一类可称之为天主教顽固派（catholiques intransigeants），另一类可称之为天主教自由派（catholiques libéraux）。不过，除了一两位和政府走得比较近的主教外，大多数天主教知识分子都是越山主义者，区别只是顽固派对教皇的呼唤得到了现实的回应，而自由派对教皇的呼唤不过是空中楼阁而已。

一、天主教顽固派

　　所谓天主教顽固派，有时也称为"完整"的天主教主义（catholicisme intrégiste），不仅是19世纪法国天主教思想中最为保守的一派，也是整个政治光谱中极端保守的一派。其思想渊源来自约瑟夫·德迈斯特（Joseph de Maistre），在19世纪中期的主要代表是天主教记者路易·弗约（Louis Veuillot）。教皇庇护九世也可以归入此类，并通过他的地位影响了法国千千万万的普通教士。这一派的政治思想可以简单地概括为：天主教的教义就是绝对真理，教会的权力来自天主，都是亘古不变的；教会应当和从前一样在世俗社会中行使其权力，无需向现代社会做出任何妥协，也不应为了顺应时代潮流而改变。

　　天主教顽固派的思想直接来自对法国大革命的反动。在革命中教会受到沉重的打击，教产被国家没收，教士遭遇各种形式的迫害，其中很多被以反革命的罪名送上了断头台。在政治理论方面，让教会最为不满的是1790年的《教士公民组织法》，该法令公然宣称俗权可以凌驾于教权之上，教士必须向国家效忠才能行使教权。在传统上，教会始终鼓吹教权高于俗权，并且教士效忠的对象应当是教皇，而非国家。虽然《教务专约》废除了《教士公民组织法》的激进做法，调和了紧张的政教关系，不再将俗权置于教权之上，但仍未使教会中的强硬分子感到满意：教会在法国的各项活动还是受到来自俗权的掣肘，并不是完全自由的；以国家的拨款代替被没收的教产，在金额上并不见得是合理的补偿，反而又多了一层财政上的"紧箍咒"；更重要的是，《教务专约》仅承认天主教是法国大多数人所信仰的宗教，不仅和革命前的国教地位不可同日而语，还从中引出了一系列让天主教人士头疼的权力问题。在整个 19 世纪中，推翻《教务专约》，并将政教关系恢复到 1789 年以前的状况——以"君权神授"为核心的政教权力体系——是天主教顽固派的夙愿。

迈斯特奠定了这一类知识分子的思想基础，其思想特点是反启蒙。尽管迈斯特活跃于革命时期，但他的影响主要是在革命后。他在《论法国》《论教皇》和《主权之研究》等著作中对教会的权力问题做出了系统而严密的论述，以下简要地归纳几点：一、天主是主权的来源，"主权来自天主，因为他是一切的创造者"，虽然迈斯特也不否认主权来自人，但是"如果说主权不来自天主是因为他利用人来建立主权，那就等同于说他不是人类的创造者是因为我们大家都有父母"[1]，所以主权终究还是来自天主的；二、教皇的权力是绝对的，因为教会实行的是君主制，"精神领域的永无谬误和世俗领域的主权，这两个词其实是完完全全的同义词"，"这种统治在本质上来说是永无谬误的，也就是说是绝对的，如果不是，其就无法统治"[2]；三、教权高于俗权，"（教皇）只需宣布：主权是一种神圣的权力，其只受另一种同样神圣但处于更高位置的权力的约束，尤其是在某些非常情况下行使这种权力"[3]。迈斯特继承了中世纪以来教会中各思想家的遗产，并根据时局有所发挥。他主张教皇作为天主在世上的代理人，不仅可以行使世俗权力，并且他的权力高于一般世俗君主所行使的权力。他的论述直接针对启蒙运动中的社会契约论和革命中的人民主权实践，因为它们不仅"搞错"了主权的来源，并且威胁到了教皇世俗统治的合法性。迈斯特公然宣称："在法国，革命具有一种恶魔性质"[4]，他的这一态度为后来包括弗约在内的天主教顽固派所继承。

弗约是 19 世纪中期天主教阵营喉舌《宇宙报》(*L'Univers*)的主编。

---

① 约瑟夫·德迈斯特：《信仰与传统——迈斯特文集》，冯克利、杨日鹏译，北京：商务印书馆，2010 年，第 130 页。

② 约瑟夫·德迈斯特：《信仰与传统——迈斯特文集》，第 177—178 页。

③ 约瑟夫·德迈斯特：《信仰与传统——迈斯特文集》，第 188 页。

④ 约瑟夫·德迈斯特：《信仰与传统——迈斯特文集》，第 35 页。

他于 1839 年进入《宇宙报》工作,此报在 1846 年的发行量已经达到 4 000
份,到了 1860 年关停前达到近 13 000 份,是所有天主教报纸中最多的。
很多有越山主义倾向的教士都是《宇宙报》的忠实读者,"当然他们不缺
少理性,但是他们在弗约那里找到了精神上的导师,《宇宙报》是如此广
泛地在教士寓所中被阅读。"①弗约在乡村教士中有着极高的声誉,乡村
教士们纷纷写信给弗约,表示对他的爱戴之情和为他祝福。

弗约的教会观在以下两个方面值得一谈:首先是理论方面,弗约始
终强调天主是绝对权威,这一权威由天主在世上的代表——教会来行
使,而人们服从于天主。弗约在著作中写道"天主是绝对正确的"②、"教
会是耶稣基督生命的延续"③、"所有好的都来自天主,所有坏的都来自我
们"④等等,这些表述和教会千百年来的表述是一致的,他只是在反复重
申而已。相比之下,更需要关注的是弗约在 19 世纪面对科学和自由主
义的表述:弗约认为真正的科学应当服从于天主,而与天主教相抵触的
科学都是假的、坏的科学,因为从教义上来说"科学的场地是什么? 就是
世界。世界是什么? 就是天主的创造"⑤。弗约通常反对教会内外一切
形式的自由主义,但弗约主张教会本身不受世俗权力约束的自由,并将
这种自由看得高于一切,他认为"(教会的自由)是真正有效的自由,神圣
的自由,其他一切自由之母……只要教会是自由的,不仅会没有专制,还
会有其他一切真实的、美好的自由"⑥。其次是社会环境方面,弗约认为
19 世纪的教会处于危险之中。在思想上,他相信启蒙精神仍然是教会的
头号威胁,"天主教会有两种敌人:伏尔泰主义,就是仇恨(教会)"⑦。在

① Pierre Pierrard, *Louis Veuillot*, Paris: Beauchesne, 1998, pp. 104 – 105.

② Louis Veuillot, *Rome et Lorette*, Tours: Mame, 1862, p. 176.

③ Louis Veuillot, *La vie de notre - seigneur Jésus - Christ*, Paris: Librairie catholique de
   Périsse Frères, 1864, p. 21.

④ Louis Veuillot, *Rome et Lorette*, p. 372.

⑤ Louis Veuillot, *Rome et Lorette*, p. 142.

⑥ Pierre Pierrard, *Louis Veuillot*, p. 133.

⑦ Louis Veuillot, *Mélanges religieux, historiques, politiques et littéraires*, tome 2, Paris: L.
   Vivès, 1857, p. 514.

政治上,他相信教会受到了来自资产阶级持续的迫害,"如果我们对资产阶级六十年来在第一共和国、帝国、复辟王朝和七月王朝的统治进行一番审视和考察的话,会发现他们是愚蠢的。我们不是说一个月哪怕是一个星期,他们都没有不再通过立法渠道或行政渠道的恐怖和卑劣手段来把天主从人们的灵魂中赶走。"①不过,弗约相信人民大众是站在教会一边的,弗约自己出身卑微,也终生认可这一身份,尽管弗约日后成为城市资产阶级中的一员,但弗约与他们划清界线,"出于信仰的天性,(天主)深深地刻在了他们的心中,人民与试图征服他们的诡辩和暴力斗争……在一百个教士里面,最多只有三到四个出身资产阶级家庭,其余都是人民的孩子"②。

需要补充的是,弗约这种极端保守的立场,导致他后来和当时教会内部具有自由民主倾向的人士矛盾重重。奥扎南曾在通信中抱怨:"《宇宙报》尽其可能使教会不得人心,与那些使教会受人欢迎的措施抬杠,比如说,为了重建宗教裁判所而攻击拉科代尔神父。"③迪庞卢主教曾经警告弗约:"如果你的教义确实比教会的更好,您所激起的仇恨也是普遍而强烈的:教会将会被逐出文明国家。"④

作为全世界天主教的首领,庇护九世在天主教顽固派中处于最为核心的位置。弗约等人鼓吹教权至上,归根结底都是为教皇本人效劳的。1864年庇护九世的通谕《邪说概要》(*Syllabus*)⑤是天主教顽固派立场的集中体现。通谕中列出了19世纪关于教会的各种"邪说",除了最为著名的第80条"罗马教廷需要也必须与进步、自由主义和现代文明调和、

---

① Louis Veuillot, *Mélanges religieux, historiques, politiques et littéraires, tome* 4, Paris: L. Vivès, 1857, p. 473.

② Louis Veuillot, *Mélanges religieux, historiques, politiques et littéraires, tome* 4, pp. 413-414.

③ Frédéric Ozanam, *Œuvres complètes de A. - F. Ozanam, tome* 11, p. 254.

④ Félix Dupanloup, *Lettre de Mgr. L'évêque d'Orléans aux prêtres de son diocèse*, Paris: Charles Douniol, 1869, p. 18.

⑤ Pius Ⅸ, *Syllabus*, 8. Ⅻ. 1864.

妥协"之外,还值得一提的有:第 6 条"基督信仰是人类理性的反面,神启不仅毫无用处,并且妨碍人类进步"、第 20 条"教权不可以不经俗权的许可和同意运作"、第 34 条"将教廷视作一个世俗王公并在普世教会中行使其权力,只是在中世纪时才可行"、第 42 条"当教权与俗权出现法律冲突时,俗权优先"、第 55 条"教会必须与国家分离,国家必须与教会分离"等。《邪说概要》是庇护九世对 19 世纪各种要求教会变革声音的回击,粗略而言,其中的内容和迈斯特所说的相差不多,但两者须面对的时代问题不同,迈斯特面对的是大革命,而庇护九世面对的是意大利统一运动。这表明,在法国争取教会的世俗权力和在意大利保卫教皇国是相通的,教会需要从世俗国家的牵制中解脱出来,甚至是凌驾于世俗国家之上,最好是将法国变回"教会的长女",对于教皇国来说才最有利。反之,主张教会变革以适应时代,将自由、民主混入天主教的理论体系,必然会动摇教皇在罗马的绝对君主制,乃至向新生的意大利民族国家做出各种让步。所以,毫不妥协地重申教会自中世纪以来的各项世俗权力,是庇护九世及其坚定的追随者们在理论上的必然选择。

天主教顽固派基本支持大众信仰所喜好的各种神迹。他们主张依靠神迹来直接证明其理论,认为如此对抗启蒙理性最有效。庇护九世本人就是卢尔德幻现的支持者,1854 年他未经会议讨论就直接通过通谕宣布了"圣母无玷受胎说",在天主教内部引发争议。而卢尔德幻现中圣母自称"无玷受胎者"不仅直接确定了该教义,而且极大地提高了庇护九世本人的权威,为其在 1870 年通过"教皇无谬说"打下了基础。

天主教顽固派毫不妥协的态度使他们在政治上鲜少有同盟者,经常和他们站在一起的只有正统派(即便是正统派,有时也有高卢主义的倾向);相反,他们有着为数众多的敌人,既然《邪说概要》将形形色色的自由主义、民主主义、社会主义、科学主义都批判了一番,那么也就把这些人全部转化为自己的反对者。天主教顽固派是 19 世纪法国非常重要的一股势力,几乎所有人都在议论他们、批判他们。天主教顽固派也代表着一条不可能的道路,极端、孤立、毫不妥协使得他们始终缺少改变时局的力量。

二、天主教自由派

天主教自由派是一个比较复杂的派别，包括一些思想倾向各不相同的人，有时候可以细分为自由的天主教主义(catholicisme libéral)、民主的天主教主义(catholicisme démocratique)、社会的天主教主义(catholicisme social)等等。其代表人物包括《未来报》(L'Avenir)的"三驾马车"：夏尔·德蒙塔朗贝尔(Charles de Montalembert)、亨利·拉科代尔(Henri Lacordaire)和费利西泰·德拉默内(Félicité de Lamennais)，上文提到的修会活动家奥扎南，以及奥尔良主教迪庞卢、法卢伯爵等活跃于政治界、宗教界的人士。这些人在思想上都有一个共同点——相对于毫不妥协的顽固派而言，他们都是"妥协派"(les transigeants)[①]——天主教教会如果要驾驭现代社会，就必须作出改变，要和自由、民主之类的概念相调和。

天主教自由派的思想来源可能有两个：一个是高卢主义。传统上，高卢主义主张法国教会相对于教皇的自主性，当法国国王的利益和教皇的利益相冲突时，高卢主义通常会站在国王这一边。在 19 世纪，传统的高卢主义者还存在，例如迪庞卢主教等对"教皇无谬说"持异议的高级教士，他们往往与国家政权联系紧密。革命之后，自由民主成为法国民族精神的重要内容，自由派致力于调和国家和教会的矛盾，甚至有时不惜与教皇对立。从这个意义而言，自由派似乎继承了高卢主义的衣钵。另一个来源是立宪派教士。革命时期的立宪派教士可以说是开了天主教与自由民主调和的先河，其代表人物亨利·格雷瓜尔神父(Henri Grégoire)在这一方面论述颇多。但需要注意的是，天主教自由派和立宪派教士没有在人员上的继承关系，蒙塔朗贝尔出身流亡贵族家庭，而拉科代尔和拉默内都属于革命之后成长起来的一代教士。

[①] 法语中没有将 tansigeant 用作名词的用法，用作形容词也不多见。这里就取 intransigeant 反义词的意思，来形容在不同程度上接受新思想的天主教知识分子。

在 19 世纪中,对新时代教会的理想追求最典型的表达是《未来报》"三驾马车"在七月王朝时期争取教育自由的斗争。《未来报》创办于 1830 年,其口号为"上帝与自由"(Dieu et la liberté)。他们的理论主要有以下几点:第一,教会必须直面政治上的革新,倒退是没有出路的。就如同报名所示"一切重生,一切改变,一切转化,未来的和风将会给人们带来新土地的香味"①,拉默内还如此评价摇摇欲坠的复辟王朝:"向过去要求拯救,就是在坟墓里寻找生命……在共和国与宫廷的专权之间,总的而言,我更喜欢前者。"②这一态度与顽固派主张社会秩序一成不变大不相同。第二,要求取消《教务专约》所规定的政教体制。自由派也对政府插手教会事务不满,要求政府给予教会自由。拉科代尔曾在格雷瓜尔神父的葬礼上怒斥政府对于教会的冒犯,并呼吁"可怜的法国天主教徒,让我们比他们向我们承诺更多地来热爱自由以牢记我们的不幸。愿自由为我们祝圣,因为我们是如此需要自由。"③拉默内等人早年都有越山主义倾向,经常搬出教皇的权力去对抗政府的权力。但与顽固派试图以教权压过俗权来解决这一问题不同的是,他们的解决方案倾向于政教分离:"(政教)分离是必要的,没有它天主教徒就没有宗教上的自由,分离将会在一方面导致宗教预算的废除,在另一方面保证了教会系统中教士的绝对独立。"④第三,在主张政教分离的基础上,必然会引出教育自由和思想自由,因为干涉这些自由的教育团正是政府的一部分。拉默内写道:"我们曾被许诺宗教自由,但是政府并不忠于它所创造的权力,强迫将教会和我们的思想置于其监管之下。我们曾被许诺教育自由,但是政府又建立了教育团的垄断,并将之强加在宪章已经松绑的学校之上。"⑤

---

① Collectif, *Mélanges catholiques extraits de* l'Avenir, Paris: L'agence générale pour la défense de la liberté religieuse, 1832, p. 54.

② Félicité de Lamennais, *Œuvres posthumes de F. Lamennais. Correspondance, tome 2*, Paris: Paulin et Le Chevalier, 1859, p. 128.

③ Collectif, *Mélanges catholiques extraits de l'Avenir*, p. 426.

④ Collectif, *Mélanges catholiques extraits de l'Avenir*, p. 12.

⑤ Collectif, *Mélanges catholiques extraits de l'Avenir*, p. 325.

尽管《未来报》是为了教会的权力而斗争,但是其依据的自由思想,和当时天主教的正统思想格格不入,不断有人向上级揭发拉默内的"异端邪说",《未来报》陷入困境之中。1831 年底,拉默内、拉科代尔和蒙塔朗贝尔前往罗马,向新当选的教皇格里高利十六世(Grégoire ⅩⅥ)寻求支持。拉默内等向教皇说明了当时法国教会所处的困境,力陈教会接纳诸项自由的必要性,但是教皇既对法国天主教的情况缺乏了解,也不能容忍自由主义渗透进教皇国政教合一的体制。几个月后,教皇发布通谕《我感到惊讶》(*Mirari vos*),不点名地谴责了《未来报》的诸项观点,并重申了其天主教顽固派的立场。拉默内等人的越山主义成了一厢情愿,他们打着教皇的旗号,事先没有得到允许,事后没有得到认可。他们以为自己的理论有利于教皇,其实作为绝对君主的教皇根本不可能接受他们的方案。在教皇的压力之下,蒙塔朗贝尔和拉科代尔都表示屈服,《未来报》被迫停办,向政府争取教育自由的斗争也被迫停止。拉默内却逐渐走向了反叛的道路,1834 年他出版了《一个信徒的话》(*Parole d'un croyant*),以一种先知的口吻暗示了人民必将胜利,宣布其与教皇决裂,"他仍然会信奉全人类的天主教,而不是在他看来并非真天主教的教皇的天主教。"[1]此后,拉默内一直活跃在法国的政坛上,1848 年二月革命时一度和拉马丁走得很近。

《未来报》失败以后,天主教自由派的思想趋向于保守,发现了一条新的道路。蒙塔朗贝尔后来提出过"自由国家内的自由教会""教士的国民化和国民的天主教化"。[2] 持类似观点的还有圣母升天会的创办人埃马纽埃尔·达尔宗(Emmanuel d'Alzon)。达尔宗反对复辟王朝时期博纳尔鼓吹的君权神授理论,他写道:"根据真真切切的原则,权力应当是一元的,他就归纳为社会应该处于绝对君主制之下……但如下归纳是不

---

[1] Louis Girard, *Le Libéralisme en France de 1814 à 1848. Doctrine et Mouvement*, Paris: Centre de documentation universitaire, 1966, p. 87.

[2] 郭华榕:《法国政治思想史》,第 499 页。

对的,没有君主就没有权力,并且导致没有君主就没有秩序。"①达尔宗肯定人民主权的理论,相信旧制度会被革命埋葬,而天主教则是不可战胜的,因为"没有一个特定的社会能在不把神法当作社会法的情况下生存下来"②。所以,在达尔宗等人看来,占法国人口中大多数的天主教徒就是教会最大的力量源泉,只要不断扩大天主教的影响力,在议会选举中不断扩大优势,最后一定能让法国回归"教会的长女"的角色。这条道路在妥协的外衣下包藏着反动的原则,比顽固派更切合实际,更具有操作性,因此对世俗政权来说也更为危险。庇护九世未能发现其价值,但他的后继者利奥十三世就此提出了"归顺"。圣母升天会在德雷福斯事件中扮演了很不光彩的角色,这是后话。

在 19 世纪的天主教知识分子之中,自由派相比顽固派占据了更为显眼的位置,这是因为法国的社会环境需要天主教做出一些变革。但在政治舞台上,自由派始终只能在政府和教会的夹缝中艰难生存,《未来报》调和"上帝与自由"的努力最终还是成为泡影。自由派对于世俗化的影响也难以定论,尽管自由派曾经呼吁过政教分离,但这更多是出于对《教务专约》所规定的畸形体制的不满,拉默内等人提出的政教分离和后来 1905 年的政教分离在精神上相去甚远。还有些人的"妥协"只是一种机会主义的选项。总而言之,19 世纪天主教自由派对天主教的调整虽然不甚顺利,但或多或少提高了天主教对现代社会的适应能力,使得其在政教分离之后在法国仍然能生存下来。

第五节　政教关系和反教权主义

从 1801 年到 1905 年,法国的政教关系都在《教务专约》(包含之后补充的教会组织条款)的规定之下,其赋予拿破仑的种种权力为后来各

---

① Félicité de Lammenais, *Correspondance générale. Textes réunis, classés et annotés*, tome 6 (1834 - 1835), Paris: Armand Colin, 1977, p. 380.

② E. Lacoste, *Le P. François Picard*, Paris: Maison de la Bonne Presse, 1932, p. 142.

个政权所继承,是理解这一历史阶段政教关系的基本文献。《教务专约》承认"天主教是法国大多数公民所信仰的宗教"——这是处于国教和政教分离之间的中间说法;政府获得了主教的提名权,教士需效忠国家并为国家祈祷;政府根据革命后的行政区划重新划分了全国的教区,教会设立新的教区需得到政府同意;教会不再追索大革命中被没收的教产,改由国家设立宗教预算并向教士发放薪俸作为补偿,内阁中的宗教大臣负责管理相关事务①。《教务专约》的主要精神是将天主教视为国家统治的精神支柱并加以利用,国家也因此支持和保护宗教事业。

在政教体制稳定的背后是思想的剧烈变动,法国的反教权主义(anticléricalisme)在这一时期发展起来了。反教权主义一词并不古老,大约在19世纪中期才出现②,其中有"教士"(clerc),也有"反"的前缀(anti-),指的是"反对教士或者教会对于政治的干预"。一般而言,反教权主义有以下几种表现形式:强调社会的世俗化,主张政教分离,反对教会对于公共生活的控制;强调理性和思想自由,反对教会对于思想的控制;强调个人和家庭生活的自由,反对教士对于私人领域的干涉。所以,反教权主义并不等同于反天主教(anti-catholicisme)或者是反宗教(antireligion),也不是无神论(athéisme)。大多数反教权主义者并不会全盘否定天主教,反对的重点在于教会的政治权力和社会权力。理解反教权主义对于19世纪法国政教关系有着重要的意义。正因为有1814—1870年间反教权主义的发展,为1879年以后费里等人推行世俗化政策打下基础,最后导致1905年政教分离。

一、复辟王朝和七月王朝时期的政教关系

复辟王朝和七月王朝是两个对天主教态度截然不同的政权。复辟王朝主张君权与教权联盟,希望能恢复到革命之前的政教关系,教会在政

---

① Concordat de 1801, Article 1, 5, 6 et 14.
② René Rémond, *L'Anticléricalisme en France*, Paris: Fayard, 1999, p. 9.

治生活中有着巨大的影响力。七月王朝对教会的政策较为冷淡,为了照顾掌权的金融贵族的利益,执行了不少反教权的政策,令教会相当不满。

复辟王朝的《1814 年宪章》延续了《教务专约》的一些条款,比如第五条"每个人有平等的自由信仰宗教,获得相同的保护",第七条"大公的、使徒的、罗马的宗教人员,以及其他基督信仰的人员,由国库支取薪俸",大革命时期出售的教产也不再追回。但其中的第六条承认"大公的、使徒的、罗马的宗教是国教(la religion de l'État)"①,与《教务专约》仅承认天主教是法国大多数人信仰的宗教的提法不同,相当于恢复了天主教在革命之前的地位。路易十八折中的处理方法未能使极端分子们满意,他们希望全面复辟旧制度——取消宗教自由并且追回教产,废黜拿破仑所任命的各位主教,废除《1801 年教务专约》,重新签订一份新的教务专约。

1814 年 8 月,法国向罗马派出贝桑松大主教科尔图瓦(Gabriel Cortois de Pressigny, 1745—1823)作为大使,着手谈判新的教务专约。但教廷对此缺乏兴趣,谈判也一度受到百日王朝的影响而中断。法国方面认为科尔图瓦谈判不力,于 1816 年 5 月任命一向主张全面复辟旧制度的布拉卡伯爵(Pierre Louis Jean Casimir de Blacas,1771—1839)为大使,希望能够推动谈判。直接将政教关系恢复到 1789 年的状态固然是最为方便的途径,但这涉及教廷在阿维尼翁和维奈森伯国②(Comtat Venaissin)的建制,是法国无法接受的条件。谈判在 1816 年的夏天一直处于僵局之中,毫无进展。之后,首相黎塞留公爵放弃了回归 1789 年的目标,改为恢复 1516 年签订的《博洛尼亚教务专约》。教廷对这一方案感到满意,在 8 月 25 日签订了一项协议,经过一系列谈判之后在 1817 年 6 月 11 日签订了新的《教务专约》,即《1817 年教务专约》。《1817 年教务专约》废除了《1801 年教务专约》的大部分条款,但将拿破仑时期的教区建制保留了下来,并新增了一些教区,国王也据此任命了一批主教。

---

① *Charte Constitutionnelle de 1814*,article 5,6 et 7.
② 该地自阿维尼翁教皇时期就是教皇的领地,直到大革命期间才并入法国。

但新的教务专约在法国国内遭到了强烈的抵制:1816年议会改选后,温和保王派和自由派占优,拒绝批准教务专约,另外路易十八的宫廷也有自己高卢主义的小算盘,《1817年教务专约》始终寸步难行。在很长一段时间内,那些新任命的主教都无法根据《1817年教务专约》上任。直到1819年贝里公爵遇刺后,政治风气变得更为保守和教权主义,巴黎和罗马在一些具体问题上能达成协议,但仍不足以推翻《1801年教务专约》。

1825年查理十世的加冕是复辟时期政教关系的一个重要转折,查理十世选择了最传统的方式——在兰斯圣母院加冕,采用旧制度时期的典礼,进行祝圣涂油,旨在唤起过去君权神授的记忆,将自己装扮成"虔诚基督徒国王"。此后直到1830年,政教关系达到19世纪最紧密的阶段,查理十世狂热地执行各种教权主义政策,比如1825年4月25日通过一项法令,偷窃或者侮辱教会财产将会被处以重罪,另一些罪名将会采用古老残忍的刑罚,比如弑父者将会被砍掉双手后处死。

在1830年七月革命之中,很多人通过针对教会的暴力事件来发泄对查理十世政策的不满,比如打砸教堂、抢劫教产、追打神职人员等。许多高级神职人员担心再次出现革命,纷纷选择出逃国外,其中包括数位大主教和枢机主教。随着路易·菲利普的上台,局势逐渐稳定下来,暴力也没有持续下去。罗马方面虽然对革命颇有微词,但也很快承认了既定事实。

七月王朝总体来说对教会并不友好,《1830年宪章》中废弃了将天主教作为国教的说法,而是回到了"大公的、使徒的、罗马的宗教是大多数法国人信仰的宗教"①,也重新确认了各项信仰自由的原则。由于一些正统派和天主教议员拒绝向路易·菲利普效忠,也拒绝参加后来的议会选举,相当于这些人在议会中缺席,所以七月王朝的议会具有反教权的倾向——议会要求教士依照《教务专约》向新君主宣誓。1832年议会出于预算的考虑,试图削减教区的数量,此举遭到教皇的强烈反对,未能实

---

① *Charte constitutionnelle de 1830*, article 6.

行。作为国王,路易·菲利普和查理十世的理念是不同的,他在公众场合将自己表演成一个世俗的国王,只有在私人场合才表现出对宗教活动的热心。

贯穿七月王朝时期政教关系的一件大事是由《未来报》"三驾马车"领导的反对教育团、争取教育自由权的斗争,在这一斗争中,天主教顽固派和天主教自由派联合起来,共同给政府施加压力。教育团是拿破仑时期建立的一种制度,目的是监管全国各级公共教育,宗教课程也不例外。教育团虽说有宗教人士参与在内,但这一机构总体是由世俗人士把持的,推行的政策也偏向世俗教育,令激进的教会人士极为不满,认为是《教务专约》所象征的政府干涉教会的表现。"三驾马车"在 1830 年成立"争取捍卫宗教自由总事务所"(l'agence générale pour la défense de la liberté religieuse),未经许可公然开办学校对抗政府,也因此惹上官司并引发社会争论,后来在蒙塔朗贝尔的辩护下才得以从轻处罚。在《未来报》被教皇谴责并失败以后,争取教育自由的斗争还在继续,并在 1833年促成了《基佐法》的通过。这个法令实现了在初等教育领域的自由办学,教育团不再监管这一领域,各种修会办学得以大肆扩张。天主教阵营并不满足于此,希望能进一步实现中等教育的自由化,但法案均未能在议会通过。于是蒙塔朗贝尔呼吁使用一切可能的方式进行斗争,其中就包括宪章所赋予的出版自由。在 1840 年后出现了大量鼓吹教育自由的报纸和小册子,其中脱颖而出的是弗约和他的《宇宙报》,指责教育团的专断伤害了宗教和道德,也有违宪章的精神。法国主教们也在巴黎大主教阿夫尔(Denys Affre)的带领下,联名上书国王,要求教育自由化,给政府造成了很大的舆论压力,基佐只能依靠议会中的多数来苦苦支撑。这是教权主义和反教权主义在 19 世纪前期的一次重要交锋。

二、复辟王朝和七月王朝时期的反教权主义

这两个王朝是法国反教权主义萌芽的时期。大革命时期已经实行过一次政教分离,但在 1801 年被《教务专约》修正。随着波旁王朝复辟,革命的世俗化成果正在被一点点取消,教会的权力被一点点恢复。教会不仅在人员和机构上扩张很快,野心也膨胀了起来,向往着旧制度甚至是中世纪。所以在 1814 年至 1848 年间,反教权主义批判的内容一方面和以前很相似,教会内部的老问题随着复辟死灰复燃,在另一方面则直接和时代相关——维护大革命中确立的原则,抵抗教会权力的反扑。

对于教会内部的那些老问题的批判,大多数集中于道德层面。当时,道德层面上的反教权主义可以分为两种类型:第一种类型并不质疑天主教教义的合理性,他们对于教会的批评主要落在其双重标准上,对别人要求清规戒律,对自己则宽松放纵;第二种类型对于天主教教义采取一种分辨的态度,以理性或人性作为标准,批判一部分,赞成另一部分。[1] 众所周知,基督教的教义在财产上主张清贫、节俭,生活上要求禁欲,教会在这些方面从来都和理想相去甚远。法国天主教会的财富很可观,虽然在大革命中被洗劫了一次,但在重建的过程中还是积累起了巨量的财富。1840 年,教士们的收入是 43 301 法郎,本金有 1 222 160 法郎,还有超过 80 000 利弗尔的利息。[2] 尽管在法理上,教产国有化随着《教务专约》的签订而被确定下来,但是教会追讨教产的声音却从未平息过。如此两者,就让教会背上了敛财和贪婪的恶名。教士的私生活更是教会从中世纪以来的老问题,曼格拉神甫案(Affaire du Curé Mingrat)就是当时的一个典型案例。曼格拉神甫走出神学院时还不满 20 岁,在格勒诺布尔附近的一个堂区任职,神甫在表面上整顿当地风俗,反对酗酒跳舞,暗地里却利用教书之便,诱奸了一个 15 岁左右的女孩并使之怀孕。之后为了掩人耳目,神甫将她秘密杀害。但曼格拉神甫并没有因为此事受到严惩,几年后在另一个堂区,他再次利用告解的便利和一个有夫之妇通奸,然后再次为了掩盖罪行将她杀害。此事后来见诸报端,舆论哗然。曼格拉神甫最后缺席审判并被判处死刑,但他本人却逃亡撒丁

---

① René Rémond, René, *L'Anticléricalisme en France*, pp. 27 - 30.

② François Génin, *Les Jésuites et l'Université*, Paris: Paulin, 1844, p. 256.

王国逍遥法外。对于这一案件,教会不仅因为包庇曼格拉神甫受到抨击,更因为坚持教士独身制而受到批判——曼格拉神甫年方二十,如何耐得住寂寞? 教会可以允许一个教士奸淫杀人,唯独不允许教士结婚。

批判教会的另一个旧靶子是耶稣会。耶稣会由于独尊教皇,在法国一向不受欢迎,1763 年被法国下令驱逐,1773 年被下令解散。1815 年随着教皇恢复耶稣会,耶稣会也回到了法国,重建了它的根据地、支部、学校等,对耶稣会的抨击也随之而来。由于耶稣会组织严密,又相对独立于教会,在外人眼中的形象有些妖魔化。耶稣会一般要求下级对上级绝对服从,耶稣会的各个头目被形容为一个个小暴君,一方面自己享受着锦衣玉食的生活,另一方面对下级施行肉体和精神上的双重压迫。新进入耶稣会的年轻子弟一般会受到洗脑,被要求切断与原有语言、家庭和国家的联系,然后受到体罚和戒律的规训。由于耶稣会是复辟后教会重建的急先锋,在此中出力甚多,引起了不少人的恐慌——他们一方面担忧耶稣会独立的行事风格,认为其如同一个"国中之国",不受国家权力的约束;另一方面也怀疑耶稣会的政治目的,认为他们希望全盘恢复旧制度,乃至建立神权统治。即便是他们的正统派盟友,由于耶稣会只对教皇效忠,两者在政治上也有冲突。正统派往往会倾向于高卢主义,主张王室在宗教事务上的权力,这和耶稣会主张教皇权力相互冲突,似乎是 18 世纪国王与耶稣会冲突的回声。耶稣会同样有双重标准、言行不一的问题——鼓吹节制却喜好奢侈,鼓吹忍耐却渴望权力。在 19 世纪的耶稣会"黑色神话"之中,他们被形容为"一半是狐狸,一半是豺狼"①。

这一时期,反教权主义所提出的一些新问题主要围绕着大革命和拿破仑时期所建立的一些世俗的社会制度展开,是应当坚持 1789 年的精神,还是回到旧制度之下? 首先是教育问题。根据体制,由教会所运作的神学院不在教育团的监管范围之内,而且神学院不局限于培养教士,

---

① Pierre‐Jean de Béranger, *CEuvres complètes de Béranger*, tome 2, Paris: H. Fournier, 1839, p. 31.

俗人也可以进入神学院就读。拿破仑时期的将军福瓦（Maximilien
Sébastien Foy，1775—1825）就谈过以下两点：一、根据宪法和法律，教育
团在教育领域内具有垄断地位，教育团作为一个机构以及它的权力和推
行的方针，都受到法律保护。任何挑战教育团的行为，以及脱离教育团
监管的办学都属于非法，应予取缔。二、对国家的团结而言，一个垄断的
教育机构和一种世俗的、统一的教育方针非常重要，而那些居心叵测的
教士以各种手段——小玩具、小礼物、小恩小惠——引诱年轻人去接受
他们的教育，在其中有许多不利于国家的成分。长此以往，两种教育会
造就两种不同的年轻一代，可能会导致人心不齐。[①] 反教权主义者在教
育问题上的观点和拉默内等人正好相反，一方认为教育团未起到监管职
责，另一方却认为管得太多。

　　与教育问题相类似的另一个问题是，教会是否应当在民政事务中享
有权力。在旧制度下，每个人的出生、婚姻和死亡总是和教会联系在一
起。而在大革命之中，这些民政事务的管辖权都收归于国家。在复辟王
朝时期，就有极端保皇党人和教士主张恢复过去的制度。反教权主义者
一般根据国家主权原则进行反击：民事属于国家内部事务，理所应当交
给国家管理；天主教会的首领是罗马教皇——一个外国君主，不可以插
手国家内部事务。

　　复辟王朝和七月王朝时期，反教权主义在这一阶段的策略是保卫
《教务专约》，确保政府有干涉教会的权力；天主教方面无论是顽固派还
是自由派都希望废除《教务专约》，激进分子如拉默内甚至喊出了政教分
离的口号，这与第三共和国时期双方的态度正好相反。不过在思想层
面，各个阵营已经基本形成，天主教顽固派坚持过去的做法，天主教自由
派试图调和宗教与自由，而反教权主义者则坚持理性和革命遗产，反对
教会的世俗权力，这些要素在整个19世纪内都不曾变化，对后来的政教
斗争和世俗化影响深远。

[①] René Rémond, *L'Anticléricalisme en France*, pp. 113 - 115.

三、第二共和国和第二帝国时期的政教关系

这两个政权都在拿破仑三世的领导之下,一般认为其政策偏向于教权主义。拿破仑三世的宗教政策也可以分为两个阶段,但这两个阶段与政权变化不重合。第一阶段是 1848 年至 1858 年,其间无论是"秩序党"还是拿破仑三世都将天主教作为统治支柱,实行有利于天主教的政策,天主教方面也以选票加以报答。1858 年至 1870 年为第二阶段,拿破仑三世调整政策支持意大利统一,威胁到教皇国的生存,双方关系急转直下,拿破仑三世重新抬出了主张法国教会自主的高卢主义,与支持教皇的越山主义抗衡。

对天主教而言,1848 年二月革命的总体基调是和谐的,没有发生太多冲击教会的事件。天主教也不像过去抵制七月革命一样抵制二月革命,许多教士种下自由树,为共和国祈祷。在制宪会议的选举中,天主教的头面人物都有当选,并积极地投身于当时的政治议论当中。然而这种假象很快在六月起义之中破灭了,巴黎大主教德尼·阿夫尔在试图劝说起义工人时被子弹击中,于两日后宣告不治。这是一次具有象征意义的事件,掐灭了天主教会与共和国和解的苗头,使天主教会重新走上反共和国的道路。

随后举行的立法会议选举和总统选举中,在天主教会的大力支持下——神甫们带领农民们去投保守派的票——"秩序党"和路易-拿破仑胜出。路易-拿破仑总统领导下的政府很多政策都投教会所好,尤其以干涉罗马的决策和通过《法卢法》最为重要。1849 年,罗马发生动乱,教皇庇护九世(Pie IX)出逃,朱塞佩·马志尼(Giuseppe Mazzini)等人宣布成立罗马共和国。法国议会投票通过派出由尼古拉·乌迪诺将军(Nicolas Oudinot)率领的远征军干涉罗马共和国,这支部队很快地倒向教皇一方,并攻下罗马使教皇复位。这个决定的影响是很深远的,不仅开启了拿破仑三世对于意大利长达 20 年的干涉,并且在这段时间内教廷的安危一直由法国的军力作为保障,直到帝国覆灭为止。1850 年,时

任宗教和公共教育部长的法卢推动并通过了《法卢法》,使中等教育得以自由化。这是自使初等教育自由化的《基佐法》以来天主教阵营的又一次重大胜利,可以视之为天主教阵营终于实现了自拿破仑一世建立教育团以来奋斗了 40 多年的目标。

当路易-拿破仑于 1851 年 12 月 2 日发动政变之时,除了天主教自由派对此有些微词外,大部分天主教人士都表示了支持,弗约写道:"自 12 月 2 日以来,善良在法国还有地位,和平还有保证,文明还有未来……公共动乱已经停止。我们必须要说我们希望明天 1851 年的伟大成就能保留下来,常态化,并有所发展……在天主面前和在人民面前,作为法国人和作为天主教徒,我们摸着良心说:是的! 一百次,是的!"[1]在他们眼中,路易-拿破仑是收复罗马的英雄,是教廷的守护者。在路易-拿破仑本人看来,只有信奉天主教的君主才是合法的统治者。在宗教活动上,他比路易-菲利普要积极得多,在元旦和圣母升天节等公众节日的庆祝上,都采用了天主教的仪式。在他的家庭生活中,如他本人和欧仁妮皇后的婚礼,还有欧仁皇太子的洗礼,都采用了天主教的传统做法。这些都旨在唤起对于中世纪天主教国王的记忆。拿破仑三世和天主教会有过很愉快的合作:从 1851 年到 1870 年,给予教会的各项拨款逐年增加,从 44 268 611法郎到49 134 031法郎[2];教会的人员和各种机构,在第二帝国期间发展得也很快,建立了超过 1 600 个堂区,每年新增的教士数量在 1 300 人到 1 500 人之间[3];天主教也在选举中支持政府,力争让官方候选人胜选,得以巩固政权。

这一时期,拿破仑三世的统治表现出一定程度的俗权与教权的联盟,任何对于天主教会的冒犯会被视为对政权本身的冒犯。即便如此,拿破仑

---

① Louis Veuillot, *Mélanges religieux, historiques, politiques et littéraires*, tome 5, pp. 443 - 444.

② Jacques - Olivier Boudon, *Religion et Politique en France depuis 1789*, Paris: Armand Colin, 2007, p. 81.

③ André Encrévé, *Le Second Empire*, Paris: PUF, 2004, p. 62.

三世在宗教问题上也没有走得更远。他仍然坚持伯父拿破仑一世所签订的《教务专约》中的各项条款，无意将天主教抬高到国教的位置，并且保持其他宗教的信仰自由。在教育问题上，帝国政府仍然保持一定程度上的控制，而对于高等教育，则没有使之步初等教育和中等教育的后尘。

拿破仑三世与教会关系的转折出现在 1858 年，其诱因是拿破仑三世在对意大利政策上的转变。拿破仑三世本人很早就与意大利联系在一起，他和兄长曾经在 1831 年参加过烧炭党起义，为意大利统一而战斗。获得权力之后，他曾被许多意大利人寄予厚望，然而他却选择了干涉罗马并与教皇联盟。1858 年 1 月 14 日晚发生了奥尔西尼刺杀事件，意大利爱国者费利斯·奥尔西尼（Felice Orsini）等人向拿破仑三世的车队扔出三枚炸弹，造成 8 死 156 伤，但皇帝本人毫发无伤。刺杀虽然失败，奥尔西尼也被捕处死，但他在狱中上书"我恳求陛下关注意大利人在 1849 年失去的独立……陛下能如此的号召意大利人，就像从前在我的父亲那里，他曾经为拿破仑大帝抛洒热血"[1]。这些文字在某种意义上打动了拿破仑三世，并被允许在报纸上刊登，政府逐渐开始调整对意大利的政策。同年 7 月 21 日，拿破仑三世与撒丁王国首相加富尔伯爵举行秘密会谈，达成协议。1859 年，法国-撒丁和控制意大利北部的奥地利发生战争，联军获胜，撒丁王国获得大量领土。随后，撒丁王国很快并入了中意大利诸小邦、博洛尼亚地区（属于教皇国）和两西西里王国。1860 年，教皇国的翁布里亚和马尔凯两地发生动乱，反抗教皇统治，之后也并入撒丁王国。接着，1861 年维克托-埃玛纽埃尔二世将撒丁王国改称为意大利王国，自称意大利国王，迁都佛罗伦萨。至此，意大利除了奥地利统治下的威尼西亚，只剩下了罗马尚未并入，罗马问题（question Romaine），即教皇国的存废问题变得极为尖锐。

在意大利政治版图迅速变化的同时，1858 年 9 月底爆发了莫尔塔拉事件（affaire Mortara）。埃德加多·莫尔塔拉（Edgardo Mortara）是意大

---

[1] Taxile Delord, *Histoire illustrée du Second Empire*, tome 2, p. 363.

利博洛尼亚一个犹太家庭的小男孩,1854年时,小莫尔塔拉身患重病,眼看就要夭折,家里的女仆偷偷为他作了洗礼,后来竟奇迹般痊愈了。这件事后来被教廷方面得知,一日深夜,破门而入的宪兵把他从父母身边带走,当时他年仅6岁。随后他被送往罗马接受正统的天主教洗礼和教育,不得与父母相见,一时舆论哗然。在自由思想者看来,首先,教廷此举违反了自然理性,儿童应当和父母在一起,这是千百年来自然而然之事,教廷却抢走孩子,不许其与父母相见;其次,教廷在此事上极为蛮横,使用了国家暴力机器,即使天主教信仰是正确的,也不应该使用如此手段。拿破仑三世从这一事件中嗅出了不同寻常的气味,责令外交部交涉此事,要求将小莫尔塔拉还给父母,但被教廷回绝。1859年战事结束后,拿破仑三世授意出版小册子,鼓吹"土地越小,君权越大"①,再次向教廷施压,要求教廷让出罗马外围的地区。教廷自然加以拒绝,法国与教廷的关系转入对抗的轨道,教皇庇护九世发表了通谕《无人可以》(*Nullis Certe*)谴责拿破仑三世的意大利政策,政府也针锋相对,禁止刊登教皇通谕。

对于拿破仑三世的这种政策,法国内部的天主教徒出现了不稳的迹象。弗约三番五次在《宇宙报》上含沙射影,呼吁保持教皇的权力和教皇国的领土完整,并顶风作案刊登了教皇通谕,导致他的报纸被政府查封。在选举问题上,教会也改变了以往对帝国政府的支持配合,反而频频在地方选举和议会选举中作梗。面对这种局面,政府重新抬出了高卢主义与之抗衡,并掺杂了波拿巴主义的色彩:皇帝的权威是至高无上的,教会无权干涉帝国的各项政策,帝国的政策将以帝国的利益为驱动,而非以教廷的利益为驱动,就如时任宗教部长古斯塔夫·鲁兰(Gustave Rouland)所说:"如果我们允许教廷大使插手国内宗教事务……这是我们的法律所不允许的,也是我们的教士所不认可的。"②在1860年后,帝国政府任命了一批具有高卢主义色彩的主教,如巴黎大主教乔治·达尔

---

① Adrien Dansette, *Histoire du Second Empire*, tome 2, Paris: Hachette, 1972, p. 179.

② Archives parlementaires, *Annales du Sénat et du Corps Législatif* (1865), tome 1, *du 15 février au 17 mars 1865*, Paris: Administration du moniteur universel, 1865, p. 81.

布瓦(Georges Darboy),这些人大多在 1870 年第一次梵蒂冈公会议(Concile de Vatican Ⅰ)上反对"教皇无谬论"。

尽管双边关系紧张,但帝国从未放弃过防守罗马。1866 年 12 月法军曾一度撤回国内,但在 1867 年 10 月罗马再度告急之时,帝国还是派出了远征军在门塔纳打败了加里波第率领的队伍。在教皇国的存废问题上,拿破仑三世的政策是有些矛盾的,一方面要求教皇让出土地,促进意大利的统一,另一方面保卫罗马城的正是法国军队。在两者之间他始终举棋不定,原因可能是对一个统一而强大的意大利的忌惮,也可能出于对法国天主教势力拉拢还是打压之间的犹豫。直到 1870 年普法战争中法军失利,远征军奉命撤回国内,意大利军队才攻克罗马。第二帝国和教皇国先后覆灭。

拿破仑三世的宗教政策总体而言是倾向于和天主教会联盟的,因为绝大多数法国人都是天主教徒,教士的支持意味着政权的稳固。"王座与祭坛"(le trone et l'autel)的联盟以双方的共同利益作为基础:对于拿破仑三世来说,他最危险的敌人是各种自由派、共和派;对于教会来说,那些思想同样在《邪说概要》中被谴责。拿破仑三世时期的政教关系给反教权主义者上了生动的一课:波拿巴总统甘做教会的马前卒,以及教会对于政变的支持,诠释了教权主义是如何威胁共和制的;拿破仑三世在政变后实行专制统治,教会是其中一个重要的帮凶,告诉人们教权主义是如何威胁自由的;拿破仑三世在意大利政策上的踟蹰又显示出教会对于国家政策的牵制,法国的利益有时需要为教廷的利益让路。这一切都使得反教权主义对教权主义的认识水平有所提高,先前它认为教会仅仅是正统派的盟友,其实教会可以和任何有意者进行政治利益的交易,来实现彼此的政治野心,并且这种交易一定会危害法国的共和国精神,所以必须斩断教会的世俗政治势力。

四、第二共和国和第二帝国时期的反教权主义

对于大革命精神的继承者来说,1848 年的第二共和国来之不易,他们

等得太久了。然而这是个短命的政权,总统在教会的支持下发动了政变。于是,当时的反教权主义者不禁思考,天主教会究竟能否与共和制共存?

答案是否定的。首先,在政治上,反教权主义者认为教会不能够接纳法国的政治制度。在政治实践上,19世纪法国任何一个政权都有代议制的成分。而教会的制度是一个金字塔型的结构,神甫服从于主教,而主教服从于教皇,教皇是绝对君主。如果教会能真心地接受法国的政治制度,为什么不能接受罗马共和国呢?所以教士对于共和国的祝福一定是假惺惺的。在政治理论上,法国当下制度的理论基础是启蒙的、自由的、平等的,或许有些成分有基督教的根源,但总的来说与教会的理论相去甚远。教会的权力来自天上,教皇是天主在世上的代理人,他的权力绝不来自人民。所以教会不仅不可能接受法国的政治制度和理念,而且还是法国的对立面。其次,反教权主义者认为教会不能够认同思想自由。从历史上看,教会有圣巴多罗缪日屠杀和宗教裁判所这样的污点。在现实中,教会同样表现得非常固执:启蒙理性,教会反对之;科学技术的发展,教会反对之;现代社会的变革,教会反对之。《邪说概要》更是将这一立场官方化、顽固化,思想上的矛盾变得无法调和。所以,反教权主义者经常指责教会落伍,无法适应19世纪的时代精神,就如勒南所言,"教会在原地踏步,是陈旧思想的代表者"[1]。

教育问题仍然是反教权主义关注的一个重点。曾经教育团起到了抵抗天主教教育堡垒的作用,反教权主义者只要维护了教育团的权威,就足以达到他们的目的。《法卢法》通过以后,教育团的权威被大大地削弱。反教权主义者需要更直接地批判天主教教育:首先,天主教教育不道德、不人性。这颇为讽刺,天主教教育之所以大行其道,是因为打出了匡正社会道德的旗号。反教权主义者在教义问答中就发现了一些不合情理之处,例如:"问:是否在某种情况下可杀害无辜?答:绝不可在任何

---

① Ernest Renan, *CEuvres complètes de Ernest Renan*, tome 1, Paris: Calmann - Lévy, 1947, p. 301.

情况下直接杀害无辜,即使出于公共利益的目的。但在危重紧急之时,可以作为好事——尽管此事会造成一个或者更多无辜者的死亡,但前提是有一个好的目的,并且犹豫不决反而会造成更大的恶。"①这样的说辞极容易让人联想到圣巴多罗缪日屠杀。其次,天主教教育不符合社会需求。19 世纪是一个科学技术高速发展的时代,社会上需要各种专业人才。但在天主教学校中只会教清规戒律,不鼓励学生怀疑思考,只要求死记硬背、盲从听话。比起专业的工程师学校,天主教学校培养出来的学生能做什么呢?② 再其次,和前一个时期一样,天主教教育的过度发展将对国家不利,造成年轻一代的分裂。世俗的教育将学生塑造成爱国的公民,宗教的教育将学生塑造成虔诚的信徒;世俗教育指向民族主义,宗教教育指向越山主义;世俗教育以国法为纲,宗教教育以教规为纪。那些接受宗教教育的人,可能最终不能为国所用。

第二共和国和第二帝国时期是反教权主义在理论上成熟的年代,奠定了第三共和国时期斗争白热化的基础。在反教权主义看来,教会既不能接受也无法适应法国当时的政治体制和政治利益,双方没有多少调和的空间,并且提出了明确的政治目标——政教分离,就如同雨果所说:"教会归教会的,国家归国家的"(l'Église chez elle, l'État chez lui)③。

① René Rémond, *L'Anticléricalisme en France*, p. 152.
② 其实天主教学校也教些数理化知识,在社会上能得到认可,但总不如世俗学校教得多、教得好。
③ Victor Hugo, *Œuvres complètes de Victor Hugo*, *Actes et Paroles I*, Paris: Albin Michel, 1937, p. 181.

第八章　1814—1870年的法国史学

在很大程度上,19世纪法国史学的繁荣乃是基于对法国大革命的某种反动。在大革命期间,许多革命者鼓吹和过去彻底决裂。西耶斯毫不留情地批判贵族和王权理论家的复古立场,批判他们"妄图在往昔中探求未来的应然面貌,在充斥谬误与谎言的可鄙传统中寻找重建公共秩序的法律"。[①] 拉博·圣艾蒂安(Rabaut Saint-Étienne)更是斩钉截铁地宣称:"我们的历史不是我们的法令。"[②]

拿破仑帝国覆灭后,旧的秩序已经坍塌,但新的制度却无从建立。如何终结这样一种混乱无序的状态? 法国民众无从知晓,也不知所措。他们在后革命时代的彷徨心态,在诗人缪塞的笔下得到了惟妙惟肖的刻画:"眼前的世纪,把往昔与今朝分离开来,既非往昔,也非今朝,但它同时又既像是彼又像是此。在这个世纪中,人们并不知晓自己每走的一步,是踏在一粒种子上,还是踩在一份残羹上。"缪塞指出,无论是王权、神权抑或人权,已经被统统打翻在地,"失去了人们的信仰"[③]。

---

① Sièyes, *Vues sur Les Moyens d'Exécutions don't les Représentants de la France Pourront Disposer en* 1789, p. 32.

② Rabaut Saint-Étienne, *Considérations sur les Intérêts du Tiers État*, p. 13.

③ 缪塞:《一个世纪儿的忏悔》,陈筱卿译,北京:北京燕山出版社,2000年,第8—9页。

在王权、神权与人权的权威丧失殆尽的情况下,历史似乎成了唯一可能的信仰。

雾月政变后,担任第一执政的路易-拿破仑清楚地知道和过去彻底决裂的危险,试图将新法国嫁接到往昔的传统之上。1801 年,路易-拿破仑和梵蒂冈签署《教务专约》,承认天主教是"法国大多数人的宗教"。同年,夏多布里昂出版《基督教真理》,指出基督教是昔日法国的本质,并和旧君主制水乳交融。《基督教真理》取得了巨大成功,在 10 个月内就销售了 4 000 册。拿破仑三世本人可能对它也持欢迎态度,因为 1803 年的新版序言宣称"执政波拿巴保护它"。不久,夏多布里昂被任命为法国驻罗马使馆的秘书。1809 年,夏多布里昂出版《殉道者》,栩栩如生地描绘了罗马人的堕落、福音使徒的牺牲和法兰克人的入侵。《基督教真理》和《殉道者》虽然不是历史学著作,但对 19 世纪法国的许多历史学家产生了强烈的冲击。在夏多布里昂的影响下,19 世纪的法国人不再像 18 世纪的前辈那样,认为罗马帝国解体以来的欧洲生活在野蛮、迷信和黑暗之中。相反,人们更多地把外族入侵、哥特式教堂、封建制以及君主制看作是现代欧洲文明的重要源泉。

在历史领域内,考古学家和历史学家重拾被大革命中断的工作,重续 18 世纪本笃会的治史传统。不少人开始重新书写法国历史。同时,重新掀起了一场研究古代高卢的热潮,1805 年成立了凯尔特学院。同年,安克蒂尔(Anquetil)在剪裁维莱神甫等前人著作的基础上,出版《法国史》,描述了外族入侵以来的法国历史。1808 年,米肖(Michaud)出版《十字军的历史》。但总体而言,由于实行严格的出版审查制度,帝国时期的法国史学著作更多地继承了旧制度时期的编年史学,鲜有创见。

第一帝国的覆灭迎来了法国史学的复苏。需要指出,在 1814—1870 年期间,无论是各个政权的拥护者,还是它们的反对者,都纷纷到历史当中寻找执政的依据或反抗的理由。正如第三共和国著名历史学家卡米耶・朱利安(Camille Jullian)所言:"当权派诉诸往昔,以求成为主人;而自由派的青年诉诸过去,为自身的原则辩护。"①政治斗争的现实需要推动法国的有识之士投身史学研究,催生了一场令人瞩目的史学革命。然而,鲜明的现时主义和迥异的政治立场,也导致不同政权统治下的史学作品呈现出各不相同的风貌,得出了大相径庭的结论。

第一节　复辟时期的自由派史学

拿破仑帝国覆灭后,法国社会分裂成两大对立的阵营。流亡贵族和复辟的波旁王朝主张重建特权,恢复昔日的社会;新法国的拥护者则竭力维护大革命的成果。为了捍卫各自的事业,双方都纷纷诉诸往昔,寻找其政治斗争的历史合理性。

一、自由派史学的兴起

流亡归来的贵族和波旁王朝都希望恢复过去,但前者的梦想是重建贵族能够分享政治特权的封建君主制,而后者的目标是恢复君主大权独揽的绝对君主制。贵族和王权的政治分歧也影响到他们对待历史的迥然态度。

1814 年,贵族蒙特洛西埃出版《论法国君主制》②,寻找重建封建特权的历史依据。蒙特洛西埃曾经入选过制宪议会,坚决捍卫领主特权,后来被迫流亡英国,对革命原则始终充满仇恨。雾月政变后,他重返法国。第一执政路易-拿破仑要求蒙特洛西埃撰写一部新的法国史,希望他为旧制度与新社会的和解提供历史注脚。③ 但是,蒙特洛西埃在接受

---

① Félicité de Lamennais, *Extraits des historiens français du XIXe siècle*, publiés, annotés, et précédé d'une introduction sur l'histoire en France, par Camille Jullian, Paris: Hachette, 1897, p. XIV.

② Le Comte de Montlosier, *De la Monarchie Française Depuis Son établissement Jusqu'à Nos Jours*, 2 tomes, Paris: H. Nicollle Librairie, M. DCCC. XIV.

③ 根据蒙氏的说法,路易-拿破仑希望其著作讨论四方面的内容:"1)法国及其制度的旧状况; 2)大革命摆脱此种状况的方法;3)为扭转大革命所做的努力;4)论第一执政在这方面取得的成功及其重建法国的诸种努力。"(Montlosier, *De la monarchie française*, tome I, p. V.)

任务后,并没有遵循拿破仑的旨意,反而却重弹布兰维利埃(Boulainvilliers)的老调,捍卫贵族特权,宣扬种族对立。[1]

蒙特洛西埃表示,法国贵族是征服者法兰克人的子孙,他们热爱自由,珍视独立,所以更适合行使政治权力;相反,作为被征服者高卢人和罗马人的后裔,第三等级的解放却是仰人鼻息的结果,它离不开王权的支持:"至高无上的人民只是在享受前辈君主的成果;它亦步亦趋地追随国王、高等法院、法学家以及学者为他们指定的道路。"[2]他认为,第三等级既不知道如何行使权力,也不配拥有政治自由,哪怕革命者"确认了人民拥有至高无上的地位,那也枉费心机",因为"不知道如何行使权力的人民,只会把权力交给国民公会。和人民同样愚蠢的国民公会,又会把权力转给救国委员会。救国委员会则很快证明,它和国民公会一样无能。"[3]

蒙特洛西埃的《论法国君主制》在 1807 年已经完稿,但由于其鼓吹种族对立的主张和拿破仑实现国家和解的意志背道而驰,所以没有通过出版审查。波旁王朝复辟后,《论法国君主制》才得以重见天日。蒙特洛西埃否定人民主权,反对贵族与第三等级分享政治权力的观点受到了流亡贵族的追捧。

国王路易十八清醒地知道,经过大革命和帝国战争洗礼的法国民众已经无法容忍绝对主义,所以他拒斥蒙特洛西埃关于法国是由两个永久对立的种族构成的论断。但是,复辟王朝也不会放弃从历史当中寻找统治依据的做法。路易十八的宠臣伯尼奥为《1814 年宪章》撰写的序言表明,路易十八也希望像拿破仑那样"融合古代和现代,在记忆和希望之间建立联系",把复辟王朝嫁接到法国的历史传统:

---

[1] 布兰维利埃在路易十四逝世后,撰写了许多批判绝对王权、捍卫贵族特权的小册子。关于布兰维利埃的史学思想,亦可参见米歇尔·福柯:《必须保卫社会》,钱翰译,上海:世纪出版集团,1999 年,第 134—177 页。

[2] Montlosier, *De la monarchie française*, tome Ⅱ, p. 209.

[3] Montlosier, *De la monarchie française*, tome Ⅱ, p. 274.

尽管法国的全部权威属于国王,但我们的先王们根据时代变化,毫不犹豫地对其行使方式作出改变。正因为如此,市镇的解放归功于路易大帝、圣路易和美男子菲利普,归功于他们对市镇权利的肯定与扩大;司法制度由路易十一、亨利二世和查理九世创建,他们发展了法律;路易十四通过无比智慧的敕令规范了政府的组成。

我们应当仿效先王,肯定启蒙不断取得的结果,肯定半个世纪以来它们引导人们所创造的新型社会关系以及由此产生的重大变化。我们承认,我们臣民愿意宪章变成某种实际需求的表达。为了遵从臣民的意愿,我们会采取各种措施,让宪章无愧于我们,无愧于我们骄傲领导的人民。①

由此可见,路易十八的复辟政府和1789年前的波旁王朝不可同日而语。复辟王朝在与新社会和解方面表现出了极大的诚意,它不仅承认公民权利、纳税的选举制和代议政府,也承诺王权和普通民众一样共同遵守宪章。但是,在重构法兰西民族记忆的问题上,它的做法却容易引发争议。它不仅夸大了王权的影响,把市镇解放、司法体制、政府组织完全归功于历代君主,把早期君主制时代的"三月会议""五月会议"和代议制政府混为一谈,而且还妄图否认法国大革命和拿破仑帝国的贡献,将之斥为"肆虐祖国的灾难",希望抹去人民对它们的记忆。而且,它还逆历史潮流而动,否定大革命确立的国民主权原则,重拾绝对君主制的逻辑,宣称"法国的全部权威属于国王"。

波旁王朝虽然希望将复辟事业建立在历史传统之上,但它并不热衷于推进历史研究,因为任何有关过去的研究都会让它产生怀疑和恐惧。唯一值得称许的地方,在于它在1816年创建了文献学院(l'École des Chartes),后者培养了大批档案管理人才,他们专注于古代档案的整理、保存和研究。不过,创建文献学院的想法实际上来源于拿破仑。

----

① Augustin Thierry, *Récits des temps mérovingiens*, précédés de *Considération sur l'histoire de France*, pp. 201 - 203.

1820 年 2 月 13 日晚上波旁王朝继承人贝里公爵的遇刺事件是法国复辟时期重要的分水岭。极端派趁机打击自由派,把他们从政府部门悉数清除,旨在重建贵族特权和天主教的垄断地位。从此以后,曾经对复辟政权心存幻想的自由派"完全抛弃了大革命催生的两个派别可以和平共处的希望"①。在自由派密谋推翻复辟王朝的努力失败后,罗亚-科拉尔鼓励失意的青年和极端势力打笔战:"先生们,既然目前没有别的事情可做,那就去写作吧!"②

在科拉尔的鼓舞下,法国的有识之士纷纷投身文学、哲学和史学的创作,法国史学也由此在 1820—1830 年期间出现了一个前所未有的繁荣景象,涌现出了不计其数的史学著作。西斯蒙第的《法国人史》(1821年)、巴郎特的《勃艮第公爵史》、基佐的《法国史论》(1823)、《查理一世》(1826)与《欧洲文明史》(1828)、梯也尔的《法国大革命史》(1823)、米涅的《法国革命史》(1824)、奥古斯丁·梯叶里的《诺曼人征服英国史》(1825)与《法国史信札》(1827)以及阿梅蒂·梯叶里的《高卢人史》(1828年)等,皆是轰动一时、洛阳纸贵的佳作。而且,法国青年才俊对历史的偏爱并不仅局限于狭义的历史,文学史、哲学史、语言史、制度史、宗教史也得到了蓬勃的发展。和基佐并称"索邦三杰"的阿贝尔-弗朗索瓦·维尔曼(Abel-Francois Villemain)和维克多·库赞则分别讲授文学史和哲学史。历史学复辟王朝时期是如此之风靡,以至于时人评论道:"历史无处不在,和诗歌、戏剧、小说水乳交融。"③对于 1820—1828 年期间出现的史学革命时,梯叶里在 1835 作过如此描述:

> 令人瞩目的事情出现了:最美好、最严肃的研究运动迅速取代了革命骚乱,而且没有出现过任何的中断。1823 年以后,在文学的

---

① Augustin Thierry, *Récits des temps mérovingiens*, précédés de *Considération sur l'histoire de France*, p. 227.

② Lionel Gossman, "Augustin Thierry and Liberal Historiography", *History and Theory*, tome 15, No. 4(December, 1976), p. 7.

③ Ferdinand Valentin, *Augustin Thierry*, Paris: Lecène, 1895, p. 18.

各个分支里,人们都可以感受到创新的风气。一群怀有远大理想的杰出青年,致力于追求各种形式的真理,无论它们属于艺术领域还是科学领域。[……]我有幸见证我曾经殷切希望发生的事情,即历史学著作受到民众的热烈欢迎,一流作家纷纷将之作为第一选择。1820—1830年期间出版的著作不胜枚举,其重要性也不容低估[……]我们在当时产生了这样的想法:历史学将成为19世纪的图章,正如哲学在18世纪打下的烙印。①

复辟王朝时期自由主义史学家的共同特征是批判复辟王朝的政治反动,捍卫立宪君主、代议制、法律平等、自由选举等大革命的政治遗产。和18世纪的启蒙哲人、1789年的革命先辈不同,他们并不把史学和自然权利、自然状态、社会契约等抽象原则相连,而是认为它们是法国历史和欧洲文明长期演进的结果,是历史必然性的体现。

二、基佐的文明史研究

弗朗索瓦·皮埃尔·纪尧姆·基佐(1787—1874)出生于尼姆的一个新教家庭,父亲是著名律师,追求自由,积极参与大革命,但在1794年被雅各宾派处死。他追随母亲流亡国外,1805年回到巴黎学习法律。1812年在巴黎索邦大学担任历史学教授。父亲在革命期间的命运起伏和自身颠沛流离的生活导致基佐对法国大革命既爱又恨。实际上,既追求自由、又畏惧民众激情构成了其思想最基本的底色。

拿破仑帝国覆灭后,基佐积极参与波旁王朝的复辟活动。1816年,发表《论代议制政府和法国目前的状态》,鼓吹法国效仿英国,捍卫君主立宪制、代议制政府、法律平等和纳税选举等原则。在复辟王朝前期,基佐在内政部、司法部和参政院任职,受到罗亚-科拉尔等开明政治家的重用,1817年史称"兰内法"的选举法案即出自他们两人之笔。贝里公爵遇

---

① Augustin Thierry, *Dix ans d'études historiques*, Paris: Librairie Just Tessier, 1835, pp. XXV-XXVI.

刺后,基佐被迫离开政坛,成为政治反对派。1820 年基佐发表《论法国目前状态下政府和反对派的手段》,[1]以新法国的捍卫者自居,猛烈抨击极端的保皇党和教权派,努力维持合法王权和立宪政府,协调"自由和权力"的存在。基佐的著作淋漓尽致地体现了反对派的精神,立即被自由派奉为政治斗争的纲领。

基佐对普通公众施加的影响,主要还是通过其历史著作,尤其是其在索邦大学的讲课。基佐在脱离政坛后,立即回到索邦大学,从事史学的研究和教学。1823 年,基佐整理出版马布利未刊的《法国史》,并撰写评论性著作《法国史论》。由于认为英国革命和法国大革命存在巨大的相似性,并相信它们最终都会将两国引向成功,即建立君主立宪制和代议制政府,他在 1826—1827 年期间撰写和发表《英国革命史》。不过,其影响最大的著作,还是其在 1820—1822 年期间讲授的文明史讲义,它们在 1828 年以后分别以《欧洲文明史》和《法国文明史》的面貌出现在公众面前。

基佐是帕斯卡的崇拜者,曾经用后者有关统一性和多样性的著名哲学论断用于界定其推崇备至的代议制政府:

> 帕斯卡说过:无法化约为统一性的多样性是混乱。不是源自多样性的统一性是暴政。这是代议制政府最美妙、最精确的定义。多样性是社会;统一性是真理,是应当统治社会的正义与理性的法律之总和。如果社会始终维持多样性的状态,如果孤立的意志没有在共同法则之下实现团结,如果它们拒绝承认正义和理性,如果它们无法化约为统一性,就不可能存在社会,而只会存在混乱。如果统一性并非产生于多样性,而是为一个人、少数人或者无论多少人强加的结果,那么它就是虚假的、专断的统一性,就是暴政。代议制政府的目标就是要同时防范暴政和混乱,促成多样性形成统一性,并

---

[1] Guizot, *Des moyens de gouvernement et d'opposition dans l'état actuel de la France*, Paris: La Librairie Fraçaise de Ladvocat, 1820.

提醒多样性要认识并接受统一性。[1]

基佐也把帕斯卡的论断运用于研究文明史。在他看来,近代欧洲文明和其他文明的主要区别在于:世界其他地区受统一原则支配,如古埃及和古印度是神权统治的社会,所以在神权原则的活力耗尽后,将不可避免地走向死亡;但在近代欧洲却不同,神权制、君主制、贵族制和民主制同时存在,任何原则及其支持者都不足以强大到消灭对方,所以它们互相竞争,而又必须彼此容忍。他得出结论说,统一性占据优势会催生暴政,而自由是"文明因素多样性的结果"[2]。

对基佐而言,构成近代欧洲文明的三大源头是古罗马、基督教和"蛮族"精神。罗马帝国解体以后,它们相互竞争、共融共处的动态过程构成了欧洲文明发展的主线与动力。在基佐的眼里,三种因素各有千秋,各有利弊。

古罗马的实质是城市文明,城市是自由公民从事政治、经济与文化活动的中心,广大农村虽也隶属于罗马,但它们是依附于城市而存在,而且乡村劳动主要由奴隶来完成。在征服的基础上,罗马将无数独立的、自治的城市结成的松散城市联盟。为了避免各个城市独立,为了方便对它们的管理,就必须建立强大的中央行政机构和统一的立法体系,并由此不可避免地走向帝制。因此,罗马帝国解体以后,它留给欧洲人的遗产既包括地方自治的制度、习惯、规章、先例,也有帝国的观念、皇帝的名称、威仪的观念以及对绝对权力的崇拜。

外族入侵以后,欧洲社会陷入分裂、无序和战争的状态。唯有天主教会保留了强大的组织机构和动员能力,所以它在保留残存的罗马制度、维护最低限度的社会秩序以及给饱受战争之苦的民众提供心灵慰藉方面发挥了至关重要的影响。它一方面用基督教信仰驯服嗜血成性的

---

[1] François Guizot, *Histoire du Gouvernement repésentatif*, Bruxelles, Meline; Cans et Cie, 1851, p. 81.

[2] 基佐:《欧洲文明史》,程洪逵、沉芷译,北京:商务印书馆,2010年,第27页。

外族领袖,说服他们善待被征服的民众,另一方面又强调宗教与世俗、精神与权力的分野,以抗拒国王和贵族的专权倾向。然而,基督教也有某些不健康的原则,"内部盛行着统治者与被统治者的隔离、统治者想独立于被统治者的企图,把法律强加于被统治者的企图,不经被统治者理性和意志的同意而控制其思想和声明的企图","还力图使神权原则在社会中处于支配地位,以篡夺世俗权力、实行专制统治"。[①] 在建立神权专制未果的情况下,它有时也会和世俗统治者勾结,牺牲人民的自由。

入侵的外族尽管给欧洲带来了暴力、杀戮、战争和混乱,但他们也带来了新鲜的要素:对个人独立的珍视和追求。和贡斯当无异,基佐认为在古希腊和古罗马,人们享有的自由只是公民自由、政治自由,他们绝对地服从团体和国家,并必须随时做好为它们牺牲的准备;在基督教社会中,信徒们也必须效忠于教会、教士和教规,使个人的自由臣服于信仰救赎(或者如当代法国历史学家德拉莫尔所说的宗教恐惧)。所以,个人独立的情感并不存在于罗马社会和基督教社会,它是由外族人"带来并存入近代文明的摇篮里"。但是,外族在追求狂放不羁的个人独立同时,也引入了军事依附制和人身依附制,这就孕育了后来支配西欧社会的采邑制和封建制。

在基佐看来,罗马帝国解体以后,市镇制度、基督教和"蛮族"精神的相互竞争,贵族、教士和民众的此消彼长构成了近代欧洲文明的主线。贵族因素稍占上风,就进入了封建制;教士在势力强盛时,试图建立神权统治;在 12 世纪反抗国王、领主或主教如火如荼的市镇里,民主精神也曾占据支配地位。基佐表示,国王、贵族、教士和民众不同的力量对比以及由此产生的迥异社会状况决定着欧洲各个国家走向自由的道路呈现出了不一样的风貌。

在英国,"世俗社会和宗教社会、贵族制、民主制、君主制、中央和地方机构、精神和政治发展"一直在相互影响、组合和斗争,经常不得不共

---

① 基佐:《欧洲文明史》,第 40 页。

存,并由此促使"英国比任何大陆国家都更早到达一切社会的最终目标——建立一个既正规又自由的政府"①。在法国,贵族、教士和民众的力量在势若水火的斗争中不断削弱,相反,处在仲裁位置的王权却坐收渔翁之利,不断壮大,建立起西欧最强大的君主制。然而,由于波旁王朝只信奉绝对权力的唯一原则,严重背离了欧洲文明的多样性原则,"它的衰落旋踵而至也是理所当然的"②。不幸的是,推翻波旁王朝的法国大革命同样掌握了绝对权力,走向了错误和暴政的道路。

因此,只要遵守欧洲文明的多样性原则,便能使各种权利、利益和意见合法存在,便能维护对各个社会阶层都不可或缺的自由。基佐也因此抨击了各种以单一原则为基础的政治方案,认为无论是布朗维利埃要求重建的贵族特权,抑或杜博神甫鼓吹的绝对君主制,还是马布利宣扬的共和国,③皆因为违背了欧洲文明多样性的原则,注定是无法实现的幻想。

基佐指出,尽管英国道路和法国道路呈现了迥异的风貌,尽管英国革命和法国革命存在很大的差别,但从总的情况来看,英国和法国都经历过"同样宏伟的文明阶段,两地的事情都循着同一道路演进,同样的原因导致了同样的结果"④。所以,法国终将和英国一样,建立君主立宪制和代议制政府,并肩负着推动整个欧洲获得自由的伟大使命。

毋庸讳言,基佐的文明史研究服从于其政治斗争的现实需要,也由此具备了某种宿命论的色彩,罗马的市镇制度、基督教和"蛮族"精神共同存在的欧洲文明最终将走向由君主、贵族和资产阶级等社会精英共同分享国家权力的代议制政府。

特别值得一提的是,基佐是阶级斗争学说的重要发明者。在《欧洲文明史》第七讲谈论中世纪的市镇解放斗争时,明确提出了阶级斗争学

---

① 基佐:《欧洲文明史》,第 246—247 页。
② 基佐:《欧洲文明史》,第 257 页。
③ 基佐:《欧洲文明史》,第 46—48 页。
④ 基佐:《欧洲文明史》,第 248 页。

说,"现代欧洲就是从社会各阶级的斗争中诞生的","各主要阶级之间相互斗争和让步的交替进行的必要性、相异的利益和追求、有征服之心而无独霸之力等等因素交织在一起,产生了欧洲文明发展中最强劲和丰富的动力"①。他不仅提出了阶级斗争是欧洲历史发展动力的论断,也深入剖析了(中世纪的)资产阶级集革命性和软弱性为一体的矛盾性。基佐的阶级斗争学说是马克思主义阶级斗争理论的灵感来源。和后者不同的是,基佐主张阶级调和论,认为各个阶级最终能达成谅解而相互同化。而且,从基佐对中世纪市镇中资产阶级和下层民众之间斗争的描述中,我们也能窥见他对民主的抵制态度,因为他认为下层民众所代表的民主精神是"盲目的、放肆的、凶猛的",并在很大程度上造成了资产阶级的畏首畏尾,迁就国王与贵族的软弱性。②

三、梯叶里对法兰西民族史的重构

1811 年 10 月底,奥古斯丁·梯叶里以优异的成绩考入巴黎高师。1813 年秋季毕业后,梯叶里任教于瓦兹省的贡比涅中学。1814 年,由于反法联军入侵,他重返巴黎,开始担任圣西门的私人秘书。梯叶里和圣西门的合作时间虽然很短(1814 年 5 月—1817 年初),却取得了斐然的成绩,共同发表《论欧洲社会的重新组织》、《论反对 1815 年反法联军的手段》、《论各民族及其关系》(1817 年)等影响广泛的小册子。

1817 年初,梯叶里离开圣西门,加入夏尔·孔德(Charles Comte)和夏尔·迪努瓦耶创办的半月刊《欧洲审查者》(*Le Censeur Européen*)。夏尔·孔德和迪努瓦耶是法国自由主义经济学家莱昂·萨伊(Leon Say)的信徒,也曾经一度热心地传播圣西门的学说。在《欧洲审查者》担任记者期间,梯叶里积极介入政治,谴责教士、贵族和军人是寄生阶层,为自由派的立法选举摇旗呐喊,呼吁选民投票给金融家、工业家、商人、

---

① 基佐:《欧洲文明史》,第 142 页。
② 基佐:《欧洲文明史》,第 148 页。

农场主、学者等实业阶级。① 与此同时，梯叶里还为自由派银行家雅克·拉菲特（Jaques Lafitte）撰写政治演说。②

梯叶里连续在《法国信报》发表九封论述法国历史的信札，③在自由派中第一个扛起史学革命的大旗，呼吁人们重新书写法兰西民族史："现代作家为我们撰写的法国史，不是真正意义上的国家史、民族史、人民史。真正的国家史、民族史和人民史仍然淹没在我们优雅的院士们不愿关注的编年纪事的残卷里。我们史册里最优秀、最有用、最有意义的部分仍有待于人们的书写。我们缺乏公民的历史、臣民的历史和人民的历史。"④

梯叶里批判的"现代作家"主要是指法国历史学家梅泽雷（Mézeray）、丹尼尔神甫（Daniel）、维利（Velly）神甫（1709—1759）等人。他们是17、18世纪法国著名的历史学家，他们撰写的"法国历史"在复辟王朝时期依然很畅销。⑤ 梯叶里表示，他们的法国史著作均存在重要的缺陷。梅泽雷虽然站在第三等级的立场上，支持"最杰出、最不幸"的党派，但他的著作"既不深刻，也缺乏历史精确性"⑥。丹尼尔神甫对历史精确性的追求远甚于梅泽雷，但这仅局限于古代史研究，他对现代史的分析缺乏"科学精神"，时常受到时代、风俗、公共道德以及特权等级观念的左右。⑦梯叶里对维利的批评最为刻薄，认为维利的史学著作尽管不乏"精致、优雅和博学"，但最没有资格称为法兰西民族史，因他"到处抹杀

① Rulon Nephi Smithson, *Augustin Thierry. Social and political consciousness in the evolution of a historical method* , Paris：Droz，1789，pp. 52 - 53.

② 银行家雅克·拉菲特在1817年立法选举前夕，以月薪200法郎聘请梯叶里担任其政治演说的撰稿人，并且成功入选众议院。

③ 梯叶里总共为《法国信报》写了十封信札，其中第十封因没有通过审查而未能发表。

④ Augustin Thierry, *Dix ans d'études historiques* , pp. 324 - 325.

⑤ Gabriel Daniel, *Abrégé de l'histoire de France* , *depuis l'établissement de la monarchie française dans les Gaules*；François Eudes de Mézeray, *Histoire de France* , *depuis Faramond jusqu'à maintenant* , 3 tomes；Paul François Velly, *Histoire de France depuis l'établissement de la monarchie jusqu'à Louis XI* , 7 tomes.

⑥ Augustin Thierry, *Lettres sur l'histoire de France* , p. 30.

⑦ Augustin Thierry, *Lettres sur l'histoire de France* p. 35.

人民的颜色,代之以宫廷的气息"①。梯叶里毫不留情地将之斥为"18 世纪的耻辱"②。

梯叶里评判梅泽雷等人著作的标准有两条,即在书写历史时是否抛弃了狭隘的等级立场,是否遵循了科学的精神。在他的眼里,任何矢志于革新法兰西民族史的历史学家必须遵守两种原则:

第一,应当把法兰西民族的整体作为研究对象,而不能只把法兰克人的历史当作法国的历史。法国各地生活着法兰克人、朗格多克人、普罗旺斯人、利穆赞人、普瓦图人和加斯科尼人等多个种族,它们共同构成了法兰西民族。传统史学的主要缺陷在于只书写法兰克人的历史,尤其是法兰克人的帝王将相史,却"遗忘了我们祖先中绝大多数人的记忆,遗忘了更值得我们民族崇敬的人的记忆"。他坚持说,若要重新书写法兰西民族历史,首先是"不要忘记任何人,牺牲任何人,要呈现各个地区的人与事实"③。

第二,历史的书写应当忠于事实,不能专断地强加道德的或哲学的评判。梯叶里指出,在伏尔泰和休谟的史学著作里,道德与哲学的成分要多于历史,但历史学家应当扮演的角色既不是道学家,也不是哲学家,而应当是"画家",要如实地描绘各个时代的"色彩和特征",避免"风俗的年代错置"。历史学的本质在于"了解我们的叙述是否符合人和事的本来面貌,我们呈现的面貌是否真正地属于它们,不能把当下移植到往昔,或者把晚近的过去移植到更为久远的过去。"④

换言之,真正的法兰西民族史必须融合"爱国主义和科学"⑤,既要立足于真实的叙事,也不能拘泥于对国王、圣徒或骑士的歌功颂德,要把整个法兰西民族,尤其要把第三等级作为历史书写的主要对象。所以,新

---

① Augustin Thierry, *Lettres sur l'histoire de France* p. 21.

② Augustin Thierry, *Lettres sur l'histoire de France* p. 36.

③ Augustin Thierry, *Lettres sur l'histoire de France* p. 12。

④ Augustin Thierry, *Lettres sur l'histoire de France*, p. 36 et p. 58.

⑤ Augustin Thierry, *Dix ans d'études historiques*, p. ⅩⅥ.

史学肩负的使命就是要从贵族和国王的御用史学家手中夺取历史的话语权,恢复长期受人忽略的第三等级及其祖先的历史。

在梯叶里看来,中世纪农奴是当代第三等级的先辈,所以历史学家应当重视并书写他们的历史:

> 谁没有听说过,在野蛮人入侵欧洲后,一个阶级尽管处在水深火热之中,却为人类保存了记忆和勤勉的风俗?尽管每时每刻都遭受胜利者和主人的羞辱和盘剥,他们还是忍辱负重,顽强生活,艰苦劳作,坚持行善,为他们的子女、为世界保留了文明。他们拯救了我们的艺术,是我们的父辈。我们就是这些征服者残酷对待的农奴、纳税者和资产阶级的子孙后代。他们的名字和美德与荣耀的记忆相连。然而,他们的记忆却很少闪光,这是因为本该宣扬它们的历史掌握在我们父辈的敌人的手里。[1]

1820年底,梯叶里离开《法国信报》后,原本打算写一部崭新的法国历史。但在阅读休谟的《英国史》后,他决定改弦更张,先撰写一部有关诺曼人征服英格兰及其社会后果的历史。种族斗争理论贯穿于1825年4月出版的《诺曼人征服英国史》,也是梯叶里解释历史的主要理论框架。不过,种族斗争理论并不是梯叶里的原创。他接受了西耶斯和圣西门关于劳动与实业推动社会发展的论断,在相反的意义上继承布朗维利埃和蒙特洛西埃的种族征服学说,[2]捍卫第三等级的自由权利。梯叶里的种族斗争观念在当时的自由派阵营内部产生了不小的影响。1820年,基佐在《论复辟以来的政府以及当前的内阁》里,表达了对青年梯叶里的欣

---

[1] Augustin Thierry, *Dix ans d'études historiques*, p. VI.

[2] Augustin Thierry, *Récits des temps mérovingiens*, précédés de *Considération sur l'histoire de France*, p. 223.

赏,并借鉴了他的种族斗争理论。①

在《诺曼人征服英国的历史》中,梯叶里得出的结论是:"今日为人观察到的、为观念体系或者政府进行集体斗争的上层阶级和下层阶级,不过是过去某一个时期的征服民族和被奴役民族。因此,征服的刀剑改变了欧洲面貌,把它的居民划分为各个民族的同时,也给每一个由若干种族构成的民族打上了它的印记。尽管征服的种族不再是一个独立的民族,但它依然是一个特权阶级。"②

不难看出,梯叶里基本接受了蒙特洛西埃的种族斗争理论,认为 19世纪法国贵族和第三等级之间的斗争不过是中世纪种族征服战争的延续,但和西耶斯一样,他拒绝接受法兰克人入侵所产生的社会后果,捍卫第三等级反对特权等级的正当性。有鉴于此,梯叶里深切地同情盎格鲁-撒克逊人,热情讴歌他们的反抗斗争史。

在重写诺曼人征服英国的历史时,梯叶里也有意识地把其构建的新民族史观贯穿其中。梯叶里表示,他的目标是要"研究人民的集体命运,而不是若干名人——无论他们名垂千古抑或遗臭万年——的命运,叙述社会生活的进程,而非个人生活的冒险。"③

《诺曼人征服英国史》在法国的受欢迎程度远远超过西斯蒙第、巴郎特、基佐、梯也尔、米涅等人的著作。④ 法国自由派对梯叶里的英国史更是赞不绝口。富瓦将军指出,《诺曼人征服英国史》让人们"像哥伦布发

---

① 基佐的《论复辟以来的政府以及当前的内阁》被视为自由派反抗波旁政权的战斗檄文。在该文的开头,我们可以清楚地看到基佐对梯叶里观点的借鉴:"大革命是一场战争,真正的战争,所有人都认为它是两个不同人民的战争。13 个世纪多以来,法国生活着两个人民,一个胜利的人民和一个失败的人民。13 个世纪以来,失败的人民为摆脱胜利的人民的枷锁而斗争。我们的历史就是这种斗争史。在我们的时代,一场关键的战役已经打响;它叫做大革命。"(François Guizot, *Du gouvernement de la France depuis la restoration*, *et du ministère actuel*, Paris, Editeurs des Fastes de la Gloire, 1820, pp. 1 - 2.)

② Augustin Thierry, *Histoire de la conquête de l'Angleterre par les Normands*, tome I, pp. V-VI.

③ *Oevres Complètes de Auguste Thierry*, tome 4, p. 95.

④ 著名历史学家卡米耶·朱利安认为《诺曼人征服英国史》是 19 世纪 20 年代最优秀的作品,它的出版时间要稍晚几年,但"它取得的成功要远远大于此前的著作"。(Camille Jullien, *Extraits des historiens français du XIXe siècle*, p. XXVI.)

现美洲一样,发现了中世纪。"西斯蒙第则称赞梯叶里兼具"考古学家的耐心、哲学家的敏锐和自由者的高贵灵魂"。[1]

令人遗憾的是,梯叶里也为此付出了沉重的代价。在《诺曼人征服英国史》完稿后,他患上眼疾并最终失明,在后半生不得不与黑暗为伍。夏多布里昂感叹说:"我们有了自己的荷马。"福无双至,祸不单行,他在1827年又患上了麻痹症,逐渐失去了行动能力,他的中晚年不得不在轮椅和卧榻上度过。

四、米涅和梯也尔的大革命史研究

弗朗索瓦·米涅(1796—1884)和阿道夫·梯也尔(1797—1877)皆来自普罗旺斯。他们相识于埃克斯法学院,维持着终生的友谊。在19世纪20年代的自由主义史学运动中,他们凭借对大革命的研究而享誉法国文坛。

米涅和梯也尔并不是法国大革命研究的开创者。实际上,大革命爆发不久,它就成为时人密切关注和分析的对象。革命的重要领袖拉博·圣艾蒂安宣称"我们的历史不是我们的法令",但并不妨碍他在1791年发表《法国大革命简史》。法国革命者在讲述其亲身参与的伟大运动时,经常是为了强调旧制度的腐朽和革命的正当性。同年,拉维孔特里(Lavicomterie)出版《法国国王们的罪行:从克洛维到路易十六》指出,历代国王罄竹难书的罪行是法国道德堕落和革命爆发的主要原因。[2] 1795年初,革命政府授命沃尔内(Volney)在巴黎高师讲授革命历史,为革命运动进行辩护,但后者出于审慎,并没有发表其讲义。然而,反革命者也从其实际需要,严厉批判了法国大革命。约瑟夫·德迈斯特在《论法国》中针对大革命的末世论奠定了法国教权派的历史基调。巴鲁埃尔神甫

---

[1] Monsieur Philippe Contamine, Le Moyen Age romantique et libéral d'Augustin Thierry, *Comptes rendus des séances de l'Académies des Inscriptions et Belles-Lettres*, No. 4(1995), p. 907.

[2] Lavicomterie, *Les crimes des rois de France depuis Clovis jusqu'à Louis XVI*, 1791.

在 1797—1798 年出版的《论雅各宾主义的历史》中谴责启蒙哲学和共济会的阴谋是导致旧制度灭亡、大革命爆发的罪魁祸首。

在执政府和帝国时期,也出现了不少研究大革命的著作。弗朗索瓦-埃马纽埃尔·德图龙容(François‐Emmanuel de Toulongeon)在1801—1810 年期间出版《1789 年大革命以来的法国史》,指出大革命是18 世纪法国历史的产物,并受到战争的很大影响。德图龙容著作的特点是并没有停留于拥护或谴责的层面,只为读者提供奇闻轶事,而是首次使用原始档案对大革命进行客观分析。拉克雷泰勒(Lacretelle)在1801—1806 年出版《大革命简史》谴责 18 世纪启蒙哲学的颠覆力量,并认为大革命给法国人带来了无数的暴力和无尽的灾难。拉克雷泰勒的著作具有鲜明的保守主义立场,却是"一部学术的、高贵的和冷静的历史"[①],对米涅的影响很大。

1818 年,斯塔尔夫人的手稿《思考法国大革命》出版,再度引发人们对大革命的热烈讨论。斯塔尔夫人肯定大革命推翻绝对君主制,建立宪政制度的功绩,但又抨击了革命恐怖和军事专制。次年,斯塔尔夫人的思想伴侣邦雅曼·贡斯当发表《古代人的自由和现代人的自由》,捍卫法国革命者确立的人民主权原则,但强调它的起点和终点皆应是个人自由;他们犯了一个致命的年代错置论,在本应将个人自由置于首要位置的商业时代,却错误地效仿古代城邦,狂热地把政治自由当作至高无上的目标。事实上,斯塔尔夫人和贡斯当的著述体现了法国自由派面对法国大革命的矛盾心态:承认大革命确立的个人权利原则,但又害怕暴力、恐怖和专制。

斯塔尔夫人、贡斯当以及此前的作者都是大革命的亲历者与见证人,他们更多根据自身的政治立场,谈论其所见所闻。米涅和梯也尔没有经历过大革命,但他们在 1821 年来到巴黎闯荡时,结识了许多昔日的

---

① Camille Jullian, Notes sur l'histoire en France au XIXe siècle, *Extraits des historiens français du XIXe siècle*, Paris:Librairie Hachette et Cie, 1897, p. IX.

革命者,如塔列朗、富瓦将军,从他们身上获得了大量有关大革命的文献与回忆。他们还和反对派领袖拉斐特、卡西米尔·佩利耶等人过从甚密,并加入自由派创办或主持的报纸《国民报》(米涅)和《国民报》(梯也尔)。在给反对报纸撰稿的同时,他们也试图从历史中寻找政治斗争的工具,不约而同地把法国大革命作为写作的对象。米涅和梯也尔都认为,旧制度的消亡和大革命的爆发是历史的必然。有人批评说,宿命论是其大革命解释的主要特征。[1]

1823年,米涅率先出版了《法国革命史》。这是一本有关大革命的历史叙事,对从三级会议召开到拿破仑帝国的法国革命进程进行了简略的勾勒。米涅的历史哲学在简短的导论中尽显无遗。

米涅高度评价了法国大革命的历史意义,认为它"如同英国革命开创了新政体的纪元那样,在欧洲开创了新社会的纪元"。他指出,复辟王朝竭力恢复的旧制度并不值得追求,"国土分割成了相互敌对的省份;贵族阶级尽管保留着爵位,但已失去了全部权力;人民毫无权利;王权毫无限制;由于权臣横行,由于种种特殊的制度和各个集团特权的存在,法国陷于一片混乱之中"。因此,推翻旧制度的法国大革命具有不可辩驳的历史功绩,"革命以法律代替了专横跋扈,以平等代理了特权;革命使人们摆脱了阶级的区分,使国土消除了省份之间的壁垒,工人不再受行会和行会监督的限制,使农业摆脱了封建领属关系,免除了什一税的重压,财产不再容许任意指定预备继承人,革命把一切都归于一个等级、一个法律、一个民族"[2]。

对米涅而言,法国大革命的爆发是历史的必然,"当改革已势在必行,实行改革的时机又已成熟时,就什么也不能加以阻挡了,一切事物都将促成改革的到来"。在他看来,法国大革命从三级议会走向制宪议会、立法议会、国民公会、督政府、拿破仑的上台以及第一帝国的覆灭,皆是

[1] Alfred Nettement, *Histoire de la littérature française sous la Restoration*, tome 2, Paris: Jaques Lecoffre et Cie, 1853, p. 122.
[2] 米涅:《法国革命史》,北京编译社译,郑福熙校,北京:商务印书馆,1991年,第3—4页。

受"一股不可抗拒的力量"的驱使。在米涅看来,贵族阶级的衰落、王权的堕落尤其是第三等级壮大并要求取得相称的政治权力是大革命爆发的根本原因。

贵族等级并不会自动地放弃特权,妄图压制革命;不愿看到君主制受到威胁的欧洲君主们也发动战争,也妄图扼杀法国革命。这就导致法国革命者必须诉诸暴力,因为"除了暴力之外,还未曾有过其他有效的手段"[1]。米涅表示,特权者的反抗导致了人民主权,而外来的侵略催生了军事统治。他虽然对民众暴力、革命恐怖和军事专制深恶痛绝,但认为它们在客观上仍然是有益的,因为革命摧毁了旧制度,帝国建立了新社会。

米涅在《法国革命史》的结尾中指明了其写作的政治意图:"今后要长期治理法国,就只能首先满足引起法国革命的双重需要。在政府中,要有真正的政治自由;在社会方面,要有物质福利。这是不断提高的文明发展的必然结果。"[2]

1824 年,梯也尔也发表了其法国大革命史,其叙述的起点是 18 世纪80 年代,终点是雾月政变。和其挚友一样,梯也尔同样认为,特权等级故步自封,拒绝向日益壮大的资产阶级作出妥协,无法为蒸蒸日上的新社会提供合理的政治框架,是法国大革命爆发的根本原因。贵族的负隅顽抗,使人民走向了历史舞台,导致法国大革命的不断激进化。梯也尔表示,人民在革命初期的介入,尤其是 7 月 14 日攻占巴士底狱的行动举足轻重,它奠定了事态发展的基调,即摧毁了绝对主义。

旧制度的终结,尤其是贵族力量的消亡,使得法国无法建立英国式的两院制。所以,制宪议会的致命错误不在于没有成功建立英国的宪政模式,而在于相信绝对君主会接受自身权力被削弱的事实,相信主权者的人民能够接受从属地位,并由此拒绝接受共和国。在梯也尔看来,共

---

① 米涅:《法国革命史》,第 4 页。
② 米涅:《法国革命史》,第 383 页。

和国是不可避免的结果。在谈论共和国的诞生时,梯也尔高度评价了丹东。梯也尔虽然认为丹东要为9月屠杀事件负责,但强调他才是深孚众望的政治巨人,肩负了革命法国的重任,采取了有力措施,维护了新生共和国的存在。可惜,丹东因为自身的犹豫不决和形势的瞬息万变而丧命,致使人们无法驾驭革命的过激行为。吉伦特派的失势、罗伯斯庇尔的垮台以及督政府的衰落皆是因为它们无法应对日趋激烈的革命激进化。

在梯也尔对大革命历史的重构中,共和国是不可或缺的过渡阶段。他认为,在革命浪潮风起云涌之际,它是唯一有效的政治制度。没有共和国,就不可能和过去彻底决裂,不可能挽救新政权。梯也尔在描述督政府时,认为它在建立之际即已包含着灭亡的因素,将不可避免地陷入困境,似乎唯有波拿巴主义才能拯救法国。梯也尔写道:"大革命呈现军事特征,乃是因为在和欧洲的持续斗争中,它必须得到巩固,并强大起来。""雾月十八日是不可避免的"。

米涅和梯也尔的大革命著作皆取得了巨大的成功,多次再版。阿尔弗雷德·内特曼虽然对米涅和梯也尔的大革命史著作中体现出来的"宿命论"多有批评,但也不得不承认它们的出版"不仅是一桩文学事件,也是一桩政治事件。通过讲述一场革命,他们为未来的革命作了铺垫"[1]。

第二节　七月王朝时期的史学

1830年7月革命推翻了查理十世政府,把奥尔良公爵路易-菲利普推上了王位。自由派的历史学家们成为新的权贵,基佐、梯也尔、库赞、维勒曼等人担任过大臣,前者在1840—1848年期间更是成为无可争议的内阁领导人。米涅入选参政院,巴郎特出任驻俄大使,梯叶里的弟弟阿梅蒂·梯叶里也担任上索恩省的省长。

---

[1] Alfred Nettement, *Histoire de la littérature française sous la Restauration*, tome 2, p. 114.

对自由派的历史学家们而言,奥尔良王朝的建立似乎应验了他们在此前历史著作中得出的结论,法国最终和1688年的"光荣革命"一样建立了能给自由、秩序和所有权提供充分保障的宪政框架。1830年7月26—28日由于催生了自由派所期望的立宪君主制,也被称为"光荣三日"。几乎所有自由派都相信,历史将终结于七月王朝。基佐曾经回忆说:"在1830年,一种必然性,一种对无论是保皇党或自由派、无论是对奥尔良公爵或新法国都同等产生影响的必然性,一种在新君主制和无政府之间作出选择的必然性是王朝更替的主要原因。在危机之际,无论是国王查理十世最亲密的追随者,抑或最狂热的反对派,所有人都感受到了此种必然性。"[1]梯叶里指出:"1830年革命之所以美妙,不仅因为它的迅速,更由于它一刻也没有越过其目标,即毫不迟疑地把我们的秩序嫁接到1789年的伟大运动中。如今的一切皆来源于1789年:宪法原则、权力的来源、主权和国民三色旗。"[2]青年米什莱也为"七月闪电"感到欣喜若狂。

一、历史学变成了国家制度

自由派历史学家在执掌新政权后,没有忘记曾经给予他们以力量的历史学。他们最热切地希望寻找信徒,提供壮大史学的手段,并给历史研究者提供有效的保障。在维勒曼、萨尔万迪(Salvandy)尤其是基佐等多位公共教育部大臣的支持下,七月王朝变成了历史学的真正组织者,极大地推动了法国历史学的研究和教育。

国家在高等教育和中等教育中创建专门的历史学教席。法兰西公学创建新的历史学讲座教授,外省创建许多文学院,并下设历史学讲席。同时,增加中学历史教师的数量。1817年,在罗亚-科拉尔的推动下,复

---

[1] Guizot, *Mémoires pour servir à l'histoire de mon temps*, tome 2, Paris: Paris Librairie et Éditeur de Michel Lévy Frères, 1859, p. 16.

[2] Augustin Thierry, *Récits des temps mérovingiens*, précédés de *Considération sur l'histoire de France*, p. 249.

辟王朝已经颁布法令,要求在中学设置历史学与地理学的专职教师。但在当时,全国只有 12 名历史教师,它们皆是出自巴黎高师,是维克多·库赞的学生,而且只分布在巴黎。经过七月王朝的积极推动,1848 年法国有 150 个中学(巴黎有 20 个高中与初中,外省有 130 个高中)至少配备了 1 名历史学教师。[①]

国家创建专门学校,讲授和推广史学研究的方法。1838 年,七月王朝重建了成立于 1795 年的巴黎东方语言学院;1846 年,在雅典创办法国考古学校;1847 年,改组文献学院,任命朱尔·基舍拉(Jules Quicherat)为国家考古学教授。外省也积极推动史学的研究。譬如,在诺曼底古董协会的支持下,戈蒙(Gaumont)在卡昂讲授古代文物史。

1835 年,基佐创建法国历史学会,组织出版许多重要的历史文献汇编,如米涅在 1835 年整理出版《和西班牙王位继承战有关的条约》,米什莱在 1841 年出版有关圣女贞德有关的《坦普里埃审判》,基舍拉在1841—1845 年整理出版《圣女贞德审判》,伯尼奥在 1839—1848 年出版早期巴黎高等法院的档案《奥利姆》,在 1841—1843 年出版《耶路撒冷会议》,盖拉尔(Guérard)出版中世纪的《画屏辑录》和《契证辑录》,以及梯叶里在 1850 年才出版的《第三等级史的档案》。法兰西铭文学院也出版了《研究十字军的历史学家文集》和《外交文献》。1830 年,戈蒙创建考古学会,并创办《考古学杂志》。这是法国考古学走向组织化和专业化的重要标志。

法国创建了许多学术期刊,用于发表史学、文学和哲学的论文。1830 年创建的《法兰西学院论文》和《学者杂志》负责发表最新研究成果,但它们相对封闭,作者局限于人数颇为有限的学者。创办于 1831 年的《两世界杂志》影响更为广泛,它不仅发表时事新闻,而且也向小说家、艺术家、诗人和历史学家约稿。它的读者颇为广泛,主要是中产阶级的知识分子。1835 年,中世纪史家创办《文献学院学报》;1836 年,古币学家

---

① Pim den Boer, *Une histoire des histoiriens français*, Paris: Vendémiaire, 2015, 189.

创办《法国古币学杂志》；1844 年，考古学家、古典学家和东方学家创办《考古学杂志》。在 1870 年以前，这些杂志是法国史学论文发表的最重要平台。

历史学在七月王朝时期受到如此的重视，在国家层面占据如此重要的地位，以至于梯叶里自豪地宣称历史学已经变成了"国家制度"。历史学的繁荣不仅表现为七月王朝的政策扶持，也体现为历史学图书的热销。迪多（Didot）、特勒泰尔（Treuttel）和乌尔茨（Wurtz）等知名出版社都拥有自己的史学丛书，并出版了一批针对大众和学生的通史著作。历史与考古的业余爱好者的人数也不断增多。外省学会的数量日趋增多，发表了不计其数的历史论文。人们还热衷于收集各个时期遗留下来的手稿、铭文、勋章以及其他文物。

东方学、古币学和古文字学等学科也取得了重大的突破。法国的东方学会领先于当时的欧洲。欧仁·比尔努夫（Eugène Burnouf）是公认的东方学大家。他精通古波斯语言，对古波斯宗教研究的精深令世人钦佩，在 1834 年出版《雅诗那评注》（Commentaire sur le Yaçna）。同时，他对古印度史也烂熟于胸，在 1844 年出版《印度佛教史导论》。此外，他还从 1836 年开始释读楔形文字。1832 年，成功解读古埃及象形文字的商博良逝世，这是古埃及学的重大损失。但由于埃马纽埃尔·德鲁热（Emmanuel de Rougé），法国在埃及学研究方面依然独占鳌头。古币学是法国执牛耳的另一个学科。19 世纪 30 年代，古币学和目录学分离。法国凭借夏尔·勒诺尔芒（Charles Lenormant）的《古币与雕刻藏品》以及索西（Saulcy）、拉索赛（La Saussaye）和夏尔·罗贝尔（Charles Robert）等人的专精论文，在法国重建了 18 世纪末以来有些为人遗忘的古币学。古文字学也逐渐恢复了马比荣的博学传统，纳塔莉·德瓦伊（Natalis de Wailly）在 1838 年编辑出版了《古文字学精义》。中世纪文物的认知和保护取得了令人瞩目的突破。1834 年基佐创建"艺术与文物委员会"，负责清点法国各地的艺术藏品。1837 年，巴黎创建"历史文物委员会"，用国家经费修缮收入名录的文物；各省都建立"历史文物和档案委员会",并出版年鉴。维泰(Vitet)和梅里美先后担任历史文物总督察,试图结合现代审美原则和考古学思想,竭力保留法国各式各样的旧建筑。1845 年,克吕尼的浴场博物馆也得到了官方的正式承认。与此同时,法国社会也兴起了保护文物的热潮。譬如,维克多·雨果也是法国文物保护事业的热心宣扬者,《巴黎圣母院》的畅销也极大地推动了法国人对中世纪建筑的关注与保护。戈蒙在卡昂出版了《古代文物讲义》;迪龙(Diron)在《考古学年鉴》上定期展示基督教法国的艺术精品;迪索姆拉尔(Du Sommerard)在 1838—1846 年出版了《中世纪艺术》。

此外,1789 年以来随着浪漫主义的复兴而趋于消沉的古希腊和古罗马研究也后继有人。伯克(Bæckh)积极推进古希腊铭文的收集与研究。米什莱的学生维克托·迪吕伊撰写了其《罗马史》的前两卷,较多地讨论了古罗马的地理学、种族和政治制度。

二、自由派的史学作品

七月王朝建立后,多数的自由派历史学家都因身居要职,而无暇从事历史研究。最典型的代表是基佐,除了积极推动历史学科的体制化,在整个七月王朝期间没有撰写过一部历史著作。在 1848 年二月革命后,基佐才重新恢复历史学家的身份。梯也尔也搁置历史研究,热衷于政治活动,致力在法国建立"统而不治"的君主制、内阁责任制与议会制政府。唯有在 1840 年和基佐的政治斗争中失败后,他才决定重启其雄心勃勃的大革命史写作计划,续写执政史与帝国史。和基佐并称"索邦三杰"的维勒曼和库赞也停止了各自的文学史与哲学史研究。在 19 世纪 20 年代享誉法国文坛的自由派历史学家中,仅有梯叶里和米涅仍然献身于史学的缪斯。

梯叶里在出版《诺曼人征服英国历史》不久,双目失明,身体瘫痪,所有行动都离不开轮椅,所以无法在政治舞台上大展拳脚。在七月王朝建立后,梯叶里曾经一度遭到冷遇,没有被授予任何公职或奖赏。不甘寂寞的梯叶里为了引起当权朋友们的重视,在 1835 年整理了 1817—1827

年期间未曾收录《法国史信札》的文章,出版了《十年历史研究》。在序言里,梯叶里回顾了自己在复辟王朝时期投身史学研究的心路历程,认为自己通过倡导史学革命,"为祖国提供了士兵在战场上奉献的东西",表达了将一如既往地献身史学,宣称"献身科学是比物质享受、财富甚至健康更为美好的事物。"①

《十年历史研究》的出版引起了基佐的重视。作为七月王朝炙手可热的政治家,基佐特别重视历史学的道德教化功能,认为"在一个对自身历史充满好奇并能引以为鉴的民族中,人们几乎能够对它的当代事务、进步条件以及未来机遇作出更为健康和公正的判断"②。在 1833 年担任教育大臣后,他积极推动法国历史学的体制化与职业化。1835 年,基佐创建"法国历史文献委员会",启动了一项规模浩大的历史工程,致力于推动"法国史未刊文献"的整理与出版。在《十年历史研究》出版后,基佐起用了赋闲在家的梯叶里,让他负责整理、校勘和出版有关第三等级的文献、法令、宪章。梯叶里满心欢喜地接受了任务,希望帮助第三等级"用自己的声音讲述每个世纪",讲述"真正的法国史"。③

由于彻底失明以及身体的每况愈下,梯叶里的档案整理进展异常缓慢。为了消除外界的质疑,梯叶里在 1840 年出版了《墨洛温时代纪事》,并撰写了 350 多页的导论即《思考法国史》。在导论中,梯叶里对法国史学的发展进行系统的梳理,批判性地介绍各个时代的历史学家及其代表作,并把它们置于社会变迁的宏大视野当中考察。④ 在某种意义上说,

---

① Augustin Thierry, *Dix ans d'études historiques*, pp. XXXVI-XXXV.

② F. Guizot, *Mémoires pour Sevir l'histoire de Mon Temps*, tome III, Paris: Michel Lévy Frère, 1860, p. 171.

③ Augustin Thierry, *Dix ans d'études historiques*, p. XXIX.

④ 梯叶里对法国历史学的思考并不拘泥于其本身,他总是致力于考察"它们和普遍的舆论运动与社会变迁之间的关联[……]我的目标是指出史学研究的最新进展,并将之置于推动我们民族史发展的各种变化当中考察。历史学的进步[……]源于两种层面的原因:一是内在的科学研究,二是外来的影响,即来自社会环境以及对重大政治事件之理解的影响。"(A. Thierry, *Récits des temps mérovingiens*, *précédés de Considérations sur l'histoire de France*, p. 178.)

《思考法国史》是一部不可多得的法国史学史。

继《诺曼人征服英国史》以后,梯叶里再次震动法国文坛。1840 年,法兰西学院把最佳史学著作奖——"戈贝尔奖"(Prix Gobert)授予《墨洛温时代纪事》,并提供了 9 000 法郎的奖金。《墨洛温时代纪事》是如此受人欢迎,以至于它在梯叶里逝世(1856 年)之前,垄断了每年的"戈贝尔奖"。此种现象颇为反常,但梯叶里的恩师及其庇护人维勒曼将之誉为"法国文坛的世袭制"。[1]

在发表《墨洛温时代纪事》后,梯叶里重新投入第三等级历史的研究。然而,1848 年二月革命的爆发,彻底打断了他的研究计划,搁置了第三等级未刊历史文献的整理工作。1850 年,梯叶里发表了《第三等级的形成与和发展史》,但其影响颇为有限。

总体而言,在 1830—1856 年期间,梯叶里在政治上日趋保守,青年时代的激进主义丧失殆尽,后来的立场和基佐几无分别。随着政治激情的逐渐冷却,他的史学论断也变得更为持中。具体来说,主要表现为以下三个方面:

首先,抛弃了青年时代否定王权的激进论调,开始强调法国王权的历史贡献。19 世纪 20 年代,梯叶里对王权满腔仇恨。在《法国史信札》的第 15 封信札中,他否认路易大帝是资产阶级自由的庇护人和市镇的解放者,抨击《1814 年宪章》"在历史事实方面毫无价值"[2]。在《墨洛温时代纪事》中,梯叶里对王权的态度发生变化,强调王权和第三等级的结盟是历史的必然选择:

> 在我们伟大革命之前存在的各种权力中,只有一种权力被保存下来。它就是因得到民众的认可而获得新生与肯定的王权。如果人们认为这个事实只是政治理性的产物,那么大谬不然;它还具有历史的合理性。我们的历史已经证明,新生的社会支持王权;因为 6

---

[1] Ferdinand Valentin, *Augustin Thierry*, p. 33.

[2] Augustin Thierry, *Lettres sur l'histoire de France*, pp. 210 - 213.

个世纪以来,王权的发展总是与第三等级为伍;革命也希望它存在,而不愿将之消灭[……]毋庸置疑,它将作为我们政治自由的屏障而长期存在。①

二月革命爆发后,梯叶里或许是出于对激进革命的恐惧,走向了更为保守的立场,再次修正自己的立场,把路易大帝看作是平民的保护者,并把 1814 年宪章和 1830 年宪章相提并论,认为它们共同串联了时间与观念的链条,以新的方式重启 1789 年的努力,在民族传统和自由原则之间建立了联盟。②

其次,逐渐摒弃反贵族、反教权的精神,转而肯定贵族和教会的历史功绩。青年梯叶里的立场比较接近于革命初期的西耶斯,后者曾经主张把以征服者后裔自居的贵族赶回日耳曼的森林。③ 在 1850 年发表的《第三等级进步与发展史》里,梯叶里转向肯定贵族的社会贡献,认为骑士也拥有“热爱法兰西王国的情感”④。对于贵族史学理论家布兰维利埃,梯叶里的评价也变得颇为正面。“无论其结论如何偏狭,无论其解释如何错误,他还是开辟了通往真相的道路。”⑤同时,他抛弃西耶斯关于第三等级在旧制度法国“什么也不是”的论断,以科尔伯特担任财政总监为例,强调他们在路易十四的政府、司法、财政、军队和内阁里已经占据了重要的位置。⑥ 此外,风烛残年的梯叶里还抛弃了《诺曼人征服英国史》中的反教权主义,转而宣扬天主教会在中世纪为废止奴隶制和推动农业发展而发挥的积极影响。⑦

---

① Augustin Thierry, *Récits des temps mérovingiens*, précédés de *Considération sur l'histoire de France*, pp. 249-250.

② Augustin Thierry, *Essai sur l'histoire de la formation et des progress du tiers état*, p. 4.

③ 西耶斯:《论特权 第三等级是什么?》,冯棠译,北京:商务印书馆,1990 年,第 24—25 页。

④ Augustin Thierry, *Essai sur l'histoire de la formation et des progress du tiers état*, p. 6.

⑤ Augustin Thierry, *Récits des temps mérovingiens*, précédés de *Considération sur l'histoire de France*, pp. 90-91.

⑥ Augustin Thierry, *Essai sur l'histoire de la formation et des progress du tiers état*, p. 243.

⑦ Alfred Nettement, *Histoire de la literature française sous le gouvernement de Juillet*, Paris: Librairie Jaques Lecoffre, 1876, *tome 2*, p. 386.

最后,检讨介入史学的局限,捍卫史学的科学属性。梯叶里捍卫科学史学的立场,主要表现为对其史学作品中的政治介入立场不断进行自我批评。在《法国史信札》里,梯叶里首次检讨青年时期的介入史学,宣称不再把当下的政治斗争作为历史研究的指挥棒,要"好奇的"历史,"哪怕它们对我们希望捍卫的事业派不上用场"①。在《十年历史研究》的序言中,梯叶里再次指出过于强烈的现时主义如何损害了其史学论著的科学性:"我没有严格遵守历史的纪年,毫不顾忌历史的伦理道德,完全漠视历史事件的来龙去脉。"②与此同时,梯叶里还特别强调历史学和哲学的分野,格外警惕政治信仰或哲学观念的入侵,表示历史学应当严格遵守"事实世界"和"观念世界"的分野。③ 为此,他严厉批评了茹尔·米什莱和爱德华·基内的史学著作,认为他们中维柯和赫尔德的毒太深,只把历史视为某种观念(如自由)在不同时期的呈现。在《思考法国历史》里,梯叶里不点名批评了米什莱和基内:④"在一门以确凿事实和准确证据为对象的科学里,有人引入了形而上学或者维柯的方法,并使之居于支配地位。根据此种方法,一切的民族史学都以罗马史为模板。此种方法来源于德国。在德国,人们把所有的事实都看作是某种观念的符号,把人类历史进程看作某种永恒的心理学。历史学也因此偏离了自身的轨道,抛弃分析和精确观察,转而拥抱冒失的综合[……]假如要求所有人都接受它,不可能不犯重大的错误。"

米涅不像其朋友梯也尔那样热衷于争权夺利,依然保持着对历史学的热爱。他只担任了学术性职务,主要的行政事务是担任道德与政治科学院的常设秘书。米涅具备超强的协调能力,不求名利,做人不偏不倚,所以能够把道德与政治科学院组织得井井有条,活动办得有声有色。作

---

① Augustin Thierry, *Lettres sur l'histoire de France*, p. Ⅶ.

② Augustin Thierry, *Dix ans d'études historiques*, pp. Ⅸ-Ⅹ.

③ Augustin Thierry, *Récits des temps mérovingiens*, précédés de *Considération sur l'histoire de France*, p. 255.

④ Augustin Thierry, *Récits des temps mérovingiens*, précédés de *Considération sur l'histoire de France*, pp. 254-255.

为常设秘书，米涅经常需要为道德与政治科学院新近逝世的成员撰写生平、简介与贡献。在为昔日的同僚撰写纪念性文字时，他总是坚持历史学家的立场，尽可能地搜罗和阅读相关的档案、回忆录、手稿，对他们作出翔实客观而又动人动容的评述，交由《学者杂志》发表，而后将之整理成书。米涅为西耶斯、勒德雷尔（Rœderer）、塔列朗、德特拉西、多努（Daunou）等昔日革命领导人撰写的纪念文字本身也是不可多得的历史佳作。[1]

在七月王朝期间，米涅主要从事的研究工作是收集、整理和出版有关西班牙王位继承战的外交档案，但并没有出版分量很重的专著。不过，他撰写过若干短小精悍的历史论文，如为《西班牙王位继承战的谈判文集》撰写的精彩导言，研究过加尔文在日内瓦的宗教改革、中世纪的日耳曼地区以及 11—14 世纪法国领土与政治的沿革。[2] 米涅的论文通常是长篇叙事，但在开头总有一份扼要的概括，阐明其基本观点和写作意图。譬如，在谈论加尔文的宗教改革时，米涅提出了一个埃德加·基内在日后作出了深入探究的重大问题：16 世纪宗教改革激发了良心反省的活动、对独立的热爱、严峻而桀骜的虔诚，尤其激发了道德再生的普遍需求，但在它爆发时，12 世纪以来始终引领欧洲社会的法国为什么会表现得如此迟钝、如此不彻底？[3] 在撰写论文之前，米涅总是会穷尽史料，因而很少犯史实性的错误；他的叙述不夸张，很恰切。卡米耶·朱利安将米涅的历史论文誉为"历史写作、科学精确和学术考究的典范"[4]。

1840 年以后，遭到排挤的梯也尔重新续写革命史。由于梯也尔的抱负始终在政治领域，所以他无法做到心无旁骛地写作，1845 年才出版《执政史》的第一卷，而《帝国史》的最后一卷则延至 1855 年。

---

① Mignet, *Notice et Mémoires historiques*, tome 1, Paris：Librairie‐Éditeur, 1845.

② Mignet, *Notice et Mémoires historiques*, tome 2.

③ Mignet, *Notice et Mémoires historiques*, tome 2, p. 243.

④ Camille Jullien, *Extraits des historiens français du XIXe siècle*, p. LXIV.

三、共和主义史学

19世纪法国反复出现的景象是每当一个政权失去人心的时候,历史学界总是"春江水暖鸭先知",在政权更迭之前,实现了话语权从御用历史学家向反对派历史学家的转移。和复辟王朝一样,七月王朝也出现了其反对派的历史学家。茹勒·米什莱(1798—1874)和埃德加·基内(1803—1875)。

米什莱和基内的关系,有点类似于米涅与梯也尔,他们也保持着长久的友谊,有着近乎相同的历史哲学、政治立场和人生轨迹。多数的自由派历史学家(基佐是个例外)推崇叙事,主张让史料说话,由读者自己得出结论。但米什莱和基内的著作则不同,他们更希望寻找支配各时代、各地区和各民族的原则、哲学或精神。在这一点上,他们深受维克多·库赞的影响。

维克多·库赞在复辟王朝时期,教授哲学史。他提倡的"折中主义"哲学,希望吸收保守与革命、理性与激情的长处,和信条派追求的政治信仰——"中庸之道"有许多共同之处。在今日看来,库赞的哲学显得平庸而肤浅,但其视野广阔,通俗易懂,观点迷人,被七月王朝奉为官方哲学。库赞对德国哲学,尤其是对赫尔德推崇备至。库赞认为,历史有如一幕戏剧,而历史学家的首要任务是认识"戏剧的舞台",并恰当区分群众和领袖在历史舞台中分别扮演的角色。库赞概括说道:"地点、人民和伟人是体现时代精神的要素。"[1]无论是米什莱,还是基内,都没有忘记库赞的教训。

米什莱是库赞在巴黎高师培养的第一批学生。实际上,1817年巴黎仅有的12名中学历史教师都是库赞的学生。米什莱出生在巴黎,很早就萌生了对历史的兴趣,他曾经回忆了童年时代参观勒诺瓦的中世纪博物馆时留下的深刻印象:"正是在那里,不是在别处,我体验到历史是可

---

[1] Camille Jullien, *Extraits des historiens français du XIXe siècle*, p. XXXII.

以活生生地表现出来的。我记得我很小的时候,每次穿过那些庄严的拱门,凝视着那些石像的苍白面孔时,那种使我心跳的感情,总是那同样的感情,总是那强烈的感情。我不能确定所有这些大理石的沉睡着的人是不是会变活,而当我走进墨洛温帝王馆时,我不知道会不会看到契尔帕里克和弗雷戴贡德站起身来。"[1]米什莱长大成人以后,把复活死者在生前的地理气候、种族特征和精神气质作为历史学家最重要的使命。

在米什莱尚未确定专业之前,库赞建议他学习德文并翻译意大利人维柯的《新科学》。米什莱把维柯誉为"新世界的先知",《新科学》奠定了其作为历史学家的根本性格。和维柯一样,米什莱认为历史学家的责任是呈现人性的历史,强调群众对文明发展的重大贡献,要从法律和诗歌寻找一个民族的社会状况,从词源学探究人类起源的奥秘。

1827年,在库赞的推荐下,刚出版译著《新科学》的米什莱到巴黎高师讲授历史和哲学。翌年,他到德国游历,并由此结识了在不久前翻译赫尔德《观念论》的埃德加·基内,开启了两人长达半个世纪的友谊。

在德国历史学家尼布尔的影响下,米什莱开始将其历史哲学运用于罗马史研究,在1831年发表了其第一部重要的历史著作《罗马史》。米什莱修正了布兰维利埃、蒙特洛西埃、梯叶里等人将种族征服、种族斗争看作是历史发展动力的观点,认为它的决定性作用只存在于罗马民族的早期历史当中。但自从创建罗马城以后,罗马人的历史更多是自我塑造的结果,他们"创造了自身的能量,生成了自身的灵魂以及永不停止的行动"。在此,维柯与赫尔德的烙印可见一斑。相比于种族成分,米什莱更关注罗马人生活的土地及其遵守的法律。在前几章中,米什莱描述了意大利的环境,考察了十二铜表法。米什莱不仅抵制梯叶里的种族决定论,也对梯也尔和米涅滥用的伟人决定论提出了质疑。米什莱并不认为伟人是历史发展的主导因素,而是认为伟人之所以能够脱颖而出,乃是

---

[1] 乔治·皮博迪·古奇:《十九世纪历史学与历史学家》上册,耿淡如译,卢继祖、高健校,北京:商务印书馆,2014年,第316—317页。

因为相比于同时代的其他人,他们更好地顺应并体现了时代特征、观念潮流和制度变迁。

卡米耶·朱利安指出,米什莱的《罗马史》不同于以往历史著作的一个重要特征是其使用材料的多样性。在此前,古代史研究建立在文献的考订之上,而"米什莱阅读文本、法律和文学,辨认铭文与勋章,观察国家,考察农业状况,研究拉丁语,并将之和其他语言进行比较"。对米什莱而言,"一切皆是史学的材料;无论是土地、镌刻的石块、诉说的语言,一切皆是历史"[1]。

七月王朝建立后,米什莱仍然专注于历史研究,并在法兰西公学讲授历史。1833—1844 年,米什莱出版了其《法国史》的前六卷。米什莱的目标是"恢复过去的完整生活"。他考察了影响历史发展的各种要素,如土地、种族、人民、领袖,时间、制度、信仰。在撰写法国史时,米什莱长期驻足档案馆,将之称为"灵感的场所"。无论是梯叶里,还是基佐,都没有像他这样重视档案和未刊文献。他还借鉴了考古学家和古董学家的成果,并且实地考察,从各地的风俗、民情和传说中寻找历史的材料。

和《罗马史》的做法一样,米什莱承认地理、气候和种族等因素在法国早期历史上的决定性影响,但认为自从加洛林王朝解体后,法国便已塑造了共同的灵魂。米什莱特别重视对法国各个省份和城市的考察,认为它们和法国的关系,就如同身体的各个器官和大脑的关系。它们各自发挥作用,但又服从法国的指挥,走向共同的历史命运。由于如此重视外省、地方和城市的作用,米什莱可能是在托克维尔之前最缺乏集权主义色彩的历史学家。他认为,相比于英国和德国,法国的民族性格最接近于个人性格。在《法兰西图谱》中,米什莱指出:"英国是一个帝国,德国是一个国家或种族,法国是一个个体。"[2]所以,对米什莱而言,书写法国史,关键是要书写法国的自我塑造过程:"谁创造了我们的法国? 是法

---

[1] Camille Jullien, *Extraits des historiens français du XIXe siècle*, p. XLV.

[2] Michelet, *Tableau de la France. Géographie, physique, politique et morale*, Paris：Éditeurs A. Lacroix et Ce, 1875, p. 80.

国自身。法国通过内在的努力,通过必然性和自由共同作用的神秘分娩,创造了自身。这就是历史学应当理解的对象。"①

在米什莱的笔下,人民是法国的代名词与同义词。政权更迭、制度变迁、宗教兴衰和风俗演进是人民自我思考、自我作用和自我斗争的结果。和梯叶里的第三等级相比,米什莱的人民概念的外延更为广泛,它包括农民、工人、妇女、工场主、商人、公务员、资产者。在他看来,人民缔造了法国,也主宰着自己的命运,"人民是自己的普罗米修斯"。米什莱出身平民阶层,始终以人民之子自居,对社会下层的命运异常关心,并也由此和日趋保守化的七月王朝保持了距离。在基佐于 1840 年后重新执掌大权后,米什莱变成了公开的政治反对派。对米什莱而言,为人民说话,即在履行历史学家的责任。因此,米什莱的人生道路和梯叶里有很大的不同,后者是被政治卷入了史学,而前者是被史学推向了政治。②

1838 年以后,米什莱在法兰西公学担任历史学讲座教授。1841 年,埃德加·基内和流亡法国的波兰学者密茨凯维奇也加入法兰西公学,他们分别讲授南欧文学和斯拉夫语。这三位法兰西公学教授有着相同的政治理念,站在被压迫的人民与民族的立场上发声,宣扬共和国与民主制,反对保守而专制的君主制。许多青年学生涌入法兰西公学,如饥似渴地聆听他们的讲座,时不时爆发出雷鸣般的掌声。在某种意义上,19世纪 40 年代法兰西公学的"民主三杰",犹如 19 世纪 20 年代索邦大学的"资产阶级三杰"。

和 19 世纪许多历史学家一样,米什莱也将其政治激情投射到法国大革命研究。1847 年,他发表《法国大革命史》。为了撰写大革命史,米什莱查阅了国家档案馆和地方档案馆,利用革命时期的宣传画、版画和纪念章。不像米涅和梯也尔,米什莱的大革命史著作取得了重要突破。前两人只关注历史事件的表面,米什莱却致力于挖掘大革命的深层原

---

① Camille Jullien, *Extraits des historiens français du XIXe siècle*, p. LI .

② Camille Jullien, *Extraits des historiens français du XIXe siècle*, p. LIX.

因。他给卢梭的篇幅和米拉波一样多,叙述社会观念与人民信仰的变化,描绘革命危机期间民众的日常生活,并剖析1789年对欧洲的重大影响。

米什莱热情讴歌了大革命,高度评价了人民的贡献:"大革命存在于我们中间,存在于我们的灵魂里。原则上,它代表着法治的胜利、正义的复活、理念对暴力的反抗。它是由于热爱一切而开始产生的。在大革命的仁慈阶段,全体人民都是它的演员;在它的残暴阶段,只有少数派是它的演员。"[1]

米什莱经常采用象征主义的写法,人民象征法国,而丹东象征人民。因为米什莱在谈论自己热爱的原则,谈论和自己相邻的时代,谈论自己熟悉的土地和城市,因为他在孩童时代就听过大革命,所以他对大革命的描绘更鲜活,语言更激情四射。不夸张地说,米什莱的《法国大革命史》是"一部史诗,而人民是其英雄"。

1803年2月17日,埃德加·基内出生于安省,父亲是天主教徒,母亲是新教徒。基内虽然在少年时进行过天主教的洗礼,但在信仰上更接近于新教。在青年时期,基内密切关注德国哲学的发展,对赫尔德尤其着迷。1825—1827年,基内翻译出版赫尔德的《人类历史哲学》,为之撰写了精彩的导论。基内指出,历史的发展受某种统一法则支配,即要受"上帝的启示",受"理性、正义与自由"的驱使。[2] 基内为《人类历史哲学》撰写的导论得到了库赞的欣赏,后者禁不住惊叹:"这是一个伟大作家的起点!"

1827年,赫尔德访学德国,结识了尼布尔、弗里德里克·克勒泽尔(Frédéric Creutzer),惊讶于当时德国思想界的活力:"你(即指德国——笔者注)没有法国的温和气候,没有英国更谦和的自由,没有苏格兰的乡村,没有意大利的古代遗迹,也没有普罗旺斯的桃木芬芳。然而,在阿尔

---

[1] 乔治·皮博迪·古奇:《十九世纪历史学与历史学家》上册,第325页。
[2] Quinet, *L'Introduction à la philosophie de l'histoire de l'humanité*, dans *CEuvres complètes*, Paris: Pagnerre Librarie - Éditeur, 1857, p. 350.

米尼乌斯橡树之下流淌的静谧山谷之中，流淌着清澈的道德泉源，它迟早会滋养围绕你周围的各个民族。"[1]1829 年，基内远赴希腊，支持希腊的民族独立起义。翌年回国的基内为三色旗重新飘扬于法兰西而感到兴高采烈。

　　基内把德国哲学引入诗歌、文学尤其是宗教研究。基内在复辟王朝末期发表的一篇简短文章——《宗教的未来》(1831 年)里提出了一个贯穿其所有关于宗教问题的根本论断："政治革命始终爆发在宗教革命之后，并在某种意义上从后者得到了预示。"他表示，宗教革命先于并预示着政治革命是人类历史发展的金科玉律。人类从东方君主制走向古希腊共和国，乃是以亚洲的泛神论向古希腊拟人化的宗教的过渡为前提；英国革命和法国大革命的爆发离不开路德与加尔文的宗教改革。在基内看来，人类进步发展的目标，抑或全部宗教史所揭示的真理，乃是上帝要让人类逐渐摆脱约束而独自成长。基内之所以认为法国大革命是人类历史上的重要发展阶段，主要是因为让走向成熟的人类"独自地、自主地"完成上帝传达的使命。[2]

　　在基内的眼里，一切阻碍人类进行自由表达、自我选择和独立行动的因素，无论是教会、组织还是人士，皆是真正宗教的敌人。对他而言，阻碍欧洲社会进步的主要因素是天主教会，尤其是耶稣会士和"越山主义"(ultramontanisme)。

　　1843 年，基内发表《耶稣会士》，猛烈抨击了七月王朝期间卷土重来的耶稣会士，认为他们以教育自由为名重建宗教教育的努力，不仅威胁到了思想自由、宗教与哲学自由，而且也对科学原则和现代社会提出了挑战。他指责道，耶稣会士不遗余力地摧毁天主教会中的自由因素(如践踏大公会议的权力，削弱主教权力)，在神学的层面上只主张保留教

---

[1] Charles‐Louis Chassin, *Quinet et ses œuvres*, Paris, Pagnerre Librairie‐Éditeur, 1857, p. 32.

[2] Quinet, *L'avenir de la religion*, dans *Œuvres complètes*, Paris: Pagnerre Librairie‐Éditeur, 1857, pp. 394‐395.

皇,其目标"不仅是要创建一种君主制,而是要创造一种世俗的与精神的暴政"①。

　　1844年,基内出版《越山主义:罗马天主教与现代社会》,罗列了"越山主义"即教皇至上论对基督教、科学、历史、法律、哲学以及各民族的毒害,批评它阻碍了理性、正义与自由在欧洲的发展。同时,基内高度颂扬了文艺复兴、宗教改革、英国革命尤其法国大革命,认为它们是在践行真正的基督教精神。基内指出,法国大革命的贡献不仅仅在于摧毁贵族,推翻绝对权力,解放第三等级,推动人民的诞生,而且也在于它使法兰西民族摆脱了教会的束缚,变成了"普世精神的工具",而不再效力于某个教派或特殊教会。② 对基内而言,教皇至上论扭曲了基督教,而倡导人民主权的法国大革命更贴近于基督教精神:"在基督教会的理想里,一切皆由人民决断:教士、主祭和主教都产生于选举,产生于公共良知。如今,教会的一切事物皆非人民决断;人们不再到它身上寻找上帝的声音。因此,我斗胆宣称,新制度的精神建立在公共良知的伟大基础上,建立在人民主权的基础上;从原则上说,它在今天无疑比教会的组织与机构更贴近基督教精神。"③简言之,法国大革命代表着基督教的普世精神,它必将催生"一种更普世的基督教、一个更公正的社会、一种更完整的不朽"④。

　　基内在1847年发表的《意大利革命》里继续宣扬反教权主义的立场,把矛头直指罗马教廷,认为它是导致意大利落后、野蛮和分裂的罪魁祸首。基内表示,罗马帝国解体以来,教廷便是意大利的敌人,它诉说的语言和追求的利益都有别于意大利人民;相反,意大利事业的捍卫者,如但丁、马基雅维利、彼得拉克、达·芬奇、米开朗琪罗、伽利略、布鲁诺等,在诗歌、政治学、科学、艺术等领域对罗马教廷的教条、野心和欲望都作

---

① Quinet, *Les Jésuites*, dans *Œuvres complètes*, Paris: Pagnerre Librarie - Éditeur, 1857, p. 117.

② Quinet, *L'Ultramontanisme*, dans *Œuvres complètes*, Paris: Pagnerre Librarie - Éditeur, 1857, p. 298.

③ Quinet, *L'Ultramontanisme*, dans *Œuvres complètes*, pp. 299 - 300.

④ Quinet, *L'Ultramontanisme*, dans *Œuvres complètes*, p. 289.

出了或多或少的批评。他指出,19 世纪意大利的悲惨现状在很大程度上是由教皇国造成的:"人民主权依然是异端邪说。真正而实际的主权者、意大利的良心,是教皇;由此导致所有权力只能是这种最高权力的代理。这会催生自上而下的神权制,或者会催生自下而上的社会专制。"①他毫不客气地批评,教皇国背叛了民族原则,阻挠了意大利的独立、统一和再生。他提醒意大利人,不要对教皇国抱有期望,因为"从根本上说,它是孕育奴役的制度,不要把自由和专制相混淆。在上千年的时间里,教皇阻碍你们民族的诞生[……]为了建设意大利,就必须推翻教皇国"②。

由于米什莱和基内在法兰西公学的课程攻击罗马天主教,歌颂法国大革命,支持被压迫的欧洲民族,招致了保守派尤其天主教人士的强烈抗议。七月王朝为平息教士的抗议,终止了他们的讲课。

此外,拉马丁在 1847 年出版的《吉伦特派史》也是一部重要的共和主义史学著作。拉马丁并不是天生的共和派,他出身正统派家庭,在复辟王朝期间加入路易十八的"御林军";七月王朝建立后,他在 1842 年和 1846 年两次当选议员。19 世纪 40 年代,由于对基佐政府日趋保守的倾向感到不满,拉马丁宣布脱离议会多数。从 1843 年起,拉马丁开始构思并写作《吉伦特派史》。

《吉伦特派史》论述的起点是米拉波之死,终点是罗伯斯庇尔之死。对拉马丁而言,米拉波之死标志着立宪君主制的建立,而罗伯斯庇尔之死意味着建立社会共和国希望的泯灭。拉马丁以诗人特有的才情,对大革命时期的重要革命派别,尤其是吉伦特派进行了激情四射而又栩栩如生的描绘。

拉马丁虚构了吉伦特派在最后晚餐上的对话,让读者们不禁哀叹其追求自由而不幸罹难的悲剧命运。布里索在临终前呼喊:"应该让鲜血洗涤我们的共和国!"维尼奥悲愤地分析了自由事业失败的原因:"这片

---

① Quinet, *Les révolution d'Italie*, dans *CEuvres complètes*, Paris: Pagnerre Librairie - Éditeur, 1857, p. 494.

② Quinet, *Les révolution d'Italie*, p. 495.

土地太过贫瘠,不适合公民自由扎根;这个人民太过幼稚,在修改法律时不可能不自我戕害[……]我们生不逢时,为了追求世界的自由而丧命。"①拉马丁高度评价吉伦特派在创建第一共和国的贡献,对将他们送上断头台的罗伯斯庇尔和革命恐怖深恶痛绝。

《吉伦特派史》取得了巨大的成功,其作者也由此变成了共和国的先知,成为 1848 年临时政府的首脑。然而,拉马丁在撰写著作时,没有恪守历史学家的严谨态度,随意剪切材料、错漏百出、自相矛盾,有时还出于修辞的需要,虚构史实。因此,很少有人将之视为一部真正的历史著作。文学评论家阿尔弗雷德·内特曼批评拉马丁是"诗人在历史中寻找诗歌",《吉伦特派史》是一部"介于历史和小说、现实和梦想、史诗和戏剧、真理和寓言"之间的作品。②

四、激进主义史学

米什莱和基内对七月王朝与教权主义多有批评,但他们只是希望建立维护自由,实行普选的共和国,而不愿在社会领域推行过于激进的社会改革。但在七月王朝期间,也出现了一批激进派历史学家,他们将其社会改革的期望投射到历史研究中去。在现实主义需求的影响下,法国大革命是他们最为青睐的研究对象。

在复辟王朝末期,就出现了一种迥然不同于米涅和梯也尔的革命史解读。菲利普·邦纳罗蒂(1761—1837 年)在 1828 年出版《为平等而密谋》。邦纳罗蒂曾经因卷入巴贝夫的密谋活动而被捕入狱,差点命丧断头台。邦纳罗蒂虽然接受了自由派区分 1789 年和 1793 年的做法,但从相反的意义上评价它们。邦纳罗蒂指出,1789 年并非如自由派所言确立了自由,而只是在维护资产阶级的利己主义。同时,他对吉伦特派提出

---

① Camille Jullien, *Extraits des historiens français du XIXe siècle*, p. LXXV.

② Alfred Nettement, *Histoire litérature françaises sous Juillet monarchie*, tome 2, pp. 436 - 437.

了尖锐批评,认为他们戴着伪善的面具,打着共和主义的旗号,却暗中勾结贵族,阻碍建立民主共和国。邦纳罗蒂肯定国民公会打击囤积居奇、颁布限价法令的做法,高度评价罗伯斯庇尔尤其是巴贝夫,认为只有他们才深刻洞察了大革命进程的意义,并试图将政治革命转变成社会革命。

我们很难评价邦纳罗蒂在复辟王朝的影响,但随着 1830 年革命的爆发,尤其是随着绝大多数人由于七月王朝继续实行纳税选举而被剥夺政治权利日趋失望,《为平等而密谋》变成一些如饥似渴的青年民主派的阅读对象。1833 年创建的人权协会以及某些秘密会社开始把罗伯斯庇尔和巴贝夫作为自己的精神导师。

在 1831 年和 1834 年爆发里昂工人起义之际,邦纳罗蒂的追随者阿尔贝·拉波纳莱(Albert Laponneraye)面向巴黎的工人群众讲课,并出版《1789 年至 1814 年间的法国大革命史》。拉波纳莱指出,1789 年革命在本质上只是一场资产阶级的革命,它捍卫少数人的政治自由,却拒绝承认多数社会成员所需要的结社权利和劳动权利,彻底忽视了社会问题。拉波纳莱把基督刻画成自由的奠基人、平等的鼓吹者和博爱的提倡者,但认为天主教会背弃了基督的福音事业,导致法国大革命无法完成建立一个平等社会的目标。[1] 同时,和邦纳罗蒂一样,他批评了温和的革命派,尤其是吉伦特派,认为他们窃取了革命果实,阻止大革命从政治革命向社会革命的过渡。拉波纳莱认为罗伯斯庇尔具有不可辩驳的现实意义,因为他为实现战胜敌人、建立平等的目标,敢于利用革命恐怖。从此以后,法国激进左翼确立了将社会变革与恐怖专政相提并论的思想传统。此外,拉波纳莱还指出,1791 年宪法被 1793 年宪法取代的事实也预示着 1814 年宪章与 1830 年宪章终将为共和宪法取代的命运。

1834—1838 年,菲利普·布歇和皮埃尔·鲁(Pierre Roux)出版的

---

[1] Antonino de Francesco, *La guerre de deux cents ans. Une histoire des historiens de la Revolution francaise*, p. 100.

40卷《法国大革命议会史》也对法国大革命作出了激进的解释。布歇和鲁在19世纪20年代都因参加密谋活动而遭到逮捕。布歇早年信奉圣西门主义,后来皈依拉梅内等人开创的社会天主教。两位作者的初衷是通过收集法国大革命时期的议会档案、官方公告以及报刊摘要,为革命史家解决原始文献匮乏的难题。两位作者似乎无意于为法国大革命提供一套融贯性的叙事,但由于他们在刊印各种档案时,总是会夹叙夹议。实际上,这些评论本身即构成了一种相当新颖的革命解释。

布歇和鲁批判了德迈斯特和德博纳尔将法国大革命斥为上帝利用撒旦惩罚法国人的解释,而是将之和一种解放神学相挂钩。在两位作者看来,基督教福音的本质是要解放信徒;在罗马帝国解体之际,基督教帮助罗马-高卢人抵制野蛮人的压迫,并通过对野蛮人的驯化,保护了人民;由于贵族的自私和王权的专制,基督教事业遭遇重创;1789年法国大革命的爆发,尤其是民众的介入,基督教信仰得到了净化,而革命者宣扬的自由、平等、博爱便是新时期的三位一体。

布歇与鲁也区分了1789年和1793年,他们认为1789年维护资产阶级利益,《人权与公民权宣言》体现了资产阶级的利己主义;1793年由于民众的积极卷入,法国大革命才和基督教的原始价值建立其真正的联系。他们批评吉伦特派的军事冒险导致法国陷入灾难,批评丹东的道德堕落和埃贝尔派的反基督教,认为这些人是法国大革命的罪人。在他们看来,唯有罗伯斯庇尔,是唯一坚持基督教道德的革命者。同时,他们也对热月党人提出了尖锐的批评,因为他们的自私、贪婪与堕落终结了社会再生的进程,建立了资产阶级政权,使得法国重新掉进个人主义的窠臼。此后建立的拿破仑帝国、复辟王朝、七月契约王朝也别无二致,它们都只是在维护资产阶级的经济利益。布歇和鲁希望法国人重返共和二年,重启社会再生的进程,并最终实现基督教的福音。

基督教共产主义者艾蒂耶纳·卡贝在1839年开始出版总共四卷的《法国大革命的民众史》。卡贝曾经短暂地支持过七月王朝,在科西嘉担任过检察官,并在1831年入选立法议会。然而,随着七月王朝不断地拒绝普通民众参与政治的诉求,无意于改善劳动阶级的生活状况,卡贝的立场日益激进化,对"信条派"笃信的自由主义方案产生质疑。

卡贝经常援引布歇和鲁主编的《法国大革命议会史》,像所有激进史学家一样区分 1789 年和 1793 年,认为后者代表着法国大革命的高峰阶段。和自由派史学家不同,卡贝同情民众运动,甚至强调 1792 年 9 月屠杀的必要性。对于限制民众运动的制宪议会以及吉伦特派,卡贝没有任何好感;对于支持民众运动的山岳派与共和二年的革命政府,他作出了善意的描述,认为它们积极推动社会改革,满足了民众的社会诉求。卡贝对罗伯斯庇尔更是欣赏有加,认为他促进了雅各宾派和无套裤汉的结盟,变成了民众运动的象征和保护者。他指出罗伯斯庇尔是最坚定的共和派与民主派,做事审慎而坚定,为人正直而仁慈,在捍卫祖国利益的问题上更是毫不妥协。不过,卡贝对罗伯斯庇尔止步于最高限价法令,而没有推行平均财富的政策感到失望。因为在他的眼里,基督教尤其是使徒时代的共产主义是解决当代法国社会乱象的根本途径。在这一点上,卡贝是卡尔·马克思的先驱,并也由此和罗伯斯庇尔主义者保持了距离。

1847 年,社会主义者路易·勃朗在拉马丁、米什莱发表其大革命史著作后,也出版了自己的《法国大革命史》。勃朗出身正统派家庭,因为其家庭在 1830 年革命以后依然效忠波旁家族,失去了奖学金,陷入贫困。在撰写大革命史之前,路易·勃朗在 19 世纪 40 年代出版了两本著作,表达了其社会主义立场。《十年历史》描述了路易-菲利普政权在 1830—1840 年期间对法国的统治,批评七月王朝的保守、偏狭和堕落,批评资产阶级的利己主义。《劳动组织》更多地关注社会问题,猛烈抨击野蛮资本主义,主张实行普选制,并呼吁国家通过采取创建社会工场的方法,改造法国的社会经济秩序,建立自由、平等与和谐的社会主义社会。

路易·勃朗认为,权威、个人主义和博爱是支配欧洲历史发展的三种原则。法国革命者在 1789 年击败了长期支配欧洲社会的权威原则,但并非如自由派史家所言,自由取得了胜利。在路易·勃朗的法国大革命叙事中,先后存在两场革命。第一场革命深受伏尔泰精神的影响,消灭了威权的旧制度,建立了以个人主义为导向的新秩序。8月26日颁布的《人权与公民权宣言》,尤其是8月4日—11日取缔封建特权的法令最好体现了第一场革命的个人主义。这是资产者、律师和工业家的胜利。第二场革命深受卢梭的影响,旨在消除民生疾苦。勃朗表示,由于制宪议会限制民众参政,拒绝消除社会贫困,致使民众走向历史舞台,进入第二种革命。它的目标是要超越1789年的资产阶级个人主义及其在法国社会制造的分裂。罗伯斯庇尔是第二种革命的化身,他宣称自己来自人民,并坚决地捍卫人民的利益。令人遗憾的是,热月党人推翻了罗伯斯庇尔,取消了雅各宾派确立的社会成果。

第三节　第二帝国时期的史学

在1848年革命以及第二共和国的动荡岁月里,似乎没有多少人能够在书斋静坐,平心静气地研究历史。1851年12月2日政变尽管令人心碎地终结了共和国,但客观上却迎来了法国史学研究的新契机。

和拿破仑-波拿巴一样,路易-拿破仑也很重视历史学,希望从历史中寻找波拿巴主义存在和执政的历史合理性。第二帝国热衷于提升法国历史研究,尤其是对可能给自身统治带来好处的研究更是慷慨资助。譬如,拿破仑三世支持罗马史研究,他本人还出版过一本恺撒的传记。1867年,他热情招待了德国著名罗马史专家蒙森。同时,第二帝国也热心扶持高卢史的研究,在圣日耳曼地区资助成立国家古代博物馆,推动《古代凯尔特人辞典》的编撰。在第二帝国,高卢英雄维钦托利(Vercingétorix)及其征服者恺撒取得了前所未有的声誉。此外,拿破仑三世也资助法国考古学家与历史学家在埃及、巴勒斯坦和两河流域的科考活动,极大地推动了法国埃及学、亚述学和波斯学的研究。

在历史教育方面,第二帝国也做了许多重要工作。杜律伊在1863年被任命为公共教育大臣后,积极推动中学历史教育,尤其是历史教科书的编撰。他参与编写的《历史学课本》(1851 年)和《古希腊史》(1862 年)是未来历史学家的必读教材。1868 年,杜律伊还创办高等研究院,它和文献学院、巴黎高师成为培养历史学研究人才的重要基地。

和复辟王朝、七月王朝无异,第二帝国时期的历史话语权掌握在反对派手里。1848 年革命的爆发、第二共和国的兴废以及波拿巴主义的崛起改变了很多史学家的命运。梯叶里因残酷的现实击碎了其关于历史终结于七月王朝的信念,《第三等级史》写到路易十四统治末期部分便戛然而止。相反,另一些自由派史家在 1848 年革命后黯然退出政治舞台,重新回到书斋。基佐隐居家乡,撰写回忆录,并开始续写《英国革命史》。巴朗特开始书写国民公会的历史,思考自由在大革命中消亡的原因。梯也尔也因路易-拿破仑的政变而决定续写未竟的《帝国史》。米什莱不再关注法国大革命,重新续写其在 1844 年中断的《法国史》。由于昔日的政治激情丧失殆尽,新出版的《法国史》要黯淡许多。相反,他开始在《论爱》《论妇女》《论昆虫》《高山》《大海》和《鸟》等著作中表现了对自我幸福的关注,并在自然世界中追求美。作为米什莱的挚友,基内倒是没有放弃战斗的热情,在流亡比利时和瑞士期间思考自由事业在法国屡屡受挫的原因。

相对而言,托克维尔和基内对法国大革命的反思作品,以及由厄内斯特·勒南、伊波利特·泰纳和菲斯泰尔·德·库朗热为代表的新一代历史学家的科学史学,构成了第二帝国时期法国史学的精品。

一、对法国大革命的哲学反思

对于在 1848 年 2 月至 1852 年 12 月先后经历过革命、共和国、民众起义、政变以及帝国的许多人而言,法国似乎再次经历了 1789 年一代人的相同命运。因此,一些历史学家自然而然地把目光重新投向 18 世纪末,希望通过对上一次革命及其演变的考察,为理解当时的困境与出路寻找历史的智慧。

自由派历史学家巴朗特 1851—1853 年先后出版《国民公会史》和

《督政府史》。巴朗特并不赞同其同僚米涅和梯也尔在复辟王朝末期得出的论断,即国民公会时期的革命恐怖是在国内贵族反抗和外国军队入侵的环境下而不得不作出的选择,并由此挽救了法国。巴朗特表示,国民公会成员不仅好高骛远,将法国引向战争,而且只把革命恐怖当作巩固自身权力的工具。他们在军事领域的无能和在政治领域的犯罪践踏了法律秩序,损害了公共自由,并抢劫了社会财富。督政府只继承了国民公会的负面精神,道德堕落而又软弱无能,在面对内外交困局面时显得摇摆不定,手足无措。唯有在拿破仑上台后,法国才逐渐摆脱了困境。我们在勃朗特对国民公会史和督政府史的解读中,看到了"秩序党"进退两难的矛盾心态:一方面希望告别革命,维护"秩序、家庭与宗教",另一方面又为专制政权钳制自由的做法感到沮丧。

梯也尔在1845—1855期间陆续出版了其法国大革命史的续篇《执政史》和《帝国史》。相比于复辟王朝末期,梯也尔在撰写拿破仑·波拿巴的统治史时,政治介入的激情已经趋于降温。在两部著作里,梯也尔最喜欢探讨的主题是财政预算、军事问题和法国外交。作为七月王朝时期的重要领导人,梯也尔有着普通历史学家无法获得的政治智慧与经验感悟,加之显赫身份给其查阅档案的便利,使得他能够信手拈来地列举财政预算的数目,事无巨细地描写宏大的战争场面,栩栩如生地还原欧洲外交的钩心斗角。读者在阅读梯也尔的著述时,经常有身临其境的感受。虽然路易-拿破仑让自己的政治抱负遭受重创,梯也尔在描述其伯父时,也试图做到不偏不倚,肯定他给法国带来的秩序和荣耀。不过,《帝国史》的结尾似乎表明梯也尔虽然崇拜拿破仑,但更珍惜自由:

> 谁能够预料到1800年的智者将变成1812年和1813年的疯子?倘若人们谨记教训,知道全能本身会带来一种无可救药的疯癫,就会有所防范。只要有人能够无所不能,他就会无所不为;他既会行善;也能作恶。在这场给军人、行政官和政治家提供如此多教训的戏剧中,公民们也学会了一件事,即永远不要把祖国交给独夫,无论

他是谁,无论处于何种环境! 在结束这段有关我们胜利和我们灾难的鸿篇巨制之际,我还是想最后呐喊一声,真诚地呐喊一声。我希望所有法国人都能听到:永远不要放弃自由;为了避免放弃自由的危险,永远不要滥用自由。[1]

巴郎特和梯也尔的著作皆取得了巨大的成功,但就对法国大革命思考的深刻程度而言,它们远远不及托克维尔的《旧制度与大革命》和基内的《基督教与法国大革命》。

阿列克西·德托克维尔(1805—1859)因在 1835 年和 1840 年发表《论美国民主》而享誉法国,并由此转战政坛。1839—1851 年期间,托克维尔长期担任芒什省的议员,在第二共和国期间入选制宪委员会,出任奥迪隆·巴罗内阁的外交部长,因为反对 1851 年政变而被短暂拘捕,随后退隐诺曼底故居。托克维尔长达 12 年的政治生涯乏善可陈,但在重新转入思想领域后,又目光如炬,撰写了西方政治思想史名篇《旧制度与大革命》。

托克维尔在 1856 年出版的《旧制度与大革命》的导言中,清楚表达了自己的写作意图,即要分析法国革命者为何“忘却了自由,只想成为世界霸主的平等的仆役”。[2] 和此前所有革命史家不同的是,托克维尔没有把自由在法国的消亡归咎于某个具体的革命派别或革命领袖。托克维尔无意于像米涅、梯也尔、米什莱、马拉丁或路易·勃朗那样为叙述革命事件,褒贬革命人物的功过。托克维尔认为,人们不能拘泥于 1789—1799 年,必须将目光投向更远,从旧制度的社会中窥探大革命的起源、精神、风貌及其命运。

和此前历史学家不同,托克维尔并不认为法国历史在 1789 年出现了重大的断裂。他表示,旧制度和新法国之间的连续性远远超出了人们的想象,革命者“在不知不觉中从旧制度继承了大部分感情、习惯、思想,

---

[1] Camille Jullien, *Extraits des historiens français du XIXe siècle*, p. LXXXI.
[2] 托克维尔:《旧制度与大革命》,冯棠译,北京:商务印书馆,1996 年,第 33 页。

他们甚至是依靠这一切领导了这场摧毁旧制度的大革命;他们利用了旧制度的瓦砾来建造新社会的大厦。"①在旧制度留给新法国的遗产中,没有什么能比中央集权更深刻地塑造着法兰西民族的性格,决定法国未来社会的走向。

托克维尔指出,中央集权更多是旧制度的产物,而非如很多人认为的产生于大革命和帝国,只不过它被革命者和拿破仑·波拿巴继承并加以完善而已。波旁王朝凭借御前会议、总督、税官和军队等手段,逐渐剪除了三级会议省、自治城市、高等法院和教会等机构的权力,把贵族变成有名无实而又令人深恶痛绝的特权者,对法国社会的控制更是到了无以复加的程度。托克维尔不无夸张地强调了波旁王朝支配整个社会的能力:"在旧制度下,像今天一样,法国没有一个城市、乡镇、乡村、小村、济贫院、工场、修道院、学院能在各自的事务中拥有独立意志,能够照自己意愿处置自己的财产。当时,就像今天一样,政府把全体法国人置于管理监督之下;如果说这个蛮横字眼当时尚未造出,至少它在事实上已经存在了。"②

中央集权是波旁王朝最显著的特征,它也制造了旧制度社会的各种弊端。它导致国王大权独揽,国家力量被巴黎垄断,但与此同时,"地方的自由权利都在不断消失,独立生活的特征在各地停止出现,不同省份的面貌特征逐渐混淆,旧的公共生活的最后痕迹正在被抹去"③。绝对君主制正在把法国境内的臣民变成了千人一面的个体,他们拥有相同的思想、习惯、嗜好、娱乐、阅读和语言;他们虽然彼此相似,但又痴迷于和特殊、特权相连的病态自由,对彼此的命运互不关心。而且,中央集权会催生一种有毒的文学政治,因为丧失政治自由、脱离公共生活,法国人只能依据抽象的自然权利、社会契约或人权话语,理解和构建其理想的政治王国。对托克维尔而言,18世纪哲人尤其是重农学派们踏空蹈虚,对政

---

① 托克维尔:《旧制度与大革命》,第29页。
② 托克维尔:《旧制度与大革命》,第91页。
③ 托克维尔:《旧制度与大革命》,第113页。

治社会的病态想象,是法国革命者在推翻绝对君主制后,无法建立"和平与自由的法治国家"的重要原因。

对托克维尔而言,波旁王朝的行政革命是 1789 年政治革命的先声,前者影响甚至决定了后者的根本特征与最后命运。中央集权时刻滋长着法国人对不平等的仇恨,扼杀了公共生活,致使他们无法恰如其分地热爱自由。在自由和平等出现张力的情况下,他们通常会选择平等,哪怕是奴役中的平等。虽然托克维尔没有对法国大革命进行过细节的铺陈,但依据其逻辑,法国未来的命运已是可想而知。

如何维持法国人对自由的热爱,避免其追逐平等的激情蜕变为对专制主义的迷恋? 事实上,托克维尔的答案已经存在于 20 年前发表的《论美国的民主》之中。人们既要在政治层面确立普选制、代议制、权力分立、地方分权、司法独立等制度,又要在社会层面建立结社自由、乡镇自由、宗教自由等。唯有如此,才能在民主社会中维持自由和平等的茁壮成长与和谐发展。

《旧制度与大革命》出版后,立即变成洛阳纸贵的畅销书。然而,共和派史学家爱德华·基内并没有在第一时间表达对它的赞赏,因为托克维尔在担任外交部长期间,同意派遣法国军队远征意大利,帮助教皇镇压了罗马共和国。基内在写给米什莱的信中,只对《旧制度与大革命》作了不痛不痒的评价。但从史学的层面,托克维尔关于旧制度与大革命之间连续性的论断应该给了基内不少的启发。

基内的《基督教与法国大革命史》出版于 1865 年。虽然它的篇幅并不长,但基内自从 1854 年起便在构思创作。从许多方面来看,基内似乎是托克维尔的对立面。托克维尔拥有令人绝望的沉着,而基内却经常爆发出狂怒的激情。托克维尔的论证是逻辑严密,层层递进,而基内的文风肆意汪洋,激情澎湃。托克维尔是现代民主弊病的观察家和诊断者,而基内是民主事业的鼓吹者与预言家。托克维尔在美国看到了民主与天主教和谐共处的希望,基内却认为天主教和现代社会为敌的罪行罄竹难书。但从方法论上讲,基内应该从托克维尔的著作中汲取了许多灵感。和托克维尔无异,基内在思考法国大革命时,目光并不局限于1789—1799年,同样无意于革命事件的事实铺陈,只愿对自由事业为何在大革命期间受挫的命运进行哲学反思。

基内相对于托克维尔的原创性在于,他认为当代法国人在自由道路上历经坎坷,不仅由于波旁王朝建立的中央集权制度,更重要的原因存在于宗教领域。基内深化了其在19世纪40年代的反教权主义论断,不再满足于对耶稣会士、越山主义和教皇的谴责,而是把天主教视为民主政治和现代社会的敌人。根据基内的理解,在耶稣时代、早期教父时代以及公教会议时期,基督教推崇行动自由、思想自由、辩论自由,主张用集体协商的方式解决信仰冲突。在当时,"教会的理想是精神生活的运动。任何在庙宇中停顿和睡眠的人,不能得到基督的祝圣;任何希望思想和心灵有所行动的人,哪怕是撒玛利亚人,也和基督同在。"[1]

但在圣奥古斯丁等人的影响下,天主教会逐渐扭曲了基督教的原始精神,将之变成了故步自封、等级森严、捍卫不平等的僵化体系,冥顽不灵地阻碍社会的进步和民众权利的改善,并由此严重损害了基督的福音事业。在中世纪的市镇解放、文艺复兴和宗教改革等进步运动中,天主教始终逆潮流而动。对基内而言,16世纪宗教改革是西方社会发展的重要分水岭。但凡宗教改革取得成功的地方(如英国和美国),基督教福音都能够和民主和谐共存。相反,在宗教改革失败的地方(如法国、意大利、西班牙、葡萄牙),社会与政治的改革总是举步维艰。

在基内看来,1789年法国大革命同样具有里程碑的意义,因为它标志着基督教精神的复兴,"人将神法引入人类的法律"[2]。然而,令人遗憾的是,天主教拒绝向大革命作出妥协,它反对制宪议会颁布的《教士公民组织法》,和立法议会分庭抗礼,也拒绝接受国民公会的橄榄枝,导致后

---

[1] Quinet, *Le Christianisme et la révolution française*, dans *CEuvres complètes*, Paris: Pagnerre Librairie‑Éditeur, 1857, p. 45.

[2] Quinet, *Le Christianisme et la révolution française*, p. 76.

者不得不仿效其敌人,创建新宗教——最高崇拜节。独裁者罗伯斯庇尔也由此变成了"教皇"。[1] 革命时期泛滥成灾的暴力和恐怖,也在天主教持续的、不宽容的教育当中得到解释。由于宗教改革遭到抵制,法国人民无法形成自由内省、自由讨论的精神,"哪怕是微不足道的分歧都有可能造成势若水火的分裂……由于每个人都相信自己不会犯错,却认为别人误入歧途,所以只能互相禁止;诅咒意味着死亡"[2]。人民群众从天主教学会了不宽容,从它支持的绝对君王们借鉴了暴力手段,路易十一的铁笼、黎石留的绞刑架以及路易十四的大规模流放皆在革命中死灰复燃。因此,"通过恐怖,那些新人在不知不觉中又突然变成了旧人"。[3] 基内表示,无论是在拿破仑帝国、复辟王朝,抑或七月王朝,天主教始终是阻碍法国人前进的障碍。

通过对基督教历史的重构,通过批判天主教对欧洲尤其是法国产生的影响,基内得出结论说,在进行政治与社会改革之前,必须首先推行宗教改革,推行"改革的改革"(la réforme de la réforme),"不仅要革新事物,而且也要革新人的内心,革新精神,革新鲜活的教会"[4]。

基内的《基督教与法国大革命》引起了很大的轰动,正统派和天主教会抨击他对天主教的诋毁,而激进派也为其对雅各宾主义的指责而愤怒。阿尔方斯·佩莱在《民族未来报》批评基内背叛民主事业,强调环境才是革命恐怖产生的根本原因,并主张要重新肯定雅各宾派的功绩。米什莱对基内没有援引自己的著作感到不快,对基内关于法国必须拥抱新教的观点更是难以认同。不过,米什莱没有公开表达自己的不满,但两人长达四十年的友谊开始出现裂痕。相反,新一代共和派热烈欢迎基内的著作,朱尔·费里和爱弥尔·奥利维耶撰写多篇文章,支持基内的分

---

① Quinet, *Le Christianisme et la révolution française*, p. 230.

② Quinet, *Le Christianisme et la révolution française*, pp. 232-233.

③ 克里斯蒂昂·德拉克鲁瓦、弗朗索瓦·多斯、帕特里克·加西亚:《19—20 世纪法国史学思潮》,顾杭、吕一民、高毅译,北京:商务印书馆,2016 年,第 80—81 页。

④ Quinet, *Le Christianisme et la révolution française*, p. 268.

析,强调恐怖是民主发展的障碍,"一旦(民主制)抛弃了雅各宾主义,自由就将在法国确立"①。基内的许多思想在第三共和国的世俗化运动,尤其是在费里的教育改革中得到了实施。

二、科学史学的兴起

革命、混乱、政变与专制在法国的恶性循环,也让新一代历史学家对介入史学产生了怀疑。厄内斯特・勒南、菲斯泰尔・库朗热和伊波利特・泰纳是新史学范式的杰出代表。三个人都生活在政治沉寂和公众沮丧的时代,他们将全部的精力投入纯粹的科学研究。他们对待史学研究的态度可在勒南说过的一句话中得到体现:"自从 1852 年以来,我纯粹为好奇心所驱使:我们应当从政治抽离。"②

厄内斯特・勒南(1823—1892)出生在布列塔尼的特雷吉耶(Tréguier),从小进入修道院学习,在巴黎圣絮尔比斯神学院毕业后选择过世俗生活。在圣絮尔比斯神学院学习期间,拉伊尔(La Hir)神甫教勒南希伯来语和闪米特语,并使之确立了献身东方学研究的志向。勒南虽然告别了宗教生活,却热衷于运用语义学、历史学和考古学的方法与材料,研究宗教史。在 1870 年以前,勒南先后撰写《5 世纪末至 14 世纪末西欧的希腊语研究》(1848 年)、《语言的起源》(1848 年)、《科学的未来》(1848 年撰写,但在 1892 年才出版)、《宗教史研究》(1857 年)、《道德与批判论集》(1859 年)、《耶稣的一生》(1863 年)、《圣保罗》(1869 年)等著作。

勒南放弃宗教生活,一个很重要的原因是对宗教教育的不满。宗教学校总是小心翼翼地维护天主教传统,拒绝讲授任何有可能动摇教会权威的内容,对于 1789 年以来法国社会的变化几乎只字不提。勒南曾经

---

① 克里斯蒂昂・德拉克鲁瓦、弗朗索瓦・多斯、帕特里克・加西亚:《19—20 世纪法国史学思潮》,第 83 页。
② Camille Jullien, *Extraits des historiens français du XIXe siècle*, p. LXXXIX.

如此抱怨修道院里的老师们："19 世纪新的历史与文学思想,是我们优秀老师最为忽视的东西[……]一种冷酷的正统主义让他们诚惶诚恐地避免提及大革命与拿破仑。幸亏学校的门房,我才了解到帝国的存在[……]对当代文学,他们更是只字不提。"①对勒南而言,天主教会为维护教会权威而顽固捍卫的神话、迷信和错误,实际上有损于基督教的伟大与复兴。他的目标是要借助语义学和历史学的工具,通过对《圣经》以及其他宗教典籍进行考订,剔除遮蔽基督教的超自然因素,从而真正恢复基督教的本来面貌。毫无疑问,作为基督教的创建者,耶稣被后人施加的神话与迷信最多。因此,勒南希望给耶稣撰写一部真实的传记。

在还原耶稣的人生方面,勒南并非第一人。早在 1835 年,德国学者大卫·弗里德里希·斯特劳斯发表《耶稣的一生》。斯特劳斯虽然没有否认耶稣的神性,但在将之描述为俗人的道路上已经迈出了重要一步。为了撰写好基督的传记,勒南在 1861 年特地前往巴勒斯坦,实地考察耶稣生活的场景。考察活动异常艰辛,勒南因感染黄热病而几乎丧命,陪他前往的姐姐则由于感染疟疾而不幸去世。

1862 年,勒南回国,并成功入选法兰西公学,担任古希伯来语讲席教授。勒南开始面向公众讲授耶稣的一生。在法兰西公学的第一次讲课中,勒南就因为对耶稣所作的评价而引起轩然大波。他是这样评价耶稣的:"一个举世无双的人。我在评价一切事物时,本应立足于实证科学的立场。然而,他是如此地伟大,以至于我并不想反驳那些因为对他的卓越品格感到惊讶,而将之称为神的人。"②法国天主教会以及许多天主教徒为勒南将耶稣拉下神坛,变为圣人的做法感到愤怒,他们斥责勒南为叛徒。1862 年 2 月 22 日,3 000 多名公众涌进法兰西公学,反对勒南的人高呼"打倒勒南",而支持勒南的人也不甘示弱,呼喊"勒南万岁"。为

---

① Ernest Renan, *Souvenirs d'enfance et de jeunesse*, Paris: Calmann‐Lévy, 1923, pp. 114‐115.

② François Hartog, *La nation, la religion, l'avenir. Sur les traces d'Ernest Renan*, Paris: Gallimard, 2017, p. 69.

了平息教权派的愤怒,此时正在竭力修复和天主教徒关系的拿破仑三世宣布停止勒南在法兰西公学的讲课,最后干脆将之取缔。

教权派的抨击和拿破仑三世的打压并没有威胁到勒南。翌年,《耶稣的一生》出版,并取得了巨大的成功,1863—1867 年间出现了 13 个版本。甚嚣尘上的批评极大地推动了此书的销售,勒南曾经不无讽刺地说道:"归功于主教们难以置信的愤怒,书的销量持续增长。"丰厚的版税也让丧失法兰西公学讲席的勒南生活无忧,能够挺起腰板抗争。

撇开争论不言,《耶稣的一生》在许多方面都堪称 19 世纪法国史学研究的典范之作。在史料收集和校勘方面,勒南反复斟酌。为了真实地再现早期基督教的历史场景,他使用了文献、铭文、文学、遗迹和勋章等各种资料。在巴勒斯坦考察期间,他依据《圣经》等宗教圣典的记载,走遍耶稣生活的各个场所,并将观察的感受直接写入著作,令读者难以忘怀。在著作的开头,勒南这样描写了加利利:"耶稣时代的拿撒勒城或许和今日的面貌相差无几。我们看到,他在孩童时代玩耍的街道铺着石块,狭窄的路口区隔着简朴的寒舍。毫无疑问,约瑟夫的房屋和这些靠门透光,同时充当厨房与卧室的简陋小店无甚差别,它们拥有的家具不外乎是一个席子、几张坐垫、一两个陶罐和一个彩箱。"[1]在勒南的笔下,耶稣再次复活。此外,勒南在扎实史料的基础上,也合理地运用了历史想象,宣称"为了不遗余力地复活昔日的高贵心灵,应当允许稍许的想象和推测"[2]。

伊波利特·泰纳(1828—1893)出生于法国东北部的阿登省。泰纳是巴黎高师的毕业生,笃信科学主义。泰纳以研究文学史和哲学史见长。1853 年出版的《拉方丹及其寓言》让他在法国文学界崭露头角。《论李维》(1856 年)赢得法兰西学院大奖。1863—1864 年,他发表了《英国文学史》。在为何要选择研究英国史的问题上,泰纳给出的答案类似于

---

[1] Camille Jullien, *Extraits des historiens français du XIXe siècle*, p. XCVIII.
[2] Camille Jullien, *Extraits des historiens français du XIXe siècle*, p. XCIX.

奥古斯丁·梯叶里在解释为何研究诺曼人征服英国史时所给出的答案：

> 我之所以选择英国，乃是因为它依然存在，便于直接观察。所以，相比于只留下片言只语的消逝文明，人们能对它进行更好的研究；因为它是与众不同的，所以在法国人的眼里，它比法国更能呈现一些突出特征。此外，除了其自发演进外，英国文明还存在某些独特之处。譬如，在经历最晚、最有效的征服后，它被迫偏离方向；人们由此能够精确地管窥三种因素，即种族、气候和诺曼人征服。[1]

在从事文学批评和哲学史研究时，泰纳认为问题的关键是要运用科学规律，对文学作品和哲学著作作出客观分析，从而理解一个民族或一个人的灵魂。他表示，人文研究能够像获得像自然科学那样，获得精确的规律："和植物一样，灵魂也有一套可供科学研究的机制；只要人们认识构成灵魂的各种力量，哪怕没有解构其作品，也能通过纯粹的推理，重构它。"[2]

对泰纳而言，历史学如同一种解剖学，只要探明一个人或一个民族所生活的土地、气候、种族、环境、习俗等因素，就能确切地掌握这个人或这个民族的精神与特征。泰纳在 1863 年写道："如今，历史学像动物学那样发现了自己的解剖学。"同时，泰纳也积极推广心理学在史学中的运用，尤其强调物质决定意识的原则。他表示，人类的邪恶和美德，如同人类制造的硫酸盐和糖。只要认识英国人的饮食、工作与环境，就能了解它是一个什么样的民族。泰纳对科学知识的进展异常着迷，长期聆听法国著名生理学家克劳德·贝尔纳的讲课，也如饥似渴地向精神病学家学习。泰纳还把自己的研究方法称为"历史心理学"。

诚如泰纳所言，在研究一个民族的历史时，人们应当研究国土、气候、山川、种族以及动植物等客观因素。在某种意义上，泰纳的许多观点容易让人联想到此前的米什莱以及 20 世纪的年鉴学派。但是，泰纳的

---

[1] Camille Jullien, *Extraits des historiens français du XIXe siècle*, p. XCIV. ·
[2] Camille Jullien, *Extraits des historiens français du XIXe siècle*, p. XCIII.

"历史心理学"略显僵化，失之简单，因为一个民族的性格并不必然是上述因素的直接结果。历史研究像所有人文科学一样，不可能具备自然科学的精确性，人的主观选择始终是最重要也最难以估量的因素。因此，在历史科学中，米什莱关于"人是其自身的普罗米修斯"的论断可能更令人信服。

菲斯泰尔·德库朗热(1830—1889)也是巴黎高师的毕业生，在学生时代到法国雅典学院做研究，并由此变成了古代希腊史研究的名家。和勒南、泰纳一样，库朗热希望在法国建立客观史学，用自然科学的方法来研究。他主张，历史学者必须坚持三种立场。第一，要采取批判立场，对于一切有关历史的看法，哪怕是为人普遍接受的看法，都应该持怀疑态度。第二，强调原始史料的重要性，不要迷信二手文献，历史学家应当直接阅读一手文献，因为前辈学者的研究有可能导致自己误入歧途。第三，历史学家要避免把当下的偏见带入昔日研究，应当警惕年代错置的危险。①

在原始文献的使用以及释读的谨慎方面，库朗热是 19 世纪法国历史学家的楷模。然而，库朗热并非如卡米耶·朱利安所言，"内心没有任何波澜"②。朱利安选择的研究主题恰恰体现了一个 19 世纪法国人对革命原则的反思和对法国社会撕裂的忧虑。

1858 年，库朗热撰写的两篇论文表达了其对当代法国社会问题的关注。一篇论文研究古希腊的维斯塔女神崇拜，认为它是家庭组织、社会生活与城邦政治的基础，"可以说，城邦是一个教堂，城市是一个庙宇，法律和权利是一种宗教，行政官是一群教士"③。另一篇文章研究波利比乌斯，分析他作为一个希腊人，在向罗马投降时，是否会有叛国的念头。库朗热表示，对波利比乌斯而言，这种问题根本不会存在，因为在罗马人征

---

① 乔治·皮博迪·古奇：《十九世纪历史学与历史学家》，第 364 页。

② Camille Jullien, *Extraits des historiens français du XIXe siècle*, p. XCI.

③ François Hartog, *Le XIXe siècle et l'histoire. Le Cas Fustel de Coulanges*, Paris：Seuil, 2001, p. 36.

服希腊之前,贵族和民主派之间你死我活的斗争已经让祖国的概念失去了吸引力:"希腊似乎变成了这样一个国家,它存在两个城市,而且是两个始终处于战争状态的城市";"在拥有公民或希腊人的身份之前,人们首先是贵族或民主派"①。

1864 年,库朗热出版《古代城邦》,探讨古代希腊城邦中家庭和国家的关系问题。在《古代城邦》中,库朗热隐含地批判了契约论的社会观念,否认社会源于个体成员的选择。在古代希腊,家庭是社会生活和城邦政治的起点。他表示,家庭不仅是一个"自然的联合体",而且也是一个"宗教的联合体";繁衍后代的自然需求并不是家庭存在的唯一理由,而祖先崇拜不但维系家庭成员的团结,而且也在生者和死者、自我与他人之间建立了牢不可破的关系。对库朗热而言,古代家庭"是真实的团体,是真正的鲜活存在,而个人只不过是其不可分割的成员"。② 在某种意义上,库朗热含蓄地批评了贡斯当关于在古希腊,政治自由凌驾于个人自由之上的论断,因为宗教而非政治才是城邦生活的本质属性。

库朗热指出,唯有在基督教诞生以后,古代希腊的社会模式才得以终结,才出现了对个人的承认,才出现了个人自由。在此,我们似乎在库朗热的身上看到了托克维尔的幽灵,因为他也和后者一样强调基督教之于自由的价值:"一旦灵魂获得解放,最困难的部分已经达成;自由在社会秩序中开始变为可能。"③在反教权运动如火如荼的时代,库朗热却旗帜鲜明地强调基督教的解放作用,并由此被贴上了"教权派"的标签。库朗热否认自己是教权派,坚持宣称自己是一个自由派。实际上,库朗热无非是要通过历史研究,强调在社会的诞生和制度的运转方面,武力无足轻重,精神要优于暴力,因为宗教是一切社会生活的泉源,提供了最为强大的道德力量。

在推动法国史学研究的实证化方面,勒南、泰纳和库朗热作出的贡

---

① François Hartog, *Le XIXe siècle et l'histoire. Le Cas Fustel de Coulanges*, p. 36.

② François Hartog, *Le XIXe siècle et l'histoire. Le Cas Fustel de Coulanges*, p. 45.

③ François Hartog, *Le XIXe siècle et l'histoire. Le Cas Fustel de Coulanges*, p. 46.

献不可磨灭,但他们并非两耳不闻窗外事的书斋型学者。他们的著作或多或少呈现了19世纪法国人为追求一个更美好社会的真诚探索。在法国对德战争失败后,他们不约而同地变成了将史学研究变成了诊治法国弊病或维护国家利益的工具。无论是库朗热的《古代法国政治制度》,或者是泰纳的皇皇巨著《现代法国的起源》,抑或勒南短小精悍的《什么是民族?》,皆从不同的角度表达了各自对法国前途命运的关心。

1814—1870年是现代法国史诞生的关键阶段,涌现出了一大批才华横溢的历史学家。概而言之,这一时期法国史学研究的主要特点有:

首先,介入史学是主要特征。史学研究和政治介入密不可分是1814—1870年期间法国史学的主要特征。有人(梯叶里和米涅)因为政治斗争的需要到历史中寻找依据;有人(米什莱和基内)是在自身史学观念的推动下,才卷入政治斗争;还有人(基佐和梯也尔)只有在政治失势时,才会重拾史学研究的兴趣。但无论如何,他们总是会把当下的政治激情投射到历史的理解。法国历史研究也由此得到了极大的发展,外族入侵、法国君主制的演变、市镇制度、中央集权、宗教与国家的关系等重大课题的涌现和革新,皆和法国历史学家群体介入社会和参与政治的激情密不可分。当然,他们的史学作品也由此或多或少地带有鲜明的现实主义,具备了相应的时代局限。

其次,历史视野经历过自上而下的转变。19世纪多数的法国历史学家都曾经扮演过政治反对派的角色,为了和其敌视的政权作斗争,他们都有意无意地到社会当中寻求支持。因此,在谁是推动历史发展的主要力量的问题上,我们可以看到19世纪法国历史学家之看法的演变大致遵循着一条清晰可辨的路线,即不再认为帝王将相创造了历史,而越来越多地将社会大众视为历史的主体。第三等级、人民和无产者依次成为梯叶里、米什莱和路易·勃朗的叙事主体或讴歌对象。这是19世纪法国日趋尖锐化的政治斗争在同时期的史学研究中得到了呈现。

最后,史学研究的方法论日趋体系化。19世纪法国历史学家通常为了捍卫自身政治立场的现实需求而写作,但为了让自己的叙事和观点变得令人信服,他们也必须在方法论上证明自身研究的科学性。相比于1789 年以前的前辈,他们更加重视原始史料的收集、整理、校勘和出版。几乎所有的历史学家都在强调,史料的原始性、丰富性和多元性是判断一部史学是否具有科学性的最重要标准。同时,他们也在不同程度上批判前辈学者或对立派别史学流派的解释体系的局限性,并也因此或多或少抛弃了种族、环境、精英、民众、宗教或制度等因素的单一解释论。所以,经过 19 世纪法国历史学家反复出现的代际批判,人们会自然而然地接受那些更复杂、更实证、更多元的历史解释体系。

在某种意义上,当代法国史学家弗朗索瓦·阿尔托格用以评价 19世纪 20 年代自由派的民族史学所说的一句话,恰如其分地涵盖了1814—1870 年间法国史学的基本特征。阿尔托格指出,他们的史学作品"同时是一种证据、一种政治武器、一种认知体系和一种历史纲领"①。

---

① François Hartog,*Le XIXe siècle et l'histoire. Le Cas Fustel de Coulanges*, p. 15.

第九章　法国殖民征服的转型时代 (1814—1870)

1814—1870 年是法国殖民化的转型时代。在 1789 年前夕,法国是仅次于英国的第二大殖民帝国。大革命的爆发、第一帝国的"大陆封锁"以及欧洲各国的围剿致使法国殖民地悉数落入敌国之手,而且多数是被拥有强大海军的英国占领。拿破仑·波拿巴退位以后,英国及其盟国把绝大多数的殖民地归还给法国。然而,今时不同于往日。以沿海商栈、香料贸易、蔗糖经济和奴隶贸易为主的殖民模式日趋没落,法国逐渐转向移民的殖民模式,并试图为方兴未艾的工业革命开拓商品市场与原料产地。

第一节　法国殖民帝国的重建

在路易十八复辟之际,法国几乎变成了零殖民地的国家。法国人不甘心接受战败之辱,重新恢复法国的强国地位变成了所有法国人的目标。由于普鲁士、俄罗斯和奥地利的掣肘,法国根本无力在短期内改变自己在欧洲大陆的政治处境,所以重建殖民帝国似乎是增强民族自信心、恢复国家荣誉的可能选择。在法国重新建立殖民帝国的过程中,国王、内阁、外交官、军人、传教士、政治反对派、大众媒体和殖民者皆发挥了不同程度的影响。

一、恢复昔日的殖民地

自从 1814 年初以来,法国外交家塔列朗就和欧洲列强在秘密商谈法国的未来安排,并竭力争取恢复其昔日的海外殖民地。在殖民地问题上,英国外长卡斯尔雷表现得异常大度,除了保留少数对英国海军具有重要战略意义的少数岛屿(如多巴哥、圣卢西亚、法兰西岛、罗德里格斯和塞舌尔)外,同意把法国在 1792 年 1 月 1 日之前占有的全部殖民地都归还给法国。英国还督促贝尔多纳特的瑞典将战争期间夺取的法国殖民地和葡萄牙占据的法属圭亚那无偿归还给法国。此外,伦敦还和巴黎签订了秘密条约,承认法国有权用武力重新夺回在 1804 年宣布独立的海地。英国要求法国对其仁慈立场作出唯一的补偿,即要法国仿效自己在 1811 年颁布的反奴隶贸易禁令,禁止在重新获得的殖民地进行奴隶贸易。

塔列朗要求推迟五年,以便能够让法国船主和种植园主弥补战争期间的损失。5 月 30 日,法国和反法同盟国签署了巴黎条约。

然而,在复辟王朝对昔日殖民地完全恢复主权之前,拿破仑·波拿巴卷土重来,开始了“百日政变”的统治。为了改善和英国的关系,他在 1815 年 3 月 29 日颁布了废奴法令。该法令并没有赢得英国人的好感,却迫使路易十八也接受了废奴立场。1815 年签署的第二份巴黎条约尽管给法国带来了沉重的代价,但它并没有废弃此前有关殖民地的条款。

法国收回殖民地的进展颇为缓慢,而且经过反复。在加勒比海领域,马提尼克和瓜德鲁普在 1814 年 12 月回归法国管理。在印度洋,英国人在 1815 年 4 月 6 日将波拿巴岛(今天的留尼旺)还给法国,但保留了法兰西岛,将之改名为毛里求斯。法国人将波拿巴岛重新命名为波旁岛,以表达对复辟王权的效忠,并任命海军准将布韦·德洛齐耶(Bouvet de Lozier)为新任总督。当拿破仑·波拿巴再次复辟后,殖民地的形势变得微妙起来。总督们通常会收到来自波拿巴王朝和波旁王朝要求效忠自己的不同命令,他们也作出了大相径庭的选择。在马提尼克,总督沃吉罗(Vaugiraud)宣布效忠皇帝,并派遣半数军队归国勤王。英国军队入侵,他在1815年6月5日宣布投降。瓜德鲁普的总督也宣布支持皇帝,但遭到许多种植园主的反对,陷入分裂,最后也被英军占领。相反,波旁岛总督宣布忠于路易十八。但同时,拿破仑任命的新总督马尔尚也前来赴任,所以波旁岛拥有了两位针锋相对的总督,岛内的政治形势变得异常紧张。由于交通落后和形势的风云突变,总督们在获得命令时,经常和母国出现了戏剧性的时间差。路易十八在1815年3月19日夜晚已经逃离巴黎,但波旁岛总督德洛齐耶在7月12日才知道拿破仑·波拿巴重登皇帝宝座;6月22日拿破仑宣布退位,但德洛齐耶在10月29日才知道波旁王朝再次复辟。

波旁王朝实现第二次复辟后,英国将自己再次控制的法属殖民地重新还给法国。1816年4月,马提尼克回归;7月,瓜德鲁普回归;10月15日,加拿大纽芬兰附近的圣皮埃尔岛和密克罗岛也被英国还给法国。由于葡萄牙的抵制,法国在1817年底才重新收回圭亚那;而且,它和葡属巴西的边界问题还存有争议。此外,法国在塞内加尔的商栈以及圣路易、戈雷等殖民据点也相继回归。

对于宣布独立的海地,海军大臣马卢埃曾经派遣特别代表商谈它重新回归法国的事宜,但波旁政府的表现却极为笨拙,颁布了一项歧视性的法令,规定自由黑人的地位低于白人,因此导致谈判破裂。一些人希望再次征服海地,但由于法国缺乏强大海军,加之英国也反对恢复奴隶贸易,收回海地的希望从此破灭。法国承认海地独立的事实,但前提是对法国种植园主的经济损失作出赔偿。经过拉锯式的谈判后,维莱尔内阁在1825年4月17日颁布敕令批准海地独立,而海地将赔偿1.5亿法郎,分五年还清。

在殖民地管理的问题上,1814年宪章第七十三条作出规定:"殖民地依据特别法律与条例管理"。此举实际上建立了由国王掌握殖民地最高管理权的"法令制度"(régime des ordonnances),而非由议会实行管理的法律体系。因为殖民地在当时法国政治生活中的作用有限,所以无人提出异议。殖民地事务的管理直接隶属于海军部,在复辟王朝期间经过多次调整。

海军大臣马卢埃重建了1789年前的殖民地管理制度,重设总督、督办官和高级委员会。总督是各个殖民地的最高行政长官,统揽行政权、司法权、财政权和军事权,是"小号的国王"。1818—1821年,波塔尔(Portal)男爵担任海军大臣,他对殖民地管理进行了重新调整,强化了巴黎对殖民地的管理。新海军大臣设置了三个重要的官员,财政专员、内政专员和检察长,他们都直接听从母国政府的命令,因而制衡了总督。他取缔高级委员会,建立两个新的委员会:一个是由殖民地官员构成的行政委员会,一个是有垦荒者构成的农业与商业委员会。维莱尔内阁也对殖民地管理作出了调整:设立贸易与殖民的高级委员会,吸收海军部、外交部、内政部以及财政部的高级官员参加;创建贸易与殖民署,它负责收集殖民地的信息,准备相关改革,协调各部行动;允许重要的殖民地选举立法代表;成立私人委员会,由财政专员、内政专员、检察长以及政府任命的两名民意代表组成,给总督提供咨询;此外,允许马提尼克、瓜德鲁普和波旁岛建立省议会和市议会,它们的职能与法国本土无异。

在关税问题上,1816年法律重新确立了"排他特权":对法属殖民地的蔗糖每100千克征收关税40法郎,对其他地区的蔗糖加征30%;殖民地谷物只能通过法国港口进入王国;外国商品禁止进入殖民地;法国产品进入殖民地的关税下降,并禁止殖民地从事工业生产。

从各方面来看,法国恢复了1789年以前的多数殖民地,并逐渐加强了对它们的管理。复辟王朝似乎应该对此感到满意,但实际上已经出现了天翻地覆的变化。一方面,法国虽然恢复了几乎所有的殖民地,但英国在战争期间疯狂扩张,极大地增加了殖民地的面积与人口,变成了毫无争议、不可挑战的殖民霸主。另一方面,由于母国的长期战争、英国禁止奴隶贸易、香料贸易的衰落以及殖民地内部的矛盾与管理混乱,马提尼克、瓜德鲁普等糖岛的经济趋于凋敝,它们对母国的价值大打折扣。

　　有鉴于此,法国各个社会阶层希望推进殖民事业,扩大殖民地面积,并改变殖民模式,香料贸易和奴隶贸易逐渐让位于移民的垦殖与开发。

二、殖民事业的拥趸

　　在19世纪法国的殖民化进程中,军人毫无疑问是最积极的鼓吹者。反法同盟的战争失利以及巴黎条约的签订,被法国军官和士兵视为奇耻大辱。他们千方百计寻找机会,洗刷军队耻辱。然而,在殖民地点、征服策略以及统治手段方面,陆军和海军的立场存在很大区别。陆军青睐于地中海对岸的马格里布尤其是阿尔及利亚,主张建立军事体制,鼓励法国与欧洲的移民前往垦殖;相反,海军更重视维护法国的海洋航线,建立具有重要战略地位的沿海殖民地、海军基地或军港,以便为法国的军舰与商船补给粮食、物资与武器。

　　由于陆军的建设与扩张会经常引起欧洲各国的警惕,所以法国历届政府的首脑更愿意把资金投入海军建设。自从特拉法加海战后,法国军舰几乎全军覆没。复辟王朝建立以后,海军部不遗余力地谋求发展。在1821—1829年担任内阁总理的维莱尔是一位海军军官,还迎娶了波旁岛种植园主的女儿,因而很重视海军建设和殖民扩张。长期执掌海军部的波塔尔男爵在1821年通过一份海军建设纲领,宣称要建立一支足以维护法国商业利益和世界影响的强大海军。由于法国海军预算得到保障,军舰和海军的规模都有了很大改观。奥尔良王朝成立后,由于缺乏资金,波塔尔男爵雄心勃勃的纲领在1837年被停止。鉴于1840年以后英法关系日趋紧张以及海防能力的薄弱,议会决定拨款1 250万,加强海军建设。1846年,法国众议院通过马考纲领,计划7年内拨款9 300万,建造44艘军舰、66艘帆船护卫舰、100艘蒸汽船。1848年革命爆发后,海军建设计划搁浅。在第二帝国期间,海军总共获得30亿法郎的预算。在巅峰时期,帝国海军拥有3艘巨舰,14艘护卫舰,8艘驱逐舰以及400艘无护甲的战舰。在19世纪上半叶的法国殖民扩张和克里米亚战争中,法国海军发挥了举足轻重的影响。

　　在推动法国殖民扩张方面,法国各大港口及其船主、商人与民众异常热情。由于革命动荡、"大陆封锁"以及英国海军的打击,波尔多、马赛与勒阿弗尔等港口城市的造船业和航运业一落千丈,失业人口急剧上升,经济生活凋零。由此也不难理解,它们为恢复昔日的繁荣景象,殚精竭虑要推动法国的殖民事业。

　　大西洋沿岸的波尔多是复辟王朝的掌上明珠。两任内阁总理黎石留和德卡兹都是波尔多的利益代言人,海军大臣波塔尔男爵本人来自波尔多。复辟王朝的殖民政策在很大程度上受到了波尔多批发商和船主的左右。随着七月王朝的建立,波尔多不再受到特别的眷顾,但其影响依然不容小觑。波尔多人最关心非洲的西海岸,推动法国政府以圣路易、戈雷等商栈为中心,积极发展橡胶与花生的贸易,取代逐渐衰落的奴隶贸易,并开始在塞内加尔进行农业垦殖,推广花生种植面积,并试验耕种棉花(但没有取得成功)。

　　作为地中海最大的港口,马赛的经济在大革命和帝国期间陷入严重倒退。城市人口从 1789 年的 12 万下降到 8 万,半数居民还经常处于食不果腹的悲惨境地。马赛欢呼帝国的终结,希望借此阻止自己的衰落。为了开拓新市场和新航线,马赛支持殖民冒险。在 1830 年征服阿尔及尔的战争中,马赛贡献了 357 条船只和 5 000 名水手。[1] 战争胜利后,整个城市陷入一片欢腾的海洋。马赛的批发商也是第一批在阿尔及尔占领土地的人,他们希望推广种植棉花、靛蓝和蔗糖。马赛人的目光并不仅仅盯着地中海对岸,他们希望占领马达加斯加,也想在波尔多人已经站稳脚跟的非洲西海岸分一杯羹。譬如,在塞内加尔的商业贸易和殖民活动中,雷吉兄弟公司表现得异常活跃。随着法国殖民事业的蒸蒸日上,马赛变成了法国的第一大港口,跃居当时的世界第五位。

　　勒阿弗尔是法国北部的重要港口,它的殖民贸易长期落后于波尔多

---

[1] Jean Mayer, Jean Tarrade, Annie Rey - Goldzeiguer et Jaques Thobie, *Histoire de la France coloniale. Des origines à 1914*, Paris: Armand Colin, 1991, p. 330.

和马赛。它是七月王朝的宠儿,逐渐被打造成第一大殖民港口。1837—1847年期间,勒阿弗尔超过法国的所有竞争对手,占法国殖民地贸易总进口的31.35%,而马赛、波尔多和南特的占比分别是25.41%、18%和17.32%。在造船业领域,勒阿弗尔也独占鳌头,制造了法国40.26%的船只,而马赛、波尔多和南特的占比分别是25.53%、16.21%和8.27%。[①] 勒阿弗尔是蔗糖进口的第一大港,超过90%的殖民地蔗糖通过勒阿弗尔销售到法国或欧洲。此外,它还是法属安的列斯群岛的最大债主。因此,在抵制废奴运动、发动殖民战争和推进殖民贸易等问题上,勒阿弗尔人的狂热程度丝毫不亚于波尔多人和马赛人。

　　法国传教士是海外殖民事业的另一支重要力量。大革命与拿破仑帝国给法国带来持续不断的政治动荡、社会失序和心灵空虚,但给宗教复兴和传教热情创造了难得的机遇。自从波旁王朝复辟以后,天主教会恢复了昔日的特权与荣耀,"于连"们从中寻找飞黄腾达的良机,修会也如雨后春笋般复活。伴随着浪漫主义的兴起,许多资产阶级家庭尤其是妇女重新回归上帝的怀抱,成为后革命法国的社会风尚。法国天主教的传教对象不仅局限于伏尔泰式的民众,也包括域外的异教徒。

　　在教皇的支持下,法国迎来了传教团发展的黄金时代:路易十八在1815年恢复了巴黎外方传教会,翌年又恢复了遣使会。外省也兴建了不少的传教团体,如波尔多在1818年创建"玛丽修会"(les Maristes);里昂在1822年创建"信仰布道会"(la société pour la progagation de la loi)。这些传教团纷纷派遣自己的传教士从事海外传教活动,他们频繁出没于在西非海岸、印度洋与太平洋的岛屿和远东地区。传教士的布道经常先于士兵的军刀(塞内加尔、新喀里多尼亚),他们的屠杀也能够给法国的武装干涉或殖民占领提供了借口(越南以及中国的"马神甫事件")。在19世纪法国殖民地传教活动中,拉维热里(Lavigerie)是最有名的人物。

[①] Jean Mayer, Jean Tarrade, Annie Rey-Goldzeiguer et Jaques Thobie, *Histoire de la France coloniale. Des origines à 1914*, *Histoire de la France coloniale. Des origines à 1914*, p. 374.

他在1849年被授予圣职后,被派往黎巴嫩传教;在担任南锡主教四年(1863—1867)后,又被拿破仑三世和梵蒂冈任命为阿尔及尔大主教,开始其在阿尔及利亚的漫长传教生涯,直至1892年逝世。为了推进改宗阿拉伯人的事业,他还创建了著名的"白衣神甫传教团"。

军人、商人和传教士是海外殖民的主力军,但他们的成功离不开国内人士的积极鼓噪。在殖民意识形态的构建与宣传中,记者扮演的角色举足轻重。在波尔多、马赛和勒阿弗尔等港口城市,各大报纸或许在政治、宗教和社会等问题上会出现龃龉,但在殖民扩张上保持着惊人相似的立场。在马赛,无论是正统派的《南方日报》,共和派的《最高人民报》,还是中左派的《信号报》都鼓吹法国对阿尔及利亚拥有主权。《勒阿弗尔日报》和《勒阿弗尔邮报》两份报纸得到当地批发业和造船业的资助,积极鼓吹海外殖民的必要性与重要性。然而,这些报纸的重要性与其说体现在销量上,不如说是在意识形态上,因为它们的文章经常被巴黎报纸转载。在推动殖民问题和殖民英雄进入法国民众的集体意识方面,小说的作用似乎也不逊于报纸。英雄的士兵、勤勉的垦荒者、勇敢的冒险家、贪婪的批发商,抑或愚昧、落后而又野蛮的土著形象,经常出现在巴尔扎克、雨果与欧仁·苏的笔下。同样,殖民战争、殖民英雄和殖民地的异域风情也常常是画家们热衷于表现的主题。譬如,法国知名画家奥拉斯·韦尔内曾经是1830年阿尔及尔远征军的随军画家,并在此后的绘画生涯中始终保持着对殖民题材的密切关注和浓厚兴趣;古斯塔夫·纪尧姆偏爱描写阿尔及利亚的风景、风情与土著,其绘画里几乎看不到欧洲人物。此外,还有不计其数,在今日已经默默无闻,但在当时却很畅销的石版画、劣质图画和连载小说,它们也在诉说殖民冒险的史诗或悲歌。

同样,在法国殖民的冒险事业中,法国民众并不是无足轻重的看客,他们也主动或被动地卷入其中。1814—1870年期间法国的工业革命与城市革命方兴未艾,巴黎、里昂、里尔、波尔多、马赛与米卢斯等新老城市吸引着来自法国农村以及欧洲各地的移民,各个城市的人口不断激增,但也或多或少面临着贫富差距扩大、人口拥挤、食物短缺、疾病流行的问题。每当面临经济危机或政治动荡时,新的"无套裤汉们"便会对政府、社会与所有权形成强大的压力,甚至爆发严重的流血事件。巴黎上演的历次革命以及1831年、1834年爆发的里昂工人起义,迫使各个政府思考将法国的剩余人口引向海外,而刚征服的阿尔及利亚似乎便成了理想的宣泄口。同时,法国政府也希望把本土监狱里人满为患的罪犯转移到阿尔及利亚、圭亚那以及新喀里多尼亚,而六月的起义者和1851年12月2日政变的反对者也大多被送到了阿尔及利亚。政府的宣传、报纸的鼓噪以及殖民地的招募广告吸引着许多贫民,它们把改变自己命运的希望寄托于殖民地。此外,对于厌倦平庸、乏味与沉闷的资产阶级青年而言,殖民地代表着冒险、投机和伟大的梦想。

　　然而,在征服的目标、策略和时间上,各个殖民群体并非总是能保持相同的步调。譬如,七月王朝由于奉行亲英政策,竭力避免英国的反对,基佐曾经否决过法国海军对塔希提岛的事实占领,路易-菲利普也谴责了比高将军跨越边境击溃摩洛哥军队的举动。又如,传教士虽然经常扮演殖民先锋的角色,但有时也因为他们将扩大福音作为首要目标,会和军人产生冲突。最典型的例子是阿尔及里亚大主教拉维热里和阿尔及利亚总督麦克马洪的矛盾。1866—1868年期间,旱灾、水灾、蝗灾和地震连续降临阿尔及利亚,数十万的穆斯林民众因为饥荒而活活饿死。面对愈演愈烈的饥荒,麦克马洪竭力掩盖,而拉维热里主教热心投身救济活动,向法国媒体公开疫情的严重性,呼吁法国民众捐助。拉维热里主教希望通过救灾,将饥荒看作是把奥古斯丁的北非重新变成基督教领土的天赐良机。阿尔及利亚天主教会与修道团体收养了大量的土著儿童,并试图让他们改宗,但遭到了当地部落的反对,要求归还儿童。拉维热里主教拒绝归还儿童,并得到了法国天主教媒体的支持。麦克马洪为了避免土著叛乱,主张把他们还给阿拉伯人。在是否改宗穆斯林儿童问题上,法国舆论分裂成为两大对立阵营。此外,垦荒者由于要求获得政治自由、经济自由以及垦荒自由,也经常批评殖民地总督的军事体制。事实上,军队内部也存在分歧,比高将军和拉莫里西埃将军在推行军垦抑或农垦的问题上便龃龉不断。

所以,在征服殖民地的过程中,各个阶层怀穿着不同的梦想,士兵为了恢复军队的荣耀,教士为了传播福音,穷人为了摆脱窘境,资产阶级的青年为了摆脱平庸的生活。他们时而合作,时而冲突,共同把法国重新塑造成世界第二大殖民帝国。

第二节 阿尔及利亚的殖民化

在19和20世纪的法国殖民史上,阿尔及利亚由于近在咫尺,始终是法国最重要的、投入最多、争议也最多的殖民地。从1830年征服阿尔及尔开始,法国对它的殖民政策经历过多次的调整与反复,在帝国末期逐渐建立一套相对明晰并延续到阿尔及利亚独立之前的同化政策。

一、入侵阿尔及利亚

阿尔及利亚最早的居民是柏柏尔人,亦称努米底亚人。公元前1250年左右,腓尼基人来到阿尔及利亚的北部沿海地区殖民活动。随着腓尼基人的衰落,迦太基人逐渐变成腓尼基殖民地的盟主。到公元前9世纪,迦太基人控制了北非西部沿海地区,占领西班牙南部、西西里岛、科西嘉、撒丁岛,著名的汉尼拔曾经还率领迦太基军队威胁到罗马的安危。但在汉尼拔的军队被击溃后,迦太基趋于衰落。公元前202年,罗马人侵并很快消灭迦太基。阿尔及利亚开始了罗马化进程,罗马的建筑、道路、浴池、供水设施、市政制度都纷纷在北非落地。在基督教兴起后,阿尔及利亚也变成了重要的传教中心,德尔图良、西普里安和奥古斯丁等早期教父们都曾在此布道。7世纪中期以后,阿拉伯人将势力扩大到北非。16世纪初,奥斯曼土耳其人将阿尔及利亚纳入了自己的版图。

但几乎与此同时,西欧开始复兴,基督教的商人、渔民、殖民者和受土耳其人支配的地中海阿拉伯国家(如摩洛哥王国、阿尔及尔公国、突尼斯贝伊国)出现斗争。柏柏尔人海盗盛行,他们劫掠基督教商船,也经常侵扰地中海北岸的欧洲居民,并将俘虏的水手、渔夫、农民当作奴隶出售到北非甚至内陆。但从 18 世纪以后,强大的欧洲国家借助恫吓、谈判和武力,逐渐解除了柏柏尔人海盗的威胁。

在大革命与帝国战争期间,财政紧张的法国还通过中介里窝那的犹太人,向阿尔及尔公国赊购了许多粮食。在复辟后,路易十八派遣特使,向阿尔及尔公国宣布“波拿巴”退位和旧君主制的复辟。1814 年 7 月 12 日,阿尔及尔公国和波旁王朝签署和平协定,马赛商人重新在阿尔及尔经营贸易,创建商栈,并在波尼和拉卡勒两个港口城市取得建立“租界”的特权。然而,阿尔及尔公国数次提及偿还赊购粮食的旧债,但法国均没有予以理会。甚者,法国还和英国一起,强迫阿尔及尔公国签署废除奴隶贸易的条约,规定“柏柏尔人国家从此以后将和文明国家一样,遵守相同的法律”[1]。因此,法国和阿尔及尔公国的关系变得紧张。

1827 年,复辟政府让法国驻阿尔及尔领事皮埃尔·迪瓦尔(Pierre Duval)和阿尔及尔公国进行取消旧债的谈判。1827 年 4 月 29 日,由于迪瓦尔在债务问题上仍然奉行抵赖政策,阿尔及尔公国的贝伊勃然大怒,掌掴了法国的领事。这就是著名的“掌掴事件”。法国以此为借口,多次封锁并炮轰了阿尔及尔。虽然许多法国史书宣称“掌掴事件”是法国入侵阿尔及尔的直接原因,但此种说法值得商榷。实际上,复辟王朝发动入侵阿尔及尔战争的主要原因,主要是为了转移国内的政治矛盾。其时,查理十世在绝对君主制上的强硬态度以及波利尼亚克内阁的不受欢迎,致使波旁王朝的声誉降到谷底。查理十世决定对三年前的“掌掴事件”大做文章,希望通过一场对外战争,遏制复辟政府的颓势。

1830 年 5 月 25 日,布尔蒙将军率领 3.7 万士兵、3 500 匹战马、675 艘船只和 120 门大炮从土伦出发。6 月 14 日,法国军队在距离阿尔及尔 27 千米的海滩登陆,并迅速击败阿尔及尔公国。7 月 5 日,法国攻占阿

---

[1] Denis Bouche, *Histoire de la colonization française*, Paris:Fayard, 1991, p.21.

尔及尔,台伊投降。阿尔及利亚拥有 300 多万居民,为何会在如此短的时间内就遭到溃败？这和阿尔及利亚的独特处境密不可分。

阿尔及利亚的最高长官是阿尔及尔的台伊(dey),由土耳其定期派遣,他统帅 1.5 万左右的军队。这是一支外族军队,既不属于土著,也和土耳其军队与土著的混血儿——“库鲁格利人”(kouloughlis)无关。阿尔及尔是阿尔及利亚的首都,由台伊直接控制,而西部的奥兰、中部的提泰里山和东部的君士坦丁则分别建立三个贝伊(Bey)。台伊和贝伊任命地方官员“卡伊德”(caïds),而卡伊德借助土著酋长,管理遍布阿尔及利亚各地的部落。因此,在 1830 年入侵阿尔及尔时,法国精心准备的 3.7万军队实际上是在面对这样一支分散在阿尔及利亚各地,且无法得到土著居民拥护的外国军队,所以它的优势是显而易见的。

1830 年,阿尔及利亚拥有大约 300 万居民,成分异常复杂。90％—95％的人口生活在农村,一部分人过着半游牧的生活,他们更多依靠畜牧业而非农业为生。土耳其人凭借暴力,对阿拉伯人横征暴敛,但他们不敢冒险进入卡比利亚人生活的高原地区。卡比利亚人在此建造村庄,耕作土地,经营果园,保留了古代制度和原始文明。在法国人入侵后,卡比利亚人同样毫不屈服。到第二帝国时期,法国人才真正击败和控制了卡比利亚山脉。阿尔及利亚的城市居民数量不超过 12 万人。在 1830年,阿尔及尔的市民是 3 万人,而君士坦丁和奥兰的居民数量分别是 1.2万和 9 000 人。此外,阿尔及利亚还拥有 4 万左右的犹太人,他们居住此地的时间可追溯很久。公元前 8 世纪,第一批犹太人便乘迦太基人的船只抵达北非,引导许多部落皈依了犹太教;在 7 世纪阿拉伯人入侵以后,犹太群体始终存在;15 世纪末,西班牙与意大利的犹太人为了躲避宗教迫害也移民到此。在阿尔及尔,犹太民族实行自治,拥有宗教自由,但他们的首领由台伊任命,必须接受许多限制(独特服装、犹太社区制、缴纳特别税、司法不平等)。

对于各色各样的种族与族群,土耳其人依靠恐怖统治。无论出于何种原因,谋杀土耳其人都会招致“桩刑”(pal)或火刑;如果杀人犯逃跑,那么将实行连坐。土耳其政府维持、利用甚至挑拨各个部落的矛盾,以维护自身的权力。这就是法国军队在 1830 年能够轻易获胜的根本原因。当然,法国人在驱逐土耳其人后,也或多或少借鉴了他们的统治方式。

但是,法国击败阿尔及尔公国的消息并不能挽救早已失去人心的复辟王朝。事实上,从一开始,入侵阿尔及尔的战争就没有得到法国公共舆论的支持。3 月 7 日,《辩论报》追问政府发动战争的真实意图,怀疑战争的胜利将会导致扼杀法国人的自由,并进一步催生腐败和暴力。《国民报》也认为,"一切都值得怀疑;远征的真正动机被隐藏了"。在贵族院和众议院,除了夏多布里昂,似乎没有人关心地中海彼岸的世界。因此,军事胜利的消息并不能阻止查理十世的统治在"光荣三日"被推翻。

二、从有限占领到完全占领(1830—1848)

1830 年 8 月登基的路易-菲利普发现自己接受了一份棘手的殖民遗产。七月王朝的多数政治精英都是殖民战争的反对者,他们并不愿承受殖民征服的财政压力。和孟德斯鸠、贡斯当一样,他们认为战争时代已经过去,鼓吹自由贸易。对于革命中诞生的奥尔良王朝,欧洲大陆的君主国也保持敌意。为了避免在欧洲的孤立地位,路易-菲利普竭力奉行亲英政策,所以他也不愿意在阿尔及利亚的问题上冒犯英国。然而,抛弃复辟王朝的胜利成果,有可能导致自己会失去军队的支持。因此,在阿尔及利亚问题上,路易-菲利普只想维持现状,静观其变,任由公众舆论和议会辩论的结果决定。

在七月王朝初期,只有少数人对阿尔及利亚问题真正感兴趣。最初的所有争论并非建立在事实上,而是建立在谣言、通信或政治偏见上。法国人在阿尔及利亚问题上的立场大体可分为三类。第一类是反殖民主义者,他们要求抛弃阿尔及利亚,将军队撤回法国东部边境,以防御虎视眈眈的普鲁士、奥地利以及俄国军队。第二类是殖民主义者,他们要求法国不应满足于阿尔及尔等沿海据点,应当扩大战果,并最终占领整个阿尔及利亚。多数法国人属于第三类,他们主张维持现状,反对抛弃阿尔及利亚,强调"既然犯下了攻占阿尔及尔的错误,那么就不应再犯抛弃它的错误",但也抵制向阿尔及利亚腹地扩张。

1832年3月,法国议会首次讨论阿尔及利亚问题。阿尔及尔驻军司令克洛泽尔(Clauzel)将军宣称阿尔及利亚将变成法国的谷场,极大增加法国的财富。1833年春天,克洛泽尔将军和另一位阿尔及利亚远征的将军贝尔特泽纳(Berthezène)展开辩论。前者坚持殖民主义的立场,鼓吹欧洲向阿尔及利亚移民,后者则大肆抨击"两年以来渗透法国想象的东方神话"。但在当时,对于政府、议会和公共舆论而言,阿尔及利亚只是一个次要的问题。所以,法国议会没有对阿尔及利亚问题再进行任何深入的讨论。对于阿尔及利亚在法国地位的悬而未决,拉马丁感到不满:"法国不能踌躇四年而不做任何决断,既不考虑现在,也不思考未来的损失[……]如果你们至少希望保留阿尔及尔[……]那么就应对殖民地的法律、措施和条件作出决断。"①

1833年7月,政府成立调查委员会,赴阿尔及利亚实地考察。在9月2日至11月19日期间,调查委员会访问证人,收集文件,对阿尔及利亚驻军管理土著的政策提出了严厉批评,但明确指出法国应当保留占领的土地。1833年12月13日,路易-菲利普在议会组建一个委员会(由3名贵族院代表和5名众议员组成),讨论阿尔及利亚问题。该委员会同样主张保留"北非的占领地",并要求创建代表国王权威的阿尔及利亚总督;它承认法国在波尼、奥兰和布日伊等沿海城市的军事行动,但出于审慎和财政的考虑,反对占领整个阿尔及利亚。1834年7月22日,路易-菲利普颁布敕令,规范了"法国在北非占领地"的行政管理。作为军事殖民地,它隶属于陆军部;它将接受总督的领导,同时建立咨询性质的行政委员会;阿尔及利亚的政府分为民事和军事两类。1834年7月22日敕令是法国第一部管理阿尔及利亚的法律,有人也由此认为它标志着阿尔

---

① Jean Mayer, Jean Tarrade, Annie Rey-Goldzeiguer et Jaques Thobie, *Histoire de la France coloniale. Des origines à 1914*, *Histoire de la France coloniale. Des origines à 1914*, p. 339.

及利亚的诞生。

在相当长的时间内,七月王朝奉行有限占领政策。法国满足于占领阿尔及尔及其周边地区,而对于其他地区,扶植土著领袖,实行间接统治。在阿尔及利亚中部,法军和尤瑟夫(Yussuf)签订契约,准许后者用暴力、酷刑和横征暴敛统治波尼及其周围。法国原本批准君士坦丁的贝伊艾哈迈德(Ahmed)统治阿尔及利亚东部,但尤瑟夫害怕出现强大邻居,从中作梗,致使法国最终放弃了对艾哈迈德的支持。在西部地区,法国默认了青年神学家阿布德·艾尔-卡德尔(Abd El-Kader)的统治。1834年3月,奥兰司令德米歇尔(Desmichels)将军和艾尔-卡德尔签署条约,承认后者是穆斯林的埃米尔,但要求他帮助法军征服奥兰省。1835年德米歇尔将军被召回法国,阿拉伯人重新反抗,并且攻占奥兰。艾尔-卡德尔利用法国承认他拥有阿尔及尔公国三分之二领土的事实,在居迪里亚(la Qudiriya)兄弟会的支持下,铲除异己,建立等级森严的神权国家,创建了一支1万人的常备军。他还建造自己的造币厂、兵工厂、火药库和仓库。1837年5月20日,奥兰军区的司令比若将军和强大的艾尔-卡德尔签订《塔夫纳条约》(la Tafna):除了奥兰、阿尔泽、莫斯塔加内姆和马扎格朗等沿海据点外,将从特里以东的地区都授予卡德尔。比若将军还和艾尔-卡德尔签署秘密条款,向艾尔-卡德尔出售步枪,并将其竞争对手杜艾尔部落(Douairs)、色马拉部落(Semalas)限制在狭窄地区;作为交换,卡德尔向比若将军支付18万法郎。法国舆论普遍欢迎《塔夫纳条约》,称赞它"远比一场大胜更能让军队变得强大"。

有限占领政策既能保证法国对阿尔及利亚的控制权,又不用投入规模庞大的军队,更不会吸走法国工业革命所必需的资金。但是,这只是法国的一厢情愿。法军的暴力、尤瑟夫的残酷以及法国垦殖者不断占领土地的事实引起了土著的反抗。从1830年冬天起,法军哨所不断遭到袭击。1830年8月,特里的贝伊向法军统帅抗议:"你们曾经宣誓要尊重财产和人身,可是当你们变成阿尔及尔的主人后,却在掠夺他人。我怎么能够信任你们呢?"君士坦丁贝伊艾哈迈德也时不时地煽动土著反抗,骚扰法军。1837 年,法军在击败艾哈迈德后,将其属地划分为 8 块,交由阿拉伯酋长们管理,建立了准封建制度。不过,最大的威胁来自艾尔-卡德尔。法军在占领君士坦丁后,向西进攻反抗的土著,试图建立连接阿尔及尔和君士坦丁的通道。在瓦莱(Valée)元帅和奥尔良公爵的领导下,占领塞提夫,并在阿尔及尔附近取得大捷。1839 年 11 月 20 日,艾尔-卡德尔以法国未经允许,穿越其领土为由,进攻米迪甲,洗劫殖民者的农场,屠杀了 108 个欧洲人。此外,各个部落也对法国的惩罚性军事行动感到不满,采取血腥报复,开展冷酷无情的游击战。

阿尔及利亚土著连绵不绝的起义以及艾尔-卡德尔的反叛,引起法国对有限占领政策的反思。国王路易-菲利普改变主意,认为阿尔及利亚能给奥尔良王朝增加其在欧洲大陆无法获得的荣耀。于是,他先后把自己的儿子们(奥尔良王储、茹安维尔亲王、奥马尔公爵)送到阿尔及利亚的战场历练。法国公共舆论竭力渲染土著的野蛮与残忍,原本鼓吹有限占领的比若将军也转而主张完全占领政策。1840 年 12 月 29 日,苏尔特-基佐内阁任命比若将军为总督,派遣大量军队前往阿尔及利亚。法国驻扎阿尔及利亚的士兵数量从 1842 年的 8.3 万增加到 1846 年的 10.8 万,超过了法国军队总数的三分之一。[1]

1841—1847 年,比高将军指挥十万大军东征西讨,实施全面侵略政策。比若首先改革非洲军团,以适应阿尔及利亚独特的战争环境。阿尔及利亚地处热带,气候炎热干燥,但法国士兵的装备只适合温润的西欧地区作战,无法抵挡炎炎赤日;阿拉伯骑兵喜欢打游击战与奔袭战,飘忽不定,但法国军队重视阵地战与攻坚战,经常重装上阵,在机动性和灵活性方面远远落后于对手;在指挥层面,法国军校教授的欧洲作战技巧也不适合阿拉伯战争;此外,阿拉伯军队是本土作战,通常得到当地部落的支持,但法国军队置身于充满敌意的环境,战事经常因为后勤给养问题

---

[1] Jean Mayer, Jean Tarrade, Annie Rey-Goldzeiguer et Jaques Thobie, *Histoire de la France coloniale. Des origines à 1914*, *Histoire de la France coloniale. Des origines à 1914*, p. 357.

而半途而废。

1841年4月15日,比若将军写信给陆军部,要求对阿尔及利亚采取残酷而快速的征服政策,"必须放弃阿拉伯人忽视并藐视的缓慢做法、半吊子政策以及法律习惯"[1]。他在阿尔及利亚建立分区的军事管理,在战略要地建设坚固的军事要塞,留用固定人员和辎重把守,同时组建机动性更强的轻骑兵队;严肃军纪,强制所有士兵在作战时必须忍受饥饿、严寒、疾病等各种痛苦,作为补偿和激励,比若将军改善伙食、提高待遇,允许他们以战养战,抢劫敌人;针对敌人经常得到土著支援的情况,实行坚壁清野的政策,抢夺有叛乱之嫌的部落,掠夺他们的粮食与牲畜,焚烧他们的农场与牧场,以彻底断绝敌军的补给;对待敌军更是残酷无情,想方设法将他们驱赶到人烟稀少、生存条件恶劣的撒哈拉沙漠,并烟熏火烧的方式对付躲在洞穴的敌人。同时,为了解决法国兵力不足的问题,比若将军充分利用外籍军团(1831年)、非洲步兵团(1831年)、左阿夫兵团(1830年)、非洲骑兵团(1842年),利用他们巡逻、监视和追击敌军。

比若将军的军事作战方法很残忍,但也很有效。法军逐渐扭转了在阿尔及利亚的窘境,不断取得胜利。法国军队夺取了艾尔-卡德尔的首都马斯卡拉,将阿尔及尔和奥兰连成一片,征服了瓦尔塞尼斯,攻占特莱姆森,并打败了卡比利亚人。埃米尔逃亡摩洛哥,希望煽动摩洛哥的民众参战。对于摩洛哥的介入,法国人是睚眦必报。1844年8月6日,茹安维尔亲王指挥舰队先后轰炸了丹吉尔和摩加多尔。8月14日,比若将军不顾法国政府的禁令,穿越摩洛哥的边界,在伊斯里大败摩洛哥的军队。同年9月10日,摩洛哥被迫签署丹吉尔条约,宣布艾尔-卡德尔"在摩洛哥与阿尔及利亚不受法律保护"。比若将军因为在阿尔及利亚战事中经常罔顾政府命令而被斥为"反叛的帕夏",因为纵容部下野蛮屠杀土著的行为经常招致舆论抨击,所以在1847年5月30日提出了辞呈。

---

[1] Vincent Monteil, Les bureau au Maghreb (1833–1961), *Esprit*, No. 300 (Novembre 1961), p. 599.

艾尔-卡德尔不得不重新逃回阿尔及利亚,但大势已去,只能屡战屡败。1847年12月,艾尔-卡德尔以移居"亚历山大港或安卡拉"为条件,向拉莫里西埃将军与奥马尔公爵投降。但法方违背承诺,将艾尔-卡德尔押送到法国,并加以囚禁。路易-拿破仑发动政变后,宣布释放艾尔-卡德尔,准许他迁居大马士革,并提供10万法郎的年金。出于对拿破仑三世的感激,艾尔-卡德尔利用自己的宗教声望及其广大的追随者,在1860年黎巴嫩危机中,拯救了成千上万的马龙派基督徒。

在比若、拉莫里西埃和奥马尔公爵等人的连续征战下,法国完全控制了从君士坦丁到摩洛哥边界的北非沿海地区,并逐渐向内陆卡比利亚山区渗透。但是,1848年二月革命推翻了七月王朝,阿尔及利亚的殖民征服战争暂时中断。

三、第二共和国与阿尔及利亚

1848年二月革命爆发后,阿尔及利亚很快进入临时政府的视野。3月2日,临时政府宣布,在阿尔及利亚建立和母国相同的政治制度,取缔限制出版的禁令。4月17日,临时政府设置殖民地议员。8月16日法令规定,在阿尔及利亚的民事领土上建立市镇,并选举产生市议员。1848年11月4日宪法第一百零九条规定:"阿尔及利亚以及殖民地宣布为法国领土。"共和国宪法虽然将殖民地议员的数量从17名降为14名,却保障了各殖民地拥有捍卫自身权益的代表。

1848年12月的法令在阿尔及利亚创建了一种更接近于母国的行政体制,它取消了1845年敕令划分为民事领土、军事领土、混合领土的做法,只设置民事领土和军事领土;它扩大民事领土,划分阿尔及尔、奥兰与君士坦丁三个省份,并分别设置区和乡镇;在各个省府建立省行政委员会和省议会;省长可以和法国各部直接联络,而不必通过总督转达。总督权力受到了削弱,不再能够控制民事土地。然而,由于阿尔及利亚军事部门与民事部门的冲突,由于第二共和国的逐渐保守化,从1849年2月起,法国各部取缔1848年12月法令。省长仍然需要服从将军,而省议会也没有得到组建。

对于第二共和国的领导人而言,他们希望推动向阿尔及利亚移民,以缓解经济危机带来的就业压力。工业危机把大批的工人推向街头,法国城市失业人口超过 100 万。共和国希望将过剩人口安置在殖民地的种植园或农场,把母国的无产者变成殖民地的有产者。自从 1830 年以来,法国始终在推动移民,但进展并不顺利。1846 年,194 887 个欧洲人抵达阿尔及利亚,但很多人由于对行政制度感到不满,由于畏惧殖民地的艰苦生活,又选择离开。同年,有 117 772 人重新归国。1847 年,阿尔及利亚的法国移民数量增加到 42 274 人,但来自西班牙、意大利、爱尔兰等国家的移民数量却多达 62 106 人。[①] 相反,法国驻阿军队的数量却增长迅速,1840 年是 6 万,1844 年是 9 万,1847 年达到 10.7 万。[②]

巴黎的"秩序党"对国家工场中不断增加的工人及其经常走向街头施压政府的做法感到担忧。在秩序党看来,将寻衅滋事的工人转移到阿尔及利亚的好处显而易见,他们"既不会侵扰所有者,也不会破坏国内和平"。同时,对法国内政日趋失望的社会主义者也把希望寄托于阿尔及利亚。6 月 15 日,即国家工场解散的第二天,皮埃尔·勒鲁指出,通过移民和开垦阿尔及利亚,法国的失业现象将会消失。人们在集会和俱乐部中热烈地讨论阿尔及利亚移民问题。《改革》《共和国》《人民》以及《杜歇老爹报》等报纸积极鼓励移民。此外,阿尔及利亚农场主也希望招募同胞解决劳动力短缺问题,他们在巴黎的代表呼吁议会推动移民。

为了回应鼓励法国人移民,国民议会决定拨款 5 000 万,帮助来到阿尔及利亚的垦荒者。1848 年 9 月 19 日法令拨款 500 万,计划在当年年底安置 12 000 个农场主,允许他们租地 2—12 公顷,并承诺在三年内确保他们拥有一间房子、一个羊圈、一些工具、种子和食品。阿尔及利亚总

---

① Jean Mayer, Jean Tarrade, Annie Rey‐Goldzeiguer et Jaques Thobie, *Histoire de la France coloniale. Des origines à 1914*, *Histoire de la France coloniale. Des origines à 1914*, p. 396.

② Benjamin Stora, *Histoire de l'Algérie colonial 1830‐1954*, Paris: La Découverte, 2004, p. 17.

督沙龙(Charon)迅速采取行动,为奥兰、阿尔及尔与东部地区的42个农场征用土地。在巴黎,殖民委员会接受来自各省的移民申请,但唯有来自巴黎或塞纳省的候选人得到了审批。在政府的帮助下,有1.4万人前往阿尔及利亚。此外,在遭受经济危机打击最为严重的法国西北部、里昂、东部以及罗讷流域,也有很多人纷纷动身。除了被流亡者外,多数移民是贫困者,他们为了改变自己的命运而选择到阿尔及利亚冒险。1849年1月,殖民委员会提交给议会的报告说:"追求个人所有权的期望是殖民化的真正动力。"

在1848年抵达阿尔及利亚的移民多数是共和派,他们为响应国家的号召而去开垦阿尔及利亚。他们很难适应阿尔及利亚的军事体制,三分之二的人没有任何的耕作经验,恶劣环境和糟糕气候也让他们寝食难安。第二年,很多人写信给巴黎共和派报纸,抱怨阿尔及利亚的悲惨状况。政府成立调查委员会,他们得出了反对移民的结论。1849年9月19日,第二共和国修正此前立场,只鼓励在气候上更接近于阿尔及利亚的南方人以及退伍士兵在阿尔及利亚进行垦殖。不过,第二共和国的实验并没有彻底破产,新创建的42个农场没有消亡,若干农场的发展态势喜人。在路易-拿破仑发动政变前,阿尔及利亚吸引移民1万人,开垦土地1万公顷,建造了房屋7 000多幢。

第二共和国对阿尔及利亚最大的影响,并不在于它鼓励移民的政策如,而更多地在于它取缔法国本土的苦役犯监狱,把地中海的南岸作为流放的场所。1848年6月的起义者以及1851年12月2日政变的反对者都被流放到阿尔及利亚。阿尔及利亚也由此成了政治反对派的大本营。由于被流放者的穿针引线,法国共和派和阿尔及利亚的垦荒者结成了政治同盟,他们彼此呼应。垦荒者利用巴黎的共和派及其报纸,批评阿尔及利亚的军事体制;巴黎的共和派通过抨击阿尔及利亚的殖民政策,实现曲线抨击帝国的目标。阿尔及利亚移民对帝国的敌意,在1851年的全民公决中得到明显体现:路易-拿破仑在阿尔及利亚只获得

53.75％的人投票支持,但其在法国本土的支持率高达 92.5％。[1]

当然,阿尔及利亚也通过非洲军团也对第二帝国产生了重大影响。曾经在阿尔及利亚立下赫赫战功的将军们也是镇压 1848 年 6 月起义者的刽子手。托克维尔在《1848 年革命回忆录》中曾经提及拉莫里西埃将军在六月起义中的表现。在路易-拿破仑的政变过程中,同样活跃着阿尔及利亚将军的身影。圣阿尔诺在阿尔及利亚从普通士兵晋升为将军。路易-拿破仑在发动政变前,任命他为陆军部长,以争取巴黎驻军对政变的支持。作为补偿,阿尔及利亚的将军们在帝国期间获得了勋章、财富和权力,圣阿尔诺本人也被晋升为元帅。

四、路易-拿破仑的阿尔及利亚

路易-拿破仑对殖民地问题的关注由来已久。在囚禁于阿姆堡时,他曾经如饥似渴地阅读圣西门派的著作,昂方坦的《阿尔及利亚殖民化》也在此时进入了其视野。圣西门派强调经济先于政治,注重精英的作用,鼓吹国家干预的必要性。这些理念深刻影响了路易-拿破仑的治国理念和殖民政策。起初,路易-拿破仑对殖民地问题缺乏兴趣,认为它们"在和平时期耗费巨资,在战争期间带来灾难,是国家虚弱的原因之一"[2]。阿尔及利亚移民在 1851 年全民公决中表现出的敌意,也使之对它没有兴趣。

作为朗东(Randon)将军对政变的默许的奖赏,路易-拿破仑将之任命为担任阿尔及利亚总督(1852—1858 年)。在陆军部及其下属机构阿尔及利亚署的领导下,朗东将军进行了一系列的征服战争。他增加军队数量,招募土著入伍,进行声势浩大的征服战争,将法国的势力渗透到撒哈拉沙漠,同时攻占了卡比利亚山区,用屠杀、罚金和扣押人质的方法驯

---

[1] Jean Mayer, Jean Tarrade, Annie Rey – Goldzeiguer et Jaques Thobie, *Histoire de la France coloniale. Des origines à 1914*, *Histoire de la France coloniale. Des origines à 1914*, p. 418.

[2] Jean Mayer, Jean Tarrade, Annie Rey – Goldzeiguer et Jaques Thobie, *Histoire de la France coloniale. Des origines à 1914*, *Histoire de la France coloniale. Des origines à 1914*, p. 418.

服了卡比利亚人,但准许他们保留部落的自治管理权。与此同时,朗东将军改善阿尔及利亚的基础设施,如开挖水井、修建道路和建设铁路,吸引法国和欧洲的移民。阿尔及利亚的平民数量也由此从13.1万增加到18.9万。总督通过剥夺各部落无法提供契证的土地,甚至通过武力圈占土著的合法土地,"从阿拉伯人手中夺取超过其耕种能力的土地",先将之变成国有土地,而后将之出售或租借给源源不断来到阿尔及利亚的移民。

由于深受圣西门派的影响,拿破仑三世认为唯有大资本投资的农场才能推动阿尔及利亚的垦荒,而贫民、小农和无产者的垦殖活动效率低下,需要政府提供资金、技术、种子的支持。所以,第二帝国的基本方针是以低廉的价格,将相当数量的土地出售或租给富有的资本家,由他们建立规模庞大的农场,条件是他们要为其农场招募足够数量的移民。然而,帝国的特权者和无耻的投机商却利用裙带关系,免费攫取很多土地,将土著逐出其家园,同时又不愿安置新的垦荒者。巴黎资本家德蒙西(Demonchy)在提帕萨(Tipasa)获得2 000公顷土地,在为垦荒者装模作样地建造了40幢劣质房屋后,便将土地高价转租。1853年,日内瓦人索泰·德博勒加尔(Sautter de Beauregard)在塞提夫的做法更是臭名昭著。他承诺建造10个村庄,负责招募15万的来自瑞士与德国的移民。由此,他获得了2万公顷的肥沃土地,而且法国还承担基础设施建设和运输移民的费用。但是,该公司在1855年只安置400名垦荒者,而开垦土地的面积只有31公顷。这是彻头彻尾的骗局。但是,这家公司不仅在1858年却被免除了责任,还成功将12 340公顷土地变成了自己的私产。在帝国的前十年,51份最大的合同总共转让土地5万公顷土地。[①]绝大多数的土地都没有被直接开发,而是被其所有者以高价转租给个体的欧洲小农或失去土地的土著。甚者,他们在持有土地后什么也不做,

---

① Jean Mayer, Jean Tarrade, Annie Rey‐Goldzeiguer et Jaques Thobie, *Histoire de la France coloniale. Des origines à 1914*, *Histoire de la France coloniale. Des origines à 1914*, p. 425.

坐等土地升值后再次倒卖。

阿尔及利亚的土地投机行为引起了阿尔及利亚贫困移民的愤怒。作为个体的、贫困的垦荒者的代言人,克莱蒙·迪韦努瓦(Clémont Duvernois)撰写文章,对土地投机者提出了尖锐的批评:"这是一群身居高位的人。他们从来没有来过阿尔及利亚,毫无疑问他们永远也不会来。他们知道阿尔及利亚的土地迟早会升值。他们利用自己的影响获取土地,把它们捂在手里,坐等价格上涨,伺机卖掉。在此期间,他们将土地租给阿拉伯人……他们是在空手套白狼。"克莱蒙·迪韦努瓦的文章在阿尔及利亚的移民圈里影响很大,引起了法国媒体的关注。

阿尔及利亚的军政府及其领导的"阿拉伯事务局"(bureaux arabes)官员的专断行为,引起了垦荒者、土著与法国共和派的共同谴责。阿拉伯事务局是比若将军在 1844 年 3 月创建,直接隶属于阿尔及利亚总督,它们的局长均由军官充任。在帝国末期,阿尔及利亚总共拥有约 200 名的阿拉伯事务局局长。这些官员是管理土著事务的最高长官,掌管行政、财政、治安、道路、供给和土地交易等事务。他们的权限是如此之大,以至有人将他们称为"小号的国王"。① 阿拉伯事务局局长拥有无限权力,能够决定土著的生活甚至生死,也常常成为商人和土著酋长的寻租对象。而且,他们晋升速度很快,一些人最后还晋升为将军。在阿尔及利亚和法国的公共舆论中,他们拥有狼藉不堪的名声。

1856 年的"杜瓦诺丑闻"(Doineau affaire)更是震惊了所有人。杜瓦诺是特莱姆森地区阿拉伯事务局局长,他带领酋长屠杀土著,甚至还杀死了上前阻拦的翻译官。在接受调查和审判时,人们发现他拥有巨额来路不明的财产,价值高达 3 万金法郎。杜瓦诺是如此暴虐,以至土著将之称为"特莱姆森的素丹"。虽然杜瓦诺得到同僚们的同情与支持,但在面对铁的事实和强大的舆论压力下,他还是被奥兰省法院判处死刑。杜

---

① Camille Rousset, La Conquête de l'Algérie: Le Gouvernement du Maréchal Bugeau. Ⅳ: Constantine. - Les Oasis. - Les Bureaux Arabes. - La Kabylie, Revue des Deux Mondes, Vol. 86, No. 2(15 mars 1888, pp. 344 – 345).

瓦诺事件也给阿尔及利亚平民抨击"军刀体制"、法国反对派批评帝国政府提供了口实。著名的共和派律师朱尔·法夫尔充当受害者的辩护律师,对阿拉伯事务局进行了猛烈的抨击:"如果所有的阿拉伯事务局都被判定无异于特莱姆森,那么就必须迅速取缔它们,或者进行重大改革。特莱姆森的体系是如此邪恶,催生了如此多滥权,以至杜诺瓦上尉进行了有组织的抢劫[……]你们是在批准谋杀。"①

　　拿破仑在19世纪50年代后期逐渐抛弃了对殖民地漠不关心的立场。非洲军团尤其是土著军队在克里米亚战争中的表现,让他开始重视阿尔及利亚的军事价值和战略地位。此外,阿尔及利亚军政府的支持者与反对者之间的激烈辩论也吸引了他的注意。拿破仑改变立场的一个重要标志是他在1858年6月24日颁布法令,取缔阿尔及利亚总督,创建阿尔及利亚与殖民部,任命拿破仑-杰罗姆为大臣。拿破仑-杰罗姆是自由派,支持阿尔及利亚法国人主张的经济自由和政治自由。拿破仑亲王的大胆政策迎合了垦荒者的诉求,但触动了驻阿军队的既得利益,并且由于纵容移民攫夺土地,也引起了土著的强烈抗议。迫于压力,亲王在1859年3月7日提出辞呈。

　　为了结束阿尔及利亚管理的混乱,建立更为融贯的殖民政策,拿破仑三世决定亲自视察阿尔及利亚。1860年9月17日,皇帝夫妇抵达阿尔及利亚,进行了为期33天的考察。1865年,拿破仑三世再次来到阿尔及利亚,进行为期36天的视察。在拿破仑视察阿尔及利亚后,帝国的阿尔及利亚政策出现了明显的调整。

　　首先,确立了保护阿拉伯土著的政策。在1860年考察期间,拿破仑三世发表系列演讲,宣称法国占领阿尔及利亚的"首要目标是关心处在我们统治之下的300万阿拉伯人的幸福","将我们文明的福祉传播到这

---

① Vincent Monteil, Les Bubeaux arabes au Maghreb(1833-1861), *Esprit*, No. 300(Novembre 1961), p. 601.

片土地"。① 1861 年 1 月 1 日,皇帝给阿尔及利亚总督写信说:"我们在北非的占领地不是一块普通的殖民地,而是一个阿拉伯王国。"1863 年 2 月 6 日,皇帝在《导报》发表一封讨论阿尔及利亚的信件,再次明确了自己的立场:"阿尔及利亚不是一块严格意义上的殖民地,而是一个阿拉伯王国[……]我既是法国人的皇帝,也是阿拉伯人的皇帝。"他还希望将占领的土地重新归还给各个部落,承认他们是"不可剥夺的所有者"。1864 年 1 月 14 日,皇帝写信给阿尔及利亚总督,要求后者保护阿拉伯人的利益,强调"我们的统治离不开他们的支持"。1865 年在二度视察阿尔及利亚后,拿破仑三世批评了时任阿尔及利亚总督的麦克马洪打击土著的政策,提醒后者要"调和垦荒者与阿拉伯人……不能让前者牺牲后者,相反,两种因素必须互相合作"。

其次,进行土地法改革,保护土著的土地所有权。阿尔及利亚的许多部落过着游牧生活,所以多数的土地由部落和村镇集体占有。但在法国,自从重农学派和大革命以来,人们把个人所有权视为封建制、长子继承制和公有制的对立,认为它是自由的屏障和进步的象征。当欧洲移民来到阿尔及利亚后,便以确立个人的土地所有权为名义,否认土著对土地的集体占有权,大肆掠夺土地。有时,土著酋长在和欧洲移民签署土地买卖合同时,根本意识到不到此举会给其部落带来怎样的灾难。1863 年 4 月 22 日,元老院颁布法令,承认阿拉伯部落和村庄占有土地的合法性。1863 年元老院法令激起了殖民地媒体的批评,它们主张政府应当将土地交给欧洲的垦荒者,认为唯有他们才能够开发"荒芜土地"。法国多数媒体也抨击了帝国保护野蛮人的土地政策,唯有《世纪报》和《辩论报》支持皇帝的阿尔及利亚政策。

再次,推动阿尔及利亚的资本投资和基础设施建设。在 1865 年 5 月视察阿尔及利亚时,拿破仑三世宣布给阿尔及利亚贷款 1 亿法郎,解

---

① Jean Mayer, Jean Tarrade, Annie Rey‐Goldzeiguer et Jaques Thobie, *Histoire de la France coloniale. Des origines à 1914*, *Histoire de la France coloniale. Des origines à 1914*, p. 430.

决殖民地的财政问题。同时,他积极鼓励法国资本家到阿尔及利亚投资,但他们更愿意在奥斯曼帝国境内逐利,而不愿投资战争频仍、丑闻迭出的阿尔及利亚。对阿尔及利亚感兴趣的似乎只有保兰·塔拉博(Paulin Talabot)财团。他创建阿尔及利亚兴业银行(SGA),在1866年贷款1亿法郎投资公共工程、矿产、土地、桥梁、堤坝和灌溉沟渠。阿尔及利亚兴业银行还计划按照5.25%的利率,再出资1个亿,条件是国家以每公顷每年只征收1法郎地租的价格向它出租10万公顷土地,为期50年;它提出的条件相当苛刻,要知道当时矿产开采权的合同期限最高不过10年。但由于1867—1868年的经济不景气,阿尔及利亚兴业银行的第二个亿投资计划流于纸面。他还投资波尼平原的铁矿,成立了一家钢铁股份有限公司。保兰·塔拉博的梦想是利用自己的巴黎-里昂-马赛铁路公司、蒸汽航运公司与阿尔及利亚兴业银行,汇聚塞文山脉的煤炭和波尼平原的铁矿,建立一个横跨地中海两岸的经济王国。

最后,实行关税改革,给殖民地的产品以关税优惠。1867年7月17日法令规定确立阿尔及利亚的贸易自由原则,准许阿尔及利亚殖民产品自由进入法国本土,并允许它和外国进行直接贸易。然而,为了保障法国工业品在阿尔及利亚市场"占据优势",根据不同产品对法国与殖民地的工业所构成的威胁程度,征收相应的关税。

拿破仑三世的目标是赋予阿拉伯人以同等的法律地位,并希望阿拉伯人最终走向现代化,和法国人最终融合为一体。他期望在阿尔及利亚建立一个殖民地的样本,以推动法国在阿拉伯地区的扩张。1867年7月14日,皇帝推动元老院颁布一项新法令,还允许阿尔及利亚的外国人、犹太人和穆斯林以个人身份归化为法国人。然而,"阿拉伯王国"的政策很少能够赢得穆斯林的真正认可。在同年的619份归化申请中,只有56份是穆斯林提出的。

在阿尔及利亚的殖民者当中,拿破仑三世的做法更不受欢迎,因为他阻碍了垦荒者对土著的圈地运动。总督麦克马洪表面上忠于皇帝,但他实际上是"阿拉伯王国"政策的反对者,在殖民地罢免亲阿拉伯的官员。在法国，朱尔·迪瓦尔(Jules Duval)在小册子《思考皇帝在阿尔及利亚的政策》里批评道："阿尔及利亚将是一个法兰西王国而非一个阿拉伯王国；它将是一块法国殖民地，而非欧洲的殖民地。"[①] 1868年，共和派政治家普雷沃-帕拉多尔在《新法国》中明确主张要把阿尔及利亚变成"法国人移民、占有和耕种的法国领土"。

　　自1876年起，激进的同化论逐渐取代拿破仑的双元王国论。1868年8月5日，《世纪报》宣称唯有向欧洲人敞开阿尔及利亚的大门，穆斯林和欧洲人才能建立可靠而持久的融合。1870年，《君士坦丁独立报》提出了新殖民的信条，主张在法国和阿尔及利亚建立"立法的统一性"，实现阿拉伯民族和法兰西民族的同化。人们主张用法语学校取代法、阿的双语学校，用国家公证员而非土著酋长担任税官。1869年4月，勒翁伯爵甚至在立法院主张"消灭阿拉伯特征"。需要指出，同化论的鼓吹者并非真心实意地要赋予阿拉伯人以平等地位，它实际上只针对阿尔及利亚的法国人。迪普雷·德圣莫尔(Dupré de Saint-Maur)再清楚不过地表达了他们的真实意图："同化只适用于法国人；穆斯林什么也不要，什么也不需要。法国人并不想和妄图消灭我们的种族分享特权。"[②]

　　由于身体日渐虚弱而造成的精力不济，尤其是随着普鲁士在萨多瓦战役中对奥地利取得的决定性胜利，拿破仑三世逐渐丧失对阿尔及利亚的兴趣。阿尔及利亚移民要求帝国消除对垦荒者的限制，在会议、报纸、集会上高呼"给殖民化提供土地，给垦荒者提供自由"的口号。他们反对帝国的态度愈加鲜明，在1870年的全民公决中，14 000人投反对票，11 000人投支持票，弃权票8 000张。普法战争失利和第三共和国成立后，同化将成为支配法国阿尔及利亚的殖民原则。

① Jean Mayer, Jean Tarrade, Annie Rey-Goldzeiguer et Jaques Thobie, *Histoire de la France coloniale. Des origines à 1914*, *Histoire de la France coloniale. Des origines à 1914*, p. 472.
② Jean Mayer, Jean Tarrade, Annie Rey-Goldzeiguer et Jaques Thobie, *Histoire de la France coloniale. Des origines à 1914*, *Histoire de la France coloniale. Des origines à 1914*, p. 510.

第三节　法国的海外殖民

在法国 19 世纪征服的殖民地中,唯有阿尔及利亚直属陆军部,而其他殖民地都是由海军征服,并由海军部管理。和推动欧洲移民垦殖为主的阿尔及利亚不同,塞内加尔、越南以及其他零碎的殖民飞地更多地属于商业殖民的模式。

一、塞内加尔

法国对西非殖民的时间可追溯很远。1659 年,迪耶普水手在西非建立了第一个欧洲的殖民据点——圣路易斯。1677 年,法国拥有了第二块占领地戈雷。圣路易和戈雷成为法国在大西洋贸易的重要中转站,尤其是构成其奴隶贸易的中心枢纽。法国人用纺织品、玻璃、武器购买非洲酋长从内陆捕捉的奴隶,将他们囚禁在圣路易或戈雷岛,随后将之贩卖到海地等热带糖岛,最后将蔗糖、可可、烟草、贵金属带回法国。除了"三角贸易"外,法国人也直接从西非进口象牙、棕榈油和树胶。在很长时间内,法国对西非的殖民局限于圣路易和戈雷等零星的商栈,无法进入塞内加尔的腹地。

在拿破仑和反法联军持续作战期间,戈雷与圣路易分别在 1804 年、1809 年落入英国人之手。1817 年,法国重新从英国人手中收回圣路易和戈雷。在接受它们的过程中,还出现了"美杜莎号"沉船事件,船上乘坐着塞内加尔总督施马尔茨(Schmaltz)以及一批士兵。著名画家泰奥多尔·热里科(Théodore Géricault)在 1819 年向法国沙龙提交了轰动一时的绘画《美杜莎号的救生筏》。

由于英国禁止奴隶贸易,圣路易和戈雷等商栈的价值迅速下降。波尔多的批发商是法国奴隶贸易的主要受益者,将法国同意禁止奴隶贸易的做法视为对英国的投降。虽然法国政府宣布反对奴隶贸易,虽然英国海军在大西洋查禁贩奴船只,但法国尤其是波尔多的船主们依然在频繁地走私奴隶。法国学者塞尔日·达热(Serge Daget)指出,从法国官方宣布废除奴隶贸易的 1818 年到 1832 年,729 艘从法国港口与殖民地出发的船只有贩卖黑奴之嫌,100 多艘的船只被抓现行并被处罚。[①] 在1830—1860 年期间,即在欧洲国家普遍宣布废奴后,仍有 130 万的非洲人被运往美洲。[②] 毫无疑问,法国船主们也在其中扮演了肮脏的角色。

　　无论如何,贩奴贸易的风险始终存在,方兴未艾的废奴运动也让这门生意丧失了道义支持,波尔多的批发商们试图在西非寻找替代方案。命丧西非海岸的总督施马尔茨曾经受命在塞内加尔考察种植加勒比海热带作物(蔗糖、可可、烟草)的可能性。1820—1821 年,波尔多批发商在塞内加尔的达甘和巴克尔建立了两个庞大的种植庄园,但均没有取得成功。1827 年,曾经竭力鼓吹在塞内加尔发展垦荒运动的罗歇(Roger)总督被召回法国,种植试验宣告失败。

　　尽管奴隶贸易变得非法,种植园的试验也难以取得成功,但波尔多批发商对在塞内加尔的前途充满信心。1820 年以后,工业革命与城市革命催生了新的需求。西非土地拥有欧洲人需要的新大宗商品——棕榈油与花生油。蓬勃发展的机械化生产需要润滑剂,身体卫生需要肥皂,夜生活需要照明液,蜡烛需要树脂。热带的植物油取代了地中海的蔬菜油。干净的油料贸易逐渐取代肮脏的奴隶贸易。在国际棕榈油市场上,英国人是最大的买家。他们的疯狂竞价导致棕榈油贸易的利润急剧下降。1840 年以后,法国市场更青睐花生油而非棕榈油。因为花生油能够混合使用,替代法国本土的植物油,生产高品质的肥皂。它是法国人最喜欢的热带植物油,甚至超过了从印度进口的芝麻油。波尔多的批发商希望扩大塞内加尔的花生贸易,以取代逐渐衰弱的奴隶贸易。

　　然而,由于法国只占据圣路易和戈雷等沿海商栈,波尔多批发商和塞内加尔陆地的内陆贸易仍然掌握在土族酋长们的手里,因而所得利润

---

① Denis Bouche, *Histoire de la colonization française*, p. 17.
② Pierre Singaravélou, *Les empires coloniaux. XIXe-XXe siècle*, Paris: Éditions Point, 2013, p. 84.

大打折扣。法国迫切希望推进在塞内加尔的扩张与殖民,将植物油贸易的主动权牢牢掌握在自己手里。

1838年,海军部任命上尉爱德华·布埃(Édouard Bouët,即未来的海军上将布埃·维尧姆)率领"圣马洛"号(Malouine)考察从戈雷到加蓬的非洲海湾,考察法国人未曾进入的海岸。此次考察是商业考察,得到了波尔多商会的支持。法国海军通过签订条约的方式,从塞内加尔土著酋长手中获得通商权和土地使用权。1839年2月,舰长布埃-维尧姆(Bouët-Villaumez)指挥"圣马洛"号,驻扎在加蓬河南岸,并首次执行反对奴隶贸易的官方任务。他和但尼国王拉波琼托(Rapotchomto)签订商业友好条约。1842—1844年,其他酋长也或多或少接受了类似的条约。1843年,法国在加蓬河河口北岸建立以奥马尔公爵命名的奥马尔要塞,同时还在今天的科特迪瓦建立了两个军事要塞。1844年,法国势力沿着加蓬河流域扩张,法国释放的奴隶建立了利伯维尔城(Libreville)。

与此同时,法国的民营公司也加快了对西非的殖民。1844年起,马赛著名的雷吉兄弟船舶公司在上述三个要塞分别建立了工厂。雷吉兄弟公司还获得法国政府授权,重新启用了曾经被法国抛弃的奎达赫军营(Quidah,今属于贝宁共和国)。这家公司之所以看重奎达赫军营,乃是因为里面已经生活着1 000个土著居民,他们将解决其面临的劳动力短缺问题。1843年5月,雷吉兄弟公司从阿波美的国王取得管理奎达赫破落军营的权利,但交换条件是向后者支付税收。在雷吉公司兄弟的努力下,向法国出口的棕榈油数量急剧增加。

不管法国海军和批发商们怎么努力,他们只能在沿海地区以及塞内加尔河与加蓬河的沿岸建立规模很小的据点,而无法深入腹地。1846—1849年期间,法国的经济危机和政治危机也严重影响了它和塞内加尔的商业贸易,贸易金额从1847年的1 400万法郎下降到700万。①

---

① Jean Mayer, Jean Tarrade, Annie Rey-Goldzeiguer et Jaques Thobie, *Histoire de la France coloniale. Des origines à 1914*, *Histoire de la France coloniale. Des origines à 1914*, p. 431.

在拿破仑三世执掌权力后,法国加快了塞内加尔的殖民步伐。1850—1854年,塞内加尔总督普罗泰(Protet)希望在塞内加尔境内确立通商自由,保障贸易安全。他在1852年取缔了若干贸易公司的特权,向南拓展法国占领地,控制沃洛夫人(ouolof)的花生产地,朝东沿着塞内加尔渗透到经常遭受图库洛尔人(toucouleurs)骚扰的土地。普罗泰成功限制了图库洛尔人,占领波多尔(Podor)要塞。普罗泰的军事胜利成功慑服了塞内加尔河右岸摩尔人,使之不敢再侵扰受法国人保护的土著农民。但是,普罗泰性格顽固,不受波尔多批发商的欢迎。他们想方设法让同样来自波尔多的海军大臣泰奥多尔·迪科(Théodore Ducos)召回普罗泰,并任命了令其满意的新总督——路易·费代尔布(Louis Faidherbe,1818—1889)。普罗泰后来被第二帝国任命为远东舰队的海军上将,取中文名字卜罗德,在上海与太平军交战时阵亡。

费代尔布毕业于巴黎综合工科学校,曾经在阿尔及利亚和瓜德鲁普等地服过役,因而对殖民地事务颇为熟悉。费代尔布支持波尔多批发商摆脱非洲土著酋长的束缚,控制塞内加尔河流的贸易,击溃游牧民族摩尔人的侵扰,保护种植花生的农民,因而受到他们的拥护。他在1854—1861年、1863—1865年期间两次担任塞内加尔总督,在把零散的商栈、要塞与据点串联成片方面,发挥了至关重要的影响。费代尔布的梦想是将塞内加尔地区变成"阡陌纵横的美丽殖民地"。

由于波尔多批发商的居间斡旋,费代尔布得到了帝国高层的支持,两任海军大臣泰奥多尔·迪科与夏斯鲁-劳巴和拿破仑·杰罗姆亲王都是他的坚定支持者。同时,费代尔布也知道如何让法国舆论持续关注塞内加尔,知道如何维护自己的良好形象。费代尔布资助情报人员、旅行家和探险家考察塞内加尔的未知领域,经常在报纸杂志上报道他们的路线、报告、游记,在巴黎博物馆展览塞内加尔风土人情以及动物、植物与矿产的样品。他本人也积极投身对当地语言、民俗和地理的研究,时不时地出版论著。在许多法国人的眼里,费代尔布是朱尔·凡尔纳式的英雄。尤为重要的是,费代尔布在塞内加尔推行的殖民政策很受帝国政治精英们的欣赏。

第一,费代尔布青睐外交谈判,而非武力征服。他主张,只要能够维持法国对塞内加尔的主权,维护殖民地的安全,便不必介入土著社会的管理。他依靠黑人酋长,维持社会治安,保障法国的通商自由,并确保当地居民生产法国所需要的花生。为了阻止图库洛人领袖欧玛尔(El‐Hadj Omar)控制塞内加尔河流域,他毫不犹豫地和卡索人(Khasso)酋长签订购买麦地尼与友好通商的条约,并给卡索人的酋长桑巴拉(Sambala)提供了 1 200 法郎的年金。

第二,费代尔布建立了廉价而高效的殖民地政府。费代尔布将从前独立的戈雷岛和圣路易并入塞内加尔总督区。他只在塞内加尔驻扎了一支人数在 1 000 人左右的小规模军队,他们由步兵、炮兵、工兵和宪兵构成。为了解决兵源缺乏的问题,费代尔布在 1857 年创建了塞内加尔散兵团,用契约的方式招募非洲土著,提供高额薪水、良好装备并配备法国军官。1855 年,为了控制土著酋长,他在圣路易创建一所人质学校,既能够胁迫土著酋长,也可以通过给"酋长之子"提供法式教育,更好地将殖民法令灌输给大众。费代尔布沿袭并强化塞内加尔的种族划分制度,离间黑人部落,以实现黑人征服黑人的目标。[1] 如果这些措施依然无法确保土著部落就范,费代尔布会毫不留情地焚烧土地、使用酷刑和掳掠人质。

第三,费代尔布对塞内加尔土著的军事征服取得重大胜利。费代尔布首先进攻骚扰法国商业路线和花生种植产地的摩尔人,经过 1854—1858 年的连续作战,摧毁瓦罗王国,将摩尔人驱赶到塞内加尔河右岸,将左岸的广袤地区置于听命于法国的沃洛夫人的控制之下。随后,费代尔布将矛头指向强大的图库洛尔人。它的首领欧玛尔尤其让他感到头疼。和阿尔及利亚的艾尔·卡德尔无异,欧玛尔在从麦加朝圣回来后,以先

---

[1] Joël Glasman, Le Sénégal imaginé. Évolution d'une classification ethnique de 1816 aux années 1920, *Afrique&Historique*, vol. 2(2004), pp. 111‐139.

知自居,征服了信奉万有灵论的部落,在富塔贾隆高原(今几内亚)建立了强大的伊斯兰教王国。他通过布道和战争,将自己的势力渗透到塞内加尔河上游,因而和法国殖民者产生了冲突。费代尔布将针对欧玛尔的战争描述成为基督教文明反对伊斯兰文明的军事行动。1857 年 4 月 20 日—7 月 17 日期间,法军上尉 保罗・奥勒(Paul Holle)指挥 8 名欧洲和 58 名非洲士兵,在麦地尼阻挡了数千图库洛尔人的进攻。1864 年,欧玛尔在战斗中阵亡。从此以后,群龙无首的图库洛尔人逐渐接受了法国占领塞内加尔河上游的事实。此外,费代尔布还向辛-萨卢姆地区进攻。

通过精心策略与连续征战,费代尔布在 1865 年离任时已经将塞内加尔的殖民地面积扩大到 5 万平方千米。他击败各个强大的土著部落,巩固了塞内加尔河沿线的贸易安全,并牢牢地控制着沃洛夫人的花生生产王国。这让波尔多的批发商们感到心满意足。然而,费代尔布野心勃勃,不但想控制塞内加尔河,还希望向南占领卡萨马斯河,经尼日尔河攻占塞拉利昂,向东进军马里,渗透非洲腹地,打通一条贯穿撒哈拉沙漠、连接阿尔及利亚和塞内加尔的通道。此外,费代尔布向法国批发商和报纸反复鼓吹塞内加尔河上游的邦布(Banbouk)地区蕴藏着丰富金矿,但最终被证明是黄粱一梦。费代尔布过于庞大的殖民梦想似乎超出了波尔多批发商和帝国政府的财政与军事能力,所以他在 1865 年被召回法国。

费代尔布的继任者皮内-拉普拉德(Pinet - Laprade)仍然在推进费代尔布的殖民扩张政策。但他并不具备其前任的才干与智慧。除了在 1865 年在辛-萨卢姆地区大败另一位以先知自居的图库洛尔人领袖马巴(Maba)外,没有取得多大的进展。第三共和国成立后,法国人以塞内加尔为中心,建立了一个囊括毛里塔尼亚、几内亚、马里、科特迪瓦、贝宁、乍得等在内的西非帝国。

二、中国

中法两国的交往可追随到 13 世纪路易九世派使节到蒙古。明末清初,以张诚、白晋为首的法国传教士在中西文化交流史上写下了不朽的篇章。1776 年,波旁王朝还在广州设置领事,保护在华的传教利益。清朝逐渐实行"海禁"与"禁教",只允许广州和西方国家进行商贸往来。几乎与此同时,法国人也因陷入革命动荡和帝国战争的泥淖,丧失了所有的海外殖民地,无暇顾及遥远的东方。1804 年,第一帝国取缔了广州领事。由此,中法两国的联系几乎彻底中断。

复辟王朝建立后,法国人恢复了对东方的兴趣,试图重建和中国的联系。但闭关锁国的天朝帝国似乎并不愿意搭理西欧诸国。相比于英国,法国对中国市场的需求并不强烈,来到中国的法国人屈指可数。七月王朝建立后,来华的法国人稍有增长。1834 年,一位法国作家写道:"以往在广州,我们平均每年只能看到一艘法国商船,而现在却有四至五艘法国船只来到这里。在这之前,来广州的船只是不多见的。"①1840年,来到中国的法国船只有 3 艘,但英国有 34 艘,美国有 35 艘。翌年,法国对整个东亚的贸易总额是 4 050 万法郎,而英国对中国的出口高达3.1 亿法郎。②

法国在华的利益微不足称道,但英国不停地在亚洲攻城略地,荷兰与西班牙在远东拥有相当规模的殖民地,甚至连葡萄牙也在珠江口经营着澳门。法国为此感到焦虑不安,担心自己在亚洲殖民的舞台上没有立足之地。1835 年 10 月 3 日,七月王朝在商会请求下,在马尼拉设立了领事馆,首任领事是巴罗。巴罗在马尼拉任领事期间,曾于 1838 年 1 月到澳门和广州考察旅行。返回法国后,巴罗建议法国政府将驻马尼拉领事馆升为总领事馆,授予他在中国、印度支那和马来西亚行使领事裁判的权力,并派遣军舰到中国海域。

在英国发动鸦片战争期间,法国密切关注中国战事的发展。法国圣西门派理论家米歇尔·舍瓦利埃在鸦片战争爆发之初,便断言它是"中

① 卫青心:《法国对华传教政策》上卷,黄庆华译,北京:中国社会科学出版社,1991 年,第 160 页。
② Pierre Brocheux et Daniel Hémery, *Indochine, la colonization ambiguë*, Paris: La Découverte, 2001, p. 32.

欧关系进入新时代的序曲"。[1] 基佐政府指派真盛意(A. de Jancigny)为国王特使,负责"查明东印度群岛和中国的现状[……]特别是从中英、中美与中俄关系方面研究中国问题"[2]。1841 年 4 月 28 日,真盛意和两艘法国军舰从布列斯特出发,同年 12 月 8 日抵达澳门。在抵达中国后,法国军舰竭力避免卷入战事,但经常尾随英国舰队,观察中英两国的动向。"埃里戈纳"号舰长士思利(Cécile)还见证了《南京条约》的签订。

在英国击败清政府,并逼迫它签订屈辱性的条约后,所有西欧国家都想利益均沾,法国亦不例外。英国取胜的消息传到法国后,法国人首先是震惊,而后是便流淌出入侵中国的野心。1842 年 12 月,《两世界杂志》的一篇文章如是评论英国的胜利:"天上的馅饼砸到了英国,因为天道酬勤,激励勇者。"[3]

在中国问题上和真盛意多次产生龃龉的士思利建议法国政府派遣有威望、有经验的人到中国负责有关事务。他在报告中赤裸裸地主张用武力对付中国:"我认为,今日中国人所敬畏的是大炮。外交照会会奏效太慢。"[4]他还竭力鼓吹,征服海南岛与台湾易如反掌。1843 年 4 月 23 日,基佐政府任命泰奥多尔·德拉萼尼(Théodore de Lagrée)为全权大使,争取和清朝签订正式条约,以使法国得到与英国"同样的好处和同样的保证"。[5]

拉萼尼使团由二十多人组成,配备秘书、随员、医生、记者、海关督察,还吸收了若干法国商会代表。拉萼尼使团由 3 艘军舰护卫。法国舰队于 1843 年 12 月 12 日从布列斯特出发,翌年 8 月 15 日抵达澳门。经

---

[1] Michel Chevalier, L'Europe et la Chine. L'Occident et l'Orient, *Revue des Deux Mondes*, Vol. 23, No. 2, p. 210.

[2] 卫青心:《法国对华传教政策》上卷,第 165 页。

[3] John Lemoinne, Les affaires de Chine et d'Afghanistan, *Revue des Deux Mondes*, Vol. 32, No. 6(Décembre 1842), p. 1 000.

[4] 卫青心:《法国对华传教政策》上卷,第 207 页。

[5] 加略利:《1844 年法国使华团外交活动日记》,谢海涛译,桂林:广西师范大学出版社,2013 年,第 18 页。

过两个多月的欺骗、恫吓与谈判,拉萼尼和耆英于 1844 年 10 月 24 日在法军旗舰"阿基米德"号签署了《黄埔条约》。

除了赔款,法国取得了《南京条约》《虎门条约》以及《望厦条约》所规定的全部特权:法国人在通商口岸拥有定居、贸易与通航的权利;海关税则的协商权,中国修订海关税必须与法国协商,并取得其同意;法国享有领事裁判权,中国官员无权审理法国人与中国人或其他外国人的诉讼;法国拥有片面最惠国待遇,法国均沾中国与其他国家签订之约所授予的特权。虽然没有得到基佐政府的授权,拉萼尼自作主张,还让耆英同意弛禁传教的条款写入条约。从此以后,法国人在通商口岸享有传教自由,能够建造教堂、医院、济贫院和坟地。

相对而言,通商自由之于法国的价值远远不及工商业更为发达的英美两国。在签订《黄埔条约》之际,外国对华年贸易总额为 5 亿法郎,法国每年没有超过 200 万法郎,美国每年为 6 000 万法郎,剩余部分多属于英国。[①] 1855 年时,法国来华的商船只有 17 艘,货物吨数是 6 000 吨,而同年美国对华贸易的金额超过 1 亿法郎,英国更是接近 60 亿。[②] 即便如此,法国还是忙不迭地在上海建立租界。拉萼尼使团的随员敏体尼随后被任命为法国驻上海副领事。1849 年 4 月 6 日,敏体尼和上海道台麟桂议定,建立了法国在华的第一块租界。

有关传教自由的条款让法国舆论和法国在华传教士兴奋不已。拉萼尼使团成员夏尔勒·拉佛莱回忆说:"英国对中国人的偏见予以沉重打击,它为文明、宗教与人类作出了重大贡献,但它的成功不应掩盖我们的功劳。"[③]由于英、美、俄以及其他西方国家都享有最惠国待遇,所以它们的教士也都享有了《黄埔条约》确立的传教自由原则。各国在华传教士

---

① Pierre Brocheux et Daniel Hémery, *Indochine*, *la colonization ambiguë*, Paris: La Découverte, 2001, p. 32.

② Charles Gay, *L'Europe devant la Chine*, Paris: Henri Plon Imprimeur - Éditeur, 1859, p. 137.

③ Charles Lavollée, La politique Européenne en Chine. Relations de l'Angleterre et de la France avec le Céleste Empire, *Revue des Deux Mondes*, Vol. 9, No. 4(15 Février 1851), p. 751.

不顾道光皇帝的弛禁令仅限于通商口岸的事实,深入内地传教,常常在民众纠纷中偏袒教民,侵占土地,干预诉讼,抗粮抗差,挟制官府。在许多地方,教徒、民众和官方之间的矛盾日趋紧张,中国进入教案频发的年代,这也为各国的进一步侵略提供了口实。

1856 年,英、美、法等国利用《中美望厦条约》中可在十二年后议定修约的条款,要求清政府修订条约。英国打着"亚罗号"事件的旗号,而法国利用马神甫事件,要求清政府道歉、赔款和修约。所谓马神甫事件,即法国传教士马赖(Auguste Chapdelaine)到广西西林非法传教,被当地知县张鸣凤处死。1857 年 10 月,拿破仑三世派遣的全权特使葛罗以及法国舰队抵达澳门。12 月 28 日,英法联军炮轰广州,俘虏两广总督叶名琛。翌年春天,英法联军封锁长江口,随后挥师北上,攻陷大沽口迫使清政府和英法分别签订《天津条约》。

《中法天津条约》的主要内容包括:法国公使常驻北京;增加牛庄(后改营口)、登州(后改烟台)、淡水、潮州(后改汕头)、琼州、汉口、九江、南京与镇江为通商口岸;法国传教士可在内地自由传教、法籍民众在内地自由游历与通商、法国商船可在长江各口岸自由通航;修改税则,减少关税;对法国赔款 200 万银两。

咸丰帝对《天津条约》的内容感到担忧,尤其是对外国公使入驻北京感到恐慌,下令桂良等人到上海,重新与英法两国特使商谈修约问题,但谈判失败。1860 年,英国全权代表额尔金与法国全权代表葛罗分别率领英法联军,再次挥师北上,并在北京的八里桥给僧格林沁统帅的清军以毁灭性打击。10 月 18 日,英法联军占领、抢劫并焚烧圆明园等多处皇家园林,北京西郊的无数普通民宅也都烧成瓦砾。1860 年 10 月 25 日,恭亲王奕䜣和额尔金与葛罗在礼部大堂签订《北京条约》。《中法北京条约》不仅批准了《中法天津条约》的全部内容,而且将战争赔款提高到 800 万银两,增开天津为通商口岸。

值得注意,英法两国长期对中国人把外国人称为"夷"的做法感到强烈不满。1855 年,英国公使包令曾经数度向清朝官员提出抗议;为此,闽浙总督王懿德下令不得在外交文件中使用"夷"字。[1]《中英天津条约》第51条明确规定:"嗣后各式公文,无论京外,内叙英国官民,自不得提书'夷'字。"在列强的炮舰逼迫之下,中国人既要被迫接受各种不平等条约,也不得不抛弃传统的夷夏观念,在屈辱中谋求奋发图强的道路。总理各国事务衙门的建立与洋务运动的兴起,标志着中国近代化进程的开启。

英法两国在签订《北京条约》后,为了巩固既得成果,对太平天国起义军进行残酷镇压。1862年,法国海军准将卜罗德和英国舰队司令何伯(James Hope)共同召开军事会议,不再拘泥于防守租界,决定在上海周边打击太平军。5月17日,卜罗德在南桥之役中丧命。同年6月,法国驻宁波舰队司令勒伯勒东(Le Brethon de Galigny)和宁波海关税务司日意格(Prosper Marie Giquel)组建常捷军,在浙东地区镇压太平军。太平天国起义失败后,常捷军在1864年10月15日解散。

路易-拿破仑喜不自胜,将法国军队的胜利誉为"史无前例的业绩"[2],将指挥八里桥之战的孟斗班封为"八里桥伯爵"。然而,并非所有人都像路易-拿破仑那样兴奋,财政大臣富尔德在1860年讨论预算时,担心法国参战更多地只是有利于英国:"英国有着自己的商业目的,它要推销自己的鸦片、棉布、生铁和各种铜铁器皿,另外它还需要大量的茶叶和丝织品。然而法国却没有一个需要出售产品,或需要进口产品的印度,它到中国去,为了什么呢? 值得担心的是,法国会不知不觉地不是为了自己的利益,而是为了英国的利益去奔忙。"[3]

虽然第二帝国在华的利益微不足道,虽然它倾覆于1870年9月4日,但它殖民中国的梦想却被共和派继承了下来。

---

[1] 黄宇和:《叶名琛与第二次鸦片战争》,广州:广东人民出版社,2020年,第293页。

[2] 中国史学会主编:《中国近代史资料丛刊:第二次鸦片战争》,第6卷,上海:上海人民出版社,1979年,第414页。

[3] 中国史学会主编:《中国近代史资料丛刊:第二次鸦片战争》,第6卷,第407页。

三、越南

法国和越南的交往也是由法籍传教士开启的,最早可追溯到 1585
年。随着对英作战的持续失败,尤其是 1763 年七年战争的失利,法国在
印度的殖民地悉数落入英国之手。法国筹谋在亚洲开辟新的殖民地,以
继续维持自身利益。越南由此进入法国人的视野。

法越的官方关系始于 1787 年。法国传教士百多禄(Pigneau de
Béhaine)代表阮朝国王阮福映,向国王路易十六请求援助,帮助镇压西山
起义。百多禄大肆鼓吹越南之于法国的价值:"今印度之政治大势操于
英,权衡已失其平,恢复之甚难也。为目下计莫若建设新势力于广南,此
最切实易行。试观交趾物产之富,海港位置之良,据其地者,有事无事,
皆可坐收大利。"①1787 年 11 月 28 日,百多禄代表越南和波旁王朝签订
《凡尔赛条约》:法国派兵援助阮福映收复失地;法国如在东亚受到攻击,
阮福映出兵相助;割让岘港与昆仑岛给法国。② 法国由于爆发大革命并
陷入连绵不断的战祸,无法履行条约,没有给阮朝以军事援助。不过,百
多禄率领若干法籍志愿者,帮助阮福映镇压叛乱,为越南统一出力甚多。
阮福映称号嘉隆,重用百多禄,并准许西欧传教士在越南传教。

阮福映逝世后,传教士逐渐失去了官府的支持。越南官员认为,基
督教有违儒教的纲常伦理,会影响国家的安定团结。明命帝(1820—
1841)、绍治帝(1841—1847)抛弃嘉隆帝的宗教宽容政策,推行禁教令,
迫害越南境内的外籍传教士和本国天主教信徒。1833 年,越南处死第一
个传教士,并由此掀起了迫害传教士和天主教徒的高潮。1833—1840
年,7 个法国传教士、3 个西班牙传教士以及许多越南的基督徒被处死。③
1820 年以来,法国传教士不断向法国国内写信,描绘阮朝镇压传教士与

---

① 邵循正:《中法越南关系始末》,石家庄:河北教育出版社,2002 年,第 16 页。

② 中国史学会主编:《中国近代史资料丛刊:中法战争》,第 1 卷,北京:新知识出版社,1955 年,
   第 52 页。

③ Pierre Brocheux et Daniel Hémery, *Indochine, la colonization ambiguë*, p. 28.

天主教徒的凄惨景象,要求保护传教自由和宗教自由,并力陈越南的商业优势与战略地位,其论调和百多禄的说辞无异。然而,七月王朝奉行亲英政策,且在越南并无多少实际利益,除了法国海军舰长在 1847 年击沉五六艘越南船只,施压释放法国传教士外,没有采取实质性的军事行动。

第二帝国成立后,路易-拿破仑扶持天主教会。从 1852 年起,他收到远东 8 位主教的请求,要求武装反对河内。拿破仑三世派军队到越南,要求通商通航并确立传教自由。1856 年 9 月 26 日,法国舰队炮轰岘港,经过 15 天谈判,一无所获。1857 年 7 月 20 日,嗣德帝下令将西班驻东京主教迪亚(Diaz)斩首。越南北圻主教佩尔兰(Pellerin)和古伯察神甫游说欧仁皇后、外交部与媒体,呼吁法国进行干涉。1858 年 4 月 27日,拿破仑三世成立"交趾支那委员会",并接见了佩尔兰主教和古伯察神甫,听取了他们的建议。最后,法国外交大臣沃伦斯基和西班牙商定,共同出兵越南。

1858 年 9 月 1 日,趁着中国战事休战的间隙,法国 13 艘军舰以及西班牙从菲律宾调拨的 1 450 名士兵进攻岘港。不久,法国攻陷岘港,试图进取顺化,但因越军的顽强抵抗未果。1859 年 2 月,海军上将黎峨率领部分军队,攻占西贡。此役期间,法国与西班牙死亡 10 人,受伤 78 人,最致命的却是疟疾和霍乱。1859 年夏天,每天有 6 个士兵死于流行病。黎峨被迫辞职,继任的帕日(Page)准将指出岘港已经变成"死人堆","成千上万的士兵死于贫困,没有实现任何目标,也没有取得任何结果"①。为此,拿破仑三世曾经给帕日准将下达较为宽容的命令,不求割地,不求赔款,只求准许传教自由和顺化驻跸使节。② 嗣德帝见法军屡弱,未允。中国战事再启,法军弃岘港,只留 800 人固守西贡,他们艰难地抵抗 1.2万越南军队的进攻。

1861 年 2 月 24 日,海军元帅沙内(Charner)率领从中国返航的法国

---

① Blandine Boltz, La conquête de Tourane, 1858 - 1860. L'expérience d'une défaite colonial au Viêt Nam, *Bulletin de l'Institut Pierre Renouvin*, No. 49(2019), pp. 23 - 24.

② 邵循正:《中法越南关系始末》,第 26 页。

军队再次进攻越南,大败越军。1862年,越南被迫与法国签署《西贡条约》,规定法国与西班牙的传教士能够在越南自由传教;割让南圻的边和、嘉定、定祥三省以及昆仑岛;法国商船与军舰在湄公河及其支流能自由通航;分别向法国和西班牙赔款200万银元,十年付清;未经法国同意,越南不得割让土地给其他国家。[1]

《西贡条约》签署后,嗣德帝试图修约,通过增加赔款,赎回边和、嘉定与定祥三省。1863年5月,嗣德帝派遣潘清简为首的使团赴法国进行修约谈判。潘清简同意赔款1500万元,前三年每年支付300万,后三年支付200万,以赎回南圻三省土地。拿破仑三世此时正为墨西哥战事忙得焦头烂额,且不堪越南的巨额军费(1860—1862年总军费达1.4亿法郎),准备同意接受越南的条件。立法团也多以军费耗费庞大为由,主张放弃南圻三省。为此,他还派遣海军上尉奥巴雷(Aubaret)到顺化与阮朝直接谈判。但在海军大臣夏斯鲁-劳巴强烈反对下,认为放弃南越土地,将会导致法国变成亚洲的看客,坚持将之作为法国在远东殖民的基地。[2] 梯也尔、维克托·迪白伊等人也支持海军大臣的立场,希望把越南变成法国在远东的"新阿尔及利亚"。最终,拿破仑改变主意,决定保留南圻三省。

1863年12月,海军上将皮埃尔-保罗·德拉格朗迪埃(Pierre - Paul de la Grandière)被任命为越南的首任总督。新总督的策略是只在越南战略要地维持少量军队,任用越南人维护治安、审理案件、征缴赋税等。由于阮朝的暗中抵制、官员逃离以及民众起义,他的策略在初期遇到很大挑战。即便如此,法国从越南获得赋税金额还是有所增加:个人赋税从1863年的6万法郎增加到1864年的43.8万,村庄赋税从1863年的

---

[1] Henri Galos, L'Expédition de Cochinchine et la politique française dans l'Extrême Orient, *Revue des deux Mondes*, Vol. 51, No. 1(1 Mars 1861), pp. 180 - 181.

[2] Stanley Thomson, France in Cohinchina:The Question of Retrocession 1862 - 65, *The Far Eastern Quarterly*, Vol. 6, No. 4(Aug. 1947), p. 370.

21.6 万增加到 1864 年的 70 万。①

德拉格朗迪埃在加强控制南圻三省的控制同时,也竭力扩大法国在中南半岛的势力范围。1863 年 8 月 11 日,德拉格朗迪埃和国王诺罗敦(Norodom)签署条约,将柬埔寨置于法国的保护之下。1866 年 6 月,德拉格朗迪埃占领永隆、河仙与安江三省。同年,他组织一支湄公河考察队。杜达尔·德拉格雷(Doudart de Lagrée)被任命为队长,曾经出版过《法国的印度支那》而声名大噪的安邺(Francis Garnier)担任副队长。探险队沿着湄公河,穿越柬埔寨、暹罗,抵达云南省,德拉格雷因病去世。加尼埃继续带领考察队,进入长江,溯江而下抵达上海,并沿海抵达西贡。考察历时 16 个月,全程 10 000 千米,收集了大量地理、园艺、人种、政治和艺术的情报,并为朱尔·费里的殖民政策提供了重要依据。1867 年 7 月 15 日,法国和暹罗(即泰国)签署条约,重申了法国对柬埔寨的保护国地位。

自此以后,第二帝国更多地把精力用于对付莱茵河对岸的普鲁士,停止了在印度支那的扩张步伐。至此,法属印度支那殖民地的面积已经达到 6 万平方千米,相当于法国 9 个省份。

四、墨西哥

自从 1810 年 9 月 16 日,伊达尔戈高举独立旗帜以后,墨西哥便长期处于自由派与保守派轮流执政、内战频仍的混乱之中。在西班牙人被驱逐后,蒸蒸日上的美国不断吞噬墨西哥的领土,它通过 1846—1848 年的战争,攫取得克萨斯、加利福尼亚、内华达、犹他等 230 万平方千米的土地,而墨西哥剩下的领土面积不到 200 万平方千米。

1855 年 8 月 9 日,科蒙福特将军和自由派领导人贝尼托·胡亚雷斯驱逐统治墨西哥独裁者桑塔-安纳。1857 年 2 月 5 日,在胡亚雷斯的主

---

① Henri Galos, L'Expédition de Cochinchine et la politique française dans l'Extrême Orient, *Revue des deux Mondes*, Vol. 51, No. 1(1 Mars 1861), p. 194.

导下,墨西哥制宪议会颁布新宪法,宣布墨西哥为代议制民主共和国,确立联邦制,取缔奴隶制度,废除教会和贵族的特权,宣布言论、集会和秘密通信的自由,实行陪审团制度。在许多方面,1857 年墨西哥宪法的灵感来自美国宪法,是一部进步的宪法。但由于宣布没收教会土地、建立世俗的离婚与人口注册制度,引起了拥有全国五分之一土地的教会及其支持者的强烈反对。同年 12 月 17 日,朱洛哈(Zuloaga)将军叛乱,高呼:"废止宪法。"新当选总统的科蒙福特将军宣布拒绝履行新宪法,但仍被保守派驱逐。根据新宪法第七条款,兼任副总统的最高法院院长胡亚雷斯宣布担任代总统,在 1860 年 12 月 22 日打败朱洛哈的继承者米拉蒙(Miramon)将军。1860 年 12 月,议会选举胡亚雷斯担任总统。

1861 年 7 月 17 日,胡亚雷斯政府因财政困难,颁布法令暂缓支付外国债务两年。此举立即招致英法大使的抗议,他们要求墨西哥在 24 小时内取缔该项法令,否则将断绝外交关系。英、法以及西班牙之所以感到愤怒,乃在情理之中。墨西哥在当时总共欠英国 7 000 万比索,欠法国 900 万比索,欠西班牙 300 万比索。① 10 月 31 日,英法西签署《伦敦条约》,以要求偿还债务、保护欧洲侨民为名,主张采取联合军事行动,占领墨西哥沿海地区,确保其债务得到偿还。但它们也承诺,不谋求侵占土地,也不损害墨西哥人"选择其政府形式"的权利。

1861 年初,英、法、西组建盟军,分别出动 1 000、2 300 和 6 000 人,西班牙的普里姆(Prim)将军担任盟军统帅。英国海军出于谨慎留在墨西哥海域游弋助攻,西班牙与法国的军队负责占领沿海陆地。随着战事的进展,三国在墨西哥战事的目标上出现了严重分歧。英国的目标非常纯粹,仅限于维护自身的债权利益,甚至对胡亚雷斯的自由改革还颇有好感;西班牙是天主教会的支持者,曾经考虑在墨西哥复辟波旁王朝,但它行事颇为谨慎;法国公然扶植奥地利大公马克西米安,希望进军墨西哥

---

① Jean‑David Avenel, Un exemple de blocus militaire: l'invention tripartite aux Méxique (décembre 1861 ‑avril 1862), *Guerres mondiales et conflits contemporaines*, No. 214(Avril 2004), p. 31.

北部地区,夺取白银矿产。3 月 6 日,法国洛伦茨(Lorenz)率领 4 500 人抵达墨西哥,法军人数已经超过西班牙,其野心昭然若揭。三方矛盾无法调和,英国和西班牙分别在 4 月 9 日和 4 月 24 日撤军。由三国联合的债权战争至此演变成法国殖民战争的独角戏。

法国为何不顾英国与西班牙的反对,无视深陷内战的美国的抗议,和胡亚雷斯政府孤军奋战? 个中原因错综复杂。

首先是宗教的原因。为了赢得在意大利战争中失去的法国天主教徒的支持,支持梵蒂冈与天主教便成为他发动对外战争的重要原因,对中国、越南与墨西哥的战争皆有宗教考量。皇后欧仁妮是狂热的教权派,和西班牙、墨西哥的神职人员过从甚密。

其次是意识形态的原因。拿破仑三世对共和制度的厌恶是众所周知,始终认为帝制是维护社会发展和国家秩序的不二法门。墨西哥驻法大使吉蒂雷斯·德埃斯特拉达(Gitierrez de Estrada)在 1840 年出版过鼓吹在墨西哥恢复帝制的宣传册而声名大噪,甚得拿破仑三世的欣赏,他经常在后者的耳边吹嘘选择奥地利大公作为墨西哥皇帝的好处。

再次是世界战略的考量。路易-拿破仑在囚禁于阿姆堡时,深受圣西门派的影响,考虑在尼加拉瓜开凿运河,连通太平洋与大西洋。同时,经略墨西哥,可以抵制美国的渗透,扩大法国在天主教世界中的影响。作为拿破仑三世的重要幕僚,米歇尔·舍瓦利埃毫不讳言墨西哥之地理位置的重要以及推广"基督教文明"的必要性。[1]

最后是经济的因素。美国内战爆发后,法国最大的工业部门即纺织业陷入严重困境,它所需棉花的 93% 皆出自南部各州。与此同时,加利福尼亚、澳大利亚的黄金不断涌入以及法国白银的不断流失,导致法国长期奉行的黄金-白银双轨制的货币政策面临严重挑战。根据学者雪莉·布莱克的研究,在 1852—1864 年期间,法国是白银净输出国,在

---

[1] Michel Chevalier,l'Expédition du Mexique;I. La Guerre de l'indépendance et les revolutions mexicaines, *Revue des Deux Mondes*,vol. 38,vol. 3(1 avril 1862),pp. 513 - 561.

1852—1864 年期间总共损失价值 10.5 亿法郎的白银。① 法国市场的"银荒"问题是立法团和媒体经常争吵的话题。

对拿破仑及其支持者而言,法国拥有全世界最强大的陆军,在阿尔及利亚、克里米亚、中国与越南已经展现了战无不胜的威力。所以他们认为,在墨西哥保王党与教会的支持下,法国战胜胡亚雷斯政府易如反掌。然而,法国的如意算盘落了空。胡亚雷斯深得墨西哥民众的支持,得到 24 个州中的 21 个拥护。墨西哥军队的装备陈旧落后,但众志成城,奋勇杀敌。游击队在偷袭法国运输队时总是屡屡得手,让法军的后勤补给捉襟见肘,驻城守军更是英勇无比,经常成功抵挡法军的猛烈炮火,粉碎他们的包围与进攻。譬如,1862 年 5 月 5 日,萨拉戈萨将军在普埃布拉指挥墨军,重创法国远征军,迫使他们退守海岸。胡亚雷斯亲自视察普埃布拉,给守城将士颁发奖章。

同年 9 月底 10 月初,法国再次增兵 3.5 万,并由福雷(Forey)将军取代洛伦茨将军。法军一度扭转了战局,迫使胡亚雷斯政府退守美墨边界。但是,由于墨西哥军民的同仇敌忾、热带流行病的肆虐与美国内战的结束及其对墨西哥的增援,法军的颓势难以扭转。普鲁士在萨多瓦战役的胜利,欧洲形势风云诡谲,加快了拿破仑撤军的步伐。1866 年 11 月,法国从墨西哥撤出了最后的军队,留下马克西米利安皇帝留在墨西哥苦苦挣扎。1867 年 5 月,马克西米利安被逮捕,并被判处枪决。法国知名画家爱德华·马奈在 1868 年创作了《墨西哥皇帝马克西米利安的枪决》,呈现了这位信奉自由主义,并不总是顺从拿破仑三世的墨西哥皇帝的凄凉结局。

从军事、宗教与政治的角度而言,墨西哥远征不啻是一场大溃败,法国总共损失 3 万将士。不为法国谋求殖民地,为何还要耗费巨大的代价,远征如此遥远的墨西哥?梯也尔、朱尔·格雷维、甘必大、朱尔·法

---

① Shirley J. Black, Napoléon III et Le Mexique: un triomphe monétaire, *Revue Historique*, tome 259(Janvier - Mars 1978), p. 65.

夫尔等人均表示无法理喻,甚至克里米亚战争的英雄麦克马洪也表示反
对。他们的批评演说也经常被胡亚雷斯政府印刷,用于批评法军参战的
非正义性,用于鼓舞墨西哥的军民。[1]但从经济的角度来看,墨西哥战争
给法国带来了丰厚的回报。自从法国军队进入墨西哥以后,白银源源不
断地流入法国。仅在1865年1月和2月,法国从墨西哥进口白银的价值
高达3 065 863英镑,而出口白银2 452 677英镑。[2] 墨西哥的白银不但
能帮助解决法国市场上的"银荒"问题,也在很大程度上缓冲了普法战争
带来的巨额赔款的灾难影响。

五、港口、海岛与航线

1814—1870年期间,法国除了在阿尔及利亚、塞内加尔、远东和墨西
哥进行过大规模的征服外,还试图通过探险、军事、宗教抑或外交等方
式,占领重要的港口与海岛,为建立强大的海洋帝国而维护需要的航线
而进行了许多努力。

在复辟王朝时期,由于纷繁复杂的政治矛盾以及殖民意识淡薄,法
国仅仅满足于收回先辈留下的殖民遗产,并没有表现出称霸海洋的野
心。法国商船与军舰在进行远洋航行时,通常依赖英国殖民地的港口进
行补给。

七月王朝建立后,由于英法关系日趋紧张,法国人希望拥有自己的
航线,能够自主地给商人、渔民和传教士提供后勤保障,而不必仰英国之
鼻息。法国试图在世界各地建立自己的海军基地,但又小心翼翼,不敢
打破欧洲微弱的政治平衡,尤其不敢触怒海上霸主英国的利益,所以有
时会把"到嘴的肉"给吐出来。

海军上尉布埃·维尧姆率领"圣马洛号"进行航线考察,确定了法国

---

① Jean Meyer, L'expédition du Mexique d'après les documents et études mexicains, *Revue d'histoire moderne et contemporaine*, tome 21, No. 1(Jan. - Mar. , 1974）, p. 139.

② Shirley J. Black, Napoléon Ⅲ et Le Mexique:un triomphe monétaire, p. 70.

在非洲沿岸的昔日商栈的位置及其渠道。"圣马洛号"在穿越赤道后,于1839年2月9日在加蓬河口登陆,并和当地酋长签订友好通商条约,并由此给日后的费代尔布殖民铺平了道路。

更重要的是在大洋岛屿的争夺。1837—1849年迪蒙·迪尔维尔(Dumont d'Urville,1837—1840)抵达南极,将之命名为阿黛利(Adélie),随后考察了设得兰群岛的附近岛屿。此次远洋考察给七月王朝带来了荣耀,使得法国可以在极地与英国竞争。1836—1840年期间,迪珀蒂-图阿尔(Dupetit - Thouars)考察团驶向波利尼西亚,并抵达社会岛和夏威夷群岛。与此同时,为了维护在远东的利益,法国派里戈·德古伊指挥一支舰队在中国海游弋,试图在朝鲜半岛、中国舟山或越南的岘港寻找一个理想的海军基地。在波旁岛(即留尼旺)总督的支持下,支持对马达加斯加岛的考察,但遭到女王拉纳瓦罗纳(Ranavalona)一世(1828—1861年)的抵制。考察团转向莫桑比克地峡,并在1839年和1841年分别占领努瓦西贝(Noissi - Bé)和马约特。1842年5月1日,海军上将迪珀蒂-图阿尔指挥2 000多名法国海军,夺取塔瓦塔岛,随后占领马奎斯群岛,欺骗当地酋长签订了其不明所以的割让岛屿条约。在玛丽遣使会传教士的支持下,法国海军在1842年占领瓦利斯群岛;1844年,又如法炮制,占领甘比尔群岛。1843年底,法国政府命令迪珀蒂-图阿尔宣布对新喀里多尼亚行使主权。

七月王朝在海洋上开疆拓土的做法,引起了英国的警觉与抗议。1840年,在英国和澳大利亚总督的抗议下,法国退出了在1840年1月占领的新西兰南岛。迪珀蒂-图阿尔在占领马奎斯群岛后,前往塔希提。早在1812年前,伦敦传教协会的传教士即已出现在塔希提。传教士普理查德(Pritchard)兼任英国领事,借助女王波马雷(Pomaré)实行统治,但没有将之宣布为英国的保护国。1842年8月20日,迪珀蒂-图阿尔在普理查德神父不在场的情况下,强迫波马雷女王与塔希提酋长签订保护条约。1843年初,普理查德重返塔希提,试图重新施加对女王的影响。迪珀蒂-图阿尔在11月宣布法国吞并塔希提,并逮捕和驱逐了普理查德。普理查德在重返欧洲后,煽动英国舆论反对。基佐为了维护和英国的友好关系,罢免海军上将迪珀蒂-图阿尔,宣布放弃塔希提。路易-菲利普也向英国表达歉意,建议对普理查德进行赔偿,并通过访问英国消除紧张。

巴西兰岛事件导致法国和西班牙出现了类似的外交纠纷。在中国鸦片战争期间,法国海军准将士思利在开往远东的途中,看中了菲律宾南部的巴西兰群岛,并和当地酋长签订了友好条约。当地酋长接受 10万西班牙银元,割让了巴西兰;法国国旗插上了岛屿。1845 年 2 月 28日,士思利写给海军部的报告中指出,"巴西兰应当可以和香港媲美",应当"在法国王冠上添上这块美丽的宝石"。[1] 但是,巴西兰群岛处在西班牙王位的保护之下,而法国外交官正在为蒙庞西耶(Montpensier)公爵和西班牙公主联姻谈判。路易-菲利普为了将自己的儿子变成西班牙王位的潜在继承人,不想冒犯伊莎贝尔女王,在 1845 年 8 月宣布放弃巴西兰。

路易-拿破仑上台后,继续推行占领重要海岛的策略。1855 年 1 月,法国太平洋新任总督布泽(Bouzet)元帅更新了占领法令,迫使新喀里多尼亚岛上的酋长们承认法国的主权,并树立十字架为标志。1864 年,占领距离新喀里多尼亚 100 千米的洛亚蒂群岛,一些法国冒险家落脚于红海海口曼德海峡。1859 年,法国驻阿登的领事亨利·朗贝尔(Henri Lambert)通过介入东非红海沿岸的部落斗争,以 5 万法郎的价格获得奥博克(Obock)即今日的吉布提。

法国人始终没有放弃殖民非洲最大岛屿——马达加斯加的梦想。1855 年,驻守留尼旺的两位法国人拉斯泰尔(Lastelle)、拉博德(Laborde)和马达加斯加王储拉克托(Rakoto)签署矿产勘探与采掘协议,但遭到英国人的抵制,他们也被女王拉纳瓦罗纳(Ranavalona)一世驱逐出岛。1861 年,女王拉纳瓦罗纳一世逝世,王储拉克托登基,称号拉

---

[1] Jean Mayer, Jean Tarrade, Annie Rey‐Goldzeiguer et Jaques Thobie, *Histoire de la France coloniale. Des origines à 1914*, *Histoire de la France coloniale. Des origines à 1914*, p. 351.

达玛二世(Radama Ⅱ)。拉达玛二世希望改造马达加斯加,推动现代化进程。拉达玛二世召唤法国朋友,把拉博德晋升为"埃米尔纳公爵",批准成立"马达加斯加公司",负责开发马达加斯加的土地与矿产,经营岛屿的商业。"马达加斯加公司"不仅拥有垄断权和免税权,而且有权自由出口。1862年2月,拿破仑三世承认拉达玛二世是"马达加斯加国王,但要求他尊重法国权利"。9月12日,法国与马达加斯加签署友好商约,保证法国人拥有通商和传教的自由,并准许他们租借和耕种土地。然而,拉达玛二世的改革遭遇强大阻力,英国神甫埃利斯在军队中扶植亲英势力。莱尼拉里沃尼(Rainilarivony)发动政变,绞死拉达玛二世,并和拉达玛二世的王后拉索贺里娜(Rasoherina)、女王拉纳瓦罗纳二世先后成婚,控制了马达加斯加的大权。1869年,女王拉纳瓦罗纳二世皈依新教,英国在马达加斯加的影响独大,而1862年的法国条约变成了泡影,法国公司的各种合同也被纷纷取缔。

当然,法国从未放弃将地中海变成内湖的想法。自1850年起,路易-拿破仑一直支持奥斯曼帝国黎凡特地区的天主教徒,成为近东政治舞台上举足轻重的角色。1853—1856年,法国参加克里米亚战争,其借口是保护天主教徒在圣地的权益。1860年,在黎巴嫩,受法国保护的基督教马龙派和英国支持的穆斯林德鲁兹派出现严重冲突,造成了惨绝人寰的大屠杀。听到马龙派被屠杀的消息后,法国人感到愤怒。1860年8月16日,奥普尔(Hautpoul)将军率领法国军队登陆贝鲁特,用武力统一黎巴嫩,任命基督徒为总督,建立两院议会。1861年6月9日,土耳其议会同意马龙派占据多数的北部黎巴嫩取得半自治地位。1861年6月,法国从黎巴嫩撤军,但从此以后,它对该国的政治、道德与文化产生了持久的影响。

除了阿尔及利亚,法国也竭力扩大自己在突尼斯的影响。1830年,法国入侵阿尔及利亚时,突尼斯帮助提供补给。作为交换,法国默认突尼斯扩展领土的举动。突尼斯的贝伊试图摆脱奥斯曼帝国的束缚,争取国家独立。法国也借此不断卷入突尼斯政治。法国帮助贝伊培养军官,建设铁路、铺设电报线,其在突尼斯的影响扶摇直上。

在地中海世界,法国取得的最重要成果是开通苏伊士运河。开凿连接地中海与红海的宏大方案早已出现在圣西门派的计划里,但苏伊士运河从梦想变成现实却离不开费迪南·德莱斯普斯(Ferdinand de Lesseps)的野心。德莱斯普斯和法国金融界关系密切,是欧仁妮皇后的远方表亲,能直接影响对连通大洋颇感兴趣的拿破仑三世。在拿破仑三世的支持下,德莱斯普斯成立"世界苏伊士运河公司",面向法国公众发行股票。1854年11月5日开始销售股票,30日结束。股票的销售成功超出了预期:21 000人认购200 000股,占总股本的一半以上。大额认购非常少见,多数是中小资产阶级认购。1858年12月,苏伊士运河公司再次发行股票,出售40万股,每股价值500法郎,募集资金超过2亿法郎。同年12月10日,德莱斯普斯拥有的《苏伊士地峡报》兴奋地指出,"人民的本能、中产阶级的情感、自由职业者的理智和军人的爱国主义"造就了世界苏伊士运河公司股票的销售奇迹。英国人对法国人主导的苏伊士运河工程充满敌意,《泰晤士报》刻薄地评论法国民众购买股票的热情:"多数的认购者是被报纸忽悠的咖啡店小二、香料推销员[……]教士也是受害者;3 000个傻瓜把零钱变成了股票。这是一桩赤裸裸的盗窃。"[1]拿破仑三世还积极斡旋,帮助打消埃及、英国和土耳其的敌意。1859年,苏伊士运河工程破土动工,1869年竣工。1869年11月17日,皇后欧仁妮参加苏伊士运河的竣工仪式。它全长193.3千米,宽约300米,深22.5米。法国虽然没有因此称霸地中海,但苏伊士运河却足以保障它在埃及的影响。

经过将近60年的征服与经营,法国在1870年已经拥有超过100万平方千米的殖民地,一跃成为仅次于英国的第二大殖民帝国。然而,法国殖民帝国的荣耀却是建立在铁血之上,给亚非拉国家和人民带来无穷无尽的屈辱与灾难。

---

[1] Jean Mayer, Jean Tarrade, Annie Rey-Goldzeiguer et Jaques Thobie, *Histoire de la France coloniale. Des origines à 1914*, *Histoire de la France coloniale. Des origines à 1914*, p. 447.

结　语

　　第一帝国给法国带来了前所未有的军事荣耀,第三共和国奠定了法国共和制度的基本框架,而夹在其中的 1814—1870 年似乎显得黯淡无光。路易十八的年迈臃肿、查理十世的保守顽固、路易-菲利普满身的铜臭味、拉马丁的夸夸其谈以及拿破仑三世的威权主义也是历史学家很少对这一历史阶段产生浓厚兴趣的重要原因。可是,如果拨开政治生活的表层泡沫,深入历史的深层肌肤,我们就会发现它是一个迥然不同甚至举足轻重的时代。

　　首先,1814—1870 年是法国进行不断的政治实验并逐渐走向成熟的时代。法国革命者虽然提出了政治现代性的根本原则,如法律平等、代议制政府、自由选择、司法独立以及公共自由,但革命运动的日趋激进和连年不断的帝国战争使得它们基本上停留于纸面,制定的法律也经常形同虚设。相反,1814—1870 年却是法国史无前例的和平年代,除了“光荣三日”、二月革命、六月起义和路易-拿破仑政变等短暂时刻出现波折,且其影响大多局限于巴黎与大城市外,多数法国人的日常生活并没有受到多大的影响。在某种意义上,复辟王朝、七月王朝、第二共和国与第二帝国是 1789—1814 年政治史的再现,也先后建立了绝对君主制、立宪君主制、共和与帝国。不同的是,这些大相径庭的政治制度经历了更长时间的实践,它们的优劣得到了更为充分的反思。在很大程度上,法国日后的政治制度建设建立在这一阶段的实践经验和理论思考之上。

其次,1814—1870年是法国经济发展和城市建设的重要阶段。和同期英国相比,法国仍然相当落后,农业生产占据主导地位,工业生产技术滞后,新技术(如煤炭炼钢)的推广缓慢。但和过去相比,法国工业进步却很明显,城市扩展异常迅速,现代金融业初具雏形,民众的生活水平也得到了相对的提高。方兴未艾的铁路建设奠定了当代法国交通网络的总体格局,而如火如荼的城市改造运动形成了今日法国主要城市的基本面貌。经过拿破仑三世和塞纳省长奥斯曼大刀阔斧的改造,巴黎旧貌换新颜,变成了世界上美丽的城市之一。

最后也最重要的是,1814—1870年是法国思想革命的重要阶段。在民主革命和工业革命的双重激荡下,法国的旧制度已然坍塌,而新制度却又无从建立。在新旧交替、人心彷徨的时代,许多法国有识之士基于各自的阶级、利益、宗教或信仰,为帮助法国摆脱困境,作出了各式各样的诊断,贡献了大相径庭的解决方案。于是乎,文学革命、史学革命、公共卫生学、社会学以及社会主义呼之欲出,涌现出了巴尔扎克、雨果、基佐、米什莱、孔德、圣西门、傅立叶、路易·勃朗、蒲鲁东等无数闪耀法国思想史也影响整个世界的文学家、史学家与思想家。

总之,1814—1870年的法国处在一个新旧交替、吐故纳新而成果丰硕的伟大时代。

附　录

一、大事年表

1814 年
3 月 31 日反法联军进入巴黎

4 月 2 日元老院罢黜拿破仑·波拿巴,并宣布起草新宪法

4 月 6 日元老院颁布新宪法,拿破仑颁布退位诏书

5 月 3 日路易十八进入巴黎,第一次复辟成功

5 月 30 日签署第一次巴黎条约

6 月 4 日颁布 1814 年"钦定"宪章

1815 年
3 月 20 日拿破仑回到巴黎,"百日政变"开始

6 月 18 日滑铁卢战役失败

6 月 22 日拿破仑再次宣布退位,"百日政变"结束

7 月 8 日路易十八重返巴黎,第二次复辟成功

11 月 20 日签署第二次巴黎条约

1820 年
2 月 13 日贝里公爵遇刺

1824 年

9 月 16 日路易十八驾崩,查理十世登基

1830 年

5 月 25 日法国军队远征阿尔及利亚

7 月 5 日法军占领阿尔及尔,开始了对阿尔及利亚长达 128 年的殖民统治

7 月 25 日查理十世颁布敕令,取消出版自由,解散议会,并宣布重新选举

7 月 27—29 日"光荣三日",复辟王朝寿终正寝

7 月 31 日众议院将权力移交路易-菲利普,开始了七月王朝的统治

8 月 7 日贵族院和众议院批准新宪章,宣布路易-菲利普为"法国人的国王"

1831 年

11 月 21—25 日里昂丝织工人第一次起义

1832 年

3—9 月巴黎霍乱危机

6 月 5—6 日巴黎人民起义

1834 年

4 月 9 日里昂工人第二次起义

1835 年

9 月颁布严苛的"九月法令",严惩政治嫌疑犯,限制出版自由

1840 年

10 月 29 日苏尔特-基佐内阁成立,基佐执掌法国政府长达七年之久

1842 年

7 月 13 日王储奥尔良公爵意外丧生

1848 年

2 月 22—24 日巴黎爆发革命,七月王朝倾覆,成立临时政府

2 月 27 日临时政府创设国家工场

2 月 28 日成立卢森堡劳工委员会

3 月 5 日颁布新选举法,实行成年男性公民的普选制

4 月 28 日法国第一次普选结果出炉,产生制宪议会的名单

5 月 4 日制宪议会开幕

5 月 15 日巴黎民众游行示威

6 月 23—25 日巴黎工人起义并遭到镇压

11 月 4 日颁布新宪法,正式宣布建立共和国

12 月 10 日路易-拿破仑当选共和国总统

12 月 20 日路易-拿破仑举行总统就职典礼

1849 年

5 月 31 日国民议会颁布新选举法,剥夺在当地居住时间不满三年之人的选举权

1851 年

12 月 2 日路易-拿破仑发动政变

12 月 20 日路易-拿破仑举行全民公决,赞成票 743 万张,反对票 64 万张

1852 年

1 月 14 日以 1799 年宪法为模板,颁布新宪法

12 月 2 日路易-拿破仑加冕称帝,称为拿破仑三世

1854 年

3 月 28 日法、英向俄罗斯宣战,克里米亚战争爆发

1859 年

4 月 27 日路易-拿破仑率领军队,亲征意大利

1860 年

1 月 23 日英法签署自由贸易协定

1861 年

10 月 31 日英法签署伦敦条约,干涉墨西哥内政;法国远征墨西哥

1866 年

11 月法国从墨西哥撤军

1869 年

4 月 20 日元老院颁布修改 1852 年宪法的法令

11 月 17 日皇后欧仁妮参加苏伊士运河的竣工仪式

1870 年

5 月 21 日对 4 月 20 日元老院法令进行全民公决,赞成票 735 万张,反对票 153 万张

7 月 16 日立法团表决通过对德宣战的声明

9 月 2 日色当战役溃败,路易-拿破仑向普鲁士投降

二、参考文献

西文

(一)书目

1. Albert, Beugnot, *Mémoires du Compte Beugnot*, tome 2, Paris: E. Dentu, 1866.

2. Amann, Peter H., *Revolution and mass democracy: The paris club of 1848*, New Jersey: Princeton legacy library, 2016.

3. Anceau, Eric, *Napoleon Ⅲ*, Paris: Texto, 2012.

4. Aprile, Sylvie, *La révolution inachevée, 1815 - 1870*, Paris: Belin, 2010.

5. Barrot, Odilon, *Mémoires Posthumes de Odilon Barrot*, tome I, Paris: Charpentier et Cie, 1875.

6. Bastid, Paul, *Les Institutions Politiques de la Monarchie Parlementaire Française* 1814 - 1848, Paris: Sirey, 1954.

7. Baubérot, Jean, and Mathieu, Séverine, *Religion, Modernité et Culture au Royaume - Uni et en France: 1800 - 1914*, Paris: Seuil, 2002.

8. Baunard, Louis, *Histoire de Madame Barat: Fondatrice de la Société de Sacré - Cœur de Jésus*, tome 1, Paris: Librairie Poussielgue Frères, 1876.

9. Baunard, Louis, *Histoire de Madame Barat: Fondatrice de la Société de Sacré - Cœur de Jésus*, tome 2, Paris: Librairie Poussielgue Frères, 1877.

10. Béranger, Pierre - Jean de, *Œuvres complètes de Béranger*, tome 2, Paris: Fournier, 1839.

11. Berstein, Serge and Winock, Michel, *L'Invention de la démocratie 1789*, Paris: Seuil, 2004.

12. Boer, Pim Den, *Une histoire des histoiriens français*, Paris: Vendémiaire, 2015.

13. Bouche, Denis, *Histoire de la colonization française*, Paris: Fayard, 1991.

14. Bouchet, Thomas, Bourdeau, Vincent, and Castleton, Edward, *Quand les*

socialiste invente l'avenir: *Presse, theories et expériences*, 1825 – 1860, Paris: Éditions La Découverte, 2015.

15. Boudon, Jacques – Olivier, *Religion et Politique en France depuis* 1789, Paris: Armand Colin, 2007.

16. Bouflet, Joachim and Boutry, Philippe, *Un signe dans le ciel. Les apparitions de la Vierge*, Paris: Grasset, 1997.

17. Boutry, Philippe, *Prêtres et paroisses au pays du Curé d'Ars*, Paris: Cerf, 1986.

18. Boutry, Philippe and Cinquin, Michel, *Deux pèlerinages au XIXe siècle. Ars et Paray – le –Monial*, Paris: Beauchesne, 1980.

19. Brocheux, Pierre and Hémery, Daniel, *Indochine, la colonization ambiguë*, Paris: La Découverte, 2001.

20. Broglie, Gabriel de, *La Monarchie de Juillet*, Paris: Fayard, 2011.

21. Brunello, F. , *Vie du Serviteur de Dieu Jean – Joseph Allemand: Fondateur de l'CEuvre de la Jeunesse*, Marseille: Libraire Chauffard, 1852.

22. Camille Jullien, *Extraits des historiens français du XIXe siècle*, Paris: Librairie Hachette et Cie, 1897.

23. Chaline, Jean – Pierre, *Les Bourgeois de Rouen: Une Élite Urbaine au XIXe Siècle*, Paris: Presses de Sciences Po, 1982.

24. Charle, Christophe, *Le Siècle de la presse* (1830 – 1939), Paris: Seuil, 2004.

25. Charléty, Sébastien, *Histoire du Saint – simonisme*, Paris: Perrin, 2018.

26. Charléty, Sébastien, *Histoire de la monarchie de Juillet 1830 – 1848*, Paris: Perrin, 2018.

27. Chassin, Charles – Louis, *Quinet et ses œuvres*, Paris: Pagnerre Librairie – Éditeur, 1857.

28. Cholvy, Gérard, *Christianisme et Société en France au XIXe siècle*, Paris: Seuil, 2001.

29. Cholvy, Gérard, and Hilaire Yves – Marie, *Histoire Religieuse de la France: Géographie XIXe– XXe Siècles*, Paris: Privat, 2000.

30. Cholvy, Gérard, and Hilaire, Yves – Marie, *Histoire religieuse de la France contemporaine 1800 –1880*, Paris: Privat, 2000.

31. Corbon, Richard, *Maurice Maignen: Frère de Saint – Vincent – de – Paul* (1822 –1890), *Apôtre du Monde Ouvrier*, Paris: Téqui, 2003.

32. Cuchet, Guillaume, and Ozanam, Frédéric, *Philosophie de la mort*, Paris: Parole et Silence, 2014.

33. Curtis, Sarah A. , *Civilizing Habits: Women Missionaries and the Revival*

of French Empire, Oxford: Oxford University Press, 2010.

34. Daniel, Gabriel, *Abrégé de l'histoire de France*, *depuis l'établissement de la monarchie française dans les Gaules*, Paris, 1713.

35. Dansette, Adrien, *Histoire du Second Empire*, *tome 2*, Paris: Hachette, 1972.

36. Daumard, Adeline, *Les Bourgeois de Paris au XIXe Siècle*, Paris: Flammarion, 1970.

37. Delord, Taxile, *Histoire du second Empire 1848 - 1869*, *tome 6*, Paris: Imprimerie de E. Martinet, 1876.

38. Delord, Taxile, *Histoire illustrée du Second Empire*, *tome 2*, Paris: G. Baillière, 1880.

39. Deluermoz, Quentin, *Le Crépuscule des révolutions 1848 - 1871*, Paris: Seuil, 2014.

40. Démier, Francis, *La France de la Restauration* (*1814 - 1830*), Paris: Gallimard, 2012.

41. Droulers, Paul, *Catholicisme et Mouvement Ouvrier en France au XIXe Siècle*, *Christianisme et Monde Ouvrier*, Paris: Éditions Ouvrières, 1975.

42. Dupanloup, Félix, *Lettre de Mgr. L'évêque d'Orléans aux prêtres de son diocèse*, Paris: Charles Douniol, 1869.

43. Encerévé, André, *Le Second Empire*, Paris: PUF, 2004.

44. Francesco, Antonino de, *La guerre de deux cents ans. Une histoire des historiens de la Revolution francaise*, Paris: Perrin, 2018.

45. Furet, François, *Revolutionary France 1770 - 1880*, New Jersey: Wiley - Blackwell, 1985.

46. Garrigues, Jean, *La France de 1848 à 1870*, Paris: Armand Colin, 1999.

47. Gay, Charles, *L'Europe devant la Chine*, Paris: Henri Plon Imprimeur - Éditeur, 1859.

48. Génin, François, *Les Jésuites et l'Université*, Paris: Paulin, 1844.

49. Gibson, Ralph, *A Social History of French Catholicism 1789 - 1914*, London: Routledge, 1989.

50. Girard, Louis, *Le Libéralisme en France de 1814 à 1848. Doctrine et Mouvement*, Paris: Centre de documentation universitaire, 1966.

51. Gough, Austin, *Paris et Rome: les catholiques français et le pape au XIXe siècle*, Paris: Atelier, 1996.

52. Goujon, Bertrand, *Monarchie Postrévolutionnaires 1814 - 1848*, Paris: Seuil, 2012.

53. Guizot, François, *Du gouvernement de la France depuis la restoration*, *et*

du ministère actuel, Paris: Editeurs des Fastes de la Gloire, 1820.

54. Guizot, François, *Des moyens de gouvernement et d'opposition dans l'état actuel de la France*, Paris: La Librairie Fraçaise de Ladvocat, 1820.

55. Guizot, François, *Histoire du Gouvernement repésentatif*, Bruxelles: Meline, Cans et Cie, 1851.

56. Guizot, François, *Mémoires pour servir à l'histoire de mon temps*, tome 2, Paris: Librairie et Éditeur de Michel Lévy Frères, 1859.

57. Guizot, François, *Mémoires pour Sevir à l'histoire de Mon Temps*, tome III, Paris: Michel Lévy Frère, 1860.

58. Guizot, François, *L'Histoire de France Depuis 1789 jusqu'en 1848 racontée à mes petits - enfants*, tome I, Paris: Librairie Hachette, 1891.

59. Hartog, François, *Le XIXe siècle et l'histoire. Le cas Fustel de Coulanges*, Paris: Seuil, 2001.

60. Hartog, François, *La nation*, *la religion*, *l'avenir. Sur les traces d'Ernest Renan*, Paris: Gallimard, 2017.

61. Hauranne, Prosper Duvergier de, *Histoire du gouvernement parlementaire en France 1814 - 1848*, tome II, Paris, 1857.

62. Heine, Henry, *De la France*, Paris: Gallimard, 1994.

63. Hugo, Victor, *CEuvres complètes de Victor Hugo*, Actes et Paroles I, Paris, Albin Michel, 1937.

64. Iggers, Georg, *The Cult of Authority: The political philosophy of the saint - simonians*, Netherlands: Springer Netherlands, 1970.

65. Isser, Natalie, *The Second Empire and the Press*, Hague: Martinus Nijhoff Press, 1974.

66. Janin, Jules, *L'été à Paris*, Paris: L. Curmer, 1844.

67. Lacoste, E. , *Le P. François Picard*, Paris: Maison de la Bonne Presse, 1932.

68. Lamennais, Félicité de, *Mélanges catholiques extraits de l'Avenir*, Paris: L'agence générale pour la défense de la liberté religieuse, 1832.

69. Lamennais, Félicité de, *Livre du people*, Paris: Pagnerre, 1838.

70. Lamennais, Félicité de, *CEuvres posthumes de F. Lamennais. Correspondance*, tome 2, Paris: Paulin et Le Chevalier, 1859.

71. Lamennais, Félicité de, *Correspondance générale. Textes réunis, classés et annotés*, tome 6 (1834 - 1835), Paris: Armand Colin, 1977.

72. Langois, Claude, *Le catholicisme au Féminin: Les Congrégations Françaises à Supérieure Générale au XIXᵉ siècle*, Paris: Cerf, 1984.

73. Langois, Claude, *Catholicisme, religieuse, société*, Paris: Desclée de

Brouwer, 2011.

74. Lalouette, Jacqueline, *Les mots de* 1848, Toulouse: Presses Universitaires du Mirail, 2007.

75. Lasserre, Henri, *Notre - Dame de Lourdes*, Paris: Sanard et Derangeon, 1892.

76. Laurentin, René, and Sbalchiero, Patrick, *Dictionnaire des apparitions de la Vierge Marie*, Paris: Fayard, 2007.

77. Lavicomterie, Louis - Charles de, *Les crimes des rois de France depuis Clovis jusqu'à Louis XVI*, Paris: Petit, 1791.

78. Lavisse, Ernest, *Histoire de France contemporaine*, tome 5, *La monarchie de juillet*, Paris: Librairie Hachette, 1920.

79. Laynay, Marcel, *Le bon prêtre: le clergé rural au XIXe siècle*, Paris: Aubier, 1986.

80. Leroux, Pierre, *De la Plutocratie, ou du Gouvernement des Riches*, Paris: Ulan Press, 2012.

81. Leroux, Pierre, *Oveuvres de Pierre Leroux*, tome *I*, Paris: Louis Nétré, 1851.

82. Marcilhacy, Christianne, *Le Diocèse d'Orléans sous l'épiscopat de Mgr Dupanloup 1849 - 1878*, Paris: Plon, 1962.

83. Martin, Henri, *Histoire de France depuis 1789 à nos jours*, tome 4, Paris: Jouvet et Cie, 1885.

84. Mayer, Jean, Tarrade, Jean, Rey - Goldzeiguer, Annie and Thobie, Jaques, *Histoire de la France coloniale. Des origines à 1914*, Paris: Armand Colin, 1991.

85. McPhee, Peter, *A social history of France*, *1789 - 1914*, Paris: Palgrave Macmillan, 2004.

86. Mézeray, François Eudes de, *Histoire de France*, *depuis Faramond jusqu'à maintenant*, Tome 3, Paris: Chez Denys Thierry, Jean Guignard et Claude Barbin, 1651.

87. Michelet, Jules, *Tableau de la France. Géographie*, *physique*, *politique et morale*, Paris: Éditeurs A. Lacroix et Ce, 1875.

88. Michon, Louis, *Le Gouvernement parlementaire sous la Restoration*, Paris: Hachette, 2018.

89. Mignet, Francois, *Notice et Mémoires historiques*, tome 1, Paris: Librairie - Éditeur, 1845.

90. Miquel, Pierre, *Le Second Empire*, Paris: Perrin, 2008.

91. Montlosier, François, *De la Monarchie Française Depuis Son établissement Jusqu'à Nos Jours*, tome 2, Paris: Nabu Press, 2012.

92. Nettement, Alfred, *Histoire de la littérature française sous la Restoration*, tome 2, Paris: Jaques Lecoffre et Cie, 1853.

93. Nettement, Alfred, *Histoire de la littérature française sous le gouvernement de Juillet*, tome 2, Paris: Librairie Jaques Lecoffre, 1876.

94. Ozanam, Frédéric, *CEuvres complètes de A. - F. Ozanam*, tome 7, Paris: Jacques Lecoffre, 1859.

95. Ozanam, Frédéric, *CEuvres complètes de A. - F. Ozanam*, tome 10, Paris: Jacques Lecoffre, 1865.

96. Ozanam, Frédéric, *CEuvres complètes de A. - F. Ozanam*, tome 11, Paris: Jacques Lecoffre, 1865.

97. Ozanam, Frédéric, *Lettres inédites et Discours de Frédéric Ozanam sur la Société de Saint - Vincent - de - Paul*, Paris: Jacques Lecoffre, 1861.

98. Pasquier, Chancelier, *Mémoires du Chancelier Pasquier*, tome I, 1789 - 1811, Paris: Forgotten Books, 2018.

99. Pasquier, Chancelier, *Mémores du Chancelier Pasquier*, tome II, 1812 - 1814, Paris: Forgotten Books, 2018.

100. Philippe, Robert, *La France de la Bourgeoisie*, 1815 - 1850, Paris: Culture, Art, Loisirs, 1970.

101. Pierrard, Pierre, *Louis Veuillot*, Paris: Beauchesne, 1998.

102. Quinet, Edgar, *CEuvres complètes*, Paris: Pagnerre Librarie - Éditeur, 1857.

103. Quinet, Edgar, *Le Christianisme et la révolution française*, dans CEuvres complètes, Paris: Pagnerre Librairie - Éditeur, 1857.

104. Rabaut - Saint - Étienne, Jean - Paul, *Considérations sur les Intérêts du Tiers État*, Paris, 1788.

105. Rémond, René, *L'Anticléricalisme en France*, Paris: Fayard, 1999.

106. Renan, Ernest, *Souvenirs d'enfance et de jeunesse*, Paris: Calmann - Lévy, 1923.

107. Renan, Ernest, *Œuvres complètes de Ernest Renan*, tome 1, Paris: Calmann - Lévy, 1947.

108. Rissoan, Jean - Pierre, *Traditionalisme et Révolution: Les Poussées d'Extrémisme des Origines à Nos Jours*, volume 1, Lyon: Aléas, 2007.

109. Rosanvallon, Pierre, *La Monarchie Impossible: Les Chartes de 1814 et de 1830*, Paris: Fayrd, 1994.

110. Rosanvallon, Pierre, *Le Moment Guizot*, Paris: Gallimard, 1985.

111. Savart, Claude, *Les Catholiques en France au XIXe siècle: le Témoignage du Livre Religieux*, Paris: Beauchesne, 1985.

112. Sièyes, Emmanuel Joseph, *Vues sur Les Moyens d'Exécutions dont les*

Représentants de la France Pourront Disposer en 1789，Paris，1789．

113. Singaravélou，Pierre，*Les empires coloniaux. XIXe - XXe siècle*，Paris：Éditions Point，2013．

114. Smithson，Rulon Nephi，*Augustin Thierry. Social and political consciousness in the evolution of a historical method*，Paris：Droz，1973．

115. Stora，Benjamin，*Histoire de l'Algérie colonial 1830 - 1954*，Paris：La Découverte，2004．

116. Thierry，Augustin，*Récits des temps mérovingiens*，précédés de *Considération sur l'histoire de France*，Paris：Just Tessier Librairie - Editeur，1842．

117. Thierry，Augustin，*Lettres sur l'histoire de France*，Paris：Sautelet et Compagine 1827．

118. Thierry，Augustin，*Dix ans d'études historiques*，Paris：Librairie Just Tessier，1835．

119. Thierry，Augustin，*Histoire de la conquête de l'Angleterre par les Normands*，tome *I*，Paris：Garnier Frères，1825．

120. Thierry，Augustin，*Essai sur l'histoire de la formation et des progress du tiers état*，Paris：Librairie de Firmin-Didot et Cie，1883．

121. Tureau - Dangin，Paul，*Histoire de la monarchie de Juillet*，tome 4，Paris：Book Surge Publishing，2003．

122. Tureau - Dangin，Paul，*Histoire de la monarchie de Juillet*，tome 7，Paris：E. Plon，Norrit et Cie，1892．

123. Valentin，Ferdinand，*Augustin Thierry*，Paris：Lecène，1895．

124. Velly，Paul François，*Histoire de France depuis l'établissement de la monarchie jusqu'à Louis XI*，tome 7，Paris：Saillant &. Nyon，1770．

125. Ventura，Goacchino，*La Femme Catholique：faisant suite aux Femmes de l'Évangile*，tome 2，Paris：Wentworth Press，2018．

126. Veuillot，Louis，*Mélanges religieux*，*historiques*，*politiques et littéraires*，tome 2，Paris：L. Vivès，1857．

127. Veuillot，Louis，*Mélanges religieux*，*historiques*，*politiques et littéraires*，tome 4，Paris：L. Vivès，1857．

128. Veuillot，Louis，*Mélanges religieux*，*historiques*，*politiques et littéraires*，tome 5，Paris：L. Vivès，1861．

129. Veuillot，Louis，*Rome et Lorette*，Tours：Mame，1862．

130. Veuillot，Louis，*La vie de notre - seigneur Jésus - Christ*，Paris：Librairie catholique de Périsse Frères，1864．

131. Waresquiel，Emmanuel de et Yvert，Benoît，*Histoire de la Restoration*

1814 - 1830, Paris: Perrin, 2002.

132. Weill, George, *L'École Saint - Simonienne: son Histoire, son Influence Jusqu'à Nos Jours*, Paris: F. Alcan, 1896.

（二）论文

1. Avenel, Jean - David, Un exemple de blocus militaire: l'invention tripartite aux Méxique（décembre 1861 - avril 1862）, *Guerres mondidales et conflits contemporaines*, No. 214, 2004.

2. Boltz, Blandine, La conquête de Tourane, 1858 - 1860. L'expérience d'une défaite colonial au Viêt Nam, *Bulletin de l'Institut Pierre Renouvin*, No. 49, 2019.

3. Chevalier, Michel, l'Expédition du Mexique: I. La Guerre de l'indépendance et les revolutions mexicaines, *Revue des Deux Mondes*, vol. 38, 1862.

4. Contamine, Philippe, Le Moyen Age romantique et libéral d'Augustin Thierry, *Comptes rendus des séances de l'Académies des Inscriptions et Belles - Lettres*, No. 4, 1995.

5. De Mazade, Charles, l'Expédition du Mexique et la politique française, *Revue des Deux Mondes*, Vol. 48, No. 3, 1863.

6. Galos, Henri, L'Expédition de Cochinchine et la politique française dans l'Extrême Orient, *Revue des deux*.

7. *Mondes*, Vol. 51, No. 1, 1861.

8. Gans, Jacques, L'origine du mot'socialiste'et ses emplois les plus anciens, *Revue d'histoire economique et sociale*, Vol. 35, No. 1, 1957.

9. Glasman, Joël, Le Sénégal imaginé. Évolution d'une classification ethnique de 1816 aux années 1920, *Afrique&Historique*, Vol. 2, 2004.

10. Gossman, Lionel, Augustin Thierry and Liberal Historiography, *History and Theory*, tome 15, No. 4, 1976.

11. J. Black, Shirley, Napoléon III et Le Mexique: un triomphe monétaire, *Revue Historique*, tome 259, 1978.

12. Lavollée, Charles, Vue nouvelle sur l'histoire des mentalités: La sociabilité méridionale au XVIIIe siècle, *Revue des Deux Mondes*, Vol. 9, No. 4, 1851.

13. Lemoinne, John, Les affaires de Chine et d'Afghanistan, *Revue des Deux Mondes*, Vol. 32, No. 6, 1842.

14. Meyer, Jean, L'expédition du Mexique d'après les documents et études mexicains, *Revue d'histoire moderne et contemporaine*, No. 1, 1974.

15. Monteil, Vincent, Les Bubeaux arabes au Maghreb(1833 - 1861), *Esprit*, No. 300, 1961.

16. Moulinet, Daniel, Les Mesures Anti - Congréganistes de 1880, *Provence*

Historique，No. 227，2007.

17. Pérouas，Louis，Regards Historiques sur le Mouvement Confrérial en Limousin，*Annales du Midi*，No. 117，2005.

18. Peyrous，Bernard，La politique Européenne en Chine. Relations de l'Angleterre et de la France avec le Céleste Empire，*Annales du Midi*，No. 87，1975.

19. Rousset，Camille，La Conquête de l'Algérie：Le Gouvernement du Maréchal Bugeau. IV：Constantine. – Les Oasis. – Les Bureaux Arabes. – La Kabylie，*Revue des Deux Mondes*，Vol. 86，No. 2，1888.

20. Thomson，Stanley，France in Cochinchina：The Question of Retrocession 1862 – 65，*The Far Eastern Quarterly*，Vol. 6，No. 4，1947.

中文

1. 蒲鲁东：《什么是所有权》，孙署冰译，北京：商务印书馆，1963 年。

2. 蒲鲁东：《贫困的哲学》，余叔通、王雪华译，北京：商务印书馆，1998 年。

3. 柯尔：《社会主义思想史》第二卷，何瑞丰译，北京：商务印书馆，1977 年。

4. 艾蒂耶纳·卡贝：《伊加利亚旅行记》第二卷，李雄飞译，北京：商务印书馆，1978 年。

5. 傅立叶：《傅立叶选集》第一卷，赵俊欣等译，北京：商务印书馆，1982 年。

6. 孔西岱朗：《社会命运》，李平沤译，北京：商务印书馆，1986 年。

7. 巴扎尔等著：《圣西门学说释义》，王永江译，北京：商务印书馆，1986 年。

8. 布朗基：《布朗基文选》，皇甫庆莲译，北京：商务印书馆，1989 年。

9. 西耶斯：《论特权 第三等级是什么?》，冯棠译，北京：商务印书馆，1990 年。

10. 托克维尔：《旧制度与大革命》，冯棠译，北京：商务印书馆，1996 年。

11. 托克维尔：《回忆录：1848 年法国革命》，董果良译，北京：商务印书馆，2004 年。

12. 卫青心：《法国对华传教政策》，黄庆华译，北京：中国社会科学出版社，1991 年。

13. 米涅：《法国革命史》，北京编译社译，郑福熙校，北京：商务印书馆，1991 年。

14. 圣西门：《圣西门选集》第一卷，北京：商务印书馆，1997 年。

15. 路易·布朗：《劳动组织》，何钦译，北京：商务印书馆，1997 年。

16. 邦雅曼·贡斯当：《古代人的自由和现代人的自由》，北京：商务印书馆，1999 年。

17. 米歇尔·福柯：《必须保卫社会》，钱翰译，上海：世纪出版集团，1999 年。

18. 缪塞：《一个世纪儿的忏悔》，陈筱卿译，北京：北京燕山出版社，2000 年。

19. 史蒂文·卢克斯：《个人主义》，阎克文译，南京：江苏人民出版社，2001 年。

20. 爱弥儿·涂尔干：《孟德斯鸠与卢梭》，李鲁宁等译，上海：上海人民出版社，2006年。

21. 米歇尔·维诺克：《自由之声：19世纪法国公共知识界大观》，吕一民等译，北京：中国人民大学出版社，2006年。

22. 卡尔·马克思、弗里德里希·恩格斯：《马克思恩格斯文集》第2卷，北京：人民出版社，2009年。

23. 卡尔·马克思、弗里德里希·恩格斯：《马克思恩格斯文集》第3卷，北京：人民出版社，2009年。

24. 乔治·杜比：《法国史》中卷，吕一民、沈坚、黄艳红译，北京：商务印书馆，2010年。

25. 雷蒙·琼纳斯：《法兰西与圣心崇拜》，贾士蘅译，北京：中国人民大学出版社，2010年。

26. 基佐：《欧洲文明史》，程洪逵、沅芷译，北京：商务印书馆，2010年。

27. 约瑟夫·德迈斯特：《信仰与传统——迈斯特文集》，冯克利、杨日鹏译，北京：商务印书馆，2010年。

28. 皮埃尔·罗桑瓦龙：《法兰西政治模式：1789年至今公民社会与雅各宾主义的对立》，高振华译，北京：生活·读书·新知三联书店，2012年。

29. 皮埃尔·罗桑瓦龙：《公民的加冕礼：法国普选史》，吕一民译，上海：上海人民出版社，2005年。

30. 加略利：《1844年法国使华团外交活动日记》，谢海涛译，桂林：广西师范大学出版社，2013年。

31. 乔治·皮博迪·古奇：《十九历史学与历史学家》，耿淡如译，北京：商务印书馆，2014年。

32. 克里斯蒂昂·德拉克鲁瓦、弗朗索瓦·多斯、帕特里克·加西亚：《19—20世纪法国史学思潮》，顾杭、吕一民、高毅译，北京：商务印书馆，2016年。

33. 奥兰多·费吉斯：《克里米亚战争：被遗忘的帝国博弈》，吕品、朱珠译，南京：南京大学出版社，2018年。

34. 洪波：《法国政治制度变迁：从大革命到第五共和国》，北京：中国社会科学出版社，1993年。

35. 楼均信主编：《法兰西第三共和国兴衰史》，北京：人民出版社，1996年。

36. 沈坚：《近代法国工业化新论》，北京：中国社会科学出版社，1999年。

37. 张芝联主编：《法国通史》，沈阳：辽宁大学出版社，2000年。

38. 郭华榕：《法兰西第二帝国》，北京：北京大学出版社，1991年。

39. 郭华榕：《法国政治思想史》，北京：人民出版社，2010年。

40. 郭华榕：《法国政治制度史》，北京：人民出版社，2015年。

三、索引